DER WESTEN
DER USA
PRAKTISCH
&
PREISWERT

Über 100 Routen- & Baxter Info-Karten
vom Pazifik zu den Rockies,
468 Seiten stark!

D1694429

Baxter Reiseführer:

USA (Gesamtband)
Alaska
Alaska Inside Passage
Arizona
Dixie Amerika
Florida
Hawaii
Kalifornien
  Südkalifornien
  Nordkalifornien
New Mexico
Die Ostküste der USA
  Nord & Süd
Der Süden der USA
Der Südwesten der USA
Texas
West-Texas

Der Westen der USA
  Nevada, Utah, Colorado
  Wyoming, Montana, South Dakota
Atlantik-Kanada
Kanada-Ost
Kanada-West
Trans-Kanada Highway

Nationalpark-Reihe:
  Grand Canyon bis Yellowstone
  Kalifornien Nationalparks
  Südwest USA Nationalparks
  Nordwest USA Nationalparks
  Rocky Mountains Nationalparks
  USA Nationalparks A-Z
  Kanada Nationalparks
  Mexiko/Yukatan

alle *praktisch & preiswert*

Verfasser: Rosemarie Dzygoluk

Vertrieb:
ReiseArt GmbH/Karten- & Buchvertrieb
Oettingenstr. 3/D-80538 München
Tel. 089-21 03 13-48/Fax 089-21 03 13-49

BAXTER GUIDES

Seit vielen Jahren hat der Benutzerkreis der Baxter Reiseführer durch Mitteilungen und nützliche Hinweise geholfen, unsere Reiseführer auf dem neuesten Stand zu halten. Auch für Ihre Berichtigungen, Kritik & Vorschläge wären wir sehr dankbar.

Baxter Guides c/o ReiseArt GmbH
Karten- & Buchvertrieb
Oettingenstr. 3
D-80538 München
Tel. 089-21 03 13-48/Fax 089-21 03 13-49

oder direkt per E-mail: BaxUSAEur@aol.com

Baxter: der Info-Guide

Copyright © 1979, 1980, 1983, 1986, 1990, 1993, 1995, 2001 by: Baxter Guides/Rail-Europe, L.L.C. Verlag, Alexandria, VA, USA. Alle Rechte im In- und Ausland beim Verlag. Jegliche – auch auszugsweise – Verwertung, Wiedergabe, Vervielfältigung, Übersetzung, Adaption, Mikroverfilmung, Einspeicherung oder Verarbeitung in EDV-Systemen, Nachdruck ausnahmslos aller Teile dieses Werkes bedarf der ausdrücklichen Genehmigung des Verlags Baxter Guides/Rail-Europe, L.L.C. Printed in Germany. Library of Congress Control No. 79-63758. ISBN 0-913384-75-5.
Baxter Reiseführer vom internationalen Reiseführer-Verlag.
Zeichnungen & Skizzen: Hanny Daber.

INHALTSVERZEICHNIS

Praktisches für Reiseplanung und Aufenthalt
Einleitung 4 Einteilung 5 Drei-Wochen-im-Westen 7
Attraktionswegweiser 8 Dude & Guest Ranches 9 Vorbereitung 11
Nationalparklexikon 12 Entfernungen von LA & San Francisco 14
Los Angeles 15 San Francisco 22 Kalifornien-Reiserouten 32

Colorado Reiseziele & Reiserouten
Black Canyon of the Gunnison Nationalmonument 46
Colorado Nationalmonument 63
Colorado Springs 78
Cortez 81
Cripple Creek 82
Denver 85
Durango 92
Estes Park 95
Florissant Fossil Beds Nationalmonument 98
Grand Junction 100
Great Sand Dunes Nationalmonument 104
Mesa Verde Nationalpark 113
Rocky Mountain Nationalpark 132
Reiserouten 163

Nevada Reiseziele & Reiserouten
Carson City 192
Great Basin Nationalpark 216
Lake Tahoe Area 228
Las Vegas 247
Reno 270
Valley of Fire State Park 273
Virginia City 280
Reiserouten 284

Utah Reiseziele & Reiserouten
Arches Nationalpark 302
Bryce Canyon Nationalpark 312
Canyonlands Nationalpark 322
Capitol Reef Nationalpark 337
Dinosaur Nationalmonument 345
Grand Staircase-Escalante Nationalmonument 357
Hovenweep Nationalmonument 362
Kayenta, Arizona 366
Moab 369
Monument Valley 374
Natural Bridges Nationalmonument 381
Salt Lake City 385
Zion Nationalpark 398
Reiserouten 409

Anhang: Allgemeine USA-Info 427
Anhang: Camping 438
Anhang: Infoquellen/Unterkunft/Tip-Tabelle 458

Register 463

EINLEITUNG

Der Westen der USA *Praktisch & Preiswert* – aus der Reihe der bewährten Baxter Reiseführer – ist der *praktische* Reiseführer durch den Westen der USA mit den Bundesstaaten Colorado, Nevada und Utah. Ganz gleich, ob man den Westen auf eigene Faust oder als Teilnehmer einer Gruppe kennenlernen will, Der Westen der USA *Praktisch & Preiswert* macht den Reisenden mit diesem Gebiet vertraut und führt zuverlässig entlang der 28 Routen durch dieses riesige Gebiet, zeigt, **wie** man die Reise gut plant, **wo** man unterwegs übernachtet und **was** man im Westen entdecken und erleben kann.
Und das findet man in Der Westen der USA *Praktisch & Preiswert*:

468 Seiten
aktuell – praktisch – handlich – ausführlich – übersichtlich eingeteilt

Colorado Ortsalphabet
von Geisterstädten bis zu Metropolen und Nationalparks

Nevada Ortsalphabet
von Las Vegas Glücksspielmetropole bis zu spektakulären Naturschönheiten

Utah Ortsalphabet
von Arches Nationalpark bis zu Zion Nationalpark

Ausgangsstädte am Pazifik
Los Angeles und San Francisco

Metropole des Westens
Denver – Las Vegas – Salt Lake City

Baxter Info-Karten
Wegweiser mit Sehenswürdigkeiten & Hotels in Preiskategorien

28 Reiserouten
die schönsten Routen durch den Westen

Baxter-Tipps
Geld sparen und den Westen erleben

Info & Tipps für Camper
über 260 Campingplätze mit Tel./Fax-Nrn. – Info zur Camper-Übernahme

GO BAXTER!
Baxter: der Info-Guide,
auf den man sich verlassen kann,
unentbehrlich für Reise und Urlaub!

EINTEILUNG

1 – Los Angeles, San Francisco & Reiserouten vom Pazifik
2 – Colorado: Reiseziele & Reiserouten
3 – Nevada: Reiseziele & Reiserouten
4 – Utah: Reiseziele & Reiserouten

VOM PAZIFIK DURCH DEN WESTEN DER USA

Los Angeles & San Francisco:
Ausgangsstädte für den Westen am Pazifik
Reiserouten, die zum Westen führen:
Route 1: San Francisco—Yosemite NP/Lake Tahoe
Route 2: Lee Vining—Carson City/Lake Tahoe/Reno
Route 3: San Francisco—Reno
Route 4: San Francisco—Los Angeles
Route 5: Los Angeles—Las Vegas

Weitere Ausgangsstädte für den Westen
Denver – siehe unter Colorado; Abkürzung **CO**
Las Vegas – siehe unter Nevada; Abkürzung **NV**
Salt Lake City – siehe unter Utah; Abkürzung **UT**

Wir möchten uns bedanken...

An dieser Stelle möchten wir allen Regierungsstellen und nichtstaatlichen Organisationen danken, die uns Informationsmaterial zur Verfügung gestellt haben, darunter:

U.S. National Park Service
U.S. Forest Service
U.S. Weather Service
U.S. Bureau of Land Management
Nevada Division of Parks
Utah State Parks
Colorado Highway Department
Chambers of Commerce/Visitors Bureaus
sowie unseren Freunden im Westen der USA.

● **Karten.** Baxter Info-Karten und Orientierungskarten dienen zur Planung und zur Orientierung vor Ort. Karten sind nicht maßstabgetreu und dienen nur zur Orientierung. Zusätzlich sind in Nationalparks und bei Visitors Centers entsprechende Übersichtskarten erhältlich.
● **Unterkunft.** Aufgelistete Unterkünfte dienen nur als Anhaltspunkt und unterliegen wegen ständiger Bewegung in der Hotel-/Motelbranche möglichen Änderungen. Komplette Liste bei den jeweiligen Informationsbüros anfordern.
● **Bitte beachten,** dass Angaben über Preise, Öffnungs- oder Abfahrtzeiten sowie Ausstellungen in den Visitors Centers und Museen Gegenstand von Änderungen sind; sie können nur als Anhaltspunkt gelten. Für Schäden, die durch etwaige Irrtümer, Druckfehler oder fehlende Angaben sowie Änderungen entstanden sind, übernimmt der Verlag keinerlei Haftung.

Auf die Plätze – fertig, los!

6 REISEROUTEN
Routen 1-28 durch den Westen vom Pazifik zu den Rockies

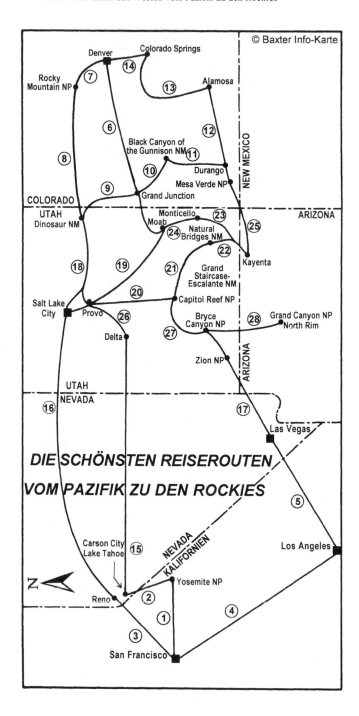

REISEROUTEN 7
Routen 1-28 durch den Westen vom Pazifik zu den Rockies

Routenvorschlag für eine mindestens dreiwöchige Rundfahrt durch den Westen der USA mit Ausgangsstädten San Francisco, Los Angeles, Denver, Las Vegas und Salt Lake City

Fax-Nrn. sowie gebührenfreie/*toll free* Tel.-Nrn. und Internet-Adressen verschiedener Hotel-/Motelketten siehe Seiten 460 ff.

TAG	VON—BIS	UNTERKUNFT
1	San Francisco—Lee Vining, CA Entfernung: Etwa 280 mi/448 km	Best Western Lake View (760)647-6543/Fax 647-6325
2	Lee Vining—Carson City, NV Entfernung: Etwa 110 mi/176 km	Super 8 (775)883-7800/Fax 883-0376
3	Carson City—Fallon, NV Entfernung: Etwa 80 mi/128 km	Bonanza Inn (775)423-6031/Fax 423-6282
4	Fallon—Delta, UT Entfernung: Etwa 430 mi/688 km	Best Western Motor Inn (435)864-3882/Fax 864-4834
5	Delta—Salt Lake City, UT Entfernung: Etwa 140 mi/224 km	Hampton Inn Downtown (801)741-1110/Fax 741-1171 BW Salt Lake Plaza (801)521-0130/Fax 322-5057
6	Salt Lake City—Vernal, UT Entfernung: Etwa 180 mi/288 km	Best Western Dinosaur Inn (435)789-2660/Fax 789-2467
7	Vernal—Grand Junction, CO Entfernung: Etwa 160 mi/256 km	Best Western Horizon Inn (970)245-1410/Fax 245-4039
8	Grand Junction—Durango, CO Entfernung: Etwa 230 mi/368 km	Hampton Inn (970)247-2600/Fax 259-8012
9	Durango—Mesa Verde—Durango Entfernung: Etwa 120 mi/192 km	Hampton Inn (970)247-2600/Fax 259-8012
10	Durango—Salida, CO Entfernung: Etwa 280 mi/448 km	Holiday Inn Express (719)539-8500/Fax 539-7420 Super 8 (719)539-6689/Fax 539-7018
11	Salida—Denver,CO Entfernung: Etwa 240 mi/348 km	Hampton Int'l Airport (303)371-0200/Fax 371-9147
12	Denver—Estes Park, CO Entfernung: Etwa 80 mi/128 km	Best Western Lake Estes (970)586-3386/Fax 586-9000
13	Estes Park—Granby, CO Entfernung: 70 mi/112 km	El Monte (970)887-3348/Fax 887-2990
14	Granby—Moab,UT Entfernung: Etwa 390 mi/624 km	Best Western Green Well Inn (435)259-6151/Fax 259-4397
15	Moab—Kayenta, AZ Entfernung: Etwa 180 mi/288 km	Hampton Inn Kayenta (520)697-3170/Fax 697-3189 Holiday Inn (520)697-3221/Fax 697-3349
16	Kayenta—Capitol Reef NP, UT Entfernung: Etwa 220 mi/352 km	Holiday Inn Express (435)425-3866/Fax 425-3229 BW Capitol Reef Resort (435)425-3761/Fax 425-3300
17	Capitol Reef-Bryce Canyon, UT Entfernung: Etwa 140 mi/224 km	Best Western Rubys Inn (435)834-5341/Fax 834-5265
18	Bryce Canyon—Las Vegas, NV Entfernung: Etwa 260 mi/416 km	Hampton Inn Tropicana (702)948-8100/Fax 948-8101
19	Las Vegas—Los Angeles, CA Entfernung: Etwa 300 mi/480 km	Hampton Inn Anaheim/Disney (714)703-8800/Fax 703-8900
20	Los Angeles—San Francisco, CA Entfernung: Etwa 400 mi/640 km	Hampton Inn Airport (650)876-0200/Fax 876-0600

8 ATTRAKTIONEN
Colorado/Nevada/Utah

ATTRAKTIONSWEGWEISER DURCH DEN WESTEN

Auswahl der interessantesten Sehenswürdigkeiten

BUNDESSTAAT COLORADO (CO)

Black Canyon of the Gunnison NM– Grand Canyon „in Miniatur".
Colorado NM– Sandsteincanyons & riesige Steinmonolithen.
Colorado Springs– von Goldgräberstädten bis zur Luftwaffenakademie.
Cortez– Ausgangspunkt für Mesa Verde & Four Corners.
Cripple Creek– einst eine der berühmtesten Goldminenstädte.
Denver– Verkehrsknotenpunkt am Rande der Rockies.
Dinosaur NM– aktuelle Dinosaurier-Ausgrabungsstätte.
Durango– wo man den Alten Westen spürt; Tor zum Mesa Verde Nationalpark.
Estes Park– Rodeo, Cowboy-Essen & Tor zum Rocky Mountain NP.
Florissant Fossil Beds NM– Fossilien von Kleinstlebewesen; klein, aber fein.
Grand Junction– Verkehrsknotenpunkt in Westcolorado.
Great Sand Dunes NM– gewaltige Sanddünen.
Mesa Verde NP– erstaunliche Felsklippenwohnungen der Anasazi Indianer.
Rocky Mountain NP– hochalpine Landschaft nordwestlich von Denver.

BUNDESSTAAT NEVADA (NV)

Carson City– Nevada State Museum – eines der interessantesten im Westen.
Great Basin NP– imposante Tropfsteinhöhlen.
Lake Tahoe– Juwel in der Sierra Nevada mit der Ponderosa Ranch.
Las Vegas– Glücksspielmetropole & Shows mit Weltstars.
Reno– Glücksspielstadt am Rande der Sierra Nevada.
Valley of Fire SP– spektakuläre feuerrote Erosionlandschaft.
Virginia City– kommerziallisierte Goldgräberstadt ersten Ranges.

BUNDESSTAAT UTAH (UT)

Arches NP– Sandsteinfelsbogen in allen Dimensionen.
Bryce Canyon NP– bizarre Sandsteinformationen.
Canyonlands NP– versteckte Felsbögen in der Colorado River-Landschaft.
Capitol Reef NP– geologische Sehenswürdigkeiten im Herzen Utahs.
Grand Staircase-Escalante NM– unberührte Wildnis mit Escalante Canyons.
Hovenweep NM– abgelegene Wohnstätte prähistorischer Indianer.
Moab– Ausgangspunkt zu Arches & Canyonlands NP sowie Floßfahrten.
Monument Valley– Superpanorama im Navajoland.
Natural Bridges NM– gigantische Naturfelsbrücken.
Salt Lake City– Verkehrsknotenpunkt & Metropole Utahs.
Zion NP– steilwandige Schluchten & Sandsteinformationen.

ATTRAKTIONEN 9
Colorado/Nevada/Utah

RANCHES

Ranchferien bedeutet „Ferien auf dem Bauernhof" mit viel frischer Luft, Cowboys, Pferden und dem zünftigen Cookout draußen auf der Ranch sowie Square Dance und Ausritte. In den USA – speziell in Colorado — werden Aufenthalte auf **Dude** *(dude=* Stadtmensch – mit *dude* bezeichnete man übrigens früher hauptsächlich Leute aus dem Osten der USA, die den Westen besuchten) oder **Guest Ranches** angeboten, die allerdings zeitlich gut vorausgeplant und arrangiert werden sollten.

Obwohl die meisten **Dude Ranches** auf einen längeren Aufenthalt von mindestens einer Woche eingestellt sind, gibt es auch kürzere Aufenthalte, bei denen man die Ranchatmosphäre erleben kann. Preise variieren und es ist nicht gerade billig. Doch wenn man berücksichtigt, dass bei vielen Angeboten Mahlzeiten, Reiten, Kutschfahrten, Unterhaltungsabende mit Square Dance Lektion und sogar Tennis, Schwimmen und Angeln im Preis inbegriffen ist, wird die Angelegenheit wiederum preiswert.

Außer Dude Ranches sind auch die sogenannten **Guest Ranches**/Gästeranches sehr beliebt, die im allgemeinen etwas luxuriöser und nicht unbedingt eine *working ranch*/Arbeitsranch (bei der die Gäste sich an den Arbeiten wie *round-up* beteiligen können) sind. Im Anschluss folgt eine Auswahl einiger entlang der Route durch den Westen der USA liegenden Ranches in Colorado, die über Internet-Adresse www.coloradoranch.com direkt angeklickt werden können oder ausführliche Information mit Ranchkatalog/*directory,* Preisen und Anschriften anfordern bei:

Colorado Dude & Guest Ranch Association
Box 2120
Granby, CO 80446
Tel. (970)887-3128
E-mail: coloranch@compuserve.com
Internet: www.coloradoranch.com

Hier einige interessante Ausdrücke, die auf einer Ranch geläufig sind:
working ranch............Arbeitsranch mit Rinder- & Viehtrieb/*round-up* und Reparieren von Zäunen
cookout.....................zünftige Cowboymahlzeit (Grillen) im Freien
chuckwagon...............Feldküche (mobile Cowboy-Kantine)
barbeque ....Grillen
out on the range........draußen auf der Weide
rancher ....Viehzüchter
wrangler...................Viehhirte, der Zäune repariert
cowpoke...................Cowboy auf einer Rinderranch
hay ride ....Heuwagen-Fahrt

Alpine Mountain/2530 m ü.M.
P.O. Box 248
Allenspark, CO 80510
(303)747-2532/geb.frei 1-800-578-3598
E-mail: info@alpinemountainranch.com

Aspen Canyon/256 m ü.M.
13206 County Road #3/Star Route
Parshall, CO 80468
(970)725-3600/geb.frei 1-800-321-1357
E-mail: acr@imageline.com

Bar Lazy J/2286 m ü.
Box ND
Parshall, CO 80468
(970)725-3437/Fax 725-0121
geb.frei 1-800-396-6279
E-mail: BarLazyJ@rkymtnhi.com

C Lazy U/2500 m ü.M.
P.O. Box 379
Granby, CO 80446
(970)887-3344
E-mail: ranch@clazyu.com

10 ATTRAKTIONEN
Dude & Guest Ranches in Colorado

Colorado Trails/2286 m ü.M.
12161 County Road 240W
Durango, CO 81301
(970)247-5055/Fax 385-7372
geb.frei 1-800-323-3833
E-mail: JRossCTR@aol.com

Coulter Lake/2469 m ü.M.
80 County Road 273
P.O. Box 906
Rifle, CO 81650
Tel./Fax (970)625-1473/geb.frei 1-800-858-3046
E-mail: coulter@sopris.net

Deer Valley/2560 m ü.M.
P.O. Box W
Nathrop, CO 81236
(719)395-2353/geb.frei 1-800-284-1708
E-mail: fun@deervalleyranch.com

Echo Canyon/2580 m ü.M.
P.O. Box 328
La Veta, CO 81055
geb.frei 1-800-341-6603/Fax (480)921-0545
E-mail: marketing@guestecho.com

Elk Mountain/2876 m ü.M.
P.O. Box 910
Buena Vista, CO 81211
(719)539-4430/geb.frei 1-800-432-8812
E-mail: elkmtn@sni.net

The Historic Pines/2652 m ü.M.
P.O. Box 311
Westcliffe, CO 81252
(719)783-9261/geb.frei 1-800-446-9462
E-mail: pinernch@rmi.net
Internet: www.historicpines.com

King Mountain/2743 m ü.M.
P.O. Box 497
Granby, CO 80446
(970)887-2511/Fax 887-9511
geb.frei 1-800-476-KING
oder 1-800-476-5464
E-mail: hosts@kingranchresort.com

Lake Mancos/2438 m ü.M.
42688 County Road N
Mancos, CO 81328
(970)533-1190/geb.frei 1-800-325-9462
E-mail: ranchlml@fone.net

Latigo/2743 m ü.M.
P.O. Box 237
Kremmling, CO 80459
(970)724-9008/geb.frei 1-800-227-9655

Lost Valley/2286 m ü.M.
29555 Goose Creek Rd./P.O. Box KRW
Sedalia, CO 80135-9000
(303)647-2311/Fax 647-2315

Peaceful Valley/2584 m ü.M.
475 Peaceful Valley Rd.
Lyons, CO 80540-8951
(303)747-2881/Fax 747-2167
geb.frei 1-800-95LODGE
E-mail: howdy@peacefulvalley.com

Powderhorn Guest/2591 m ü.M.
Powderhorn, CO 81243
(970)641-0220/geb.frei 1-800-786-1220
E-mail: powguest@rmi.net

San Juan/2164 m ü.M.
2882 County Road 23
Ridgeway, CO 81432
(970)626-5360/geb.frei 1-800-331-3015
E-mail: Sjgr@rmi.net

Sky Corral/2377 m ü.M.
8233 Old Flowers Rd.
Bellvue, CO 80512
Tel./Fax (970)484-1362/geb.frei 1-888-323-2531
E-Mail: jocon72553@aol.com
Internet: www.coloradovacation.com
oder www.guestranches.com/skycorral

Skyline/2926 m ü.M.
P.O. Box 67
Telluride, CO 81435
(970)728-3757/Fax 728-6728
geb.frei 1-888-754-1126

Sylvan Dale/1609 m ü.M.
2939 N. County Rd. 31D
Loveland, CO 80538
(970)667-3915/Fax 635-9336
geb.frei 1-877-667-3999
E-mail: ranch@sylvandale.com

Waunita Hot Springs/2727 m ü.M.
8007 County Road 887/Box 7D
Gunnison, CO 81230
(970)641-1266
E-mail: WHSranch@csn.net

Wilderness Trails/2377 m ü.M.
(Winter):
1766 County Road 302R
Durango, CO 81301
(Sommer):
23486 County Road 501R
Bayfield, CO 81122
(970)247-0722/Fax 247-1006
geb.frei 1-800-52-RANCH
geb.frei 1-800-527-2624
E-mail: info@wildernesstrails.com
Internet: wildernesstrails.com

Wind River/2804 m. ü.M.
P.O. Box 3410
Estes Park, CO 80517
(970)586-4212/Fax 586-2255
geb.frei 1-800-523-4212
E-mail: wolff@WindRiverRanch.com

Baxter-Tipps zur Planung & Vorbereitung

Planung:
- Entscheiden, **was** man im Westen der USA sehen möchte.
- Rundreise **planen**, um möglichst viel zu sehen.
- **Reiseroute** zusammenstellen.
- Vorgeschlagene **Reiserouten** als Leitfaden benutzen.
- **Infomaterial** anfordern; siehe **Seiten 9, 10, 438, 441, 457-461**.
- **Reisezeit** überlegen; Juni bis September am besten.
- Flug-, Hotel-/Motel-/Ranch- & **Camperreservierung** vornehmen.

Vor Reisebeginn:
- **Bequemes** Schuhwerk, bereits gut eingelaufene Schuhe mitnehmen.
- Möglichst 2 **verschiedene** Kreditkarten besorgen.
- **Kameraausrüstung** überprüfen.
- Ausreichend **Filmvorrat** mitnehmen.
- **Reisewecker**/Medikamente usw. mitnehmen.
- **Gültigkeit** des Reisepasses überprüfen (mind. 6 Monate).

Bei Reisebeginn:
- Möglichst Mietauto mit **abschließbarem** Kofferraum wählen.
- Wichtiges zur Camperübernahme siehe **S. 438**.
- Feststellen, wie ein Radwechsel erfolgt.
- Wichtige Papiere **nie** im Hotelzimmer lassen.
- Genügend 1-, 5- und 10-Dollar-Scheine & Quarters **vorrätig** haben.
- Auto immer **abschließen**; Schlüssel in der Hand.
- **Tempolimit** beachten – Geschwindigkeitsbegrenzung siehe **S. 429**.

Unterwegs:
- Stets **große** Entfernungen im Westen einkalkulieren.
- **Tageslicht** nutzen; früh starten.
- Möglichst **nicht** bei Dunkelheit fahren (Wildwechsel usw.).
- Zentrum von Großstädten **früh morgens** durchfahren.
- Beliebte Reiseziele **früh nachmittags** erreichen.
- Hotel-/Motelreservierung rechtzeitig **im voraus** vornehmen.
- **Keine** Anhalter mitnehmen.
- Proviant für unterwegs im **Supermarkt** besorgen.
- **Öffnungszeiten** der Visitors Center beachten/manche nur bis 16 Uhr.
- Bei Chamber of Commerce oder Visitors Center über **Veranstaltungen** erkundigen: Rodeos, Cookouts mit Cowboyunterhaltung.
- Schon allein bei Besuch von Bryce Canyon ($20), Grand Canyon ($20) und Zion Nationalparks ($20) lohnt sich der Kauf eines **National Park Pass** für $50 (Zugang zu alle Nationalparks für die Dauer eines vollen Jahres vom Kaufdatum); auch vom Internet erhältlich: www.NPS.gov –Golden Eagle Passport für $65 (Aufwertung des National Park Pass zum Golden Eagle Passport um $15 unterwegs möglich) berechtigt unter denselben Bedingungen zum Eintritt in allen Parks mit einer *Federal Fee*. Pässe gelten nur für Parkeintritt, umschließen jedoch nicht Campinggebühren (in der Regel etwa $15)!

Unterkunft/Billig übernachten:
- **Gebührenfreie** Reservierungsnummern benutzen; s. **Seite 460** ff.
- Motel 6 zählen zu den billigen Motels im Westen; etwas spartanisch, allerdings stets **pro Person**/Preise!
- Jugendherbergen/**Youth Hostel Accommodations** sowie YMCAs bieten billige Unterkunft – Info s. **Seite 457, 458**.
- Umfangreiche Auflistung über **260 Campingplätze** mit Tel.-Nrn.
- **Billig-Unterkünfte** sind im allgemeinen auf den Routen- und Baxter Info-Karten angegeben sowie zu Beginn der Colorado- und Nevada-Kapitel auf **Seiten 45, 193** aufgelistet.

12 NATIONALPARK-LEXIKON
Geläufige Begriffe

NATIONALPARK-LEXIKON

accommodations .... Unterkunft
admission .... Eintritt
advance reservations ... Voranmeldung
aerial tram .... Seilbahn
airport .... Flughafen
amount .... Summe
amphitheater .... Freilichttheater
animals .... Tiere
archaeological walk
.... archäologische Wanderung
backcountry permit
.... Wander- & Übernachtungserlaubnis
(fürs Hinterland)
backpacking .... Rucksackwandern
baggage storage Gepäckaufbewahrung
barber shop .... Herrenfriseur
beauty shop .... Damenfriseur
bed, beds .... Bett, Betten
bicycle rental .... Fahrradvermietung
bill .... Rechnung
boardwalk .... Brettersteg
boat trip .... Bootsausflug
breakfast .... Frühstück
bridge .... Brücke
bulletin board .... Schwarzes Brett
cabin .... Hütte
camper store .... Campingladen
campfire program Lagerfeuerprogramm
campground .... Campingplatz
camping fee .... Campingplatzgebühr
campsites .... Standplätze
canyon .... Schlucht
canyon shuttle
.... Pendelbus am Canyon
cash .... bar
cashier .... Kasse
cave .... Höhle
children program .... Kinderprogramm
cliff .... Felsklippe
climbing school .... Kletterschule
clinic .... Krankenhaus
coin operated .... Münzbetrieb
comfort station .... Toilette
confirmed reservations
.... bestätigte Anmeldung
continental divide
.... Kontinentale Wasserscheide
cookout .... Grillpicknick
corral ...... Sammelplatz (Mulis/Pferde)
creek .... Bach
cruise .... Bootsfahrt
curiosity shop .... Andenkenladen
dawn .... Dämmerung
day users fee . Tagesbenutzungsgebühr
deposit .... Anzahlung
desert .... Wüste
dining room .... Speisesaal
dinner .... Abendessen
down .... hinunter
dirt road ...... nicht asphaltierte Straße
drive .... Straße
dry cleaning ..... Chemische Reinigung
dumping station .... Abwasser- &
.. Entsorgungsstation für Campingfahrzeuge
east .... Ost

entrance .... Eingang
envelope .... Umschlag
equipment .... Ausrüstung
evening program. Abendveranstaltung
exhibit .... Ausstellung
exit .... Ausgang/Ausfahrt
fault .... Graben/Verwerfung
firewood .... Brennholz
first aid kit ..... Erste-Hilfe-Ausrüstung
first-come, first-served
..... Platzvergabe „wer zuerst kommt ...
fishing license .... Angelschein
flash flood
.. strömendes Hochwasser bei Gewitter
flash light .... Taschenlampe
float trip .... Floßfahrt
flood .... Flut, Hochwasser
flow .... Fluss, fließen
food .... Nahrungsmittel, Essen
forest .... Wald
fossil hunt .... Fossiliensammeln
garage .... Reparaturwerkstatt
gas station .... Tankstelle
gear .... Ausrüstung
general store .... Kolonialwarenladen
geology walk .. geologische Wanderung
gift shop .... Andenkenladen
gravel road .... Schotterstraße
guided walk .... Führung
handrail .... Geländer
helicopter rides
.... Hubschrauberrundflüge
high .... hoch
hiker .... Wanderer
hiking .... wandern
hill .... Hügel
hookups .. Anschlüsse für RVs/Camper
horseback riding .... Reiten
humidity (air) .... Luftfeuchtigkeit
ice machine .... Eismaschine
initials ..... Anfangsbuchstabe (Namen)
inn .... Unterkunft(Hotel/Motel)
inner canyon .... innere Schlucht
island .... Insel
lake .... See
laundromat/coin . Münzwaschmaschinen
laundry (do the...) ... Wäsche waschen
left .... links
lodge .... rustikale Unterkunft
lodging .... Unterkunft
log cabin .... Blockhütte (aus Holz)
low .... niedrig
lunch .... Mittagessen
mammals .... Säugetiere
map .... Karte
meadow .... Wiese
medical services
.... medizinischer Versorgungsdienst
money .... Geld
moonrise .... Mondaufgang
moonwatch ..... Mondscheinwanderung
morning .... Morgen/Vormittag
mountain .... Berg
mountaineering .... Bergsteigen
movie .... Film

NATIONALPARK-LEXIKON 13
Geläufige Begriffe/Park-Gebühren

mule ride .... Maultierritt
nature trail .... Naturlehrpfad
nature walk .... Naturwanderung
night walk .... Nachtwanderung
noon .... Mittag
north .... Norden
northeast .... Nordosten
outhouse .... Plumpsklo
overnight backcountry permit
..... Erlaubnis zur Übernachtung im Hinterland
overnight hikes
. längere Wanderung mit Übernachtung
pack trips .... Tour mit Packpferden
park entrance .... Parkeingang
parking area .... Parkplatz
park naturalists naturkundl. Experten
park ranger .... Park Ranger
patio .... Innenhof
paved road .... asphaltierte Straße
peak .... Gipfel
peak season .... Hochsaison
permit .... Erlaubnis
pet kennels .... Tierheim (Hütte)
pinnacles .... Säulen, Zinnen
postage .... Porto
post office .... Postamt
precipitation .... Niederschlag
pueblo .... Indianerbehausung
.... auch Indianerdorf
rainbow .... Regenbogen
rain showers .... Regenschauer
ranger-led program
.... Ranger-Veranstaltung
ranger station .... Ranger Station
rapids .... Stromschnellen
recreation vehicle (RV)
Campingfahrzeug (Mobilhome/Camper)
religious services .... Gottesdienste
restrooms .... Toiletten
riding stable .... Reitstall
right .... rechts
rim .... Rand
rim talk .... Vortrag am Canyonrand
river .... Fluss
river float trips .... Floßfahrten
river raft .... Floß
road .... Straße
road kill
.... im Straßenverkehr getötete Tiere
road map .... Straßenkarte
rock hound .... Mineraliensammler
room .... Zimmer

ruin .... Ruine
saddle horses ..... gesattelte Reitpferde
saddle trip .... Reittour
safety deposit box .... Wertfach
scenic view .... Aussichtsstelle
self-guiding trail .... Weg mit Erklärungen (Broschüre oder Schilder)
shelter .... Schutzhütte
showers .... Duschen
slide program .... Diavorführung
snowmobile .... Schneefahrzeug
south .... Süden
southeast .... Südosten
stagecoach .... Postkutsche
steep .... steil
summit .... Gipfel
sunrise .... Sonnenaufgang
sunset .... Sonnenuntergang
supplies .... Vorräte
sunset rim walk .... Spaziergang
..... zur Sonnenuntergang-Beobachtung
talks .... Vorträge
telegraph service .. Telegrammaufgabe
tenting .... Zelten
time .... Zeit
topographic maps topografische Karten
tower .... Turm
trail .... Pfad
trailer dumping facilities
..... Entsorgungseinrichtung für Camper
trail guide .... Wanderführer/Bergführer
trailhead .... Start ... Wanderweg
transportation desk .... Reiseschalter
turnoff .... Halteplatz
turnout .... Halteplatz
twilight .... Dämmerung
up .... hinauf
upper .... oben, obere
valley .... Tal
viewpoint .... Aussichtsstelle
visitors center .... Besucherzentrum
voucher .... Abschnitt, Gutschein
waiting list .... Warteliste
walk .... Spaziergang
walk-in-permit .... Erlaubniserteilung
.... ohne vorherige Reservierung
water canteen .... Wasserkanister
water supply .... Wasservorrat
weather .... Wetter
west .... Westen
wilderness .... Wildnis
wood .... Wald/Holz
zero .... Null

PARK-GEBÜHREN/entrance fees in US-$

Black Canyon of the Gunnison NM ... 7
Bryce Canyon NP 20
Canonlands NP 10
Capitol Reef NP 4
Cedar Breaks NM 4
Colorado NM 4
Dinosaur NM 10
Florissant Fossil Beds NM .... frei
Glen Canyon NRA 5
Golden Spike NHS 7
Grand Canyon NP 20

Hovenweep NM 6
Lake Mead NRA 5
Mesa Verde NP 10
Natural Bridge NM (umfasst Arches
& Canyonlands) 6
Rocky Mountain NP 10
Zion NP 20
National Park Pass 50
Golden Eagle Passport 65
Info Nationalparks Gebühren:
.... www.nps.gov

14 ENTFERNUNGEN
Entfernungen von Los Angeles & San Francisco

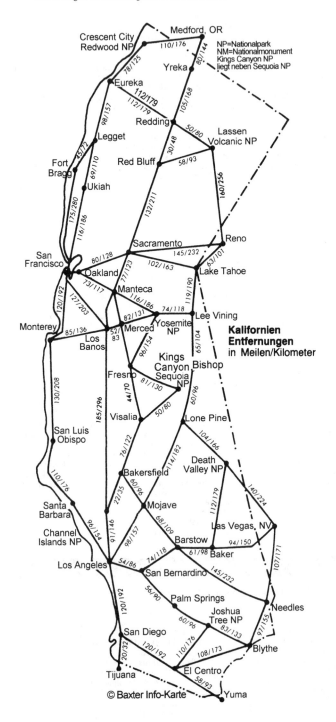

Kalifornien Entfernungen in Meilen/Kilometer

VON KALIFORNIEN 15
Los Angeles

********** *LOS ANGELES* **********
„Amerikas zweitgrößte Metropole"
Ausgangspunkt für Las Vegas und den Westen

Little Tokyo

Chinatown

Universal Studios

NBC TV Studios

Olvera Street

Hollywood

Beverly Hills

Disneyland

Temperaturtabelle in °C

	Jan	Feb	März	Apr	Mai	Jun	Jul	Aug	Sept	Okt	Nov	Dez
ϕ max	19	20	21	22	23	25	28	29	28	26	23	20
ϕ min	8	9	10	12	13	16	18	18	17	15	11	9

Los Angeles auf einen Blick

Vorwahlnummer *(area code):* Siehe S. 18. — **Lage:** *390 mi/628 km* südlich von San Francisco; etwa *140 mi/224 km* nördlich der Ländergrenze USA/Mexiko. — — **Besiedlung:** Los Angeles wurde 1781 gegründet. In den 1890er Jahren **Ölfunde** in der Gegend der City of the Angels. Wegen des angenehmen Klimas ließen sich Anfang der 1900er Jahre **Filmgesellschaften** hier nieder. — — **Einwohnerzahl** von 1852: Etwa *8 000*. — — Heutige **Einwohnerzahl** im Großraum von Los Angeles (besteht aus über 80 verschiedenen Vorstädten!) etwa *14,5 Millionen.* — — **Einwohnerzahl** der City of Los Angeles: Etwa *3,4 Millionen*.

ENTFERNUNGEN IN MEILEN/KILOMETER NACH:

Death Valley NM	*310/496*	*Sacramento*	*390/624*
Disneyland	*35/56*	*San Diego*	*128/205*
Fresno	*216/346*	*San Francisco*	*425/680*
Las Vegas	*268/429*	*Santa Barbara*	*100/160*
Long Beach	*25/40*	*Santa Monica*	*16/26*
Monterey	*335/536*	*Sequoia NP*	*240/384*
Palm Springs	*110/176*	*Ventura*	*70/112*
Pasadena	*8/13*	*Yosemite NP*	*310/496*

Los Angeles International Airport

Lage: Etwa 17 mi/25 km südwestlich vom Stadtkern Los Angeles', in Nähe des Pazifiks. **Santa Monica** liegt etwa 10 mi/16 km nordwestlich, Disneyland etwa 34 mi/54 km südöstlich vom Flughafen. - - **Verkehrsmittel:** Mietwagen, Stadtbusse, Flughafenbusse z. B. Super Shuttle in verschiedenen Richtungen, einschließlich Downtown Los Angeles (Innenstadt), Beverly Hills, Hollywood und Disneyland; auch Taxis. - - **Hotels in Flughafennähe** s. Unterkunft in Flughafennähe. Preiswert und **guter Tip:** Hampton Inn LAX(310)337-1000; **La Cienega Blvd. und I-405.**

16 AUSGANGSPUNKT LOS ANGELES
LAX Unterkunft in Flughafennähe

Landes in Sprache, Mode und Speisen (ja, es gibt Thai Tacos!). Los Angeles ist die größte mexikanische Stadt außerhalb Mexikos, die größte koreanische Stadt außerhalb Koreas und eine der größten chinesischen Städte außerhalb Chinas.

Los Angeles hat über 80 Theater, und mit rund 300 Museen mehr als jede andere Stadt. **Los Angeles** ist Heimat von über 20 Fernsehstationen, 192 Universitäten und Colleges, darunter zwei bedeutende Universitäten – **USC**, University of Southern California (1880 gegründet) und **UCLA**, University of California at Los Angeles (1919).

Schlüssel zur Baxter Info-Karte LAX Flughafen-Unterkunft
mit vielen Baxter-Tipps

LAX Wichtiges & Interessantes:
1-Tom Bradley International Terminal
   -International Arrivals/Ankunft
   -Immigrations/Customs/*Pass/Zoll*
   -Internationale Abflüge
2-L.A. Encounter Café/Theme Building
3-Control Tower
4-LAX Transit Center/MTA Stadtbusse
   -Bus Service zu L.A. Areas
   -Parkplätze
   -kostenloser Bus C von/zu Terminals
5-Alamo Car Rental
6-Carl's Jr./*populäres Fast-food*/24 Std.
7-Taco Bell/*mexikanisches Fast-food*
8-McDonald's
9-Tankstelle/*auch Snacks/Straßenkarten*
10-Post Office/*Postamt*
11-Supermarkt
12-Imperial Terminal
13-Coffee Shop/*Airport Ave. & Arbor Vitae*
14-Public Parking Lot B
   long-term/Langzeit Parken/
15-Airport Parken/*Short Term/Kurzzeit*
16-Tankstelle/Karten
   Airport Ave. & Manchester Ave.
   -Sizzler Restaurant/*Steaks/Salat/*
   östl. an Manchester St.
17-Dockweiler S. Beach/*Strand/Picknick*
   -RV-Camping
18-Supermarkt
   -Marina del Rey/Venice
   -Santa Monica/Malibu/Getty Villa
   -Pacific Coast Highway/*CA 1*
19-Burger King
20-Airport Medical Clinic
21-Sizzler/*Salatbüfett & Steaks*
22-Airport Parking Lot B
   Bus B zu 111*th* Street Parking
23-Proud Bird Restaurant
   gegenüber von Landebahn
24-Autovermietung
25-Jolly Roger Restaurant
   Sepulveda Blvd. & Palm Ave.
   -Palos Verdes Peninsula/El Segundo
   -Manhattan Beach/Redondo Beach
   -San Pedro/*Boote nach Catalina Island*
   -Los Angeles Hafen
   -Long Beach/Queen Mary
   -Long Beach Aquarium of the Pacific
26-Hollywood Park/*Rennbahn*
   -The Forum/*Home of the L.A. Lakers*
   nördl. an Ave. of the Champions
   -Harbor Frwy/*I-110*
   nordw. nach Downtown/Olvera Street
   -Supermarkt/McDonald's
   -San Bernardino Frwy/*I-10*
   -Las Vegas/Palm Springs/Joshua Tree
27-Santa Monica Frwy/*I-10*
   -Santa Monica Blvd./*CA 2*
   -Beverly Hills
   -Sunset Boulevard/Sunset Strip
   -Ventura Frwy/*US 101*
   -Golden State Frwy/*I-5*
   -Getty Center/Getty Museum/Brentwood
28-Disneyland/Knott's Berry Farm
   -Long Beach/Aquarium of the Pacific
   -Huntington Beach/Newport Beach
   -Costa Mesa/South Coast Plaza Mall
   -Santa Ana Frwy/*I-5*
   -San Diego/Legoland/Carlsbad
29-zum Harbor Frwy/*I-110*
   -zum Long Beach Frwy/*I-710*
   -zum San Gabriel River Freeway/*I-605*

LAX Hotels/Motels/*Area Code* (310):
A-$$$ Wyndham Los Angeles Airport
   670-9000/Fax 670-8110
B-$$$ Sheraton Gateway Hotel at LAX
   642-1111/Fax 645-1414
C-$$$ Crowne Plaza Los Angeles Airport
   642-7500/Fax 417-3608
D-$$$ Marriott Airport
   641-5700/Fax 337-5353
E-$$$ Embassy Suites Int'l Airport
   215-1000/Fax 215-1952
F-$$ Four Points Hotel LAX
   645-4600/Fax 216-7029
G-$$$ Hilton Los Angeles Airport
   410-4000/Fax 410-6177
H-$$$ Westin LAX Hotel
   216-5858/Fax 645-8053
K-$$ Travelodge at Lax
   649-4000/Fax 649-0311
L-$$ Quality Hotel Los Angeles Airport
   645-2200/Fax 641-8214
M-$$ Holiday Inn International Airport
   649-5151/Fax 670-3619
N-$$ Hampton Inn LAX Int'l Airport
   846-3200/Fax 645-6925
O-$$ Motel 6 Los Angeles Airport
   419-1234/Fax 677-7871
P-$$ Comfort Inn & Suites
   671-7213/Fax 671-1804
R-$$$ Embassy Suites LAX South
   640-3600/1440 E. Imperial Ave.
S-$$ Hacienda Hotel
   615-0015/*Mariposa & N. Sepulveda*
T-$$ Super 8
   670-2900/Fax 410-1787
U-$$ Days Inn Airport Center
   649-0800/901 W. Manchester
V-$$$ Renaissance LAX
   337-2800/Fax 216-6681
W-$$ Best Western Suites Hotel
   677-7733/Fax 671-7722
X-$$ Howard Johnson/8620 Airport Blvd.
   645-7700/Fax 645-2958
Y-$$ Super8/Exit Hawthorne N. *I-105*
   672-0740/Fax 672-19041 *mi östl. I-405*
Z-$$ Furama Hotel Los Angeles
   670-8111/Fax 337-1883

AUSGANGSPUNKT LOS ANGELES 17
Baxter Info-Karte: LAX Unterkunft in Flughafennähe

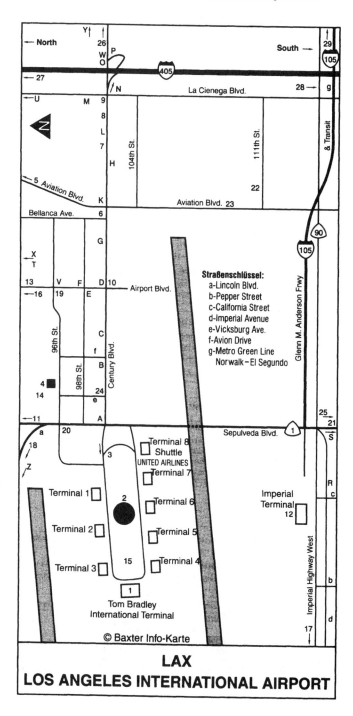

18 AUSGANGSPUNKT LOS ANGELES
Temperaturen/Entfernungen

Die **Los Angeles Area** bietet eine Fülle von Attraktionen. Touren durch Film- und Fernsehstudios, weltberühmte Museen, Shopping à la Carte mit Mega und Mini Malls, elegante Einkaufsstraßen, Theater, pompöse Villenviertel der Hollywoodprominenz, Restaurants von Weltruf, Sonne und herrliche Badestrände, die Beach Boys berühmt gemacht haben. **Rodeo Drive, Sunset Boulevard, Hollywood Boulevard** und **Disneyland** – das alles ist **L.A.**!

 Temperaturtabelle in °C

	Jan.	Febr.	März	Apr.	Mai	Jun.	Juli	Aug.	Sept.	Okt.	Nov.	Dez.
∅ max.	19	20	21	22	23	25	28	29	28	26	23	20
∅ min.	8	9	10	12	13	16	18	18	17	15	11	9

 Los Angeles Quick-Fakten:
City of Los Angeles: 3,6 Millionen Einw.; 1210 km²
County of Los Angeles: 9,4 Millionen Einw.; 10 575 km²
Los Angeles 5-County Area mit Los Angeles, Riverside, Ventura, Orange u. San Bernardino Counties: 15,5 Millionen Einw.; 88 446 km²
Los Angeles Region umfasst 256 km Küste; Höhenlage 3 m unter bis 3072 m über Meeresspiegel.
Los Angeles County größte Latino Population der USA: 2,5 Millionen.
County Beach Besucherzahl: ca. 54 Millionen.

Entfernungen in Meilen/Kilometer von L.A. nach:

Barstow	138/221	Pasadena	8/13
Blythe	235/376	San Bernardino	65/104
Death Valley Nationalpark	315/504	Sacramento	390/624
Disneyland	35/56	San Diego	128/205
Fresno	216/346	San Francisco	425/680
Grand Canyon Nationalpark/Süd.	507/811	Santa Barbara	100/160
Kingman, Arizona	326/522	Santa Monica	16/26
Las Vegas, Nevada	293/469	Sequoia Nationalpark	240/384
Long Beach	25/40	Ventura	70/112
Monterey	335/536	Yosemite Nationalpark	310/496
Palm Springs	119/190	Zion Nationalpark, Utah	460/736

3 TAGE LOS ANGELES

☆Baxter's Vorschlag ☆zum **3-Tage-Aufenthalt** in Los Angeles beginnt in **Beverly Hills** und endet in **Santa Monica** (Unterkunft entweder Beverly Terrace Beverly Hills oder Holiday Inn. ☆
1. Tag: ☆ Petersen Automotive Museum, 6060 Wilshire Blvd. ☆ Hollywood Blvd. zu Hollywood Mann's Chinese Theater mit Autogrammen/Fuß- und Handabdrücken der Stars ☆ auf dem Weg zu Musso & Frank Grill für Lunch entlang Walk of Fame ☆ interessante Architektur des Egyptian Theater bewundern, 6708 Hollywood Blvd. ☆
Nachmittags nach Burbank 2stündige Warner Bros. Studio VIP Tour (vorher anmelden 818-954-1744) ☆ guten Blues genießen im House of Blues am Sunset Strip in West Hollywood, 8430 Sunset Blvd. ☆
2. Tag: ☆ Frühstück bei Nate 'n Al, 414 N. Beverly Dr., Beverly Hills ☆ entlang Melrose Avenue: Pacific Design Center, 8687 Melrose Ave. ☆ Downtown L.A. – in Pershing Square Tiefgarage parken ☆ zum Biltmore Hotel in Downtown, 506 S. Grand Ave. ☆ Los Angeles Central Library, 630 W. Fifth St. ☆ Lunch im Café Pinot, 700 W. Fifth St. ☆ Rolltreppe zu Bunker Hill Steps ☆ MOCA, 250 S. Grand Ave. ☆ Grand Central Market auf Broadway ☆ Lunch auf Olvera Street ☆ abends Swing im Derby, 4500 Los Feliz, NO-Rand L.A. ☆
3. Tag: ☆ Schaufensterbummel auf Rodeo Drive, Beverly Hills. ☆ nach Downtown Santa Monica, Third Street Promenade, Third St. zwischen Broadway & Wilshire Blvd. ☆ Santa Monica Pier, Fuß von Colorado Ave. ☆ J. Paul Getty Museum/Getty Center, 1200 Getty Center Dr. (zum Parken vorherige Anmeldung erforderlich!) ☆

AUSGANGSPUNKT LOS ANGELES

Baxter-Tipps für L.A.

Baxter-Tips für Los Angeles

- **Raucher:** Rauchverbot in Restaurants und an öffentlichen Plätze.
- **Nach Ankunft** in Los Angeles keine große Etappe mit Mietauto; in Flughafennähe übernachten – 9 Stunden Zeitunterschied und Jetlag!
- **Zwischen** Ankunft LAX und Airport Hotelbett mindestens **3 Std.**
- **Preiswert** & verkehrsgünstig: Hampton Inn LAX – siehe Baxter Info-Karte LAX. siehe S. 16/17.
- Discount **Coupons** Universal Studios, Disneyland bei Autovermieter.
- Bei Stau vom LAX auf *I-405* Nord parallel *Sepulveda Blvd.* benutzen.
- **Weekend rate** für Downtown Luxushotels nutzen – trotz deftiger Parkgebühren Luxus für wenig Geld!
- Bei **Downtown** Unterkunft, Sightseeing **zu Fuß** – für Stadtverkehr auch DASH Busse oder Metro Red Line.
- Parken in **Downtown,** Tiefgarage unter **Pershing Square**.
- Museen **montags** geschlossen.
- **Nachtschwärmer** Unterkunft in West Hollywood, nah am Geschehen.
- Für Nachtschwärmer in Downtown: The Original Pantry, 877 S. Figueroa St., ist **24 Std.** offen – schon seit einem halben Jahrhundert!
- Downtown nicht als **Standquartier** für L.A. Umgebung, da Autofahrt in westliche Stadtteile zu lang; Hollywood liegt strategisch günstiger.
- Downtown Shopping Trolley Freitag nachmittags ½ Std. **kostenlose** Erkundungstour mit *hottest* Shopping Areas, einschl. Fashion District.
- Mit **Außenaufzug** im Bonaventure Hotel zum 35. Stock für fantastische Aussicht (aber schwindelfrei sollte man sein).
- L.A.'s bestes und **billigstes** mexikanisches Essen findet man im **Grand Central Market.**
- Winzigen **Angel's Flight** auf Hill Street für 25 Cents benutzen.
- Von *Wilshire* zwischen *Figueroa* und *Beaudry* gute Position für 4stöckiges Freeway-Kleeblatt-Foto.
- **Miracle Mile** – auf *Wilshire* zwischen *La Brea* und *Fairfax Ave.*
- Populäre **Sushi Bars** in Little Tokyo: Hama Sushi (335 E. 2nd), Sushi Gen (422 E. 2nd.).
- **Top Brews** für asiatisches Sake, ein Reisgebräu, kein Bier: Matsuhisa, 129 N. La Cienega Blvd.; R-23, an 923 E. Third St. – „It's a sneaky drink and it's sexy".
- L.A. hat zwar das Image einer gewalttätigen Stadt, doch ist es dort nicht gefährlicher als auf den Straßen anderer Metropolen. In Downtown sowie in anderen unbelebten Gegenden **nachts** besser **nicht** zu Fuß unterwegs sein. Wer zum Watts Tower in South Central L.A. will, sollte den Weg genau kennen oder Ortskundige dabei haben. Nachts ist South Central extrem gefährlich – soziales Pulverfass (Ghetto-Aufstand 1992).

Was man unbedingt in Downtown sehen sollte:

- Blick von Hoteltürmen auf die funkelnden **Lichter** der Stadt bei Nacht.
- **Olvera Street** – mexikanisches Flair mit farbenprächtigen Shops, Restaurants an Los Angeles' Geburtsstätte mit ältestem Wohnhaus der Stadt erleben.
- **MOCA** ist ein MUSS für den Kunst-beflissenen Besucher – erstaunliche Architektur.
- Für **Architektur**-begeisterte – italienische Renaissance des Biltmore Hotels, Beaux Arts-Architektur der Central Library, Missionsstil des Union Station.
- **Angel's Flight Railway** benutzen: für 25 Cents 1 Minute Fahrt.
- **Theater-** & Konzertviertel um 1st Street & Grand Ave.

UNIVERSAL STUDIOS

Eine der populärsten Attraktionen von Los Angeles ist **Universal Studios**, in **Universal City** – zwischen Hollywood und dem San Fernando Valley,

20 AUSGANGSPUNKT LOS ANGELES
Universal Studios Hollywood Orientierung/Fahrt nach Las Vegas

begrenzt von North Hollywood, etwa 20 Minuten nördlich von Downtown Los Angeles und südwestlich von Burbank, wo sich die Vielzahl der übrigen Film- und Fernsehstudios befindet. Mit Studiotouren bieten die weltgrößten Film- und Fernsehstudios einen faszinierenden Blick hinter die Kulissen der Filmindustrie. Der Komplex umfasst Restaurants, Shops und Entertainment für viele Stunden Erlebnis.

Wie kommt man hin/Orientierung

- **Mit dem Auto: Von Los Angeles International Airport/LAX:** Vom Flughafen auf *I-105* Freeway East bis *I-110*/Harbor Freeway North, auf *I-110/CA 110* durch Downtown bis *US 101*/Hollywood Frwy North bis *Universal Center Dr.*, rechts abbiegen Richtung Universal Center und Schildern zu Studios und Parkplatz folgen.
- **Mit dem Bus:** Stadtbus #150 (Woodland Hills) fährt westwärts auf *Hollywood Blvd.*, bei *Ventura & Lankershim* aussteigen; zu Fuß bis Pendelbus-Haltestelle für Studiobesucher an *Lankersheim & Universal Terrace*, kostenlosen Pendelbus benutzen oder weiter zu Fuß den Hügel hinauf.
- **Von Hollywood:** Auf Hollywood Freeway/*US 101* North bis Exit *Universal Center Dr.*; Beschilderung zu Universal Studios folgen; 3 Min. nördlich von *Hollywood & Vine*. Freeway Zufahrt *Highland Blvd.*, Nähe Hollywood Bowl *Sunset Blvd.*/Nähe KTLA Studios, *Hollywood Blvd.* ca. 3 mi/5 km östlich von Mann's Chinese Theater und *Franklin & Vine St.*
- **Öffnungszeiten.** Im Sommer, Mitte Juni bis Anfang Sept. tägl. 8-22 Uhr (Kassenöffnung ½ Std. früher), letzte Backlot Tram Tour 17.15 Uhr; über genaue Zeiten erkundigen. (818)508-9600/Fax (818)622-6444.
- **Anschrift.** Universal Studios Hollywood, 100 Universal City Plaza, Universal City, CA 91608. Info über Internet: www.universalstudios.com
- **Tickets:** $40/Erw., $30 Kinder (3-11), Senior Citizens $34; umfasst Eintritt, Entertainment Center Shows, Backlot Tram Tour und die verschiedenen Attraktionen. Coupons für Ermäßigung benutzen –von Hotels, Autovermieter.
- **Mit 6-8 Std.** Aufenthalt rechnen.
- **Parken.** Eingang und Parkplätze befinden sich oben auf dem Hügel, zu dem *Universal Center Dr.* führt. Parkgebühr $7/Pkw, $10/RV. Bei Parkhausbenutzung Anfahrt von *Lankersheim Blvd.* wählen.

Schlüssel zur Baxter Info-Karte: L.A.—Las Vegas via Barstow
mit vielen Baxter-Tipps

Orientierung:
1-Los Angeles
2-Palm Springs
3-San Diego
4-Palmdale/Lancaster
5-Lone Pine
 -Mammoth Lakes
 -Lee Vining
 -Yosemite NP/Tioga Pass
 -Death Valley NP
6-Lucerne Valley
 -Big Bear Lake
 -Joshua Tree NP
 -Palm Springs
7-Bakersfield
 -Sequoia NP
8-Lucerne Valley
 -Big Bear Lake
 -Joshua Tree NP
 -Palm Springs
9-Needles, AZ
10-Las Vegas
11-Roy Rogers Dale Evans Museum
 -The Mall
 -Dennys

Unterkunft, Tel./Fax:
A-$$$ Holiday Inn Airport
 (909)466-9600/941-1445
-$$ Best Western Ontario Airport
 (909)937-6800/937-6815
-$$$ Doubletree Hotel Ontario Airport
 (909)983-0909/983-8851
-$$ Good Nite Inn
 (909)983-3604/986-4724
-$$ Super 8
 (909)983-7721/983-0755
-$$ Travelodge
 (909)984-1775/984-7795
-$$ Red Roof Inn
 (909)988-8466/986-5456
-$$$ Quality Inn
 (909)986-8898/986-1377
B-$$ Best Western Heritage Inn
 (909)466-1111/466-3876
C-$$ Travelodge Victorville
 Apple Valley
 (760)243-7700/243-4432
-$$ Motel 6
 (760)243-0666/243-2554
D-$$ Best Western Green Tree Inn
 (760)245-3461/245-7745
E-$$ Best Western Desert Villa Motel
 (760)256-1781/256-9265
F-$$ Comfort Inn
 (760)256-0661/256-8392
-$$ Econolodge
 (760)256-2133/256-7999
-$$$ Holiday Inn
 (760)256-5673/256-5917
-$$ Super 8
 (760)256-8443/256-0997
-$$ Quality Inn Barstow
 -(760)256-6891/256-3850

AUSGANGSPUNKT LOS ANGELES 21
Baxter Info-Karte: Von L.A. auf *I-10 & I-15* via Barstow nach Las Vegas

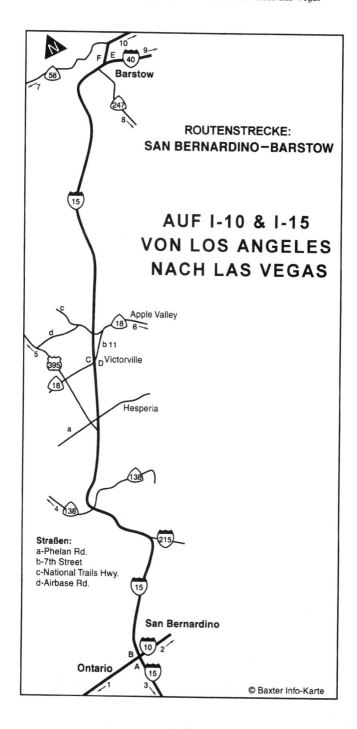

22 AUSGANGSPUNKT SAN FRANCISCO
Orientierung/Tipps/Temperaturen

SAN FRANCISCO

»Ausgangspunkt für den Westen/Golden Gate Brücke/Cable Cars/Muir Woods«

🌡 Temperaturtabelle in °C

	Jan.	Febr.	März	Apr.	Mai	Jun.	Juli	Aug.	Sept.	Okt.	Nov.	Dez.
⌀ max.	13	15	16	16	17	18	18	18	21	20	17	14
⌀ min.	8	9	9	9	11	12	12	12	13	13	11	8

San Francisco auf einen Blick

Vorwahlnummer *(area code)*: (415); San Francisco Airport Area (650). – – **Lage**: 390 mi/628 km nördlich von Los Angeles, auf der Halbinsel zwischen San Francisco Bay und Pazifik. – – **Besiedelung & Name:** 28. März 1776 durch Lt. Col. Don Juan Bautista de Anza. US-Flagge erstmals am 9. Juli 1846 in der Gegend durch Commander John B. Montgomery gehisst. 1847 Name der Siedlung von Yerba Buena in San Francisco geändert, nachdem spanische Siedler die Bucht im 16. Jh. Nach dem Hl. Franz von Assisi benannt hatten. – – **Einwohnerzahl**: 1852 ca. 40 000, heute ca. 789 600 in der Stadt und rund 6,7 Millionen im Großraum San Francisco-Oakland-San Jose. – – **Erdbeben**: 18. April 1906 weite Teile der Stadt völlig zerstört (Stärke 8,3); 17. Okt. 1989 Einsturz der (4 km langen San Francisco-Oakland Bay Bridge sowie 0,8 km langer Abschnitt des Nimitz Freeway *(I-880)*, doppelstöckiger Freeway in Oakland – 62 Tote. Das Epizentrum des zweitschlimmsten Erdbeben des Landes von der Stärke 7,1 auf der Richterskala befand sich ca. 90 km südlich von San Francisco, in der Nähe von Santa Cruz unter dem Berg Loma Prieta in den Santa Cruz Mountains (entlang einer 50 km langen Front des San-Andreas-Grabens). 14. Jan. **1994** Northridge Erdbeben der in Los Angeles Area mit 61 Toten (Stärke 6.8). **2000** – Eröffnung des neuen International Terminal im SF International Airport.

Straßen & Verkehrsmittel

Straßen: *I-80, CA 1 (Pacific Coast Highway, US 101* (streckenweise Camino Real genannt) laufen in San Francisco zusammen. – – **Bahn**: Bahnhof am Transbay Terminal mit Busverbindung zum Oakland-Bahnhof. – – **Busse**: Greyhound am Transbay Terminal. – – **Mietwagen**: Vermieter in der Innenstadt, Nähe Union Square.

Vorschlag für 1-Tag Besuch

Bummel am Union Square, Cable Car Museum ansehen, Fisherman's Wharf Area und Chinatown.

Vorschläge für 2-3 Tage Aufenthalt

Union Square, Fisherman's Wharf, Chinatown; Golden Gate Park, Muir Woods, Golden Gate Bridge, Sausalito; Financial Area, Fahrt zur Insel Alcatraz.

Ausflüge von San Francisco

Monterey, Carmel & Big Sur; Stinson Beach, Point Reyes National Seashore; Sonoma & Napa; Oakland & Berkeley; Sausalito; Muir Woods; Santa Clara & San Jose.

Baxter-Tipps für den richtigen Start für SF (San Francisco)

● Für die ersten 1-2 Tage benötigt man **kein** Auto in San Francisco. Attraktionen lassen sich bequem zu Fuß mit der Cable Car oder Stadtbus erreichen. Busse von Stadtmitte zum Golden Gate Park
● Unterkunft in Fisherman's Wharf günstige **Ausgangsbasis** zur SF-Erkundung.
● Pulli oder leichte Jacke mitnehmen, da insbesondere am Spätnachmittag die Temperaturen mit dem über die Golden Gate Bridge einziehenden **Nebel** fallen.
● Besuch von **Muir Woods Nationalmonument** unbedingt empfehlenswert (insbesondere für diejenigen, deren Reise nicht hinauf zum Redwood Nationalpark führt). Gray Line bietet preiswerte, halbtägige Ausflüge mit Halt auf der Golden Gate Bridge und in Sausalito.
● Für Ausflug zur Insel Alcatraz und Besichtigung tel. Reservierung – siehe S. **27**. Bequeme Schuhe, da man bei der Tour **viel laufen** muss.
● **Super SF Panoramafoto vom Nordend-Parkplatz der Golden Gate Bridge.**
● **Zu Fuß** Ober die Golden Gate Bridge dauert etwa **45 Minuten**! Unbedingt leichte Jacke mitnehmen.

AUSGANGSPUNKT SAN FRANCISCO

Baxter Info-Karte: San Francisco Area

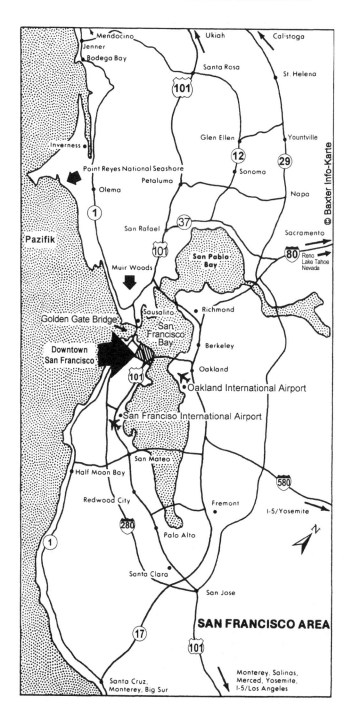

24 AUSGANGSPUNKT SAN FRANCISCO
San Francisco International Airport Area

Kartenschlüssel zur San Francisco Airport-Area
mit vielen Baxter-Tipps

Wichtiges & Interessantes/Tipps:
1. San Francisco (SF) Airport Terminal
2. El Torito Restaurant
   mexikanische Küche
   - Charley Browns Restaurant
     Steaks & Hummer (lobster)
3. Alamo Car Rental
4. Sizzler Restaurant
   Steaks/Salad Bar
5. Restaurants/Shops
6. Supermarkt
7. Hospital
6. Lyons Restaurant
   24 Std. geöffnet
9. Wendy's
10. QQ House of Pancakes
    Hähnchen/Steaks/Pfannkuchen
11. Burger King
12. Millbrae Shopping Square
    Warenhaus/Drugstore
13. McDonald's
14. Millbrae Pancake House
    auch Steaks & Hähnchen
15. Kentucky Fried Chicken
16. Taco Bell
17. IHOP
    Sandwiches/Steaks/Pfannkuchen
18. Police/*Polizei*
    - San Bruno Public Library/*Bücherei*
19. Chili's Restaurant
    gute Fajitas
20. Tanforan Park Shopping Center
    mit Emporium/J.C. Penney
21. Drugstore/Supermarkt/Bakery/*Bäckerei*
22. Fast-food
    - Bayhill Shopping Center
    mit Supermarkt/Drugstore
    Ursula's Gourmet Delicatessen
23. Golden Gate National Cemetery
24. Commodore Park
    Spielplatz/Trimm-Pfad
25. United Airlines
    Maintenance Operation Center

Flughafen-Area Unterkunft/
Vorwahl/*area code* (650):
für Fax- & geb.freie 1-800- Tel.-Nrn. der
zentralen Reservierungsstelle siehe S. 460!

Südlich vom Flughafen:
A-$$$ SF Airport Hilton
    (650)872-1515/Fax 872-1064
B-$$$ Westin SF Airport
    692-3500/Fax 872-8111
-$$$ Clarion Hotel SF Airport
    692-6363/Fax 777-7776
C-$$$ Marriott SF Airport
    692-9100/Fax 692-9861
D-$$ Vagabond Inn SF Airport
    692-4040/Fax 692-5314
E-$$$ Hyatt Regency SF Airport
    347-1234/Fax 347-5948
F-$$ Ramada SF Airport
    347-2381/Fax 348-8838
G-$$$ Sheraton Gateway SF/Burlingame
    340-8500/Fax 340-0599
-$$$ Doubletree SF Airport
    344-5500/Fax 347-9887

Nördlich vom Flughafen:
H-$$ BW Grosvenor Hotel
    873-3200/Fax 589-3495
-$$ Travelodge SF Airport North
    583-9600/Fax 873-0282
I-$$ Ramada Inn SF Airport North
    589-7200/Fax 588-5007
J-$$ Holiday Inn SF Airport North
    873-3550/Fax 873-4524
K-$$ Super 8 SF Airport
    877-0770/Fax 871-8377
L-$$$ Radisson Brisbane/467-4400
M-$$ La Quinta SF Airport
N-$$ Comfort Suites SF Airport
    589-7100/Fax 589-7798
-$$ Hampton Inn SF Airport
    873-3550/Fax 876-0600

Entlang Camino Real/CA 82
O-$$ Courtyard SF Airport
    952-3333/Fax 589-7796
P-$$ Comfort Inn Airport West
    952-3200/FAX 952-0474
R-$$ BW El Rancho Inn
    588-8500/Fax 871-7150
S-$$ Travelodge SF Airport South
    697-7373/Fax 697-7387
T-$$$ Summerfield Suites Hotel
    588-0770/Fax 588-0892

SAN FRANCISCO INTERNATIONAL AIRPORT (SF0)

Gateway to the World – so nennt sich der Flughafen **San Francisco International Airport** (SF0). **SF0** liegt ca. 15 mi/24 km südlich von Downtown San Francisco. Außer Nord- und **Südterminal** für Inlandsflüge umfasst er den im Sommer 2000 eröffneten **Internationalen Terminal** (der größte internationale Terminal Nordamerikas). Airport Rail Transit System **AirTrain** verbindet mit 9 Stationen bequem alle Terminals, Parkhäuser, Mietwagen Area sowie ein Flughafenhotel.

Außerdem gibt es Direktverbindung mit Zügen der San Francisco **BART** (Bay Area Rapid Transit) nach Downtown San Francisco (ca. 36 Min. Fahrt); Abfahrt vom *Departure Level*/Abflugebene des International Terminal. **SamTrans & SF0 Airporter** Busse fahren vom *upper level*/obere Ebene des North und International Terminals ab. SamTrans Busse fahren Mission Street entlang zum Transbay Terminal in Downtown San Francisco.

AUSGANGSPUNKT SAN FRANCISCO 25
Baxter Info-Karte: San Francisco International Airport Area

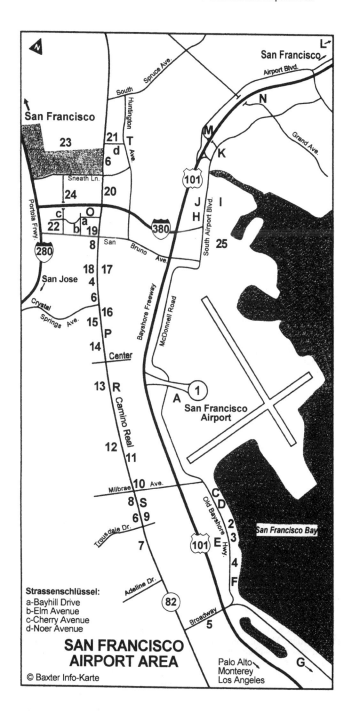

26 AUSGANGSPUNKT SAN FRANCISCO
Entfernungen/Geschichte

Außer Restaurants, Shops – darunter Designerläden und ein San Francisco **MOMA** Museum Store (Museum of Modern Art), Information und Geldwechselbüros/Change gibt es in allen Terminals Schließfächer. Fluggäste haben im neuen International Terminal Gelegenheit, Zeit im **Louis A. Turpen Aviation Archive & Museum** zu verbringen, in dem Artefakte der kommerziellen Luftfahrt ausgestellt sind.

Entfernungen in Meilen/Kilometer

Big Sur	150/240	Napa Valley	50/80
Carmel	30/208	Phoenix	820/1312
Death Valley	530/848	Redwood NP	375/600
Grand Canyon NP	760/1216	Reno	230/368
Lake Tahoe	206/330	Sacramento	90/144
Lassen Volcanic NP	256/400	San Diego	540/864
Las Vegas	615/984	San Jose	50/80
Los Angeles	425/680	Santa Barbara	344/550
Mendocino	160/256	Seattle	850/1360
Monterey	120/192	Sequoia NP	286/457
Muir Woods	17/27	Yosemite NP	200/320

Allgemeiner & geschichtlicher Überblick

Trotz steigender Hotel- und Flugpreise gilt die reizvolle Stadt **San Francisco** immer noch als absolut lohnendes Weltreiseziel. Die interessante Metropole am Pazifik erstreckt sich über eine 121 Quadratkilometer große Halbinsel, die im Westen vom Pazifik, im Norden von der Golden Gate Strait und von Nord nach Ost von der **San Francisco Bay** begrenzt wird. Zwei weltberühmte Brücken überspannen die Bucht – **Golden Gate Bridge** (das Wahrzeichen der Stadt) und **San Francisco—Oakland Bay Bridge**, mit den vier Inseln **Alcatraz, Angel, Yerba Bueno** und **Treasure Islands**. Die Stadt ist auf einer Serie von über 40 Hügeln erbaut. Die bedeutendsten Hügel, die San Francisco zu seinem Beinamen „City of Seven Hills" (Vergleich mit Rom, der Stadt auf sieben Hügeln) verholfen haben, sind **Nob, Russian, Telegraph, Twin Peaks, Mount Davidson, Rincon** und **Lone Mountain**.

Als man vor über zwei Jahrhunderten die USA an der **Ostküste** gründete, hatten bereits schon viel früher Entdecker und Seefahrer an der Westküste für San Franciscos Bedeutung gesorgt. Bereits im **16. Jahrhundert** waren drei sehr bekannte Seefahrer – darunter **Fortune Ximes 1534, Juan de Cabrillo 1542** und schließlich der eitle **Sir Francis Drake 1579** – entlang der kalifornischen Küste gesegelt. Trotz Englands starkem Interesse an diesem Teil Amerikas, blieb dieses Gebiet spanisch.

Am **5. August 1775** fuhr das spanische Segelschiff »*San Carlos*« unter dem Kommando von Lt. Juan Manuel de Ayala als erstes Schiff in die San **Francisco Bay**. Ayala blieb bis zum 18. Sept. 1775 zur Erkundung der Bucht. **Padre Junipero Serra** (1713-1784), der als Gründer der 21 kalifornischen Missionen entlang des *El Camino Real* gilt, baute **1776** in San Francisco die heute als **Mission Dolores** bekannte Mission **San Francisco de Asis**. Die erste europäische Siedlung wurde 1776 von einem spanischen Offizier, Colonel Juan Bautista de Anza, der das Presidio an der Südküste vom Golden Gate errichtete, gegründet. Das sich daraus entwickelnde Dorf behielt bis 1847 den Namen Yerba Buena, bis man es offiziell in San Francisco umtaufte. Mit Mexikos Unabhängigkeit von Spanien im Jahre 1821 blieb Kalifornien eine Provinz Mexikos. Kalifornien wurde erst **1846** nach dem Aufstand **The Bear Flag Rebellion** unabhängig und von Mexiko als Territorium der USA abgetreten.

Mit den Goldfunden **1848** bei der Sägemühle **Sutter's Mill** in **Coloma** (etwa 140 mi/224 km nordöstlich von San Francisco und 50 mi/80 km nordöstlich von Sacramento) brach schließlich **1849** der große Goldrausch/*gold rush* aus, der Tausende von Goldsucher (die sogenannten *Fortyniners*) nach Kalifornien lockte – über 40 000 Menschen trafen in SF ein. Dem Wachstum Kaliforniens stand danach nichts mehr im Wege, und so wurde Kalifornien bereits **1850** der 31. Bundesstaat der Vereinigten Staaten von Amerika.

AUSGANGSPUNKT SAN FRANCISCO
Baxter-Tipps

San Francisco entwickelte sich in der letzten Hälfte des 19. Jahrhunderts zum Zentrum des rasch wachsenden Landes. **1906 fiel die Stadt einem gewaltigen Erdbeben (Stärke 8,3 auf der Richterskala) und verheerenden Brand zum Opfer.** Nach dieser Katastrophe erholte sich die Stadt ziemlich schnell und konnte sich nach Wiederaufbau bereits **1915** zur Ausstellung **Panama-Pacific International Exposition** schon wieder von ihrer besten Seite zeigen. **1945** wurde die Charta der Vereinten Nationen, *United Nations Charter*, in San Francisco unterzeichnet. Die liebens- und lebenswerte Stadt ist für jeden attraktiv, sei es hier zu wohnen, zu arbeiten oder nur zum Besuch. San Francisco hat für jeden etwas – kosmopolitische Atmosphäre, herrliche Restaurants, in der sich die Völkervielfalt zeigt, elegante Geschäfte und Boutiquen, Museen und Theater, historische Stätten, eine atemberaubende Szenerie, Parks, Übernachtungsmöglichkeiten verschiedenster Preisklassen und natürlich die beliebten Cable Cars, *America's only National Historic Landmark on wheels* – Amerikas einziges Nationaldenkmal auf Rädern! Bei der Entdeckungsreise durch San Francisco kann man durchaus sein Herz verlieren wie in dem berühmten Song *»I lost my heart in San Francisco...«*!

Baxter-Tipps & San Francisco Fakten

♦ **Muss-Attraktionen:** Cable Cars – – Fisherman's Wharf und Restaurants mit Bay-Blick und den Seelöwen – – Alcatraz, einst sicherstes Zuchthaus für Schwerverbrecher, heute National Park – – Chinatown, größte asiatische Enklave außerhalb Asiens – – Golden Gate Park mit seinem japanischen Teegarten, Steinhart Aquarium, Morrison Planetarium, Museen und weiter bewaldeter Parklandschaft – – 1776 von spanischen Mönchen gegründete Mission Dolores – – von Pagode gekröntes Japan Center – – Cow Hollow genanntes viktorianisches Einkaufsviertel an Union Street – – Ocean Beach und Seal Rocks – Union Square, Heimat der Hauptgeschäfte wie Macy's – – North Beach – „Little Italy of the West"
♦ **Alcatraz Island** via Fähre von Pier 41 an Fisherman's Wharf (20 bis 25 Min.) Tickets tel. mit Kreditkarte oder am Kartenschalter an Pier 41 (Mo. bis So. 8.30-17 Uhr); Tel (415)705-5555. Hin- & zurück mit Audio Tour $12.25 (ohne Audio Cellhouse Tour $8.75). Im Sommer und Herbst mind. 1 Woche im voraus reservieren!! Steiler Aufstieg auf der Insel (kein Aufzug!). Info vom Internet: www.blueandgoldfleet.com/abcsc.htm Kostenlose Ranger-Führungen außerhalb der Gefängniszellen.
♦ **Von Union Square zum Fisherman's Wharf:** Via *Cable Car* oder *Muni Bus* **#15-Third** (Endstation *Bay & Kearny Sts.*, Nähe Pier 39) oder Bus **#30-Stockton** (bis The Anchorage, The Cannery & Ghirardelli Square) Ecke *Kearny & Market Sts.*
♦ **Discount Transit Pass:** *One-day Passport* $6, *Three-day Passport* $10, *Seven-day Passport* $15; umfasst Cable Cars, Muni Busse, Muni Metro & F-Market Straßenbahn. Berechtigt auch zu Ermäßigung bei Eintrittskarten verschiedener Museen und Attraktionen.
♦ **Cable Cars:** Wartezeiten bei Powell & Mason Linie sind kürzer als bei Powell & Hyde Linie.
♦ **Self-guided driving Tour/49-Mile Scenic Drive:** Ca. 4-5 Std. Fahrt, je nachdem wie oft man hält. Info/Broschüre beim Visitors Info Center.
♦ **Information auf deutsch:** Info-Hotline (415)391-2004.
♦ **Informationstelle in Downtown SF:** Visitors Info Center, untere Ebene Hallidie Plaza, 900 Market & Powell Sts. Mo.-Fr. 9-17, Sa./So. 9-15 Uhr.
♦ **Von SF zum Yosemite Nationalpark:** Via San Francisco-Oakland Bay Bridge ostwärts von *I-580;* ostwärts auf *I-580* bis *Hwy 205 East,* der zu *Hwy 120 East* führt; auf Hwy 120 direkt zu Yosemite.
♦ **Unterkunft Reservierung in Yosemite:** (559)252-4848; Camping: 1-800-436-7275.
♦ **Zuschauersport:** *Baseball* im Pacific Bell Park – Oakland A's, Giants; *Football* – 49ers; *Basketball* – Golden State Warriors; *Hockey* – San Jose Sharks. Info bei Visitor Info Center.
♦ **Temperaturen** steigen selten über 24°C oder fallen unter 7°C; und mit dem Morgen- und Abendnebel herrscht „natürliche *air conditioning".*
♦ **Sutro Tower** mit 299 m höchster Punkt (Basis beginnt auf 253 m ü.M.), **Transamerica Pyramid** mit 260 m **höchstes** Gebäude.
♦ **Steilste Straßen:** 31,5% **Filbert** zwischen *Leavenworth & Hyde,* **22nd Street** – *Church & Vicksburg;* 29% **Jones** – *Union & Filbert.*

28 AUSGANGSPUNKT SAN FRANCISCO
Verkehrsmittel/Info/Restaurants

PRAKTISCHE INFORMATION

● **Informations-/Auskunftstelefonnummern**
Vorwahlnummer/*area code* 415 (Flughafen Area 650). – – Tonbandinfo über Veranstaltungen auf deutsch: 391-2004. – – San Francisco Convention & Visitors Bureau Informationen, Mo.-Fr. Tel. 974-6900. – – Unterkunft & Veranstaltungen: 391-2000 – – Golden Gate National Recreation Area und Fort Mason Informationen: 556-0560. – – Tonbandinfo über Museen der California Academy of Sciences im Golden Gate Park: 752-8268. – – Northern California Informationen von der Redwood Empire Association/Mo.-Fr.: 543-8334.

Neueste Fahrpläne, Abfahrtszeiten und Preise: BART/**B**ay **A**rea **R**apid **T**ransit U-Bahn *(subway service)*, 788-BART; BART (Station direkt im Flughafen): (650)992-2278. – – Busse, Cable Cars, Trolley-bus/O-Busse: 673-MUNI – – Golden Gate Transit Busse (zur Golden Gate Bridge und nördlichen Punkten) sowie Fährverbindungen *(ferry service)* nach Sausalito: 332-6600 – – AC Transit-Verbindungen nach Oakland und anderen Punkten der East Bay: (510)839-2882 – – Sam Trans (**San Mateo Transit**) Busse vom Flughafen San Francisco International Airport zum Transbay Terminal über *7th & Mission*: 1-800-660-4287. In den gelben Seiten/Yellow Pages U-Bahn und Busrouten aufgeführt.

Bei Visitors Information über *Discount Transit Pass* erkundigen – unbegrenzte Benutzung der Cable Cars und Busse; im allgemeinen am Cable Car erhältlich. BART bietet *Excursion Ticket* zum unbegrenzten Benutzen der U-Bahn (3 Stunden max.) bei Beginn und Ende der Fahrt von derselben Station.

● **Verkehrsmittel in San Francisco**
San Francisco besitzt ein sehr zusammenhängendes Stadtgebiet. Viele Gegenden sind leicht zu Fuß erreichbar. Doch Attraktionen, wie Golden Gate Bridge und Golden Gate Park liegen zu Fuß zu weit vom Stadtzentrum entfernt. Die wichtigsten öffentlichen Verkehrsmittel sind **BART** (**B**ay **A**rea **R**apid **T**ransit), die U-Bahn, die im Großraum von San Francisco auf vier Linien verkehrt. Drei Linien verlaufen unter *Market Street* in Downtown San Francisco. Der San Francisco Bay Tunnel ist etwa 5,6 km lang. Daneben gibt es die San Francisco **Municipal** Railway, im allgemeinen kurz S.F. **Muni** genannt – Busse, Straßenbahnen (ober- und unterirdisch) sowie Cable Cars. Weiteres Verkehrsmittel ist **Golden Gate Transit** mit Fahrbetrieb nach Sausalito und Busverkehr über die Golden Gate Bridge zum Mann County; **Blue and Gold Fleet** nach Alcatraz.

Zwei Linien der **Cable Car** fahren von *Market & Powell Street* zur Fisherman's Wharf Area. Die etwas reizvollere *Powell & Hyde Linie* passiert unterwegs **Lombard Street** (die *crookedest Street in the world*) auf dem Weg zur **Fisherman's Wharf Area** in der Nähe vom Ghirardelli Square, Maritime Museum und The Cannery. Die *Powell & Mason Linie* führt einen Straßenzug weiter als North Beach und Washington Square, hält etwa drei Straßen vom **Fisherman's Wharf** und Pier 43. *California Linie* von *Market & California* in der Embarcadero Area bis *Van Ness Avenue*, passiert dabei Chinatown Area.

Zur Fisherman's Wharf Area: Bus #30 *(Market & Third)* sowie **Bus #19** *(Market & Ninth)*. – – **Bus #5** *(Market & Fifth)* in westlicher Richtung zum **Golden Gate Park** (*Fulton & Eighth* aussteigen). – – **Bus #38** über *Geary* in westliche Richtung zur *Laguna Street* und nach Japantown, japanisches Viertel mit Geschäften sowie Hotel. – – Die **J Muni Metro** fährt unter *Market* westwärts bis *16th & Church Streets*, die Straße von **Mission Dolores** entfernt (6. der 21 kalifornischen Missionen; 1776 gegründet mit Missionskirche aus dem Jahre 1782). – – Von *Market & Seventh* (auf der Nordseite von *Market*, an *Seventh Street*) nimmt man den Golden Gate Transit Bus zur **Golden Gate Bridge**; wer zu Fuß über die Brücke laufen will, fährt am besten zunächst mit dem Bus über die Brücke bis ans Nordende *(north end)* mit **Vista Point**. Zu Fuß zurück ans Südende der Brücke mit Skyline von San Francisco im Blickfeld. Vom Südende der Brücke mit Bus zurück zur Stadt oder vom **Fort Point** (direkt unterm Brückensüdrand) entlang der 4 mi/6 km langen **Golden Gate Promenade** zum Fisherman's Wharf.

● **Restaurants/Nightclubs/Entertainment**
Preiswert: **Pinecrest Restaurant** am Union Square, 401 Geary. – – Tad's Steaks, 120 Powell – gegenüber vom riesigen **Burger King**, unweit von Cable Car Wendepunkt an *Powell & Market*. – – **Golden Dragon** – Chinalokal, Ecke *Washington & Stockton*. – – Vernünftige Preise auch bei **La Fuente** – mex. Küche, in origineller Umgebung, 2 Embarcadero – Financial-Embarcadero Area.
Fisherman's Wharf Area: Pepe's, Pier 39 – große Auswahl mexikanischer Spezialitäten. – – **Houlihan's**, im Anchorage Center, *Jefferson & Leavenworth*, abwechslungsreiche Speisekarte von Steaks bis Fisch. – – **Alioto's** – sehr beliebt, daher stets großer Andrang; Fischspezialitäten. – – Es schlemmen bei **Ghirardelli Chocolate Factory** am Ghirardelli Square – ausgezeichnete Schokolade und super Ice Cream Sundaes. – – **Buena Vista**, Ecke *Hyde & Beach* – traditioneller Treff von Einheimischen, berühmt für Irish Coffee. – – **Chaya**

AUSGANGSPUNKT SAN FRANCISCO 29
Info/Restaurants/10 kostenlose Erlebnisse

Brasserie, Embarcadero Area, 132 The Embarcadero; französische Küche mit japanischem Touch mit Blick auf San Francisco Bay; 777-8688. – – **Ana Mandara** (bedeutet wunderschöne Zuflucht), 891 Beach St. & *Polk St.*; vietnamesische Küche, herrliches Interieur und Innenhof; 771-6800. – – **LiveFire Restaurant**, 100 Brannan St; Interieur im rustikalen Toskanastil, mit Innenhof; Grillspezialitäten mit Wine Country Cuisine, entlang Embarcadero; 227-0777.
    Hard Rock Café, *Sacramento & Van Ness* – Bushaltestelle Downtown Bus an *Van Ness Avenue*; mit Rock-Memorabilien dekoriertes Interieur; auch Souvenir T-Shirts. – – Afternoon Tea wird im **King George Hotel** ab 15.30 Uhr serviert, Nähe *Mason & Geary*, etwas westlich vom Union Square. Da es in San Francisco nachmittags mit hereinbrechendem Nebel etwas frischer und kühler wird, ist ein heißer Tee willkommen – eine typisch altenglische Tradition, zu der auch eine Kleinigkeit zum Essen gereicht wird. – – **Bacchanal Restaurant**, 265 Grand Ave., South San Francisco (im Metropolitan Hotel), im klassischen 1940er Stil mit traditioneller San Francisco Küche, Steaks, Cioppino und reiche Weinkarte; (650)749-6600. – – **Bruno's Nightclub & Restaurant**, 2389 Mission St. & *20th Street*, italienische Küche kalifornischer Art; live Jazz in der Nightclub Area; 648-7701.
    Luna Azul, 101 4th Street, innerhalb Taste of San Francisco im Erdgeschoss des Metreon-A Sony Entertainment Center; mex. Küche mit *South of the Border* Flair; 369-6068. – – **Meze's Restaurant**, 2373 Chestnut St. & *Divisadero St.*; authentische griechische Spezialiäten, auch Gartenlokal; 409-7111. – – **The Coffee Bean and Tea Leaf Company**, 2201 Fillmore St.; Kaffeerösterei weltberühmt für Ice Blendeds. – – **Firewood Café**, 135 Stockton St., im DFS Store am Union Square sowie im San Francisco International Terminal; stylish Interieur, berühmt für herrliche Pastas und Pizzas aus dem Holzfeuerofen. – – **Emma**, 2337 Mason St. & *Chestnut St.*,im San Remo Hotel in **North Beach**; kalifornisch-italienische Küche; auch Straßencafé, 673-9090. Übrigens wurde die Oben-ohne-Bar (*topless*) in der Gegend um North Beach an *Columbus & Broadway* geboren!

10 KOSTENLOSE ERLEBNISSE

- **Golden Gate Park:** Volkspark mit Wiesen, Seen, Rosengarten, Arboretum, Rhododendrontal, Konzertbühne im Freien, Spielplätze, Büffelgehege und höchstem, künstlichen Wasserfall im Westen. Haupteingang *Stanyan St. & Fell* (Plan bei McLaren Lodge oder SF Visitors Center an Hallidie Plaza erhältlich).
- **Museen**: Einmal im Monat (1. Mittwoch im Monat) Eintritt frei in der **Academy of Sciences** (drei Museen in einem – einschließlich Natural History Museum, eines der zehn weltgrößten Museen, M.H. de Young Memorial Museum und Asian Art Museum). Im **Morrison Planetarium** erlebt man die Konstellation des Sternenhimmels. Im **Steinhart Aquarium** gibt es ein lebendes Korallenriff. Ebenfalls jeden 1. Mittwoch im Monat freier Eintritt zum **Cartoon Art Museum** (814 Mission St. zwischen *Fourth & Fifth Sts.*), ferner **Exploratorium** (*Bay & Lyon Sts.*) unter der Kuppel des Palace of Fine Arts. **San Francisco National Historical Park Maritime Museum** (Aquatic Park) mit Schiffsmodellen sowie **Wells Fargo History Museum** (420 Montgomery St.) mit Exponaten aus der Goldrauschzeit, **San Francisco Fire Department Museum** (655 Presidio Ave. & *Pine* St.) und **San Francisco Cable Car Museum** (1201 Mason & *Washington Sts.*) immer kostenlos.
- **Presidio Museum** (Mi.-So. 10-16 Uhr), Ecke *Lincoln Blvd. & Funston Ave.* innerhalb vom Presidio (einer der jüngsten Nationalparks der USA) neben der Golden Gate Bridge; kostenlose Ranger-Führungen zum **Fort Point** (*Lincoln Blvd.* bis *Long Ave.*, unterm Südende von Golden Gate Bridge (Mi.-So. 10 bis 17 Uhr). Presidio Visitors Info Center: 102 Montgomery St.
- **Marin Headlands** Festungsanlagen – zum Teil aus dem Amerikanischen Bürgerkrieg (*Civil War*, 1861-65) jenseits von Golden Gate Bridge im Norden bei **Fort Baker** – Battery Cavallo, Mission Blue Butterfly, Battery Spencer. Von *Conzelman Road* hat man oben auf Battery Nr. 129 völlig freien Blick auf San Francisco Bay, die Stadt und Golden Gate Bridge; auch herrliche Gelegenheit zur Vogelbeobachtung. Taschenlampe für die Tunnels und Passagen der Festungen erforderlich. Marin Headlands Info Center: von *US 101* Exit *Alexander Ave.*, links abbiegen unter *US 101 Overpass*.
- **China Beach**, einige der wenigen Strände San Franciscos, wo man gefahrlos schwimmen kann (mit Lifeguards); Zugang von *Sea Cliff & 28th Ave.*, Nähe *El Camino del Mar*.
- **San Francisco Zoo**, *Sloat Blvd. & 45th Ave.*, ebenfalls 1. Mi. im Monat frei.
- Nordende von **Ocean Beach** (Point Lobos & Great Highway) herrlicher Blick vom historischen **Cliff House**. In der Nähe Golden Gate National Recreation Area's Visitors Center. 4 Meilen Wanderung hinunter an der *Ocean Beach Esplanade* (oder kurze Fahrt entlang *Great Highway*) führt zum **Fort Funston**.
- Kostenlose Stadtführungen/**Guided City Walking Tours** (1-2 Std.) der San Francisco Friends of the Library; Info beim Visitors Info Center.

30 AUSGANGSPUNKT SAN FRANCISCO
Info Fisherman's Wharf Area

- **49-Mile Scenic Drive** mit Halt an 49 Stellen, z.B. Chinatown, Cable Car Barn, Aquatic Park, Fisherman's Wharf und Maritime Museum. Orientierungskarte beim Info Center an der Hallidie Plaza erhältlich.
- **Sigmund Stern Grove** kostenlose Konzerte; *Sloat Blvd. & 19th Ave.*

Schlüssel zur Baxter Info-Karte: Fischerman's Wharf
mit vielen Baxter-Tipps

Orientierung:
 1-Cable Car Turnaround
  Cable Car Wendeplattform
  -**Powell & Hyde Linie**
 2-Cable Car Turnaround
  Cable Car Wendeplattform
  -**Powell & Mason Linie**
 3-Ghirardelli Square
  Shops & Restaurants!
  berühmter Ghirardelli Eissalon
 4-The Cannery
  ehemalige Fabrik mit vielen Shops
 5-Pier 39
  Sportboote & Segelyachten an der Pier
  & Shops/Boutiquen & Restaurants
 6-Golden Gate Promenade
 7-Parkmöglichkeit/Parkplatz/Parkhaus
 8-National Maritime Museum
  alles über Schiffe und Boote
 9-Hyde Street Pier
  historische Schiffe am SF Maritime NHP
10-Fort Mason
  -Information
  -Park Headquarters
11-Fisherman's Wharf
12-McDonald's
13-The Anchorage
  Shopping Center/Restaurants
14-Alcatraz Island
  -San Francisco Bay
15-Alcatraz Tour
  -Sausalito Ferry/*Fähre*
  -Red & White Fleet
  -Marine World Fähre
  -Blue & Gold Fleet
  Scenic Bay Cruises
16-Supermarkt (im Parkhaus)
17-Burger King
  -Pharmacy/*Apotheke*
18-Franciscan Restaurant
  preiswert & gut bei Pier 43
  -entlang The Embarcadero viele Seafoood
  Restaurants/zwischen
  Taylor & Powell Streets
  -Seafood-/Fischstände/Dungeness Crab
19-TGI Friday's
  gute Auswahl/Stimmung & preiswert
20-Cobb's Comedy Club
21-Charley Brown Restaurant
22-Sonoma Restaurant
23-Castognola's
  preiswert/ital. Küche/direkt am Wasser
  auf Upper Deck werden leichte Lunch-
  Gerichte serviert
24-Bobby Rubino's
25-Everyday Café
  Snacks/Tische im Freien
26-Tower Records
  preiswert/alles was es an Musik gibt
27-Tankstelle
28-Cost Plus Imports
  interessantes Warensortiment
29-Wharf Restaurant
  Chinalokal/Frühstück & Lunch
30-Tarantino's
  preiswert/ital. Küche & Fisch
31-Alioto's
  direkt am Wasser/preiswert
32-Expo Family Restaurant
33-Wax Museum
  -Rainforest Café
  Wasserfall/Vögel/trop. Aquarium
34-Subway/*Lokalkette*
35-Boudin Bakery/Sourdough *Bread*
36-Johnny Rockets
  beliebte Lokalkette
37-Pizzeria Uno/*sehr preiswert*
38-North Point Movie Theater/*Kino*
39-Caesar's/Lunch & Dinner/*preiswert*
40-Academy of Art College
41-Pier 35
42-The Balclutha/C.H Thayer/Alma
  historische Schiffe
43-Eureka/Eppleton Hall
  historische Schiffe
44-San Francisco Maritime Historical Park
45-Municipal *Pier/Angelpier*
46-Russian Hill Park
47-Aquatic Park/*Strand beliebt bei*
  Langstreckenschwimmern
48-Buena Vista
  Birthplace of Irish Coffee/local tradition

Unterkunft/Vorwahl/*area code* (415):
A-$$$ Hyatt Fisherman's Wharf
  563-1234/Fax 749-6122
B-$$ Howard Johnson
  775-3800/Fax 441-7307
  -Wendy's
C-$$$ Hilton San Francisco Fisherman's Wharf
  885-4700/Fax 771-8945
D-$$$ Marriott Fisherman's Wharf
  775-7555/Fax 474-2099
E-$$ Holiday Inn Fisherman's Wharf
  771-9000/Fax 771-7006
F-$$ Best Western Tuscan Inn
  561-1100/Fax 561-1199
G-$$$ Radisson Fisherman's Wharf
  392-6700/Fax 986-7653
H-$$$ Sheraton Fisherman's Wharf
  362-5500/Fax 956-5275
K-$$$ The Wharf Inn
  673-7411/Fax 776-2181
L-$ Youth Hostel/*Jugendherberge*
  San Francisco International Hostel
  Building 240, Fort Mason
  San Francisco, CA 94123
  771-7277

AUSGANGSPUNKT SAN FRANCISCO 31
Baxter Info-Karte: Fisherman's Wharf Area

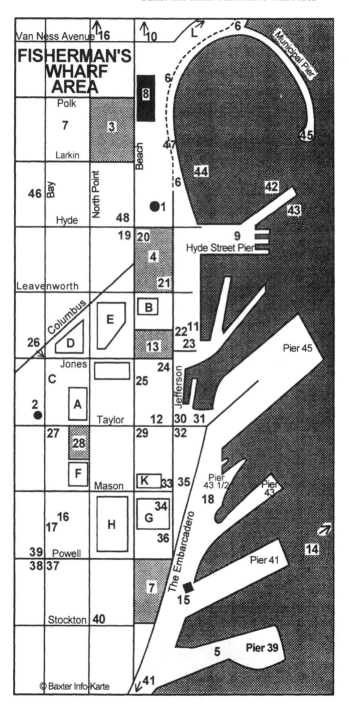

32 KALIFORNIEN-REISEROUTE
Baxter Info-Karte: Route 1: San Francisco—Yosemite NP

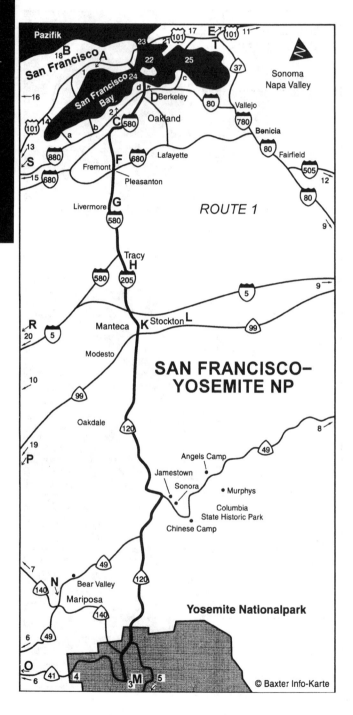

KALIFORNIEN-REISEROUTE 33
Route 1: San Francisco—Yosemite NP

Schlüssel zur Baxter Info-Karte: Route 1 San Francisco—Yosemite
mit vielen Baxter-Tipps

Orientierung:
- 1-San Francisco Airport
- 2-Oakland Airport
- 3-Yosemite Valley
- 4-Wawona
  - Wawona Grove
- 5-Tioga Road
  - Lee Vining
  - Mono Lake/Bodie State Historic Park
  - zur *US 395*
- 6-Fresno
  - Oakhurst
- 7-Merced
- 8-Placerville
  - Coloma
- 9-Sacramento
  - Crater Lake Nationalpark, Oregon
- 10-Los Angeles
- 11-Santa Rosa
  - Ukiah
  - Eureka
  - Crescent City
  - Redwood Nationalpark
  - Oregon/Washington State
- 12-RedBluff
  - Redding
  - Yreka
  - Portland, Oregon
  - Seattle, Washington
- 13-Silicon Valley
  - Sunnyvale
  - Santa Clara
  - Castroville
  - Gilroy
  - Monterey
  - Salinas
- 14-Palo Alto
- 15-San Jose
- 16-entlang *CA 1/Pacific Coast Highway*
  - *Highway One*
  - Santa Cruz
  - Watsonville
  - Monterey/Carmel
- 17-Muir Woods
  - Mill Valley
- 18-Half Moon Bay
- 19-Merced
- 20-Santa Nella
  - *CA 152* nach Gilroy
- 21-Sausalito
- 22-Alcatraz
- 23-Golden Gate Bridge/*US 101*
- 24-Oakland Bay Bridge
- 25-Richmond—San Rafael Bridge

Unterkunft:
- A-$$ Hampton Inn SF Airport
  (650)876-0200/Fax 876-0600
- B-$$$ Half Moon Bay Lodge
  (650)726-9000/Fax 726-7951
- C-$$ Motel 6 San Jose
  (408)270-3131/Fax 270-6235
- D-$$ Holiday Inn SF—Oakland Bay Brdg.
  (510)658-9300/451-5326
- E-KOA Petaluma
  (707)763-1492
- F-$$ Best Western Monarch
  (925)828-7750/Fax 928-3650
- G-$$ Holiday Inn
  (925)443-4950
- H-$$ Hampton Inn Tracy
  (209)833-0483/Fax 833-1128
- K-$$ Best Western Manteca
  (209)825-1415/Fax 825-4251
- L-$$ Best Western Stockton
  Charter Way Inn
  (209)948-0321/Fax 463-1638
- M-$$ Yosemite Lodge
  (559)252-4848/Fax 456-0542
- N-$$ Holiday Inn Express Mariposa
  (209)966-4288/Fax 966-4788
  -$$ Best Western Yosemity Way Station
  (209)966-7545/Fax 966-6353
- O-$$ Holiday Inn Express
  Oakhurst Southgate Yosemite
  (559)642-2525/Fax 658-8481
  -$$ Best Western Gateway Inn/Oakhurst
  (559)683-2378/Fax 683-3813
- P-$$ Best Western Sequoia Inn
  (209)723-3711/Fax 722-8551
- R-$$ Ramada Santa Nella/Los Banos
  (209)826-4444/Fax 826-8071
  -$ Motel 6 Santa Nella
  (209)826-6664/Fax 827-1524
  -$$ BW John Jay Inn/Los Banos
  (209)827-0954/Fax 827-8891
  -$$$ Best Western Andersen's Inn
  (209)826-5534/Fax 826-4353
- S-$$ Best Western Gilroy
  (408)848-1467/Fax 848-1424
- T-$$ Best Western Marine World/Vallejo
  (707)554-9555/Fax 554-3951
  -$$$ Holiday Inn Vallejo
  (707)644-1200/Fax 643-7011

Straßenschlüssel:
- a-*CA 84*/Dumbarton Bridge
- b-*CA 92*/San Mateo Bridge
- c-*I-580*
- d-*I-80*

SAN FRANCISCO—YOSEMITE NP

(Route 1)

YOSEMITE NATIONALPARK
(auf der Route zwischen San Francisco und Lee Vining)

Öffnungszeiten: Ganzjährig. **Tioga Pass** – 3032 m ü.M., höchste Passstraße in Kalifornien, sowie **Glacier Point** sind im Winter gesperrt (Okt.-Juni; über Straßenverhältnisse bei NPS erkundigen). Park wurde **1890** gegründet.
Lage: Etwa 200 mi/320 km östlich von San Francisco in der Sierra Nevada.

34 KALIFORNIEN-REISEROUTE
Route 1: San Francisco—Yosemite NP/Baxter Info-Karte: Yosemite NP

Entfernungen in Meilen/Kilometer nach **Yosemite Valley** von:

Glacier Point	32/51	Monterey	206/330
Lee Vining	74/118	Reno, NV	220/352
Los Angeles	313/501	Sacramento	180/288
Mariposa Grove	35/56	San Francisco	210/336
Merced	82/131	Tuolumne Meadows	55/88

Günstigste Besuchszeiten: Von Ende Juni bis Ende September, wenn alle Parkbereiche geöffnet sind. Im Sommer limitierte Besucherzahl pro Tag!

Wetter: Die Höhenunterschiede reichen im Park von etwa 610 m bis zu 3962 m, daher auch große Temperaturunterschiede. Im Sommer äußerst angenehm warme Temperaturen im Yosemite Valley (Baden im Merced River); im Hochgebirge/High Country kühle & frische Tagestemperaturen, nachts stark sinkende Temperaturen.

Ausmaße: Etwa 300 000 Hektar.

Eingänge: Es gibt vier Haupteingänge zum Park. **Big Oak Flat Entrance** – über Manteca, und *CA 120*. **Arch Rock Entrance** – über Merced und *CA 140*. Südeingang/**South Entrance** – über Fresno und *CA 41*. **Tioga Pass Entrance** – über Lee Vining und *CA 120*.

Ausgangsorte: **San Francisco** ist die Hauptausgangsbasis für den Park. Im Sommer liegt **Reno**, Nevada günstig als Ausgangspunkt von der Ostseite der Sierra Nevada.

Verkehrsmittel & Touren: Busverbindungen von **Merced** zum Yosemite Valley – ganzjährig; Im Sommer auch von **Lee Vining** und **Manteca**. Rundfahrten/*Guided tours* zum Yosemite Valley, Mariposa Grove und Glacier Point. Auch Angebot begleiteter Reittouren.

Unterkunft: Alle Kategorien, vom Luxushotelzimmer im Ahwahnee Hotel bis zu Zeltkabinen/Canvas Tent Cabins im Curry Village im Yosemite Valley, und zum Wawona Hotel. Reservierung lange im voraus vornehmen, da jährlich rund 3 Millionen Besucher! Tel. Reservierung geb.frei 1-888-530-9796 oder Fax (559)456-0542.

Camping: Campingplätze im Tal/Valley Floor sowie im High Country.

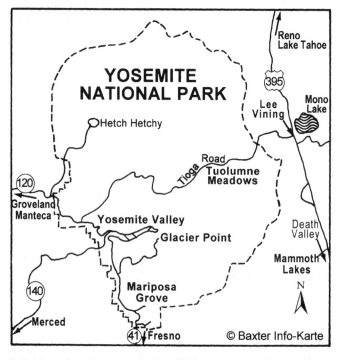

Attraktionen: Der Park ist eine landschaftliche Komposition mit hohen Wasserfällen, Mammutbaumbeständen/Sequoia Groves und hochalpinen Berglandschaften. Im südlichen Teil des Parks liegt **Mariposa Grove**; im Sommer

KALIFORNIEN-REISEROUTE 35
Route 1: San Francisco—Yosemite NP/Yosemite Areas & Daten

Rundfahrten Big Trees Tram Tour ($9 Gebühr) zu den Mammutbäumen. Hoch über dem Yosemite Valley liegt **Glacier Point** – etwa 2199 m ü.M.; grandioser Blick auf das 975 m tiefer direkt darunter liegende Tal. Passstraße **Tioga Road** führt durch landschaftlich reizvolles hochalpines Gelände, einschließlich der Almwiesen um **Tuolumne Meadows**.
Tierwelt:Abwechslungsreiche Tierwelt – Bären, Hirsche bis Streifenhörnchen.
Wandern: Über 700 mi/1120 km Wanderwege.
Restaurants: Im Tal Yosemite Valley sowie beim Wawona Hotel. Einfache Snack Bars bei Glacier Point, Tuolumne Meadows und White Wolf.
Information: *Park* – National Park Service, Yosemite National Park, P.O. Box 577, Yosemite National Park, CA 95389; Tel. (559)372-0200; Internet: www.nps.gov/yose/ – *Unterkunft* – Reservations Department, Yosemite National Park, Tel. (559)252-4848/Fax (559)456-0542..

Areas mit Attraktionen im Yosemite Nationalpark

● **Ahwahnee Hotel:** Sechsstöckiges Hotel aus dem Jahre 1927; für Leute, die sich etwas Luxus im Yosemite Nationalpark leisten wollen. *Yosemite Valley*.

● **Curry Village:** Im *Ostteil des Yosemite Valley*; Hauptgebiet für billige Übernachtungen. Verschiedene Freizeitangebote und touristische Einrichtungen; benannt nach der Familie Curry, ehemaliger Parkkonzessionär.

● **Glacier Point**: Grandioser Blick hinunter ins Yosemite Valley – direkt 914 m in der Tiefe.

● **Mariposa Grove**: Auch Mariposa Grove of Giant Sequoias genannt; viele riesige Mammutbäume/ Sequoias; sehr stille Gegend. Im Südteil des Parks, Nähe *South Entrance*/Südeingang; Big Trees Tram Tour (Gebühr) zu den Mammutbäumen. Weitere Mammutbäume im Tuolumne und Merced Grove im Westteil des Parks.

● **Pioneer Yosemite History Center**: Beim Wawona Hotel im *Südteil* des Parks. Häuser und Geräte, die bei der Entwicklung des Yosemite Nationalparks eine Rolle gespielt haben.

● **Tioga Road**: Landschaftlich reizvolle Straße, die sich vom Westen zum Osten durch den Park windet und die Sierra über den Tioga Pass überquert – höchste Passstraße über die Sierra Nevada.

● **Tuolumne Meadows**: Wunderschöne, friedliche hochalpine Almwiese auf etwa 2438 m ü. M. an der *Tioga Road*; Mittelpunkt für ausgedehnte Touren ins Hinterland/Backcountry Hiking – und Reittrips.

● **Wawona Hotel**: Älteres vornehmes Hotel mit Golfplatz, Tennisplätzen und Swimmingpool; ruhige Lage, im *Südteil* des Parks.

● **Yosemite Valley**: Mittelpunkt des Yosemite Nationalparks mit den meisten Unterkunftsmöglichkeiten, gigantischen Wasserfällen und steilen Granitfelswänden – mit Yosemite Lodge, Ahwahnee Hotel, Curry Village und Campingplätzen.

Daten zu Yosemite

1833-	Walkergruppe überquert die Sierra Nevada;
1851-	Yosemite Valley von ersten Nichtindianern „entdeckt";
1856-	Galen Clark „entdeckt" Mariposa Grove;
1863-	Frederick Olmsted, Landschaftsarchitekt, kommt in Yosemite an;
1864-	Yosemite Valley & Mariposa Grove unter staatlicher Aufsicht/Kalifornien;
1868-	John Muir besucht das erste Mal Yosemite;
1870-	Joseph LeConte kommt nach Yosemite;
1874-	Straßen zum Yosemite Valley fertiggestellt;
1875-	Half Dome von George Andersen bestiegen;
1879-	Eröffnung des Wawona Hotels;
1882-	Tioga Road gebaut;
1890-	Gründung des Yosemite Nationalparks;
1891-	Militär verwaltet Nationalpark;
1895-	Letzter Grizzlybär im Yosemite gesehen;

36 KALIFORNIEN-REISEROUTE
Route 1: San Francisco—Yosemite NP/Baxter-Tipps

1903-	US-Präsident Theodore Roosevelt besucht Yosemite;
1904-	Einweihung des LeConte Memorial;
1906-	Yosemite Valley & Mariposa Grove werden Teil des Nationalparks;
1907-	Eisenbahnverkehr nach El Portal begonnen;
1913-	letztes Jahr der U.S. Cavalry als Parkverwalter;
1916-	Gründung des U.S. National Park Service;
1926-	ganzjährig befahrbare Straße nach Yosemite fertiggestellt;
1927-	Ahwahnee Hotel eröffnet;
1956-	neue Yosemite Lodge eröffnet;
1962-	US.Präsident John F. Kennedy besucht Yosemite;
1969-	Tunnel Tree im Mariposa Grove kippt um.

☞ Baxter-Tipps für Yosemite

♦**Unterkunft-Reservierung**/Accommodations Reservation Center im Yosemite Village, Nähe Bank/Village Store. – – **Platzvergabe** bei Campground Reservations Center, in Curry Village. – – Yosemite Valley sogar im Sommer, wenn das Tal total überlaufen ist, genießen und erleben: **Früh** aufstehen und noch vorm Frühstück ohne Autoschlangen durchs Tal fahren,dieSehenswürdigkeiten anschauen. Mit **Frühstück** im **Ahwahnee Hotel** (egal, wo man sonst untergebracht ist) „*in style*" den Tag beginnen.

♦**Professionelle Fotografen** führen **Fototouren** durch, z. B. *Sunrise Camera Walks* für Aufnahmen im Morgenlicht, auch *Afternoon Camera Walk* (nachmittags).

♦**Fahrradvermietung** bei Yosemite Lodge und Curry Village. – – **Super-Souvenirs** sind Teller und Tassen mit charakteristischem indianischem Design beim Gift Shop im Ahwahnee Hotel. – – Sonntags gibt es Frühstücksbüffett im Ahwahnee Hotel; im Sommer täglich mittags **Lunch-Büffett** im **Wawona Hotel**. – – Im Park findet man vier **Reitställe**: Yosemite Valley, Wawona, White Wolf und Tuolumne Meadows. – – In den Sommermonaten täglich **Busverbindung** von Lee Vining zum Yosemite Valley (und umgekehrt) über Tioga Road; Rucksackwanderer können unterwegs an jedem beliebigen Wanderstartpunkt abgeladen oder aufgenommen werden. – – Badesachen nicht vergessen; **Swimmingpools** bei Yosemite Lodge, Curry Village und Wawona. Bei günstigem Wasserstand auch Baden im **Merced River**.

♦Wer die rauschenden **Wasserfälle in voller Stärke** erleben will, muss im **Mai** oder **Anfang Juni** nach der großen Schneeschmelze nach Yosemite kommen; gegen Sommerende schrumpfen einige Wasserfälle zu einem dünnen Rinnsal.

♦**Krankenhaus**/*Medical Clinic* im Yosemite Village: Allgemein- & Zahnmedizin. – – **Skilanglaufkurse** im Winter, Schneeschuhe werden vermietet. – – **Kletterkurse** im Sommer in Tuolumne Meadows. – – Obwohl **Mariposa Grove** für Mammutbäume/Giant Sequoias am bekanntesten ist, sollten Tuolumne Grove und Merced Grove im westlichen Teil des Parks nicht übersehen werden. – – **Happy Isles Nature Center** und Umgebung aufsuchen – ein reizvolles Fleckchen Erde im Yosemite Valley.

♦**Picknickproviant** besorgen: Viele Picknickplätze/Picnic Area im gesamten Park. – – **Campingplätze** außerhalb des Tals im allgemeinen nicht so überlaufen. – – Für **Camping** – Taschenlampe nicht vergessen. – – Wanderschuhe und Schlafsäcke bei **Yosemite Mountaineering School**, Tuolumne Meadows, erhältlich. – – Bei Ausflügen und Touren vom warmen Tal Yosemite Valley hinauf ins Hochgebirge der High Sierra Pulli oder **Strickjacke** nicht vergessen.

♦**Parkzeitung**/*park newspaper* wegen neuesten Informationen und Veranstaltungen durchlesen. – – Bei Park Ranger informieren und über Touren ins Hinterland erkundigen; **Wilderness Permit** nicht vergessen. – – Parkkonzessionär bietet Alles-inklusive-Packages von ein bis zu drei Tagen an; Einzelheiten beim Reisebüro oder Park direkt anschreiben.

♦**Tioga Road** und **Glacier Point Road** im allgemeinen nur Ende Mai/ Anfang Juni bis Oktober geöffnet. – – **Geschwindigkeitsbegrenzung** auf Parkstraßen beachten. – – **Topographische Karten** beim Visitors Center erhältlich. – – **Fernglas** mitnehmen. – – Für **Fotofans**: Weitwinkel- und Teleobjektive nicht vergessen.

♦**Feste** Schuhe für Wanderungen. – – Mittel gegen Mücken/**Moskitos** nicht vergessen. – – Unterkunft **rechtzeitig** im voraus buchen. – – Campingplätze und Unterkünfte **während der Woche** im allgemeinen nicht so stark belegt wie an Wochenenden.

KALIFORNIEN-REISEROUTE 37
Route 1: SF—Yosemite NP/Baxter-Info-Karte: Yosemite Valley

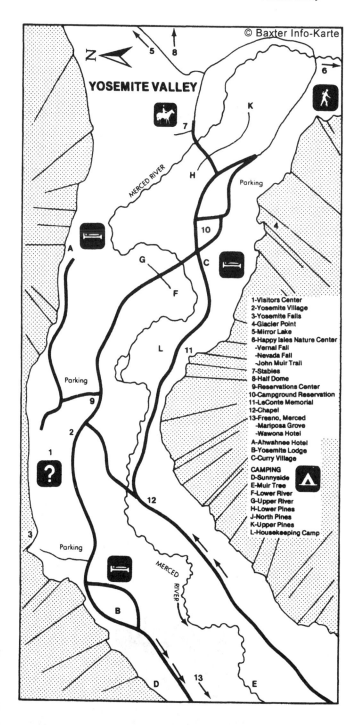

38 KALIFORNIEN-REISEROUTE
Route 2: Lee Vining—Carson City, Nevada

🌡 Temperaturtabelle für Yosemite in °C

	Jan.	Febr.	März	Apr.	Mai	Juni	Juli	Aug.	Sept.	Okt.	Nov.	Dez.
⌀ max.	8	15	14	18	22	27	32	29	28	22	14	9
⌀ min.	-4	-3	-1	1	4	8	10	10	9	4	-1	-3

LEE VINING—CARSON CITY

(Route 2)

Über die Passstraße *Tioga Road* gelangt man auf der Ostseite des Yosemite Nationalparks nach Lee Vining. Von **Lee Vining** zum **Lake Tahoe** und nach **Reno** folgt die Route der *US 395* mit Abstechermöglichkeiten zum **Mono Lake** sowie zur Geisterstadt **Bodie**. Entfernung zwischen **Lee Vining** und **Carson City** – Hauptstadt des Bundesstaates Nevada – etwa 102 mi/163 km; von **Carson City** zum **Lake Tahoe** nur 23 mi/37 km.

Vom nördlichen Ortsrand in **Lee Vining** läuft *US 395* dicht am **Mono Lake** entlang mit den berühmten Tufa-Formationen am Uferrand. Ein Halt beim **Mono Lake Visitors Center** mit interessanter Ausstellung lohnt sich. Kurz vor der Abzweigung zum **Mono Lake County Park** mit Picknickplätzen passiert man die Grabstätte der Lieblingstochter Kit Carsons, dem berühmten Pfadfinder und Forscher des Wilden Westens. *Prairie Flower* (Blume der Prärie) wie sie von ihrem Vater genannt wurde, kam etwa um 1858 mit ihrem Mann in die Goldrauschgegend von Mono Diggins und starb 1859 bereits im Alter von 21 Jahren auf der **Wilson Ranch**.

MONO DIGGINS: Vor Erreichen von **Mono Diggins** passiert man ein riesiges Felsenmeer. Etwa 1 mi/1,6 km nordöstlich davon liegt **Mono Diggins**, wo der erste ergiebige Goldabbau östlich der Sierra stattfand. Ein gewisser Cord Norst stieß dort am 4. Juli 1859 auf seinen ersten Goldfund. Im Ort **Monoville** kletterte die Einwohnerzahl im Nu von 500 auf 1000. Allerdings musste das im Dezember 1859 eröffnete Postamt bereits wieder am 2. April 1862 schließen, da die Goldsucher inzwischen weiter nach **Aurora** gezogen waren.

Zu den großartigsten hydraulischen Wasserprojekten damaliger Zeit zählte die offene Wasserleitung von **Virginia Creek** – der sogenannte **The Mono Ditch**. Reste des Mono Ditch sind noch erkennbar, wenn man vom Highway Summit/Pass in Richtung Osten oder unten von der Straße nach Norden blickt.

CONWAY SUMMIT: Dieser Pass bildet mit 2451 m den höchsten Punkt auf der *US 395* zwischen Mexiko und Kanada. **Mono Lake** ist ein toter See mit derart starker Mineralienkonzentration, dass darin außer einer Krabbenart kein anderes Lebewesen existiert. Auf **Paoha**, einer der größten Inseln des Sees, gibt es heiße und kalte Quellen. **Negit Island** ist ein alter Vulkankrater mit unter Naturschutz stehendem Nistplatz der Seemöwen; alljährlich im Frühjahr nisten hier etwa 10 000 Vögel.

Die **White Mountain Range** (weiße Bergkette) ist Heimat der **Bristlecone Pine**, eine Kiefernart, die als „eines der ältesten Lebewesen der Erde" gilt; **White Mountain Peak** ist fast so hoch wie Mount Whitney (4418 m ü.M.). Die etwa 2438 m hohen **Mono Craters** – eine Reihe von 21 erloschenen Vulkanen – waren vor etwa 35 000 Jahren noch aktiv. Die letzte Eruption in dieser Gegend ereignete sich vor etwa 13 000 Jahren am **Black Point**.

VON KALIFORNIEN 39
Route 2: Lee Vining—Carson City

LAKE TAHOE/RENO

Left side	Right side	mi	km
San Francisco I-80	I-80 Salt Lake City		
	Reno	135	216
Steamboat Springs		127	203
	Washoe City	119	190
GARDNERS RANCH	Virginia City/US 50	105	168
Ranger Station	Shopping Center/Info		
Carson City	Super 8 Motel	104	166
	STEWART INDIAN SCHOOL	103	165
Lake Tahoe/Sacramento *US 50*			
Jacks Valley & Genoa		101	162
CARDLEBAUGH BRIDGE	Carson River	98	157
Genoa 4 mi/6 km		94	150
	BOYD TOLL ROAD	93	149
Genoa/Lake Tahoe *NV 207*		92	147
NEVADA'S BIRTHPLACE			
NV 88		91	146
4750 ft/1448 m	Minden	90	144
Laupe Park			
4750 ft/1448 m	Gardnerville	88	141
TWELVE MILE HOUSE			
DRESSLERVILLE	Washoe Tribal Office	86	138
Lahontan Fish Hatchery		85	136
	DOUBLE SPRINGS	76	128
	NV 208 Las Vegas	71	114
	Nevada "The Silver State"	68	109
CA Inspection Station	California	67	107
5050 ft/1539 m	Topaz Lake	65	104
Monitor Pass 8 mi/13 km *CA 88*		64	102
5040 ft/1536 m	Topaz	62	99
	Coleville	59	94
5400 ft/1646 m	Walker	54	86
	6000 ft/1829 m	49	78
NF Campground		46	74
	NF Campground	45	72
	West Walker	44	70
Sonora 82 mi/131 km *CA 108*			
NF Campground	7000 ft/2134 m	41	66
Toiyabe National Forest		40	64
Devils Gate Summit	7519 ft/2292 m	36	58
	7000 ft/2134 m	32	51
Twin Lakes 12 mi/19 km		29	46
BW-Ruby Inn			
Bridgeport	6465 ft/1971 m	24	38
	Bridgeport Ranger Station	23	37
	Bodie SHP 13 mi/21 km *CA 270*	18	29
DOG TOWN			
	7000 ft/2134 m	17	27
Virginia Lakes & Resort 6 mi/10 km	Conway Summit		
	8138 ft/2480 m	11	18
MONO DIGGINS		10	16
	7000 ft/2134 m	8	13
Lundy Lake 5 mi/8 km			
	CA 167 Hawthorne 55 mi/88 km	6	10
	Mono Lake County Park		
US 395	Adeline Carson Stilts	4	6
	Mono Lake	2	3
Yosemite NP/Tioga Road	Los Angeles **June** Lake	0	0

LEE VINING

40 VON KALIFORNIEN
Route 2: Lee Vining–Carson City

Lee Vining — Anfang der **1860er** Jahre von einem Goldsucher namens Leroy Vining gegründet — ist das östliche Tor nach **Yosemite** über die berühmte *Tioga Paßstraße* mit ihrem etwa 3048 m hohen Paß. **Tioga Paß** wurde 1852 von Lt. Treadwell Moore auf der Verfolgungsjagd nach dem Indianerhäuptling Tenaya entdeckt, nachdem einige Goldgräber in **Yosemite** einem Massaker zum Opfer gefallen waren.

DOG TOWN (Hundestadt): Stätte, an der der erste große Goldrausch in den östlichen Ausläufern der **Sierra Nevada** in California stattfand. Dog Town erhielt seinen Namen von einem bei Goldgräbern beliebten Ausdruck für ein Camp mit „Hundehütten" oder ärmlichen Behausungen. Ruinen an den Abhängen am Ufer des **Dog Town Creek** sind alles, was von den behelfsmäßigen Behausungen des Goldgräbercamps übrigblieb.

Kurz darauf kommt man zur Abzweigung der *CA 270*, die zur Geisterstadt **Bodie** führt. Zum **Bodie State Historic Park** sind es etwa *13 mi/21 km* (ein Weg!).

US 395 führt durch mehrere Canyons, vorbei an saftigen Viehweiden am Fuße der Sierra Nevada mit Pferden und Rindern. Man passiert **Bridgeport** mit seiner pompösen City Hall (Rathaus). **Bridgeport Lake** taucht im Osten auf. Keineswegs eine eintönige Landschaft, doch es ist kaum zu glauben, daß man sich in California, dem meistbevölkertsten Bundesstaat der USA befindet. Hinter der Abzweigung der *CA 108* nach **Sonora** (82 mi/131 km) führt die *US 395* durch den Canyon mit dem reißenden Fluß mächtig bergab. Das Flußbett des **West Walker** ist ein Felsenmeer, neben dem die *US 395* sich in vielen Kurven durch den Canyon schlängelt. Nach der Ortschaft **Walker** öffnet sich der Canyon zu einem weiten, fruchtbaren Tal mit Pferdeweiden.

Nur wenige Kilometer nach dem hübschen, großen See **Topaz Lake** ist der Übergang von California zum Bundesstaat Nevada — *The Silver State* (Der Silberstaat). In Nevada wird es zu beiden Seiten der *US 395* hügelig, wo auch die *NV 208* nach **Las Vegas** über **Yerington** abbiegt.

DOUBLE SPRINGS — Doppelte Quellen: **Double Springs** — allbekannte Round Tent Ranch (Rundzelt-Ranch) oder Spragues, war eine der Stationen auf der Route nach **Esmeralda**. Hier brachte einer der Besitzer und Friedensrichter des Distrikts 1864 seine Frau um. Die Station war mit der *Olds Toll Road* (ehemalige Mautstraße) verbunden, die zum Hauptquartier der Pferdediebe in **Fairview** führte.

Hier hielten auch die Washoe Indianer gemeinsam mit den benachbarten Paiutes im Frühjahr Rundtänze für das Wachstum der Pine Nut (Kiefernzapfen waren ihr Grundnahrungsmittel) und im Herbst für die Qualität und Größe der Ernte ab.

Etwa *4 mi/6 km* nördlich von hier liegt **Mammoth Ledge**, ehemalige Poststation im Eagle Mining District, **1861** Wahllokal

Route 2: Lee Vining–Carson City

für den Mammoth-Umkreis des Douglas County. Nach **1866** hieß es Carter's Station, ein Halt auf dem Weg nach Esmeralda.

Etwa *1 mi/1,6 km* nach der Lahontan Fishhatchery (Fischzucht) kommt man zur Verwaltung der Washoe Indianer.

DRESSLERVILLE: **1917** wurde dieses etwa 16 Hektar große Gelände durch den Senator von California WM. F. Dressler den Washoe Indianern übergeben, die auf den Ranches im Tal **Carson Valley** lebten. Nachdem man **1924** eine Schule errichtet hatte, wurde dies das Kernstück der Besiedlung.

Bevor **1848** Weiße ins Land kamen, lebten die Washoe Indianer im Winter in den Bergen Pinenut Hills, wo sie ihre im Herbst gesammelten Kiefernzapfen lagerten. Im Sommer hielten sie sich im Lake Tahoe Basin auf, wo sie in den Zuflüssen des Sees Fische fingen und Wurzeln und Beeren sammelten. Im Herbst gingen sie im Tal **Carson Valley** auf Kaninchenjagd (Jack Rabbits = Kaninchenart) und sammelten Samen.

Ihre einzige Organisationsform war die Verwandtschaft. Diese steinzeitlichen Menschen lebten mit Riesen, Monstern und menschenähnlichen Tieren sowie Wasserbabies zusammen, „die mit dem Körper alter Männer und langen Mädchenhaaren ausgestattet waren", und in den Seen der High Sierra zu Hause waren.

TWELVE MILE HOUSE (twelve mile house = 12-Meilen-Haus): Die einst so wichtige Herberge trug diesen Namen, da sie sowohl von Genoa als auch von der Brücke über den **Carson River**, **Cradlebaugh Bridge**, *12 mi/19 km* entfernt lag; **1860** von Thomas Wheeler erbaut, wo die Mautstraßen *Boyd Toll Road* nach **Genoa** und die *Cradlebaugh Toll Road* nach **Carson City** zusammenliefen. In dieser Gegend errichtete James Teasdale eine zweite Station. **Twelve Mile House** war eine wichtige Station auf der Route zum Bergwerkscamp, **Esmeralda Mining Camp**, von **Aurora**. Heute sind noch Gebäude der ursprünglichen Station zu sehen.

NEVADA'S BIRTHPLACE – Geburtsstätte Nevadas: **Carson Valley** ist die Geburtsstätte Nevadas, **1850** erstmals bei Mormon Station besiedelt und **1856** in **Genoa** umbenannt. **1851** erster Versuch, eine Regierung zu bilden. **1861** erhielt die Regierung des Territoriums von Nevada ihren Sitz in **Genoa**.

Über die alte Straße am Westufer des **Carson River** zogen Tausende von Einwanderern auf dem Weg über die Sierra südwärts und ließen ihr Vieh am Uferrand weiden. Die Leute machten in **Genoa**, im **1852** gegründeten **Mottsville** sowie in **Sheridan**, das Moses Job um 1854 gegründet hatte, Halt, um die ersten Gärten Nevadas zu genießen. **1860** benutzten die Reiter des Pony Express diese Route, gingen **1861** auf den kürzeren Weg über den *Daggett Trail* über, den man heute **Kingsbury Grade** nennt.

SAN FRANCISCO—RENO, NV
(Route 3)

Auf der etwa 222 mi/355 km langen Route zwischen **San Francisco** und **Reno**, Nevada fährt man auf der *I-80* durch eine sehr fruchtbare Landschaft und geschichtsträchtige Gegend Kaliforniens, ehe man über die hohe Gebirgskette der Sierra Nevada in den US-Bundesstaat Nevada gelangt. Unterwegs gibt es mehrere Gelegenheiten für einen Abstecher von der *I-80* beispielsweise ins **Napa Valley** und ins kalifornische Goldrauschgebiet bei **Coloma**.

SACRAMENTO. Etwa 300 000 Einw., Hauptstadt Kaliforniens. Gegend wurde **1839** erstmalig von John Augustus Sutter besiedelt. **1854** wurde Sacramento Hauptstadt des Bundesstaates. In der Zwischenzeit war man bei Sutters Sägewerk Sutter's Mill auf Gold gestoßen – etwa 35 mi/56 km nordöstlich von hier. **Sutter's Fort State Historic Park**, *27th & L Streets,* in Sacramento, täglich 10-17 Uhr geöffnet. Ebenfalls **State Indian Museum** – Ausstellung über Indianer. Das restaurierte Altstadtviertel **Old Sacramento Historic District** ist sehenswert, dort stehen die ersten 20 Jahre des Bundesstaates Kalifornien unter „Denkmalschutz". Das **State Capitol** mit den eindrucksvollen historischen Wandgemälden ist täglich geöffnet.

AUBURN. Geflügelfarmen, Obstanbau, Sägewerke und Goldminen. Auf der Fahrt von **Auburn** weiter ostwärts klettert die *I-80* allmählich über die **Sierra Nevada**. Nach Orten, wie **Baxter** und **Emigrant Gap** erreicht man auf der 2206 m ü.M. den **Donner Pass**. Von der Gruppe von Leuten – Donner Party, die hier im Herbst des Jahres **1846** auf dem Weg nach Kalifornien waren, kam damals etwa die Hälfte im Schnee um (später benannte man daher den Pass nach dieser Emigrantengruppe).

Truckee – noch auf der östlichen Seite der **Sierra Nevada** (wo 1960 die Olympischen Winterspiele in **Squaw Valley** stattfanden) – ist Ausgangsbasis zu vielen Skigebieten. **Squaw Valley** liegt etwa 10 mi/16 km südlich – über die *CA 89* erreichbar. Fährt man auf *CA 89* weiter nach Süden, gelangt man zur *CA 28* und zum **Lake Tahoe**. Auf der *I-80* im Norden kommt man südwärts nach **Reno**, Nevada.

Sehr zu empfehlen ist die Route von **Auburn** auf *CA 49* südwärts über **Coloma** bis nach **Placerville** durch historische Goldrauschgegend mit Goldgräberstädten. Von **Placerville** fährt man auf der berühmten Route der Pony-Express-Reiter, der heutigen *US 50* westwärts nach **South Lake Tahoe**. Von **South Lake Tahoe** kommt man auf der *CA 28* über **Carson City**, Nevada und **Virginia City**, Nevada und anschließend auf *US 395* nordwärts nach **Reno**, Nevada.

KALIFORNIEN-REISEROUTE 43
Route 4: San Francisco—Los Angeles

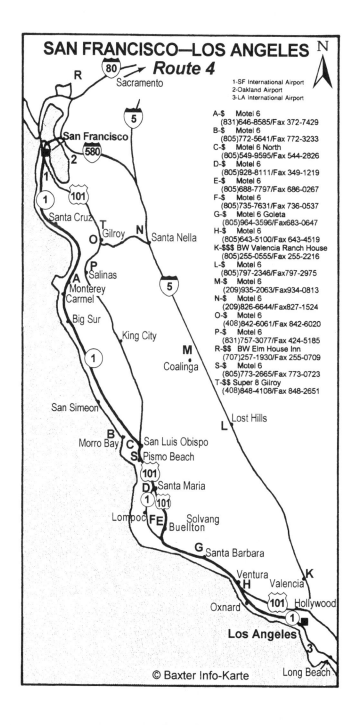

LOS ANGELES—LAS VEGAS
(Route 5)

Die etwa 285 mi/456 km lange Route (über *I-10* und *I-15* führt durch **San Bernardino, Victorville, Barstow, Calico Ghost Town**, über die **San Bernardino Mountains**, den **Cajon Pass** und durch die Wüste **Mojave Desert**, ehe die glitzernde Spielkasinowelt von **Las Vegas** auftaucht.

Wer keine Eile hat, und einen kleinen Abstecher machen will, fährt auf der *CA 18* entlang, die auch *Rim of the World Drive* genannt wird. Man biegt nördlich von **San Bernardino** von der *I-15* ab und gelangt auf jener „Himmelsstraße" auf etwa 2100 m Höhe. Die Fahrt geht durch **Crestline** und am Südufer des **Lake Arrowhead** entlang – etwa 3 km lang und 1,5 km breit – durch den Ferienort **Arrowhead**. Etwas weiter östlich kommt man auf der *CA 18* zum Ferien- und Freizeitgebiet **Big Bear Lake** mit etwa 11 km langem und fast 2 km breitem See.

VICTORVILLE. Freizeit- und Amusement-Park mit **Roy Rogers Museum** – interessantes Museum, das dem berühmten amerikanischen Unterhaltungskünstler und Cowboy **Roy Rogers** gewidmet ist; sein Pferd *Trigger* ist dort auch zu sehen. Etwas weiter ostwärts gelangt man auf *CA 18* zur Wildweststadt **Apple Valley**.

BARSTOW. In den 1880er Jahren gegründeter Ort und nach dem Präsidenten der Eisenbahngesellschaft *Santa Fe Railroad*, William Barstow Strong, benannt. Man entschied sich für seinen mittleren Namen, da bereits im **US**-Bundesstaat Kansas eine Stadt namens Strong existierte. **Barstow** galt bereits schon immer als bedeutender Verkehrsknotenpunkt. Heute stoßen hier drei wichtige Highways zusammen – *I-15* und *I-40*, die nach **Kingman, Flagstaff, Albuquerque** führen, sowie *CA 58*, auf der man nach **Bakersfield** gelangt. Etwa eine Straße nördlich der *I-15* kommt man zur **Barstow Way Station**, 831 Barstow Rd. – **Desert Information** (Information über die Wüste). Kostenlose Prospekte und Übersichtskarte, Exponate & interessante Ausstellung über die kalifornische Wüste, **Mojave Desert**. Information für Autofahrer; aktueller Straßenzustands- & Wetterbericht/*current road & weather information*. Auskunft über Camping und Wandern. Tägl. geöffnet.

Etwa 10 mi/16 km nordöstlich von **Barstow** gelangt man abseits der *I-15* zur **Calico Ghost Town** – Geisterstadt, die in den 1880er Jahren über 3000 Einwohner besaß. Nachdem die Silberminen erschöpft waren, verließen die Bewohner die Stadt und **Calico** wurde zur Geisterstadt. Auf *Main Street* gibt es mehrere Geschäfte und Restaurants, ein Museum sowie das Bergwerk **Maggie Mine**, das man besichtigen kann. Im Mai findet das **Calico Spring Festival** statt, im Oktober gibt es die **Calico Days** mit Pferdeumzügen. Von **Calico** sind es etwa 144 mi/230 km nach **Las Vegas**.

COLORADO 45
Reiseziele & Reiserouten

COLORADO REISEZIELE

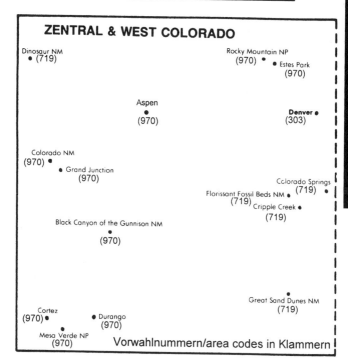

COLORADO REISEZIELE
Black Canyon of the Gunnison NM
Colorado Nationalmonument
Colorado Springs
Cortez
Cripple Creek
Denver
Durango
Estes Park
Florissant Fossil Beds NM
Grand Junction
Great Sand Dunes NM
Mesa Verde Nationalpark
Rocky Mountain NP

BILLIG UBERNACHTEN
Motel 6: Colorado Springs, Denver, Greely, Ft. Collins, Grand Junction, Pueblo

Jugendherberge/Youth Hostels:
Alamosa, Aspen, Boulder, Breckenridge, Colorado Springs, Denver, Estes Park, Frisco, Grand Lake, Guffey, Lafayette, Leadville, Loveland, Nederland, Pueblo, Silverton, South Fork, Steamboat Springs, Telluride, Winter Park

COLORADO REISEROUTEN
Route 6: Denver—Grand Junction
Route 7: Denver—Rocky Mountain NP
Route 8: Dinosaur NM—Rocky Mountain NP
Route 9: Dinosaur NM—Grand Junction
Route 10: Grand Junction—Black Canyon
Route 11: Black Canyon—Durango
Route 12: Durango—Alamosa
Route 13: Alamosa—Colorado Springs
Route 14: Colorado Springs—Denver

46 BLACK CANYON, CO
Orientierung

★★★★★★★★ BLACK CANYON ★★★★★★★★
„610 m tiefe schwarze Schlucht"

Das **Black Canyon of the Gunnison National Monument** im Westteil Colorados liegt etwa *12 mi/19 km* östlich von **Montrose**; **Grand Junction** liegt etwa *78 mi/125 km* im Nordwesten und **Durango** etwa *120 mi/192 km* im Süden. Der **Gunnison River** fließt auf seinem Weg zum **Colorado River** bei **Grand Junction** *nordwestlich* durch das Monument. Der Fluß fraß sich etwa 30 cm pro 1000 Jahre durch das harte kristalline Gestein und ließ eine Schlucht mit etwa 610 m hohen Steilwänden zurück. Die steilen Canyon-Wände lassen kaum Sonnenlicht eindringen und somit die Felswände dunkel erscheinen – daher der Name **Black Canyon** (= schwarze Schlucht).

Das Monument ist nicht minder beeindruckend als der Grand Canyon des Colorado River. Touristische Einrichtungen, einschließlich Visitors Center, Snack Bar und Campingplatz befinden sich auf der Südseite – **South Rim**, in der Nähe von **Montrose**. Den Nordrand – **North Rim** – erreicht man von **Delta** über **Crawford**. Die Fahrt auf dem etwa *6 mi/10 km* langen *South Rim Drive* gehört mit den grandiosen Aussichtsstellen mit Blick in die Schlucht zur Hauptattraktion des Parks. **Tip:** Fernglas nicht vergessen, mit etwas Glück sind Steinadler – **Golden Eagles** – zu sehen. Man sollte sich mindestens einen halben Tag für den Aufenthalt im Park vornehmen.

BLACK CANYON, CO

Parkstraße

TOMICHI POINT
Erster Aussichtspunkt

Hier beginnt eine *6 mi/10 km* lange Aussichtsfahrt. Mit jedem Kilometer wird der Canyon tiefer und eindrucksvoller. Die weiteren Aussichtspunkte sind alle so verschieden und herrlich. Bei einem „kurzen" Trip braucht man schon einen halben Tag. Die Straße endet am **High Point**, etwa *6 mi/10 km* im Westen. Auf der Rückfahrt legt man dieselbe Strecke wieder zurück.

Am etwa *5.5 mi/8,8 km* entfernten **Sunset Point** ist der Canyon breit und offen, aber *623 m* tief.

Am etwa *4 mi/6 km* entfernten **Chasm View** ist der **Black Canyon** etwa *549 m* tief, doch nur *396 m* breit.

Am etwa *2 mi/3 km* entfernten **Pulpit Rock** ist der Canyon *518 m* tief und besitzt steile, gerippte Felswände. Wandert man auf dem Pfad entlang, kann man verschiedene geographische Merkmale entdecken.

Unten am Aussichtspunkt, zu dem vom Parkplatz aus ein kurzer Pfad (Overlook Trail) abwärts führt. „You are looking east, up a canyon ...". Man blickt ostwärts ein Canyon hinauf ...

Hier geht der Blick nach Osten in einen Canyon, den der **Gunnison River** in das harte Gestein geschnitten hat. Etwas weiter im Westen wird der Canyon tiefer, enger und spektakulärer.

BLACK MESA – Schwarzer Tafelberg: Hier ist der Boden mit **vulkanischem** Gestein bedeckt, das sich früher über den heutigen Canyon zog, aber durch Erosion abgetragen wurde.

GORGE OF GUNNISON RIVER – Schlucht des Gunnison River: Nicht ganz so spektakulär wie der im Westen liegende Canyon. Es wird hier ganz deutlich, daß der Canyon das Werk eines Flusses ist und nicht durch ein Erdbeben entstand. Der Fluß steigt etwa *100 mi/160 km* weiter im Osten.

POVERTY MESA: Bemerkenswert sind hier die Baumbestände an Douglastannen und Espen, die die Nordseite der Felsen bedecken. Sie liegen im Schatten in kühleren und feuchteren Gebieten des Plateaus.

CLIFFS WALLS – Klippenwände: Sehr altes, kristallines Gestein, in das der größte Teil des Canyons eingeschnitten wurde. Vor einigen hundert Millionen Jahren bildeten diese Felsen den Wurzelstock hoher Gebirge.

BLACK CANYON, CO
Visitors Center

EIN BESUCH IM VISITORS CENTER
Gunnison Point Visitors Center

Nach dem Eingang links an der Wand nach Black Canyon Rocks mit Gesteinsformationen folgt **A superimposed stream:**

A SUPERIMPOSED STREAM
Der überlagerte Fluß

Auf Schautafeln sieht man, wie sich der **Black Canyon** durch eine riesige Bergkuppel schneidet. Die nur etwa *5 mi/ 8 km* vom Canyon-Rand entfernte Landschaft im Norden oder Süden liegt tiefer und besteht aus weicherem Gestein (Schiefer und Sandstein). Von einigen höher liegenden Stellen ist die Kuppelform sichtbar.

Wieso mußte sich ein Fluß gerade durch eine Kuppel harten Gesteins fressen, wenn es in der Nähe weicheres Gestein gab? Der Fluß floß über die harte Felskuppel hinweg. Seine Richtung lag schon fest, bevor der Fluß sich durch den Kuppelfelsen fraß.

1. Vor etwa 2 Millionen Jahren, fast am Ende des **Pliozän**, suchte sich der **Gunnison River** einen Weg über ein Gebiet, das zuvor unter vulkanischem Gestein lag. Die Kuppel lag weit unter der Erdoberfläche. Die Schichten bestanden von unten bis oben aus Vulkangestein, Sedimentgestein und kristallinem Gestein.
2. Der frühere **Gunnison** wurde auf seinem Weg nach Norden, wo er weitere Nebenflüsse mitnahm, immer mächtiger. Er schnitt sein Tal tief in das Vulkangestein.
3. Vor etwa einer Million Jahren suchte sich der uralte **Gunnison River** bereits seinen Weg.
4. Als der Flußlauf endgültig festgelegt war, mußte sich der Fluß in den tieferliegenden Kern aus hartem, kristallinem Fels nagen.
5. Sobald der Fluß auf hartes Gestein stieß, ging die Arbeit des Einschneidens langsamer, der Fluß konnte nun aber nicht mehr von seinem Kurs abweichen. In der Zwischenzeit schnitten sich Flüsse zu beiden Seiten in das weichere Felsmaterial (beispielsweise North Fork, Cedar Creek und Uncompahgre River).
6. Heute hält der **Gunnison River** sein in das harte Gestein tief eingeschnittene Flußbett bei und sägt sich immer tiefer in den Fels.

Gegenüber an der Wand **The Gunnison River,** dann in Richtung Info Desk **Gunnison Point:**

GUNNISON POINT

Diese Aussichtsstelle wurde nach Captain John W. **Gunnison** benannt, der den Fluß, der seinen Namen trägt, als erster erkundete. Der am 11. Nov. **1812** geborene Gunnison wurde

BLACK CANYON, CO 49
Visitors Center

am 18. Okt. **1853** von Indianern des Sevier Valley in Utah getötet.

Gunnisons Route – die der Gunnison Party – verlief südlich von hier, etwas parallel zur heutigen *US 50*. Die Leute wollten sich diese Schlucht ersparen, da sie schon mit den östlich liegenden Canyons des Gunnison River genug zu kämpfen hatten. **1882** wurde etwa *16 mi/26 km* vom **Gunnison River Canyon** entfernt die Schmalspureisenbahn der Denver and Rio Grande-Eisenbahngesellschaft gebaut. Die Schienen liefen etwa *7 mi/11 km* stromaufwärts, in der Nähe von **Cimarron** vom Canyon weg.

W. W. Torrance soll zusammen mit fünf anderen um **1900** als erster den Canyon erforscht und die Schlucht mit dem Boot durchquert haben. Daran schloß sich eine tollkühne Kletterei bis zu einem etwa *1.5 mi/2,4 km* nordwestlich von hier entfernten Punkt an. Die Männer waren auf der Suche nach einem Weg für einen Verbindungstunnel zur künstlichen Bewässerung.

Diese und spätere Erkundungen führten von **1905** bis **1909** zum Bau des Wasserkanals **Gunnison-Uncompahgre Water Tunnel**. Es war eines der ersten Projekte des U. S. Bureau of Reclamation (für den Dammbau verantwortliche Regierungsstelle). Durch diesen Tunnel wurde das Wasser aus dem **Gunnison River** zu einem stromaufwärts liegenden Punkt geleitet, wo es in Bewässerungskanäle des sich im Süden erstreckenden **Uncompahgre Valley** gepumpt wurde. **1933** erklärte der damalige US-Präsident Hoover den **Black Canyon** zum Nationalmonument.

Weiter an linker Wandseite entlang gegenüber vom Info Desk mit **Canyon cutting**:
CANYON CUTTING
Der Canyon wird eingeschnitten
Nicht durch Wasser, sondern Silt und Felsbrocken!

Fließendes Wasser alleine schneidet sich bei hartem Felsmaterial – außer Kalkstein – nicht so stark ein. Wasser schleppt allerdings Silt, Sand, Kies und Felsbrocken mit sich, die sich als Werkzeug durch den Fels nagen. Der Fluß schmirgelt, reibt und schabt mit seinem durcheinandergeschleuderten Material gegen sein eigenes Bett.

Die mit der Strömung mitgeschleppten Sedimente höhlten nach und nach das Flußbett aus. Wird das Wasser auf irgendeine Weise gestaut, setzt sich das Schleifmaterial im Flußbett fest und schnürt dem Fluß manchmal sogar das Wasser ab. Gelegentlich auftretende Frühjahrshochwasser und Regenfluten spülen das Flußbett dann wieder frei.

Ein Canyon bildet eine der ersten Stufen, wenn aus einem Bach eine Felsschlucht, ein tiefer Canyon, Flußtal und eine alluviale Ebene entstehen.

Ein Flußtal kann bereits durch eine Wasserrinne auf einer flachen, bisher nicht erodierten Oberfläche beginnen. Im

50 BLACK CANYON, CO
Visitors Center

Laufe der Zeit frißt der Fluß einen schmalen Canyon und später nach Millionen von Jahren ein breites, ausgedehntes Tal heraus.

In diesem Kreis gelten Canyons als „jung" und große Täler als „erwachsen". Trifft der Fluß auf besonders hartes Felsmaterial wie hier, gelten Teile des Flusses als jung – auch in tiefen Canyons, während andere „erwachsen" oder sogar „senil" sind. Der größte Teil des **Gunnison** gilt als jung.

Hanging Valleys
Hängende Täler

Die Strömung des **Gunnison River** ist hundertmal schneller als die seiner kleinen Nebenflüsse. Der Canyon des **Gunnison** wurde daher auch viel schneller eingeschnitten, so daß der Nebenfluß fast 610 m über dem eigentlichen Zusammenfluß hängen blieb.

Canyon Wall Erosion
Erosion der Canyon-Wand

Das harte, kristalline Gestein des **Black Canyon** ist äußerst witterungsbeständig, kaum etwas bröckelte davon in den Canyon. Manche Felsen sind stärker als die anderen; die Felstürme sind höher, weil ihr Material härter ist als das der sie einst umgebenden Steinmassen. Schwachstellen (Spalten) verwittern zuerst und hinterlassen derartige Türme oder Nadeln. Viele Neben-Canyons entstanden durch Spaltenbildung.

How Long Did It Take?
Wie lange dauerte es?

Geologisch gesehen begann der **Gunnison River** gegen Ende des **Pliozän** vor etwa 2 Millionen Jahren. Sollte der Canyon gleich anschließend begonnen worden sein, vertiefte sich die Schlucht im Laufe von jeweils 1000 Jahren um etwa 30 cm.

Weiter an linker Wand (Ecke) mit **Birds of the canyon** = Vögel des Canyon. Danach Scheibe einer **Pinyon Pine** sowie **Modell des Canyons**.

Zur Hintergrundinformation:

ANTLERS
Geweihe

Geweihe unterscheiden sich von Hörnern. Hörner wachsen ständig und besitzen einen Knochenkern. Bei Geweihen handelt es sich um einen Knochenauswuchs des Schädels, der jedes Jahr abgestoßen wird. Komplette Geweihpaare bezeichnet man

BLACK CANYON, CO 51
Visitors Center

als *„rack"*. Jeder Zweig des Geweihs ist ein Ende – ein *point*. Bei den ausgestellten Exemplaren handelt es sich um *four point racks* = Vierender. Die beiden scharfen Stellen an der Basis nennt man *Spikes*, sie zählen nicht als Enden. Die Klassifizierung nach der Endenzahl ist in den USA an der Ost- und Westküste jeweils verschieden! In New York wären es wie bei uns Achtender, da alle Enden zusammengenommen werden.

Im Frühjahr wachsen bei jungen Böcken kleine Geweihe oder Stangen, die von zarten braunen Haaren wie mit Samt überzogen sind – *velvet* (Bast) genannt. Im Herbst reiben die Böcke ihre Velvets an Bäumen und legen den harten Geweihkern bloß. Seinen Hauptzweck hat das Geweih in der Brunftzeit beim Kampf der männlichen Tiere. Das Geweih bleibt bis zum Winteranfang, wird dann abgeworfen und im darauffolgenden Frühjahr von einem neuen und größeren Geweihpaar abgelöst.

Zur Hintergrundinformation:

MULE DEER
Maultierwild

Mit Ausnahme einer kleinen Herde **White-tailed Deer** (Rehwild) im Südosten Colorados ist das **Mule Deer** – Maultierwild – die einzige Wildart Colorados.

Dieses Wild wird besonders groß und besitzt große Ohren wie ein Maulesel – *mule*, woher auch der Name stammt. Das **Mule Deer** kommt zwar auf 160 kg, ist aber äußerst flink und bringt Geschwindigkeiten von etwa 58 Stundenkilometern zustande. Sein im Sommer rötlich braunes Fell wird im Winter dunkelgrau. Der Bauch bleibt weiß; am weißen Hinterteil (die Blume) befindet sich ein schwarzer Schwanz.

Beobachtung von männlichem Maultierwild am besten bei Sonnenaufgang, Sonnenuntergang oder bei Mondschein. Kommt oft zum Wassertrinken an Wasserpfützen oder äst an Eichen und Büschen.

ADAPTION FOR SURVIVAL
Schädelsammlung

BEAVER – Biber: Der **Biber** besitzt besonders große, sichelförmige vordere Schneidezähne. Die Zähne demonstrieren, wie das Beißwerkzeug des Bibers seiner Hauptnahrung angepaßt ist, da er damit die Rinde von Zweigen und Bäumen abnagt. Die bräunliche Färbung (Kastanienfarbe) kommt von dem harten Zahnschmelz, innen befindet sich das weiche Zahnbein.

BOBCAT – Amerikanischer Luchs: Wie alle Katzen neigt der **Bobcat** seinen Kopf beim Fressen zur Seite. Damit wird der Mahleffekt der Zähne größer, wenn Fleischbrocken mit den Backenzähnen zermalmt werden. Daher sind die Backenzähne stärker ausgeprägt.

52 BLACK CANYON, CO
Visitors Center

Omnivore
Allesfresser

RACOON – Waschbär: Obwohl **Racoons** Fleischfresser sind, wählen sie ihr Futter unterschiedlich aus und fressen alles mögliche – sogenannte **Omnivores** = Allesfresser. Eckzähne sind wegen ihrer fleischlichen Nahrung spitz und scharf. Backenzähne werden ähnlich wie bei den **Herbivores** = Pflanzenfressern zum Kauen benutzt.

Herbivores
Pflanzenfresser

PORCUPINE – Stachelschwein: Backenzähne des Nagetiers zermahlen mit flacher Kappe das Futter. Der weichgekaute Brei läßt sich gut verdauen. Die Eckzähne fehlen, da sie bei vegetarischem Futter entbehrlich sind.

MUSKRAT – Bisamratte: Nager mit insgesamt 4 Schneidezähnen. Zahnwurzeln dieser gebogenen Zähne wachsen ständig nach – ähnlich wie bei menschlichen Fingernägeln. Zähne bleiben scharf und werden nie ganz abgenutzt.

PRAIRIE DOG – Präriehunde: Schneidezähne bleiben ziemlich gleich. Werden von dem Ober- und Unterpaar der Zähne, die gegeneinander arbeiten wie bei anderen Nagern, abgenutzt. Können Nahrung sehr gut mit den Schneidezähnen bearbeiten.

SQUIRREL – Eichhörnchen: Die meisten Tiere kauen in Auf- und Abwärtsbewegungen des Unterkiefers. Alle Nager können ihren Ober- und Unterkiefer zusätzlich vor und zurück bewegen.

CHIPMUNK – Streifenhörnchen: Nager sind hauptsächlich **Herbivores** oder **Pflanzenfresser**. Sie fressen gelegentlich auch Fleisch. Im Laufe der Zeit paßten sich Schädel und Zähne der jeweiligen Nahrung an.

Carnivores
Fleischfresser

GRAY FOX – Graufuchs: Die Augen liegen bei **Carnivores** (= Fleischfresser oder Raubtiere) weit vorne am Schädel. Damit können diese flinken und intelligenten Tiere ausgezeichnet nach vorne schauen, um ihr Opfer zu entdecken. Töten hauptsächlich mit den Zähnen – 4 große, scharfe Eckzähne, mit denen auch gewürgt wird. Greif- und Mahleffekt der Zähne im Unterkiefer von Carnivores wird dadurch noch verstärkt, daß der Kiefer sich frei bewegen läßt.

BOBCAT – Amerikanischer Luchs: Manche Mahlfläche der Eckzähne wurde zurückgehalten. Die Fleischfresser reißen feste Häute und zerstückeln sie und zerbeißen Knochen. Die

BLACK CANYON, CO
Visitors Center

scharfen Schneidezähne sind ihre wichtigen Überlebenswerkzeuge. Da Fleisch sich leicht verdauen läßt und nicht gut gekaut werden muß, sind die Mahlflächen der Eckzähne nicht sehr ausgeprägt.

COYOTE: Besitzt spezielle Reißzähne – große Zähne mit spitzen Ecken und scharfen Zacken. Ober- und Untercarnassials treffen nicht direkt aufeinander, sondern gehen aneinander vorbei – Oberzahn außen – und wirken wie eine Schere, können harte Brocken zerschneiden. Ausgezeichnetes Beispiel wie die Beißwerkzeuge entsprechend der Nahrung angepaßt wurden.

Erklärungen: *Zygomatic Arch* – Jochbein;
Incisors – Schneidezähne, scharfe Zähne zum Beißen, Knappen, Kauen oder Ziehen;
Canines – Eckzähne, große, Stoßzahn-ähnliche Zähne zum Zerkleinern;
Cheek teeth – Backenzähne, die kauen, zermahlen oder abbeißen.

STEINSAMMLUNG

QUARTZ MONZONITE: Granitähnliches Ergußgestein mit über 5%igem Quarzgehalt und etwa denselben Anteilen zweier verschiedener Feldspatsorten. Entlang der Parkstraße *Rim Drive* vom **Chasm View** bis **High Point** überall sichtbar; am **Chasm View** am besten freigelegt.

MICA – Glimmer: Durchscheinendes, transparentes bis undurchsichtiges Mineral, das in bestimmtem Granit und ähnlichem Gestein auftritt. Findet in der Elektronikindustrie Verwendung, wurde früher wegen seines hohen Schmelzpunkts bei Ofentüren benutzt. Klare bis transparente Vertreter aus der großen Glimmergruppe sind Muskovite, die schwarze Abart ist Biotit. Mica – **Glimmer** – erscheint in großen Kristallen, die sich blättrig spalten.

FELDSPAR – Feldspat: Das Mineral des **Black Canyon**, das rosa überzogen ist und am wenigsten erodiert oder verwittert. **Quarz** kommt im Gestein des **Black Canyon** in unterschiedlichen Mengen vor, tritt auch in Verbindung mit **Pegmatite** auf. Im allgemeinen weiß, aber auch purpurn, bräunlich, rosa und braun.

QUARTZITE – Quarzit: Körniges, dichtes, fast nur aus Quarz oder Kieselerde bestehendes Gestein oder metamorphes

54 BLACK CANYON, CO
Visitors Center

Gestein; zeichnet sich als harter, sehr langsam verwitternder Stein aus.

GRANITE — Granit: Verschiedenfarbiges Gestein mit den 3 Hauptbestandteilen — 4 Feldspäte, Quarz und Glimmer sowie andere. **Black Canyon** enthält mehrere Granitarten, die überall im Park verstreut sind. Viele der spektakulären Felsklippen enthalten Bestandteile von Granit. **Granit** verwittert langsam.

SCHIST — Schiefer: Setzt sich zusammen aus unzähligen Glimmerflecken, Quarz und oder Feldspat. **Schiefer** gehört zu den weichsten, schnell verwitternden Felsen des Monuments und fällt schnell auseinander, da er blättrig und lose aneinandergefügt ist. Mancher Schiefer stammt vermutlich aus urzeitlichem Meeresufer — Erde und Kies. **Schiefer** ist nicht so weit verbreitet wie Gneis.

FINE–GRAINED GNEISS — Feinkörniger Gneis: Dieses Gestein besteht aus unzähligen Mineralkörnern (Quarz, Glimmer, Feldspat), die oft unter großer Hitze und Druck verschmolzen sind und ein ziemlich hartes und haltbares Gestein ergeben haben. **Gneis** stellt einen großen Anteil der Canyon-Wände vom **Tomichi-Point** bis zu den **Narrows** dar. Kommt am häufigsten innerhalb des Parks vor.

STREAM GRAVEL — Flußkiesel: Diese Steine wurden durch fließendes Wasser, Sandkörner, Felsbrocken und Felspartikel Jahr für Jahr transportiert. Die scharfen Ecken wurden dabei abgeschliffen und abgerundet und ließen schöne runde **Flußkiesel** entstehen. Der **Gunnison River** reibt mit diesem Material sein eigenes Flußbett aus und sägt sich jedes Jahr ein bißchen mehr durch das harte Gestein des **Präkambrium.**

BLACK CANYON, CO
Parkstraße

GUNNISON OVERLOOK

THE GUNNISON RIVER
Der Gunnison Fluß

Der Fluß sammelt sein Wasser auf einer Fläche von etwa 10 348 Quadratkilometern in den **Rocky Mountains**. Der **Gunnison** schnitt gemeinsam mit seinen Nebenflüssen Hunderte von großen und kleinen Canyons, doch keiner davon ist so spektakulär wie der **Black Canyon**. Es beginnt auf *2926 m ü. M.* in der Nähe der Ortschaft **Gunnison** – etwa *2438 m ü. M.*, der **Black Canyon** liegt auf etwa *1676 m ü. M.* und **Grand Junction** auf *1372 m ü. M.*

Wie die meisten Flüsse beginnt der **Gunnison** als kleiner Bach, sammelt Nebenflüsse und verwandelt sich in einen mächtigen Strom, der am Unterlauf ein ruhiger, „altehrwürdiger" Fluß wird.

Der für seinen Fischreichtum bekannte **Gunnison River** ist seit den **1870er** Jahren ein Angelgebiet – **Brown Trout** (Braune Forelle) und **Rainbow Trout** (Regenbogenforelle) tummeln sich etwa 550 m tiefer im Fluß.

150 yards = 140 m

PULPIT ROCK

SHEER CLIFFS AND TALUS SLOPES – Steile Felsklippen und Geröllhalden: Hier befindet sich eine gewaltige Schubzone. Vor vielen Jahrmillionen (lange, bevor der **Black Canyon** entstand) wurden diese Felsen, als sie viele Kilometer in der Erde begraben lagen, durch gewaltigen Druck aus dem Erdinnern bearbeitet und in die Höhe gepreßt. Heute arbeitet Erosion an ihnen und läßt das Gestein überall an Rissen und Spalten verwittern und diese großen, dünnwandigen, manchmal 244 m hohen Felsnadeln zurück.

Der von der Sonne geschützte Nordhang ist bedeutend kühler als die andere Seite, Schnee bleibt länger liegen. Das Felsmaterial zerfällt, verwittert hier schneller und läßt Geröllhalden entstehen. Dabei wird der Südrand immer weiter zurückgedrängt, während der Nordrand steil bleibt.

BLACK CANYON, CO
Parkstraße

Das im Flußbett befindliche Felsgestein zählt zu Amerikas Fundament und ist schätzungsweise eine Milliarde Jahre alt! Der größte Teil des Kontinents wird von ähnlichem Gestein durchzogen. Hier jedoch schoben sich die Felsmassen zu einer gigantischen Felskuppel in die Höhe, durch die sich der etwa in 518 m Tiefe verlaufende **Gunnison River** im Laufe von etwa 2 Millionen Jahren seine tiefe Schlucht gesägt hat.

210 yards = 220 m

CROSS FISSURES OVERLOOK
Blick auf die Risse im Fels

ROCK ISLAND SCULPTURING – Felsinseln werden geschaffen: Der Verwitterungsprozeß – Regen, Schnee, Wind, Frost und Hitze – ließ richtige **Felsinseln** entstehen.

Der von vielen dünnen Rissen durchzogene Fels zerfiel hier allmählich durch den ständigen Vorgang der Verwitterung. Im Laufe der Zeit entstehen aus anfänglichen Rissen breite Felsspalten, die am Canyon-Rand isolierte Felsinseln auftreten lassen. Der Verwitterungsprozeß schreitet an solchen Rißstellen schneller voran als an zusammenhängendem Fels. Abbröckelnde Felsbrocken zurückweichender Felsklippen häufen sich zu Geröllhalden auf, die sich im Laufe der Zeit in Erde verwandeln. Schneeschmelze des Frühjahrs und Gewicht der Masse bewirken langsamen Erdrutsch. Wolkenbrüche und Hochwasserfluten spülen schließlich das Erdmaterial vom Boden ab. Der **Gunnison River** schleppt anschließend erodiertes Felsmaterial weiter.

320 yards = 290 m

ROCK POINT

Vom **Cross Fissure Overlook** blickt man auf den **Rock Point**. Der lange Pfad, der sich über den schmalen Felsgrat zieht, führt zu einer lohnenden Aussicht auf den **Gunnison River** mit seinem Wildwasser – aus der Stille des Canyons dringt nur das Rauschen des Wassers nach oben.

PEGMATITE DIKES – Pegmatiteadern: Restschmelzen aus dem **Präkambrium** quollen aus dem Erdinnern, drangen in die Felsritzen und ließen die an dem dunklen Gestein des **Black Canyon** auffallend hellbunten Streifen entstehen. Die dünnflüssige Schmelze kühlte langsam ab und brachte beim Hartwerden riesige Kristalle hervor. Hauptgemengteile sind hier Glimmer, Feldspat, Quarz und Granat.

Die hellbunten Pegmatiteadern kitten das Felsmaterial an den Canyonwänden zusammen und schützen es vor Verwitterung. Der schmale Pfad zum Aussichtspunkt besteht größtenteils aus einer solchen Gesteinsader, bei der das Felsmaterial an beiden Seiten durch Erosion abgefressen wurde.

BLACK CANYON, CO 57
Parkstraße

500 yards = 460 m

DEVILS OVERLOOK

Die Aussichtsstelle liegt etwa 561 m über dem Fluß. Auf einer Tafel wird erklärt, wie die Landschaft hier entstanden ist.

Das breite obere Tal wird bei härterem Gestein zu einem engen, steilwandigen Canyon, obwohl beide Stellen durch denselben Fluß ausgewaschen wurden.

Weicheres **Sedimentgestein** wurde zu einem breiten, flachen Tal ausgewaschen. Von hier oben ist sogar die Zufahrtsstraße von **Crawford** zum Nordrand – **North Rim** – zu erkennen.

Das sanft geschwungene Hochland am Nordrand besteht aus **Sedimentgestein**. Dieses Material stammt von Ablagerungen aus Meeren, Lagunen und Flüssen des **Jura**.

Bei den weißen Streifen, die links zu sehen sind, handelt es sich meistens um **Pegmatiteadern** – Schmelzmassen, die durch die Spalten älterer Felsen emporquollen.

Zum Nordrand sind es nur etwa 914 m Luftlinie, doch auf der Straße etwa 110 mi/176 km! Hätte sich der **Gunnison River** nicht durch das harte Felsgestein gesägt, gäbe es heute hier keinen **Black Canyon**, denn der Fluß hätte seinen Weg sonst durch ein breites, flaches Tal genommen.

Zwischen den harten, kristallinen Felsmassen des Canyons und dem darüberliegenden Sedimentgestein liegt eine geologische „Ewigkeit".

Metamorphes Gestein urzeitlicher Gebirge, die durch Erosion im Laufe der Jahrhunderte eine flache Ebene bildeten, gestaltet Rand und Steilklippen des Canyons.

CHASM VIEW

Chasm View ist die nächste Station am *Rim Drive*. Von hier geht der Blick auf ein langes Stück des **Gunnison River** und seine weißschäumenden Stromschnellen sowie auf einen Seiten-Canyon.

200 yards = 180 m

HUNTERS OF BLACK CANYON
Raubvögel des Black Canyon
Bussard
Falke
Steinadler

Am **Gunnison River** kommen viele Vogelarten vor, unter denen die Raubvögel des **Black Canyon of the Gunnison** am auffälligsten sind. Sie sind hervorragende Flieger, schweben über dem Canyon oder hocken wie Wachtposten am Canyon-Rand und suchen Felsnischen und die tief unten liegenden Uferränder nach ihrer Beute ab.

58 BLACK CANYON, CO
Parkstraße

THE RED-TAILED HAWK − Bussard: Oft an seinem lauten, kreischenden Ruf erkennbar. Hält sich in Bäumen und an Felsklippen auf. Bringt bis zu vier Junge pro Jahr zur Welt. Ausgewachsene **Bussarde** hocken oft stundenlang ruhig oben in den Baumkronen oder auf kahlen Felszacken, von wo aus sie dann plötzlich auf ihr Opfer − Nagetier oder Eidechse − in die Tiefe stürzen. In der Balzzeit lassen die ausgewachsenen Vögel, hoch in der Luft schwebend, ihre Rufe ertönen.

THE PEREGRINE FALCON − Wanderfalke: Dieser Falke hält sich vorwiegend im Freien auf, ist aber ebenso gut in den Canyons am **Gunnison River** heimisch. Nistet oft an unzugänglichen Klippenrändern und in Felsnischen, wo seine Gelege mit 2 bis 4 Eiern gut aufgehoben sind. Falken sind schnelle Flieger und stürzen sich in legendärem Sturzflug auf ihre Beute. **Peregrine Falken** gelten als die besten Jagdvögel unter den Falken.

THE GOLDEN EAGLE − Steinadler: Der Steinadler gilt als einer der größten Raubvögel des **Black Canyon of the Gunnison**. Flügel mit einer Spannweite von etwa 2,3 m erlauben dem König der Lüfte bei seiner Jagd auf Beute − Kaninchen und große Nagetiere, lange Zeit über dem Canyon zu schweben.

Adlerpärchen bauen mehrere Horste und benutzen jeweils von Jahr zu Jahr einen neuen Horst. In Europa wurden Steinadler wegen vorzüglicher Jagdeigenschaften jahrhundertelang von Falknern eingesetzt. **Steinadler** sowie andere Raubvögel stehen hier in der Canyon-Gegend unter Naturschutz.

Zur Hintergrundinformation:
THE PAINTED WALL
„Maueranstrich"
610 m Steilwandfelsen

Hier fraß der **Gunnison River** ein großes Stück aus der Erdkruste. Viele Kilometer tief im Erdinnern sieht es in weiten Teilen der Erde so aus wie hier. Urzeitliches Muttergestein war einst von vielen Rißstellen durchzogen. Vor Millionen von Jahren preßte starker Druck aus dem Erdinnern tief unten begraben liegende, heiße Minerallösungen nach oben in die Erdkruste. Unter langsamem Abkühlen kristallisierten sich diese Schmelzmassen entlang der Spalten und Risse aus. Durch Erosion freigelegt wird diese Gesteinsart nun als **Intrusiv**- oder Tiefengestein bezeichnet. Verschiedene Edelmetalle lagerten sich auf ähnliche Weise ab.

330 yards = 300 m (self guiding trail = auf eigene Faust)
CEDAR POINT OVERLOOK
Auf dem Weg zum **Cedar Point Overlook** Fernglas nicht vergessen, denn mit ein bißchen Glück kann man verschiedene Vögel beobachten. Vom Parkplatz bis zum Aussichtspunkt führt ein informativer Naturlehrpfad, der dem Wanderer die Pflanzen ein wenig näher bringt.

BLACK CANYON, CO 59
Parkstraße

SERVICEBERRY — Elzbeere: Dieser Vertreter der Rosen ist ein äußerst nützlicher wilder Strauch. Die Indianer aßen die Beeren und stellten aus den Zweigen Pfeilschäfte her. Aus getrocknetem Wildbret und Beeren wurde Dauerfleisch für den Winterproviant zubereitet.

SAGEBRUSH — Salbeistrauch: Herrscht auf vielen Plateaus und Wüstenflächen im Westen der USA vor. Wertvolle Futterpflanze für Rehe und Hirsche. Gibt einen stark aufdringlichen Duft ab.

SNOWBERRY — Schneebeere: Mit dem Geißblatt verwandter Strauch, besitzt rosafarbene, wie ein Krug geformte Blüten. Die weißen Beeren kommen später und werden gerne von Vögeln und kleinen Säugetieren gefressen. Wild äst an den Blättern.

WEST ELK MOUNTAINS: Die in der Ferne liegenden Berge, die sich über den Nordrand erheben, sind geologisch sehr interessant. Einstiger **Lakkolith** — Pluton, der sich mit pilzähnlich linsiger Ausdehnung im Nebengestein aufwölbt — erodierte und ließ diese Berggipfel entstehen. Früher waren es riesige Felsgewölbe, die durch heißes, flüssiges Magma tief aus dem Erdinnern wie Blasen hochgeschoben wurden.

LOOK ALIKES — Zum Verwechseln ähnlich: **Ground Squirrels** — Erdhörnchen — und **Chipmunks** — Streifenhörnchen — laufen oft über den Weg. **Chipmunks** sind kleiner, haben spitzen Kopf und viele Streifen auf dem Rücken. Das **Goldenmantled Ground Squirrel** ist nur seitlich gestreift (nicht am Kopf) und hat einen größeren, runden Kopf.

YUCCA — Yuccapalme: Diese Pflanze gehört zur Familie der Lilien — ist kein Kaktus! Wird auch **Soapweed** (Seifengras) genannt, weil die Indianer aus den Wurzeln eine Seifenlösung machten. Wie alle **Yuccas** ist sie zur Befruchtung auf die **Pronuba Motte** angewiesen.

A THICKET — Ein Dickicht: Dieses Plateau ist mit vielen Felsnischen für wilde Tiere ausgestattet. In diesem niedrigen Dickicht lebt der **Spotted Towhee** — Finkenart, dessen typischer Ruf *tow-tow-tow-hee* oft zu hören ist.

FALLEN TREES — Umgestürzte Bäume: Umgefallene Bäume stehen auch im **Black Canyon of the Gunnison National Monument** unter Naturschutz. Sie gehören zum Ökosystem der Natur und bieten verschiedenen Tieren Unterschlupf. Vermodernde Stämme reichern die Erde an und fördern das Pflanzenwachstum.

MOUNTAIN MAHOGANY — Gebirgsmahagoni: Der Name dieses weitverbreiteten Buschs kommt von dem dunklen Kern-

60 BLACK CANYON, CO
Parkstraße

holz. Indianer stellten aus den Wurzeln einen roten Farbstoff her; das Wild frißt gerne die Blätter. Die Samenkörner (Ende Juni/Juli) besitzen lange, haarige Schwänze. Unverkennbar!

UTAH JUNIPER — Utah-Wacholder: **Junipers** werden oft irrtümlich **Cedars** — Zedern — genannt. Dieser Wacholder ist schätzungsweise über 200 Jahre alt. Auffallend schuppige Blätter und Beeren. **Pinyon Pines** (wachsen meistens in der Nachbarschaft von Junipers) — Zwergkiefer — sind mit Nadeln und Zapfen ausgestattet.

WILD BUCKWHEAT — Wilder Buchweizen: Diese kleinblütrige Pflanze ist typisch für sandige und semi-aride Gegenden; wird auch **Sulphur Flower** (Schwefelblume) genannt und ist ein naher Verwandter des kultivierten Rhabarbers und echten **Buchweizens**.

SQUAW CURRANT: Dieser Strauch ist ein dornenloser Verwandter der **Stachelbeere**. Die rosafarbenen Früchte sind geschmacklos, werden aber von vielen kleinen Säugetieren und Vögeln gefressen. Wie der Name vermuten läßt, verwendeten die Indianer (*squaw* = Indianerin) die Beeren für bestimmte Zwecke.

SIDE GORGE — Seitenschlucht: Am Rand des Canyons bilden sich Seitenschluchten, wo das Gestein durch Risse nicht so widerstandsfähig ist und von schlammigen Fluten nach Wolkenbrüchen abgewaschen wird. Die Seitenschluchten geben Zugang zum Grund des Haupt-Canyon.

JOINTS — Felsspalten: Die größtenteils mit Erde ausgefüllten Felsritzen werden **Joints** — Spalten — genannt. Obwohl sie fest zusammengepreßt sind, ziehen sie sich viele Meter tief in den Fels. Durch Erosion entstehen die erstaunlich schroffen Steilwände und scharfkantigen Felszacken des **Black Canyon**.

AERIAL ACROBATS OF BLACK CANYON — Flugakrobaten des Black Canyon: **The White-throated Swift** — Felsensegler — an seinen langen, schmalen, spitzzulaufenden Flügeln, zigarrenähnlichem Körper mit abwechselnd schwarz-weißem Gefieder erkennbar. Der äußerst schnell fliegende Segler ernährt sich von fliegenden Insekten und baut normalerweise sein Nest in Felsspalten. **The Violet-green Swallow** — Schwalbe — Wie ein Delta geformte Flügel mit weißen Stellen an der Basis des Schwanzes lassen den schnellfliegenden Vogel leicht erkennen, häufiger zu sehen als sein Fluggenosse, der Segler. Ernährt sich von Insekten, die im Flug gefangen werden. Nistet im allgemeinen in Felslöchern in der Canyon-Wand.

BLACK CANYON, CO 61
Parkstraße

Etwa 270 m von der Straße erreicht man den **Dragon Point:**

DRAGON POINT
Canyon Cutting Tools/Canyon Werkzeuge

Nach Westen erstrecken sich *4 mi/6 km* des Canyon. Der Fluß liegt hier in etwa 671 m Tiefe und etwa 914 m unter dem Nordrand. Trotz vieler vertikal laufender Felsklippen ist die Schlucht eigentlich V-förmig. Hier liegt ein typischer, vom **Fluß** eingeschnittener Canyon vor, im Gegensatz zu einem durch Erdbeben oder Vulkaneruption entstandenen Graben.

Die vielen Felsbrocken im Flußbett benutzt der Fluß als **Werkzeuge.** Der Fluß schiebt die Brocken vor sich her und feilt sie dabei rundum ab. Feiner Sand und Kies werden ständig am Boden entlanggeschleift. Jahr für Jahr, Jahrhundert für Jahrhundert arbeiten diese Werkzeuge und vertiefen den Canyon immer mehr.

How long did it take to cut Black Canyon? – Wie lange brauchte der Fluß, den Black Canyon einzuschneiden?: Nach den Geologen 2 Millionen Jahre. Durchschnittsgeschwindigkeit etwa 30 cm pro 1000 Jahre – das sind etwa 1,3 cm im Laufe eines Menschenlebens.

Der Canyon-Rand erodiert langsamer, aber er zerbröckelt auch zur gleichen Zeit. Die Geröllhalden im Canyon stammen von Felsen, die von den Klippenwänden abgefallen oder vom Canyon-Rand abgebrochen sind. Die Verwitterung der Canyon-Wände versorgt den Fluß mit immer neuem Arbeitsmaterial. Periodisch auftretendes Hochwasser spült den Canyon wieder frei von verstopfenden Felsbrocken.

SUNSET VIEW
Der Black Canyon hat mehrere Gesichter

Am Aussichtspunkt:

Etwa *3 mi/5 km* weiter wird der **Canyon of the Gunnison** breiter und ist nur halb so tief, da dort anderes Bodenmaterial vorhanden ist.

In der Nähe vom **Chasm View**, etwa *1 mi/1,6 km* östlich, sind die in den harten, präkambrischen Fels gefressenen Canyon-Wände steilwandig. Hier unten, wo der Canyon in weicheren Fels geschnitten wurde, sind die Canyon-Wände verwittert und weit zurückgewichen.

Genau im *Osten* besteht der etwa 610 m tiefe Canyon vollkommen aus festem, kristallinem Gestein. Flußabwärts im *Norden* werden die Canyon-Wände von weicherem Sedimentgestein gebildet. Dort begann der Fluß erst, sich in das darunterliegende kristalline Gestein einzufressen.

Dort, wo der **Gunnison River** aus seinem engen, harten Fels-Canyon herauskommt, schwingt er sich vom Kamm zu den Flanken der hochgeschobenen Felskuppel nach Norden. Fluß-

62 BLACK CANYON, CO
Parkstraße

abwärts von dieser Stelle besteht der Canyon hauptsächlich aus schnell verwitterndem Schiefer und Sandstein. Dort treten die von hier aus sichtbaren — etwa *4 mi/6 km* flußabwärts — Felsklippen auf.

HIGH POINT
Picknick, Pfad, Toiletten

THE SURROUNDING TERRAIN
Die Umgebung
Etwa 2560 m ü. M.

RED ROCK CANYON: Das Gelände besteht hauptsächlich aus denselben Sandsteinformationen, die auch auf den in der Ferne liegenden Plateaus erkennbar sind.

WARNER POINT: Ein Naturlehrpfad führt zu einem der höchsten Punkte am Südrand.

GRAND MESA: Dieser etwa 3048 m hohe Tafelberg ist mit Lava bedeckt. Die Straßen auf der glatten Tafel führen zu Hunderten von Seen. Der Tafelberg liegt etwa *30 mi/48 km* entfernt.

GREEN MOUNTAIN: Der etwa *2591 m* hohe Berg auf der Nordseite — **North Rim** — besteht hauptsächlich aus **Morrison**-Schichten, ein Rest der dicken Felsschicht, die einst die gesamte Gegend bedeckte.

WEST ELK MOUNTAINS: Diese etwa *20 mi/32 km* entfernt liegenden Berge (etwa *3048 m* hoch) sind ein Produkt vulkanischer Aktivität aus dem **Miozän**.

PLANTS AND ANIMALS OF THE CANYON RIM
Pflanzen und Tiere am Canyon-Rand

Mountain Chickadees — Meisenarten bewohnen dieses Waldgebiet. Dieser kleine, unauffällige Vogel nistet und sucht sein Futter in den größeren Bäumen der Gegend. Hält sich hier die meiste Zeit des Jahres auf.

Die **Pinyon Mice** — Mäuseart — lebt ebenfalls von den Kiefern. Diese Maus gehört zu den vier Arten der **Deermice**, die hier vorkommen. Sie lebt von Elzbeeren, Eicheln und Wacholderbeeren.

Das **Rocky Mountain Mule Deer** — Maultierwild — steht im Monument unter Naturschutz, kommt häufig dort vor, wo viele Elzbeeren, Eichen und Sagebrush wachsen.

Die meisten Baumschäden an den **Pinyon Pines** (Zwergkiefer) stammen von **Porcupines** — Stachelschweinen. **Porcupines** gehören zu den größten Nagern am Canyon-Rand und richten oft verheerende Schäden an, wenn sie die Baumrinde anfressen.

Räuber gegen Beute. Beide — **Coyote** und **Rock Squirrel** — Felshörnchen — kommen im **Black Canyon** sehr häufig vor. Da das Opfer genug Schlupfwinkel und ausreichend Nahrung findet, werden vermutlich diese beiden Tierarten auch in Zukunft hier gemeinsam existieren. Raubtiere sorgen schon dafür, daß die Nager nicht überhandnehmen.

★★★★★★★★★ COLORADO NM ★★★★★★★★★

„Felsmonument am Colorado River"

Colorado National Monument — *ganzjährig* geöffnet — liegt im Westteil des Bundesstaates Colorado, westlich von Grand Junction. **Las Vegas** im Bundesstaat Nevada liegt etwa *500 mi/ 800 km* im Südwesten; **Moab** und **Arches Nationalpark** in Utah etwa *100 mi/160 km* und **Denver** etwa *255 mi/408 km* im Osten.

Der etwa *22 mi/35 km* lange *Rim Rock Drive* führt als Hauptstraße durch das Monument. Die Straße klettert an einer Seite des Monuments zum Plateau hinauf, streift die steilen Sandstein-Canyons mit den turmhohen Steinmonolithen und geht auf der anderen Seite bergab zurück ins Tal.

Der **West**eingang, der nach der in der Nähe liegenden Stadt auch **Fruita Entrance** genannt wird, befindet sich südlich der *I-70*. Fährt man die *I-70* entlang und ist etwas in Zeitnot, benutzt man am besten diesen Eingang — nur etwa *4 mi/6 km* vom Visitors Center und Campingplatz. Der **Ost**eingang heißt auch wegen seiner Nähe zu Grand Junction **Grand Junction Entrance** — günstig, wenn man auf der *US 50* vom Süden kommt. **Unterkunftsmöglichkeiten** entlang *I-70* in Flughafennähe auf der **Ostseite** von Grand Junction.

64 COLORADO NM, CO
Parkstraße

RIM ROCK DRIVE
Westeingang – Visitors Center

Die Entfernung zwischen Westeingang – *West Entrance* – auf etwa *1425 m ü. M.* und Visitors Center auf etwa *1764 m ü. M.* beträgt etwa *4 mi/6 km.* Sobald die Straße an Höhe gewinnt, hat man mehrmals eine herrliche Panoramasicht. Unterwegs gibt es verschiedene Stationen mit sehr informativen Hinweisen. Von der ersten Station, dem **Redlands View**, hat man einen grandiosen Blick übers Tal.

Zunächst rechts:
A GREAT FAULT – Ein großer Graben: Dieses weite Tal lag nicht immer so tief, aber gleichzeitig lag das Plateau hier oben auch nicht schon immer so hoch. Kräfte aus dem Erdinnern verhalfen Plateau und Tal zu dieser Position, wobei das Tal durch einen breiten **Graben** vom Plateau getrennt wurde. Dieser Graben verläuft genau hier und dehnt sich rechts und links weit in die Ferne.

An manchen Stellen ließ die Verschiebung des Grabens das Land auseinanderbrechen. An anderen Stellen falteten sich die Oberflächenschichten oder bogen sich, ohne zu brechen.
Es fällt vielleicht etwas schwer, den Graben zu erkennen, da man keine scharfen, klaren Linien, sondern nur eine unregelmäßige Zone von Erdrutschen sieht. An manchen Stellen wurden die Grabenränder auch durch Erosion oder Ausbau der Straße verwischt. Die hinter dem Betrachter liegenden Felsschichten haben nur eine leichte Neigung, während die im Vordergrund fast vertikal sind.

Ehe man die nächste Station links mit mehreren Info-Tafeln erreicht, wird ein Abschnitt mit Granit, Gneis sowie Schiefer aus dem Präkambrium passiert.

Auf der linken Straßenseite zwei weitere Info-Tafeln:

BALANCED ROCK – Balancierter Felsen: Werden die Sandsteinwände dieser Canyons vom Wasser, Wind und chemischen Stoffen angegriffen, kommt es manchmal zu merkwürdigen Gebilden. Der etwa 600 Tonnen schwere **Balanced Rock** blieb als balancierter Felsbrocken auf der Canyonwand sitzen, während das ihn einst umgebende Gestein verwitterte. Bestimmte Schwachstellen – vertikale Risse, horizontale und weiche Schichten im Fels – gaben dem Felsen seine endgültige Form. **Balanced Rock** war früher ein Stück der Canyon-Wand. Eines Tages wird er auch als Steingebröckel auf dem Canyon-Boden landen.

ROCKS IN LAYERS – Felsschichten: Die Felsen des Colorado National Monument entstanden im Laufe von vielen Millionen Jahren. Manche Felsen setzen sich aus Sedimenten eines Seebodens zusammen. Andere Schichten sind versteinerte, ehemalige Sanddünen. Jede Schicht unterscheidet sich in Farbe, Mineralgehalt und Härtegrad.

COLORADO NM, CO
Orientierungskarte

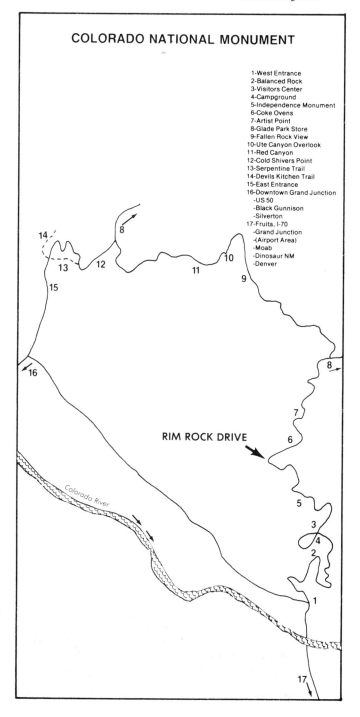

66 COLORADO NM, CO
Parkstraße

Die **Canyon-Wände** gehören zu den **tiefer** liegenden Schichten, **Chinle** und **Wingate Formationen**. Jüngere Ablagerungen sind in Schichten der höheren Lagen des Parks zu finden.

Bevor man zur nächsten Station **Historic Trails** gelangt, passiert der *Rim Rock Drive* zwei kurze Tunnels, deren Fels aus **Wingate Sandstone** besteht.

Rechts:
ROCKY ROADS — Wege durch die Felsen: Bei den ersten Menschen, denen sich dieser Blick bot, handelte es sich vermutlich um Indianer, die die steilen Felsklippen und Steilhänge erklettern mußten. Später legten Viehzüchter in den Canyons schmale Wege an, um ihre Rinder zum Weiden in die fruchtbaren Hochlandtäler bringen zu können. Unten ist ein solcher Weg erkennbar.

Anfang der **1900er** Jahre legte **John Otto** (setzte sich für die Gründung des Parks ein und war Parkpfleger) die ersten **Wege** hinauf zur Mesa (Hochplateau) an. Sein Werk wurde vom *Civilian Conservation Corps* (= CCC, Abteilung mit einem, während der Wirtschaftskrise der 1930er Jahre gegründeten Arbeitsprogramm der Regierung) fortgesetzt, das die heutige Straße, die **1937** größtenteils fertiggestellt wurde, baute. Die Leute des CCC bauten den *Rim Rock Drive* und viele der Begrenzungsmauern und Aussichtsplätze — damals wurde noch viel ohne Maschinen gearbeitet.

Der *Rim Rock Drive* steigt immer noch, und bevor man die nächste Station erreicht, öffnet sich der Blick auf den **Colorado River**.

Links:
DISTANT VIEW — Blick in die Ferne: Hier befindet man sich an dem scharfen Abbruch des **Uncompahgre Plateau**, das **über** dem etwa 366 m tiefer liegenden Flußtal des Colorado River liegt. Das Tal wurde aus weichem Schiefer und Sandstein herausgehauen oder vom Fluß abgewaschen. Das harte Deckgestein der Plateau-Oberfläche konnte sich der Erosion widersetzen. Zwar erhebt sich das Plateau heute noch hoch über dem Fluß, wird jedoch bei fortschreitender Erosion in ein paar Hunderttausend Jahren ebenfalls abgeräumt.

Ehe das Visitors Center erreicht wird, erfährt man, **wie** die Canyons entstanden sind; außerdem hat man einen Blick auf den **Fruita Canyon**, der sich bis hinunter zum West Entrance (Westeingang) erstreckt.

Links:
EVOLUTION OF THE CANYONS — Entwicklung der Canyons:

1— Vor 70 Millionen Jahren war dieses Land eine flache Ebene aus vielen von Wasser und Wind angesammelten Sedimentschichten. Es gab keine Canyons, keine Mesas (Hochplateaus) und auch keine Klippen in der Ferne.
2— Das Land nahm langsam andere Konturen an, als sich ein großer **Graben** durch das Land zu ziehen und es zu teilen begann. Das Land im Vordergrund senkte sich, während

sich das Gelände, auf dem man sich hier befindet, hob. Die an der Grabenzone liegenden Felsschichten bogen sich entweder oder brachen auseinander, als Plateau und Ebene entstanden.

3— Das Plateau wurde durch Kräfte aus dem Erdinnern **angehoben**, doch während dieses Vorgangs nagten Wasser und Wind an den Felsen. Im Laufe von Jahrtausenden wurden große Felsbrocken vom Plateau durch Verwitterung abgetragen, abgewaschen, aufgelöst, Frost und Schmelzwasser sowie der Wind trugen ebenfalls zur Zerstörung bei. Von Jahr zu Jahr entfalteten sich die Canyons länger und weiter.

EIN BESUCH IM VISITORS CENTER

Colorado National Monument
Ein ehemaliges Hochland verwittert
Die Arbeit des Windes
Ein seichtes Meer
Brachiosaurus
Meeres- und Seeablagerungen
Falten und Gräben
Die Kiefer-Wacholderwälder
Fremont Indianer
Ute Indianer
Weiteres zur Geschichte
Das Treibhaus
Sonnenenergie heizt und spart Brennstoffe

COLORADO NATIONAL MONUMENT

Massive Felsklippen, steilwandige Canyons und behauene Felsnadeln erzählen bestimmte Kapitel der Erdgeschichte.

AN ANCIENT HIGHLAND WEATHERS AWAY
Ein ehemaliges Hochland verwittert

Die heute sichtbaren Felsklippen entstanden vor etwa einer Million Jahren. Als sich das Land immer stärker nach oben drückte, wurden Flüsse und Ströme schneller und fraßen sich tief in die Flanken des Plateaus. Tagestemperaturen wechselten, im Sommer gab es Gewitterregen, Wasser verwandelte sich in Eis und taute in den Felsen, alle diese Faktoren ließen die

68 COLORADO NM, CO
Visitors Center

reizvollen Canyons des **Colorado National Monument** weiter und tiefer werden.

THE WORK OF THE WIND
Die Arbeit des Windes

Nachdem das **Uncompahgre Highland** abgewaschen und die **Chinle Formation** freigelegt wurde, wehte der **Wind** Sand vom Nordwesten über die Area.

Im Westen wuchs ein neues Hochland auf, die Meere verschwanden. Von den **Westwinden** herbeigetragener feinkörniger Sand bedeckte das alte **Uncompahgre Highland** (Hochland) über 300 m hoch.

Bei den auf der Tafel dargestellten roten Felsschichten handelt es sich um **Sandstein**, der stellenweise etwa 600 m dick ist. Der Kreuzschichtungs-Sandstein der Felsklippen läßt seine Herkunft aus angewehtem Wüstensand erkennen. Die Darstellung einer verwitterten Sanddüne zeigt, wie sich der Sand in Kreuzschichtungslagen aufbaute. Die früheren Wüsten innerhalb und westlich dieser Region mußten sehr viel Ähnlichkeit mit den heutigen Wüsten von California gehabt haben.

A SHALLOW SEA
Ein seichtes Meer

Nach Millionen von Wüstenjahren zog sich ein seichtes **Meer** über das Land. Farbenprächtige Sedimente, die sich auf dem Meeresboden absetzten, bedeckten den Sandstein, aus dem die Felsklippen bestehen. Diese dünnen Schichten werden von den Geologen **Summerville Formation** genannt.

Auf dem **Artist's Point** am *Rim Rock Drive* sind diese dünnen Felsschichten zu sehen. Auf Tafeln wird die Farbe im Summerville-Gestein gezeigt; an manchen Stellen weisen Riffelungen auf seichte Gewässer hin.

Das Wasser trat zurück und das Klima änderte sich. Während einer sehr feuchten, üppigen Periode sammelten sich in Seen und Flüssen Schlamm, Kies und Sand, die die etwa 150 m dicke **Morrison Formation** entstehen ließen. Die Morrison Formation ist bekannt für Fossilien von Dinosaurier-Knochen. In der Nähe wurden Fossilien verschiedener Arten, einschließlich der größten Festlandtiere gefunden.

Eine ausgezeichnete Ausstellung informiert über Dinosaurier. Manche der pflanzenfressenden **Dinosaurier** vertilgten etwa 1 Tonne Pflanzen pro Tag! Vermutlich gab es damals hier eine äußerst üppige Vegetation. Die Exponate des etwa *120 mi/ 192 km* im Norden liegenden **Dinosaurs National Monument** informieren ausführlich über die Morrison Formation.

COLORADO NM, CO 69
Visitors Center

BRACHIOSAURUS

Ausgestellt ist ein Modell eines **Brachiosaurus** — eines der größten Festlandtiere, etwa 24 m lang und bis zu 50 Tonnen schwer. Eine Abbildung zeigt ein Brachiosaurus-Skelett, das von Deutschen in Ost-Afrika gefunden wurde und sich heute im Museum in Berlin befindet. Der versteinerte Knochen eines Oberschenkels des Vorderbeins eines Brachiosaurus, der in der Morrison-Zeit lebte, ist ebenfalls ausgestellt.

Elmer Riggs vom Chicago Natural History Museum fand **1900** den ersten Brachiosaurus in der Nähe von Grand Junction, außerhalb des Monuments.

SEA AND LAKE DEPOSITS
Meeres- und Seeablagerungen

Vor etwa vierzig Millionen Jahren zogen sich über 1,6 km dicke Felsschichten über diese Stelle. **Seen** und **Flüsse** lagerten später weitere 300 m an Sedimenten über die Mesa Verde-Gruppe. In diesen jüngeren Formationen sind viele **tierische** Fossilien enthalten.

Am Ende der Morrison und Burro Canyon-Zeit begann ein großer Teil Nordamerikas sich langsam zu senken, bis der größte Teil des Kontinents in der Mancos-Zeit von einem Meer bedeckt wurde. Gezeigt wird Mancos Shale — **Mancos-Schiefer** — eine Meeresbodenablagerung, aus der sich Talboden und Book Cliffs im Norden überwiegend zusammensetzen.

Nachdem sich das Meer zurückgezogen hatte, schichteten sich Sand, Schlamm und Torf etwa 450 m über dem Mancos-Schiefer auf. Die Mesa Verde-Gruppe, Sandsteinbetten, Schiefer und Kohle, die sich am Ufer des abziehenden Meeres abgelagert hatten, bedecken die **Book Cliffs** auf der anderen Seite des Tals.

Unter den Exponaten befindet sich ein Schädel eines archaischen, pflanzenfressenden Säugetieres. Es lebte vermutlich hier, als sich der untere Teil der **Wasatch Formation** ablagerte. Man sieht auch einige Gesteinsproben des **Wasatch Sandstone** (Sandstein) und **Green River Shale** (Schiefer). Diese Süßwasserablagerungen wurden in der Nähe von **Rifle**, Colorado, freigelegt — der untere rosafarbene Streifen gehört zur Kappe der **Wasatch Formation**.

FOLDING AND FAULTING
Falten und Gräben

Tief unten liegende Felsschichten wurden durch Erdbewegungen gebogen, **aufgefaltet** und gebrochen, als die Rockies und die Black Hills in die Höhe geschoben wurden. Manche

70 COLORADO NM, CO
Visitors Center

Felsschichten brachen auseinander, andere zerbrachen und schoben sich an **Gräben** entlang.

THE PINYON-JUNIPER WOODLAND
Die Kiefer-Wacholderwälder

Tiere und Pflanzen stellen hier zusammen mit dem Boden, der Luft, dem Wasser und Sonnenlicht ein ausgewogenes Gleichgewicht her. Unter den Exponaten befinden sich Vögel und Tiere, wie **Pinyon Jay** — Kiefernhäher, **Chipmunk** — Streifenhörnchen.

ROCK SQUIRREL — Felshörnchen: Am häufigsten vorkommendstes **Nagetier**, sammelt Kiefernzapfen und andere Samenkörner als Winterproviant. Vergrabene Samenkörner, die vergessen wurden, lassen neue Bäume wachsen. Obwohl es ein Erdhörnchen ist, wird es häufig auf Felsen oder Bäumen angetroffen.

GRAY FOX — Graufuchs: **Füchse** helfen, die Zahl der Nagetiere auf ein gesundes Maß zu reduzieren. Coyote, Habichte und Eulen sorgen in derselben Weise für das Gleichgewicht in der Tierwelt. Werden diese Tiere selten, steigt die Zahl der Mäuse, die schließlich zur Plage der Landwirtschaft werden.

SPIDER AND SCORPION — Spinne und Skorpion: **Skorpione** und **Spinnen** wie die Schwarze Witwe gehören ebenfalls zu den Raubtieren. Die Schwarze Witwe fängt mit unregelmäßig gesponnenen Netzgewirren in Felsspalten Insekten. Ihr schmerzhafter Biß verläuft selten tödlich. Skorpione jagen ebenfalls Insekten. Die hier vorkommende große Art sticht so stark wie eine Hornisse.

MAGPIE — Elster: Aasfresser wie Elstern — **Magpies**, Raben — **Ravens** und Aasgeier halten den Straßenrand und die Wälder sauber. Elstern halten sich oft am Straßenrand auf, während Raben und Geier über die Canyon-Ränder schweben.

LIZARDS — Eidechsen: **Eidechsen** fressen Ameisen, Fliegen, Raupen und gelegentlich auch andere Eidechsen. Sie jagen tagsüber, während Schlangen meistens nachts in der Wüste auf Jagd gehen.

PORCUPINE — Stachelschwein: **Porcupines** — Stachelschweine — haben viele Kiefern des Monuments abgenagt. Wenn ihre begehrten Futterpflanzen vom Schnee bedeckt sind, nagen sie an der Innenseite der Rinde. Porcupines haben wenige Tiere zum Feind, doch gelegentlich werden sie von Bobcat — Amerikanischer Luchs — und Mountain Lion — Berglöwe — gejagt.

COLORADO NM, CO 71
Visitors Center

CANON WREN (CANYON WREN) – Canyon-Zaunkönig: An dem lauten Gesang nach der Tonleiter erkennbar, jagt zwischen den Felsen nach Insekten. Auf Knopfdruck an der Vitrine ertönt sein schöner Gesang.

BISON – Amerikanischer Auerochs: **1926** wurden drei Exemplare im Monument eingeführt, die bei der spärlichen Vegetation in den Canyons gut gediehen. Heute gehören etwa 15 Tiere zur Herde, die man oft unterwegs von den Aussichtsstellen am *Rim Rock Drive* sehen kann.

DEER AND ELK – Hirschwild und Wapitihirsch: Südlich von hier leben viele Exemplare des **Maultierwilds** und **Wapitihirsche** im Hochland. Bei starken Schneefällen ziehen manche hinunter an die geschützten Canyon-Ränder des Monuments.

THE FREMONT PEOPLE
Fremont Indianer

Im goldenen Zeitalter der Pueblos lebten Indianer hier. Im Gegensatz zu den Pueblo Indianern bauten diese Menschen keine großen Städte oder Klippenwohnungen.
Fremont Indianer benutzten grob gearbeitetes Tongeschirr, überwiegend grau gehalten. Manche grob bemalten oder geriffelten Stücke waren imitierte Pueblo-Ware.
Fremont Indianer lebten im östlichen Utah und West-Colorado bis etwa **1150 A.D.** Man nannte sie nach dem Fluß, an dem die ersten Funde ihrer Kultur entdeckt wurden.
Einflüsse der Pueblo Indianer erreichten die **Fremont** und **Sevier Indianer** im westlichen Utah durch ihre Nachbarn oder Verwandte, die am **Virgin River** lebten.
Auf Felsmalereien – *pictographs* – der Fremont Indianer sind Krieger mit ungewöhnlich langen Schildern und Kopfschmuck zu sehen. In Höhlen wurden bemalte Büffelhäute gefunden.
Die **Fremont Indianer** bauten alle möglichen **Behausungen** – Steinhäuser, Lehmhütten mit Holzpfählen, runde und quadratische Erdgruben und Lagerlöcher. Es ist nicht bekannt, weshalb die Fremont Indianer keine Felsklippenhäuser bauten.
Diese indianischen **Landwirte** pflanzten Mais, Bohnen und Squash (Kürbis). Mais- und andere wilde Samenkörner wurden auf „Steinmühlen" gemahlen bzw. in Steinmulden zerrieben.

THE UTES
Ute Indianer

Die **Ute Indianer** waren stärker und kriegerischer als andere Indianer des Great Basin. Sie lebten um **1850** im Zentral- und Westteil von Colorado und im östlichen Utah.

72 COLORADO NM, CO
Visitors Center

Bevor die Utes Pferde bekamen, lebten sie wie ihre Verwandten, die Paiutes, von Nüssen, Wurzeln, Beeren und gingen zur Jagd.

Mit dem Einzug des **Pferdes** in den **1700er** Jahren trat eine entscheidende Wende in ihrem Leben ein — ähnlich wie das Auto etwa unser Leben veränderte. Ute Indianer wurden **Büffeljäger** und gingen außerdem auch auf Raubzüge. **Nevada Paiutes** ähneln den frühen Utes.

Die Ute Indianer *übernahmen* viel von den **Plains Indianern**, wie **Kleidung**, Zelte — **Tipis**, und den Sonnentanz — **Sun Dance**. Die Ute Indianer machten große Geschäfte mit gestohlenen spanischen und Navajo Kindern. (Damals war die U.S. Sklaverei noch in manchen Landesteilen legal.) Ein Bild zeigt ein Ute Dorf um **1880** im westlichen Teil von Colorado.

Die etwa 15 bis 20 Stämme oder Banden wurden von unabhängigen Häuptlingen geführt. Die Ute Indianer schlossen sich nie zu einem einzigen Stamm zusammen.

Pictographs am Book Cliff lassen auf Plains Indianer schließen.

MORE HISTORY
Weiteres zur Geschichte

Um **1776** überquerten spanische Forscher etwas nördlicher den **Colorado River**. Die von ihnen gefertigten Karten lassen erkennen, daß der Fluß am **Colorado National Monument** vorbeifloß. Unter den Exponaten befindet sich eine in der Nähe befindliche Inschrift zu Ehren Antoine Robidoux, der, wie Kit Carson und viele andere, die Anfang der 1800er Jahre durchs Land zogen oder Fallen stellten, in diese Gegend kam.

Captain John Gunnison bekam bei Vermessungsarbeiten eines westwärts verlaufenden Abschnitts der Eisenbahn die hohen Felsklippen ebenfalls zu Gesicht. Um **1907** wurde die Gegend besiedelt, als man aus dem **Grand Valley** oder „High Line" Staudamm Wasser zur Bewässerung des tieferliegenden Tals ableiten konnte.

Dieses fantastische Canyon-Land übte auf einen Mann namens **John Otto** magische Anziehungskraft aus. **1906** begann er mit einer Kampagne, diese Gegend als Nationalpark unter Naturschutz zu stellen. Er legte viele der Straßen und Wege des Parks an und erlebte es noch, daß das Gebiet **1911** zum **Colorado National Monument** erklärt wurde.

THE GREENHOUSE
Das Treibhaus

An der einen Seite des Visitors Center schließt sich das **Greenhouse**, Treibhaus an — hochinteressante energiesparende Methoden. Dieses erstmalig innerhalb des Nationalparksystems

COLORADO NM, CO
Visitors Center

eingesetzte Solarsystem dient zum **Beheizen** des Visitors Center. Hier wird Sonnenenergie gespeichert und ohne Motor als Wärme abgegeben. Alles ist darauf ausgerichtet, möglichst viele Sonnenstrahlen aufzunehmen, wobei Wärmeisolierung eine große Rolle spielt und auf Konvektionsfluß geachtet wird.

Bei Bedarf wird durch die Deckenfenster weitere Sonnenenergie eingefangen; um die Wärme zu halten, können die Fenster nachts bzw. im Winter abgedeckt werden. An bewölkten Tagen wird ein „Kanonenöfchen" mit Holz beheizt, in der übrigen Zeit hilft es, Sonnenwärme zu absorbieren und zu speichern, wie die ebenfalls im Greenhouse befindlichen Pflanzen und Steine. Die Solarzellen sind außerhalb des Greenhouse.

THE SUN HEATS A BUILDING AND SAVES FUEL
Sonnenenergie heizt und spart Brennstoffe

Wie funktioniert dies:
1. Dem Raum entnommene kühle Luft dringt in den Solarkollektor.
2. Die Luft im Kollektor wird durch die Sonnenstrahlenenergie auf über 76,6 °C gewärmt.
3. Wärme dehnt sich aus und steigt im Kollektor auf.
4. Ventilatoren schicken die Luft durch das System.
5. Heiße Luft dringt in den mit kleinen Steinen befüllten Speicher; die Steine halten 24 Stunden lang ihre Hitze.
6. Bei Bedarf kann Warmluft an den Raum abgegeben werden.

WANDERWEGE IN DER NÄHE DES VISITORS CENTER

Der *Canyon Rim Trail* – etwa *0.7 mi/1,1 km* ein Weg – beginnt am Visitors Center. Der ziemlich ebene Pfad bietet gute Sicht auf den **Monument Canyon**. An der am Visitors Center beginnenden Straßenschleife kommt man kurz hinter dem Camping- und Picknickplatz zum *Window Rock Trail* – etwa *0.4 mi/0,6 km* ein Weg.

TODAY AND YESTERDAY – Heute und gestern: Die heutige Landschaft läßt auf die Situation von vor Millionen Jahren schließen. Die mehrere Hundert Meter dicken Felsschichten auf dem Talboden und Book Cliffs sind Reste von Ablagerungen, die vermutlich diese Stelle bedeckten. Das Tal im Querschnitt läßt die früheren Grenzen der dicken Felsschichten, die größtenteils völlig verwitterten und abgetragen wurden, erkennen. Der **Colorado River** liegt hier immerhin auf etwa *1372 m ü. M.*

74 COLORADO NM, CO
Parkstraße

Am anderen Ende des *Window Rock Trail* gibt es am **Bookcliff View** eine weitere informative Hinweistafel.

SANDSTONE SCULPTURE — Sandsteinskulptur: **Monument Canyon** — eine Galerie von der Natur kunstvoll geschaffener schlanker Sandsteinformen. Regen, Eis, Wind und andere Naturelemente haben ein ehemaliges Plateau in diesen großen Graben verwandelt. Einst den Canyon ausfüllende Felsen wurden weggewaschen, wobei die **Erosion** allerdings keine gleichmäßige Intensität besaß. Das Gestein besaß unterschiedliche Beständigkeit, manches blieb noch stehen, obwohl das Nachbargestein bereits verschwunden war. Die daraus hervorgegangenen **Monolithen** ragen einzeln auf. Im Laufe der Jahre inspirierten diese Steinfiguren die Menschen, ihnen bestimmte **Namen** zu geben.

Von der Aussichtsstelle sieht man **Kissing Couple** — Die Küssenden, **Independence Monument** — Unabhängigkeitsmonument, **Praying Hands** — Betende Hände — und **Pipe Organ** — Orgelpfeife. In der Nähe steht der **Sentinel Spire** — Felsnadel.

RIM ROCK DRIVE
Visitors Center—Osteingang

Die Entfernung vom **Visitors Center** bis zum **East Entrance** — Osteingang — beträgt etwa *18 mi/29 km*. Unterwegs gibt es verschiedene informative Hinweise sowie kurze und längere Wanderwege.

LEGACY OF JOHN OTTO — Das Vermächtnis des John Otto: **Colorado National Monument** wurde **1911** Teil des National Park System. Zuvor war dies schon jahrelang der Traum eines recht ungewöhnlichen Mannes namens **John Otto** — legte Pfade an, war Patriot und Idealist.
Nachdem Otto die Bundesregierung in Washington, D.C. davon überzeugen konnte, dieses Gebiet zum National Monument zu erklären, arbeitete er als der erste Parkwächter für etwa $1.09 pro Monat. Viele der von ihm angelegten Pfade sind heute noch in Gebrauch.
John Otto war der erste, der den von ihm benannten Sandsteinmonolithen **Independence Monument** bestieg. Anläßlich von Feiertagen wie Independence Day (Unabhängigkeitstag) hißte er auf dem Gipfel eine riesige amerikanische Fahne.
John Otto ließ sich auch im Schatten des Independence Monuments trauen. Allerdings wurde ihm seine große Liebe zur Wildnis zum Verhängnis. Seine Frau strengte sich zwar sehr an, sich seinem Lebensstil anzupassen, doch konnte sie nicht mit einem Mann leben, für den selbst eine Hütte schon eine Last war.

COLORADO NM, CO 75
Parkstraße

Der Spaziergang zum Aussichtspunkt **Otto's Overlook** dauert etwa 30 Minuten (hin und zurück). Von der Aussichtsstelle hat man einen Blick auf die Visitors Center Area, die steilen Felsklippen sowie auf die aus dem Tal ragenden majestätischen Monolithen. Von dort aus kann man Independence Monument von der Nähe betrachten. Die nächste Hinweistafel informiert über Entstehung des **Independence Monument**.

INDEPENDENCE MONUMENT – Unabhängigkeitsmonument: Die meisten Denkmäler wurden von Menschen errichtet. Dieser eindrucksvolle Monolith ging aus einem natürlichen Prozeß hervor, der „Differentiations-Erosion" genannt wird.
Gestein wird unregelmäßig abgetragen, **erodiert**. Weiche Felsen, wie Sandstein, die die Canyon-Wände bilden, werden schnell abgewaschen. Härtere Felsen, aus denen die Kappe der Mesas (Hochplateau) bestand, erodierten viel langsamer. Dort wo Risse entstanden, bröckelte und verwitterte das Gestein besonders stark. Der größte Teil der Felsen, die einst den Canyon ausfüllten, wurden aufgelöst und von Flüssen abgetragen, doch die **harten** Deckensteine des **Independence Monument** schützten den Monolithen wie ein Dach. **Balanced Rock** – Balancierter Felsen – und **Coke Ovens** – Koksöfen – sind weitere Exemplare der „Differentiations-Erosion".
Am **Grand View** sind drei bestimmte Felsschichten zu sehen.

THREE ROCK LAYERS – Drei Felsschichten: Von dieser Aussichtsstelle kann man drei Sandsteinschichten sehen, aus denen die felsige Landschaft herausgehauen wurde.
Alle **drei** Lagen kommen hier im südlichen und westlichen Canyon-Land vor.
Die roten Felsklippen über der Straße bestehen aus **Entrada Sandstone** – Entrada-Sandstein (Jura), der örtlich auch *slick rock* genannt wird.
Der dünne **Kayenta Sandstone** – Kayenta-Sandstein (Jura) bildet auf den Canyon-Rändern und Monolithen eine härtere Deckschicht.
Der **Wingate Sandstone** – Wingate-Sandstein (Trias) bildet die schroffen Canyon-Wände. In diesem Bereich ist er fast 120 m dick.
Auf dem Weg zum nächsten Hinweis über die Entwicklung der **Coke Ovens** – Koksöfen – kommt man ganz dicht an den **Entrada Sandstone** und hat einen herrlichen Blick in den **Monument Canyon**.

COKE OVENS – Koksöfen: Wenn Sandstein verwittert, entstehen ungewöhnliche Formen. Hier **verwitterte** ein Bergkamm zwischen zwei Canyons und ließ eine Serie von Felskuppeln zurück. Der Grund für das Entstehen dieser Reihe von Monolithen ist die obere Schicht aus **härterem** Fels. Diese Felskappen können zwar brechen, widerstehen allerdings der Erosion mit größerer Beständigkeit. Wo die Deckschicht bleibt, wird

76 COLORADO NM, CO
Parkstraße

das darunterliegende weiche Gestein geschützt. An den Stellen, an denen die Schicht wegbrach, verwitterte die darunterliegende Schicht schnell zu abgerundeten Formen.
Die **kuppelförmigen** Sandsteinmonolithen im Vordergrund kamen wegen der Ähnlichkeit mit Koksöfen zu ihrem Namen. Der Naturlehrpfad – *Nature Trail* – zum **Coke Ovens View** ist etwa *0.5 mi/0,8 km* lang (hin und zurück), etwa 30 Minuten.

Ehe man zur nächsten Station – **Artist Point** – gelangt, kommt man zum Ausgangspunkt des *Monument Trail;* etwa *5 mi/8 km* (ein Weg) bis zur *Redlands Road,* Wasserkanister mitnehmen.

ANCIENT LAGOONS AND VAST SWAMPLANDS – Urzeitliche Lagunen und weite Sumpfgebiete: **Summerville** und **Morrison Formationen** sind Produkte urzeitlicher Lagunen und weiter Sumpfgebiete.
Summerville Formation – dünn, aber breitflächig. In dieser Gegend Colorados sind die vielen wechselnden Schichten des dünnen Sandsteins aus vielfarbigem **Schlammstein** – Schluff und Ton (= pelitische Gesteine) – Beweise seichter Lagunen am Ostrand eines Meeres, das etwa vor 140 Millionen Jahren, gegen Ende des Jura Zentral-Utah bedeckte.
Morrison Formation – dick und an manchen Stellen im Bereich der Rocky Mountains freiliegend. Hier ist die Schicht etwa 240 m dick und bildet die bunten **Schieferton-** sowie massiven **Sandsteinschichten.** Diese Ablagerungen häuften sich ebenfalls im Jura an, als das heutige Colorado ein weites Sumpfland war, das von großen, schwerfällig fließenden Flüssen durchzogen wurde. Große und kleine **Dinosaurier** lebten damals hier.
Sehenswert ist das etwa *125 mi/200 km* weiter im Norden liegende **Dinosaur National Monument**, wo Dinosaurierfossilien in derselben **Morrison Formation** konzentriert sind.

Auf dem Weg zur nächsten Station am **Highland**, steigt die *Rim Rock Road* weiter an.

TWO TREES OF THE PLATEAU – Zwei Baumarten des Plateaus: Auf den schroffen Felswänden und den Abhängen darunter wachsen nur wenig Bäume. Aber hier auf dem Plateau ist genug Erde und Wasser zur Versorgung einer unempfindlichen Pflanzenwelt vorhanden; zwei Arten dominieren – **Pinyon Pine** und **Utah Juniper**. Beide wachsen langsam und werden manchmal 800 Jahre alt.
Pinyon Pine – Zapfen der Pinyon-Kiefer haben wohlschmekkende Samen in Erbsengröße. Diese „Nüsse" mit der dünnen Schale sind bei Tieren und waren früher bei den Indianern sehr beliebt. Die Nadeln wachsen immer paarweise.
Utah Juniper – Utah-Wacholder; die kleinen Zapfen der Juniper haben Ähnlichkeit mit Beeren. Indianer verwendeten sie als Perlen und Medizin. Wacholdernadeln sehen fast aus wie Schuppen.

COLORADO NM, CO 77
Parkstraße

Bis zur nächsten Station an der *Rim Rock Road* sind es etwa *4 mi/6 km*. Es geht unterwegs an mehreren Ausgangspunkten von Wanderwegen vorbei. *Liberty Cap Trail* (kein Rundwanderweg) — etwa *5.5 mi/8,9 km* (ein Weg). *Black Ridge Trail* — etwa *7.5 mi/12,1 km* (ein Weg). Etwas weiter biegt die nicht asphaltierte Straße zum etwa *5 mi/8 km* entfernten Glade Park Store und zum **Upper Ute Canyon** mit herrlicher Aussicht ab. Danach kommt man zum **Fallen Rock View**.

Auf dem Weg zum **Ute Canyon Overlook** kommt man an **Entrada Sandstone** sowie an der **höchsten** Stelle des *Rim Rock Drive* mit *2024 m ü. M.* vorbei.

UTE CANYON: Man befindet sich hier am Rand des **längsten** Canyons des Parks — *4 mi/6 km*. Nicht weit von hier verjüngt sich der Canyon zu einer Klamm. Nur kurz darüber ist es etwas breiter als ein Graben oder eine Abflußrinne an der Straße. In einigen Jahrtausenden wird sich dieser Graben durch periodische Regenstürme in eine weite Schlucht verwandeln.
Der Canyon ist ein Produkt ständiger Bearbeitung durch Wasser und Wind, wobei der Sandstein eingeschnitten und behauen wurde. Feuchtigkeit löst langsam den „Zement" auf, der die Sandkörner zusammenhält. Flüsse tragen die erodierten Partikel aus dem Canyon in den **Colorado River**.

CANYON IN A CANYON — Canyon in einem Canyon: **Red Canyon** ist in Wirklichkeit zwei Canyons. Am auffallendsten ist der breite *U-förmige* Canyon mit den hohen Sandsteinwänden. Man muß aber auch den kleineren, *V-förmigen* Einschnitt in der Mitte des Canyon-Bodens beachten. Wasser begann, sich in das harte, metamorphe Grundgestein einzufressen. Das bereits früher durch Druck und Hitze bearbeitete Gestein läßt sich allerdings viel langsamer abtragen als die empfindlichen Sedimente der Canyon-Wände. Sobald der kleine Canyon die Tiefe des größeren erreicht haben wird, sollten vermutlich alle darüberliegenden Schichten abgetragen worden sein.
Fährt man weiter in Richtung Osteingang — **East Entrance**, hat man eine hervorragende Sicht auf den Canyon, passiert die Abzweigung zum Glade Park Store, Glade Park und Pinyon Mesa. Danach kommt **Cold Shivers Point** mit Blick auf den Colorado River. Außerdem kann man die **Kayenta Formation** von nahem sehen und erreicht das obere Ende des *Trail of the Serpent* — Schlangenweg. Der Weg war früher die Parkstraße, dann allerdings jedoch nicht für Autos geeignet — Länge bis zum unteren Ende etwa *2.5 mi/4 km*. Im Anschluß passiert man einen Tunnel und gelangt zum unteren Ende des *Trail of the Serpent* mit Dutzenden von Spitzkehren. Auf der anderen Straßenseite verläuft der *Devils Kitchen Trail* — Weg zur Teufelsküche, etwa *0.5 mi/0,8 km* (ein Weg). Danach kommt ein Picknickplatz in der Nähe des Osteingangs — **East Entrance**, etwa *1542 m ü. M.* Das ausgedehnte **Grand Junction** liegt etwa *3 mi/5 km* weiter.

78 COLORADO SPRINGS, CO
Attraktionen

COLORADO SPRINGS
„Heimat der US-Air Force Academy"

Colorado Springs – 1829 m ü.M., etwa 225 000 ist die zweitgrößte Stadt Colorados. Sie wurde Anfang der 1870er Jahre gegründet und liegt etwa 70 mi/112 km südlich von Denver. Zahlreiche Attraktionen in der **Colorado Springs Area**.

- **Air Force Academy**. Etwa 10 mi/16 km nördlich von Colorado Springs; siehe Route **Colorado Springs—Denver**; siehe **S. 189**.
- **Broadmoor Resort**; One Lake Ave.; berühmter eleganter 700-Zimmer-Ferienhotelkomplex südwestlich von Colorado Springs; Golf, Tennis, 9 Restaurants.
- **Buffalo Bill Wax Museum**. Berühmtheiten des Wilden Westens in Wachs.
- **Cave of the Winds**. Tropfsteinhöhle mit interessanten geologischen Formationen. Jacke angebracht. Nördlich von Manitou Springs und *US 24*.
- **Cheyenne Mountain**. Stützpunkt von NORAD/North American Air Defense Command (Überwachung des nordamerikanischen Luftraums).
- **Colorado Car Museum**. Automuseum. Oldtimers und Autos berühmter Persönlichkeiten.
- **Fine Arts Center**. Kunstgalerie und Museum.
- **Flying W Ranch Chuckwagon Suppers**. (*chuckwagon* = Feldküche) Abendessen mit Atmosphäre einer alten Westernstadt. Von *I-25* kommend, westlich der *Garden of the Gods Road*. 3330 Chuckwagon Rd., Reservierung erforderlich: (719)598-4000/Fax 598-4600.
- **Fort Carson**. Riesiger Militärstützpunkt der U.S. Army, südlich von Colorado Springs. Besucherzentrum/Visitors Center.
- **Garden of the Gods**. Landschaftliche Schönheit mit spektakulären Felsformationen; Viele kurze und längere Wanderwege – steil und flach, je nach Kondition. Ein interessanter Felsen ist ganz mit Taubennestern bestückt. Am

Schlüssel zur Baxter Info-Karte: Colorado Springs Area/Unterkunft
mit vielen Baxter-Tipps

1-Pikes Peak Road
2-Cave of the Winds
3-Manitou Incline
 -Buffalo Bill Wax Museum
4-Pikes Peak Cog Railway
5-Garden of the Gods
6-Colorado Law Museum
7-Old Colorado City
8-Rodeo
9-Will Rogers Shrine
10-Cheyenne Mountain
 -NORAD
11-North Pole, Colorado
12-ProRodeo Hall of Fame
 -Museum of the Am. Cowboy
13-U.S. Air Force Academy
14-Dormitories/Studentenheime
 -Parade Ground
 -Exerzierplatz
 -Chapel/Visitors Center
15-Fort Carson
 -Visitors Center
16-Downtown Colorado Springs
 -Information
17-Fine Arts Center
18-University of Colorado
19-Wildlife World Museum
20-Pueblo
21-Canon City
22-Denver
 -Boulder/Estes Park
 -Rocky Mountain NP
23-Chapel Hills Mall
24-Colorado Springs Airport
25-World Figure Skating
 Museum/Hall of Fame
 Eiskunstla.fmuseum
26-Sky Sox Stadium

Unterkunft/area code (719):
A-$$ Holiday Inn Central/8th & Cimarron
 (719)473-5530/Fax 473-8763
B-$$$ Broadmoor Hotel
 634-7711/Fax 577-5779
 www.broadmoor.com
C-$$ Hampton Inn South/**Exit 138**
 579-6900/Fax 579-0897
D-$$ Best Western Palmer House/**Exit 145**
 636-5201/Fax 636-3108
E-$ Motel 6
 520-5400/Fax 630-0377
F-$$ Super 8 Manitou Springs
 685-5898/Fax 685-5898
G-$$ Ramada
 633-5541/Fax 633-3870
H-$$ Days Inn
 598-1700/Fax 592-9029
K-$$ Hampton Inn/**Exit 149**
 593-9700/Fax 598-0563
 -$$ Holiday Inn Express
 592-9800/Fax 593-9644
L-$$$ Radisson/**Exit 150**
 598-5770/Fax 598-3434
 -$$ Drury Inn/**Exit 150**
 598-2500/Fax 598-2500
 -$$ Red Roof Inn/**Exit 150**
 598-6700/Fax 598-3443
 -McDonald's
 -$$ Sleep Inn Air Force Academy
 260-6969/geb.frei 1-888-875-3374
M-$$$ Sheraton/**Exit 138**
 576-5900/Fax 576-7695
N-$$$ Doubletree World Arena
 576-9900/Fax 576-4450
O-$$ Hampton Inn Airport
 591-1100/Fax 573-8840
 -$$ Holiday Inn Express
 591-6000/Fax 591-6100

COLORADO SPRINGS, CO 79
Baxter Info-Karte: Colorado Springs Area

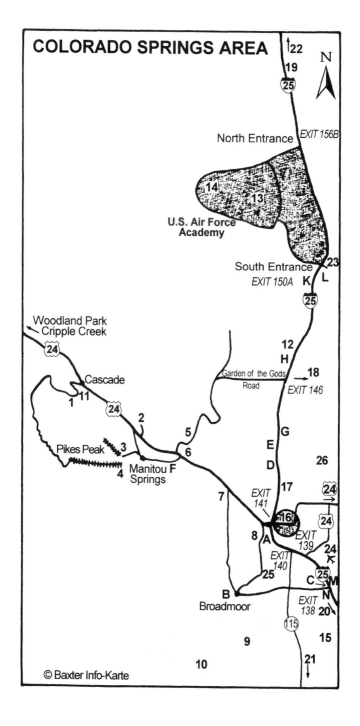

80 COLORADO SPRINGS, CO
Attraktionen

Parkeingang riesiges Visitors Center mit Gift Shop, in dem wunderschöne Indianer-Handwerkskunst angeboten wird, Cafeteria; auch Filmvorführung (Gebühr). Zufahrt über *I-25 & US 24*; ca. 1 Stunde einkalkulieren; tägl. 9-18 Uhr; Tel. 634-6666/Fax 634-0094; Park Eintritt frei. Entlang *Garden of the Gods Blvd.* mehrere Motels, Supermärkte, Restaurants – empfehlenswert ist The Hungry Farmer.

● **Manitou Cliff Dwellings Museum**/Felsklippenwohnungen. Wer keine Gelegenheit hat, Mesa Verde zu besuchen, bekommt hier echte Felsklippenwohnungen aus der Nähe zu sehen; westlich vom **Garden of the Gods**.

● **Mt. Manitou Incline**. Kabelbahnfahrt von 1950 m bis hinauf zur Bergstation auf 2621 m ü.M. Ausgang **Manitou Springs**.

● **Pikes Peak Cog Railway**. Welthöchste Bergbahn (1891 eröffnet) vom **Pikes Peak Cog Depot** in **Manitou Springs** hinauf zum Gipfel des **Pikes Peak**. Geschlossene Triebwagen mit einer Kapazität bis zu etwa 216 Fahrgäste. Fahrtdauer hin und zurück etwa 3½ Stunden. Wärmere Bekleidung empfehlenswert; Apr.-Anfang Nov.; Reservierung erforderlich: (719)685-5401/Fax 685-9033.

● **Pikes Peak Ghost Town**; Exit 141 von *I-25*, zwischen Südwestkreuzung von *US 24 & 21st Street*.

● **Pikes Peak Highway**. Straße hinauf zum **Pikes Peak** 4300 m ü.M. Etwa 18 mi/29 km Fahrt über Mautstraße/*toll road* von **Cascade** an *US 24* hinauf zum **Pikes Peak**.

● **ProRodeo Hall of Fame**. Exponate und Einzelheiten zum professionellen Rodeo, Entwicklung der Cowboy-Kleidung, Sättel und Show der besten Rodeo-Meister; an *I-25* nördlich von Colorado Springs.

● **Seven Falls**. Grandiose Wasserfälle in **South Cheyenne Canyon**; abends illuminiert; mit Bergaufzug hinauf zur spektakulärer Aussicht auf die Wasserfälle; 8-23 Uhr im Sommer, Winter 9-16.15 Uhr..

● **Touren**. Busfahrten werden von verschiedenen Unternehmen durchgeführt. Gray Line bietet beispielsweise 4stündige Touren zur **Air Force Academy** und **Garden of the Gods** sowie zum **Pikes Peak** an. Touren nach **Cripple Creek** oder **Royal Gorge** dauern etwa 5 bis 6 Stunden. Einzelheiten im Hotel erfragen.

● **Western Museum of Mining & Industry**, 1025 North Gate Rd., Colorado Bergbaugeschichte, Führung, Exponate, Goldwaschen.

● **World Figure Skating Museum & Hall of Fame**, 20 First St., Artefakten von berühmten Eiskunstläufern, Exponate vom Beginn dieser Sportart bis zur Gegenwart.

BAXTER'S COLORADO SPRINGS CHECKLISTE

❏ AIR FORCE ACADEMY BESICHTIGEN
❏ FAHRT DURCH GARDEN OF THE GODS
❏ AUSFLUG ZUM PIKES PEAK

Garden of the Gods, Colorado Springs

CORTEZ, CO

Baxter Info-Karte: Cortez

CORTEZ

„Tor zum Mesa Verde Nationalpark"

Cortez, im Südwesten Colorados, liegt nur etwa 10 mi/16 km westlich vom Eingang zum **Mesa Verde Nationalpark**. Wegen seiner Nähe zum Park gilt **Cortez** als beliebter Ausgangspunkt zum **Mesa Verde Nationalpark** mit mehreren Unterkunftmöglichkeiten. Die Stadt liegt auf etwa 1890 m ü.M., hat über 8000 Einwohner, Motels, Geschäfte, Supermärkte, Souvenirläden und Restaurants. Das **Pony Express Restaurant** direkt im Ortskern, an der *US 160* zählt zu den beliebtesten Restaurants. Bei der Don Woodard's Trading Post findet man interessante Souvenirs und indianische Handarbeiten.

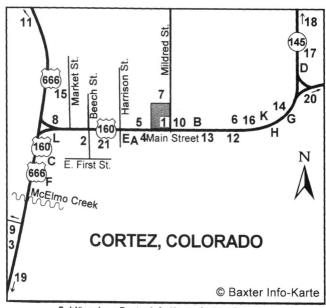

Schlüssel zur Baxter Info-Karte: Cortez, Colorado

1- Colorado Welcome Center
 - Cortez Area Chamber of Commerce/Tourist Info
2- Post Office/*Postamt*
3- Airport/*Flughafen*
4- Pony Express Restaurant
5- Supermarkt/Pharmacy
6- McDonald's
7- Centennial Park
 - Tennisplätze
 - Library/*Bibliothek*
8- Pharmacy/*Apotheke*
9- Hovenweep Nat. Monument
10- Cliff Dwellers
 Indian Arts & Crafts
11- Pleasant View
 - Hovenweep Nat. Monument
 - Monticello/Moab, Utah
 - Canyonlands Nat. Park
12- K-Mart
13- Pizza Hut
14- Cortez Plaza
 mit vielen Baxter-Tipps
 - Supermarkt/Wal-Mart
 - Kentucky Fried Chicken
15- Museum
 interessante Pueblofassade auch Indian Dances
16- Golden Corral Restaurant
 Steaks/Salat/preiswert
17- Golfplatz
18- Anasazi Heritage Center
 - Dolores/Telluride
19- Towaoc
 - Four Corners
 - Shiprock Nat. Monument
20- KOA/Don Woodard's
 - Mesa Verde NP/16 km östl.
 - Mancos/Durango
 - Aztec Ruins N. Monument
 - Chaco Canyon
21- Wendy's
22- City Hall/Rathaus

Unterkunft/Vorwahl (970):
A-$$ BW Turquoise
 565-3778/Fax 565-3439
B-$$ BW Sands
 565-3761/Fax 564-9320
C-$$ Anasazi Motor Inn
 565-3773/Fax 565-0127
D-$$ Days Inn
 565-8577/Fax 565-0123
E-$$ Super 8
 565-8888/F 565-6595
F-$ El Capri Motel
 565-3764
G-$$ Comfort Inn
 565-3400/Fax 564-9768
H-$$ Holiday Inn Express
 565-6000/Fax 565-3438
K-$$ Budget Host Bel Rau
 565-3738/Fax 565-7623
L-$$ Nat. 9 Sand Canyon Inn
 565-8562/Fax 565-0125

82 CRIPPLE CREEK, CO
Cortez Entfernungen/Cripple Creek Orientierung

Das **Hovenweep National Monument** liegt etwa 40 mi/64 km westlich von **Cortez**, über **Pleasant View**. Unterwegs passiert man Felder mit Pinto-Bohnen, die zu den Hauptanbauprodukte der Gegend zählen. Etwa 15 mi/24 km südwestlich von **Cortez** kommt man nach **Towaoc**, der Hauptsiedlung des Indianerstammes der **Ute Mountain Ute Indianer**.

Nur etwa 37 mi/59 km südwestlich von **Cortez** erreicht man das **Four Corners Monument** (*four corners* = Vier Ecken); geringe Eintrittsgebühr. Der gemeinschaftliche Vermessungspunkt, an dem die vier amerikanischen Bundesstaaten **Arizona, Colorado, New Mexico** und **Utah** zusammenstoßen – etwa 350 Meter westlich der *US 160*, wird durch eine flache Bodenplatte mit den vier Bundesstaaten markiert. Four Corners ist die einzige Stelle in ganz USA, wo **vier** Staaten an einem Punkt zusammenstoßen.

Die erste Four Corners Markierung wurde **1875** erstellt und trennte die Territorien der späteren Bundesstaaten voneinander ab. Im allgemeinen stößt man hier auf Stände der Navajos, an denen Indianerschmuck und andere Souvenirs angeboten werden. Wer sich geschickt auf allen Vieren gleichzeitig über alle vier Bundesstaaten verteilt, kann ein lustiges Urlaubsfoto schießen.

Entfernungen von Cortez in Meilen/Kilometer

Albuquerque	235/376	Hovenweep NM	42/67
Arches NP	118/189	Kayenta	116/186
Aztec Ruins NM	84/134	Mancos	17/27
Bryce Canyon NP	330/528	Mesa Verde NP	10/16
Canyon de Chelly NM	138/221	Monticello	60/96
Capitol Reef NP	252/403	Monument Valley	144/230
Chaco Canyon NM	140/224	Natural Bridges NM	127/203
Denver	378/605	Navajo NM	147/235
Dolores	11/18	Page	215/344
Durango	45/72	Phoenix	410/656
Farmington	70/112	Salt Lake City	355/568
Flagstaff	265/424	Santa Fe	270/432
Four Corners	39/62	Shiprock	41/66
Grand Canyon	272/435	Silverton	96/154
Grand Junction	197/315	Telluride	78/125

CRIPPLE CREEK
„World's Greatest Gold Camp/weltgrößtes Goldgräber-Camp"

CRIPPLE CREEK HISTORY/Eine Geschichtstafel erzählt die Story:
- Erster Goldfund: 12. Okt. 1890 durch Bob Womack
- Ankunft des ersten Zugs: 1. Juli 1894
- Straßenbahnen führen alle paar Minuten um dieseEcke
- Cripple Creek erlebt 2 Brände im April 1896
- Etwa 500 aktive Goldminen im Distrikt
- W. S. Stratton – erster Millionär des Distrikts
- Über 7000 ausgehobene Löcher überziehen viele Hügel
- Distrikt umfasst 12 Städte
- 1908 – Einwohnerzahl des Distrikts etwa 100 000!

CRIPPLE CREEK ORIENTIERUNG

Cripple Creek auf 2896 m ü.M. – liegt etwa 19 mi/30 km westlich von Colorado Springs und in der Nähe des **Florissant Fossil Beds Nationalmonuments**. Der Ort liegt auch auf der landschaftlich reizvollen Route **Great Sand Dunes Nationalmonument/Salida Colorado Springs**.

CRIPPLE CREEK, CO

Der Name **Cripple Creek**, seine turbulente Geschichte und das magische Wort „Gold" scheinen mehr zu versprechen, als was man dort heute noch findet. Die auf der vulkanischen Westseite des **Pikes Peak** liegende Ortschaft ist weder ein Amusementpark noch eine aufpolierte Geisterstadt, nur ein Relikt aus einer ehemals glanzvollen Epoche.

In **Cripple Creek** bleibt einem nur die Phantasie, sich die aufregende Vergangenheit vorzustellen, da nicht viel Jahrzehnte überdauert hat. Da es auf der Route liegt, kann man Cripple Creek ruhig mitnehmen, aber es ist keinen Extraausflug wert. **Cripple Creek** kam angeblich wie folgt zu seinem Namen: Ein Cowboy, der am Fluss eine Kuh einfangen wollte, stürzte vom Pferd und brach sich dabei die Knochen; *(cripple* = Krüppel; *creek* = Fluss, Bach) – daher **Cripple Creek!**

CRIPPLE CREEK ATTRAKTIONEN

- **Assay Office**/Goldprüfstelle. Neben dem Distrikt Museum. Gut geschultes Personal erklärt anhand von Vorführungen, wie Gold aus dem Gestein extrahiert wurde. In **Cripple Creek** wurde das Gold nicht mit der Goldwäscherpfanne gewonnen, sondern aus dem tief in den Bergwerken gewonnenen, goldhaltigen Felsen gelöst.
- **Cripple Creek & Victor Narrow Gauge Railroad**. Schmalspureisenbahn. Den ganzen Tag über werden kurze Fahrten mit der Eisenbahn durchgeführt.
- **District Museum**. In einem 1896 errichteten Gebäude untergebracht; diente den 18 Zügen, die hier täglich ankamen und abfuhren, als Eisenbahndepot. Im Erdgeschoss wurde die Fracht abgefertigt; im 1. Stock befand sich ein Warteraum für Fahrgäste, im darüber liegenden Stockwerk lagen die Büros der Eisenbahn. Heute beherbergt das interessante Museum einen Pioneer Room, Bergbauutensilien und einen Victorian Room.
- **Donkeys**/Esel. Im Sommer laufen die Esel frei in Cripple Creek herum.
- **Imperial Hotel;** 1896 erbaut; Hotelzimmer und Restaurant. Beliebte Melodramen werden von Anfang Juni bis Anfang September nachmittags und abends aufgeführt.
- **Mollie Kathleen Mine**, an *CO 67* nördlich von **Cripple Creek**; angeblich nach ihrer Entdeckerin, Mollie Kathleen Goitner, benanntes Bergwerk. Führungen mit 300 m Abstieg im Förderkorb; Interessantes über Colorados früheren Goldabbau.
- **Victor**. Weitere berühmte Goldgräberstadt, etwa 6 mi/10 km südlich von Cripple Creek.

Info: Cripple Creek Welcome Center, P.O. Box 430, Cripple Creek, CO 80813; Tel. geb.frei 1-877-858-GOLD; E-mail: info@cripple-creek.co.us
Internet: www.cripple-creek.co.us

BAXTER'S CRIPPLE CREEK CHECKLISTE

- ❏ MELODRAMA IM IMPERIAL HOTEL ERLEBEN
- ❏ FÜHRUNG DURCH MOLLIE KATHLEEN MINE
- ❏ DISTRICT MUSEUM BESUCHEN
- ❏ AUSFLUG NACH VICTOR

84 CRIPPLE CREEK, CO
Baxter Info-Karte; Cripple Creek

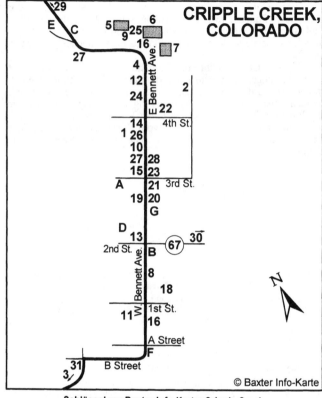

Schlüssel zur Baxter Info-Karte: Cripple Creek
mit vielen Baxter-Tipps

1-Information Center
2-The Old Homestead
3-Post Office/*Postamt*
 -kostenloser Trolley
4-Gold Panning/*Goldwaschen*
5-Narrow Gauge Railroad
 Schmalspureisenbahn
6-District Museum
7-Assay Office/Souvenirs
8-Aspen Mine & Casino
9-Tourist Info
 -Railroad/Eisenbahn/Souvenirs
 -Historische Lokomotiven
10-Sheriff
11-Historic Court House/*Gericht*
12-Iron House Buffalo Bar
13-Gas Station/*Tankstelle*
14-Silver Mine Café
15-City Hall/*Rathaus*
16-Parkplatz
17-Jubilee Casino
18-City Park/*Stadtpark*
19-Lucky Lola's Casino
20-Wendy's
21-The Brass Ass Casino
22-Silver Palace Casino
 -Loose Caboose Saloon/Slot Machines
23-Colorado Grande Casino
24-Wild West Brew Pub & Casino
25-Historische Lokomotive
26-Chamber of Commerce/Tourist Info
27-"First Chance for Gas"Tankstelle
28-Gold Rush Souvenirs
29-Mollie Kathleen Mine
 -Woodland Park
 -Colorado Springs 42 mi/57 km
30-Victor 6 mi/10 km
 -*US 50*/37 mi/59 km
31-Florissant Fossil Beds NM
 -Mt. Pisgah Scenic Drive

Unterkunft/Vorwahl/area code (719):
A-$$ The Imperial Hotel/Casino/Restaurant
 (719)689-7777/Fax 689-1008
 -Melodrama Mo.-Sa. 14, 20.30;So. 10, 16.30 Uhr
B-$$ Palace Hotel/689-2992
 -Vaudeville Dinner Theater
C-$$ Cripple Creek Motel/689-2491
D-$$ Gold Rush Hotel & Casino/689-2646
E-$$ Holiday Inn Express
 689-2600/Fax 689-3426
F-$$ Westward Ho Motel/689-2374
G-$$ Midnight Hotel & Casino/689-0303

DENVER, CO

Orientierung/Entfernungen/Flughafen

DENVER

„Mile High City und Tor zu den Rocky Mountains"

 Temperaturtabelle für Denver in °C

	Jan.	Febr.	März	Apr.	Mai	Juni	Juli	Aug.	Sept.	Okt.	Nov.	Dez.
∅ max.	5	7	10	16	21	28	31	31	26	19	12	7
∅ min.	-10	-8	-4	-1	6	11	14	13	8	3	-4	-8

Denver auf einen Blick

Lage: Nordzentralteil des US-Bundesstaates Colorado, am Ostrand der Rocky Mountains; etwa 430 mi/688 km nördlich von Albuquerque, etwa 1000 mi/1600 km südöstlich von Chicago, etwa 860 mi/1376 km westlich von St. Louis und etwa 510 mi/816 km östlich von Salt Lake City. – – **Name**: Nach dem Gouverneur des Territoriums von Kansas, James Denver. – – **Besiedlung**: Mit der Entdeckung von Gold im Cheesy Creek im Jahre **1858** kam die erste Siedlerwelle; **1867** wurde Denver Hauptstadt des Territoriums; **1870** Ausbau der Eisenbahn bis Denver; **1876** wurde Colorado 38. US-Bundesstaat und Denver dessen Hauptstadt. – – **Einwohnerzahl**: Etwa 500 000; Großraumbevölkerung der Denver-Boulder Area etwa 1,9 Millionen. – – **Handel & Wirtschaft:** Flug- und Raumtechnik, Bierbrauereien, Koffer- & Reiseartikel, Banken, Versicherungen, Verwaltungs- & Forschungszentrum für Energie, Tourismus. – – **Höhenlage**: 1609 m ü.M. daher auch *mile high city*/Meile-hohe-Stadt (1 Meile = 1600m) – – **Vorwahlnummer**/*area code*: (303).

Denver International Airport (DIA) ✈

Der 1995 in Betrieb genommene Flughafen **Denver International Airport** liegt etwa 30 Minuten von Downtown Denver. – – **Taxis** nach Downtown ca. $18-$20. – – **Unterkunft in Flughafennähe**: Holiday Inn Denver International (*I-70 & Chambers Road*), 15500 East 40th Ave., Denver, CO 80239, Tel. (303)371-9494/Fax 3751808-9528. Hampton Inn DIA, 371-0200/Fax 371-9147. Courtyard by Marriott, 333-3303/Fax 399-7356. – – **Weitere Hotels** in Nähe des bisherigen (66 Jahre lang dienenden) alten Stapleton Int'l Airport: Best Western Executive Inn, 373-5730/Fax 375-1157; Drury Inn, 373-1983/Fax 373-1983; Hampton Northeast, 388-8100/Fax 333-7710; Hilton Garden Inn, 371-9393/Fax 371-1465; La Quinta Inn, 371-4333.Fax 371-7015; Ramada Inn, 388-6161/Fax 388-0426.

Entfernungen in Meilen/Kilometer

Aspen	165/264	Golden	16/26
Boulder	30/48	Grand Junction	250/400
Castle Rock	30/48	Idaho Springs	34/54
Central City	34/54	Mesa Verde Nationalpark	370/592
Colorado Springs	70/112	Mt. Evans	62/99
Cortez	380/608	Rocky Mountain Nationalpark	80/128
Durango	335/536	Salida	140/224
Estes Park	72/115	Silverton	320/512
Georgetown	45/72	Steamboat Springs	167/267
Glenwood Springs	160/256	Vail	100/160

Straßen, Bahn, Busse, Mietwagen

Straßen: *I-25* (Nord-Süd) und *I-70* (Ost-West) kreuzen nördlich der Innenstadt von Denver; *US 40 (Colfax Avenue)* führt durch die Innenstadt. – – **Bahn/Amtrak**: Zugverkehr in östlicher Richtung nach Chicago und in

86 DENVER, CO
Downtown Denver/Attraktionen

westlicher Richtung nach Salt Lake City und weiter. – – **Busse**: Inter-City-Busverkehr in verschiedene Richtungen. – – **Mietautos**: Am Flughafen und in der Innenstadt. – – **Stadtbusse/City Buses**: Überall in der Denver Area, einschließlich Flughafen.

DOWNTOWN DENVER

Denvers Stadtbild bietet eine imposante Skyline mit einer Reihe von Wolkenkratzern wie das **Republic Plaza Building** mit 714 ft/218 m (*Tremont Place & 16th Street Mall*), an dem sogar von Rocky Mountains Bergsteiger ihr Klettertalent erprobten. Auf der Suche nach Energiequellen wurde Denver, das mitten im Herzen riesiger Kohle- und Ölvorkommen liegt, zur Energiehauptstadt der Rocky Mountains. Entsprechend hektisch wirkt auch die Innenstadt Denvers. Glücklicherweise wird der Verkehr in der Innenstadt durch die etwa 1½ km lange Grünanlage der **16th Street Mall** und vom **Civic Center Park** mit Statuen und Brunnen abgeschirmt.

● **Children's Museum**. Kindermuseum. 2121 Crescent Dr. Exponate zum Anfassen; im Supermarkt dürfen Kinder Kassierer, Packer und Kunde spielen. Tierpräparate. Im Ball Room mit ca. 80 000 bunten Plastikbällen können Kinder „schwimmen". *I-25* bis *Exit 211* (*23rd Ave.*); Exit East zur *7th St.*, rechts in *7th St.*, dann erneut rechts in *Crescent Dr.* Di.-Sa. 10-17 Uhr.

● **Colorado History Museum**. 1300 Broadway. Exponate zur Geschichte Denvers und Colorados. Mo.-Fr. 10-16.30 Uhr, So. & an Feiertagen 12-16.30 Uhr; Eintrittsgebühr.

● **Colorado State Capitol**. Regierungsgebäude. Das etwa 83 m hohe Kapitolsgebäude wurde nach dem Vorbild des US-Kapitols von Washington, D.C. errichtet. Die goldene Kuppel erinnert noch an Colorados erste Goldbergwerke. Die **13. Treppenstufe** des Kapitols (zur *Lincoln St.*) liegt genau **eine Meile** hoch – „one mile above sea level" ist in den Stein gemeißelt. Oben von der Kuppel hat man einen herrlichen Blick auf die Stadt und die Rocky Mountains. Kostenlose Besichtigung und Führung Mo.-Fr. von 9.30 bis 15.15 Uhr.

Schlüssel zur Baxter Info-Karte: Downtown Denver
mit vielen Baxter-Tipps

1-Denver Bus Center
2-Union Station/Amtrak
2-Post Office/*Postamt*
3-Visitors Bureau
4-Post Office/*Postamt*
5-United State Mint/*Münze*
6-Colorado History Museum
 -Colorado Heritage Center
7-Colorado State Capitol
8-Denver Art Museum
9-Larimer Square
10-Mile High Stufe
11-Shopping
12-Exhibition Hall
13-Denver Center for the Performing Arts
 -Auditorium Theatre
14-Civic Center Park
15-Denver Firefighters Mus.
16-Sakura Square
 -japanisches Viertel
17-Old Spaghetti Factory
 zivile Preise
18-Rocky Mountain News
19-City Hall/*Rathaus*
20-One United Bank Center
21-Mall Exchange Restaurant & Bar/live Jazz
22-Anaconda Tower
23-American Express
24-US West
25-1999 Broadway Building
26-The Mall Denver Place
 South Tower
27-Denver Plaza Tower
28-Duffy's Restaurant
 beliebt bei Einheimischen
29-Burger King
30-Joslins
31-D&F Tower/16th & Arapahoe
32-Winter Square
33-Tabor Center/Läden
34-RTD Market Station
35-Design Center at the Ice House
36-Republic Plaza Bldg./218 m
37-Museum of Western Art
 1727 Tremont Place
38-McDonald's
39-Walgreen's Pharmacy
40-Sandwich Board
 "Soup & Salads too"
41-Paramount Theatre
42-Seven-Eleven/Minimarkt
43-First Bank

Unterkunft/Vorwahl (303):
A-$$$ Brown Palace Hotel
 297-3111/1-800-321-2599
B-$$$ Hyatt Regency
 295-1234/Fax 292-2472
C-$$$ Adams Mark
 893-3333/Fax 626-2542
D-$$$ Marriott City Center
 297-1300/Fax 298-7474
E-$$ Holiday Inn Downtown
 573-1450/Fax 572-1113
F-$$$ Executive Tower Inn
 571-0300/Fax 825-4301
G-$$$ Warwick Hotel
 18th & Grant
 861-2000/Fax 832-0320
H-$$ Comfort Inn Downtown
 296-0400/Fax 297-0774
K-$$$ Embassy Suites
 297-8888/Fax 298-1103
L-$$$ The Westin Tabor Center
 572-9100/Fax 572-7288

DENVER, CO

Baxter Info-Karte: Downtown Denver/Attraktionen

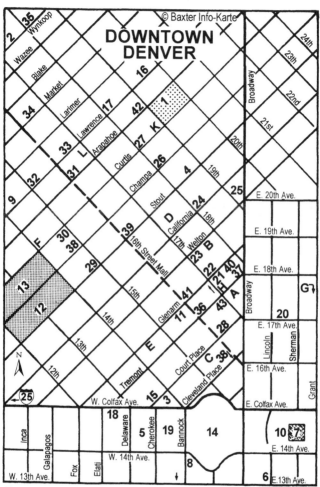

● **Denver Art Museum**. Kunst- & Gemäldegalerie – eines der größten Museen zwischen Missouri und Kansas City; montags geschlossen; Di.-Sa. 9 bis 17 Uhr; Mi. 9-21 Uhr, So. 12-17 Uhr; Eintrittsgebühr. Hier ein kurzer Wegweiser durch das 28seitige Gebäude, dessen über eine Million Glasscheiben so plaziert sind, die Exponate vor direkter Sonnenbestrahlung zu schützen.
Erdgeschoss: Läden und Restaurants. **Zwischengeschoss**: Totempfähle. **Erster Stock**: Kunst der amerikanischen Indianer. **Zweiter Stock**: Ausstellungsstücke aus dem 18. und 19. Jahrhundert über Amerikaner von Nord- und Südamerika. **Dritter Stock**: Europäische Kunst. **Vierter Stock**: Asiatische Kunst. **Fünfter Stock**: Textilien und Kleider. Ausgezeichnetes Museum, Restaurant und Andenkenladen ebenfalls vorhanden. 100 W 14th Ave. Parkway & *Bannock*.

Auf der gegenüberliegenden Straßenseite erstreckt sich der **Civic Center Complex** mit Parkanlagen und Theater sowie Statuen der Pioniere Colorados.

● **Denver Center for the Performing Arts**. Mehrere Theater (darunter Auditorium Theatre), Rundbaukonzerthalle, Filminstitut sowie Einkaufspassagen.

88 DENVER, CO
Denver Attraktionen/Baxter-Tipps

- **D & F Tower**. Ca. 99 m hoher Turm Ecke *16th & Arapahoe St*. Nachbildung des Campanile von St. Markus in Venedig. War bei seiner Einweihung im Jahre 1910 das dritthöchste Bauwerk der USA!
- **Denver Firefighters Museum**/Feuerwehrmuseum. 1326 Tremont Ave. Exponate über die Feuerwehr in Denvers Anfangsjahren. Eintritt frei; Mo.-Sa. 10-14 Uhr.
- **Denver Museum of Natural History**, 2001 Colorado Blvd. Naturhistorisches Museum. Anthropologie, Archäologie und Tierexponate sowie Gates Planetarium und IMAX Theater. 95 weltbekannte Dioramen mit Vögeln und Säugetieren, ägyptische Mumien, prähistorische Exhibit mit Fossilien & Skeletten. Täglich 9-17 Uhr; Tel. 285-4380/geb.frei 1-800-925-2250/Fax 376-6359; Internet: www.dmnh.org
- **Denver Museum of Western Art**. 1727 Tremont Place, gegenüber vom Brown Palace Hotel Gemälde- & Skulpturensammlung von Künstlern wie Remington, Russell und Georgia O'Keeffe. Di.-Sa. 10-16.30 Uhr Eintritt.
- **Forney Transportation Museum**. Verkehrsmuseum. 1416 Platte, *Valley Hwy (I-25) & Speer Blvd.*, westlich der Innenstadt. Sammlung von Oldtimers (Teddy Roosevelts Paradeauto und verschiedene Raritäten anderer Persönlichkeiten), Kutschen und Eisenbahnwagen. Mo.-Sa. 9-17 Uhr, So.11 bis 17.30 Uhr. Von *I-25 (Valley Hwy)* **Exit 212 C**, *W. 32nd Ave*. oder **Exit 211 W.** *23rd. Ave & Water St.*
- **Larimer Square**. Kleines aufgemöbeltes und kommerzialisiertes Stadtviertel in der Gegend von *Larimer* und *15th Streets*. An dieser Stelle wurde **1858** Denver gegründet, als sich Pioniere mit ihren Planwagen hier niederließen, um auf die Suche nach Gold zu gehen. Renoviertes und attraktives Viertel mit Boutiquen, Geschäften und Restaurants, sowie altmodischen Gaslampen. In der Nachbarschaft breitet sich **Writer Square** aus – ebenfalls kommerzialisiertes Viertel mit Fußgängerzone.
- **Molly Brown House**. 1340 Pennsylvania Avenue. Haus im viktorianischen Stil. Hier wohnte die *„unsinkable"* (unsinkbar) Molly Brown, eine der Überlebenden der 1912 untergegangenen *Titanic*.
- **Sakura Square**. *19th* und *Lawrence Streets*. Asiatische Läden und Restaurants.
- **Sixteenth Street Mall**. Fußgängerzone, Einkaufsstraße mit **Tabor Center**. Busse entlang **16th Street Mall** „The Mall Ride"; auch Kutschfahrten.
- **United States Mint**. Münzprägeanstalt. Hier werden Münzen von Pennies (1-Cent-Münze) bis 1-Dollar-Münze geprägt. Mo.-Fr. kostenlose Führungen, Anmeldung nicht erforderlich. Öffnungszeiten: Sommer – Mo.-Fr. 8-15 Uhr; Winter – Mo.-Fr. 8.30-15 Uhr. Mittags 11.30-12.30 Uhr geschlossen. 20-Minuten-Führung sehr beliebt. Eingang von *Cherokee*; Münzverkauf **(coin sales)** Westeingang **(west entrance)**.
- **Wings over the Rockies and Space Museum**, 7711 East Academy Parkway, Hangar #1 (Old Lowry AFB) – Flugzeuge, Space Station, Flugwissenschaft, Eisenhower Uniform aus dem Ersten Weltkrieg, Sommer White House Ausstellung; Bus RTD #6; Tel. 360-5360/Fax 360-5328; Internet: www.dimensional.com/~worm/

☞ Baxter-Tipps

♦ **Streets/Straßen** in der Innenstadt von Denver laufen diagonal, während Haupt-Avenues wie *Colfax Avenue* in Ostwestrichtung verlaufen. – – *Broadway*, eine weitere Hauptstraße, verläuft in Nordsüdrichtung. *17th Street*, zwischen Broadway und Arapahoe Street, ist der **Financial District** (Bankenviertel). – – Die östlich vom Colorado State Capitol befindliche Gegend war früher Wohnviertel wohlhabender Minenbesitzer. Zu den Villen im viktorianischen Stil aus Denvers Anfangszeit zählt das **Molly Brown House**; Molly Brown befand sich unter den Überlebenden beim Untergang der *Titanic*. Molly Browns Ehemann war ein reicher Bergwerksbesitzer. – – Informationen beim Visitors Bureau. 225 W. Colfax, (303)892-1112.

DENVER, CO
Baxter-Tipps

Weitere Baxter-Tipps

♦**Unterkunft.** Die meisten **Downtown** Hotels zählen zur gehobenen Preiskategorie. Eines der bekanntesten Hotels im Westen ist **Brown Palace Hotel** (Präsident Clinten übernachtete hier); Zimmer im Altbau/*old section* verlangen. Monaco Denver ist ein eklektisches Boutique Hotel; geb.frei 1-800-397-5380; vernünftige Preise. – – Manche City- und Flughafenhotels bieten Wochenendraten an (vorherige Reservierung erforderlich), die Luxus für wenig Geld erlauben! – – Außerhalb von Downtown preiswert und gut: Hampton Inn (Aurora), 1500 S. Abilene, Tel. 369-8400/Fax 369-0324, **Exit 7** von *I-225*; Hampton Inn (Denver-Southeast/Tech Center), 9231 E. Arapahoe Rd., Tel. 792-9999/Fax 790-4360, **Exit 197** von *I-25*. Sehr gute Lage zu Downtown und direkt an *I-25*, La Quinta Downtown, 3500 Park Ave. W., Tel. 458-1222/Fax 433-2246, **Exit 213** v. *I-25*. – – Billige Unterkunft bei Motel 6 East, 371-1980/Fax 375-7763, Nähe *I-225/I-70*. – – Denver International Youth Hostel, 630 East 16th Ave. (Ecke *16th Ave & Washington St.*), Denver. CO 80203, Tel. 832-9996; Bus #15, 20 – Station Washington St. – – YMCA, *16th Street & Lincoln*; Tel. 861-8300; Busse 28, 32 und 38.

♦**Einkaufen/Shopping. 16th Street Mall** in Downtown Denver ist ein Einkaufsparadies mit Dutzenden von Läden und 3 großen Kaufhäusern wie Fashion Bar, Joslyn's und May D & F. – – **Tabor Center** mit exklusiven Geschäften ist ein völlig verglastes Einkaufszentrum, das sich über 2 Straßenblocks erstreckt; *16th Street Mall/Lawrence St.* – – **Larimer Square** mit vielen Boutiquen. – – Einkaufszentren/Shopping Malls in den Vororten wie **Aurora Mall** an *I-225*, östlich von Denver; **Cinderella City** südlich von Downtown an *US 285 & US 85;* **Northglenn**, nördlich der Stadt an *I-25 & CO 44;* **Cherry Creek Shopping Center**, 3000 East First Ave. *& University Blvd.* mit Neiman Marcus, Saks Fifth Avenue, Tiffany & Co. – – Western Wear bei **Shepler's**, südlich von *I-25/I-225* an *I-25* und *East Orchard Road;* der Laden für echte Westernkleidung. – – **Tivoli Denver** (901 Larimer St.) mit 12 Kinotheater, Modegeschäften, Souvenirladen, in einer ehemaligen Brauerei; kostenloser Pendel-Trolley.

♦**Restaurants.** Elegantes und vornehmes Restaurant im berühmten **Brown Palace Hotel** – Steak, Rocky Mountain Trout (Forelle). – – Eines der beliebtesten Restaurants und eines der historischsten ist **Buckhorn Exchange**, 1000 Oasge Street – Steak, Büffelsteak/Buffalo Steak, Forelle/Trout. Teddy Roosevelt und Buffalo Bill haben hier gespeist; viel Western-Atmosphäre; Lunch Mo.-Fr. 11-15 Uhr, Dinner Mo.-So. ab 17 Uhr, 534-9505. – – Ein weiteres populäres Restaurant ist **Casa Bonita**, 6715 W. Colfax, in Lakewood, westlicher Stadtteil. Das riesige mexikanische Lokal bietet Platz für über 1000 Personen; Attraktion sind die Klippenspringer wie in Acapulco und Mariachi Musik; 232-5115. – – **Old Spaghetti Factory** in der Innenstadt mit Speisen zu vernünftigen Preisen; sehr beliebt, daher starker Andrang! – – Nördlich vom Flughafen an 5797 Quebec Street **Mountain Man Steak House** – Büffel-Steaks! – – Sehr beliebt sind auch die **Village Inn** Restaurants, beispielsweise in Downtown Denver, *Curtis & 15th Street*; preiswert. – – McDonald's, Ecke *Champs & 16th Street Mall*. – – Mehrere Straßenlokale entlang der Fußgängerzone 16th Street Mall.

♦**Öffentliche Verkehrsmittel.** Gute Stadtbusverbindung durch *Rapid Transit District* (RTD) überall in der Denver Area einschließlich Verbindung zwischen Flughafen und Stadtmitte. Ebenfalls Busverbindung nach Boulder. Einzelheiten über Busse vom Flughafen/Innenstadt nach Estes Park beim Visitors Bureau.

♦**Touren.** Stadtführungen (zu Fuß). Einzelheiten beim Visitors Bureau. Verschiedene Ausflugsunternehmen einschließlich Gray Line bieten Stadtrundfahrten in Denver und Ausflüge in die Umgebung an. Auskünfte beim Hotel. **Grand Circle Association**, 10stündige Tour, die nach Norden führt (mit Fahrt durch den Rocky Mountain Nationalpark); 1-888-25-Grand; oder die 10stündige *Pikes Peak & Air Force Academy Tour* nach Süden und in die Colorado Springs Area. – – **Fair Winds Hot Air Balloon Flights**, P.O. Box 4253, Boulder, CO 80306; 939-9323; Internet: fairwindsinc.com – – The Ski Train, Sa. 2stündiger Ausflug; 296-4754.

♦**Ausgehen/Unterhaltung.** Bei **Hyatt** und **Brown Palace Hotels** ausgezeichnete Restaurants sowie Unterhaltung und Tanz. – – Bummel durch **Larimer Square** mit den vielen Restaurants und Saloons. – – Sogenannte Off-Broadway Shows (wie sie am Broadway in New York aufgeführt werden) beim **Denver Center for the Performing Arts** oder Besuch eines Konzerts des **Denver Symphony Orchestra**. – – Konzerte in herrlicher Umgebung des **Red Rock Amphitheatre**; etwa 13 mi/21 km westlich von Downtown an *CO 8* zwischen *I-70* und *Morrison*.

DENVER, CO
Attraktionen/Denver Area

ATTRAKTIONEN DER DENVER AREA

- **Buffalo Bill Grave**/Buffalo Bills Grab – **Lookout Mountain** westlich von Denver, in der Nähe von **Golden**. Buffalo Bill wurde hier **1917** begraben; mit Museum zu Ehren des berühmten Scout und Schaustellers.

- **Central City**. Westlich von Denver, etwa 1 Autostunde entfernt, über *US 6* und *CO 119* erreichbar. Als man hier 1859 auf Gold stieß, brach der Goldrausch aus und die Stadt wuchs im Nu auf ca. 40 000 Einwohner! Auf der *richest square mile on earth*/reichsten Quadratmeile der Erde wurden Gold und andere Edelmetalle im Wert von über einer halben Milliarde abgebaut. Verschiedene Relikte der Goldgräberzeit sind noch zu sehen. 1874 ging ein Teil der Stadt in Flammen auf, doch der größte Teil von Central City wurde wieder neuaufgebaut, darunter auch 1878 das **Opera House**. Heute gilt das viktorianische Opernhaus auf 2590 m ü.M. hoch in den Rockies als eine der Hauptattraktionen des Ortes. Touren mit Besichtigung einer der Goldminen sowie „gold panning"/„Gold waschen".

- **Clear Creek Canyon**. Herrlicher Canyon an *US 6* zwischen **Golden** und **Idaho Springs**.

- **Colorado Railroad Museum**. Eisenbahnmuseum. 17155 West 44th Ave., *CO 58*, östlich von **Golden**. Fotos, Exponate und alte Loks, die bei der Entwicklung Colorados eine wesentliche Rolle gespielt haben.

- **Colorado School of Mines Museum**. Bergbaumuseum, ausgezeichnetes geologisches Museum in **Golden**.

- **Colorado Springs Area** – siehe S. 78 ff.

- **Coors Brewery**. Bierbrauerei, *12th & East Streets* in **Golden**; eine der größten Brauereien Amerikas; kostenlose Besichtigung, Mo.-Sa. 9-16 Uhr.

- **Georgetown**. Historische Silberminenstadt an *I-70* westlich von Denver. Viele Häuser im viktorianischen Stil, einschließlich Hotel de Paris. Auch historische Schmalspurbahn am Berghang entlang nach **Silver Plume**.

- **Mt. Evans Highway** – eine der höchsten Straßen Amerikas; führt hinauf zum Gipfel des **Mt. Evans** – 4348 m ü.M. Von *I-70* über Exit in **Idaho Springs** aus erreichbar.

- **Rocky Mountain Nationalpark** – 80 mi/144 km nordwestlich von Denver, über *US 36* und **Estes Park** erreichbar. Spektakuläre Gebirgslandschaften; Parkstraße überquert die transkontinentale Wasserscheide. Siehe S. 132 ff.

BAXTER'S DENVER CHECKLISTE

- ❑ COLORADO STATE CAPITOL BESUCHEN
- ❑ KUNST IM DENVER ART MUSEUM ENTDECKEN
- ❑ BUMMEL DURCH LARIMER SQUARE
- ❑ EINKAUFSBUMMEL AUF 16th STREET MALL
- ❑ FÜHRUNG DURCH U.S.-MINT MITMACHEN

Schlüssel zur Baxter Info-Karte: Denver Area
Unterkunft mit Vorwahlnummer/area code (303)

A-$$$ Holiday Inn/Exit 284 371-9494/Fax 375-1808
B-$$ BW Executive Hotel 373-5730/Fax 375-1157
C-$$ Drury Inn/Exit 281 Tel. & Fax 373-1983
D-$$ Hampton Inn Northeast 388-8100/Fax 333-7711
-$$ Courtyard Inn/Exit 278 333-3333/Fax 399-7356
-$$ Quality Inn & Suites 320-0260/Fax 320-7595
E-$$$ Red Lion Hotel 321-6666/Fax 355-7412
F-$$$ Ramada Inn 388-6161/Fax 388-0425
-$$$ Four Points Sheraton 333-7711/Fax 322-2262
-$$$ Radisson 321-3500/Fax 322-7343
G-$$$ Holiday Inn Coliseum 292-9500/Fax 295-3521
H-$$$ Marriott/Exit 201 758-7000/Fax 691-3418
-$$$ Quality Inn/Exit 201 758-2211/Fax 753-0156
K-$$ Hampton Inn Southeast 792-9999/Fax 790-4360
-$$$ Sheraton Tech Center 799-6200/Fax 799-4828
-$$ Motel 6 South Tech Ctr. 790-8220/Fax 790-3405
L-$$$ Hilton Denver South 779-6161/Fax 689-7080
M-$$$ Holiday Inn/Exit 4 695-1700/Fax 745-6958
N-$$ Hampton Inn Aurora 369-8400/Fax 369-0324
O-$$ Days Inn Denver North 457-0688/Fax 457-0152
P-$$ La Quinta Central 458-1222/Fax 433-2246

DENVER, CO
Baxter Info-Karte: Denver Area

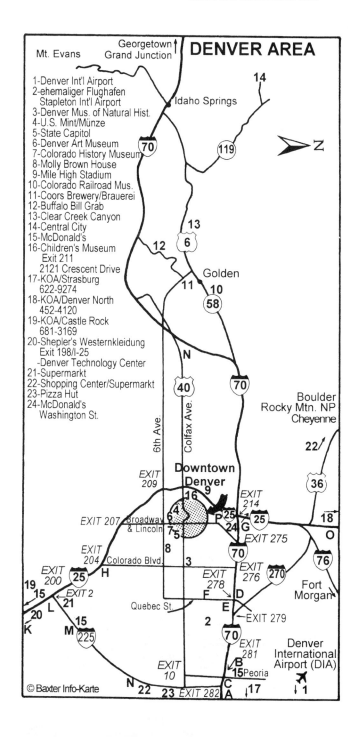

DURANGO
„Tor zum Südwesten Colorados"

Durango im südwestlichen Teil Colorados liegt etwa 38 mi/61 km östlich vom Eingang zum Mesa Verde Nationalpark, etwa 50 mi/80 km südlich der ehemaligen berühmten Bergwerkstadt **Silverton** und etwa 335 mi/536 km südöstlich von Denver. **Durango** – Ausgangspunkt zu vielen Sehenswürdigkeiten – wurde nach dem in Mexiko befindlichen **Durango** benannt, das etwa 670 mi/1072 km südlich von El Paso, Texas, und etwa 200 mi/320 km östlich des mexikanischen Badeortes Matzalan am Pazifik liegt.

Durango – etwa 12 000 Einwohner, 1985 m. ü.M. – wurde 1880 von der Eisenbahn *Denver & Rio Grande Railroad* gegründet; diente der Gesellschaft als Hauptdepot auf der Strecke von **Denver** nach **Antonito** und dann nach **Durango** und dem in den Bergen **San Juan Mountains** liegenden **Silverton**. Entlang dieser Strecke lagen viele reiche Gold- und Silbergräberstädte. Die von Denver kommende Strecke wurde **1881** und die steile Gebirgsstrecke zwischen **Durango** und **Silverton** im Jahre **1882** fertiggestellt. Auf diesem bezaubernden Abschnitt verkehrt die berühmte Schmalspureisenbahn **Durango & Silverton Narrow Gauge Railroad**.

In **Durango** kreuzen als Hauptverkehrsstraßen von West nach Ost *US 160* – auch *Navajo Trail* genannt – und die nordsüdwärts verlaufende *US 550*. Inter-City-Busverkehr nach Durango; der Flughafen liegt südöstlich von **Durango**.

Entfernungen in Meilen/Kilometer von Durango:

Alamosa	152/243	Great Sand Dunes NM	209/334
Kayenta, AZ	160/256	Mesa Verde NP	38/61
Black Canyon of the Gunnison	120/192	Monticello, UT	110/176
Cortez	47/75	Montrose	110/176
Denver	335/536	Ouray	74/118
Four Corners Monument	85/136	Pagosa Springs	62/99
Grand Junction	172/275	Silverton	50/80

Schlüssel zur Baxter Info-Karte: Durango
mit vielen Baxter-Tipps

1-Train Station/Bahnhof
2-Supermarkt
3-Post Office/Postamt
4-Shopping Mall
5-Pizza Hut
6-McDonald's
 -Parkplatz
7-Fairgrounds
 -Rodeo
8-Airport/Flughafen
 -Pagosa Springs
9-Aztec Ruins NM, New Mexico
10-Mesa Verde Nationalpark
 -Cortez
11-Bar D Chuckwagon
 -Silverton
12-Durango Mall
 -K-Mart
 -J.C. Penney's
13-Friego's Restaurant/mex.
14-Raft Trips/Wildwassertrips
15-Durango Senior High School
16-Tourist Information
17-Central Hotel & Hostel
18-Denny's
19-Laundromat
20-Greyhound
21-Burger King

Unterkunft/Vorwahl (970):
A-$$ Quality Inn
    259-7000/Fax 259-7901
 -$$ Super 8
    259-0590/Fax 259-8314
B-$$$ Doubletree Hotel
    501 Camino Del Rio
    259-6580/Fax 259-4398
C-$$ BW Rio Grande Inn
    385-4980/Fax 385-4980
D-$$ General Palmer House
    247-4747/Fax 247-1332
E-$$ Strater Hotel
    247-4431/Fax 259-2208
F-$$$ Holiday Inn
    247-5393/Fax 259-4201
G-$$ BW Durango Inn Suites
    247-3251/Fax 385-4835
H-$$ BW Durango Inn
    247-3251/Fax 385-4835
K-$$ Residence Inn
    259-6200/Fax 259-2080
L-$$ Econolodge
    247-4242/Fax 385-4713
M-$$ Comfort Inn
    259-5373/Fax 259-1546
N-$$ Hampton Inn
    247-2600/Fax 259-8012
 -$$ Days Inn
    259-1430/Fax 259-5741
O-$$ BW Mountain Shadows
    247-5200/Fax 247-5200
P-$$$ Sheraton Tamarron
    259-2000/Fax 259-0745

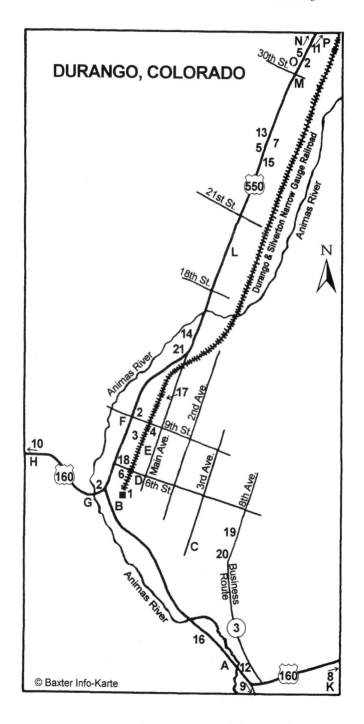

DURANGO ATTRAKTIONEN

- **Bar D Chuckwagon Suppers** (*Chuckwagon*/Feldküche). Beliebtes Ausgehvergnügen; Steaks, Souvenirs und Songs. Essensbeginn 19.30 Uhr. Ebenfalls Cowboy Breakfast (Frühstück) und Ausritte/Jeeptouren um 7.45 Uhr. Etwa 9 mi/14 km nördlich von **Durango**; man fährt etwa 6 mi/l0 km auf *US 550* nordwärts und anschließend auf *Trimble Lane* ostwärts, wobei man die Schienen der *Durango-Silverton Narrow Gauge Railroad* sowie und den Animas River überquert, ehe es nordwärts geht. KOA Campingplatz in der Nähe; 247-5753.

- **Diamond Circle Theatre**. Im Strater Hotel; Unterhaltung mit Stücken aus der Zeit der Jahrhundertwende (19. & 20. Jh.).

- **Dude & Guest Ranches**. Im Umkreis von Durango liegen mehrere Dude Ranches – s. Seiten **9/10**. Mindestaufenthalt im allgemeinen eine Woche. Cherry Creek Guest Ranch (in der Nähe von Mancos zwischen Durango und Cortez), Lake Mancos Ranch (ebenfalls bei Mancos), Colorado Trails Ranch (östlich von Durango); und Wilderness Trails Ranch (etwa 35 *mi*/56 km nordöstlich von Durango), ferner 6 Trails Ranch, 12161 County Road 240, Durango, CO 81301; geb.frei 1-800-323-3833, Fax 385-7372; Internet: www.coloradotrails.com. Das luxuriöse Tall Timber Resort, etwa 25 mi/ 40 km nördlich von Durango, ist mit dem Durango-Silverton-Zug erreichbar.

- **Durango and Silverton Narrow Gauge Railroad & Museum**. 1882 zum Transport der reichen Silber- und Goldvorkommen (schätzungsweise 300 Mio Dollar) aus den Bergwerkcamps der **Silverton** Area gebaut. Die Schmalspureisenbahn fährt mit ihrer dampfenden und schwarzen Rauch ausstoßenden Lokomotive durch eine bezaubernde Landschaft mit Wasserfällen, Schuchten und hohen Berggipfeln. Bahn verkehrt etwa von Anfang Mai bis Ende Okt. Entlang der 90 mi/144 km langen Strecke zwischen **Durango** und Silverton. Empfehlenswert Jacke/Mantel/ Kopfbedeckung mitzunehmen. Bei Abfahrt von **Durango** gegen 8.30 Uhr erreicht man etwa gegen 13 Uhr **Silverton**. Dort bleibt genug Zeit, sich umzusehen und fürs Mittagessen, ehe der Zug zurück nach Durango fährt, Ankunft dort gegen 18.15 Uhr. Auskunft beim Fahrkartenschalter in Durango: 247-2733/Fax 259-3570; Internet: www.durangotrain.com

- **Jeep Touren**. Halbtags- und Tagestouren mit Jeeps zu Geisterstädten. Einzelheiten beim Hotel oder Chamber of Commerce erfragen.

- **Mesa Verde Nationalpark**. Parkeingang zu den einzigartigen Felsenwohnungen etwa 38 mi/6l km westlich von Durango. Eines der beliebtesten Reiseziele in Colorado – s. **S. 113** ff.

- **Palmer House**. Hotel an der Hauptstrafe *Main Avenue;* nach General Jackson Palmer benannt, der die *Denver & Rio Grande Railroad* gründete.

- **Purgatory Ski Area**. Etwa 25 mi/40 km nördlich von Durango via *US 550;* im Winter bis zu 7 oder 8 Meter Schnee. Ebenfalls im Sommer in Betrieb.

- **Rodeos**. Im Sommer an mehreren Abenden der Woche, jeweils um 19.30 Uhr beginnend; La Plata County Fairgrounds, nördlich der Innenstadt an *25th & Main Avenue*.

- **Southern Ute Indian Reservation**. Etwa 25 mi/40 km südöstlich von Durango, über *CO 172* erreichbar; Information Center. Hotelzimmer in der Sky Ute Lodge in Ignacio.

- **Strater Hotel**. In Bahnhofsnähe; berühmtes viktorianisches Hotel aus dem Jahre 1882; Speiserestaurant im bekannten Diamond Belle Saloon, wo der *Alte Westen* noch lebendig ist.

- **Tamarron Resort**. Luxuriöses Ferienhotel etwa 19 mi/30 km nördlich von Durango; über *US 550* erreichbar.

ESTES PARK, CO **95**
Orientierung/Attraktionen

●**Touren**. Tagesausflüge zum Mesa Verde Nationalpark und anderen Attraktionen. Einzelheiten beim Hotel. – – Old Hundred Gold Mine Tour, 721 County Rd. 4-A, Silverton, CO 81433, 387-4444, geb.frei 1-800-872-3009/Fax 387-5579; Internet: www.minetour.com

BAXTER'S DURANGO CHECKLISTE

❑ STRATER HOTEL AUFSUCHEN
❑ FAHRT MIT DURANGO & SILVERTON EISENBAHN
❑ AUSFLUG ZUM MESA VERDE NATIONALPARK
❑ RODEO BESUCHEN
❑ ZÜNFTIGES ABENDESSEN BEI BAR D CHUCKWAGON
❑ BUMMEL ENTLANG MAIN AVENUE

ESTES PARK

„Estes Park 2293 m ü.M. – Tor zum Rocky Mountain Nationalpark"

Estes Park – etwa 72 mi/115 km nordwestlich von **Denver** – ist Ausgangspunkt zum westlich der Stadt liegenden Rocky Mountain Nationalpark. **Estes Park** wurde nach der Familie Estes benannt, die sich gegen Ende den 1850er Jahre als Rancher in der Gegend niedergelassen hatte. Die Nähe des **Rocky Mountain Nationalparks**, **Roosevelt National Forest** und beliebter Gäste-Ranches sowie verschiedene Attraktionen direkt in der Stadt machen **Estes Park** – gerne als „Horse Capital of the Nation" bezeichnet – zu einem beliebten Ferienziel sogar für einen längeren Aufenthalt.

ESTES PARK AREA ATTRAKTIONEN

●**Big Thompson Canyon**. Spektakuläre Fahrt – beginnt östlich, kurz hinter Estes Park – auf der *US 34* durch den **Roosevelt National Forest**; etwa 19 mi/30 km. Die Straße folgt dem **Big Thompson River** durch die Schlucht; 1976 kamen hier viele Menschen bei einem verheerenden Flut Hochwasser um.

●**Downtown Estes Park**. Stadtzentrum von Estes Park. *Elkhorn Avenue* bildet Estes Parks Kern; Restaurants, viele Souvenirläden, Postamt, Busbahnhof. Westlich der Stadt gibt es einen Supermarkt. Die Innenstadt ist sehr beliebt für einen Abendbummel nach einem Tagesausflug in die Berge.

●**Guest Ranches/Gäste-Ranches**. Zu den Gäste- und Dude Ranches der Estes Park Area zählen Indian Head Ranch, Lazy H Ranch (in Allenspark), Aspen Lodge & Guest Ranch, Longs Peak Inn and Guest Ranch, Double JK Ranch und Peaceful Valley Lodge & Guest Ranch. Siehe auch S. **9/10**.

●**H-Bar-G-Ranch-Hostel**. Etwa 6 mi/10 km östlich von **Estes Park** oder nur etwa 3 mi/5 km nördlich der *US 34*, auf dem Weg zum **Lazy B Chuckwagon** – Hostel/Jugendherberge etwa 2 mi/3 km nördlich vom Lazy B Chuckwagon. Kostenloser Abholdienst vom Stadtzentrum in Estes Park gegen Nachmittag, nach Ankunft des Denver-Bus. Wer mit dem Auto fährt, folgt zunächst der Beschilderung an *US 34* östlich der Stadt. Hervorragende Lage mit Blick über das Tal Das Eingangstor zum Hostel bringt gleich die richtige Einstimmung für einen Ranchaufenthalt. Kein Luxus, aber billig, und man hat Gelegenheit, viele Leute kennenzulernen.

●**Historical Museum**, *US 36 & 4th Street*. Ausstellung mit alten Fotos. alles über Pferde und einfaches Handwerkszeug. Neben Estes Park Fairgrounds.

96 ESTES PARK, CO
Attraktionen/Unterkunft

Schlüssel zur Baxter Info-Karte: Estes Park
mit vielen Baxter-Tipps

1-Chamber of Commerce
2-Rodeo
3-Park Headquarters
4-Moraine Park Visitors Center
5-Trail Ridge Road
  -Alpine Visitors Center
  -Granby
6-Lazy B Ranch Chuckwagon
  zünftiges Cowboy-Dinner
7-Stanley Hotel
8-McDonald's
  -Supermarkt
9-KOA Campingplatz
  Vermietung von Kamping Kabins
10-Trout Fishing/Forellenangeln
11-Kentucky Fried Chicken
12-National Forest Info
13-Big Thompson River
14-Tramway/Gondel-Bergbahn
15-Reitställe
16-Historical Museum
17-Supermarkt
18-Pizza Hut
19-Bighorn Sheep Monument
20-Picknickplatz

Unterkunft – Vorwahl/area code (970):
A-$$$ BW Lake Estes Inn
  586-3386/Fax 586-9000
B-$$$ Holiday Inn
  586-2332/Fax 586-2038
C-$$ YMCA of the Rockies/586-3341
D-$ Mountain 8 Inn/586-4421
E-$$ Tyrol Motel/586-3382
F-$$ Sunset Motel/586-4237

-$$ The Downtowner/586-3151
  Elkhorn & Spruce Dr.
G-$$$ Nicky's Resort
  586-2123/Fax 586-0132
H-$$$ Fall River Motor Inn/586-4118
K-$$ Ponderosa Lodge
  586-4233/Fax 586-4233
L-$ H-Bar G Ranch Hostel/586-3688
M-$$ Estes Village Motor Inn/586-5338
N-$$ Comfort Inn
  586-2358/Fax 586-4473
O-$$$ The Inn at Estes Park/586-5363
  Internet: www.innatestespark.com
P-$$ Timberline Motor Lodge/586-4697
R-$$$ Golden Eagle Resort Hotel/586-6066
S-$$ Big Thompson Timberlane
  586-3137/Fax 586-3719
T-$$ Alpine Trail Ridge Inn
  586-4585/Fax 586-6249
-$$ Rocky Mountain Motel/586-3485
U-$$ Hobby Horse Motor Lodge/586-3336

Ranches:
Wind River Dude Ranch/5770 S. St. Vrain St.
Estes Park, CO 8017
586-4212/Fax 586-2255/geb.frei 1-800-523-4212
www.windriverranch.com

Lane Guest Ranch/P.O. Box 1766
Estes Park, CO 80517/Tel. 747-2493

Peaceful Valley Ranch
475 Peaceful Valley Rd.
Lyons, CO 80540-8951
747-2881/www.peacefulvalley.com

• **Lazy B Ranch.** Beliebte Chuckwagon Supper (Essen von der „Feldküche") und Western Show. Juni-Labor Day (1. Mo. im Sept.); ab 17.30 Uhr geöffnet; Abendessen um 19 Uhr. 1915 Dry Gulch; 586-5371.

• **McGregor Ranch Museum.** Seit 1873 eine Arbeitsranch mit Museum; nördlich der Stadt. Von *Elkhorn Ave.* auf *McGregor Avenue* oder *US 34 ByPass;* 0.5 mi/0,8 km nördlich der Stadt an *Devil's Gulch Road*.

• **Rocky Mountain Nationalpark.** Westlich von Estes Park, beliebtestes Reiseziel in Colorado mit jährlich über 3 Millionen Besuchern – s. **S. 132**.

• **Rodeo.** Supergelegenheit, etwas Wildwest mitzuerleben; Beginn 20 Uhr im **Stanley Park**. Einzelheiten beim Information Center oder im Motel, wenn während der Woche Rodeos veranstaltet werden.

• **Stanley Hotel**: Nördlich vom Stadtzentrum. Berühmtes altes Hotel; seit 1909 in Betrieb gewesen; eröffnete mit 88 Zimmern.

• **Touren.** Gray Line bietet von Estes Park Nachmittags- und Tagesfahrten zum Rocky Mountain Nationalpark an. Ebenfalls Wilderness Jeeptouren durch den National Forest; Einzelheiten beim Information Center.

• **YMCA of the Rockies.** Riesiger, preiswerter Übernachtungskomplex für Familien, südlich von Estes Park. Superlage; Tennisplätze, Cafeteria, Blockhütten, moderne Zimmer und viel Freizeitmöglichkeiten für die ganze Familie. Auch Museum.

ESTES PARK CHECKLISTE

❏ BESUCH DES ROCKY MOUNTAIN NATIONALPARKS
❏ BUMMEL UBER ELKHORN AVENUE
❏ CHAMBER OF COMMERCE AUFSUCHEN
❏ RODEO ERLEBEN
❏ LAZY B CHUCKWAGON SUPPER MITMACHEN

ESTES PARK, CO 97
Baxter Info-Karte: Estes Park

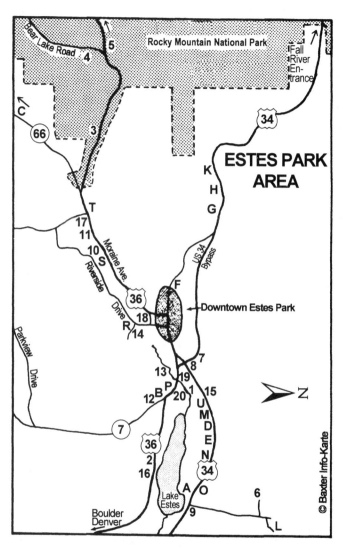

FLORISSANT FOSSIL BEDS, CO
Orientierung/Hornbeck Homestead

FLORISSANT FOSSIL BEDS NM

„Denkmal versteinerter Bäume sowie Blumen-, Gräser- und Insektenfossilien"

Das **Florissant Fossil Beds National Monument** liegt etwa 36 mi/ 58 km westlich von **Colorado Springs** und etwa 16 mi/26 km nördlich von **Cripple Creek**, der berühmten ehemaligen Goldstadt. Man darf von diesem kleinen Park nichts Spektakuläres erwarten. Doch wer sich für die zartesten Fossilien mit Abdrücken von Kleinstlebewesen wie Insekten oder eines Blattes, die vor über 34 Millionen Jahren entstanden sind, begeistern kann, wird gewiss nicht entäuscht sein.

Die Bezeichnung *Florissant* kommt aus dem Französischen für „Blühen" und trifft gerade im Sommer vollkommen zu, wenn die bunten Wildblumen auf den grünen Wiesen auf über 2400 m ü.M. blühen. Der Park ist ganzjährig geöffnet, aber die beste Zeit für einen Besuch ist der Sommer. Zweckmäßigerweise kombiniert man den Abstecher zum **Florissant Fossil Beds National Monument** mit einem Besuch von **Cripple Creek**, wo man Campingplatz und Unterkunft findet.

Auf dem Weg zum Visitors Center passiert man das restaurierte **Homestead** aus dem 1870er Jahren:

HORNBECK HOMESTEAD

*Auf dem Weg zum Visitors Center kommt man hinter der Ortschaft Florissant von der US 24 zum **Hornbeck Homestead**. Die alten Siedlergebäude kann man sich ansehen und beim Hornbeck House einen Blick durchs Fenster werfen.*

THE HORNBECK HOUSE: Am 2. März 1878 zog die verwitwete Adeline Hornbeck mit ihren drei Kindern hierher. Mrs. Hornbeck errichtete ein für damalige Verhältnisse überdurchschnittlich fortschrittliches Haus – ein einhalbstöckiges Blockhaus mit Dachschindeln und ausgezeichneter Holzverarbeitung. Obergeschoss mit 3 Schlafräumen, Erdgeschoss mit 1 Schlafraum, Küche und einer guten Stube. 1885 hatte das Anwesen einschließlich Grundstück, Vieh und Zubehör einen Wert von etwa 5800 Dollar.

FLORISSANT FOSSIL BEDS, CO
Visitors Center

BUNKHOUSE: An der Stelle des ehemaligen Bunkers, der zum Hornbeck'schen Anwesen gehörte; wurde nach 1917 als Räucherkammer benutzt.

LITTLE BARN/Kleine Scheune: 1885 betrieb Adeline Hornbeck einen Kuhstall, Hühnerstall, große Koppel und einen Pferdestall für 9 Pferde. Die Scheune wurde allerdings gegen Ende der 1880er Jahre von Del Johnson etwa 2 mi/3 km entfernt errichtet. Diente zunächst als Wohnhaus und später als Kuhstall. 1977 wurde dieses Gebäude hierher verlegt.

CARRIAGE SHED/Wagenschuppen: Mrs. Hornbeck besaß ganz in der Nähe einen ähnlichen Schuppen, der kurz nach dem Zweiten Weltkrieg abgerissen wurde. Der heutige Schuppen stammt aus dem Jahre 1926 vom **Barksdale Homestead**, etwa 1.8 mi/2,9 km südwestlich von hier. Etwas dichter beim Parkplatz liegt der im Hügel befindliche Vorratskeller.

ROOT CELLAR: In diesem Vorratskeller lagerten die Hornbecks ihre Vorräte ein. Eis wurde im Winter aus zugefrorenen Bächen und Seen herbeigeholt, und damit es nicht schmolz, in Sägemehl gelegt. Oft reichte das Eis bis zum Sommer.

EIN BESUCH IM VISITORS CENTER

Das kleine Visitors Center beherbergt eine kleine, aber ausgezeichnete Fossiliensammlung.

Die **Florissant Fossil Beds** weisen dicht unter der Erdoberfläche eine der ausgedehntesten fossilisierten Ablagerungen von Kleinstlebewesen und Blättern auf. Während das meiste der Fossilien unter den Füßen verborgen bleibt, gibt die Fossiliensammlung einen ausgezeichneten Überblick über die bisherigen Funde.

Die Fossilien entstanden, als nach einer Serie von Vulkanausbrüchen Asche und Staub tonnenweise in die Luft schossen. Asche und Staub setzten sich auf einem ehemaligen See ab und hielten dort viele Pflanzen und Tiere *fest*. Der See verschwand, die Ascheablagerungen verwandelten sich in Schiefer, und die darin eingeschlossenen Lebewesen wurden zu Fossilien. Die Schieferschichten lassen sich mit einem riesigen Fotoalbum vergleichen, das darüber Auskunft gibt, welche Lebewesen hier vor etwa 34 oder 35 Millionen Jahren existierten.

Die Fossilien der **Florissant Fossil Beds** wurden **1874** durch Dr. A. C. Peale von der U. S. Geological Survey entdeckt. Seit damals graben Wissenschaftler aus aller Welt in den Schieferschichten und konnten schon 60 000 bis 80 000 Fossilexemplare freilegen, darunter über 1100 Insektenarten, 114 verschiedene Pflanzenarten sowie verschiedene Fisch-, Vogelarten und Kleinstsäugetiere.

Der Wert der Fossilienstätte liegt nicht in dramatischer Schau großer Knochenfunde, sondern in unglaublich winzigen Fossilien von Insekten, Baumblättern und anderen Lebewesen. Hochinteressant, wenn man die ausgestellten Fossilien mit der Lupe betrachtet – man kann verschiedene Typen von Redwoods vergleichen und sogar einen fossilierten Fisch entdecken!

EVOLUTION OF THE FLORISSANT FOSSIL BEDS
Entwicklung der Florissant Fossil Beds

Draußen am Visitors Center, wo der Pfad zu den versteinerten Baumstümpfen beginnt, erklärt eine Schautafel, wie sich die Landschaft der Fossilienfunde entwickelte.

1–Vor etwa 35 Millionen Jahren ergoss sich hier ein Fluss (der heutige **Grape Creek**) südwärts durch dieses Gebiet. Es herrschte damals subtropisches Klima. Lage etwa 914 m ü.M.

2–Vor etwa 35 Millionen Jahren stießen Vulkane der **Sawatch Range**, etwa 50 mi/80 km westlich von hier, Vulkanasche aus und verteilten sie aufs Land. Diese Aschefluten liegen heute unter dem **Florissant Shale**/Schieferton.

3–Vor etwa 34 bis 35 Jahrmillionen strömten die Vulkanmassen aus dem benachbarten **Guffey Volcanic Center** etwa 17 mi/27 km weit und blockierten den **Grape Creek**. Dabei entstand der frühere See **Lake Florissant**. Warm, angenehm subtropisch, so existierte der See über Jahrtausende.

4–Vor etwa 34 bis 35 Jahrmillionen eruptierten die **Guffey Vulkane** wild und häufig. Asche- und Staubwolken schwebten über dem See **Lake Florissant**. Tausende von Lebewesen wurden eingeschlossen und auf den Grund des Sees gezogen. In diesen Sedimenten, dem **Florissant Schieferton**, findet man heute die fantastischen Fossiliensammlungen.

5–Vor 34 Jahrmillionen kam es immer noch zu Eruptionen der Vulkane des **Guffey Centers**. Doch nun zogen sich Schlammassen über den See und zogen wie ein Schutzfilm über das spätere Schiefertonbett. Zehntausende eingeschlossener Fossilien liegen noch darin begraben. Riesige Sequoias wurden begraben und blieben konserviert erhalten.

6–Heute. Das Gebiet überlebte eine mächtige Erdverschiebung. Man befindet sich heute hier auf etwa 2438 m ü.M. Das Schiefertonbett ist zwar noch vorhanden, doch das darüberliegende Material ist größtenteils verwittert.

Nach der Schautafel läuft man am besten den etwa 0.5 mi/ 0,8 km langen Rundwanderweg entlang; es geht vorbei an gigantischen, versteinerten Baumstümpfen, hübschen Wiesen, Espen und anderen Baumarten und herrlich bunten Blumen. Fast am Ende des Pfads kommt man zu mehreren Exponaten, unter denen sich auch Flechten/*Lichens* befinden. Flechten sind Doppelwesen aus Pilzmyzel und innen angesiedelten Algenkolonien, die als die ersten Erde- oder Humusproduzenten gelten. Ehe man wieder zum Visitors Center gelangt, passiert man weitere versteinerte Baumstümpfe.

GRAND JUNCTION
„Tor zum Colorado National Monument"

Grand Junction – führende Stadt für Westcolorado und Ostutah – wurde **1882** am Ufer des **Grand River** am Zusammenfluss von **Gunnison** und **Colorado Rivers** (oder **Grand River** wie er 1882 genannt wurde) gegründet. Die Stadt hat eine Großraumbevölkerung von über 60 000 und liegt auf 1390 m. Die Gegend besitzt ein relativ mildes Klima und eine lange Wachstumsperiode von etwa 180 Tagen jährlich, was die Landwirtschaft hier zum Hauptfaktor werden lässt. Die Gegend ist beispielsweise sehr bekannt für Pfirsiche und Birnen, außerdem wird erstaunlicherweise auch Wein angebaut.

Entfernungen in Meilen/Kilometer von Grand Junction:

Black Canyon of the Gunnison NM	75/120
Colorado Nationalmonument	10/16
Delta	40/64
Denver	250/400
Dinosaur NM	143/229
Durango	170/272
Las Vegas	513/821
Mesa Verde NP	208/333
Moab, UT	115/184
Montrose	61/98
Ouray	97/155
Silverton	120/192
Telluride	30/208

ORIENTIERUNG

Ende des 20. Jahrhunderts wurde **Grand Junction** bei der intensiven Suche nach weiteren Energiequellen wie Erdöl, Schieferton und Erdgas ein Zentrum für Forschung, Entwicklung und Verwaltung von Energierohstoffen. Mit einem neuen Boom scheint es nicht allzu weit.

Wichtige Straßen, einschließlich *I-70*, *US 6* und *US 50* schaffen gute Verkehrsverbindungen; Amtrak versorgt die Stadt auf der reizvollen Route zwischen **Denver** und **Salt Lake City** mit Bahnanschluss. Der Flughafen liegt nordöstlich der Stadt, nahe *I-70*. In der Flughafengegend konzentrieren sich die meisten Motels. Mietwagenfirmen am Flughafen.

ATTRAKTIONEN & AUSFLÜGE

Eine der Hauptattraktionen von **Grand Junction** ist das **Museum of Western Colorado**; mitten in der Stadt an *4th Street* und *Ute Avenue*. Exponate zur Lokalgeschichte, Leben im Wilden Westen und die Ute Indianer.

Grand Junction ist bequemer Ausgangsort zu mehreren spektakulären Wundern der Natur. Das **Colorado Nationalmonument** (s. S. 63) liegt beispielsweise westlich der Stadt. Im Norden liegen die **Bookcliffs** (ein in Ostwestrichtung verlaufender Gebirgszug), während sich im Osten die 3200 m hohe **Grand Mesa** (*mesa* = Tafelberg) mit ihren vielen Seen erstreckt – eines der größten Tafelbergmassive

102 GRAND JUNCTION, CO
Orientierung/Unterkunft

der Welt. Weiter südlich liegt das **Black Canyon of the Gunnison Nationalmonument** (s. S. 46) – eines der Reiseziele, das bei der Entdeckungsreise durch den Westen noch lange in Erinnerung bleiben wird!

BAXTER'S GRAND JUNCTION CHECKLISTE

❑ MUSEUM OF WESTERN COLORADO BESUCHEN
❑ COLORADO NATIONALMONUMENT ERLEBEN
❑ BLACK CANYON OF THE GUNNISON ANSEHEN

Schlüssel zur Baxter Info-Karte: Grand Junction Area
mit vielen Baxter-Tipps

Orientierung:
1-Airport/Walker Field Terminal
2-Museum of Western Colorado
 Ute Ave. & 4th Street
3-Fruita Postamt Exit 19
 -City Market
4-Wendy's
5-Visitors Information
 -Post Office/Postamt
6-BLM/NF Service
7-Tankstelle
 -Camping
8-Taco Bell
9-Mesa College
10-Pizza Hut
 -Golfplatz
11-McDonald's
12-Stocker Stadium
13-Burger King
 -Wendy's
 -Village Inn Restaurant
14-K-Mart
 -Steakhouse
 -Cafeteria
15-Supermarkt
16-Wal-Mart

Unterkunft – Vorwahl/*area code* (970):
A-$$ BW Horizon Inn
 245-1410/Fax 245-4039
B-$$ Grand Vista Hotel
 241-8411/Fax 243-1077
C-$$ Motel 6
 243-2628/Fax 243-0213
D-$$ Ramada
 243-5150/Fax 242-3692
E-$$ Holiday Inn
 Tel. & Fax 243-6790
F-$$$ Adams Mark Grand Junction
 241-8888/Fax 242-7266
G-$$ Days Inn
 245-7200/Fax 243-6709
H-$$ Budget Host Inn
 243-6050/Fax 243-0310
K-$$ Super 8 Motel
 248-8080/Fax 243-4522
L-$ Best Value Inn/243-5080
M-$$ BW Sandman Inn
 243-4150/Fax 243-1828
 Denny's
N-$ Travelers Inn/245-3080
O-$ West Gate Inn
 241-3020/Fax 243-4516

GRAND JUNCTION, CO
Baxter Info-Karte: Grand Junction Area

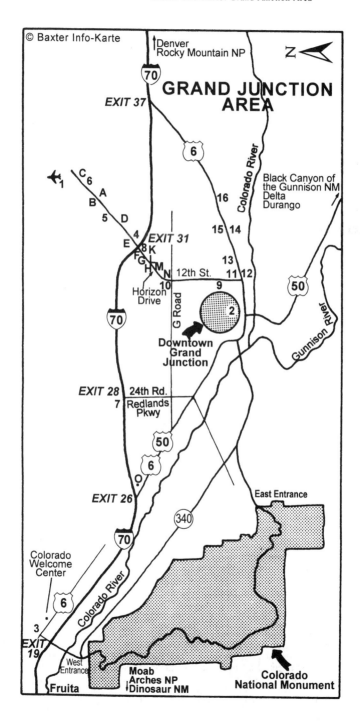

GREAT SAND DUNES NM

„Sanddünen vor den Sangre de Cristo-Bergen"

Das **Great Sand Dunes National Monument** liegt im mittleren Süden Colorados, etwa 33 mi/53 km nordöstlich von **Alamosa**, über *US 160/CO 150* erreichbar. Da sich die Sanddünen auf dem Weg zwischen dem **Mesa Verde Nationalpark** und **Denver** befinden, kann man diese Attraktion daher bequem unterwegs „mitnehmen".

Die Sanddünen, die Höhen bis zu 213 Meter erreichen, erstrecken sich über eine Fläche von etwa 100 Quadratkilometer. Sie entstanden durch die ständigen Winde, die von den **San Juan Mountains** über das Tal **San Luis Valley** zu den **Sangre de Cristo Mountains** wehten.

INFORMATION

♦ **Parkinformation**:
> Great Sand Dunes National Monument
> 11500 Hwy 150
> Mosca, CO 81146
> Tel. (719)378-2312

♦ **Camping innerhalb von Great Sand Dunes NM:**
– **Pinyon Flats Campground (Front Country Camping)**; 88 Plätze; Platzvergabe nach Reihenfolge der Ankommenden/*first-come, first-served*; $10/Nacht.
– **Back Country Camping**; Permits vom Visitors Center erforderlich; Platzvergabe *first-come, first-served*; nur zu Fuß zugänglich; 7 Stellen entlang Little Medano Trail oder campen in Dune Wilderness.

♦ **Camping außerhalb vom NM:**
– **Great Sand Dunes Oasis** – 4 mi/6km vom Sand Dunes Visitors Center, an der Parkgrenze; 130 Zelt- & 20 RV-Plätze; auch Camping Cabins; Reservierung (nur für RV- und Camping Cabins) – (719)378-2222.
– **Mosca Campground** – im San Luis Lakes State Park, 13 mi/21 km von den Sand Dunes an County 6-mile Lane, östlich von CO 17; 51 Plätze; *full hook-ups*; Camping $10/Nacht plus $3 Day-Pass für Parkbenutzung; (719)378-2020, geb.frei 1-800-678-2267, Internet: www.coloradoparks.org.

♦**Wandern:**

– **Wandern in den Sanddünen:**
Diese Wanderung sollte jeder Besucher unternehmen, sei es dass man den Gipfel der höchsten Düne erklimmt, oder es weit genug schafft, über die erste Düne zu schauen. Vom Dunes Parkplatz kann man im Südwesten den Kamm auf 213 m erreichen. Im Süden liegt dann das gesamte Ausmaß des San Luis Valley vor einem, das längste Tal Colorados. Im Norden reichen die Gipfel der **Crestones** über 4270 Meter. Die höchsten Dünen sind *„star" dunes*, mit Verzweigungen wie Arme oder Kämme, die sich in einem einzigen Punkt treffen. Der Blick vom Gipfel einer *Star Dune* ist grandios.

GREAT SAND DUNES, CO 105
Baxter-Tipps/Wanderungen

- **Montville Nature Trail:** In der Nähe der Abzweigung der Parkstraße zu den Sanddünen etwa 0.5 mi/0,8 km langer, *self-guided* Rundwanderweg rund um den unteren Teil des **Mosca Canyon**. Spektakulärer Blick auf die Dünen von hohen Stellen entlang des Trail. Begleitbroschüre am Trailhead oder im Visitor Center Buchladen erhältlich.
- **Mosca Pass Trail** – kreuzt mit dem Montville Nature Trail; 7 mi/11 km Rundwanderweg hinauf zum Mosca Pass. Höhenunterschied rund 450 m; herrliche Aussicht auf die Area. Trail passiert verschiedene Habitats, einschließlich Pinyon-Juniper Wälder, Espenhaine, Tannen-Fichtenwälder und Grasflächen oben am Pass. **Mosca Pass Trail** führt ostwärts zum Kamm der **Sangre de Cristo Range** und folgt den Spuren von Indianern, Forschern und Siedlern – etwa 3.5 mi/5,6 km ein Weg
- **Little Medano Creek Hiking Trail:** 5.5 mi/8,8 km (ein Weg), Start beim Loop 2 am Campingplatz bis zum Little Medano Creek. Von hier weitere 6 mi/10 km westwärts entlang der Basis der Hügel, wo die Sanddünen an die Berge stoßen. Entlang des Trails gibt es 7 Backcountry Campingstellen; kostenloses Backcountry Permit beim Visitors Center erhältlich.
- **Wellington Ditch Trail**, der etwa 1 mi/1,6 km nordwärts zum Campingplatz und Freilichttheater führt (keine nennenswerte Steigung). Zugang vom Loop 3 des Campingplatzes (auf dem Amphitheater Parkplatz parken) oder von der Nordseite des **Montville Trail** zugänglich. Trail benannt nach einem Siedler, der sich hier in den 1920er Jahren niederließ. Um Wasser zu seinem Homestead zuzuleiten, legte er einen Bewässerungsgraben vom **Mosca Creek** zu seinem Haus an. Der Pfad folgt heute noch teilweise dem ursprünglichen Wassergraben.

♦**Touren:**
Von der **Great Sand Dunes Oasis**, 4 mi/6 km südlich vom Dunes Visitors Center, werden 2stündige Touren durch die Great Sand Dunes mit Geländefahrzeugen durchgeführt; mit Erklärungen unterwegs und Halt zum Fotografieren und Besteigen der Sanddünen. (719)378-2222.

♦**Unterkunft in der Nähe:**
Inn at Zapata Ranch, 5303 Hwy 150, Mosca, CO 81146,(719)378-2356, geb.frei 1-800-284-9213, E-mail: zapatain@greatsanddunes.com

Baxter-Tipps für Great Sand Dunes NM

- In den Dünen gibt es keinerlei Wege, aber man darf zu Fuß **überall** auf die Dünen. Auf den **Kammlinien** läuft es sich leichter, wo der Sand fester ist als auf den Hanglagen, mit meist lose oder weichem Sand.
- **Trinkwasser, festes** Schuhwerk, leichte Jacke & Sonnenschutz für Dünenwanderung erforderlich.
- **Sand** kann bis zu **60°C** erreichen; außerdem befindet man sich auf **über 2500 m ü.M.**
- **Mindestens 2 Stunden** für Dünenwanderung einplanen.
- Wer nicht an Gebirgslage gewöhnt ist, sollte **langsam** machen und oft pausieren. Besucher leiden oft an Kopfschmerzen, Dehydration, Ermüdungserscheinungen, beschleunigtem Herzklopfen und Kurzatmigkeit, wenn der Aufstieg **zu rasch** erfolgt.
- Am besten Dünen **frühmorgens** oder am **späten Abend** erkunden, wenn es kühler ist. Nachmittags in der Regel windig und keine komfortablen Temperaturen zur Dünenwanderung.
- Starke **Windbildung** jederzeit während des Tages möglich. *Sandblasting* ist recht unangenehm und macht die Wanderung sehr beschwerlich.
- Auf keinen Fall bei **Gewitter** in den Dünen aufhalten. Bei drohendem Gewitter **umgehend** Abstieg aus den Dünen unternehmen.
- Morgen- oder Abendschatten auf den Dünen liefern herrliche **Fotos**.
- **Angeln** erlaubt in den Bächen **Sand Creek** und **Medano Creek**; *Colorado Fishing License* erforderlich.
- **Nicht** viele Möglichkeiten für Mountain Bikes, da so wenig Straße und so viel Sand vorhanden ist.
- **Keine** Hotels/Motels im Park; naheste Unterkunft Mosca oder Alamosa.

106 GREAT SAND DUNES, CO
Wetter/Geologie

WETTER

Obwohl die **Sandoberfläche** im Sommer Temperaturen bis zu 60°C aufweist, steigt die Lufttemperatur selten über 32°C. In diesen Höhenlagen von 2500 m ü.M. kommt es oft zu **drastischen** Temperaturschwankungen. Sogar im Sommer ist schichtweise Bekleidung zum Schutz gegen Sonne und Wind ratsam. Nach Einbruch der Dunkelheit **fallen** die Temperaturen oft auf 4°C, daher etwas Warmes zum anziehen oder Decke dabei haben. Die durchschnittlichen Tagestemperaturen liegen im Sommer zwischen 21° und 27°C.

Gewitterregen sind im Juli und August häufig, und kräftige Windböen kommen jederzeit vor. Herbst, Winter und Frühjahr bringen im „*Land of Cool Sunshine*" angenehm milde Tagestemperaturen, aber nachts fallen die Temperaturen um die Frostgrenze. Bei Gewitter auf jeden Fall die Sanddünen wegen Blitzeinschlag meiden.

Die durchschnittlichen Jahresniederschläge der **Great Sand Dunes** liegen bei 25,4 cm, während da nur 35 mi/66 km südöstlich davon entfernte **Alamosa** nur durchschnittliche 18 cm Niederschläge erhält. Erstaunlicher noch, dass die Niederschläge in den San Juan Mountains bei **Wolf Creek Pass** jährlich bei 112 cm liegen. Prinzipiell nimmt die Niederschlagsmenge in allen Richtungen vom Talkern nach außen hin zu.

Die Schneemengen in den **Great Sand Dunes** liegen durchschnittlich bei 94 cm pro Jahr, mit den heftigsten Schneefällen im März. Januar ist der kälteste und Juli der wärmste Monat des Jahres. Das Frühjahr bringt starke Winde mit heftigen Stürmen im April, Mai und Anfang Juni. Nordostwinde sind die stärksten und erreichen oft 144 Stundenkilometer. Südwestwinde variieren von mild bis stürmisch. Herbst ist im allgemeinen mild mit Indian Summer/Altweibersommer. An etwa 30-40 Tagen blockieren Wolken die Sonne fast den ganzen Tag.

Der Sommer bringt Unmengen winziger Fliegen – sogenannte **Pinon Flies**, die zwar lästig sind, aber nicht beißen oder stechen. Moskitoes kommen während feuchter Sommertage vor. Zecken treten gegen April, Mai und Juni auf, insbesondere im Wald und Buschlandschaft rund um **Great Sand Dunes National Monument**.

GEOLOGIE

Das genaue Alter der Sanddünen ist nicht bekannt, aber sie nahmen vermutlich vor 12 000 Jahren ihren Anfang, als Gletscher der letzten Eiszeit zu schmelzen begannen. Der **Rio Grande**, der vom Schmelzwasser der Gletscher und Schutt angeschwollen war, verteilte Sand und Schutt über einen weiten Teil des **San Luis Valley**. Heute wie auch damals weht der Wind über das Tal und trägt den Sand Richtung einer natürlichen Barriere, der **Sangre de Cristo Mountain Range**. Hier lagert sich der Sand am Fuß der Berge ab, sobald der Wind an Stärke verliert, und sucht sich seinen Weg durch drei niedrige Gebirgspässe.

Der Sand stammt sowohl von den **San Juan Mountains** als auch aus den **Sangre de Cristo Mountains**. Die größte Menge Sand kommt aus den vulkanischen **San Juan Mountains**, wo der feinkörnige Sand Bims, Asche und Lava enthält. **Sangre de Cristo** Sand besteht aus mehreren Felsarten und ist grobkörniger als der **San Juan** Sand, da er keinen so weiten Weg zurückzulegen hat. Die Größe der Sandkörner beider Quellen rangiert von 0,2 mm bis 2 mm.

Die Dünen haben heute vermutlich dieselbe Form wie man sie in 10 oder sogar in 100 Jahren sehen würde. Bei jedem Sturm erfolgt jede Menge Bewegung, aber Feuchtigkeit wirkt in den Dünen als stabilisierender Effekt, der Höhe, Umrisse und Form der Hauptmasse der Dünen erhalten bleiben lässt. Gräbt man etwa 20 cm tief in den Sand, stößt man auf feuchten Sand.

Vorherrschende **Südwestwinde** tragen Sand aus einem urzeitlichen Flussbett und befördern ihn auf drei Arten über den Talboden: **Saltation**, **Surface creep** und **Suspension**.

GREAT SAND DUNES, CO 107
Geologie/Geschichte

– **Saltation** ist der Vorgang, bei dem Sandkörner springen, während sie vom Wind befördert werden. Diese Springbewegung macht etwa 95% der Sandkörner-Bewegung aus.
– Die Sandkörner kriechen/**creep**, wenn sie mit anderen Sandkörnern zusammenstoßen, die sie ins Rollen bringen oder ihnen zu kleinen Sprüngen verhelfen.
– **Suspension** umfasst Bewegung von Sandkörnern, wenn Sand hoch in die Luft geblasen wird; macht etwa weniger als 1% der Sandbewegung aus.

Südwestwinde schlüpfen durch drei niedrige Gebirgspässe der **Sangre de Cristo Mountain Range**. Der nördlichste und höchste Pass ist der **Music Pass**. Er liegt außer Sicht hinter **Mount Herard** – dem flachköpfigen Berg im Norden der Dünen. Auf Grund seiner Höhe und Lage hat **Music Pass** vermutlich den geringsten Effekt auf Dünen.

Medano Pass, der mittlere Pass, rechts von **Mt. Herard**; ist der niedrigste (unter 2957 m ü.M.) und breiteste der drei Pässe, der den größten Effekt auf die **Great Sand Dunes** hat. *Medano* ist der spanische Begriff für „sandig oder Sanddüne".

Dünen besitzen zwei Hänge oder „Gesichter". Die windwärtige Hangseite hat ein allmähliches Gefälle. Vom windwärtigen Hang geblasener Sand wird auf der steil abfallenden *Lee*-Seite abgelagert. Sand auf der Lee-Seite verändert sich ständig und rutscht wie eine Lawine ab, sobald Sand eine maximale Neigung von 34 Grad erreicht hat. Beim *Slipface* kommt es zu keiner größeren Neigung als 34 Grad.

Obwohl der Wind meistens aus Südwest bläst, wehen gelegentlich heftige Sturmböen aus dem Nordosten. Diese Winde können den Sand auf den Kämmen und Gipfeln der Sanddünen in umgekehrte Richtung bringen, mit dem Effekt, dass die Kammfläche sich selbst zurückzufalten scheint. Diese rückwärtigen Dünen nennt man **Chinese Walls**.

Magnetite, ein vulkanisches Mineral, stammt aus den **San Juan Mountains**, tritt als schwarzer Streifen im Sand auf und wird gerne von einem Magnet angezogen. Da **Magnetite** schwerer als die meisten Mineralien ist, bleibt es auf der Oberfläche vom Sand, während leichteres Material vom Wind davongeweht wird. Wo **Magnetite** vorkommt, ist auch Gold vorhanden. Der Sand enthält Goldpartikel, sogenanntes *flour gold*. Goldsucher der 1900er Jahre versuchten, aus dem Sand Gold zu gewinnen, erzielten aber wenig Gewinn.

Medano Creek fließt an der Basis der Dünen und wird aus den **Sangre de Cristo Mountain** versorgt. Seine Hauptquelle ist der Ablauf von **Mount Herard** (4053 m), der flachköpfige Gipfel im Norden der Dünen. Stromaufwärts fließt **Medano** ganzjährig; flussabwärts wird er „*disappearing creek*" genannt. Im allgemeinen im Frühjahr auf der Sandoberfläche sichtbar, aber zur Trockensaison verschwindet er im Untergrund.

Wenn *Medano Creek* trocken ist, wird Treibsand aus seinem Flussbett geweht, was Entstehen neuer Dünen bewirkt, sogenannter „*escape dunes*". Fließt der Creek, wirkt er als Barrikade und recycelt dabei Mengen von Sand.

Medano Creek weist eine einzigartiges Phänomen auf, das man als *surge flow* bezeichnet. *Medano Creek* erodiert Sand entlang seines steilen Gefälles und lädt es kontinuierlich in kleinen Unterwasserkämmen aus Sand ab, den sogenannten „*antidunes*". Diese *Antidunes* tauchen als Sandhügel oder Rippen im Flussbett auf. Mit Anwachsen der *Antidunes* wird eine zunehmende Wassermenge bis zu ihrem Kamm und in ihren Mulden festgehalten, was stehendes Wasser „*standing waves*" bewirkt. Es entsteht Wasserdruck bis zu einer derartigen Höhe, dass „*breakers*" oder *waves*/Wellen sich vorarbeiten und die *Antidune* brechen. Bei diesem Aufbau- und Zerfallvorgang fließt ungefähr alle 15-20 Sekunden eine *surge*/Brechwelle flussabwärts und ebnet das Flussbett.

GESCHICHTE MENSCHLICHER BESIEDELUNG

Die ersten Bewohner der **Great Sand Dunes** waren Menschen der **Clovis** Kultur, die etwa von 11 000 Jahren die Gegend bewohnten. Die Clovis waren Jäger & Sammler, die mit Speeren auf Tiere wie Mammut zur Jagd gingen.

GREAT SAND DUNES, CO
Visitors Center/Geschichte

Die **Folsom** Periode überlappt und wird von der Clovis Kultur gefolgt. Vor 10 800 Jahren war das **San Luis Valley** eine viel feuchtere Gegend, in der riesige Bisonherden ideales Habitat fanden. Vermutlich zog es die Folsom Menschen wegen des Wildreichtums in diese Gegend.

Vom Ende des 16. bis zu Beginn des 20. Jahrhunderts waren **Ute Indianer** der vorherrschende Stamm im **San Luis Valley**. Damals waren die Ute ein Nomadenvolk, das im Sommer in den Bergen auf Jagd ging und Pflanzen sammelte, um in der kälteren Jahreszeit in die Ausläufer der Berge und andere geschützte Gegenden zu ziehen. Die Utes hinterließen überall im **Great Sand Dunes Monument** Spuren ihrer Besiedelung. An den Stämmen vieler Ponderosa-Kiefern entdeckte man große ovale oder rechteckige Narben, wo die Rinde abgeschält war, die die **Utes** als Nahrung oder zu medizinischen Zwecken verwendeten.

Mitte des 15. Jh. zogen spanische Eroberer auf der Suche nach wertvollen Mineralien durch den Südwesten. Unter den ersten Europäern, die die Sanddünen zu sehen bekamen, befand sich vermutlich **Don Diego de Vargas**, der **1694** das **San Luis Valley** passierte. Die erste Dokumentation der Dünen kam jedoch **1807** von **Zebulon Pike**. Zu den weiteren Forschern zählen **Captain John Fremont (1848), Beckwith (1853)** und **Captain John Gunnison (1853)**.

Viele dieser Forscher kamen über die **Medano** und **Mosca Pässe** ins **San Luis Valley**. Als der Verkehr über diese Pässe zunahm, baute Frank Hastings **1871** den Pfad über den **Mosca Pass** zu einer Mautstraße/*toll road* aus. Pioniere, Trapper und Prospektoren benutzten diese Route, ins Tal zu gelangen.

Anfang der **1900er** Jahre waren Farm- und Ranchbetrieb sowie Bergbau die Hauptwirtschaftszweige im **San Luis Valley**. Die meisten Menschen bauten ihr eigenes Gemüse und Obst an. **1927** legte Frank Wellington einen Wassergraben vom **Mosca Creek** zu seinem Haus an. Der Wassergraben versorgte seine Obstplantagen, Gärten, Felder und sein Vieh. Heute sind Reste des Grabens noch entlang des **Wellington Ditch Trail** sichtbar.

In den unteren Wäldern der **Sangre de Cristo Mountains** wurde rege Forstwirtschaft betrieben, deren Spuren noch an unzähligen Baumstümpfen sichtbar sind.

EIN BESUCH IM VISITORS CENTER

Das Visitors Center sollte erste Anlaufstation beim **Great Sand Dunes Nationalmonument** sein. Interessante Exponate zu den Sanddünen, aktuelle Information über Wetter, Camping, besondere Verhaltensweise in den Dünen sowie Veranstaltungen. Bildbände erhältlich. Mit Information gewappnet gewinnt ein Spaziergang durch die Sanddünen viel mehr Bedeutung.

Auf dem Weg vom Eingang des Great Sand Dunes Nationalmonuments bis zum Visitors Center passiert man eine Infotafel, die über Entstehung der Sanddünen informiert. Beim Eingang:

♦ **Gift of the Winds**/Gabe der Winde: Der **Rio Grande River** bahnte sich im Laufe der Jahrhunderte seinen Weg mit vielen Flussschleifen durchs Tal und ließ ein Flussbett von Sand und Kies zurück. Ständige Westwinde „überfluteten" das Tal und schoben die Sandkörner in diese Richtung, bis sie an das steile Gebirge der **Sangre de Cristo Mountains** stießen, die sich als Schranke bot. Die Winde suchten einen Weg über die Berge und nahmen einen stürmischen Aufstieg durch die rechts liegenden Pässe. In der Luft befindliche Staubteilchen gelangten über die Berge, aber die schwereren Sandkörner blieben zurück und bildeten schließlich ihre eigenen Berge als große Sanddünen.

Milliarden von Sandkörner rollen, fliegen und kriechen über das trockene weite Tal **San Luis Valley**. Der Sand kommt hauptsächlich aus den in der Ferne sichtbaren **San Juan Mountains**.

GREAT SAND DUNES, CO 109
Visitors Center

Draußen vor dem Visitors Center findet man auch eine Beschreibung der Great Sand Dunes auf einen Blick:

♦ **Dimensions**/Dimensionen. Die Ausmaße der Sanddünen zu schätzen ist ungeheuer schwer. Die Dünen, die man von hier aus sieht, sind nur Bruchteil des Meers von Dünen, das sich über viele Quadratkilometer erstreckt.
    How far do the dunes extend into the distance?/Wie weit reichen die Sanddünen?: Die Sanddünen erstrecken sich über 13 km. Ein geübter Wanderer könnte sie in etwa 58 Stunden überqueren.
    How high is the tallest dune?/Wie hoch ist die höchste Düne?: Die höchste Düne ist etwa 213 m hoch – höher als ein 50stöckiges Gebäude!
    How much sand is in the dunes?/Wieviel Sand umfassen die Sanddünen?: Würde man allen Sand in Eisenbahnwaggons verladen, entstünde ein Zug mit einer Länge von zwanzigmal um die Erde!
    How large are the sand grains?/Wie groß sind die Sandkörner?: Die Sandkörner der Sanddünen sind winzig – etwa 1 mm und weniger. Kleinere Sandpartikel werden über die Berge geweht.

Nach dem kurzen statistischen Überblick über die Dünen sollte man sich die interessanten Exponate und Schaubilder im Visitors Center sowie den Film ansehen.

Im Ausstellungsraum an der linken Wand beginnen:

♦ **Dunes and People**/Dünen und Menschen. Die Dünen entstanden durch Wind, ohne menschliches Zutun an ihrem Standort – **Great Sand Dunes** sind ein Produkt des Windes. Vor etwa einem halben Jahrhundert begann man, die Sanddünen im San Luis Valley unter Naturschutz zu stellen. Am 17. März **1932** wurde das **Great Sand Dunes Nationalmonument** gegründet.

♦ **Other Dunes**/Andere Sanddünen. Nicht alle Wüsten weisen Sanddünen auf, aber auch kommen nicht alle Sanddünen unbedingt nur in Wüsten vor. Dünengebiete können sich auf einen relativ kleinen Umkreis konzentrieren wie die **Great Sand Dunes**, sie sind aber auch in der Lage, sich über unendliche Weiten wie die Sahara zu erstrecken. Eine Darstellung zeigt, wo die bedeutendsten Sanddünengebiete der Welt liegen.

♦ **How Sand moves**/Wie der Sand wandert. „„...von nahem und von weitem..." Wenn der Wind Sand bewegt, lässt er die Sandkörner meistens über dem Boden treiben – ein Vorgang, den man als *Saltation* bezeichnet. Der Abstand von einer Welle zur anderen ist die Strecke, die „springende Sandkörner" dabei im Durchschnitt zurücklegen.
    Sobald ein solches Sandkorn die Sandfläche berührt, gerät die Oberfläche in eine langsam fließende Bewegung – sogenanntes *surface creep*/Oberflächenkriechen.
    Da ständig Wind weht und genug Sand vorhanden ist, besitzen die Sanddünen an der Westseite leichte Hanglage, während die dem Wind abgewandte Seite steil abfällt.

Ein Videoprogramm gibt interessante Information über Sanddünen.

♦ **The Great Sand Dunes**/Die großen Sanddünen sind mit über 213 m Höhe die höchsten Dünen der USA. Sie bedecken ein Gebiet von rund 100 Quadratkilometer. Die Sanddünen entstanden durch Wechselwirkung zweier Gebirgsketten, eines Flusses, Wind und Sand.
    Der **Rio Grande** schleppte im Laufe von Jahrtausenden Schlamm, Sand und Geröll aus den **San Juan Mountains** mit. Der Fluss wich mit seinen vielen Flussschleifen allmählich von seinem bisherigen Lauf in Richtung Südwesten ab und ließ auf dem Talboden Sand zurück.
    Ständige Südwestwinde trieben Sandkörner über dem Talboden in Richtung **Sangre de Cristo Mountains**. Über drei niedrige Pässe suchten sie ihren Weg durch die Gebirgsbarriere. Beim Passieren der Pässe ließen sie Sand am Fuß der Berge liegen.

110 GREAT SAND DUNES, CO
Visitors Center

Im Sommer herrschen oft scharfe Nordostwinde, die zu jeder Jahreszeit von Stürmen begleitet werden. Die Winde dringen durch die Pässe **Music, Medano** und **Mosca** über die Dünen und treiben den Sand in entgegengesetzte Richtung. Der dabei zurückgedrückte Sand lässt oben auf den Dünenspitzen eine „Chinesische Mauer" entstehen.

◆ **The Shape of the Wind**/Windformen. Vorherrschende Südwestwinde häufen Sand auf, gelegentliche Nordostwinde schieben den Sand wieder zurück. Die Wechselwirkung von Sand und Wind, Pflanzen, Tal und Bergen verleiht dem Sand bestimmte, durch den Wind geschaffene Form.

◆ **Barchan Dunes** – aus dem Arabischen für Bockshorn. Die Form der Sanddünen gleicht einem mit der Spitze nach unten gebogenen Horn, wie es sich bei ständigem Wind aus einer winzigen Sandmenge auf flachem Wüstenboden bildet. Bei größeren Sandmengen entstehen aus den Barchan-Dünen sogar *Barchanoid Ridges* (ganze Sandbergkämme). Bei Ansammlung weiterer Sandmassen wachsen diese Sandbergrücken zu *Transverse Dunes* (querlaufende Dünen) wie die meisten großen Dünen im Monument.

Alte Dünen festigen sich durch Vegetation. Bei fehlender Vegetation weht der Wind hinein und trägt losen Sand davon. Daraus kann sich dann eine *Parabolic Dune* entwickeln, bei der die Arme durch Vegetation festgehalten werden. Dabei zeigt das Horn im Gegensatz zur Barchan-Düne nach oben. *Star Dunes*/Sterndünen entstehen, wenn die Winde aus verschiedenen Richtungen zusammentreffen – sind die höchsten der Great Sand Dunes.

◆ **Normal Dune**/Normale Düne: Die dem Wind zugewandte Seite ist leicht geneigt. Die Sandkörner wurden vom Wind bergauf geschoben. Die Windschattenseite, wo der Sand über den Rand fällt, ist dagegen steil.

◆ **Reverse Dune**/Gegendüne: Gegenwind aus entgegengesetzter Richtung bildet entgegengesetzt laufende Kämme – „Chinesische Mauer" genannt.

◆ **Magnetite & Ilmenite**/Magnetit (Magneteisenstein, ein Oxyd der Spinellgruppe) & Ilmenit (Titaneisen, ein Oxyd): Magnetische Minerale verhalten sich wie Magnete und lassen sich magnetisch von anderen Mineralien im Sand trennen.

◆ **Basalt** und anderes Gestein vulkanischen Ursprungs enthalten dunkle, schwere Mineralien wie Magnetit. Diese Mineralien weisen manchmal dunkle Streifen auf der Oberseite der Dünen auf.

◆**Volcanic Ash Flows**/Vulkanasche: Hauptvorkommen von Quarz und Vulkanglas, die hellbunte Körner der Sanddünen.

◆**Quartz**/Quarz ist ein häufig in Felsmaterial enthaltener mineralischer Bestandteil. Kommt als Mineral in Great Sand Dunes am häufigsten vor. Im Laufe der Zeit verwittern riesige Felsbrocken und verlieren langsam an Größe. Viele Sandkörner der **Great Sand Dunes** bestehen aus Mineralien aus den Felsen der **San Juan Mountains** und beweisen, dass dieses Gebirge der Hauptsandlieferant ist.

◆ **Sand** ist grobkörniger als *Silt* (= feinklastisches Lockergestein) und Ton und feiner als Kies. Felspartikel, die größer als ein Sandkorn sind, werden vom Wind nicht fortgeweht. Alles was kleiner als ein Sandkorn ist, wird allerdings vom Wind davongetragen. Bei der Bildung von Sanddünen kommt es auf die Korngröße der Sandkörner an. Unter den Exponaten befinden sich Sandproben aus verschiedenen Gegenden der USA:
Arches/Utah .... Quarzsand aus quarzhaltigem Sandstein;
Everglades/Florida .... Muschelsand, von Wellen zerschlagene Muscheln;
White Sands/New Mexico .... Gips aus ehemaligem See;
Cape Cod/Massachusetts Sand vom Strand, Hinterlassenschaft eines Gletschers.

◆ **Sand is also Fulgurites**/Sand ist auch Fulgurit. Bei Blitzeinschlag in den Sanddünen können die Sandkörner infolge der intensiven Hitze verschmelzen und sogenannte **Fulgurite** bilden. Dies passiert zwar nicht immer, aber ist bisher ungeklärt, wieso dies überhaupt auftritt. Bei Gewitter daher auf keinen Fall sich in Sanddünen aufhalten, da man dort vom Blitz getroffen werden kann.

GREAT SAND DUNES, CO 111
Visitors Center

♦ **There is Life**/Lebewesen. Sanddünen sind nicht sehr lebensfreundlich. Pflanzen und Tiere der Dünen müssen gegen extreme Hitze und Kälte, Trockenheit und Sandverwehungen ankämpfen.
Die Oberfläche der Sanddünen kann +60°C erreichen. Dieselben Pflanzen und Tiere, die die sengende Hitze des Sommers überstehen, müssen entweder die strenge Kälte des Winters durchstehen oder flüchten. Wintertemperaturen von -18°C sind keine Seltenheit.

– **Scurfpea**: Gerät der Sand in Bewegung, werden dabei manchmal Pflanzen freigelegt, begraben oder vernichtet. Gras gibt dem wandernden Sand durch sein dichtes Wurzelwerk Halt. Die **Scurfpea** versucht gar nicht, den Sand zurückzuhalten. Die Pflanze ist mit langem, unterirdischen Wurzelstock (= Rhizome) ausgestattet, der sich direkt unter der Oberfläche in alle Richtungen ausstreckt. Sobald ein Ast begraben wird und abstirbt, kommen an einer anderen Stelle entlang der Rhizome neue Stengel aus dem Sand. Im allgemeinen halten sich Großtiere den Dünen fern. Gelegentlich verirrtes Maultierwild frisst von den grünen Blättern der **Scurfpea**.

– **Cricket**/Grille: Die **Giant Sand Treader Camel Cricket** lebt tagsüber im Dunkeln ihrer Höhle oder hält sich nachts draußen auf der Düne auf. Winzige Punkte, die als Augen dienen, werden von der enormen Antenne durch ausgezeichneten Tast- und Geruchssinn ersetzt. Die Grille braucht keine Flügel, doch die massiven, mit Stacheln besetzten Hinterbeine dienen als ausgezeichnete „Körbe" beim Sand schaufeln.

– **Circus Beetles**/Zirkuskäfer: Der Käfer kann wie ein Clown auf dem Kopf stehen. Der Kopfstand gilt als Warnzeichen und zur Verteidigung. In dieser Haltung sondert der Käfer ein übelriechendes Sekret ab, das jedes Raubtier vertreibt. Nachts und an kühleren Tagen wird der Käfer aktiv und hinterlässt deutliche Spuren ab.

– **Tiger Beetles**/Tigerkäfer: Glatter, flinker Käfer – Raubtier mit gutem Appetit; schneller Läufer und guter Flieger. Typisches Raubtieraussehen – langbeinig, große Augen und sichelförmige Mundwerkzeuge. Geht tagsüber auf Raub aus.

– **Insects**/Insekten: Insekten gehören zu den häufigsten in den Great Sand Dunes vorkommenden Tierarten, die sich alle erfolgreich ihrer Umgebung angepasst haben. Manche sind äußerst flexibel und können in verschiedener Umgebung existieren, andere leben speziell nur im Sand.

– **Kangaroo Rat**/Beutelratte: Die Beutelratte passt sich ausgezeichnet dem sandigen Wüstenland an. Sie erzeugt aus den trockenen Samenkörnern ihres Futters einen gesamten Flüssigkeitsbedarf. Sämereien enthalten in der Hauptsache Stärke. Tiere produzieren bei der Verdauung von Stärke Wasser und Kohlendioxyd als Nebenprodukte. Die Beutelratte und einige andere Wüstennagetiere existieren nur mit diesem „metabolischen" Wasser. Tagsüber bleibt die Beutelratte bei der Hitze in ihrer kühlen feuchten Erdhöhle, da sie keine Hitze verträgt und nur versucht, ihr zu entfliehen.
Daneben an der Wand Fußspuren von Coyote, Bobcat (amerikanischer Luchs) und Maultierwild/Mule Deer.

Nach dem Besuch des Visitors Centers führt links vom Ausgang ein Pfad zu mehreren Infotafeln mit Tips zum Fotografieren der Dünen sowie erklärenden Texten und Darstellungen über Landschaft und Geschichte.

Auf der Parkplatzseite.

♦ **Fotografieren**: Schärfe und Kontrast werden am besten frühmorgens oder am späten Nachmittag erzielt. Aufnahmen von dieser Stelle aus bringen auf dem Foto das Ausmaß der Dünen und Verhältnis zur Umgebung hervor. Aufnahmen mit Personen erlauben Größenvergleich und betonen Steigung. Bei Unterbelichtung kommen Wellenlinien und Kanten besser heraus.

♦ **San Luis Valley.** Die San Juan Mountains tauchen etwa 80 km auf der anderen Seite des Tals San Luis Valley auf. Etwa 19 km im Südwesten liegt

112 GREAT SAND DUNES, CO
In den Sanddünen

der See **San Luis Lake**, etwa 183 m tiefer als dieser Punkt. Das etwa 3962 m hohe Gebirgsmassiv der **San Juan Range** bildet eine Barriere für die Westwinde und hält das meiste der Niederschläge ab. Im semi-ariden **San Luis Valley** wird künstlich bewässert und Landwirtschaft betrieben. Viele Namen der Gegend sind spanischen Usprungs wie Alamosa, Del Norte, Monte Vista, Conejos.

♦ **Mountains**/Berge. Im Südosten erstreckt sich ein Bergkamm bis zu dem etwa 16 km entfernten **Mount Blanca**. Der **Ptarmigan Peak** liegt mit 3734 m über der Baumgrenze. **Mosca Creek** in der linken Schlucht fließt zu dem 2961 m hohen Gebirgspass **Mosca Pass**, den **Zebulon Pike** im Januar des Jahres **1807** entdeckte. Jahrelang führte dort auch eine Mautstraße entlang. In den unterhalb des **Ptarmigan Peak** liegenden Schluchten **Morris Gulch** und **Evans Gulch** wurde früher viel nach Bodenschätzen gegraben.

Vom Parkplatz sind es nur ein paar Schritte zu den Sanddünen mit Picknickplatz in der Nähe. Je nach Sonne und Wind zeigen die Dünen ein anderes Gesicht. Je heller es wird, um so höher ziehen die Schatten. Die Sandkörner funkeln im Sonnenlicht. Fußspuren werden vom leichten Wind verweht und verwischt. Bei günstigen Bedingungen vernimmt man auch merkwürdige Geräusche. Trockener Sand gibt manchmal unter den Schritten ein Dröhnen oder Stöhnlaute ab, zu deren Entstehen es keine Erklärung gibt.

Der Bach **Medano Creek** hält die Dünen an ihrem Ostrand in Form. Abrutschender Sand oder vom Wind ins Wasser getragener Sand, fließt flussabwärts wieder zurück. Wandert man im Sommer durch das ausgetrocknete Flussbett nordwärts, gelangt man unter Umständen bis zum Ende des Bachs, wo das Wasser im Sand versickert. Möglicherweise taucht das Wasser südlich und westlich der Dünen in Quellen und Seen wieder auf. Führt der **Medano Creek** im Frühjahr und zu Sommerbeginn viel Wasser, kann man wellenartige Wasserstöße im Abstand von etwa 20 Sekunden flussabwärts beobachten, die als *bores*/brandende Flutwelle bezeichnet werden. Wissenschaftler bezeichnen dieses ungewöhnliche Verhalten des Flusses als *pulsating flow*/pulsierende Flut – ein Phänomen, das bei relativ starkem Gefälle und losem Flussbettsand auftritt. Das Wasser bildet auf dem sandigen Flussboden dammartige „Gegendünen". Hat eine Gegendüne ausreichend Höhe erreicht, bricht sich das Wasser wie bei einer Meereswelle, wäscht die Gegendüne aus, und lässt gestautes Wasser rasch weiterströmen.

Cliff Palace/Mesa Verde Nationalpark/Colorado

MESA VERDE NATIONALPARK, CO

Orientierung/Überblick

MESA VERDE NATIONALPARK
„Verlassene Felsklippenwohnungen einer prähistorischen Indianerkultur"

♦**Öffnungszeiten:** Park ganzjährig geöffnet. Ruins Road Drive 8 Uhr-Dunkelheit; Spruce Tree House 8.30-18.30 Uhr, Cliff Palace 9-18.30 Uhr. Straße zur Wetherill Mesa (nur im Sommer) 8-16.15 Uhr. Alle Trails im Winter gesperrt. Mesa Verde Nationalpark liegt in der Mountain Daylight Time-Zeitzone.
♦**Lage:** In der Südwestecke Colorados; etwa 10 mi/16 km östlich von Cortez und etwa 35 mi/56 km westlich von Durango. Höhenlage von 2100-2600 m ü.M.
♦**Name:** *Mesa Verde* aus dem Spanischen; *mesa* = Tafelberg, *verde* = grün (auch „grüne Tafel").

♦**Entfernungen in Meilen/Kilometer vom Parkeingang:**

Anasazi Heritage Ctr (Dolores).. 22/35	Far View-Ruinen......16/26
Arches Nationalpark, Utah 130/208	Far View Visitors Center 15/24
Canyonlands NP, Utah 95/152	Hovenweep N. Monument, Utah .50/88
Chapin Mesa/Museum 21/24	Mancos 7/11
Chimney Rock 71/114	Morefield Campground/Village..... 4/6
Cortez 10/16	Salt Lake City, Utah........... 380/600
Denver.............................370/592	Ute Mountain Tribal Park 25/40
Durango........................... 35/56	Wetherill Mesa Parkplatz...........27/43

♦**Günstigste Besuchszeiten:** Ende Juni bis Ende August.
♦**Wetter:** Sommer tagsüber warm um +26°C, nachts kalt um +10°C; kalte Winter, +4°C, Schneefälle durchschnittlich 48 cm pro Monat Jan., Febr. & Dez.

♦**Temperaturen in °C:**

	Jan.	Febr.	März	Apr.	Mai	Juni	Juli	Aug.	Sept.	Okt.	Nov.	Dez.
⌀ max.	4	7	10	11	22	28	31	29	24	19	11	6
⌀ min.	-7	-7	-3	1	7	11	14	13	9	4	-2	-6

♦**Ausmaße:** Etwa 20 800 Hektar.
♦**Eingang:** Einziger Eingang von *US 160* etwa 10 mi/16 km östlich von Cortez.
♦**Ausgangsorte:** Cortez und Durango.
♦**Touren:** Besichtigung auf eigene Faust (*self-guided tours*) im Sommer – Spruce Tree House, Ruins Road (West Loop), Far View Ruins, Step House und Badger Nose Community auf Wetherill Mesa. - - Besichtigung **nur mit Führung**/Ranger-guided tour – Cliff Palace, Balcony House, Wetherill Mesa (Mini-Train vom Parkplatz) mit Long House. — Mesa Top Sightseeing-Tours von Far View Lodge tägl. 9.30 Uhr und 13.30 Uhr (3 Std.) und vom Morefield Village/ Morefield Campground tägl. 9 Uhr (6 Std.). – Rocky Mountain Stages Touren von Durango. – Helicopter Tours innerhalb des Ute Mountain Tribal Parks.
♦**Verkehrsmittel:** Linienbusverkehr von Cortez, Mitte Mai-Mitte Okt. (Cortez ab 6.45, Mesa Verde ab 16.30 Uhr); auch von Durango mit Durango Transportation Co.; bequemste Anreise per Auto.
♦**Unterkunft:** Far View Motor Lodge, Mitte Mai-Mitte Okt.
♦**Camping:** Morefield Campground, 4 mi/6 km südlich vom Parkeingang; 477 Stellplätze für Zelte, Camper und Motorhomes; Mai-Mitte Okt.; (970)529-4474.
♦**Attraktionen:** Far View Visitors Center; Far View-Ruinen; Chapin Mesa – mit Archäologischem Museum und Spruce Tree House-Ruine, West Loop Road (mit Mesa Top Ruinen) mit Square Tower House sowie Erdgrubenhäusern und Pueblo-Ruinen, Cliff Canyon Road mit Cliff Palace – größte Felsklippenwohnanlage des Südwestens, über 200 Räume – und Balcony House.
♦**Tierwelt:** Maultierhirsche, Rehwild, Wildpferde, zahlreiche Vogelarten.
♦**Wandern:** Mit Registrierung beim Chief Ranger Office auf Chap in Mesa – Petroglyph Point Trail (Rundwanderweg von ca. 5 km Länge), Spruce Canyon Trail (ca. 4 km). Ohne Registrierung in der Morefield-Area – Prater Ridge Trail (13 km), Knife Edge Trail (2,4 km).
♦**Restauration:** Restaurant in der Far View Lodge, Far View Terrace Cafeteria sowie in Nähe des Museum auf Chapin Mesa – Spruce Tree Terrace Cafeteria, Snack Bar auf Wetherill Mesa, General Store und The Knife Edge Cafe im Morefield Village/Campground.
♦**Visitors Center:** Far View Visitors Center, nur im Sommer von Memorial Day (letzter Mo. im Mai) bis Labor Day (1. Mo. im Sept.) 8-17 Uhr. Archeological Museum (Chapin Mesa) 8-18.30 Uhr (im Winter bis 17 Uhr).
♦**Information:** *Park* – Superintendent, Mesa Verde National Park, P.O. Box 8, Mesa Verde National Park, CO 81330, Tel. (970)529-4465.– *Unterkunft* –Mesa Verde National Park/ARAMARK, 109 South Main, P.O. Box 277, Mancos, CO 81328; (970)533-7731/Fax 533-7831; Far View Lodge (970)4421/Fax 529-4411, geb.frei 1-800-449-2288.

MESA VERDE, CO

Park Areas & Attraktionen

Der Mesa Verde Nationalpark gilt als einer der größten Nationalparks der USA, der der Pflege und Erhaltung von Wohnstätten einer prähistorischen Indianerkultur gewidmet ist. Die Mehrzahl der Nationalparks umfasst seltene und großartige Naturlandschaften. Hier in Mesa Verde entfaltete sich vor über 700 Jahren die Kultur der **Anasazi**. Diese landwirtschaftlich aktiven Indianer bewohnten diese Mesa und hinterließen Hunderte von Ruinen. Hier kurz die Hauptbereiche der Attraktionen von Mesa Verde:

- **Archeological Museum** auf der **Chapin Mesa**; hervorragende Exponate, in denen eines der bedeutendsten Kapitel in der Geschichte des prähistorischen Amerikas zusammengetragen wurde. Benachbartes **Spruce Tree House**: am leichtesten zugängliche Felsklippenwohnanlage – ohne Treppensteigen oder Leiterklettern. Für Museum und Spruce Tree House etwa 2 Stunden einkalkulieren.

- **Far View Visitors Center** auf dem Gipfel der **Chapin Mesa** zwischen Far View Terrace und Far View Lodge. Besucherzentrum mit Exponaten über Kunst und Kunsthandwerk der Indianer des Südwestens. Information über Mesa Verde-Touren, Veranstaltungen, Wanderungen und Cliff Dwellings.

- **Far View Ruins.** Aus fünf Ausgrabungsstätten bestehende Ruinengruppe mit Far View House, Far View Tower, Pipe Shrine House, Site 820 und Mummy Lake; etwa 1 km südlich vom Far View Visitors Center; etwa 50 Wohnstätten.

- **Mesa Top Ruins.** Zwei von der nördlich des Museums (auf **Chapin Mesa**) befindlichen Kreuzung beginnende Rundfahrwege führen über das Hochplateau (Mesa Top), und zwar die sogenannte Ruins Road, einmal die **West Loop Road** und dann **die East Loop Road** oder **Cliff Palace-Balcony House Road**, die beide jeweils eine etwa 6 mi/10 km lange Schleife machen.

- **West Loop Road:** Chronologische Reihenfolge über 600 Jahre prähistorische Architektur der Entwicklung der Anasazikultur von Erdgrubenhäusern/Pithouses der Korbflechter bis zu Pueblo Villages der klassischen Puebloperiode, wie **Sun Point Pueblo** und **Sun Temple**. Unterwegs mehrmals ausgezeichneter Blick auf die Felsklippenwohnanlagen, einschließlich Cliff Palace. Etwa 1-2 Stunden einkalkulieren.

- **East Loop Road** oder **Cliff Dwellings Loop**: Felsklippenwohnstätten **Cliff Palace** (die größte Cliff Dwelling im Südwesten der USA) mit 217 Räumen und 23 Kivas – Besichtigung mit Führung, 1 Stunde mindestens; und **Balcony House** an der Westwand des Soda Canyons mit 45 Räumen und 2 Kivas – Besichtigung nur mit Park Ranger *guided tours*, etwa 1 Stunde (anstrengend!), Teilnehmerzahl etwa 45 Personen pro Führung.

- **Morefield Village.** Etwa 4 mi/6 km südlich des Parkeingangs. Campingplatz Morefield Campground sowie Morefield Village und Wanderwege Prater Ridge Trail, Knife Edge Trail sowie Point Lookout Trail.

- **Petroglyph Point.** Beschilderter Rundwanderweg (Start und Ende: Headquarters auf **Chapin Mesa**) Petroglyph Point Trail als Naturlehrpfad; Info über Art und Weise der Verwendung von Pflanzen durch die Puebloindianer.

- **Wetherill Mesa.** Auf der Westseite des Parks, 13 mi/21 km vom Far View Visitors Center. Besichtigung der Ruinen **Step House** (Besichtigung auf eigene Faust) und nach Mini-Train-Fahrt vom Parkplatz sogenannte Ranger Guided Tour durch **Long House** mit Weiterfahrt zu **Badger House Community, Pueblo Village, Long House Overlook, Kodak House, Badger House** und **Two Raven House**; etwa 6 Std. – nur im Sommer zugänglich.

Baxter-Tipps für Mesa Verde

♦Wegen der **steilen** und **kurvenreichen** Parkstraße vom Parkeingang bis zur Chapin Mesa etwa **eine Stunde** Fahrzeit einkalkulieren.

♦Wer etwas knapp an Zeit ist, sollte sich direkt zur Chapin Mesa begeben, dort **Museum** und **Spruce Tree House-Ruine** ansehen; etwa **4 Std.**

♦**Chapin Mesa Museum, Spruce Tree House & Mesa Top Loop Road** – ganzjährig offen.

♦**Öffnungszeiten: Chapin Mesa Museum** – Memorial Day-Labor Day 8-18.30 Uhr, sonst 8-17 Uhr. – – **Far View Visitors Center** – Mitte Apr.-Mitte Okt. 8-17 Uhr. – – **Wetherill Mesa** (einschließlich **Long House**) nur Memorial Day-Labor Day; täglich Tour 10-17 Uhr alle Stunde.; **Step House & Badger House** *self-guiding*, tägl. 10-17 Uhr. – – **Cliff Palace** – Mitte Apr.-1. Woche Nov., **Balcony House** – Mitte Mai-Mitte Okt. tägl. Ranger Tour zu jeder vollen Stunde, 9-17 Uhr.

♦**Long House** auf **Wetherill Mesa**, **Cliff Palace** und **Balcony House** (Soda Canyon-Felsklippen) Besichtigung nur mit Führung bis 18 Uhr möglich. Vorher beim Park Headquarters anmelden; geringe Gebühr.

♦**Tickets** für Balcony House, Cliff Palace & Long House Tours **($1.75)** – Besichtigung nur als Führung/**only guided Tour**; **Tickets** beim Far View Visitors Center.

♦Je später, um so **mehr** Besucher bei den Attraktionen im Park.

♦Auf dem Weg zur Chapin Mesa beim **Visitors Center** in der **Far View Area** halten und informieren; Toiletten vorhanden.

♦Wanderungen **nur** auf den offiziellen Wanderwegen/Trails;

♦**Abstand** von **Klippenrändern** halten.

♦Bei Wanderungen eigenen **Wasserproviant** mitnehmen, da unterwegs kein Trinkwasser.

♦**Postamt** im Bereich des Park Headquarters auf Chapin Mesa.

♦**Festes** Schuhwerk zur Besichtigung der Felsklippenhäuser unbedingt erforderlich.

♦**Geschwindigkeitsbegrenzung** einhalten.

♦**Fernglas** wird äußerst nützlich, beim Betrachten der Felsklippenwohnanlagen.

♦**Fototipps:**
– **Long House** bei erster Tour im direkten **Sonnenlicht, sonst** nachmittags im **Schatten.**
– **Step House** morgens **in der Sonne.**
– **Spruce Tree House am** besten nachmittags.
– **Cliff Palace am** bestens spätnachmittags.
– **Sun Temple, Far View-Ruinen** den ganzen Tag über.

♦**Vorschläge für den Parkbesuch:**
– **Drei bis vier Stunden:** Fahrt zum Archeological Museum, kurzer Besuch der Ausstellung, Spaziergang auf eigene Faust durch die benachbarte Felsklippenwohnung Spruce Tree House.
– **Halber Tag:** Besuch des Archeological Museums, Fahrt entlang der Mesa Top Ruins – Schleife der Ruins Road (Ruinenstraße) und Besichtigung des Cliff Palace.
– **Ganzer Tag:** Archeological Museum, Mesa Top Ruins, Cliff Palace, Balcony House, Far View Visitors Center.

♦**Eine Übernachtung im Park:** Ankunft etwa gegen Nachmittag im Park. Besuch des Archeological Museums, Besichtigung der Mesa Top Ruins, Cliff Palace und Balcony House. Übernachten im Park. Am nächsten Morgen Besuch des Far View Visitors Centers; Abfahrt zum nächsten Reiseziel.

♦**Zwei Übernachtungen im Park:** Ankunft spätnachmittags/frühabends. Übernachten im Park. Am nächsten Tag Besuch des Archeological Museums, Spruce Tree House Mesa Top Ruins, Cliff Palace, Balcony House, Far View Visitors Center. Übernachten im Park. Am nächsten Morgen zur Wetherill Mesa. Abfahrt zum nächsten Reiseziel.

116 MESA VERDE, CO
Baxter Info-Karte: Mesa Verde Nationalpark Area

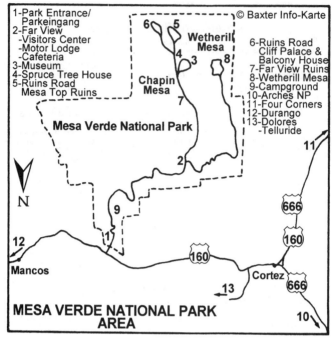

Wetter in Mesa Verde

Mesa Verdes **Klima** lässt sich als kühles, semi-arides Klima mittlerer Breiten klassifizieren. Obgleich es in einem Gebiet mit trockenem Klimas liegt, ist Mesa Verde nicht so trocken wie die Täler und Plateaus der Umgebung. Juli gilt zwar im allgemeinen als der heißeste Monat des Jahres mit einer durchschnittlichen Tagestemperatur von etwa +22°C und einer möglichen Höchsttemperatur von +39°C, doch wird die Hitze in der Regel durch kurze Gewitterschauer abgeschwächt. Abends und nachts im allgemeinen abkühlende Temperaturen.

Infolge der Höhenlage des Parks kommt es oft schon im Oktober zu Schneefällen; manchmal liegt sogar noch bis Mai Schnee. Im Winter herrschen tagsüber mäßig kalte Temperaturen, obwohl die Temperaturen nachts unter den Gefrierpunkt fallen. Im Sommer 2000 erlebte **Mesa Verde** infolge allgemeiner Trockenheit einen der größten Flächenbrände seiner Geschichte, bei dem die Klippenwohnungen und anderen Ruinenstätten stark gefährdet waren.

ENTLANG DER PARKSTRASSE
Vom Parkeingang zum Far View Visitors Center

Sobald man von der *US 160* auf die Parkstraße abgebogen ist und den Trailer-Parkplatz sowie die **Park Entrance Station**/Parkeingangsstation auf 7000 ft/ 2134 m passiert hat, befindet man sich in einer anderen Welt. Einer der ersten Aussichtspunkte entlang der kurvenreichen Parkstraße ist der **Mancos Valley**

MESA VERDE, CO 117
Baxter Info-Karte: Parkstraße Parkeingang-Chapin Mesa

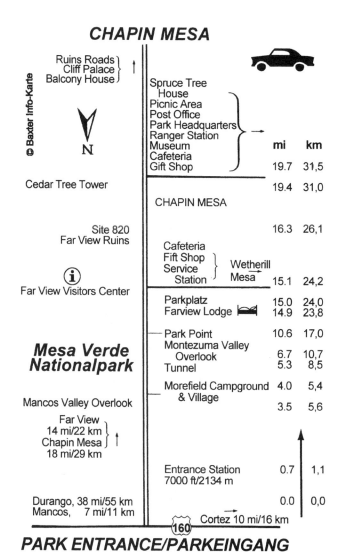

PARK ENTRANCE/PARKEINGANG

Overlook (etwa 3.5 mi/5,6 km vom Parkeingang), den man sich aber besser für die Rückfahrt aufheben sollte, da der Aussichtspunkt auf der linken Straßenseite liegt und man die Straße wegen entgegenkommenden Verkehrs schlecht überqueren kann.

Nach der Aussichtsstelle **Mancos Valley Overlook** passiert man etwa 4 mi/6,4 km hinter dem Parkeingang die Abzweigung zum **Morefield Village** mit dem einzigen Campingplatz innerhalb des Mesa Verde Nationalparks – **Morefield Campground** (über 500 Plätze) für Zelte, Camper und Wohnmobile *(RVs = Recreational Vehicles)*. Im Village gibt es außerdem General Store, Tankstelle, Duscheinrichtungen, Münzwäscherei, Andenkenladen, Toiletten, sanitäre Entsorgungsstelle/*RV dumping station* sowie Knife Edge

MESA VERDE, CO
Baxter-Tipps

Weitere Baxter-Tipps für Mesa Verde

♦Die meisten Ruinen sind im Hochsommer/**Juli-August** für Parkbesucher **geöffnet**.

♦**Wetherill Mesa-Ruinen** nur Mitte Juni bis Anfang Sept.

♦Die meisten Cliff Dwellings liegen auf ca. **2100 m ü.M.**

♦**Empfehlenswert**, im Park zu übernachten – bequem, lässt mehr Zeit zum Besichtigen, aber rechtzeitig reservieren; Far View Lodge: Mitte Mai-Mitte Okt.

♦Bei **Far View Motor Lodge** nach *small room with bath – one bed* (kleines Zimmer mit Bad/ein Bett) erkundigen; Zimmer sind etwas **billiger** als die *large rooms* (großen Zimmer); Zimmerpreise **niedriger** vor Mitte Juni und nach Labor Day (1. Mo. im Sept.).

♦**Abendessen** in der Far View Motor Lodge: zur **Tischreservierung** vorher in Liste eintragen; Wartezeit etwa 1 Stunde oder länger.

♦Für Besichtigung der Felsklippenwohnungen am besten bequeme **lange Hosen**; einige Leitern müssen gestiegen werden.

♦Zum Cliff Palace und Balcony House sind mehrere **Leitern** zu steigen; beim Balcony House muss man **beide Hände frei** haben für etwa 10 m hohe Leiter.

♦**Fahrradvermietung** in Museum-Area

♦Achtung! **Fußgänger** und **Radfahrer** auf den Parkstraßen, insbesondere auf **Ruins Road** und in **Museum-Area.**

♦Fahrt auf der kurvenreichen Parkstraße bei **Dunkelheit** vermeiden.

♦Wer keine **indianischen Handarbeiten** im Park gekauft hat, hat bei Don Woodard's Trading Post, am Ostrand von **Cortez**, an *US 160*, Gelegenheit.

♦Info über **Busverbindungen** zwischen Cortez und dem Park: Mesa Verde Company Tel. (970)529-4421; dasselbe Unternehmen bietet Vormittags- und Nachmittagstouren auf Chapin Mesa von der Far View Motor Lodge durch.

♦Tagesausflüge zum **Ute Mountain Tribal Park** von einer Abfahrtsstelle an der *US 666*, etwa 15 mi/24 km südlich von Cortez; Einzelheiten bei Park Rangers erfragen.

♦Abendliche **Campfire-Programs**/Veranstaltungen am Lagerfeuer der Park Rangers im Sommer auf dem Campingplatz **Morefield Campground.**

♦Zum **Panoramablick** auf die Four Corners Area zum **Park Point** hinauffahren.

Cafeteria. Etwa 15 Plätze sind mit Versorgungsanschlüssen/*hookups* versehen. Keine vorherige Reservierungen, sondern Platzvergabe in der Reihenfolge der Ankommenden (wer zuerst kommt, malt zuerst/*first-come, first-served*).

Etwa 1.3 mi/2,8 km hinter der Morefield Campground/Village-Abzweigung passiert man einen Tunnel und gelangt kurz danach (etwa 6.7 mi/10,7 km vom Parkeingang) zur Aussichtsstelle **Montezuma Valley Overlook**, die nun in Fahrtrichtung liegt. Vom Parkplatz hat man einen herrlichen Blick über die Landschaft und sieht den Verlauf der alten Parkstraße. Mehrere Infotafeln erklären die markanten Punkte der Landschaft und geben Hinweise auf geschichtliche und geologische Besonderheiten der Gegend.

Auf der Weiterfahrt entlang der Parkstraße passiert man etwa 10.6 mi/17 km vom Parkeingang die Abzweigung zum **Park Point:**
Die etwa 0.5 mi/0,8 km lange Straße führt zu einem Parkplatz, von dem ein etwa 200 m kurzer Pfad durch Eichenwald hinauf zum Park Point führt; mit 8572 ft/2613 m die **höchste** Erhebung im **Mesa Verde Nationalpark**. Man hat hier zwei Attraktionen, und zwar die **Fire Lookout Station**/Brandbeobachtungsstation) und die Aussicht auf die vier Bundesstaaten, die an **Four Corners** in einem Punkt aneinanderstoßen, und zwar Colorado, Utah, Arizona und New Mexico.

MESA VERDE, CO 119
Baxter Info-Karte: Parkorientierung

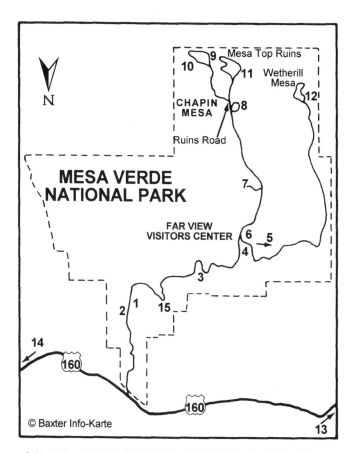

Schlüssel zur Baxter Info-Karte: Mesa Verde Nationalpark Orientierung
1-Morefield Campground
 -Morefield Village
2-Mancos Valley Overlook
3-Park Point
4-Far View Lodge
5-Wetherill Mesa
6-Far View Terrace Cafeteria
7-Far View Ruins
8-Archäologisches Museum
 -Spruce Tree House
9-Cliff Palace
10-Balcony House
11-Mesa Top Ruins
12-Long House
13-Cortez
14-Mancos
 -Durango
15-Montezuma Valley Overlook

Weiter nun entlang der Parkstraße geht es zum **Far View Visitors Center**, etwa 15 mi/24 km vom Parkeingang. Kurz vor Erreichen des Parkplatzes biegt rechts die Straße zur Farview Motor Lodge ab; Unterkunft zu vernünftigen Preisen. Zimmer unbedingt vor Ankunft im Park reservieren. Zur Lodge gehört auch ein Restaurant; Tischreservierung erforderlich. Spezialitäten: *Indian Barbecued Rabbit* (Kaninchen), *Pan Fried Colorado Trout* (Forelle) oder *Mesa Verde Turkey* (Pute), *Indian Corn Soup* (Maissuppe) und *Indian Style Beans* (Bohnengericht). Abendprogramm in der Lodge mit einer Multimedia-Show über die prähistorischen Bewohner Mesa Verdes – „Anasazi – The Story of the Ancient Residents of Mesa Verde National Park"; Gebühr. Wessen Zeit allerdings knapp ist, begibt sich ohne Stopp beim Far View Visitors Center zur **Chapin Mesa** mit dem Archäologischen Museum und dem berühmten **Cliff Palace**.

120 MESA VERDE, CO
Far View Visitors Center/Whetherill Mesa/Chapin Mesa Fahrt

ⓘ *FAR VIEW VISITORS CENTER*
15 mi/24 km vom Parkeingang; nur im Sommer geöffnet!

Far View Visitors Center ist im allgemeinen für viele Parkbesucher die erste Anlaufstation im **Mesa Verde Nationalpark**. Das Visitors Center liegt am nördlichen Rand der **Chapin Mesa** mit hervorragendem Panoramablick auf die Umgebung – daher auch der Name *Far View* = Blick in die Ferne; Blick über die **Four Corners Region** mit den Bundesstaaten New Mexico, Arizona, Utah und Colorado. Im Besucherzentrum informiert eine hervorragende Ausstellung mit Exponaten – darunter wertvolle Exemplare des Indianerkunsthandwerks über die San Juan Anasazikultur und erlaubt einen Überblick über den Park. Park Rangers erteilen Auskunft über Veranstaltungen, Öffnungszeiten der Cliff Dwellings/Felsklippenwohnanlagen, Führungen, Wanderungen und Touren. In der zugehörigen Buchhandlung findet man interessante Bildbände, Postkarten und topographische Wanderkarten. Auch Toiletten und Telefon vorhanden.

AUSFLUG ZUR WETHERILL MESA

Von 2. Woche im Juni bis Labor Day (1. Mo. im Sept.) ab 8 Uhr geöffnet. Von der **Westseite** des Far View Visitors Centers-Parkplatzes folgt man der Straße, die zur Wetherill Mesa führt. Die asphaltierte Straße verläuft sehr steil und kurvenreich – hat mindestens sieben Spitzkehren! — und folgt einer ehemaligen Brandschneise. Die etwa 12 mi/19 km lange Strecke bis zum Parkplatz der **Wetherill Mesa** Endstation für den Autoverkehr lässt sich in nur langsamem Tempo zurücklegen; ca. 2½-3 Stunden für Hin- und Rückfahrt einkalkulieren. Für den gesamten Wetherill Mesa-Besuch einschließlich Anfahrt, Besichtigung, Mini-Train-Tour und Rückfahrt mindestens 6 Stunden einkalkulieren.

WEITERFAHRT: FAR VIEW—CHAPIN MESA

Zwischen Far View Visitors Center und der Chapin Mesa liegen die Far View Ruinen, die man bei Weiterfahrt entlang der Hauptstraße im Park erreicht. Kurz hinter dem Far View Visitors Center Parkplatz und der Abzweigung zur Wetherill Mesa passiert man die Far View Terrace mit dem Far View Terrace Café (Spezialität der Cafeteria sind Navajo Tacos), Souvenirladen und Tankstelle.

Ungefähr 1.3 mi/2 km vom Far View Visitors Center erreicht man die kurze Abzweigung zu den **Far View-Ruins** auf 7630 ft/2326 m ü.M. Die Ruinienanlage umfasst **Mummy Lake**, ein großes Becken aus prähistorischer Zeit, das vermutlich als Wasserreservoir diente. Ferner **Far View Tower, Far View House, Pipe Shrine House** sowie **Site 820.**

Schlüssel zur Baxter Info-Karte: Chapin Mesa Orientierung

1-Far View Ruins	-Square Tower House	19-Navajo Canyon
2-Cedar Tree Tower	10-Pithouse Ruins	20-Cliff Canyon
3-Picnic Area	11-Pueblo Ruins	21-Soda Canyon
4-Post Office/Postamt	12-Sun Point Pueblo	22-Far View Visitors Center
-Park Headquarters	13-Sun Point	-Souvenirs
-Ranger Station	14-Sun Temple	-Snacks
5-Archäologisches Museum	-Cliff Palace View	-Tankstelle
6-Spruce Tree House	15-Cliff Palace	-Parkplatz
7-Cafeteria	16-Balcony House	22-Morefield Campground
8-Pithouse Ruin	17-Soda Canyon Overlook	-zur *US 160*
9-Navajo Canyon Overlook	18-Spruce Tree Canyon	

MESA VERDE, CO

Baxter Info-Karte: Chapin Mesa Orientierung

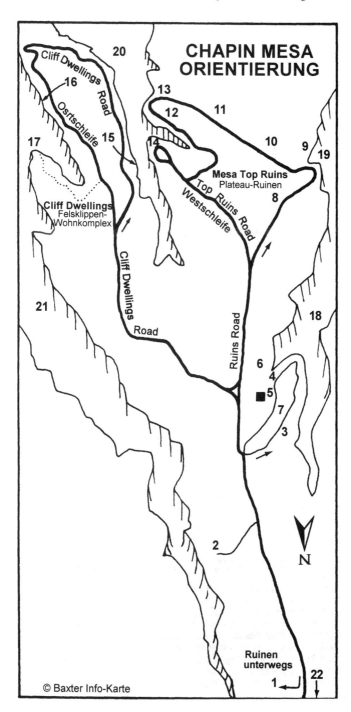

122 MESA VERDE, CO
Archäologisches Museum auf Chapin Mesa

Vom **Far View Visitors Center** bis zum **Archäologischen Museum** auf der **Chapin Mesa** sind es etwa 5 mi/8 km. Etwa 1 mi/1,6 km vor dem Museum passiert man den **Cedar Tree Tower**, der etwas abseits vom eigentlichen Besucherstrom liegt. Vermutlich diente der Turm als Beobachtungsposten oder Wachturm. Dr. Fewkes, der die Ausgrabungen leitete, kam allerdings nach Freilegung der Ruine zur Ansicht, dass es sich um eine Oberflächen-Kultstätte handeln könne, da man hier auch eine **Kiva** vorfand. In der Umgebung des Turms sind auch noch Spuren prähistorischer Farmterrassen zu erkennen.

Nach Abzweigung zum **Cedar Tree Tower** erreicht die Parkstraße die Kreuzung, wo es rechts zum Parkplatz mit **Archäologischem Museum, Spruce Tree House** und Park Headquarters geht. Links führt der *Ruins Road Drive* weiter zu **Cliff Palace, Balcony House** sowie zur *West Loop Road/* Westschleife mit **Square Tower House, Oak Tree House**, den **Pithouses/** Erdgrubenhäusern und **Pueblo-Ruinen**. Es empfiehlt sich, vor Weiterfahrt entlang *Ruins Road Drive* zum **Cliff Palace** und *West Loop Road*, das **Archäologische Museum** zu besuchen.

Im Bereich des **Archäologischen Museums** – rund 20 mi/32 km vom Parkeingang, in dem sich auch das Park Headquarters befindet, liegen Ranger Station, Cafeteria, Post, Toiletten, Souvenirladen, Studio und Art Gallery. Direkt neben dem Museum führt ein kurzer Stufenpfad zum nahen **Spruce Tree House** – Einzelheiten siehe **Spruce Tree House** S. 126. Doch nun zum Archäologischen Museum.

Schlüssel zur Baxter Info-Karte Archäologisches Museum Chapin Mesa

1-The Mesa Verde Story
2-Yucca Plant/*Yuccapflanze*
3-Dioramen
4-Origin of the American Indians
5-Dendrochronology
-Pueblo Architektur
6-Basketmaker Period 1-450 A.D. *Korbflechterperiode*
7-Basketmaker Weaving *Korbflechter Weberei*
8-Modified Basketmaker Period 450-750 A.D. *Fortgeschrittene Korbflechter*
9-An Ancient Style Show *prähistorische Modenschau*
10-An Ancient Doctor's Little Black Bag/*Doktorkoffer*
11-The Beginning of Pottery *Anfänge der Keramik*
12-Step House Cave *Stufenhaushöhle* A Modified Basketmaker Site *Fortgeschrittene Korbflechter*
13-The Development of Pueblo Architecture
Puebloarchitektur *Entwicklung*
14-Developmental Pueblo Pottery *Fortgeschr. Pueblokeramik*
15-Use of Cotton *Baumwollverwendung*
16-House Construction *Hausbau*
17-Wild Plant and Animal Foods *Wildpflanzen & tier. Fleisch*
18-Cultivated Foods and Food Praparation *Anbau & Nahrungzubereitung*
19-Tools and Cordage *Werkzeug & Seilerei*
20-Rock Art/*Felsmalerei*
21-Clothing/*Kleidung*
22-Religion & Ceremonies *Religion & Zeremoniells*
23-Basketry and Matting *Korb- & Matteflechten*
24-Corrugated Pottery *Wulsttechnik-Keramik*
25-Black On White Pottery Masterpieces *Schwarzweißkeramik*
Meisterstücke
26-Pottery Shapes And Uses *Keramikformen & Gebrauch*
27-Prehistoric Corn *prähistorischer Mais*
28-Common Trees of the Mesa Verde *Baumarten in Mesa Verde*
29-Common Birds of Mesa Verde *Vogelwelt von Mesa Verde*
30-Our Debt to the American Indians/*unsere Verpflichtung gegenüber den Indianern*
31-Navajo Weaving *Navajo-Weberei*
32-Ute Indian Beadwork *Ute Indianer Perlenschmuck*
33-Descendants of the Mesa Verde People/*Mesa Verde Nachkommen*
34-Mesa Verde in 1891
35-Four Corners Orientierung
36-Kamin
37-Information
38-What to see in Mesa Verde *Mesa Verde Attraktionen*

ARCHÄOLOGISCHES MUSEUM

Das **Archeological Museum** (auch Archaeological Museum-Schreibweise üblich)/Archäologische Museum auf der **Chapin Mesa** ist im allgemeinen von 8 bis 17 Uhr (im Sommer länger) geöffnet. Wer den **Mesa Verde Nationalpark** besucht, muss dieses Museum unbedingt aufsuchen. Hier bekommt man einige der besten Exemplare archäologischer Funde prähistorischer Zeit des amerikanischen Südwestens zu sehen – eine einmalige Gelegenheit, die Entwicklung der einstigen Bewohner Mesa Verdes und ihre Lebensweise zu verfolgen. Mit Leichtigkeit könnte man mehrere Stunden im Museum verbringen.

MESA VERDE, CO 123
Baxter Info-Karte: Archäologisches Museum auf Chapin Mesa

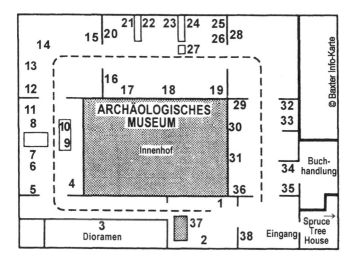

Am Info-Schalter erkundigen, welche Cliff Dwellings/Felswandwohnungen besichtigt werden können. Zum Museum gehört auch ein Buchladen mit ausgezeichneten Bildbänden. Beim Rundgang durchs Museum am besten der Reihenfolge auf der Baxter Info-Karte folgen.

Hinter dem Info-Stand passiert man auf dem Weg zu den Ausstellungen im Gang fünf Dioramen. Die Dioramen geben einen ausgezeichneten Abriss über Lebensweise und Entwicklung der Mesa Verde-Bewohner. Insbesondere Kindern wird hier in aneinanderfolgenden Etappen die Geschichte der Menschen, die einst hier lebten, veranschaulicht – ausgezeichneter pädagogischer Beitrag.

Fünf Dioramen

I–Early Man In The New World/Die ersten Menschen in der Neuen Welt; **vor 10 000-15 000 Jahren:** Amerikas **erste** Bewohner waren **Jäger** und **Sammler.** Das Diorama zeigt eine Stätte in der Nähe von **Folsom,** US-Bundesstaat New Mexico, wo man unter den Knochen von 30 Bisons einer ausgestorbenen Art 19 prachtvoll gerieffelte Pfeilspitzen gefunden hat. Die dargesteilte Großwildjagd fand vor etwa 10 000 Jahren statt.

Überall in der Neuen Welt wurden Anzeichen und Spuren der „ersten menschlichen Bewohner" gefunden Mit Hilfe moderner Mittel und Methoden der Archäologie, wie Radiocarbon-Datierung usw., lässt sich der Zeitpunkt, zu dem diese Stellen bewohnt waren, und wann diese urzeitlichen Jagden stattfanden, ziemlich genau bestimmen. Daraus ist bekannt, dass bereits lange, bevor die 30 Bisons von Folsom getötet wurden, Menschen in Amerika lebten.

1-Man weiß nicht, wie diese ersten Menschen ausgesehen haben. Vermutlich gehörten sie zur heutigen Menschenrasse (Homo Sapiens), da man nirgendwo in der Neuen Welt Reste primitiver Menschenarten gefunden hat.
2-Die bei der Folsom-Jagd benutzten Pfeile oder Speere besaßen gerieffelte Steinspitzen, danach als **Folsom-Points** bekannt. Solche Pfeilspitzen sind in anderen Abschnitten des Museums zu finden.
3-Die Jäger haben wahrscheinlich ein **Atlatl** benutzt, einen Schleuderspeer, der dem Wurfpfeil oder -speer mehr Kraft verlieh, da er den Arm verlängerte.
4-Mais und Kürbis (Squash) wurde auf kleinen Feldern oben auf dem Mesa-Plateau angebaut.
5-Der **Folsom-Bison** wurde wahrscheinlich an der Wasserstelle getötet. Die Jäger zogen den Tieren das Fell ab, schnitten alles brauchbare Fleisch ab und ließen nur die Gerippe zurück.

124 MESA VERDE, CO
Archäologisches Museum auf Chapin Mesa: Basketmakers

6-Es ist nicht bekannt, welche **Pflanzen** vor 10 000 Jahren im Gebiet von Folsom wuchsen. Vermutlich existierten einige der heutigen Pflanzen, die im Diorama zu sehen sind.
7-Der kleine Vulkan am Horizont ist **Capulin Mountain** – inzwischen erloschen, aber zur Zeit der Jagdszene noch aktiv. Keine Anzeichen erster Bewohner in der Mesa Verde Area vorhanden.

II–The Basketmakers Period/Basketmakers-Stufe (Periode der Korbmacher); vor **1600 Jahren:** Hier **beginnt** die Mesa Verde Story. Puebloindianer bewohnten vor etwa 1300 Jahren die Mesa Verde-Region. Die kulturelle Entwicklung teilt sich in 4 Perioden auf, mit der Basketmaker Periode beginnend – 1 bis 450 A.D.

Etwa um das Jahr **1 A.D.** gelangten die ersten landwirtschaftlich orientierten Indianer in die Gegend. Da sie keine Häuser besaßen, zogen sie in Höhlen. Sie stellten keine Keramik her, benutzten statt dessen Flechtkörbe als Behältnisse – daher die Bezeichnung „Basketmaker"/Korbmacher für Periode und Bewohner. Der Lebensstil der Menschen war einfach, aber sie entwickelten sich ständig weiter und wurden fortschrittlicher.

1-Gekocht wurde meistens in **Körben**, wobei heiße Steine ins Kochgut gelegt wurden.
2-Mais wurde in einer **Metate** (Mahlmulde im Fels) gemahlen. Den kleinen Mörser oder Mahlstein in der Hand der Frau nennt man Mano.
3-Das **Weben** war schon eine ziemlich ausgeprägt. Es entstanden auf diese Weise Körbe und Taschen, Sandalen, Schürzen und Gürtel.
4-Mais und Kürbis (Squash) wurde auf kleinen Feldern oben auf dem Mesa-Plateau angebaut.
5-Nahrung und persönliche Gegenstände wurden in Kästchen **aufbewahrt**.
6-Babies wurden in weichen Babytragen/**Cradles** aus Gräsern und Schnüren mit Polster aus Fasern, Gras oder Rinde festgeschnürt.
7-Korbmacher benutzten ein **Atlatl** oder Wurfstab als Jagdwaffe. Das Atlatl besteht aus kurzem, höchstens 50 cm langem Stück Hartholz, das an einem Ende eine Schlinge trägt, in die die Finger griffen. Am anderen Ende war eine tiefe Kerbe, in die der kurze Speer eingelegt wurde.
8-Der **Speer**, den man von einem **Atlatl** „abschoss", hatte etwa 1,2 m bis 1,5 m Länge, war mit einem auswechselbaren Vorderschaft aus Hartholz und einer Steinspitze ausgestattet.
9-Hier ist die Position, aus der der Speer abgeworfen wurde, dargestellt. Das eigentliche **Atlatl** wird vom Werfer im Bogen von hinten nach vorn geschleudert. Auf dem Höhepunkt der Bewegung löst sich der Speer. Ein schneller Schub mit dem Atlatl, der dem Speer mehr Hebelwirkung verlieh, ließ den Speer mit stärkerer Kraft fliegen.
10-Vorratskisten, die man in den Höhlenboden eingrub, wurden mit Gras oder Rinde ausgelegt. Deckel bestanden aus Ästen, Gras, Rinde und Lehm.
11-Manche **Hunde** der Korbmacher hatten braunes Fell, andere waren weiß und schwarz- oder braungefleckt. Oft wurde **Hunde-** und **Menschenhaar** beim Weben verarbeitet.
12-Wild (Hirsche und Rehe) wurde wegen der Felle gejagt, das Fleisch zum Trocknen aufgehängt.

III– The Modified Basketmakers Period/Die Modifizierten Basketmakers-Stufe; vor 1300 Jahren: Etwa um 450 AD. waren die Puebloindianer schon so fortschrittlich, dass ihre Kulturperiode über ca. 300 Jahre (450-750 A.D.) als **Modified Basketmakers**/fortgeschrittene Korbmacher bezeichnete. Zwar handelte es sich immer noch um dasselbe Volk, doch inzwischen hatten bedeutende Fortschritte die Grundstruktur ihrer Kultur wesentlich verändert.

Folgende **Fortschritte** waren festzustellen: Die Bewohner begannen, **feste** Behausungen zu bauen, sogenannte **Pithouses**/Erdgrubenwohnungen. Sie lernten das Töpfern; **Keramik** ersetzte in vielen häuslichen Bereichen die bisherigen Flechtkörbe. **Pfeil und Bogen** ersetzte das Atlatl. Man pflanzte **Bohnen** an; der **Truthahn** wurde zum Haustier.

Folgende Nummerierung bezieht sich auf die Ziffern des Bildes zum Diorama:

1-Pfeil und Bogen wurde von anderen Indianerstämmen übernommen.
2-Feuerfeste und wasserdichte Tongefäße entstanden nach dem Vorbild im Süden lebender Indianerstämme. Frauen lernten das **Töpferhandwerk** durch Experimentieren.
3-Mit Verwendung von **Keramikgefäßen**, in denen direkt auf dem Feuer gekocht wurde, ließen sich geschmackvollere Speisen zubereiten.

MESA VERDE, CO 125
Archäologisches Museum auf Chapin Mesa: Puebloperiode

4-Es wurden **Bohnen** – wichtiger Proteinlieferant – angebaut; in den neuen feuerfesten Gefäßen konnten nun auch Bohnen gekocht werden.
5-**Jagd** auf wilde Tiere, deren Fleisch gegessen wurde. Auf dem Bild bringen Männer ein Bergschaf nach Hause.
6-Kunstvolle **Körbe** wurden **geflochten**; Weberei entwickelte sich zu einem bedeutenden Handwerkszweig.
7-Die weich gepolsterte Babytrage/**Cradle** war noch in Gebrauch.
8-**Pithouses**/Erdgrubenhäuser boten Schutz vor Regen, Kälte; viele Bewohner zogen daher aufs Mesa-Plateau, um in der Nähe ihrer Felder zu wohnen.
9-Am abgebildeten **Pithouse** ist die neue Bauweise deutlich erkennbar.
10-Die zentrale **Eingangsöffnung** im Dach diente gleichzeitig als Rauchabzug.
11-Ein Luftloch in der Wand sorgte für **Rauchabzug** und **Frischluftzufuhr**.
12-Stämme und Stützpfeiler wurden mit **Steinäxten** behauen. Auf dem Bild schärft ein Mann gerade seine Axt.
13-**Truthühner**/-**hähne** wurden zu Haustieren. Damals hatte man sie zunächst nur ihrer Federn wegen gezüchtet, die beim Weben warmer Kleidung verwendet wurden.
14-Einzige weitere Haustiere waren **Hunde**.
15-Abbildung der **Step House Cave** (Treppenhaushöhle) von Mesa Verde; erhielt diese Bezeichnung wegen der von den Indianern angelegten, ungewöhnlichen Treppenflucht.

IV–The Development Of The Pueblo Period/Entwicklung der Puebloperiode; vor 1100 Jahren: Während dieser Periode, 750-1100 A.D., entwickelte sich die typische Pueblo- oder Village- (Dorf-) Kultur, die es heute noch im Südwesten der USA gibt, daher auch die Bezeichnung **Developmental Pueblo Period**. Kunst- und Handwerk erlebten eine Blüte, neue Techniken entwickelten sich, und der Handel spielte eine große Rolle. Damals wurde Baumwolle eingeführt.

Das Diorama zeigt ein Dorf in der Anfangszeit jener Periode – etwa um 850 A.D., als sich die Bautechniken noch im Experimentierstadium befanden. Um 1100 A.D. war man so weit, Häuser mit Steinwänden zu bauen. Ab diesem Zeitpunkt wurden fast ausschließlich nur noch derartige über dem Boden errichtete Bauten bewohnt.

Bauten mit senkrechten Steinwänden dienten als Wohnhäuser, während die **Pithouses**/Erdgrubenwohnungen als Zeremonialräume, sogenannte Kivas, benutzt wurden.

1-**Wasser** besorgte man aus Quellen oder Sickerstellen am Canyonrand oder fing Regen- und Schmelzwasser in künstlich angelegten Becken auf.
2-Der **Truthahn** wurde zum Haustier; und seine Federn verwendete man beim Weben.
3-**Felder** legte man in Terrassen an. Kleine Dämme wurden gebaut. Es entstanden ideale Gartenanlagen, wobei aufgefangenes Wasser zur Bewässerung diente und der gute Mutterboden, den das Wasser mitführte, aufgefangen wurde.
4-**Mais-**, **Bohnen-** und **Kürbis/Squash** Anbau.
5-Die neuen **Äxte** machten das Bauen leichter.
6-Einzelhäuser verschwanden, als die Räume miteinander verbunden und ganze Wohnkolonien und Dörfer/Villages oder **Pueblos** angelegt wurden. Auf den Dächern trocknete man Getreide und Früchte; gelegentlich wurde von dort auch Ausschau gehalten.
7-Man errichtete immer noch **Pithouses**, an denen jedoch Veränderungen erkennbar waren. In tiefen Erdgruben wurden Räume für zeremonielle Zwecke eingerichtet. Um 900 A.D. entwickelten sich derartige **Pitrooms** zu echten **Kivas** (ki-wahs) – ausgesprochene Zeremonialbauten, die heutzutage noch von den Puebloindianern in Arizona und New Mexico benutzt werden.
8-Verschiedenartige **Keramik** entstand. Form, Muster und Töpferkunst erfuhren in dieser Periode ständig Verbesserungen.
9-Körbe wurden zwar immer noch hergestellt, doch verwendete man überwiegend Keramik. Man stellte viele neue und weiterentwickelte Stein- und Knochenwerkzeuge her und webte **Baumwollkleidung**.

Head deformation...Eine Methode der Kopfverformung kam in Mode. Die gepolsterte Babytrage wurde abgeschafft und durch ein hartes Brett/**Cradle Board** ersetzt, bei dem der Hinterkopf des Säuglings ständig plattgedrückt wurde. Diese Modetorheit war jahrhundertelang in Mode.

V–The Great Or Classic Pueblo Period/Die Große Pueblo- oder Klassische Puebloperiode; vor 700 Jahren: Um 1100-1300 A.D. erlebte die Entwicklung der Pueblos ihren Höhepunkt in Mesa Verde. Zuerst lebten die Menschen in

126 MESA VERDE, CO
Spruce Tree House

zusammenhängenden, festungähnlichen Dörfern/Villages oben auf dem Mesa-Plateau, doch nach 1200 A.D. zogen die meisten von ihnen in Höhlen und bauten Felsklippenwohnungen/Cliff Dwellings wie **Spruce Tree House**/Tannenhaus, das hier gegen Ende der 1200er Jahre dargestellt ist, wie es an einem Herbsttag ausgesehen haben könnte.

Veränderungen in der Bauweise und im Lebensstil deuten auf gewissen Druck durch Feinde hin. Die Bewohner litten wohl aber auch unter anderen Nöten: **Wassermangel** machte den Ackerbau äußerst schwierig. Zudem setzte **1276** eine 24 Jahre anhaltende Dürre ein. Entmutigt verließen die Bewohner die Mesa (Hochplateau) vor 1300 A.D. und zogen südwärts, wo sie sich anderen Puebloindianern anschlossen

1-**Natürliche Höhlen**; die Indianer hatten die Felsen nicht ausgehauen.
2-Zum **Mauern** der Hauswände verwendete man Bruchsteine, die mit Lehmmörtel verkleidet wurden; bei der Dachkonstruktion hatte man übereinandergelegte Holzpfosten mit Lehm verschmiert. Die neuen Häuser gruppierten sich um Zentralplätze, auf denen sich das häusliche Leben abspielte.
3-Die kreisförmigen, unterirdischen Räume nennt man **Kivas** – Zeremonialräume und Treffpunkte, die überwiegend von Männern benutzt wurden. Die mit flachen Dächern versehenen Kivas befanden sich jeweils auf dem Zentralplatz. Kivas werden heutzutage noch von den modernen Puebloindianern benutzt.
4-Zur **Jagd** wurden Schleuder, Fallen sowie Pfeil und Bogen benutzt.
5-Die Frauen stellten zwei **Keramiktypen** her: Kochgeschirr und Vorratsgefäße aus spiralig aufgebauten Wülsten an der Außenseite, sogenannte *corrugated* = gewellte Keramik. Daneben existierten Gefäße in Schwarz-auf-Weiß-Keramik, die für andere Zwecke verwendet wurde.
6-**Produkte täglicher Ernährung**, pflanzte man oben auf den **Mesa-Plateaus** an. In guten Erntejahren wurde die Ernte für schlechte Erntezeiten eingelagert. Wasser holte man aus einer Quelle am Kopf des Canyon (etwa 90 m über der Höhle).
7-Aus **eingeführter Baumwolle** wurden ausgezeichnete Textilien gewebt.
8-Frauen **kochten** auf den Zentralplätzen auf offenem Feuer. Gekocht wurde in Keramiktöpfen, auf flachen Steinblechen gebacken, gebraten oder in Asche sowie Kohle geröstet.
9-Im Laufe der Jahre sammelten sich vor dem Dorf/Village riesige **Abfallhaufen** an. Oft bestattete man auch gleich die Toten im Abfall.
10-Eine im Bau befindliche **Kiva** mit umlaufender, gemauerter Bank, sechs Dachpfeilern, Luftschacht, Deflektor, Feuerstelle und *Sipapu* – eine Mulde im Boden, die symbolisch den Eingang zur Mutter Erde und Geisterwelt darstellt.

Cliff Dwellings/Felsklippenwohnungen können nur in Begleitung eines Park Rangers betreten werden.

Von den Dioramen geht es geradeaus zu einem Vortragsraum. Doch weiter zu den Exponaten in den anschließenden Museumsälen.

Direkt vom Archäologischen Museum führt der mit Stufen ausgestattete Pfad zum **Spruce Tree House**; Länge des Pfads etwa 0.5 mi/0,8 km hin und zurück, ca. 1 Stunde für Besichtigung einkalkulieren. **Spruce Tree House** ist die am leichtesten zugängliche Felswandsiedlung Mesa Verdes, da man dort keine Leitern überwinden muss. Als einzige Felswandsiedlung ganzjährig geöffnet (außer wenn der Pfad im Winter wegen Schnee und Eis gesperrt ist); von 8.30-18.30 Uhr.

SPRUCE TREE HOUSE

Das dicht beim Archäologischen Museum befindliche **Spruce Tree House** ist die drittgrößte Felswandsiedlung/*Cliff Dwelling* in Mesa Verde. Sie umfasst 114 Räume und 8 Kivas. Vermutlich konnten hier einst etwa 100 bis 125 Menschen leben. Wie die meisten anderen *Cliff Dwellings* in Mesa Verde wurde **Spruce Tree House** in den 1200er Jahren gebaut und bewohnt. Zuvor hatten die Indianer über 600 Jahre lang oben auf dem Mesa-Plateau gelebt, wo sie Mais, Bohnen und Kürbisse (Squash) anbauten. Danach legten sie ihre **Cliff Dwellings** auf flachen, höhlenähnlichen Felsvorsprüngen an, die sich leichter verteidigen ließen, und in den kalten Wintermonaten vermutlich geschützt waren. **Cliff Dwellings** entstanden in der letzten Entwicklungsphase der Mesa Verde Bewohner.

MESA VERDE, CO
Spruce Tree House

Die Indianer verließen ihre Felsklippenwohnungen etwa um 1300, vermutlich infolge einer langanhaltenden Trockenheit und immer stärker werdender feindlicher Angriffe. Anthropologen nehmen an, dass die Bewohner von Mesa Verde nach New Mexico gezogen sind, und dass einige der dort lebenden heutigen Puebloindianer Mesa Verde Abkömmlinge sind.

Spruce Tree House wurde am 18. Dez. **1888** von einem Rancher aus Mancos, Richard Wetherill, entdeckt. **1908** wurde es durch die Smithsonian Institution ausgegraben.

TOP MESA- & CLIFF DWELLINGS-RUINENSTRASSEN

Etwa 0.25 mi/0,4 km nördlich des Museumsgeländes stößt man auf die Kreuzung des *Ruins Road Drive,* wo sich zwei Straßenschleifen gabeln. Die ca. 9 km lange *Mesa Top Ruins Road* verläuft als **West Loop Drive** auf Mesahöhe als Einbahnstraße in einer Schleife zu den Mesa Top Ruins mit den Erdgrubenhäusern/Pithouses. Die andere etwa 10 km lange Straßenschleife der *Cliff Dwellings Road* führt als **East Loop Drive** – ebenfalls als Einbahnstraße zu den berühmten *Cliff Dwellings* **Cliff Palace** und **Balcony House.**

Beide Straßenschleifen sind von 8 Uhr bis Sonnenuntergang geöffnet. Wer genug Zeit hat, sollte beide Schleifen fahren, dabei aber mit den Mesa Top Ruins beginnen. Reihenfolge der **Mesa Top-Ruinen** sowie **Cliff Palace** usw. entlang *Ruins Road* siehe Baxter Info-Karte S. 130.

RUINS ROAD

© Baxter Info-Karte

Ort	mi	km
Far View Museum, Cliff Palace & Balcony House	5.4	8,6
Cliff Palace View		
Sun Temple = 10	3.3	5,3
	3.1	5,0
9=Fire Temple & New Fire House	2.7	4,3
8=Oak Tree House	2.6	4,2
7=Sun Point	2.5	4,0
	2.2	3,5
Picnic Area & Toiletten		
7=Mesa Top Ruins	1.9	3,0
4=, 5=, 6= Pithouses & Pueblo Ruinen 700-950 A.D.	1.6	2,6
3=Square Tower House	1.4	2,2
2=Navajo Canyon Overlook	1.3	2,1
	1.1	1,8
Mesa Top Ruins	0.0	0,0

Museum 7000 ft/2134 m

7=Sun Point Pueblo

1=Pithouse Ruinen 600 A.D. — Cliff Palace & Balcony House

MESA TOP RUINS ROAD
(Fahrt zu den Mesa Top-Ruinen/Pithouses)

Die als *West Loop Road* bezeichnete Straße zu den **Mesa Top Ruins** führ an rund zehn Ausgrabungen von Mesa Plateau-Ruinen vorbei, die besichtigt werden können. Die Ausgrabungen zeigen jede Stufe

128 MESA VERDE, CO
Cliff Palace & Balcony House Road

der Entwicklung der Pueblo-Architektur – von der Wohngrube/**Pithouse** der 500er Jahre A.D. bis zum **Pueblo Village** aus dem Jahre 1200 A.D. Erste Station nach etwa 1.1 mi/1,8 km sind die Ruinen von Erdgrubenwohnungen aus dem Jahre 600 A.D., die **Pithouse Ruins** 600 A.D.

CLIFF PALACE & BALCONY HOUSE ROAD
(Fahrt zum Felspalast & Balkonhaus)

Auf der *West Loop Road* zurück zur Kreuzung, von der es nun **ostwärts** zur zweiten Rundschleife geht, die zum **Cliff Palace** und **Balcony House** führt. Sie zeigen die Entwicklung der Mesa Verde Bewohner in der Zeit von **1200 bis 1276 n.Chr.** Zur Besichtigung der *Cliff Dwellings* bei Park Rangers über Führungen usw. erkundigen.

Cliff Palace Besichtigung: Hier müssen vier 3 m hohe Leitern geklettert werden. **Balcony House** Besichtigung: Besucher müssen etwa 130 Metallstufen hinab- (und wieder hinauf) steigen, eine etwa 10 m hohe Leiter klettern, durch einen niedrigen 3,7 m langen Tunnel kriechen und mehrere weitere kurze Leitern klettern. Park Rangers erteilen weitere Auskunft über die *Cliff Dwellings*.

Infotafel etwa 1.7 mi/2,7 km von der Kreuzung am Parkplatz Cliff Palace gegenüber von Toiletten/Comfort Station:

A-Cliff Palace

Die Mesa Verde Bewohner verließen etwa um **1200 A.D.**, die oben auf dem Plateau der Mesa liegenden Mesa-Top-Pueblos und zogen in besser geschützten und zu verteidigende Felshöhlen und Felsvorsprünge. Etwa um diese Zeit entstand **Cliff Palace**/Felsklippenpalast mit 23 Kivas (unterirdische Zeremonialräume) und über 200 Räumen.

In den aus Lehm und Steinen errichteten Bauten lebten etwa 200 Menschen. Da der Höhlenboden von Natur aus unterschiedliche Höhe aufwies, wurde das **Pueblo** über mehrere Ebenen angelegt. Die flachen Dächer und Innenhöfe eigneten sich als hervorragende Arbeitsplätze für die Hausarbeit. Die Außenwände der Häuser wurden mit Mörtel verputzt. **Die Kivas**/unterirdische Rundräume waren überdacht und hatten eine kleine Öffnung im Dach, durch die man mit einer Leiter steigen musste.

Die Bewohner gelangten über in die Felswände gehauene steile Steigpfade zu den oben auf dem Mesa-Plateau liegenden Mais-, Bohnen- und Kürbisfeldern. Trinkwasser musste einer etwa 0,8 km entfernten Quelle an der Basis der Klippe geholt werden. Vermutlich legten die **Cliff Palace** Bewohner kleine Auffangrinnen in den Felsspalten an, in denen sie Schmelz- und Regenwasser auffingen.

Cliff Palace war etwa in der Zeit von **1200 bis 1276** bewohnt und wurde danach wie die anderen Felsklippenwohnungen von seinen Bewohnern verlassen. Das Dorf blieb anschließend über 600 Jahre unberührt. Zwei Cowboys – R. Wetherill und Charlie Mason – stießen am **18. Dez. 1888** beim Zusammentreiben streunender Rinder auf die herrliche Ruine.

Cliff Palace/Mesa Verde Nationalpark

MESA VERDE, CO

Baxter Info-Karte: Cliff Palace & Balcony House Road & Cliff Canyon

	mi	km
Far View Museum / Mesa Top Ruins	5.7	9,1
Soda Canyon Overlook → Rundfahrt 1 1/2 mi/2,4 km	4.0	6,4
Balcony House Ruinenaussichtspunkt	3.5	5,6
Hemenway House Helipad/Helicopter Tours	2.9	4,6
Ute Mountain Tribal Park Ruins (ca. 100 m)		
House of Many Windows	2.3	3,7
Cliff Canyon Overlook	2.1	3,4
Cliff Palace	1.7	2,7
Mesa Top Ruins	0.0	0,0

Ute Mountain Tribal Park

Beginn Ute Mountain Ute Indian Reservation

CLIFF PALACE & BALCONY HOUSE ROAD

Am Cliff Canyon Viewpoint, etwa 700 m hinter dem Cliff Palace-Parkplatz:

B-Cliff Canyon

In diesem 3,2 km langen Canyon liegen 40 *Cliff Dwellings*/Felswandsiedlungen. Vom Aussichtspunkt sind mehrere *Cliff Dwellings* sichtbar, von denen nachfolgend einige aufgezählt werden (nummerierte Reihenfolge wie Foto). Vielleicht kann man mit dem Fernglas noch weitere *Cliff Dwellings* entdecken.
1. **House of Many Windows**/Haus der vielen Fenster. Cowboys tauften das Pueblo wegen seiner vielen „Fenster", bei denen es sich eigentlich um Türen handelt. Zugang zu diesen Räumen im Fels war nicht ungefährlich.
2. Die namenlose Felswandsiedlung war mit etwa 16 Räumen ausgestattet: 4 Räume auf dem schmalen Felsvorsprung mit einer Kiva sowie weiteren Räumen an der Basis der Felswand.
3. **Sun Point Cliff Dwelling**/Sonnenpunkt-Felswandsiedlung. Von ursprünglich 10 Räumen auf diesem Felsvorsprung blieb nur ein Raum übrig.
4. **Sun Temple**/Sonnentempel Das große Zeremonialgebäude kann vom *West Loop Road* (Straße zu den Mesa Top-Ruinen) besichtigt werden.

Sunset House. Direkt unten rechts liegt ein Dorf mit 35 Räumen und 4 Kivas. 300 m weiter gelangt man zur Aussichtsstelle für das **House of Many Windows** – und Info über Größe und Ausmaß von Felswandsiedlungen:

C-Cliff Dwelling Size

Die Größe von *Cliff Dwellings* hing in der Regel jeweils vom Umfang der Höhle ab. Felswandsiedlungen rangierten in Größenordnungen von 1-Raum-Einheiten bis zu größeren Siedlungen wie **Cliff Palace** mit über 200 Räumen. Mesa Verde umfasst nur wenige Cliff Dwellings mit über 100 Räumen, aber dafür gibt es jede Menge Siedlungen in etwa vergleichbarer Größe wie die vom Aussichtspunkt sichtbaren Wohnstätten.
1. **House of Many Windows**/Haus der vielen Fenster. Dieses Pueblo umfasste etwa 15 Räume und beherbergte vermutlich 30 Menschen. Die gestrichelte Linie zeigt den Zugangspfad, den die Bewohner benutzten.
2. Über weiteren Räumen an der Basis der Felswand liegt eine namenlose Felswandsiedlung in der flachen Felshöhle.

Weitere kleine *Cliff Dwellings* liegen etwas tiefer unter dem Felsrand auf schmalen Felsvorsprüngen. Direkt unten im Canyon dagegen gibt es fast gar keine *Cliff Dwellings*, da der innere Canyon äußerst schwer zugänglich und zu weit von den Feldern entfernt liegt, auf denen Ackerbau betrieben wurde.

130 MESA VERDE, CO
Hemenway House View & Balcony House

Nun etwa 1,1 km weiter zum Parkplatz mit Pfad zum Hemenway House View:
Von der Aussichtsstelle ist folgendes zu erkennen (Ziffern auf dem Foto zeigen die jeweilige Lage an):

E-Hemenway House View

1. **Zwei** guterhaltene Räume in Richtung Canyon hinunter.
2. **Einzelner Raum** in gutem Zustand unterhalb vom Felsrand.
3. In diesem Bereich stieß man auf **6 Räume**.
4. In den drei kleinen Felshöhlen entdeckte man **5 Räume**.
5. Zwei lange, niedrige Höhlen enthielten **8 bis 10 Räume**.
6. Hier stieß man auf einen **Rundturm**, eine **Kiva** und **5 Räume**.
7. **Hemenway House**. Benannt nach Mrs. Mary Hemenway aus Boston, die erste archäologische Forschungen finanzierte. Die Felshöhle umfasst eine Kiva und mindestens **26 Räume**. Der Höhlenboden war zu steil für eine größere Felswandsiedlung.
8. Auf den schmalen Felsvorsprüngen befinden sich mindestens **12 Räume** und eine **Kiva**.
9. Die Höhle auf der Basis der Felswand umfasst Reste von **4 Räumen** und einer **Kiva**.
Soda Canyon. An diesem Punkt ist der Canyon etwa 0,8 km breit und 240 m tief. Bei den weißen Ablagerungen entlang der Canyonwände, die man anfangs für Soda hielt, handelt es sich um Alkali (Laugensalz).

Nachdem man den **Ute Mountain Tribal Park** passiert hat, erreicht man den Parkplatz für das **Balcony House**. Die Ranger-Führungen sind auf jeweils max. 50 Personen begrenzt; Tickets und Info beim Far View Visitors Center (auch Info beim Park Headquarters im Archäologischen Museum).

F—Balcony House

Der Weg zum **Balcony House** ist anstrengend. Sommertemperaturen erreichen oft 38°C, Höhenlage 2105 m ü.M. Zum 30 m tiefer liegenden Fußweg gelangt man über eine Metalltreppe, danach 400 m Pfad. Zum Ausgang der Ruine muss man durch einen 3 m langen Tunnel kriechen, Steinstufen und zwei 4 m hohe Leitern hinaufsteigen.

Balcony House wurde von einem Prospector namens S. Osborn entdeckt, der im Winter des Jahres 1883/84 in Mesa Verde auf der Suche nach Kohlevorkommen war. **1910** wurde mit den Ausgrabungen und der Freilegung der Felsklippenwohnungen durch das Archeological Institute of America und den National Park Service begonnen.

Beim **Balcony House** handelt es sich um *Cliff Dwellings* mittlerer Größe mit etwa 36 bis 40 Räumen, vermutlich von nicht mehr als 40 Menschen bewohnt. **Balcony House** wurde im 13. Jh. n. Chr. gebaut – die Baumringdaten zeigten **1190 bis 1272 n.Chr.** an. Der **Soda Canyon Trail-Overlook** (Start etwa 0.5 mi/0,8 km nördlich) ist die einzige Aussichtsstelle, von der man einen Gesamtblick auf das **Balcony House** hat.

Die **Anasazi** bauten einen kleinen, überdachten Kriechtunnel, den sie als Ein- und Ausgang zum **Balcony House** benutzten – 36 cm weit und 3,7 m lang. Obwohl eine Person normaler Größe in der Mitte aufrecht stehen kann, muss man an beiden Tunnelenden auf Händen und Knien durchkriechen.

Der schwedische Wissenschaftler Gustav Nordenskiöld legte 1891 mehrere *Cliff Dwellings* frei und fotografierte sie. Er bezeichnete diese Felsklippenwohnungen als erster mit **Balcony House**. Obwohl **Balcony House** wie die meisten großen *Cliff Dwellings* ist, zählt es zu den besterhaltenen *Cliff Dwellings* des **Mesa Verde Nationalparks**.

Vom Ende der Metalltreppe führt ein etwa 0.25 mi/0,4 km langer Pfad zu einer 9 m hohen Leiter unter dem **Balcony House**, die man hinaufsteigen muss. Der heutige Zugang vom Norden wurde vom National Park Service angelegt. Die Anasazi-Konstruktion am Ende der *Cliff Dwelling* sollte den Zugang versperren.

MESA VERDE, CO

Baxter Info-Karte: Chapin Mesa erleben

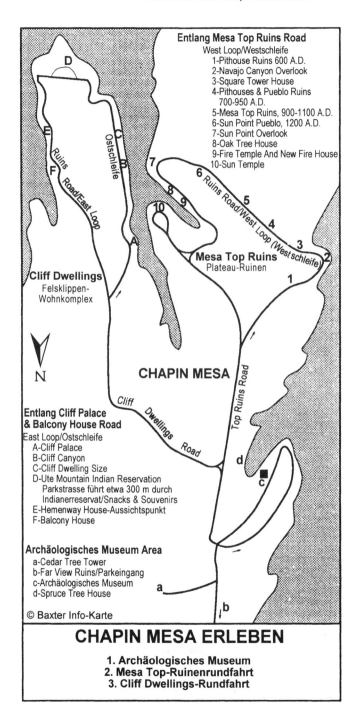

132 ROCKY MOUNTAIN NP, CO
Orientierung/Routen durch den Park

ROCKY MOUNTAIN NP
„Alpine Welt der Rocky Mountains"

♦**Öffnungszeiten:** Ganzjährig geöffnet; Fall River Road und Trail Ridge Road sind im Winter gesperrt.
♦**Lage:** Etwa 70 mi/112 km nordwestlich von Denver, Colorado.
♦**Günstigste Besuchszeiten:** Juli und August.
♦**Wetter:** Wegen der Hochgebirgslage kühle Sommertemperaturen, stets warme Jacke bereithalten
♦**Ausmaße:** Ca. 1066 Quadratkilometer.
♦**Eingänge:** Von der *Ostseite* in der Nähe von Estes Park über **Beaver Meadows Entrance** und **Fall River Entrance**; von der *Westseite* über **Grand Lake Entrance** in der Nähe von Grand Lake.
♦**Visitors Center/Besucherzentren:** Visitors Center/Headquarters – *Ostseite*; Kawuneeche Visitors Center – *Westseite*; Moraine Park Museum an *Bear Lake Road*, Alpine Visitors Center – Fall River Pass an *Trail Ridge Road*; Lily Lake Visitors Center 6 mi/l0 km südlich von Estes Park an *CO 7*.
♦**Ausgangsorte:** Denver ist Hauptausgangsbasis zum Park Die nächste Stadt zum Park ist **Estes Park**, etwa 2 mi/3 km entfernt.
♦**Verkehrsmittel & Touren:** Busverbindung von Denver nach Estes Park mit Gray Line; Ausflugsbusse and Touren von Estes Park zum Park.
♦**Unterkunft:** Keine Unterkunftsmöglichkeit innerhalb des Parks, nur außerhalb in Estes Park, Grand Lake and Granby.
♦**Camping:** *Ostseite* – Aspenglen, Moraine Park, Glacier Basin und Longs Peak (nur Zelte); *Westseite* – Timber Creek. Reservierung – 1-800-365-2267 oder 1-301-722-1257.
♦**Attraktionen:** Tundra mit alpiner Flora (Bergblumen), Gipfel der Rocky Mountains – alles, was von der Panoramastraße zu sehen ist – *Trail Ridge Road*, die den Park durchquert, und über die kontinentale Wasserscheide – *Continental Divide* führt. Reittouren, Angeln, Skilaufen im Winter.
♦**Tierwelt:** Wapitihirsche, Biber, Schwarzbären, Blauhäher Schneehühner.
♦**Wandern:** Wanderparadies mit über 300 mi/480 km Wanderwegen, beliebtestes Gebiet um den Bear Lake.
♦**Restauration:** Alpine Visitors Center Area.
♦**Information:** *Park* – Superintendent, Rocky Mountain National Park, Estes Park, CO 80517; Tel. (970)586-2371 (Estes Park); Westseite (970)627-3471 (Grand Lake). Backcountry: (970)586-1242. Internet: www.nationalparks.org
♦**Estes Park Chamber of Commerce:** 1-800443-7837. Grand Lake Chamber of Commerce:1-800-531-1019.

Routen durch den Park

Ostwestrichtung
(Estes Park—Granby)

Park Headquarters
Bear Lake Road
Bear Lake
Moraine Park Museum
Alpine Visitors Center
Holzwarth Homestead
Grand Lake
Granby

Parkbesuch
(Standort: Estes Park)

Fall River Entrance
Fall River Road
Alpine Visitors Center
Trail Ridge Road
Bear Lake Road
Moraine Park Museum
Park Headquarters

ROCKY MOUNTAIN NP, CO

Baxter-Tipps

Baxter-Tipps für Rocky Mountain NP

- ♦Für mehrtägige Wanderungen **Overnight Backcountry Permit** erforderlich; $15 weitere Information beim Park Headquarters.
- ♦**National Park Service Pass** für $50 berechtigt zum Eintritt in allen Nationalparks (Golden Eagle Passport $65 Eintritt zu allen *Federal Fee Areas)* für 12 Monate.
- ♦**Bergsteigergebühr**/*climbing* $15.
- ♦**Camping-Reservierung** beim Park Headquarters. Reservierung für Moraine Park und Glacier Basin ab 15. März möglich: 1-800-365-2267. Plätze im Sommer bereits nachmittags belegt, daher nicht zu spät am Nachmittag um Campingplatz kümmern. 5 Campingplätze im Park. Check-out bei allen Campingplätzen – 12 Uhr.
- ♦**Rechtzeitig Unterkunft** reservieren. Jährlich etwa 3 Mio. Parkbesucher.
- ♦Interessanteste Visitors Centers/Museum: **Moraine Park** und **Alpine**.
- ♦**Öffnungszeiten**: Moraine Park Museum, Mai-Mitte Okt.; – – Alpine Visitors Center, Mai-Mitte Okt. – – Kawuneeche Visitors Center und Beaver Meadows – beide täglich außer 25. Dez. – – Lily Lake Visitors Center (Longs Peak Area), Juni-Aug. – – Fall River Visitors Center, Apr.-Okt. – – Corral Creek Info Station, Mitte Juni-Labor Day; – – Sheep Lake Info Station, Mitte Mai-Mitte Aug. – – Never-Summer-Ranch, Mitte Juni-Labor Day.
- ♦Für Fahrt auf Trail Ridge Road/Fall River Road **Jacke** mitnehmen.
- ♦Zur Hauptreisesaison im Sommer **Verkehrsstaus** unterwegs auf der Parkstraße möglich.
- ♦Bei Information Centers über Sperrung von Straßenabschnitten erkundigen.
- ♦**Parkzeitung** und Parkbroschüre mit Programm der Ranger-Veranstaltungen bei Visitors Center besorgen.
- ♦**Reiten im Moraine** Park und entlang Bear Lake Road (Glacier Basin; 586-2327).
- ♦**Reiseproviant** im Supermarkt in Estes Park besorgen.
- ♦Bear Lake **frühmorgens** besuchen.
- ♦Für erfahrene und geübte Wanderer **Longs Peak Trail**, 14 mi/22 km langer, **anstrengender** Pfad hinauf zum Gipfel; Höhenunterschied etwa 2800 m bis 4340 m ü.M.
- ♦**Leichter** Spaziergang: Bear Lake Trail, 0.5 mi/0,8 km.
- ♦Etwa 40 **Bären** sind im Park zu Hause, lassen sich aber selten sehen.
- ♦Neben **Alpine Visitors Center** befindet sich Cafeteria und riesiger Souvenirladen.
- ♦Erholsamer Aufenthalt auf der Westseite des Parks, Nähe Grand Lake: **Grand Lake Lodge**, Box 569, Grand Lake, CO 80447, (970)627-3967.
- ♦Für Parkbesucher ohne Auto gibt es **Busverbindung** vom Denver International Airport/Downtown Denver/Boulder zum Busbahnhof in Estes Park. Von Estes Park Angebot von Touren zum Rocky Mountain Nationalpark und in die Umgebung des Nationalparks.
- ♦Park **Tonband-Information**: (970)586-1333.
- ♦**Vorschläge** für Rocky in einem Tag:
- – Trail Ridge Road mit Aussichtspunkten von Many Curve bis Farview Curve; mindestens 2 bis 3 Stunden (mit allen Vista Points und Wanderungen kann ganzen Tag ausfüllen).
- – Wandern – zahlreiche Möglichkeiten für 1-2 Stunden Spaziergang durch Rocky's Backcountry zu Seen, Wasserfällen und über Wiesen.
- – Vögel und Wild beobachten.
- – Rocky bietet viel zum Fotografieren – Berglandschaften und Tierwelt.
- – Moraine Park Museum mit Exponaten zur Naturgeschichte oder historische Never Summer Ranch besuchen.
- – Picknick machen; Proviant vorher in Estes Park Supermarkt besorgen.
- ♦**High Altitude Driving/Tipps** für Gebirgsstraßen: Bergab in **niedrigem** Gang. Wenn die Bremsen riechen, anhalten und **abkühlen** lassen. – – Verliert Fahrzeug bergauf an Kraft, runterschalten. – – Motor **nach** anhalten noch kurz laufen lassen, ehe abgestellt wird. – – **Keine** Air Conditioning anschalten, verbraucht Kraft. – – Im Park gibt es **keine** Autowerkstatt. Wird Abschleppdienst benötigt, Park Service von einer der Notrufsäulen unterwegs benachrichtigen oder Ranger Station/Visitors Center Nachricht zukommen lassen (durch andere Autofahrer). – – Langsamere Fahrzeuge (Camper usw.) an **Park Pullouts** halten und nachfolgenden Verkehr vorbei lassen.

134 ROCKY MOUNTAIN NP, CO
Orientierung Parkstraße

Schlüssel zur Baxter Info-Karte: Rocky Mountain NP/mit Intotafeln

Orientierung:
- 1-Park Headquarters
- 2-Moraine Park Museum
  - -Visitors Center
- 3-Bear Lake
  - -Glacier Gorge Jct. Trailhead
- 4-Fall River Entrance
- 5-Sheep Lakes
  - -Bighorn Sheep
- 6-Horseshoe Park

Aussichtspunkte/Viewpoints:
Infotafeln:
- 7-Deer Mountain Overlook
  - *-What von see from here*
- 8-Moraine Park Campground
- 9-Beaver Meadows Entrance Station
- 10-Fern Lake Trailhead
- 11-Glacier Basin Campground
- 12-Aspenglen Campground
- 13-Many Parks Curve Overlook
  - *-Many Parks Curve*
  - *-Perilous air...Visibility*
  - *-What you see from here*
  - *-Air Quality*
  - *-Rivers of Ice*
- 14-Beaver World
  - *-Plankenweg*
  - *-Beaver/Habitat*
  - *-Ponds & Predators*
  - *-A Place of Security*
  - *-Of Ponds and Meadows*
- 15-Rainbow Curve Overlook
  - *-Rainbow Curve*
  - *-What you see from here*
  - *-A Hidden Valley*
  - *-Changing Climate*
- 16-Ute Trail Trailhead
  - *-High Country Thoroughfare*
- 17-Forest Canyon Overlook
  - *-What you see from here*
  - *-The Glacial Landscape*
- 18-Rock Cut Overlook
  - *-The Fragile Tundra*
  - *-Tundra Trall*
- 19-Lava Cliffs Overlook
  - *-What you see from here*
- 20-Gore Range Overlook
  - *-Boundaries of Life*
  - *-What you see from here*
  - *-Volcanoes of the Never Summer Mountains*
- **21-Alpine Visitors Center**
  - -Fall River Pass
- 22-Medicine Bow Curve
  - *-Cache la Poudre River*
  - *-What you see from here*
  - *-Fragile World*
- 23-Crater Trailhead
  - *-Specimen Mountain Trail*
- 24-Poudre Lake
- 25-Milner Pass
  - -Poudre Lake
  - *-Old Fall River Roadway*
  - *-Continental Divide*
- 26-Farview Curve Overlook
  - *-Headwaters of the Colorado*
  - *-The Grand Ditch*
- 27-Lulu City
- 28-Timber Creek Campground
- 29-Colorado River Trailhead
- 30-Never Summer Ranch
  - *-Historic Holzwarth Homestead*
- 31-Beaver Ponds Overlook
  - *-Beaver*
- 32-Bowen-Baker Trailhead
- 33-Coyote Valley Trailhead
- 34-Harbison Picnic Area
  - *-Elk*

Weitere Orientierung:
- 35-Grand Lake Entrance
  - -Kawuneeche Visitors Center
- 36-Tonahutu/North Inlet Trailhead
- 37-East Inlet Trailhead
- 38-Greeen Ridge Nat. Forest Campground
- 39-Craig/Dinosaur NM
- 40-zur *I-70*
- 41-Loveland/Cheyenne
- 42-Lily Lake Visitors Center
- 43-Twin Sisters Trailhead
- 44-Longs Peak Trailhead & Campground
- 45-Wild Basin Trailhead
- 46-Olive Ridge Campground (USFS)
- 47-Black Hawk & zur *I-70*

Unterkunft – Vorwahl/area code (970):
- A-$$$ BW Lake Estes Inn
  (970)586-3386/Fax 586-9000
- B-$$ Silver Saddle Lodge
  586-4476/Fax 586-4476
- C-$ H-Bar-G Ranch Hostel/586-3688
- D-$$ YMCA of the Rockies/586-3341
- E-$$$ Bighorn Lodge
  627-8101/Fax 627-3771
- F-$$ El Monte Motor Inn
  887-3348/Fax 887-2990
- G-$$ The Snow Mountain Ranch
  887-2152

Campingplätze außerhalb vom Park:

Golden Eagle Ranch Campground & RV Park
500 Plätze/Museum Center
710 Rock Creek Canyon Rd.
576-0450/Fax 576-03644
geb.frei 1-800-666-3841

Peak View Inn & RV Park
zwischen Exit 146 & 148A an *I-25*
4950 N. Nevada Ave.
598-1434/Fax 598-1434
geb.frei 1-800-551-2267
E-mail: peakviewl@aol.com

Biber

ROCKY MOUNTAIN NP, CO   135
Baxter Info-Karte: Rocky Mountain NP Area

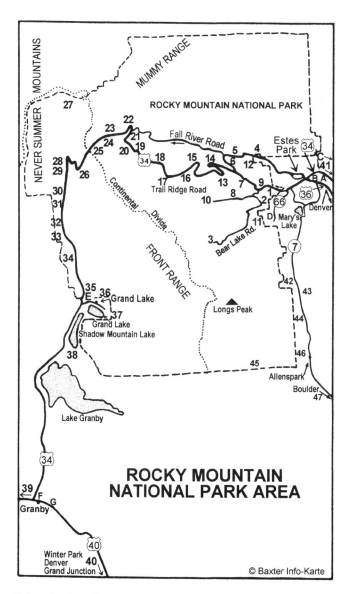

■ **Campingplätze** ($16/Nacht; in Saison, in der Wasser abgestellt $10/Nacht)
– **Aspenglen Campground:** Mitte Mai-Ende Sept; keine Reservierung nötig.
– **Glacier Basin Campground:** Anfang Juni-Labor Day; Reservierung erforderlich.
– **Longs Peak Campground:** ganzjährig, keine Reservierung erforderlich; nur Zelte; Sept.-Memorial Day $10, sonst $16/Nacht.
– **Moraine Park Campground:** ganzjährig Reservierung erforderlich Memorial Day-Labor Day; kein Wasser nach 11. Okt.
– **Timber Creek Campground:** ganzjährig; keine Reservierung erforderlich; ab Mitte Sept. kein Wasser.

MORAINE PARK MUSEUM & VISITORS CENTER

Das **Moraine Park Museum** mit **Visitors Center** befindet sich an der Bear Lake Road, etwa 3 mi/15 km vom Park Headquarters und 1.2 mi/2 km von der Beaver Meadows Entrance Station entfernt; 9–17 Uhr geöffnet. Das Gebäude stammt aus dem Jahr 1923 und diente früher als Resorts Tea und Ballroom. 1937 wurde es zum Visitors Center und Museum. Kostenloser Pendelbus vom Museum sowie Parkplatz VTS (Visitor Transportation Service) gegenüber vom Glacier Basin Campground zum **Bear Lake** (Mitte Juni–Mitte August). Letzter Bus vom Glacier Basin Campground zum Bear Lake (Mitte Juni–Mitte August). Letzter Bus vom Glacier Basin 17.30 Uhr; letzter Bus vom Bear Lake 18.00 Uhr.

Eine Tafel am Parkplatz vom Moraine Park Museum zeigt die Gipfel, die man von hier sieht, und zwar von links nach rechts:

What you see from here/Was man von hier sieht

Emerald Mtn.	2804 m	Chaos Canyon	
Battle Mtn.	3636 m	Hallett Peak	3717 m
Mt. Meeker	4240 m	Tyndall Glacier	
Mt. Lady Washington	4044 m	Flattop Mtn.	3749 m
Longs Peak	4345 m	Steep Mtn.	3048 m
Storm Peak	4034 m	Notch Top	3597 m
Chiefs Head	4139 m	Mount Wuh	3261 m
Half Mtn.	3504 m	Knobtop	
McHenry	4023 m	Spruce Canyon	
Thatchtop	3901 m	Spragues Glacier	
Taylor Glacier		Windy Gulch	
Andrews Glacier		Stones Peak	3940 m
Otis Peak	3788 m		

Moraine Park Museum

Im Erdgeschoß des Gebäudes sind Infoschalter, Buchhandlung und Toiletten untergebracht. Ein Aufzug führt ins Obergeschoß mit dem Museum (auch Treppenaufgang).

Vom Obergeschoß des Museums bietet sich ein hervorragender Panoramablick auf das Tal mit seinen Moränen. Infos bei den Park Rangers über Wanderungen und Veranstaltungen. Vom Museum startet der Naturlehrpfad **Moraine Park Nature Trail**; Begleitheft am Infoschalter erhältlich.

Rundgang durchs Museum

Hauptthema der Exponate im Museum ist das Entstehen einer Landschaft – mit Entstehen von Moraine Park, seiner Geologie, Klima, Wetter, Flora und Fauna und menschlicher Geschichte. Unter den Exponaten gibt es Sachen zum Anfassen, Simulation-Exponate, Dioramen, an denen man lernt, wie die Rocky Mountain Landschaft und ihre Ökosysteme entstanden sind.

Die Ausstellung beschreibt 185 Millionen Jahre Erdgeschichte und erklärt Bergentstehung und Erosion, Eiszeit im Pleistozän, Ökosystem-Entwicklung und Wohnstätten der Indianer.

BEAR LAKE ROAD

Von *US 36* biegt kurz hinter der **Beaver Meadows Entrance Station** die etwa 9.3 mi/15 km lange **Bear Lake Road** ab. Man parkt das Auto am **Glacier Basin** Parkplatz, ca. 4.25 mi/6,8 km von der Beaver Meadows Entrance Station an der Bear Lake Road. Von dort verkehrt ein Pendelbus zum **Bear Lake.**

Der See **Bear Lake** gehört wegen der Wanderwege, der herrlichen Bergszenerie, den Wildblumen und der schönen Herbstfärbung zu den beliebtesten Zielen des Parks. Auf dem Weg entlang **Bear Lake Road** kommt man 1.2 mi/2 km südlich der Beaver Meadows Entrance Station zunächst am historischen **Moraine Park Museum** vorbei (Einzelheiten siehe Extraabschnitt) mit Superausstellung im Obergeschoß und Infoschalter und Buchhandlung im Erdgeschoß. Am Gebäude des Museums beginnt der Naturlehrpfad. Am Parkplatz auch Information über Pendelbusverkehr vom Glacier Basin Parkplatz.

Auf der Weiterfahrt entlang **Bear Lake Road** passiert man die Abzweigung zum **Moraine Park** mit Moraine Campground und den Reitställen Moraine Park Stables. Nach Überqueren des **Big Thompson River** geht es an einem Picknickplatz mit herrlichen Blumen (wenn man im Sommer hier ist) vorbei. Am **Hollowell Park** kommt eine äußerst scharfe Kurve, danach sieht man den Brook Creek und erreicht den **Glacier Basin Parkplatz** für den Pendelbusverkehr zum Bear Lake.

Nach der Abzweigung zum **Sprague Lake** und den Reitställen **Glacier Creek Stables** und vielen Espen erreicht man die Bushaltestelle nach **Bierstadt** – Schautafel und Wanderweg.

Bierstadt

Der Wanderweg **Bierstadt Lake Trail** führt in vielen Spitzkehren auf etwa 1.4 mi/2,2 km zum relativ flachen Rücken der **Bierstadt Moraine** (Moräne), wo der flache See von dichtem Lodgepole-Kiefern-Wald umgeben ist. Der **Bierstadt Lake** lebt vom Schmelzwasser der Schneeschmelze und kann bei Trockenheit vollkommen austrocknen. Der tiefe Schnee vom Winter füllt den See allerdings wieder bis zum nächsten Sommer.

Der Wander- und Reitpfad zum **Bierstadt Lake** beginnt hier. Auf dem Weg an der Seite der **Bierstadt Moraine** bergauf sieht man auf den **Longs Peak** und die *Continental Divide*. Der Weg wird von Espen eingerahmt – viele Bäume sind klein und krumm wegen der eisigen Winterwinde und der Südlage, wo Feuchtigkeit rasch verdunstet. Die gesamte Moräne verwandelt sich im Herbst in einen Malkasten, wenn sich die Espen rostrot und gelb färben.

Von der Bushaltestelle sind es nur etwa 15–20 Minuten bis zur Sprague Lake Picnic Area. Der See **Sprague Lake** wurde in den 1900er Jahren als Fischteich und Erholungsgebiet angelegt. Die Lodge wurde abgebaut, und einen See legte man trocken, da der Damm bei Hochwasser weggespült worden war.

Die „sonnenanbetenden" **Lodgepole Pines** eignen sich oft als Baumart, ein Gebiet nach einem Sturm wiederaufzuforsten. Die Zapfen dieses Baums öffnen sich bei Hitze und lassen nach einem Waldbrand neue Saat auf den Boden fallen. Die Bäume wachsen sehr dicht, besitzen außer an der Spitze wenig Nadeln. Indianer verwendeten den geraden Stamm bei Bau von Tepees (die Zeltwohnungen), daher auch die Bezeichnung Lodgepole (*lodge* = wohnen; *pole* = Stamm, Mast). Entlang des Pfads sind noch die Schäden des Waldbrandes sichtbar, nach dem die Area mit Lodgepole-Pines und Espen neu aufgeforstet wurde.

Die auffälligste Baumart der Rocky Mountains ist die **Quaking Aspen** – Zitterpappel (Espen), wird wegen der weißen Rinde oft mit der Birke verwechselt. Espen sind bei Bibern äußerst begehrt, enthalten in ihrer Rinde die für Rehe und Wapitihirsche notwendigen Vitamine und eignen sich zum Aufforsten nach einem Waldbrand. Espen haben Sonne gerne und werden von Fichten und Tannen umlagert, deren Samen im Schatten der Espen reifen. Fichten und Tannen werden schließlich höher als die Espen, nehmen ihnen die Sonne weg und lassen sie absterben.

Glacier Gorge

Der **North Longs Peak Trail** wird bis zur Kreuzung mit dem **Boulder Brook Trail** von bezaubernden Limber Pine (Kiefernart) eingerahmt. Der etwa 8 mi/ 13 km lange Rundwanderweg führt unter anderem an den Überresten eines Waldbrandes aus den 1900er Jahren vorbei. Bergsteiger haben über diesen nicht so stark begangenen Pfad Zugang zum **Trackless Half Mountain** mit Sicht auf die **Glacier Gorge**. Der **North Longs Peak Trail** führt über den **Granite Paß** zum **Boulder Field** etwa 6.8 mi/10,9 km von hier an der Basis der Nordwand des **Longs Peak**.

Mills Lake wurde nach Enos Mills, dem Vater des Rocky Mountain Nationalparks, benannt. Über dem See erheben sich Longs Peak, Keyboard of the Winds und Pagoda Mountain. Enos Mill ließ sich **1880** in der Gegend vom **Longs Peak** nieder und wurde bald ein echter Bergnarr. Ab 1909 opferte er alle Energie, Zeit und Geld zur Schaffung dieses Nationalparks, was endlich 1915 erreicht wurde. Die Wanderung zum etwa 2.5 mi/4 km entfernten **Mills Lake** ist eine etwa halbtägige Tour.

McHenry's Peak erhebt sich über dem Wasserfall **Ribbon Falls**, über den weniger benutzten, einfachen Pfad zwischen **Mills Lake** und **Black Lake** erreichbar, führt durch typische subalpine Vegetation. Dieses Gebiet wird mit mehr Wasser als jede andere Zone Colorados versorgt und bringt durch die starke Feuchtigkeit üppigen Baumbestand und Blumen hervor. Die nassen subalpinen Wiesen sind allerdings auch sehr anfällig und stark gefährdet. In solchen Areas sind stets die offiziellen Wanderwege zu benutzen.

Die dramatischen Felsnadeln über dem **Sky Pond** am Ende von **Loch Vale**, etwa 4.6 mi/7,4 km von hier entfernt, wurden von Gletschern geschaffen. Im Sommer sickerte Schmelzwasser in die Felsspalten, fror nachts und im Winter zu Eis. Infolge der durch das Eis erzeugten Spannung weiteten sich die Risse oder Spalten und ließen Felsbrocken abfallen. Diese Felsbrocken gerieten in Gletschermassen und wurden Arbeitsmaterial des Gletschers. Die Felsklippen entstanden durch eine Kombination von Frostabbruch und Hobelarbeit der sich bewegenden Gletscher, durch die auch Becken ausgehoben wurden wie **Sky Pond**, der sich nach dem Schmelzen des Gletschers mit Wasser füllte.

Alberta Falls wurde von einem der ersten Siedler Abner Sprague benannt. Der äußerst beliebte Wanderweg zu dem etwa 0.6 mi/1 km vom Start entfernten Wasserfall gehört zu den am stärksten besuchten Wegen des Parks – Hochbetrieb! Auf dem Weg zu den Wasserfällen ist die Arbeit der Biber an Espenstümpfen, Dämmen, Teichen und Biberburgen sichtbar. Der Espenbestand an den Wasserfällen **Alberta Falls** litt nicht unter Bibern, sondern unter gedankenlosen Touristen.

Vom Glacier Gorge Start zu Wanderungen windet sich die **Bear Lake Road** hinauf zum Parkplatz am **Bear Lake**. Informationsstand an der Seeseite des Parkplatzes.

Bear Lake Info

Die subalpine Tanne, die zusammen mit der Engelmannfichte wächst, läßt sich schwer erkennen, da beide Baumarten ähnliche Form und Größe, kurze Nadeln besitzen. Die Nadeln der Tanne sind allerdings stumpf und flach, im Winter oder Anfang Sommer gibt es oft keine Zapfen zu sehen. Die Zapfen wachsen jedes Jahr und fallen dann am Baum auseinander. Ganz oben in der Spitze sind im Hochsommer fleischige, schwarze, aufrechtstehende Zapfen sichtbar. Während des übrigen Jahres bleiben nur noch die Stengel zurück, die wie Streichhölzer aussehen.

Die subalpine Zone des Rocky Mountain Nationalparks beginnt auf etwa 2700 m ü.M. und reicht bis auf 3500 m ü.M. – bis zur Baumgrenze. Charakteristische Pflanze dieser Zone ist die **Engelmann Spruce** (Engelmannfichte).

Der Weg zum **Lake Haiyaha** beginnt am **Bear Lake,** überquert einen Bergkamm und mündet im anschließenden Gletscher-Canyon. Nach etwa 2 mi/3 km vom

ROCKY MOUNTAIN NP, CO 139
Bear Lake

Bear Lake steigt der Weg durch subalpines Waldgebiet und erreicht den von Felsen umgebenen See, dem die Indianer wegen seiner Felsen ringsum am Ufer diesen Namen gegeben haben. Auf vielen dieser Felsen wächst **Limber Pine**, an deren gebogenen Ästen sich der scharfe Wind und das rauhe Wetter in den Bergen sichtbar machen.

Flüsse wie der **Tyndall Glacier** beginnen oben in den Gletschermulden und bringen Schmelz- und Regenwasser hinunter ins Tal. Auf dem Weg zwischen **Dream Lake** und **Emerald Lake** wird der Fluß beidseitig von Büschen eingerahmt. Aufgrund der feuchten Erde und durch die Berieselung von den Wasserspritzern herrscht hier üppige Vegetation mit Sumpf- und Marschpflanzen am Flußufer. Blätter und Blüten sind größer und üppiger als bei Pflanzen in den Wäldern und tieferen, trockenen Hanglagen. Die Zacken des **Flattop Mountain** (Flachkopfberg) begleiten den **Tyndall Creek** auf dem etwa 0.7 mi/1,1 km langen Abschnitt des Wanderpfades nach dem **Dream Lake** (Traumsee).

Fotos zeigen die Landschaft am **Bear Lake** vor und nach einem großen Waldbrand um **1900** – Bäume und andere Pflanzen konnten nach dem Brand wieder Fuß fassen. Neues Wachstum ging wegen der kurzen Wachstumsperiode, geringen Feuchtigkeit und des mageren Bodens – da dem Boden die organischen Stoffe durch das Feuer entzogen worden waren – viel langsamer voran. Die meisten Bäume um den **Bear Lake** sind **Lodgepole Pines** (hohe Kiefer), die gerne in sonnigen Hanglagen wachsen, nachdem der alte Wald durch Waldbrände gesäubert wurde. Bei den jungen Nadelbäumen mit kurzen Nadeln handelt es sich um Tannen und Fichten, die im Schatten der **Lodgepole Pines** wachsen – schießen höher und lassen die sonnenverwöhnten anderen Bäume ersticken. Es wird Jahrhunderte dauern, ehe hier bei diesem harten Klima am **Bear Lake** ein gesunder Wald mit massiven Tannen und Fichten heranwachsen wird.

Auf alle Fälle sollte man die paar Schritte vom Parkplatz zum **Bear Lake** gehen und nach Möglichkeit rund um den See wandern; der ebene Weg von etwa 0.5 mi/0,8 km rund um den See ist auch für ungeübte Wanderer geeignet. Auf einer Wanderkarte sind die Entfernungen anderer Wanderwege eingezeichnet; Einzelheiten über Zustand der Wanderwege bei Park Rangers am Informationsstand erfragen. Begleitheft *Bear Lake Nature Trail* bei Visitors Centers erhältlich.

Der See **Bear Lake** liegt auf 2888 m ü.M. Der See selbst befindet sich nur etwa 100 m vom Parkplatz, Informationsstand und verschiedene Ausstellungen.

Bear Lake

Entfernungen vom Bear Lake

	mi/km	Höhe in m
Nymph Lake	0.5/0,8	2957
Dream Lake	1.0/1,6	3018
Emerald Lake	1.7/2,7	3072
Lake Haiyaha	2.0/3,2	3115
Mills Lake	2.5/4,0	3030
Jewel Lake	3.2/5,1	3033
Black Lake	5.0/8,0	3237
Loch Lake	3.0/4,8	3103
Glass Lake	4.4/7,0	3298
Sky Pond	4.8/7,7	3322
Bierstadt Lake	1.6/2,6	2870
Odessa Lake	4.1/6,6	3054
Fern Lake	4.1/7,5	2905
Flattop Mtn	4.4/7,0	3756
Andrews Glacier	5.2/8,3	3566
Tyndall Glacier	4.8/7,7	3719
Longs Peak	10.8/17,3	4345
Glacier Gorge Jct	0.5/0,8	2816
Alberta Falls	1.0/1,6	2867

140 ROCKY MOUNTAIN NP, CO
Fall River Entrance–Deer Ridge Junction

FALL RIVER ENTRANCE–DEER RIDGE JUNCTION

Von **Estes Park** kann man den nördlichen Eingang in den Park **Fall River Entrance Station** über *US 34 By-Pass* wählen. Die Entfernung von **Estes Park** zur **Deer Ridge Junction**, wo man auf die **Trail Ridge Road** stößt, beträgt etwa 9 mi/14 km.

Von **Estes Park** zum **Fall River Entrance** auf 2512 m ü.M. sind es etwa 5 mi/8 km. Die *US 34 By-Pass* passiert unterwegs eine Reihe kleinerer Motels entlang des **Fall River**, der katastrophale Verwüstungen anrichtete, als im Sommer **1982** der Staudamm **Lawn Lake Dam** gebrochen war.

Vom **Fall River Entrance** gelangt man auf guter Straße in den **Rocky Mountain Nationalpark.** Hier kostenlose Parkzeitung und Übersichtskarte verlangen. Vom Parkeingang bis zur Abzweigung der **Fall River Road** sind es etwa 2 mi/3 km. Nachdem man den **Aspenglen Campground** passiert hat, gelangt man in den **Sheep Lakes** Bereich mit populärem Dickhornschaf-Gebiet. Am Parkplatz gibt es eine **Sheep Lakes Information Station.**

Sheep Lakes

Am Infostand am Parkplatz:

The Decline and Recovery of Bighorn Sheep/Rückgang und Erholung der Dickhornschaf-Population

The recent history . . . Die jüngste Geschichte des Dickhornschafs im Rocky Mountain Nationalpark ist eine dramatische Geschichte von nahezu völligem Aussterben zur ermutigenden Erholung des Dickhornschaf-Bestands.

Anfang der 1800er Jahre lag die Zahl der Dickhornschaf-Population der Area in den Tausenden. Als Jäger und Siedler ins Estes Valley zogen, wurde Habitat verändert, Schafe von Trophäenjägern und wegen des Fleischs getötet; außerdem übertrugen Hausschafe Krankheiten auf einheimische Herden. Die Dickhornschaf-Population sank, und in den 1950er Jahren waren nur noch insgesamt etwa 150 Dickhornschafe im Gebiet des Rocky Mountain Nationalparks übrig.

Anfang der 1960er Jahre ließ der Druck auf die Schafe nach, und die Zahl der Tiere nahm zu. Später führten Wildlife Managers im Zuge der Bemühungen, das Bevölkerungswachstum zu fördern und Schafe in historische Weidegebiete zurückzuführen, das Dickhornschaf wieder ein. Nach neuesten Erkenntnissen bewohnen inzwischen über 800 Dickhornschafe den Rocky Mountain Nationalpark.

Sheep Lakes Bighorn Crossing/Dickhornschaf-Wechsel an den Sheep Lakes

During spring and summer . . . Im Frühjahr und Sommer wandern Dickhornschafe vom Hochgebirge hinunter zu den Wiesen um die Seen Sheep Lakes, wo sie grasen und am salzigen Boden des Seeufers lecken. Diese Salze sind wichtig, den Nährstoffhaushalt aufzustocken, der wegen des nährstoffarmen Futters im Winter und durch die Geburt von Lämmern gelitten hat.

Um zu den Wiesen zu gelangen, überqueren die Schafe Highway 34. Das Überqueren der Straße bedeutet Stress für die Schafe. Um diesen Stress zu mindern, wurde im Park eine „Bighorn Crossing Zone (Dickhornschaf-Wechsel-Zone)" geschaffen.

Den Sommer über stoppen Rangers an den Sheep Lakes den Verkehr, wenn Schafe zu und von den Wiesen wandern. Seit dieser Einrichtung besuchen die Schafe die Wiese öfter und bleiben länger.

Rocky Mountain Bighorn Sheep/Rocky Mountain Dickhornschaf

All male . . . Alle männlichen und weiblichen Schafe haben Hörner. Im Gegensatz zu Geweihen, die jährlich abgeworfen werden, tragen Schafe ihre Hörner bis zum Tode. Größe und Form der Hörner geben Hinweise auf Alter.
Keen eyesight . . . Scharfe Augen, stark ausgeprägter Geruchssinn und gutes Gehör lassen Dickhornschafe Gefahr aus großen Entfernungen wahrnehmen.
A dark . . . Ein dunkler, doppellagiger Mantel schützt das Schaf vor der grimmigen Kälte des Winters. Der Pelz wird jedes Jahr abgeworfen.
A four part . . . Ein vierfacher Magen ermöglicht dem Schaf, harte, trockene Nahrung wirksam zu verdauen. Schafe fressen große Mengen Futter und ziehen sich dann in höhere Lagen zurück, um widerzukauen und zu verdauen.

ROCKY MOUNTAIN NP, CO 141
Sheep Lake/Horseshoe Park

Specialized ... Speziell ausgestattete Hufe, weich und flexibel, ermöglichen den Schafen sicheren Tritt auf steilen, glatten Felsklippen.

Nun zu den Infotafeln am Parkplatz von links nach rechts:

Bighorn/Dickhornschaf

Thousands of ... In diesem Teil der Rocky Mountains lebten einst Tausende von Dickhornschafen. Die heutigen Herden sind bedeutend kleiner, doch Mutterschafe, Lämmer und stolze Böcke grasen noch jeden Sommer auf den Bergwiesen und lecken von den Salzen und Mineralien am Seeufer der **Sheep Lakes.**

Dickhornschafe sind äußerst stressanfällig. Bitte stets den Schafen den Vortritt lassen, ohne sie zu verängstigen.

"If the ... When die Dickhornschafe weiterhin unsere Gebirgshänge schmükken, brauchen sie sich weniger auf ihre hervorragenden Adaptionen als auf den guten Willen des Menschen zu verlassen." Valerius Geist

An Ancient Lake/Ein urzeitlicher See

You are standing ... Man befindet sich hier am Ufer eines ehemaligen urzeitlichen Sees. Vor Tausenden von Jahren schuf Geröll eines schmelzenden Gletschers flußabwärts einen natürlichen Damm, wonach das glaziale Tal bald vom Schmelzwasser überflutet wurde. Sedimente füllten den See und eventuell entstanden dann die flachen Wiesen des Horseshoe Park.

Flußaufwärts lassen deutliche U-förmige Täler den Weg des Gletschers erkennen.

Kurz hinter Sheep Lakes mit der Bighorn Sheep Area kommt man zur Abzweigung der **Fall River Road, Endovalley** mit Picknickplatz (etwa 2 mi/3 km entfernt) und zum **Lawn Lake Trailhead.** Die **Fall River Road** ermöglicht eine geruhsame und gemächliche Fahrt auf unbefestigter Straße (Einbahnstraße) entlang der ca. 10 mi/16 km bis zum **Fall River Paß,** wo man auf die **Trail Ridge Road** stößt (etwa ein halber Tag).

Von der Kreuzung Richtung Endovalley und *US 34 By-Pass* gelangt man auf der *US 34 By-Pass* südwärts zum **Horseshoe Park.** Unter **Park** versteht man im Rocky Mountain Nationalpark im allgemeinen eine Bergwiese. Hier im „Hufeisenpark" informiert eine Infotafel am Parkplatz über Wapitis:

Horseshoe Park

Dieses Tal ist beliebtes Winterquartier der Wapitihirsche, die man im Spätherbst und Winter frühmorgens oder spätabends beobachten kann.

Bugler of the Mountains/Hornist der Berge

The mountains are ... Die Berge sind die Heimat der Wapitihirsche. Diese großen Säugetiere suchen tagsüber im Wald Schutz, um abzukühlen und Feinden aus dem Weg zu gehen, kommen dann zwischen Abend- und Morgendämmerung zum Äsen auf die offenen Wiesen heraus. Große Elchbullen haben bis zu 1,50 m Schulterhöhe und wiegen ca. 500 kg. Während der Brunftzeit im Herbst ertönt das Röhren der Hirsche über das Tal, wenn die Hirschbullen ihre Kühe gegen andere Bullen verteidigen.

Nach dem **Horseshoe Park** beginnt die Parkstraße zu steigen, bis man den nächsten Aussichtspunkt erreicht:

Aussichtspunkt
zwischen Horseshoe Park und Deer Ridge Junction

Hier bietet sich ein Panoramablick.

What you see from here/Von hier zu sehen

Von links nach rechts:

Mt. Chapin	3796 m	Fairchild Mountain	4115 m
Mt. Chiquita	3983 m	Big Horn Mountain	3494 m
Ypsilon Mountain	4119 m	McGregor Mountain	3196 m

An Espen- und Kiefernwäldern vorbei erreicht die Straße die Kreuzung **Deer Ridge Junction,** *US 34 & US 36,* wo die berühmte **Trail Ridge Road** beginnt (siehe Extraabschnitt). Es sind etwa 17 mi/27 km von **Deer Ridge Junction** bis **Fall River Paß/Alpine Visitors Center.** Von **Deer Ridge Junction** sind es etwa 5 mi/8 km via *US 36* südostwärts zum **Park Headquarters** und 9 mi/14 km bis Estes Park.

FALL RIVER ROAD

Die ca. 10 mi/16 km lange **Fall River Road** ist eine schmale, nicht asphaltierte Einbahnstraße (bergauf), die sich vom **Endovalley** durch die Rockies hinauf zum **Fall River Paß** und **Alpine Visitors Center** windet. Dies war die ursprüngliche Straße über die *Continental Divide*, deren Bau **1920** begonnen wurde. **1934** wurde die Straße durch die spektakuläre **Trail Ridge Road** ersetzt. Begleitheft *Old Fall River Road* im Visitors Center erhältlich.

Die Straße ist von der **Horseshoe Park Junction** bis zum Picknickplatz im **Endovalley** – etwa 2 mi/3 km – asphaltiert und zweispurig. Danach führt die **Fall River Road** als Einbahnstraße zum **Alpine Visitors Center**. Genau nach Straßenzustand und sonstigen Beschränkungen erkunden.

Die Straße wurde teilweise mit Zuchthäuslern gebaut; heute sind unterwegs noch die Zuchthäuslerhütten zu sehen. Der Wasserfall **Chasm Falls** gehört zu den Attraktionen dieser Route. Viele Spitzkehren bis zum **Alpine Visitors Center**, von denen man eine grandiose Sicht auf die Wiesen und Gipfel der Umgebung hat.

Moorschneehuhn / Ptarmigan

Tips für Trail Ridge Road

1. Mit **vollem Benzintank** starten.
2. **Unterkunft** sichern, entweder in Estes Park oder Grand Lake bzw. Granby.
3. Warme **Jacke** fürs Hochgebirge bereithalten.
4. Gegen **ultraviolette Strahlen** entlang des Tundra World Trail schützen.
5. **Fernglas** macht sich bezahlt.
6. Ausreichend **Filmmaterial** vorrätig haben.
7. Fahrweise der kurvenreichen **Gebirgsstraße** anpassen.
8. **Festes Schuhwerk** für Wanderung entlang Tundra Trail.
9. **Keine** wilden Tiere füttern!
10. Proviant/Snacks bereithalten. Vorräte zuvor im **Supermarkt** in Estes Park besorgen.
11. Wer **vom Westen** in den Park einfährt, muß die Routenbeschreibung mit dem 2. Teil der Trail Ridge Road und in **umgekehrter** Reihenfolge benutzen.

FAHRT ENTLANG TRAIL RIDGE ROAD
1. Teil: Von Estes Park zum Alpine Visitors Center

Die **Trail Ridge Road** gehört zu den schönsten Gebirgsstraßen der USA. Sie durchquert den Rocky Mountain Nationalpark auf insgesamt 62 mi/ 77 km von Ost nach West, von **Estes Park** bis **Grand Lake**. In diesem Abschnitt wird zunächst als **1. Teil** der **Trail Ridge Road** nur die 26 mi/ 42 km lange Strecke von **Estes Park** zum **Alpine Visitors Center** behandelt. Für diese Fahrt auf der kurvenreichen Gebirgsstrecke sollte man mindestens 4–6 Stunden einkalkulieren. Der **2. Teil** der **Trail Ridge Road** führt vom **Alpine Visitors Center** bis **Kawuneeche Visitors Center,** Grand Lake und Granby.

Entfernungen in Meilen/Kilometer vom Park Headquarters

Allenspark	17/27	Grand Lake	48/77
Boulder	36/58	Idaho Springs	78/125
Central City	61/98	Laramie	100/160
Cheyenne	85/136	Mesa Verde NP	415/664
Denver	72/115	Steamboat Springs	141/226
Dinosaur NM	332/531	Vernal, UT	335/536
Granby	62/99	Yellowstone NP	530/848

Von **Estes Park** fährt man auf der *US 36* in den Park. Nach etwa 4 mi/6 km passiert man das Park Headquarters mit Visitors Center. Hier kann man sich die kostenlose Parkzeitung und anderes Material für die Fahrt entlang der **Trail Ridge Road** besorgen. Es gibt beispielsweise den *Trail Ridge Road Guide* und verschiedene *Trail Guides* – Begleitbroschüren für Wanderwege und Naturlehrpfade. Auch gute Auswahl an Bildbänden und Postkarten. Außerdem gute Gelegenheit, den genauen Wetterbericht zu erfahren. Kurz darauf gelangt man über die Parkgrenze zur östlichen Eingangsstation **Beaver Meadow Entrance Station**.

Kurz nach der Beaver Meadow Entrance Station biegt südwärts die **Bear Lake Road** ab, an der das **Moraine Park Museum** liegt (wird im Extraabschnitt behandelt). Danach führt *US 36* den 3052 m hohen **Deer Mountain** hinauf und passiert bald darauf einen der ersten Aussichtspunkte. Eine Panoramatafel erklärt, was man von hier sieht:

US 36, Nähe Deer Mountain (3052 m)
What you see from here/Was von hier zu sehen ist

Von links nach rechts:

Estes Cone	3355 m	Steep Mountain	2907 m
Mt. Meeker	4240 m	Taylor Peak	4009 m
Mt. Lady Washington	4048 m	Otis Peak	3806 m
Longs Peak	4345 m	Hallett Peak	3875 m
Storm Peak	4062 m	Flattop Mountain	3756 m
Chiefs Head Peak	4139 m	Notchtop Mountain	3697 m
Mc Henry's Peak	4063 m		

"**In the quest** ... Wenn wir nach Ordnung und Schönheit trachten, wo suchen wir nach Zeichen von Größe? ... Wir blicken in die Natur, die stets der höchste ästhetische Grundsatz gewesen ist."   Carolyn S. Owen-Towle

Kurz nach dieser Aussichtsstelle erreicht die *US 36* die Kreuzung **Deer Ridge Junction,** wo die *US 34* als **Trail Ridge Road** westwärts und nordwärts zum **Horseshoe Park** und zur **Fall River Road** führt (Extraabschnitt Fall River Road).

144 ROCKY MOUNTAIN NP, CO
Trail Ridge Road

An der Kreuzung Deer Ridge Junction beginnt die berühmte Parkstraße durch die Rocky Mountains – **Trail Ridge Road** (gleichzeitig *US 34*). Die 1934 fertiggestellte Paßstraße zieht sich heute noch hoch über die Rockies, schneidet sich kurvenreich durch Waldzonen und Bergalmen, klettert oberhalb der Baumgrenze über nackten Fels. Etwa 3 mi/5 km westlich der Deer Ridge Junction gelangt die Trail Ridge Road zur Aussichtsstelle **Beaver World**. Vom Parkstreifen rechts am Straßenrand führt ein Pfad zum Plankensteg, wo Biber den Hidden Valley Creek aufgestaut und Teiche angelegt haben.

Beaver World Aussichtsstelle

An der Straße:

Beaver/Biber

"**Nature's Engineers...**" Biber sind „Bauleute der Natur" und gehören zu den größten Vertretern der Nagetiere. Sie können aus einem wilden Gebirgsbach eine Kette stiller Tümpel und sumpfiges Marschland entstehen lassen. Biber bauen Dämme, die rings um ihren Bau stabilen Wasserstand halten. Die Biberburgen liegen oft vom Ufer entfernt in halb versunkenen Schutthaufen.

Wo Biber sind, wird gleichzeitig in ihrer Umgebung neuer Lebensraum für andere Lebewesen geschaffen. **Greenback Trout** – Forelle mit grünem Rücken, **Muskrat** – Bisamratte – und **Otter** werden dort oft zu ständigen Bewohnern; andere Tiere wie die **Teal Duck** – Entenart, **Elk** – Wapitihirsch, **Kojote** halten sich nur in den wärmeren Monaten hier auf.

Ob Raubtier oder Beute – jedes Lebewesen spielt am Biberteich eine wichtige Rolle. Als der Biber früher wegen seines begehrten Pelzes von Pelztierjägern gejagt wurde, drohte er danach fast auszusterben. Heute hat er sich allerdings an vielen Stellen der Rocky Mountain Gegend bereits wieder stark vermehrt. Innerhalb des Parks geben angenagte Baumstämme und Wassertümpel sichere Hinweise auf Biber.

Nun entlang des Plankenstegs, am besten rechts herum beginnen und zur ersten Infotafel rechts (mit etwas Glück gibt es außer Enten auch Biber zu sehen):

Habitat

The beaver ... Der Biber besitzt ein reiches Geburtsrecht, obwohl in einer fensterlosen Schlammhütte geboren ... Rundherum die sich ständig ändernden und nicht enden wollenden Szenen und Stillen des Wassers am Ufer. Biber wachsen in der vielseitigen Wildnis auf, spielen inmitten leuchtender Blumen und gewaltiger Felsbrocken, in den Haufen Treibholz und zwischen umgestürzten Baumstämmen an den mysteriösen Waldrändern.
Enos Mills, In Beaver World, 1913

These ponds ... Diese Teiche liefern Futter, Wasser und bieten einer Vielzahl von Tieren Schutz. Wer leise ist und aufhorcht, bekommt vielleicht Bisamratten, Biber, Sumpfvögel und Hirsche zu sehen.

Rechts:

Ponds and Predators/Teiche und Feinde

Above all ... Der Teich ist vor allem ein Zufluchtsort, in den der Biber zu jeder Zeit eintauchen und Schutz vor seinen zahllosen und stets wachsamen Feinden finden kann. Enos Mills, In Beaver World, 1913

Beaver usually ... Biber futtern im allgemeinen auf der Windseite des Ufers, um den Feind besser wittern zu können. Nähert sich ein Feind im flachen Gewässer, kann der Biber schnell zu größerer Tiefe schwimmen und mit dem Schwanz schlagen, um andere Biber zu warnen und möglicherweise den Feind zu erschrecken. Hauptfeind im Wasser ist der Otter. Doch an Land gelten Kojote, Amerikanischer Luchs, Berglöwe und Bär als die größten Feinde des Bibers. Jahrhunderte lang haben Menschen – die größten Feinde – Biber wegen der Pelze und des Fleischs mit Fallen gefangen.

ROCKY MOUNTAIN NP, CO
Trail Ridge Road

Rechts:

A Place of Security/Eine Stätte der Sicherheit

... **in his fortress** ... er sitzt und schläft in seiner Biberburg in Sicherheit ... Er hört die Rufe des Kojoten und Puma ... die dumpfen Tritte der Füße seiner Feinde; und über seinem Kopf die drohenden Krallen auf dem Dach seines Hauses. Das Wasser gleitet endlos über den Damm und ebbt an den Ufern des Teichs sanft ab. Enos Mills, In Beaver World, 1913

A beaver's ... Eine Biberburg ist die letzte Zuflucht vor der Außenwelt. Sie ist eine Festung, Schlafzimmer und Kinderzimmer. Sowohl die Biberbauten und Uferhöhlen werden von dieser Biberkolonie benutzt.

Im Winter schließt Eis den Teich und die Burg ein und hält den Biber gefangen. Als Futter nimmt der Biber die Rinde von Espen, Weiden und Erlenzweigen zu sich, die im Herbst auf dem Boden des Teichs verankert wurden.

Zur letzten Tafel rechts:

Of Ponds and Meadows/Von Teichen und Wiesen

The beaver ... Der Biber ist eng mit den natürlichen Rohstoffen, Boden und Wasser verbunden ... Man braucht ihn, um Böden zu schützen, Flußläufe zu regulieren und Fischteiche zu schaffen.
Enos Mills, In Beaver World, 1913

In time ... Mit der Zeit füllen sich die Teiche mit Schlamm, der von den Bergen oben abgewaschen wurde. Wasserpflanzen werden durch Gras ersetzt, wenn das Sumpfgebiet zur Wiese wird. Eventuell muß der Biber umziehen oder den kleinen mäandrierenden Bach stauen und den Zyklus neu beginnen.

Kurz nach dem Biber-Aussichtspunkt biegt direkt in der Kurve die Straße zum populären Wintersportgebiet **Hidden Valley** ab. Trail Ridge Road tritt in die **subalpine Zone** ein und erreicht den Parkplatz am Aussichtspunkt **Many Parks Curve:**

Many Parks Curve

Direkt am Parkplatz:

Many Parks Curve

The imprint of ice/Die Inschrift von Eis. Ein Großteil der Umgebung wurde vor etwa 15 000 Jahren von Gletschern geschaffen. Damals konnten sich die Gletscher durch das kalte Klima hoch oben auf Berghängen bilden. Vermutlich hatten damals **Gletscherzungen** alle Hauptcanyons in und um den Rocky Mountain Nationalpark ausgefüllt. Manche Schichten waren etwa 457 m dick, wo diese Eismassen in tiefere Regionen abrutschten. Das Eis schabte und hobelte an der Landschaft und ließ tiefgefurchte Hänge und U-förmige Canyons entstehen.

In den tief unten liegenden Tälern ließen die Gletscher einen massiven, etwa 61 m dicken und etwa 8 mi/13 km langen Eispfropfen entstehen. Bis etwa vor 13 000 bis 14 000 Jahren beherrschten solche Eisgiganten die Szenerie, ehe die Gletscher durch wärmeres Klima anfingen zu schmelzen. Die Eismassen ließen riesige Schuttmassen zurück und Moränen entstehen. Im **Moraine Park** (Moränenpark) treten diese Moränen als langgezogene bewaldete Bergrücken auf.

Obwohl die ehemaligen Gletscher schon lange dahingeschmolzen sind, gehören die Spuren ihrer Tätigkeit zu den spektakulärsten Szenerien Nordamerikas.

(Über Gletscher). Gletscher beginnen hoch über der Taugrenze als **Schneefelder.** Riesige Schneemassen sammeln sich an und verdichten sich allmählich zu Eis. Eigengewicht, Spannung und Druck ließen das Eis als zähflüssige Eismasse – **Gletscher** – sehr langsam talabwärts fließen.

Gletscher gestalten die Landschaft durch verstopfende Eispfropfen, schaben und scheuern den Fels und üben beim Herunterrutschen Druck aus. Die Bewegung im Innern der Eismassen geht immer vorwärts, wobei die mitgeführten Gesteinstrümmer ständig vor dem Gletscher hergeschoben werden und ebenfalls mitschleifen.

146 ROCKY MOUNTAIN NP, CO
Trail Ridge Road

Obwohl Gletscher sich Jahrtausende halten können, wird das Eis schätzungsweise nur Hunderte von Jahren alt. Das Eis, das von oben ständig erneuert wird und mit Nachschub versorgt wird, hält sich so lange, wie es für den Weg von der Gletschermulde bis zum Gletscherrand braucht. Das Eis schiebt sich, angefangen von einigen Zentimetern, bis zu mehreren Metern pro Tag voran.

Wenn sich der Eisrückgang schneller als das Talabwärtsfließen vollzieht, bleiben riesige Fels-, Sand- und Geröllmassen zurück, die der Gletscher unterwegs mitführte. In langgezogenen Hügeln hinterlassene Schuttmassen bilden die Endmoränen, mit denen der weiteste Punkt, den die Eisfelder erreichten, bezeichnet wird.

Holzschild direkt an der Felsspitze:

Many Parks Curve

Many Parks Curve. Hier befindet man sich auf etwa 9680 Fuß/2950 m ü.M. – eine Tafel beschreibt die einzelnen Gipfel, die man sieht:

Twin Sisters Peak	3483 m	Chiefs Head Peak	4139 m
Estes Cone	3355 m	McHenry's Peak	4062 m
Longs Peak	4345 m	Trail Ridge	
Pagoda Mountain	4099 m		

The massive ... Der massive, quadratische Gipfel im Süden – der **Longs Peak** – ist der mächtigste Gipfel der **Front Range** der Rockies. Der Kamm dieses Gebirgszugs, der rechts hinter dem **Trail Ridge** verschwindet, bildet die kontinentale Wasserscheide – Continentale Divide – im **Rocky Mountain Nationalpark.**

Die Parkstraße Trail Ridge Road, die im Westen zum **Fall River Paß** ansteigt, überquert den Continental Divide und bietet herrlichen Landschaftsausblick auf weniger hohe Berge. Im Norden gibt es keinen anderen Gipfel der Rockies, der höher ist als der **Longs Peak.**

Vom Parkplatz führt ein sogenannter *Catwalk* (schmaler Plankensteg) zur Aussichtsstelle und einem 2. Parkplatz, zu dem allerdings nach dem Catwalk die Straße überquert werden muß. Eine Serie von vier Infotafeln am Catwalk von links nach rechts:

Perilous Air ... The Visibility Connection/ Gefährliche Luft ... beeinflußt die Sichtweite

Compare the range ... Man vergleiche einmal die Sichtverhältnisse der beiden Fotos vom Deer Mountain. Der Gebirgszug mit dem Deer Mountain liegt eine Meile (1,6 km) von hier. Es werden dreimal am Tag Farbfotos genommen, um die sich verändernden Levels der Luftverunreinigung, Wetterverhältnisse und Sonnenstrahlung zu dokumentieren.

An einem klaren Sommertag beträgt die durchschnittliche Sichtweite im Rocky Mountain Nationalpark etwa 83 mi (133 km). Doch 90% der Zeit hier – und bei allen Meßstellen in den Nationalparks der zusammenhängenden 48 Bundesstaaten der USA – werden spektakuläre Vistas durch von Menschen verursachte Luftverunreinigungen beeinträchtigt. Verbrennung fossiler Brennstoffe bewirkt ein Aufsteigen winziger Teilchen in die Luft, die das Licht streuen und die Sicht verringern. Später schlagen sich diese Schmutzpartikel nieder und bilden saure Ablagerungen in Flüssen und Seen. In Parks im Osten betragen die Sichtweiten durchschnittlich nur 9 mi/14 km. Bei derartigen Luftqualitäten hier würde Longs Peak von einem Dunstschleier verhüllt sein. Bei gewissenhafter Verwendung fossiler Brennstoffe werden nicht nur Rohstoffe geschützt, sondern auch die Luft rein gehalten.

What you see from here/Von hier zu sehen

Dies ist eine Aussicht, der nichts hinzugefügt werden braucht ... Diese Szenerie tut der Seele gut.   Isabella Bird; A Lady's Life in the Rocky Mountains, 1879

Von links nach rechts:

Deer Mountain	3052 m	Longs Peak	4345 m
Eagle Cliff	2684 m	Storm Peak	4062 m
Twin Sisters	3479 m	Pagoda Mtn.	4105 m
Moraine Park		Chiefs Head Peak	4139 m
Estes Cone	3355 m	McHenry's Peak	4063 m
Mt. Meeker	4240 m	Powell Peak	4026 m
Mt. Lady Washington	4048 m		

ROCKY MOUNTAIN NP, CO 147
Trail Ridge Road: Rainbow Curve

Air Quality ... Measuring the Changes/ Luftqualität ... Maßstab der Veränderungen

Often weather patterns ... Oft werden Luftverunreinigungen durch die Wetterverhältnisse von weit entfernten Quellen herbeigetragen. Die meisten Luftverunreinigungen, die den Rocky Mountain Nationalpark beeinflussen, kommen aus Südkalifornien und Schmelzöfen und Kraftwerken im Südwesten.

In den Nationalparks der USA erfolgen mit Hilfe moderner Technik „Messungen der Luft", um die Art, Menge und Herkunft der Luftverschmutzung festzustellen. Ein Transmissometer genanntes Instrument mißt durch Luftverschmutzung bewirkte Reduzierung der Sichtweite. Täglich Fotos, Sammeln und Untersuchung von Luftpartikeln und Routine-Observation der Parkpflanzen und -tiere versorgen die Wissenschaftler mit Information über den Gesundheitsgrad unserer Umwelt.

Rivers of Ice/Flüsse aus Eis

From their origins ... Immer wieder bildeten sich in den vergangenen zwei Millionen Jahren mächtige Gebirgsgletscher und drangen aus ihren Ursprungsquellen hoch oben im Hochgebirge herab, um die Landschaft zu gestalten. Die baumbestandenen Gebirgszüge vor einem sind die Endmoränen von Gletscherschutt, die während der letzten 150 000 Jahre geschoben oder an den Seiten der Gletscher abgelagert wurden. Hier waren auch weitere urzeitliche Gletscher am Werk, doch gibt es kaum Spuren ihres Wegs.

Weiter entlang der **Trail Ridge Road**, wo man bald zwei Meilen über dem Meeresspiegel erreicht – *2 miles above sealevel* (10 560 Fuß/3219 m ü.M.). Die Straße klettert weiter bis zum Parkplatz der Aussichtsstelle **Rainbow Curve** – Regenbogenkurve:

Rainbow Curve Aussichtsstelle

An der Aussichtsstelle befinden sich durch Sonnenenergie gespeiste Toiletten. Die Silizium-Sonnenkollektoren auf dem Dach wandeln das Sonnenlicht in Elektrizität um. Die elektrisch geladenen Batterien treiben die Pumpen an, die ein Spezialöl durchpumpen. Im Notfall wird ein gasbetriebener Generator benutzt. Nun zur Infotafel am Parkplatz:

Rainbow Curve/Regenbogenkurve

Etwa 3301 m ü.M. Die Landschaft läßt ihre Vergangenheit erkennen – Gletscher, die vor über 10 000 Jahren trockene Talmulden ausfüllten; Seen, die sich flußabwärts aus zurückziehenden Gletschern bildeten, später austrockneten und Wiesen zurückließen wie den **Horseshoe Paß,** durch den sich etwa 610 m tiefer der **Fall River** mäandert.

An der Aussichtsstelle:

What you see from here/Was von hier zu sehen ist

Without parks ... Ohne Parks und Freizeitmöglichkeiten in freier Natur wird alles, was uns die Zivilisation geprägt hat ersticken. Wir brauchen Parks, um uns zu retten, um unseren Untergang zu verhindern, um froh und glücklich zu sein. Innerhalb der Nationalparks ist Platz – viel Platz, wo man zu sich selbst finden kann.
                                                                      Enos Mills

Von links nach rechts:

Mount Chapin	3796 m	Mummy Mountain	4092 m
Mount Chiquita	3983 m	Roaring River	
Ypsilon Mountain	4119 m	Bighorn Mountain	3494 m
Mount Fairchild	4115 m	The Needles Mountain	3069 m
Hagues Peak	4133 m	Sheep Mountain	3053 m

148 ROCKY MOUNTAIN NP, CO
Trail Ridge Road: Ute Trail

A Hidden Valley/Ein verborgenes Tal

Far below ...Tief unten liegt der **Hidden Valley Creek** ein Habitat von Biber, Grünrücken-Forelle und anderen Tieren. Dieser Bach floß einst direkt in **Horseshoe Park**, bis er von einer dicken Gletschermoräne gestaut und sein Lauf umgeleitet wurde.

Die hellen Felsbrocken sind ein relativ junges Erscheinungsbild in der Landschaft. Am 15. Juli 1982 brach ein Damm im Hochgebirge, und innerhalb weniger Stunden entlud das Wasser seine Ladung auf den Talboden.

Changing Climate/Klimaveränderung

The valley below ... Das Tal dort unten wird von den Spitzen eines subalpinen Waldes – ähnlich wie die weiten Wälder Kanadas – eingehüllt. Doch je höher man fährt, um so dünner wird die Luft. Sie hält weniger Wärme und schafft kühleres Klima für Pflanzen und Tiere. Noch höher liegt die arktischartige Welt der Alpine Tundra, wo so strenge Wintertemperaturen und hohe Windgeschwindigkeiten herrschen, daß Bäume nicht mehr existieren können.

Die **Trail Ridge Road** überschreitet nun die Baumgrenze und erreicht die **Alpine Tundra Zone.** Unterwegs passiert man den Parkplatz des Ausgangspunkts zum **Ute Trail,** der Hochgebirgs-Durchgangsstraße der Rockies. Ausgezeichnete Gelegenheit, Wildblumen ganz aus der Nähe zu fotografieren.

Ute Trail Ausgangspunkt

Am Parkplatz:

High Country Thoroughfare/The Ute Trail
Hochgebirgs-Durchgangsstraße/Ute Trail

The Colorado Rocky Mountains ... Die Rocky Mountains in Colorado stellten erste Reisende vor eine schwierige Entscheidung: Entweder diese scheinbar undurchdringliche Bergbarriere zu umgehen, oder einen Weg hindurch zu finden.

Die Ute- und Arapaho-Indianer wählten Letzteres, als sie von ihren Sommer- zu den Winter-Jagdgründen zogen. Ihre alten Routen innerhalb des Parks überquerten die Kontinentale Wasserscheide/*Continental Divide* via **Big Meadows** und **Flattop Mountain,** den **Fall River** hinauf, über den **Fall River Paß** und entlang **Trail Ridge.**

Später, als auf beiden Seiten der Wasserscheide Siedlungen entstanden, wurde die Reise über den **Ute Trail** ziemlich regelmäßig. Die zunächst von Indianern benutzte Route wurde bald zum festen Weg wie heute, der von der neuzeitlichen **Trail Ridge Road** immer wieder überquert wird.

Indianer, Trapper und Prospektoren gehören heute zur Geschichte, doch der heutige Reisende kann einen großen Teil dieses Hochgebirges auf Pfaden einer Route überqueren, die vor Tausenden von Jahren angelegt wurden.

Fährt man weiter auf der **Trail Ridge Road** entlang, wird der Baumwuchs immer niedriger und bald von der herrlich bunten Tundra abgelöst. Der Gipfel **Longs Peak** – 4345 m ü.M. – liegt etwa 11 mi/18 km im Südosten.

Am nächsten Aussichtspunkt, **Forest Canyon Overlook** auf ca. 3560 m ü.M. erblühen im Hochsommer überall am Gipfel die Tundrablumen. Auf der anderen Seite ein Gletscher; direkt unterhalb des Aussichtspunkts erstreckt sich in 750 m Tiefe ein dicht bewaldetes U-förmiges Tal.

Forest Canyon Overlook

Vom Parkplatz führt ein Fußweg zur Aussichtsstelle. Unterwegs informiert eine Infotafel am Weg:

The Glacial Landscape/Die Gletscherlandschaft

Like other ... Der Forest Canyon war wie andere Hochgebirgstäler mit Eis gefüllt und wurde im Laufe der letzten zwei Millionen Jahre von Gletschern geformt. Hier floß Eis durch ein Flußtal und folgte der geraden Linie eines urzeitlichen Grabens. Seitentäler lieferten ihre eigenen Eisströme und hobelten die Canyons der Hayden Gorge und Gorge Lakes aus. Die rollenden Hügel des Hochgebirges blieben vom glazialen Eis unberührt.

Am **Forest Canyon Overlook** bietet sich ein grandioses Panorama von Berggipfeln und Tälern:

What you see from here/Was es von hier zu sehen gibt

Von links nach rechts:

Longs Peak	4345 m	Terra Tomah	3877 m
Stones Peak	3939 m	Mt. Ida	3926 m
Sprague Mountain	3875 m	Gorge Lakes	
Hayden Spire		Never Summer Mountains	
Hayden Gorge		Mt. Richthofen	3944 m

Während man hier das gewaltige Gebirgspanorama genießt, muß man sich vorstellen, daß die Rocky Mountains in den vergangenen 120 000 Jahren drei intensive Gletscherperioden erlebten. Die erste begann schätzungsweise vor etwa 120 000 Jahren und wurde **Early Bull Lake Advance** genannt. Als sie ihren Höhepunkt erreicht hatte, waren die Täler und Bergrücken der Umgebung größtenteils mit etwa 305 m dickem Eis bedeckt. Es dauerte etwa 15 000 Jahre, ehe sich das Eis im wärmeren Klima zurückzog.

Die zweite Eiszeit – **Late Bull Advance** – ereignete sich vor etwa 100 000 Jahren. Jahrhundertelang lag dieselbe Landschaft erneut unter Eis begraben und wurde umgestaltet. Alle umliegenden Flüsse und Täler waren mit Eisströmen gefüllt, die manchmal eine Länge von 20 mi/32 km hatten.

Die jüngste Eiszeit – **Pinedale** genannt – vollzog sich vor etwa 22 000 Jahren. Eine weitere kalte Klimaperiode ließ die Gletscher aus Gletschermulden heraustreten oder als talwärts wandernde Gletscherzungen die in der Nähe liegenden Canyons mit Eis ausfüllen. Der Gletscher unten im **Forest Canyon** war über 457 m dick und dehnte sich talwärts etwa 13 mi/21 km aus. Vor etwa 6000 bis 7000 Jahren war das Eis aus dem **Pinedale Advance** vollkommen verschwunden.

Die wenigen Gletscher, die heute noch existieren, sind Neulinge, die sich erst weniger als 4000 Jahre im Park befinden. Unter dem gegenwärtigen Klima werden die meisten Gletscher vermutlich in etwa 150 Jahren verschwinden.

Nach dem Forest Canyon Aussichtspunkt passiert die **Trail Ridge Road** auf der einen Seite den **Sundance Mountain**, 3800 m ü.M., und auf der anderen das Gebiet der **Gorge Lakes** mit dem Hochgebirgssee **Arrowhead Lake;** diese Seen sind unerreichbar, da es keinen Zugang gibt. Der höchstgelegene See ist etwa 8–10 Monate lang zugefroren. Bald erreicht man das „Dach der Rockies". Am **Rock Cut** führt die Trail Ridge Road durch riesige Felsbrocken.

Eine der interessantesten Haltepunkte entlang der **Trail Ridge Road** auf dem Weg zwischen Park Headquarters und Alpine Visitors Center ist **Rock Cut** 3752 m ü.M. mit dem **Tundra Trail**. Vom Parkplatz in der Nähe der durch Solarenergie betriebenen Toiletten und der Hinweistafel **The Fragile Tundra** erstreckt sich der Pfad etwa 0.5 mi/0,8 km zum **Toll Memorial Mountain Index;** der Pfad folgt teilweise dem alten Ute Trail, den früher die Indianer und später die Bergwerksarbeiter benutzten, um die Kontinentale Wasserscheide = *Continental Divide* zu überwinden.

150 ROCKY MOUNTAIN NP, CO
Trail Ridge Road: Cut Rock

 ### Rock Cut Aussichtsstelle

An der **Rock Cut Aussichtsstelle** gibt es zu beiden Seiten der Straße Parkplätze. Am Straßenrand postieren neugierige und bettelnde Murmeltiere. Direkt neben der Toilette informiert eine Infotafel über die empfindliche **Tundra:**

The Fragile Tundra/Die empfindliche Tundra

Millions of People ... Millionen Menschen reisen nun entlang, wo einst Wapitis, Bison und Dickhornschafe umherzogen. Fußgänger- und Wanderverkehr begann, starke Schäden in der alpinen Tundra zu verursachen. Daher legte man 1959 Lehrpfade wie diesen an, um dem Besucher zu vermitteln, wie empfindlich Tundrapflanzen sind.
Jetzt wissen wir's. **Alpine Tundra** braucht Jahrzehnte, um sich zu erholen. Daher also stets auf dem asphaltierten Pfad innerhalb der Tundra Protection Area bleiben. Bei Cross-country Wanderungen möglichst auf Felsmaterial treten, um die Tundrapflanzen zu schützen.

Weitere Info über Fragile Tundra

The alpine tundra ecosystem ... Die Ökosysteme der alpinen Tundra lagen in dynamischem Gleichgewicht mit den nordamerikanischen Indianern, die Spuren ihrer Jahrtausende langen Präsenz auf dem Ute Trail hinterlassen hatten. Ende der 1800er Jahre erlitt der Trail, der die Kontinentale Wasserscheide überquerte und entlang des Trail Ridge führte, durch den starken Verkehr der Fleischjäger, Bergwerksstiefel der Minenarbeiter und Pferdehufe weitere Vertiefungen. Eine Änderung erfolgte 1932 mit der Trail Ridge Road, die der alten Route folgte, und dem Beginn eines Besucherstroms. In der empfindlichen Tundra zeigte sich immer stärker das Eindringen des Menschen. 1959 begann man mit dem Anlegen eines Lehrpfads. Etwa fünf Millionen Füße besuchen alljährlich diesen Park. Manche dieser Füße, die diesen Berghang 25 Jahre lang betreten haben, verursachten durch Zertrampeln der empfindlichen Tundra-Pflanzen Schäden in der Tundra, die einige Jahrhunderte benötigen wird, um sich zu erholen.

Nun zum Tundra Trail:

Tundra Trail

Am Start des Trails am Parkplatz weist eine auf einem Steinbrocken angebrachte Tafel den Weg:

To the Toll Memorial Mountain Index, One half mile east, following a portion of the old Ute Trail./Zum Toll Memorial Mountain Index, eine halbe Meile ostwärts, einem Teil des alten Ute Trail folgend.

Entlang des asphaltierten Tundra Trail wird man von einer Reihe kleiner Info-Tafeln begleitet. Zunächst wird am Beginn des Trails auf die naturgeschützte Area hingewiesen, sog. Tundra Protection Area – von Hunderten von Füßen zertrampelte Flächen benötigen hundert Jahre, wieder instandgesetzt zu werden; daher auf dem Weg bleiben. Dann links am Pfad die Infotafel:

You are entering ... Hier betritt man eine andere Welt. Leben wird erschwert durch scharfen Wind und bittere Kälte, nur die Stärksten überleben.

Zweites Schild links:

Have you traveled ... Wer ist schon von den Wüsten Mexikos bis hinauf in die eisige Arktis gereist? Legt man 960 km zurück, kommt dies auf der Trail Ridge Road einem Höhenunterschied von 300 m gleich. Viele hier vorkommende alpine Pflanzen sind auch in den weiten, baumlosen Gegenden von Alaska, Kanada oder Sibirien zu finden.

ROCKY MOUNTAIN NP, CO 151
Trail Ridge Road: Tundra Trail

Dann rechts:

The march of forests ... Dem Klettern der Waldzonen bergaufwärts wird durch kalte Temperaturen abrupt Einhalt geboten. An der oberen Baumgrenze legen Bäume alle hundert Jahre etwa nur 2,5 cm an Umfang zu. Zu jeder Zeit des Jahres kann die Tundra von Schnee bedeckt werden. Nachttemperaturen fallen oft unter den Gefrierpunkt. Nur Pflanzen, die sich dieser harschen Umgebung angepaßt haben, überleben, wo die Wachstumsperiode nur etwa acht Wochen pro Jahr ausmacht.

Links:

Each winter ... Jeden Winter rufen Wirbelstürme starke Winde von über 160 Stundenkilometer hervor, die Schnee über die Tundra fegen. 9 m hohe Schneeverwehungen überziehen Pflanzen und Tiere mit einer schützenden, wärmenden Decke. Wo der Schnee weggeblasen wird, rauben Winde Wärme und Feuchtigkeit, wo auch immer etwas an Vegetation freiliegt und zerschmettern jedes bloßgelegte Blatt oder Zweig mit Eis- und Sandpartikeln.

Rechts:

These gentle, rolling ... Diese sanften, rollenden Berggipfel sind Reste einer urzeitlichen Ebene, die durch ungeheuren Druck in die Höhe gepreßt wurde. Der Forest Canyon zur Rechten war einst mit etwa 300 m dicken Gletschermassen gefüllt. Die Eismassen rissen den Fels ab, höhlten das Tal weit aus, schufen die Becken, die heute mit Bergseen gefüllt sind.

Links:

Ice shaped Trail Ridge ... Trail Ridge wurde durch Eismassen geschaffen, obwohl Gletscher diese Höhenlage nie erreichten. Der Boden hier war während der Eiszeit durch Dauerfrost gefroren, und nur die Oberflächenschichten tauten im Sommer. Das im Boden über dem Eis eingeschlossene Wasser ließ die übersättigte Erde in Kämmen oder im Festigungsprozeß bergabwärts wandern.

Rechts:

In wet areas, buried rocks ... An feuchten Stellen werden begrabene Felssteine durch das ständige Frieren und Auftauen der feuchten Erde geknetet. Das Gesteinsmaterial wird an die Oberfläche gedrückt, wo es Streifen, Girlanden oder Vielecke bildet.

Links:

Lichens also help ... Flechten tragen ebenfalls dazu bei, den Fels zu verwittern. Diese mehrfarbigen Miniaturpflanzen produzieren schwache Säure, die das bindende Gesteinsmaterial zersetzt und allmählich auflöst. Sie gehören zu den Pflanzen, die als erste Vegetation auftauchen, nachdem Gletscher sich zurückgezogen haben. Manche Arten existieren Tausende von Jahren.

In the distance ... Von Weitem sieht die Tundra einheitlich und ohne Abwechslung aus. Doch beim Näherhinsehen lassen sich Mosaikfelder verschiedener alpiner Pflanzengemeinschaften feststellen. Diese entstanden durch unterschiedliche Schneedicke, Feuchtigkeit und Erde. Läßt man diese Tundraflecken in Ruhe, können diese dicken Grasteppiche und Riedgräser Hunderte von Jahren unverändert erhalten bleiben.

Rechts:

Winter winds sweep ... Winterwinde umwehen und zersausen dieses „Steinfeld" und legen es von Schnee frei. Diese alpine Wüste kann im Höchstfall etwa 5 cm Feuchtigkeit pro Jahr erhalten. Dichte Pflanzenkissen und -matten haben hier die besten Überlebenschancen; ihre wassersuchenden Wurzeln dringen bis zu 1,5 m tief in den steinigen Grund.

Have you noticed ... Ist es aufgefallen, wie klein die Wildblumen sind? In Bodenhöhe sind die Pflanzen vor den harschen Naturelementen geschützt – Winde können mit 50 Stundenkilometer in Augenhöhe daherfegen, erreichen jedoch nur 5 Stundenkilometer am Boden!

Many alpine plants ... Viele alpine Pflanzen enthalten Anthocyanin, einen chem. „Frostschutz", der Sonnenlicht in Wärme umwandelt. Pflanzenhaare bilden einen „Pelzmantel", der den Wärme- und Feuchtigkeitsverlust mindert. Diese Haare schützen die Pflanzen auch vor der ungefilterten Höhensonne, der starken ultravioletten Strahlung, die zweimal so stark ist wie auf Meereshöhe.

152 ROCKY MOUNTAIN NP, CO
Trail Ridge Road: Tundra Trail

Links:

White-tailed Ptarmigan ... Das Alpenschneehuhn besitzt ebenfalls hervorragende Anpassungsfähigkeit an alpine Klimate. Diese huhnähnlichen Vögel sind mit gefiederten Füßen ausgestattet, die wie Schneeschuhe wirken. Der Ptarmigan wartet oft die Winterstürme in winzigen Schneehöhlen ab. Seine Fähigkeit, das Gefieder im Winter weiß und im Sommer braun zu färben, verschafft ihm beste Deckung.

If you're quick ... Wer flink ist, kann mit etwas Glück ein kleines, kaninchenähnliches Tier zwischen den Felsen entdecken. Pikas (Pfeifhasen) sind die Farmer der Tundra. Sie ernten Pflanzen im Sommer, lagern sie in „Heuhaufen" unter den Felsen als Winternahrung an. Deer Mice (Mäuseart), Meadow Vole (Wühlmaus), Shrews (Spitzmäuse), Pocket Gophers (Taschenratten) und Wiesel sind weitere Tierbewohner dieser Gemeinschaft. Und nun, kurz bevor das Wegende erreicht ist, eine weitere Info-Tafel:

Rechts, kurz bevor das Ende des Trails erreicht wird:

Have you heard ... Sind unterwegs schrille Töne vernehmbar gewesen? Ein gelbbauchiges Murmeltier warnt die Tiernachbarn vor drohenden Gefahren. Dieser Verwandte des „Groundhog" (ein Siebenschläfer) ist oft beim Sonnenbaden auf den Felsen entlang Trail Ridge zu beobachten. Das Murmeltier beschäftigt sich im Sommer mit Schlafen, Spielen und Fressen als Vorbereitung des mehrere Monate dauernden Winterschlafs.

Der Trail endet hier. Wer einen Panoramablick auf die Bergwelt der Umgebung genießen will, kann den kurzen Aufstieg (Vorsicht! Glitschige Felsen!) hinauf zum Roger Wolcott Toll Memorial unternehmen – lohnt sich! Oben auf dem Gipfel des Toll Memorial (3752 m ü.M.) gibt eine Tafel die Entfernung zu den umliegenden Gipfeln und Nationalparks an.

Roger Toll war einer der ersten Superintendenten des Parks, der die **Trail Ridge Road** plante – eine Straße, die über 10 mi/16 km durch alpine Tundra führt, die längste Autostraße der USA, die oberhalb der Baumgrenze verläuft.

Roger Toll war Superintendent mehrerer Nationalparks, und zwar 1919–1921, Mount Rainier Nationalpark; 1921 bis 1928, Rocky Mountain Nationalpark; 1929–1935 Yellowstone Nationalpark. Außerdem war er Bauingenieur, Naturalist und Bergsteiger.

Weitere Information zur Tundra und zum Tundra Trail

Fall River Pass. Links sieht man, wo die erste Autostraße über diesen Gebirgszug **Front Range** verlief. Diese historische alte, nicht asphaltierte Straße – heute nur als Einbahnstraße bergan benutzbar – ist im Fall River, direkt unter dem Paß zu sehen. Hinter dem Paß taucht der Südrand der **Medicine Bow Range** auf. Dieser Gebirgszug zieht sich nordwärts bis nach Wyoming.

Old Quarry Road/Alte Steinbruchstraße: Hier ist im Vordergrund noch ein Stück der vor etwa 40 Jahren benutzten Straße zu sehen, auf der Felsmaterial zum Bau der Trail Ridge Road transportiert wurde. Obwohl sie seit jener Zeit nicht mehr benutzt wurde, vollzog sich das Nachwachsen der Vegetation dort sehr langsam – typisch für den Pflanzenwuchs in Tundraregionen.

Taieonbaa. Man folgt ein kurzes Stück den Fußspuren der Ute Indianer und anderer Indianerstämme, die jahrhundertelang die **Front Range** auf dieser Route überquerten. Das Ute-Wort Taieonbaa bedeutet „Kinderpfad". Frauen und Kinder benutzten diese Route, während die Männer etwa 12,5 km weiter südlich über den **Flattop Mountain** zogen. Von diesem Trail (*trail* = Pfad) kam der Trail Ridge (*ridge* = Bergrücken) zu seinem Namen.

Lava Cliffs/Lavaklippen: Im Nordwesten hat man einen ausgezeichneten Blick auf die dunkle **Lava Cliff** Mulde. Heiße Vulkanasche wurde aus Vulkanen im Nordwesten in diese Region geblasen und überzog diese Area; die Lava füllte ein steiles Tal aus. Später wurde diese Lavawand in den Felsklippen im Vordergrund von Gletschern freigelegt.

ROCKY MOUNTAIN NP, CO 153
Trail Ridge Road: Tundra Trail

Never-no-summer Mountains. Im Westen (links der Lava Cliffs) ist das Profil der **Never Summer Range** (Niemals-Sommer-Gebirge) am Horizont sichtbar: Die Arapaho Indianer nannten die Range Ni-chebe-chii – Never-no-summer (Niemals Sommer), da sie die meiste Zeit des Jahres schneebedeckt ist. Der Kamm der Range liegt auf dem *Continental Divide* und markiert die Westgrenze des Parks. Von hier aus blickt man gleich zweimal über die *Continental Divide* – etwas näher die Front Range und dann die Never Summer Range. Der Colorado River fließt genau dazwischen.

Ute Trail. Der **Tundra Trail** läuft nach links, der **Ute Trail** führt rechts weiter ostwärts. Tageswanderung auf dem Ute Trail entlang vom **Fall River Pass** zum **Moraine Park,** etwa 13 mi/21 km.

Cushion Plants/Kissenpflanzen: Der Pfad durch Pionierpflanzen der Tundra. Sie bilden Matten oder richtige Kissen, was gerade an windigen Stellen oder bei lockerem Boden sehr vorteilhaft ist. Die **Moss Campion** – Mooslichtnelke – wächst an ähnlichen Stellen überall im Norden, ist aber sehr empfindlich.

Mushroom Rocks/Pilzfelsen: Die Felsen am Horizont enthalten einige der ältesten Gesteine des Parks. Die dunklen Streifen lagerten sich vor hunderten Millionen Jahren erst als Schlammschichten in flachen Seen ab. Die weißen Felsen waren früher flüssig und wurden in diese Schichten hochgedrückt, die gebogen und gebacken wurden, bis sich dieses Gestein in metamorphes Gestein umwandelte. Die hellen Felsen verwittern schneller. Deshalb wurden sie auch schneller als die älteren, beständigeren, dunklen Felsen abgetragen, wodurch diese Pilzköpfe entstanden.

Wind Scarp (= Windböschung). Stellen, wo scharfe Gebirgswinde den dichten, alpinen Grasboden erodiert haben. Windböschungen beginnen, wo der Grasboden bereits durch andere Einwirkungen als Wind verletzt wurde.

Climax Tundra. Die Grasvegetation rechts vom Pfad gehört zum Typ der **Climax Tundra** (Pflanzen, die diese Tundra beherrschen und sich selbst fast ewig erhalten können). Diese Pflanze braucht allerdings einige Jahrhunderte, sich zu entwickeln. Bei den Climax Tundrapflanzen hier überwiegt ein kleines Riedgras, das nur an windigen Stellen wächst, die 9 bis 10 Monate schneefrei bleiben.

Sundance Mountain. In etwa 1 mi/1,6 km Entfernung sieht man etwas rechts vom Pfad den höchsten Punkt des Trail Ridge – **Sundance Mountain,** 3800 m ü.M. Von den Wetterstationen gemessene Windböen von 320 Stundenkilometern fegen von Zeit zu Zeit um diesen und andere benachbarte Gipfel. Etwas mehr nach rechts, auf der anderen Seite des Forest Canyons liegt der **Longs Peak** – mit 4346 m höchster Punkt des Parks, etwa 13 mi/22 km entfernt.

Snow Accumulation Area/Schneeverwehungen: Rechts und unterhalb der nackten Felsen liegen Schneefelder, die bis in den August oder das ganze Jahr über liegen bleiben. Den ganzen Winter über wird der Schnee an diese Stellen geweht und läßt tiefe Haufen entstehen. Die unter diesen Schneehaufen begrabene Tundra setzt sich aus anderen Pflanzen als denen, die entlang des Pfads zu sehen sind, zusammen. Durch die Schneedecke geschützt, erleben diese Stellen zwar nicht so starke Kälte, müssen dafür allerdings mit einer viel kürzeren Wachstumszeit als andere Tundrateile auskommen.

Mummy Range. In Richtung Norden, auf der anderen Seite des **Fall River Canyons** erheben sich die Gipfel der **Mummy Range.** Die Arapahoes nannten dieses Gebirge *White Owls* (= Weiße Eulen), da der Schnee im Winter weißer zu sein schien als andere Schneefelder.

Nach Rock Cut und Tundra World Trail passiert man den Iceberg Paß und gelangt zur Aussichtsstelle **Lava Cliffs** auf 12 140 Fuß/3700 m ü.M. mit Resten vulkanischer Felsen einer älteren Periode:

154 ROCKY MOUNTAIN NP, CO
Trail Ridge Road: Lava Cliffs

Lava Cliffs

Die dunklen Felsklippen nordwestlich vom Parkplatz bestehen aus Vulkangestein. In der Gegend der heutigen **Never Summer Range** etwa 8 mi/13 km westlich brachen vor 28 bis 26 Millionen Jahren wiederholt Vulkane aus. Dicke Schichten Vulkanschutt bedeckten das Land. Ein glühender Lavastrom erstreckte sich bis hierhin und erkaltete in Form des sogenannten **Tuff**, den wir heute hier sehen. Viel später schnitt Gletschereis in den Hang und legte den Tuff im Querschnitt frei. Meistens bleiben hier noch lange im Sommer Schneefelder liegen. Mit dem Fernglas kann man Gletscherspalten entdecken.

What you see from here/Von hier aus zu sehen

Lava Cliffs		Mount Chiquita	3983 m
Desolation Peaks	3947 m	Mount Chapin	3796 m
Ypsilon Mountain	4119 m		

Zwischen **Lava Cliffs** und dem nächsten Aussichtspunkt passiert die Trail Ridge Road am **High Point** die höchste Erhebung der Trail Ridge Road mit 12 183 Fuß/3713 m ü.M. Kurz danach gelangt man zur Aussichtsstelle **Gore Range Overlook:**

Gore Range Overlook

Am Aussichtpunkt von links nach rechts:

Boundaries of Life/Lebensgrenzen

Between the 11 000 and ... Zwischen 3353 und 3500 m Höhe im Rocky Mountain Nationalpark erstreckt sich die obere Grenze der subalpinen Zone = **Subalpine Forest.** Oberhalb dieser Höhe, wo die Sommertemperaturen durchschnittlich unter 10°C liegen, überleben kaum Bäume. Die Grenze zwischen Wald und Tundra wird auch durch Schneeverwehungen, Wind, Lawinen und Kahlstellen markiert; Wälder reichen auf wärmeren Südhängen höher als auf den kühleren Nordhängen.

Baumbestände überleben in den höchsten Lagen als Niedrigwuchs, verkrüppeltes **Krummholz**.

What you see from here/Von hier zu sehen

Von links nach rechts:

Longs Peak	4345 m	Forest Canyon	
Stones Peak	3939 m	Gore Range	
Terra Tomah	3877 m	Never Summer Mountains	
Mount Julian	3940 m	The Crater	
Mount Ida	3926 m	Specimen Mountain	3807 m

Volcanoes of the Never Summer Mountains/Vulkane der Never Summer Mountains

Carved by ... Das zerklüftete zackige Profil der **Never Summer Mountains,** von Eiszeit-Gletschern bearbeitet, verleugnet seinen vulkanischen Ursprung. Vor etwa 26 bis 28 Millionen Jahren stieg in der Erdkruste Magma empor und erstarrte, um den Bergen eine Nordsüdrichtung zu verschaffen. Explosive Eruptionen von Lava und Asche sorgten für das Ausfüllen von Tälern und Begraben naher Pässe.

Heute bedecken die Vulkanprodukte jener Ereignisse noch etwa 65 Quadratkilometer Fläche.

Vom **Gore Range Overlook** führt die Trail Ridge Road weiter zum **Fall River Paß** auf 11 796 Fuß/3595 m ü.M. mit dem **Alpine Visitors Center.** Der Komplex des Alpine Visitors Center umfaßt das Visitors Center mit interessanten Exponaten und Store – Souvenirs und Restaurant (Einzelheiten im Extraabschnitt).

ALPINE VISITORS CENTER

Das am Fall River Paß (3595 m ü.M.) an der Kreuzung Fall River Road und Trail Ridge Road befindliche **Alpine Visitors Center** ist eines der Hauptziele der Parkbesucher. Der Komplex umfaßt riesigen Parkplatz, das Visitors Center mit Infotheke, Buchhandlung und Ausstellung, Store mit Souvenirs und Restaurant. Der Trail Ridge Store wurde 1935 errichtet.

Neben dem Alpine Visitors Center und Toiletten informiert eine Infotafel über Mountain Men:

Mountain Men

Over a century ago ... Vor über einem Jahrhundert erkundete eine hartgesottene Brut von sogenannten Mountain Men die Täler und alpinen Wiesen der Rocky Mountains. Es handelte sich um Burschen, die in der Wildnis aufgewachsen waren, die oft so harsch und unerbittlich war, daß man sich keinen Fehler erlauben konnte. Die meisten akzeptierten die Rocky Mountains wie sie waren, paßten sich den Bedingungen an und überlebten, um den Weg für andere zu bahnen – die Pioniere.

Inzwischen existieren keine Mountain Men mehr, und sie haben auch kaum etwas hinterlassen, was ihre Spur kennzeichnet. Dasselbe sollte man auch über unseren Besuch sagen.

Nun zum Alpine Visitors Center. Eine Ausstellung informiert über Interessantes über Tundra, Klima und Tiere dieser dem Wetter ausgesetzten Gegend des Parks. Rangers erteilen Auskünfte über Wetter und Zustand der Wanderwege und informieren über Veranstaltungen der Park Rangers. Bildbände und topographische Karten werden ebenfalls hier verkauft. Im sich anschließenden Geschäft gibt es ein Restaurant (heiße Schokolade zum Aufwärmen), Handarbeiten der Indianer und ein riesiges Sortiment Souvenirs. Nun zur Ausstellung im Visitors Center:

Ausstellung

Gleich links am Eingang zur Ausstellung beim Panoramabild der arktischen Landschaft zum Thema **Tundra ... land of no trees** beginnen. Weiter geht es mit **Climate** und **You can find Tundra in two ways** an der linken Wand:

Climate/Klima/Das Geheimnis der Tundra

Niedrige Temperaturen – durchschnittliche Höchsttemperatur im Sommer etwa 10°C (im Extremfall 17°C). Etwa 5 Monate des Jahres bleibt die Temperatur unter dem Gefrierpunkt. Durchschnittliche Tiefsttemperatur im Winter etwa −12°C (Extremfall −37°C). Weitere Faktoren, durch die das Klima beeinflußt wird, sind strenge Winde, plötzlich auftretende Feuchtigkeit mit nachfolgenden Niederschlägen, intensive Sonnenstrahlung und starke Verdunstung.

You can find Tundra in two ways/Tundra kommt in zwei möglichen Regionen vor

● **Tundra** wächst entweder in **polaren** Regionen oder
● auf **hohen** Bergen, wie beispielsweise im Rocky Mountain Nationalpark.
Moose kommen bei allen Tundren in der Welt vor; sie wachsen hier, in Island und auch in Sibirien. Mehr als ein Viertel des Parks besteht aus alpiner Tundra – eine der größten geschützten Tundren der USA.

Trail Ridge's Landscape/Landschaft des Trail Ridge

Vor etwa einer Million Jahren entstand diese Landschaft, als sich die Bergkämme des **Trail Ridge** bildeten. Damals hatten die Berggipfel schon etwa ihre heutige Form – glatt und rund geschliffene Oberfläche.

156 ROCKY MOUNTAIN NP, CO
Alpine Visitors Center

Ancient Rocks/Uraltes Gestein: Diese Berge bestehen aus uraltem Gestein, das etwa eine Milliarde Jahre alt ist – grobe Gneislagen, feiner Schiefer und Granit. Erst viel später floß Lava über den Westrand des **Trail Ridge**.

Valley Glaciers/Talgletscher: Sie bildeten sich hauptsächlich an den Nord- und Ostflanken des **Trail Ridge** und ließen steilwandige Mulden entstehen.
Die Gletscher flossen langsam in bereits vorhandene Täler hinunter und schliffen sie U-förmig.

Frost-shaped Trail Ridge/Vom Frost geformter Trail Ridge: Frost, Wasser und Wind ließen den Kamm des **Trail Ridge** verwittern. Immer wieder, vielleicht sogar einige hundertmal im Jahr, wiederholt sich der Prozeß von Frieren und Auftauen, was die Felsen am Trail Ridge mürbe und brüchig werden läßt.
Die Kräfte der Natur sind täglich gemeinsam mit dem Wachstum der Pflanzen und den Tieren am Werk, die Gestalt von Trail Ridge zu verändern. Verwitterte Mulden werden meistens auf der geschützten Seite der Bergkämme unter lang anliegenden Schneebänken vom Frost ausgehöhlt – sogenannte Nivation. In den westlichen Teilen bilden sich kleine „Frostbeulen". Parallel laufende „Stein- oder Geröllflüsse" lassen erkennen, wie sich der Frost ausscheidet.

The Tundra Year/Das Tundrajahr (Mitte Oktober – März)

Winter: 5¹/₂ Monate lang wird die Tundra von eisigen Winden heimgesucht.
Frühjahr: (April – Mitte Juni) Nasse Schneedecke liefert Feuchtigkeit für das Wachstum der alpinen Vegetation.
Sommer: (Mitte Juni – Mitte August) Tundra blüht in Hochform.
Herbst: (Mitte August – Mitte Oktober) Rote und braune Herbstfärbung kündigt den Winter an.
Diese Feststellungen gelten ganz allgemein für die Jahreszeiten der Tundra; zuviel Nässe oder zu wenig Feuchtigkeit oder ungewöhnliche Stürme können das Pflanzenwachstum beeinträchtigen und die Länge der Jahreszeiten beeinflussen.

Dann an der Stirnseite links **Survival:**

Survival/Überleben

Welche Pflanzen in Tundra oder Wüste überleben, hängt viel davon ab, in wieweit sie den extremen Bedingungen gewachsen sind. Die in der Tundra vorkommenden Pflanzen haben sich diesen Problemen auf ganz unterschiedliche Weise angepaßt.

Exposure/Einfrieren: **Elk Sedge** (bot.: *Kobresia myosuroides*), eine Grasart und viele andere Pflanzen überleben selbst strenge Eisfröste in schneefreien Gebieten.
Sibaldia (bot.: *Sibbaldia procumbens*) und andere Pflanzen wachsen gerne in stark verschneiten Gebieten, haben dafür eine viel kürzere Wachstumsperiode.

Sunlight/Sonnenlicht: Dicht auf dem Boden wachsende Blätterrosetten der **Snowball Saxifrage** (bot. *Saxifrage rhomboidea*) werden von kalten, austrocknenden Winden nicht erreicht. Die überlappenden Blatteile lassen jedes Blatt volles Sonnenlicht absorbieren. Kleine Härchen wie an der Rydbergia (bot.: *Hymnen oxys grandiflora*) schützen vor Feuchtigkeitsverlust und speichern Wärme zum Wachstum der Pflanze.

Extreme Wind/Scharfer Wind: **Moss Campion** (bot.: *Silene acaulis*), diese Moosart verträgt scharfen Wind und Kälte wegen ihres niedrigen Wuchses, fängt Wärme und Feuchtigkeit in dichten Matten oder „Mooskissen"; **Snow Willow** (bot.: *Salix nivalis*), ein Ministrauch.
Die Größe der Tundrapflanzen läßt keineswegs auf ihr Alter schließen; **Dwarf Clover** (bot.: *Trifolicum nanum*), Zwergklee, kann 25 bis 250 Jahre alt werden.

Reproduction/Fortpflanzung: Die **Koenigia** (bot.: *Koenigia islandica*) gilt als die einzige einjährige Pflanze der Tundra, die innerhalb von fünf Wochen blüht, befruchtet wird und Samen produzieren kann.
Whiplash Saxifrage (bot.: *Saxifraga flagellaris*) pflanzt sich durch Ableger fort, obwohl Samen oft nicht reif werden.

Limited Moisture/Wassermangel: Die großwurzelige **Spring Beauty** (bot.: *Claytonia megarhiza*) besitzt eine große Pfahlwurzel, mit der sie auch die in der Tundra vorkommende Trockenheit überstehen kann. Die **Yellow Stonecrop** (bot.: *Sedum lanceolatum*) kann in ihren fleischigen Blättern Wasser speichern, um Trockenheiten zu überstehen.

Daneben **Elfin Forest:**

… ROCKY MOUNTAIN NP, CO 157

Alpine Visitors Center

Elfin Forest/Zwergwald

Knorrige, verschlungene, verkrüppelte Bäume bilden den Zwergwald. In höheren Lagen des Rocky Mountain Nationalparks wachsen Nadelbäume, Engelmannfichten, Hochgebirgstannen, Kiefern und manchmal Lodgepole-Kiefern. Je weiter man in den Norden kommt, um so tiefer liegt die **Baumgrenze.** Die Ausstellung zeigt, wie sich Höhenunterschiede auswirken. Baumscheiben der Engelmann-Tanne – an der Baumgrenze und aus einem Waldstück unterhalb der Baumgrenze. Der Baum von der Baumgrenze war etwa 140 Jahre alt, als er gefällt wurde und besaß einen Durchmesser von etwa 11,4 cm, während der Baum aus der tieferen Region etwa 165 Jahre alt war und einen Durchmesser von etwa 28 cm hatte – hier wird der Einfluß von Alter und Höhenlage besonders deutlich.

Strenge Winde lassen das Holz austrocknen und bringen durch den ständigen Druck seltsame Formen wie Krummholz hervor – verschlungene und verbogene Stämme.

Dann zur Glasvitrine an der rechten Wandseite und hier an der linken Wand der Vitrine:

Favorites/Interessantes am Wegrand

Streifenhörnchen – **Chipmunk** – und Gelbmantel-Erdhörnchen – **Golden-mantled Ground Squirrel** – sind die auffallendsten Säugetiere am Straßenrand. Beide sammeln und hamstern Futter für schlechte Zeiten.

Auf dem Vitrinenboden links:

At Home in the Rocks/In den Felsen zu Hause

Das **Pika** (Pfeifhase, kleines mit dem Kaninchen entfernt verwandtes Nagetier) gehört zu den emsigsten und einfallsreichsten Bewohnern der Tundra. Das stets fleißige Nagetier sammelt im Sommer Gräser und verteilt sie zum Trocknen auf Felsen. Später werden sie gesammelt und unter Steinen in „Heuhaufen" als Wintervorrat gelagert.

Das Murmeltier – **Marmot** – kommt überall im Park in felsiger Umgebung vor. In seinem unter Felsüberhängen befindlichen Bau hält es den langen Winter über seinen Winterschlaf.

Auf dem Vitrinenboden links:

Tunnelers of the Tundra/Tunnelbauer der Tundra

Meadow Mouse (Wiesenmaus), **Pocket Gopher** (Waldspitzmaus) und die **Red Backed Mouse** (Rotrücken-Maus) sind das ganze Jahr über aktiv und beeinträchtigen die Tundra-Vegetation ziemlich stark.

Sobald der Schnee schmilzt, werden die Aktivitäten des **Pocket Gopher** unter dem Schnee sichtbar – weitverzweigte Tunnels unter dem Schnee, die entweder auf oder unter der Erde liegen und mit Erde und Pflanzenteilen gefüllt sind.

An der Rückwand der Vitrine:

Wapitis/Coyotes/Bighorns/Wapiti-Hirsch/Kojote, Dickhornschaf

Wapiti-Hirsch und **Rocky Mountain Mule Deer** (Maultierwild) sind im Sommer oft abends beim Äsen auf der Tundra zu sehen. Wapiti-Hirschbullen tauchen gelegentlich im Winter auf der windumwehten Tundra auf.

Rocky Mountain Bighorns (Dickhornschafe) leben ganzjährig im Hochland, manchmal in der Nähe vom **Milner Paß** zu sehen.

Kojoten leben ganzjährig in der Tundra und jagen **Pocket Gophers** (Waldspitzmaus) und andere kleine Nagetiere.

Nächste Vitrine mit **Seasonal Fashions** *(Tiere, die ihr Winter- oder Sommerkleid ändern):*

Seasonal Fashions/Jahreszeitliche Verwandlungskünstler

Weasel – Wiesel – und **White-tailed Ptarmigan** – Schneehuhn – wechseln je nach Jahreszeit die Farbe ihres Fells bzw. Federkleids. Das Wiesel wird in seinem Winterkleid manchmal *Ermine* = Hermelin genannt.

Weitere Vitrine daneben mit **Birds of the Tundra:**

158 ROCKY MOUNTAIN NP, CO
Alpine Visitors Center
Birds of the Tundra/Vögel der Tundra

Im Zentrum an der Vitrinenrückwand:

White-tailed Ptarmigan – Schneehuhn: Ganzjährig in der Tundra zu Hause. Die ausgestopften Vögel sieht man im Sommerkleid – *summer plumage,* Farbwechsel (etwas weißer) und Winterkleid (schneeweiß).

Rechts in der Vitrine Dauerbewohner – **Permanent Residents:**

Brown-capped Rosy Finch – Braunkäppiger Rosa-Fink: Kommt in Colorado und Umgebung vor, lebt die meiste Zeit im Winter in tieferen Regionen, zieht bei mildem Winter auf die Tundra.

Links in der Vitrine:

Summer Visitors – Sommergäste

Robins – Rotkehlchen: Scharenweise schweben Rotkehlchen und gelegentlich **Marsh Hawk** – Kornweihe – über tiefergelegener Tundra, kündigen den Herbstbeginn an, wenn sie und andere Vögel ihren Zug nach Süden beginnen!

Water Pipit - Wasserpieper – nistet hier in der arktischen Tundra.

Common Raven – Raben: Aasfresser, oft über der Tundra schwebend.

Horned Lark – Haubenlerche: Lebt im Tundrasommer von Gras und Grassamen, zieht im Spätherbst in die Great Plains.

Clark's Nutcracker – Tannenhäher: Kommt im allgemeinen an den tieferen Berghängen vor, wo er sich von Tannenzapfen ernährt, besucht gelegentlich die Tundra auf der Jagd nach Insekten.

Anschließend an der Wandseite weiter zum Ausgang mit **Man and Trail Ridge:**

Man and Trail Ridge/Der Mensch und Trail Ridge

Indianer zogen Tausende von Jahren über diesen Bergkamm = *ridge* auf dem Weg = *trail* über die **Front Range** und gingen gelegentlich auch auf diesem Trail zur Jagd – daher die Bezeichnung **Trail Ridge.**

The Fall River Road: Als 1912 der Autotourismus weiter anstieg, wurde von den Larimer County Commissioners eine Straße von **Estes Park** über die **Front Range** nach **Grand Lake** vorgeschlagen. **1920** wurde mit dem Bau begonnen – eine haarsträubende Strecke! Jedes Jahr im Frühjahr waren umfangreiche Arbeiten erforderlich, um die Straße für den Reiseverkehr in Ordnung zu bringen. Als **1915** der Park gegründet wurde und die Fall River Road an Popularität weiter zunahm, entschloß man sich zum Bau einer noch reizvolleren Route über die **Front Range.**

Trail Ridge Road: 1927 wurde eine neue Route vermessen. In seinem Bericht gab der leitende Ingenieur S. A. Wallace folgende Erklärung ab (Hauptgrund zum Bau der **1934** fertiggestellten Trail Ridge Road):

„Die vermessene Route über den **Trail Ridge** führt durch eine nicht zu überbietende Berglandschaft – Hochgebirge, tiefe Schluchten, viele Seen und ewiger Schnee, alpines Blumenmeer und bewaldete Areas – alles zusammengenommen macht eine Fahrt darüber unvergeßlich."

Dann links an der Wand des Ausgangs aus dem Ausstellungsraum:

People and the Elements/Mensch und Naturgewalten

Stürme entwickeln sich hier in den Bergen äußerst schnell und werden oft von gefährlichen Blitzen begleitet. Sobald ein Unwetter droht, sofort in Sicherheit begeben. Große Anstrengungen in dieser Höhenlage vermeiden, da die Leistungsfähigkeit des Körpers durch die dünne Luft beeinträchtigt wird.

In solchen Höhen ist die Gefahr eines Sonnenbrandes wegen der starken ultravioletten Strahlen sehr groß.

Treten Kopfschmerzen und leichte Übelkeit auf, leidet man vielleicht an der Bergkrankheit – *Mountain Sickness.* Sobald man wieder niedrigere Höhenlagen erreicht hat, wird es meistens besser. Höhe und dünne Luft macht auch Autos zu schaffen; herunterschalten, damit der Motor nicht überdreht oder ausgeht.

Eine der größten Gefahren im Gebirge sind Wind und Temperaturen. *Wind chill* ist der Kühleffekt des Winds auf der Haut, der sich in Temperaturen ausdrückt. Hat der Wind schätzungsweise eine Geschwindigkeit von 48 Stundenkilometern und die Temperatur $-1°C$, liegt die durch den Wind abgekühlte Temperatur bei $-19°C$! Luftfeuchtigkeit und Luftdruck sind weitere Faktoren, die den *Wind Chill* beeinflussen.

Pflanzen und Tiere haben sich der Härte des Tundralebens angepaßt – der Mensch muß sich auf dieselben Bedingungen einstellen. Es herrscht hier sehr veränderliches Wetter – mitten im Sommer können Schneestürme auftreten!

Jetzt zurück zum Inforaum.

FAHRT ENTLANG TRAIL RIDGE ROAD
2. Teil: Alpine Visitors Center–Grand Lake/Granby

Die Fortsetzung der Fahrt entlang der **Trail Ridge Road** vom **Fall River Paß** bzw. **Alpine Visitors Center** nach **Grand Lake** und der Ortschaft **Granby** führt zum Westteil des **Rocky Mountain Nationalparks**. Die Entfernung zwischen dem **Alpine Visitors Center** und der Ortschaft **Grand Lake**, in der Nähe vom Westeingang des Parks, beträgt etwa 22 mi/35 km. Von **Grand Lake** nach **Granby** – an der Kreuzung der *US 34/US 40* – sind es weitere 14 mi/22 km.

Vom **Fall River Paß** auf 3595 m ü.M. geht es auf der **Trail Ridge Road** nun abwärts, bis man nach kurzer Fahrt die Aussichtsstelle **Medicine Bow Curve** auf 11 640 Fuß/3548 m ü.M. erreicht:

Medicine Bow Curve

Von dieser Aussichtsstelle liegen die **Medicine Bow Mountains** etwa 32 km im Nordwesten; bis nach Wyoming sind es über die Berge ca. 56 km.

An der Aussichtsstelle:

Cache La Poudre River

Spread out below ... Dort unten breitet sich der **Cache La Poudre River** aus, der Start eines Flußlaufs, der zum Golf von Mexiko führt.

Zeitweise war das große U-förmige Tal, in dem der Fluß liegt, von Eis bedeckt und soweit eingetaucht, daß nur die höchsten der umgebenden Berggipfel über dem weißen Meer herausragten.

What you see from here/Von hier zu sehen

Von links nach rechts:

Never Summer Mountains		Cameron Peak	
Specimen Mountain	3807 m	Medicine Bow Mountains	
Nokhu Crags	3805 m	Cache La Poudre River	
Lulu Mountain	3727 m	Comanche Peak	372 m
Thunder Mountain	3670 m	Platiron Mountain	3821 m
Diamond Peaks	3612 m	Desolation Peaks	3947 m
Iron Mountain	3738 m	Fairchild Mountain	4115 m
Clark Peak	3947 m		

Fragile World/Empfindliche Natur

Fragile Tundra/Die empfindliche Tundra: Jahrtausendelang fügten die Indianer der alpinen Tundra Schädigungen zu, als sie über den **Ute Trail** zogen. Gegen Ende der 1800er Jahre kamen Jäger und Goldsucher und zertrampelten mit ihren Pferden den Boden, als sie über den **Trail Ridge** oder den *Continental Divide* überquerten. **1932** stieg die Zahl der Parkbesucher an; erst mit dem Bau der Trail Ridge Road trat Änderung ein. Das Ökosystem der empfindlichen Tundraböden wurde durch Menschen erheblich beeinträchtigt.

Die **Trail Ridge Road** nimmt nach der **Medicine Bow Curve** weiter ihren Kurs bergab auf und erreicht nach Überqueren des Cache la Poudre River auf der Höhe des Poudre Lake den **Crater Trailhead** auf der Westseite der *US 34*.

Crater Trailhead

Von diesem Ausgangspunkt führt der steile, etwa 1 mi/1,6 km lange **Specimen Mountain Trail** zu einem ausgezeichneten Gebiet, wo man **Dickhornschafe**/Bighorn Sheep beobachten kann.

ROCKY MOUNTAIN NP, CO
Trail Ridge Road: Poudre Lake

Specimen Mountain Trail

High above you ... Hoch oben über dieser Stelle ziehen Dickhornschafe aus der Geborgenheit der Felsen zu den Futterplätzen auf der Tundra. Das Gebiet ist auch eine Area, in der die Muttertiere ihre Lämmer zur Welt bringen, daher vor menschlichem Eindringen zu schützen!

Zum Schutz der Schafe ist das Gebiet innerhalb des „Crater" und der gesamte Specimen Mountain oberhalb des Kraters ganzjährig gesperrt.

Am **Crater Trailhead** gibt es außerdem ein schwarzes Brett mit Information für Backpackers auf dem Crater Trail; Erlaubnisschein/*Backcountry Permit* für Übernachtung im Hinterland beim Park Headquarters oder Visitors Centers besorgen.

Kurz nach dem **Crater Trailhead** passiert die **Trail Ridge Road** dicht am **Poudre Lake** den **Milner Paß** mit 10 759 Fuß/3279 m ü.M., der hier die Kontinentale Wasserscheide bildet. An dieser Stelle fließt Wasser entweder nach Osten zum Atlantik oder nach Westen zum Pazifik.

Milner Paß

Am Parkplatz auf die Linienmarkierung achten, die sich über die Fahrbahn zieht und hier den Verlauf der **Kontinentalen Wasserscheide** zeigt. Am reizvollen Hochgebirgssee **Poudre Lake** zieht sich eine buntblühende Almwiese entlang. Eine Infotafel informiert über den See:

Poudre Lake

This lake is the ... Dieser See bildet die Quelle des **Cache La Poudre River,** der 1836 seinen Namen von französischen Pelztierjägern der American Fur Company erhielt. An diesem Fluß versteckten die Trapper etwa 6 mi/10 km flußabwärts von **Fort Collins** (nordöstlich des Parks) einen Teil ihres Schießpulvers vor den Indianern. Daher stammt also der französische Name **Cache La Poudre** (= ein Versteck für Pulver).

Hier am See begann auch früher die Route der ehemaligen Gebirgsstraße **Old Fall River Roadway**; heute schöner Wanderweg:

Old Fall River Roadway

Beginning here ... Hier beginnend folgt der Trail der Route der alten **Old Fall River Road** zum **Fall River Paß**. Als man die Straße 1932 stillegte, wurde sie durch die **Trail Ridge Road** ersetzt. Auf einem 2 mi/3 km langen Wanderweg durch Tannen-Fichtenwald erreicht man die Baumgrenze und die faszinierende Welt alpiner Tundra.

Continental Divide/Kontinentale Wasserscheide

The Great Divide ... Die „Great Divide" trennt die zum **Atlantik** fließenden Flüsse von denen, die in den **Pazifik** fließen. Sie durchzieht Amerika von Alaska bis fast zum Kap Hoorn. **Atlantikflüsse:** Cache La Poudre Creek mündet in den Platte River und erreicht über den Missouri und zum Schluß den Missisipi den Golf von Mexiko (als Teil des Atlantischen Ozeans). **Pazifikflüsse:** Beaver Creek mündet in den Colorado River, der durch den Grand Canyon Nationalpark und weiter in den Golf von Kalifornien (als Teil des Pazifischen Ozeans) fließt.

Nach **Milner Paß** und **Poudre Lake** passiert die **Trail Ridge Road** den Picknickplatz **Lake Irene** und gelangt auf 2 Meilen über Meereshöhe – *2 miles above sea level* (10 560 Fuß/3219 m). In zahlreichen Kurven führt die Trail Ridge Road bergab zum **Farview Curve Overlook** auf 10 120 Fuß/3085 m ü.M.:

ROCKY MOUNTAIN NP, CO 161
Trail Ridge Road: Farview Curve

Farview Curve Overlook

Vom Aussichtspunkt **Farview Curve** hat man Aussicht auf das von Gletschern geschürfte Tal **Kawuneeche Valley** und den Colorado River. Er entspringt in der Nähe des **La Poudre Paß** an der *Continental Divide*. Der Fluß hat von hier aus noch einen etwa **2240 km** langen Weg vor sich. Auf dieser Reise fließt er am Colorado Nationalmonument, Arches Nationalpark vorbei und durch den Canyonlands Nationalpark sowie Grand Canyon Nationalpark, bevor er den Golf von Kalifornien erreicht. *Kawuneeche* bedeutet übrigens in der Sprache der Arapaho Tal des Kojote! Nun zur Infotafel links am Parkplatz:

Headwaters of the Colorado/Quellflüsse des Colorado

In the valley below ... Dort unten im Tal fließt ein winziger Fluß namens **Colorado River**. Er hat kaum seine Reise angetreten. Doch 6 mi/10 km flußaufwärts befindet sich jener magische Punkt, wo das Wasser seine Reise flußabwärts zum Meer beginnt, ein Lauf von 1400 mi/2240 km zum Golf von Kalifornien. Unterwegs wird der Fluß nacheinander von Nebenflüssen der Flüsse Green, San Juan und Little Colorado River „gefüttert" und wächst zu einem mächtigen Fluß an. Er fließt teilweise durch sieben Bundesstaaten der USA und durch Mexiko – insgesamt über ein Gebiet von etwa 634 400 Quadratkilometer und bildet die Lebensader des Südwestens der USA.

What you see from here/Was von hier zu sehen ist

Von links nach rechts:

Mineral Point	3502 m	Mount Nimbus	3873 m
Grant River Ditch		Red Mountain	3537 m
Baker Mountain	3779 m	Mt. Cumulus	3879 m
Mount Stratus	3804 m	Howard Mountain	3905 m

Zur Infotafel ganz rechts:

The Grand Ditch/Der große Graben

In the west ... Im Westen wird Wasser oft gestaut und kanalisiert, um künstlich zu bewässern. Diese Strategie beeinträchtigt sogar den Beginn des Colorado River. Das Beweisstück ist als langer, nahezu horizontal verlaufender Schnitt an den Berghängen der **Never Summer Mountains** – das Zeichen des **Grand Ditch** – zu erkennen.

Der 1890 begonnene Wasserkanal gilt als eines der ersten Projekte, das Schmelzwasser von der Westflanke der Kontinentalen Wasserscheide zu den trockneren Gebieten in der **Fort Collins** Area im Osten abzuleiten. Der Graben fängt die Berge herabstürzenden Bäche auf und leitet jährlich etwa 30 000 *acre feet* Wasser (ein *acre foot* entspricht einem *acre* = 1000 qm, der etwa ein Fuß = 30,48 cm tief mit Wasser bedeckt ist) ab. Das Wasser fließt von Süd nach Nord stufenweise die Berghänge hinab zum **La Poudre Paß**, in das **Long Draw Reservoir** und dann in den ostwärts fließenden **Cache La Poudre River**.

Das Projekt bringt zwar keine ökonomischen Vorteile, macht aber den Colorado nicht mehr wild und unberechenbar.

Die **Trail Ridge Road** passiert nach **Farview Curve** einen sehr serpentinenreichen Routenabschnitt mit einigen Spitzkehren, ehe die sich gegenüberliegenden Ausgangspunkte zu Wanderwegen – **Colorado River Trailhead** und **Timber Lake Trailhead** – erreicht werden; beide mit Picknickplätzen. Der **Colorado River Trail** führt nordwärts auch zum ehemaligen Goldgräbercamp **Lulu City**. Begleitbroschüre *Colorado River Trail* bei Visitors Center erhältlich.

Am **Beaver Pond Picknickplatz** vorbei gelangt man kurz darauf zum **Timber Creek Campground.** Von hier sind es nur etwa 8 mi/13 km zu dem am Südeingang befindlichen **Kawuneeche Visitors Center.** Südlich des Timber Creek passiert man beim nächsten Picknickplatz ein Stück Geschichte. Hier hat man nun den Aussichtspunkt zur **Never Summer Ranch** mit **Historic Holzwarth Homestead** auf 8884 Fuß/2708 m ü.M. erreicht:

Never Summer Ranch

Rechts der Straße biegt der Schotterweg (etwa 0.5 mi/0,8 km) zur **Never Summer Ranch** ab; der Pfad überquert den Colorado River zur Dude Ranch der 20er Jahre. Eine Infotafel informiert über die historischen **Holzwarth Blockhütten**. Holzwarth ließ sich 1917 hier mit der Absicht nieder, Rinder zu züchten. Als die Fall River Road 1920 eröffnet wurde, besuchten Gäste die Ranch. Begleitbroschüre zur *Never Summer Ranch* beim Visitors Center erhältlich.

Historic Holzwarth Homestead

Jenseits des Tals stehen die Gebäude der Holzwarth Homestead, eine Dude Ranch (Arbeitsranch) der 1920er Jahre. 1974 verkaufte Johnnie Holzwarth das Land an die *Nature Conservancy*. Als die Westgrenze des Parks verlegt wurde, gehörte die Neversummer Ranch zum Park. 1975 wurde das Land an den National Park Service verkauft. Die Hütten können besichtigt werden (9–16 Uhr); etwa 1 Stunde für Besichtigung einkalkulieren.

Die **Trail Ridge Road** führt südwärts über den **Bowen/Baker Trailhead**, ehe man die **Biberteiche** mit Pfad zum Biberdamm erreicht:

Biberteiche

Am Parkplatz informiert eine Infotafel über Biber:

Beaver/Biber

"**Nature's engineers**" ... Der „Ingenieur der Natur", größer als die meisten Vertreter der Nager, ist in der Lage, einen reißenden Gebirgsbach in eine Kette stiller Teiche und Sumpflandschaft zu verwandeln. **Biber** bauen um ihre Burgen Dämme, die den Wasserstand konstant halten. Diese Biberburgen wirken oft wie halbversunkene Schutthaufen abseits des Ufers.

Beim Umformen seines Habitats schafft der Biber einen Lebensraum, der auch anderen Lebewesen dient. Manche werden beispielsweise wie die Greenback Trout (Forellenart), die Bisamratte und Otter zu ständigen Bewohnern. Andere wie Teal Duck = Krickente, Wapiti und Kojote kommen in den wärmeren Monaten nur als Besucher.

Alle Arten, ob Räuber oder Opfer, spielen in einem Biberteich eine große Rolle. Der Biber, der fast bis zum Aussterben von Trappern gejagt wurde, hat sich in vielen Teilen der Rocky Mountain Region wieder ziemlich gut erholt.

Während des Parkbesuchs unterwegs auf zernagte Baumstümpfe und stille Teiche achten, ein sicheres Zeichen, daß Biber am Werk waren oder sind.

Vorbei am **Onahu Creek Trailhead** und **Green Mountain Trailhead** erreicht die **Trail Ridge Road** den **Harbison** Picknickplatz:

Harbison Picnic Area

Eine Infotafel informiert über Wapitis:

Elk/Wapitihirsche

Drastically ... Die durch intensives Abjagen drastisch reduzierte Zahl der Wapitibevölkerung hat seit Gründung des Parks im Jahre 1915 ein Comeback gemacht. Tagsüber suchen **Wapitis** im Wald Schutz und kommen zwischen Abend- und Morgendämmerung zum Äsen auf Wiesen hinaus. Im Winter ziehen sie in niedrigere Lagen, wo es mehr Futter gibt. Ein großer Wapitibulle erreicht etwa 1,52 m Schulterhöhe, wiegt etwa 400 kg und läuft mit Geschwindigkeiten von etwa 56 Stundenkilometern.

Die **Trail Ridge Road** passiert südlich davon die **Grand Lake Entrance Station** auf 8709 Fuß/2655 m ü.M., **Winding River Campground** und das südliche Besucherzentrum für die aus dem Westen einfahrenden Besucher – **Kawuneeche Visitors Center**. Von hier sind es ca. 46 mi/74 km nach **Estes Park** auf der Ostseite des Parks und ca. 2 mi/3 km bis **Grand Lake** oder 16 mi/26 km zur im Süden an der Kreuzung *US 34/US 40* befindlichen Ortschaft **Granby**.

COLORADO ROUTEN 163
Baxter Info-Karte: ColoradoRouten 6-14

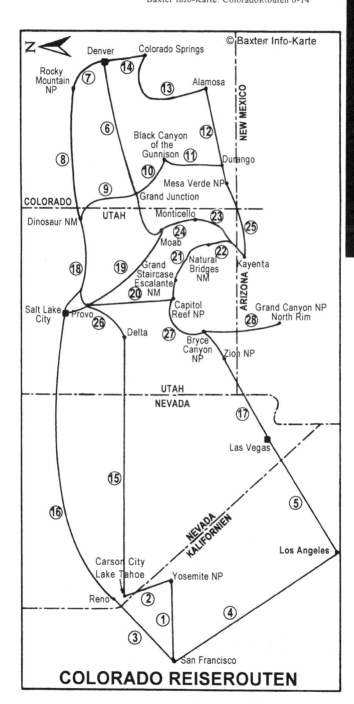

COLORADO REISEROUTEN

164 COLORADO ROUTEN
Route 6: Denver—Grand Junction

DENVER—GRAND JUNCTION
(Route 6)

Die Entfernung zwischen Colorados Hauptstadt **Denver** und **Grand Junction** im Westen Colorados beträgt etwa 250 mi/400 km. Obwohl man auf der Fahrt entlang *I-70* quer durch den Bundesstaat viele historische Stellen Colorados nicht zu sehen bekommt, erlebt man doch eine ganz bezaubernde und abwechslungsreiche Landschaft.

Die Fahrt entlang *I-70* führt durch die herrliche Bergwelt der Rocky Mountains. Unterwegs geht es oberhalb und unterhalb der Baumgrenze entlang und über die **Continental Divide** (kontinentale Wasserscheide). Man passiert Ferien- und Wintersportgebiete wie **Vail** in den Bergen sowie den imposanten **Glenwood Canyon** entlang des Colorado River.

IN DER UMGEBUNG VON DENVER

Von **Denver** geht es auf *I-70 West* bis zum Exit für *US 6 West* in Richtung **Golden** und **Idaho Springs**. In **Golden**, der emaligen Hauptstadt des Colorado Territoriums, führt eine etwa 5 mi/8 km lange Straße von *19th Street* hinauf zum **Lookout Mountain**. Die 1913 fertiggestellte, sehr kurvenreiche Gebirgsroute bietet an mehreren Aussichtspunkten einen herrlichen Blick auf Denvers Umgebung.

In Gipfelnähe kommt man zur Grabstätte des berühmten Buffalo Bill mit **Buffalo Bill Museum**; tägl. bis 17 Uhr geöffnet. Buffalo Bill Cody wurde hier **1917** zur letzten Ruhe gebettet. Auf dem Rückweg bietet sich erneut ein prächtiges Panorama der Denver Umgebung.

Golden ist auch Heimat der Bergbaufachschule/**Colorado School of Mines**. Außerdem produziert die Bierbrauerei **Coors Brewery** hier ihr aus dem Wasser der Rocky Mountains gebrautes Bier; kostenlose Besichtigung. Die Stadt beherbergt auch das interessante Eisenbahnmuseum **Colorado Railroad Museum**.

US 6 West läuft dann weiter nach **Idaho Springs**. Unterwegs geht die Fahrt bis zur Talsohle der Schlucht durch mehrere Tunnels. Auf der *CO 119* gelangt man nordwestwärts nach **Central City** – Goldrauschstadt des Jahres **1859**. Minen und Bergwerke der ehemaligen Bergbaustadt **Idaho Springs** sind auch heute noch in Betrieb.

Beim Ausflug entlang des **Mt. Evans Highway** befindet man sich auf der höchstgelegenen Straße Amerikas. Die Straße klettert von **Idaho Springs** hinauf bis zum 4348 m hohen Gipfel des **Mt. Evans** – beträchtlicher Höhenunterschied!

Fährt man auf *I-70* weiter westwärts, gelangt man etwa 45 mi/72 km westlich von Denver nach **Georgetown**. Der kleine Ort präsentiert sich als adrettes und noch echtes Bergwerksstädtchen aus dem alten Westen. Etwa 8 Straßen weiter kommt man zum Exit mit Zufahrt von *I-70* zum historischen Ortsteil/**Historic Georgetown** mit vielen sichtbaren Spuren einer einst glorreichen Epoche wie **Hotel de Paris** und **Hamil House**. Mitte Juni bis Ende August gibt es Ausflugsfahrten mit der *Georgetown Loop Railroad*.

ROCKY MOUNTAIN NP/GRANBY— GEORGETOWN

Nach der Fahrt durch den **Rocky Mountain Nationalpark** von Ost nach West erreicht man den westlichen Ausgangspunkt zum Park – **Granby**. Von **Granby** aus kann man auf *US 40* südwärts zur *I-70*, in der Nähe von **Georgetown**, fahren. Über diese Abkürzung erreicht man schnell wieder die *I-70*, um die Fahrt nach **Grand Junction** in Westcolorado oder nach **Moab**, Utah – Ausgangspunkt zum **Arches Nationalpark, Grand Staircase Escalante Nationalmonument** und **Canyonlands Nationalpark** fortzusetzen.

Die Entfernung zwischen **Granby** und *US 40/I-70* beträgt etwa 50 mi/80 km. Unterwegs geht es über den **Berthoud Pass** auf 3449 m ü.M. sowie durch den populären Wintersportort **Winter Park**.

ÜBER DIE CONTINENTAL DIVIDE

Wer westwärts die *I-70* benutzen will, sollte bei gutem Wetter die *US 6* statt den **Eisenhower Tunnel** wählen; bei **Dillon** gelangt man wieder auf die *I-70*. Auf der sehr kurvenreichen Straße geht es bis über die Baumgrenze und hinauf zum **Loveland Pass** auf 3655 m ü.M. Oben am Pass verläuft die *Continental Divide*/kontinentale Wasserscheide.

Bei der anschließenden kurvenreichen Talfahrt passiert man **Arapahoe Basin** – eines der bekanntesten Skigebiete. Etwas weiter geht es an **Keystone** vorbei mit der **Gardiner Tennis Ranch** – Paradies für Tennisfreunde. Bei **Dillon** auf 2791 m ü.M. führt die Route am See vorbei, der etwa 42 km Uferlinie besitzt. Motor- und Segelbootvermietung am Jachthafen Dillon Yacht Basin; Segelkurse.

Etwa 10 mi/16 km südlich von **Frisco** biegt *CO 9* nach Breckenridge ab – mit abweichender Schreibweise nach dem amerikanischen Vizepräsidenten Breckinridge, 1857-1861 benannt (Vizepräsident unter dem 15. US-Präsidenten James Buchanan; 16. US-Präsident war Abraham Lincoln). Breckinridge ließ hier ein Postamt eröffnen. Breckenridge ist ganzjähriger Ferien- und Urlaubsort mit herrlichen Skigebieten.

FAHRT NACH VAIL

Vail – etwa 100 mi/160 km westlich von Denver – ist ebenfalls ein Vierjahreszeiten-Ferienort, reizvoll zwischen *I-70* und den Bergen eingebettet. Um seine Neugierde zu stillen, sollte man auf alle Fälle auch wenn nicht hier übernachtet wird, man einen kleinen Bummel durch den Ort unternehmen, der mit seinen bunten Gasthoffassaden

166 COLORADO ROUTEN
Routen 6, 7, 8 und 9

Schlüssel zur Baxter Info-Karte: Colorado Reiserouten 6, 7, 8 und 9

Unterkunft:
A-$$ Hampton Inn Denver International Airport (DIA) (303)371-0200/Fax 371-9147
B-$$ Super 8 Denver West Tel. & Fax (303)424-8300
C-$$ Days Inn (303)457-0688/Fax 457-0152
D-$$ Super 8 Georgetown Tel. & Fax (303)569-3211
E-$$ Best Western Ptarmigan Lodge (970)468-2341/Fax 468-6465
F-$$ Super 8 Dillon (970)468-8888/Fax 468-2086
G-$$ Super 8 Leadville Tel. & Fax (719)486-3637
H-$$$ Marriott Streamside (Vail) (970)476-6000/Fax 476-8961
K-$$ Best Western Eagle Lodge (970)328-6316/Fax 328-2394
L-$$ Best Western Aspenalt Lodge (970)927-3191/Fax 927-3921
M-$$ Days Inn Carbondale (970)963-9111/Fax 963-0759
N-$$ BW Caravan Inn/Exit 116 an *I-70* (970)945-7451/Fax 945-8720
O-$$ Ramada Inn (970)945-2500/Fax 945-2530
P-$$ Hampton Inn (970)947-9400/Fax 947-9440
R-KOA
S-$$ Red River Inn (970)625-3050/Fax 625-0848
T-$$Super 8/Exit 75 Parachute/Battlement Mesa (970)285-7936/Fax 285-9538
U-$$ Ramada (970)243-5150/Fax 242-3692
V-$$ BW Dinosaur Inn (435)789-2660/Fax 789-2467
W-$$ Holiday Inn (970)824-4000/Fax 824-3950
X-$$ BW Ptarmigan Inn (970)879-1730/Fax 879-6044
Y-$$ El Monte Motor Lodge (970)887-3348/887-2990
Z-$$ Comfort Inn (970)586-2358/Fax 586-2358
AA-$$ BW Golden Bluff Motor Lodge (303)442-7450/Fax 442-8788

etwas an Garmisch-Partenkirchen erinnert „alpine Atmosphäre im Westernland".

Am westlichen Ortsrand liegt ein Einkaufszentrum mit McDonald's. Entlang der weiteren Route wird die Straße von Espen *(aspen trees)* begleitet. Westlich von **Vail** passiert man **Eagle** – Ausgangsort zum spektakulären Glenwood Canyon. Der östlich von **Glenwood Springs** verlaufende Canyon verläuft parallel zur Route.

Unterwegs begleiten die Schienen der *Denver Rio Grande and Western Railroad*. Amtrak benutzt die Strecke für den Personenverkehr zwischen **Denver** und **Salt Lake City**.

NACH GLENWOOD SPRINGS

Bei **Dotsero** passiert man den Zusammenfluss von **Eagle River** und **Colorado River**. Kurz dahinter führt die Straße durch den etwa 16 mi/26 km langen **Glenwood Canyon** mit dem wilden und turbulenten **Colorado River**. Die landschaftlich besonders reizvolle Routenstrecke sollte man möglichst nur bei Tageslicht fahren! Unterwegs Gelegenheit, zum See **Hanging Lake** und dem Wasserfall **Bridal Veil Falls** zu wandern. Abenteuerlustige können unterwegs einen Kajak mieten und eine Wildwasserfahrt auf dem reißenden **Colorado River** unternehmen; Ende Mai bis Anfang September. Die Fahrt geht durch den **White River National Forest**.

Kurz hinter dem Tunnel erreicht man **Glenwood Springs** mit etwa 3000 Einw., 1751 m ü.M., ca. 170 mi/272 m westlich von Denver. Auf dem **Glenwood Cemetery** *(12th & Bennet Ave.)* liegt Doc Holliday begraben – als Marshal Wyatt Earps Partner, der immer die „Kanone" trug, aus Westernfilmen bekannt. Szenen aus *Flashback* (1989) mit Kiefer Sutherland als FBI Agent, der Dennis Hopper ins Gefängnis begleitet, wurden im Bahnhof Glenwood Springs und an Bord des Rio Grande Ski Train gefilmt.

Etwa 10 mi/l6 km südlich der Stadt erstreckt sich das Skigebiet **Sunlight Ski Area**. Etwa 40 mi/64 km weiter südwärts liegt **Aspen**. *CO 82 & CO 133* führt nach **Marble**. Aus dem dortigen Steinbruch

COLORADO ROUTEN   167
Baxter Info-Karte: Routen 6, 7, 8 und 9

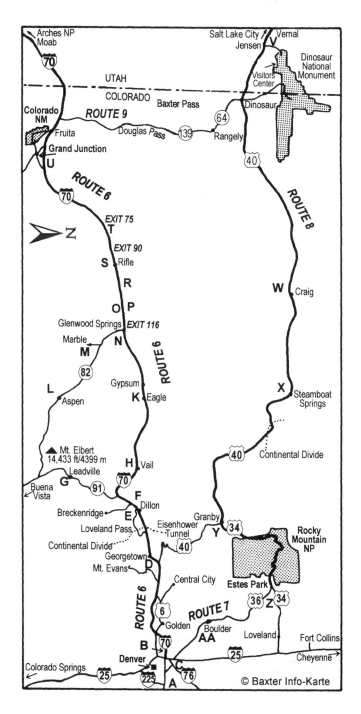

© Baxter Info-Karte

168 COLORADO ROUTEN
Route 7: Denver—Rocky Mountain Nationalpark

stammt der für das Lincoln Memorial in Washington D.C. verwendete Marmor!

Grand Junction mit etwa 60 000 Einwohnern liegt etwa 250 mi/400 km westlich von Denver und etwa 280 mi/448 km südöstlich von Salt Lake City. Sein Namensursprung geht auf den Zusammenfluss (=*junction*) von zwei der längsten Flüsse Colorados zurück – *Grand* River (wie der Colorado River 1882 genannt wurde) und Gunnison River. **Grand Junction** ist Ausgangspunkt zum **Colorado Nationalmonument** sowie **Black Canyon of the Gunnison Nationalmonument.** Etwa 115 mi/184 km südwestlich von Grand Junction liegt **Moab**, Utah mit dem **Arches Nationalpark.**

DENVER—ROCKY MOUNTAIN NP

(Route 7)

Entfernung zwischen **Denver** und **Estes Park** – Ausgangspunkt zum **Rocky Mountain Nationalpark,** ca. 72 mi/115 km. Unterwegs passiert man entlang *US 36* – hier *Denver-Boulder Turnpike* genannt – südlich von **Boulder** eine Infotafel, die über **Boulder** informiert.

• **Boulder:** Eine der ältesten Städte Colorados; **1858** von Goldsuchern gegründet, die sich an der Kies übersäten/*boulder-strewn* Stelle niedergelassen hatten. Hier wurde Colorados erste Schule **1860** errichtet, und **1876** mit dem Bau der Universität **University of Colorado** begonnen.

Die westlich von **Boulder** liegenden Berge sind von Geisterstädten und Bergbaustädtchen übersät wie **Gold Hill**, **Caribou**, **Nederland** und **Sunset**, die Silber, Gold und Wolfram produzierten. Eine Schmalspureisenbahn *The Switzerland Trail* führte einst zu vielen dieser Bergwerkcamps. Heute ist **Boulder** ein wissenschaftliches Zentrum, das unter anderem das National Center for Atmospheric Research sowie Labors verschiedener Amtsstellen umfasst.

BOULDER

US 36 führt an der Ostseite von **Boulder** entlang – etwa 100 000 Einw. und 1655 m ü.M. Unterwegs passiert *US 36* das **Colorado University Stadium** (Stadion liegt östlich der Straße) sowie mehrere Motels. Auf *Colorado Avenue* gelangt man westwärts zum Universitätsgelände der **University of Colorado** – Campusgebäude fallen gleich wegen ihrer roten Dächer ins Auge.

Die **University of Colorado** ist außerdem auch kulturelles und Unterhaltungszentrum der Stadt und ihrer rund 20 000 Studenten. Zur Universität gehört auch das interessante **University of Colorado Museum.** Obwohl das Museum Exponate aus aller Welt beherbergt, liegt sein Schwerpunkt in erster Linie auf Ausstellungsstücken der Rocky Mountain Area. Öffnungszeiten: Mo.-Fr. Von 9 bis 17 Uhr, Sa. 10-17 Uhr, So. 10-16 Uhr. In der Nähe befindet sich das populäre **Fiske Planetarium.**

Weiter nördlich kommt man auf *US 36* zu einem Hotel und Supermarkt sowie den Straßen, die westwärts zum CBD/Central Business District (Geschäftszentrum) führen. Chamber of Commerce/Handelskammer liegt im Bereich von *Canyon Blvd.* und *Broadway/CO 7*, in **Boulders** Downtown. Im Zentrum gibt es an *Pearl Street* eine interessante Fußgängerzone. New York Deli an 1117 Pearl Street in der Pearl Street Mall war übrigens in der TV-Serie *Mork and Mindy* (1978-1982) mit Robin Williams und Pam Dawber zu sehen und ist immer noch beliebte Touristenattraktion.

COLORADO ROUTEN 169
Route 8: Dinosaur NM—Rocky Mountain Nationalpark

CO 7 führt über *Broadway* nordwärts durch Downtown **Boulder** und kreuzt nördlich der Stadt die *US 36*. Fährt man auf *US 36* weiter nordwärts, passiert man mehrere Shopping Centers sowie McDonald's.

RICHTUNG NORDEN NACH ESTES PARK

US 36 führt nördlich von **Boulder** durch eine hügelige Landschaft. Bevor man **Lyons** auf 1638 m ü.M. erreicht, wird der **St. Vram River** überquert; interessante Antiquitätenläden. Nördlich von **Lyons** geht es durch eine canyonhafte Gegend des **Roosevelt National Forest**. Bald darauf tauchen die schneebedeckten Gipfel des **Rocky Mountain Nationalparks** auf. Unterwegs passiert man auf dem Weg zum Tourist Information Center in **Estes Park** an *US 36/US 34* den reizvollen See, Museum und Rodeoplatz.

DINOSAUR NM—ROCKY MOUNTAIN NP
(Route 8)

Etwa 6 mi/10 km südlich vom **Quarry Visitors Center**, führt *US 40* ostwärts über Nordcolorado nach **Craig, Steamboat Springs** und **Granby**, dem westlichen Ausgangspunkt zum **Rocky Mountain Nationalpark**.

Entfernungen in Meilen/Kilometer vom Dinosaur NM, UT
(Quarry Visitors Center):

UT/CO Staatenlinie	24/38	Granby	235/376
Dinosaur, CO	28/45	Grand Lake	251/402
Craig	114/182	Alpine VC (RMNP)	273/437
Steamboat Springs	156/250	Estes Park	298/477

• **Craig.** Landwirtschaftliches Zentrum sowie Industriezweige, die sich mit Energiewirtschaft befassen. Etwa 10 000 Einw., 1885 m ü.M. Am Ostrand der Stadt bekommt man beim Chamber of Commerce/Handelskammer die Privat-Eisenbahn **David Moffat's Rail Car** zu sehen. Moffat war der Erbauer des östlich von **Winter Park** befindlichen **Moffat Tunnels**. Interessant ist auch das **Moffat County Museum**. Etwa 16 mi/26 km südlich von **Craig** liegt die Stelle, an der **1879** das *Thornburg Massacre* stattgefunden hat – bei dem Massaker hatten Indianer militärische Truppen, die den Siedlern zu Hilfe geeilt waren, angegriffen und niedergemetzelt.

• **Steamboat Springs.** Etwa 5500 Einwohner, 2041 m ü.M. – berühmter Wintersportort. Namensursprung liegt in den heißen Naturquellen die ihren Dampf/*steam* hoch in die Luft stießen. In den 1870er Jahren gegründet, als man am **Hahn's Peak** – ca. 18 mi/29 km nordwestlich vom Ort – auf Gold stieß. Zu den Attraktionen zählen **Bud Werner Museum** (berühmter Skiläufer) und **Tread of Pioneer Museum**.

• **Granby.** Westlicher Ausgangspunkt zum **Rocky Mountain Nationalpark** mit Übernachtungsmöglichkeiten und Supermarkt. Westlich von Granby kommt man bei **Hot Sulphur Springs** zum **Historical Museum** und den bereits bei den Indianern beliebten Thermalquellen. **Granby** ist Zentrum mehrerer Dude & Gäste-Ranches.

170 COLORADO ROUTEN
Routen 9 & 10: Dinosaur NM—Grand Junction—Black Canyon

- **Grand Lake.** Kleiner Ort in der Nähe vom Westeingang des **Rocky Mountain Nationalparks**.
- **Alpine Visitors Center.** Östlich der *Continental Divide*/kontinentalen Wasserscheide an der *Trail Ridge Road* im **Rocky Mountain Nationalpark** (Kreuzung *Trail Ridge Road & Fall River Road*).
- **Estes Park.** Hauptausgangspunkt zum Rocky Mountain Nationalpark an der Ostseite des Parks. Unterkunft, Information und Attraktionen.

DINOSAUR NM—GRAND JUNCTION
(Route 9)

Die Entfernung zwischen dem **Quarry Visitors Center** des **Dinosaur Nationalmonuments** in Utah und **Grand Junction**, Colorado – Ausgangspunkt zum **Colorado Nationalmonument** und **Black Canyon of the Gunnison Nationalmonument** – beträgt etwa 143 mi/ 229 km. Auf der *US 40* gelangt man ostwärts über die Utah/Colorado Staatenlinie und fährt auf *CO 64* südwärts nach **Rangely**.

Rangely ist eine Stadt, die einen Öl- und Schieferton-Boom erlebte. Die Escalante Expedition entdeckte **1776** auf der Suche nach einer Route von **Santa Fe**, New Mexico nach **Monterey**, Kalifornien den **White River**. Zwischen **Rangely** und der **Grand Junction** Area bietet sich kaum Gelegenheit zu tanken oder Proviant zu besorgen, daher alles in **Rangely** erledigen.

Die *CO 139* führt hinauf zum **Douglas Pass** – 2520 m ü.M., etwa 37 mi/59 km südlich von **Rangely**. Unterwegs passiert man Canyons und Waldlandschaft.. Die Fahrt ist außerordentlich reizvoll und oben vom Pass bietet sich eine grandiose Sicht. Auf der Südseite des Passes fährt man durch ein sehr fruchtbares Tal.

Wer in der **Grand Junction** Area übernachten will, fährt am besten auf *I-70* zur Flughafen Area mit mehreren Motels zur Auswahl. Bei Ankunft gegen Spätnachmittag rechtzeitig vorher Zimmer reservieren. Übrigens wurden verschiedene Szenen aus *Thelma and Louise* (1991) mit Geena Davis und Susan Sarandon zwischen **Grand Junction** und **Cisco**, Utah gefilmt.

GRAND JUNCTION—BLACK CANYON
(Route 10)

Die Entfernung zwischen **Grand Junction** und **Montrose** – Ausgangsort zum **Black Canyon of the Gunnison Nationalmonument** – beträgt über die *US 50* etwa 61 mi/98 km. Das **Black Canyon of the Gunnison Nationalmonument**, eines der Naturwunder Amerikas, liegt etwa 14 mi/22 km nordöstlich von **Montrose**.

Auf dem Weg von **Grand Junction** südostwärts führt *US 50* durch trockenes und hügeliges Land. Die Tafelberge/*mesas* lassen sich in der Ferne gut erkennen. Auf dem Weg nach **Delta** gibt es mehrere Canyons im Süden, darunter **Escalante Canyon**.

- **Escalante Canyon:** 1776 leiteten die spanischen Missionsforscher und Mönche Francisco Atanasio Dominguez und Silvestre Velez de Escalante eine Expedition durch Westcolorado. Sie waren auf der Suche nach einer Route

COLORADO ROUTEN 171
Route 11: Black Canyon—Durango

von Santa Fe, New Mexico zu den neuen Missionen in Kalifornien und versuchten, die Ute- und Havasupai-Indianer zu bekehren und zwischen Santa Fe und Monterey, Kalifornien von Missionen aufzubauen. Zwar kamen sie nicht ans Ende ihrer gesetzten Ziele, doch hatten sie noch unbekanntere Territorien als Lewis & Clark erforscht und einen großen Beitrag geliefert, das Wissen über dieses Land auszubauen. Außerdem bereiteten sie die Basis freundschaftlicher Beziehungen zu den Indianern.

Die **Escalante Expedition** überquerte den **Gunnison River** nicht direkt hier, da sie im Osten die **Grand Mesa** umzirkelt hatte. **1875** allerdings gaben Geologen der Hayden Survey diesem Strom den Namen *Escalante*. Ein stromabwärts liegender Fluss wurde dann ebenfalls in Anerkennung der forschenden Missionare **Rio Dominguez** genannt.

In **Delta** – 1512 m ü.M. – überquert man den **Gunnison River**. Von hier führt *CO 92* ostwärts nach **Hotchkiss** und **Crawford**, von wo man den **Black Canyon of the Gunnison** vom Nordrand aus sehen kann. Unterkunft am Südrand von **Delta**. Entfernung Delta—Montrose etwa 21 mi/34 km.

Montrose – nach Stadt in Schottland benannt, die durch den Schriftsteller Sir Walter Scott berühmt wurde. Die Stadt auf ca. 1767 m ü.M. mit etwa 9000 Einw. wurde **1882** als Handels- und Verkehrsknotenpunkt der umliegenden Bergwerkssiedlungen gegründet. **1909** wandelte der nach 4jähriger Bauzeit fertiggestellte **Gunnison Diversion Tunnel** (Bewässerungs-/Kanalsystem) das dürre Tal **Uncompahgre Valley** in fruchtbares Land um. **Montrose** wurde zum Hauptlandwirtschaftszentrum. Südlich der Stadt befindet sich das **Ute Indian Museum**.

Das **Black Canyon of the Gunnison Nationalmonument** ist über *US 50* in ostwärtiger Richtung erreichbar. Unterwegs geht es an Läden, einem McDonald's und mehreren Motels vorbei. *CO 347* führt von *US 50* nordwärts zum Monument. Die Entfernung beträgt zwischen **Montrose** und **Gunnison** etwa 74 mi/118 km. Östlich des Monuments bilden künstliche Dämme am **Gunnison River** drei Seen, die zum Freizeitgebiet **Curecanti National Recreation Area** gehören; benannt nach dem Ute Indianerhäuptling Chief Curicate.

Der **Blue Mesa Dam** staut den **Gunnison River** und bildet den **Blue Mesa Lake**; etwas weiter flussabwärts erzeugt der 143 m hohe **Morrow Point Dam** den größten Teil der Elektrizität, während der am dichtesten zum **Black Canyon of the Gunnison** befindliche **Crystal Dam** – 2059 m ü.M. – der Wasserregulierung dient. Bootsausflüge durch die fjordähnlichen Canyons des **Morrow Point Lake**; Reservierungen beim Elk Creek Visitors Center, etwa 15 mi/24 km westlich von **Gunnison**; Tel. (970)641-0403; anstrengender Fußmarsch zur Anlegestelle.

BLACK CANYON—DURANGO
(Route 11)

Die Entfernung zwischen **Montrose** und **Durango** beträgt über *US 550* etwa 110 mi/176 km. Unterwegs geht es durch historische Orte wie **Ouray, Silverton** und **Red Mountain Pass**.

Die erste Attraktion auf dem Weg nach **Durango** ist das **Ute Indian Museum**, etwa 3 mi/8 km südlich von **Montrose**. Das Museum befindet sich auf dem Gelände der ehemaligen Farm des Ute Indianerhäupt *Chief Ouray*. Spanisch und englisch sprechende Indianer lieferten ihren Beitrag zum Frieden zwischen Siedlern und Indianern.

172 COLORADO ROUTEN
Route 11: Black Canyon—Durango; Telluride & Ouray

In der Nähe lag das **1880** errichtete **Fort Crawford**, das zum Schutz der Siedler nach dem *Meeker Massacre* des Jahres **1879** eingerichtet worden war. Weiter südlich liegen kleine Ranches; in der Ferne sind die schneebedeckten Gipfel der **San Juan Mountains** zu sehen.

AUSFLUG NACH TELLURIDE

Von **Ridgeway** führen *CO 62* und *CO 145* südwärts nach **Telluride**, etwa 42 mi/67 km entfernte Goldstadt in einem von spektakulären Gipfeln umrahmten Bergtal. Die reizvolle Landschaft lässt die Reise in dieses südwestliche Resort Colorados zu einem unvergesslichen Erlebnis werden. **Telluride** – auf 2665 m ü.M. – wurde **1877** gegründet. Größere Goldfunde brachten der Stadt in den darauffolgenden Jahren Reichtum; der berühmt berüchtigte Butch Cassidy nutzte diesen Reichtum aus und beraubte hier gegen Ende der 1880er Jahre eine Bank, **1891** wurde das **Sheridan Opera House** fertiggestellt.

Östlich der Stadt liegt der zu den höchsten Wasserfällen Colorados zählende **Bridal Veil Falls**. Weiter östlich lag **Tomboy** hoch über Telluride, einst eine der produktivsten Minen der Area. **Telluride** ist beliebtes Wintersportziel mit vielen Restaurants, Boutiquen und Hotelanlagen. Im Mountain Activity Center wickelt sich alles ab, was zum Wintersport gehört – Tickets, Anmeldung zum Skiunterricht oder Ausleihen von Skiausrüstung, ganz in der Nähe der Restaurants und Läden. Größtes Sommerereignis ist das Telluride Musik- & Filmfestival. Sehenswert ist auch das **Mining & Historical Museum**.

OURAY

Ouray – Switzerland of America – liegt auf 2349 m ü.M., etwa 23 mi/37 km nördlich von **Silverton** am Nordende des berühmten *Million Dollar Highway*. Die **1875** gegründete Stadt wurde nach dem äußerst respektierten Häuptling der Ute Indianer benannt. **1882** stieß man südlich der Stadt in der **Red Mountain** Area auf zahlreiche Mineralienfunde. Daraufhin baute man eine Maustraße/*Toll Road*, um Zugang zu den Bergwerkcamps und zur Eisenbahn von **Silverton** zu ermöglichen. Da man für den Straßenbelag Schotter mit geringen Spuren von Golderz verwendet hatte, erhielt die spektakuläre Straße die Bezeichnung *Million Dollar Highway* (einer anderen Version nach geht der Name auf die hohen Baukosten zurück).

Ouray gilt seit vielen Jahren als beliebtes Übernachtungsziel. Bereits die Ute-Indianer hatten hier ihr Lager aufgeschlagen und die Thermalquellen genossen. Heute befindet sich mitten in der Stadt ein großes Thermalschwimmbad. Zu **Ourays** Attraktionen zählt das **Ouray County Historical Museum** mit Exponaten zum Bergbau, zur Geschichte der Ute-Indianer und Ranches. Aktivitäten umfassen Jeep- und Bergwerktouren; Info beim Chamber of Commerce.

Eine weitere Attraktion **Ourays** ist der **Box Canyon** am südwestlichen Ortsrand – etwa 67 m hoch und nur ca. 6 m breit. Der **Box Canyon Falls Park** mit dem herrlichen Wasserfall ist über eine Straße, die von der Serpentinenstraße abbiegt, erreichbar.

SÜDWÄRTS NACH SILVERTON

Südlich von **Ouray** klettert der *Million Dollar Highway/US 550* steil bergauf; spektakuläre Szenerie mit Blick auf den Wasserfall **Box Canyon Falls**. Unterwegs passiert man Wasserfälle, parallel zur Straße laufende, rauschende Gebirgsbäche und alte Bergwerkstollen. Bald darauf taucht der **Red Mountain** mit **Red Mountain Pass** – 3358 m ü.M. – auf.

COLORADO ROUTEN 173
Baxter Info-Karte: Routen 10 & 11/Routen von Grand Junction

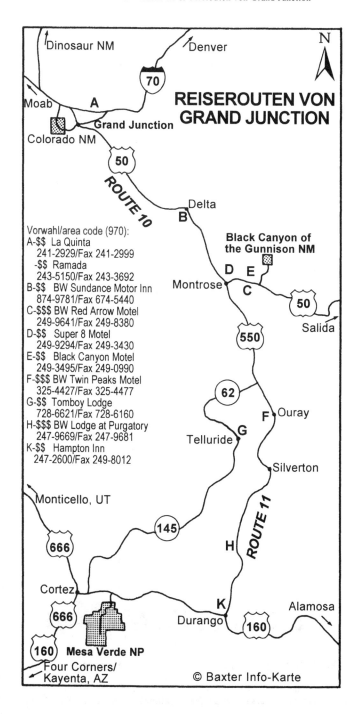

174 COLORADO ROUTEN
Route 11: Silverton/Durango & Route 12: Durango—Alamosa

Am Pass Gelegenheit, anzuhalten, die Beine zu vertreten und die bezaubernde Berglandschaft zu genießen. Schwefelgeruch stammt von den im Boden vorkommenden Mineralien. **1878** passierten erstmals mit goldhaltigem Erz beladene Wagen den Pass. Auf der Fahrt hinunter zum etwa 10 mi/16 km südlich liegenden **Silverton** kann man unterwegs mehrere Biberdämme erkennen.

SILVERTON

Der Anfang der **1870er** Jahre gegründete Ort **Silverton** auf 2840 m ü.M. wurde als „Silver Queen"/Silberkönigin Colorados berühmt. **Silverton** ist die Endstation der Schmalspureisenbahn *Durango & Silverton Narrow Gauge Railroad*. **Attraktionen** der Stadt: **1882** errichtetes **Grand Imperial Hotel;** das neben dem Gericht/Courthouse am anderen Ortsende befindliche **Historical Museum** und alle möglichen Souvenirläden; Spaziergang entlang der ehemals berüchtigten *Blair Street.* Jugendherberge/Youth Hostels: Teller House Youth Hostel (970)387-5423.

FAHRT NACH DURANGO

Von **Silverton** klettert *US 550* erneut hoch hinauf in die Berge **San Juan Mountains**. Die Entfernung zwischen **Silverton** und **Durango** beträgt etwa 50 mi/80 km. Unterwegs passiert man den See **Molas Lake,** ehe der **Molas Pass Summit** auf 3325 m ü.M. überquert wird. Der Pass **Coal Bank Hill Summit** liegt auf 3243 m ü.M.

Weiter südlich gelangt man zum bekannten Wintersportort **Purgatory Ski Resort**; etwa 9 mi/14 km weiter erreicht man via *US 550* das **Tamarron Resort**. Ganz in der Nähe werden die Schienen der Schmalspureisenbahn sichtbar. Kurz darauf kommt der **Animas River** in Sicht – die Spanier nannten den Fluss *El Rio de Las Animas Perdidas* (etwa Fluss der verlorenen Seelen).

Zwischen 1949 und den 1970er Jahren wurden in der Gegend von **Durango, Ridgeway, Gunnison, Silverton** und **Grand Junction** zahlreiche Western gefilmt, darunter der bekannteste mit Robert Redford und Paul Newman *Butch Cassidy and the Sundance Kid*. Die berühmte Szene, in der die beiden Stars von einem hohen Felsrand (in Wirklichkeit nur etwa 10 m über dem Fluss) springen, wurde bei einer Schlucht über dem **Animas River** bei Baker's Bridge 32 km nördlich von **Durango** gefilmt – via *US 550* nordwärts und dann bergab auf *County Rd. 250* (wo Schild zu KOA links verweist, rechts halten und etwa 800 m weiter). Auf Stewart's Ranch (wo der *cattle drive*/Rindertrieb endet) bei **Durango** wurde auch *City Slickers* (1991) mit Billy Crystal gefilmt

Ehe man dann den historischen Teil **Durangos** und den Bahnhof erreicht, passiert *US 550* mehrere Motels. Unbedingt ratsam, vorherige Zimmerreservierung vorzunehmen.

DURANGO—ALAMOSA
(Route 12)

Die Entfernung zwischen **Durango** und **Alamosa** beträgt ca. 152 mi/243 km. Die Route über *US 160* – auch *Navajo Trail* genannt – verbindet zwei der spektakulärsten Attraktionen Colorados. Der Eingang zum **Mesa Verde Nationalpark** liegt etwa 38 mi/61 km

COLORADO ROUTEN

Route 12: Durango—Pagosa Springs—Alamosa

westlich von **Durango** und das **Great Sand Dunes Nationalmonument** etwa 35 mi/56 km nordöstlich von **Alamosa**.

US 160 schlängelt sich auf ihrem Weg durch den Süden Colorados und überquert am **Wolf Creek Pass** die **Continental Divide**/kontinentale Wasserscheide. Westlich vom Pass taucht der **San Juan River** auf, der auf einer Strecke von etwa 640 km in westliche Richtung fließt und dann in den **Colorado River** mündet. Östlich vom Pass ist der etwa 2880 km lange, turbulente **Rio Grande** (in Mexiko **Rio Bravo del Norte** genannt) zu sehen, der südwärts fließt und dann zwischen den USA und Mexiko seinen Weg nach Osten einschlägt, bevor er in den Golf von Mexiko mündet.

Entfernungen in Meilen/Kilometer von Durango:

Alamosa	152/243	Great Sand Dunes NM	187/299
Buena Vista		Monte Vista	135/216
(via Great Sand Dunes)	300/480	Pagosa Springs	62/99
Chimney Rock	42/67	Salida	
Creede	126/202	(via Great Sand Dunes)	277/443
Del Norte	121/194	Wolf Creek Pass	86/138

Jugendherbergen/Youth Hostels

South Fork: .... Spruce Ski Lodge
.... (719)873-9980

Alamosa: .... Walsch Hotel
.... (719)589-6641

Wichtige Telefonnummern

Antonito, CO: Cumbres & Toltec Scenic Railway .... (719)376-5483
Chama, NM: Cumbres & Toltec Scenic Railway .... (505)756-2151
Creede, CO: Creede Repertory Theatre .... (719)658-2540

DURANGO—PAGOSA SPRINGS

Fährt man auf *US 160* von **Durango** ostwärts, kommt man an der Abzweigung zum Flughafen **La Plata County Airport** und dem Indianerreservat **Southern Ute Reservation** vorbei; Informationszentrum etwa 15 mi/24 km südlich von *US 160*.

Eine der interessantesten Attraktionen unterwegs in Richtung **Pagosa Springs** ist **Chimney Rock** auf etwa 2409 m ü.M. Vom Westen kommend wirkt das bekannte Wahrzeichen recht unbedeutend, doch blickt man von seiner Ostseite zurück, lässt sich dagegen der „Schornstein"/*chimney* recht gut erkennen. In der Nähe liegen die Ruinen eines Pueblos.

Kurz bevor man **Pagosa Springs** erreicht, informiert eine Tafel über die Story des Col. Albert H. Pfeiffer. Der berühmte Wildwest-Held tötete einen Navajo-Indianer bei einer Messerstecherei. Die Navajo und Ute Indianer, die das Messerduell beobachteten, hatten sich zuvor geeinigt, dass der Sieger die Rechte über die **Pagosa Springs** erhalten würde. Somit durften Pfeiffer und seine Ute-Freunde die Thermalquellen nutzen.

Pagosa Springs – etwa 2158 m ü.M. und etwa 2000 Einwohner – erhielt seinen Namen nach der Thermalquelle **Great Pagosa Springs**, die in den vergangenen Jahrhunderten bei den Indianern äußerst begehrt war. Im Ort Gelegenheit zu Thermalbädern. Am Ostrand des kleinen Orts liegen einige Motels.

ÜBER DIE CONTINENTAL DIVIDE

Östlich von **Pagosa Springs** wird der **San Juan River** überquert. *US 84* führt etwa 48 mi/77 km südostwärts nach **Chama**, New Mexico, die westliche Endstation der Schmalspureisenbahn *Cumbres & Toltec Scenic Railroad.* Der *New Mexico Express* nach **Osier**, CO verkehrt von Juli bis Anfang Oktober – vormittags Abfahrt, Rückkehr am Spätnachmittag.

Auf der Weiterfahrt entlang *US 160* hat man ostwärts die Berge vor sich. Der Wasserfall **Treasure Falls** ist unterwegs beliebter Haltepunkt entlang des steilen Highway, der in Serpentinen hinauf zum **Wolf Creek Pass** auf 3307 m ü.M. und zur *Continental Divide*/kontinentalen Wasserscheide führt. Angeblich soll sich dort am Wasserfall ein Versteck mit einem Goldschatz im Wert von 5 Millionen Dollar befunden haben, daher der Name *(treasure* = Schatz). Östlich vom Pass erstreckt sich das Skigebiet **Wolf Creek Ski Area**.

Nach mehreren Campingplätzen des National Forest Service und dicht bewaldeten Bergrücken führt die Strecke auf etwa 8 mi/13 km steil bergab. Danach wird der **South Fork of the Rio Grande River** (Südarm) überquert. Der gesamte Canyon, der einst völlig mit Eis ausgefüllt war, brauchte etwa 20 000 Jahre, bis er seine heutige Tiefe erreichte.

In dieser Gegend kommt auch Colorados Staatsblume – *Colorado Columbine,* häufig vor. Man wählte gerade diese Blume wegen ihrer drei Farben aus – blau für den klaren Himmel, weiß für Schnee und gelb symbolisch für Colorados berühmte Goldvorkommen. *US 160* verläuft hier parallel zum Ufer des **Rio Grande River**.

CREEDE

Nordwestlich von **Baxterville/South Fork** führt die *CO 149* zu dem etwa 22 mi/35 km entfernten Ort **Creede**. Der Ort wurde **1890** gegründet, als N. C. Creede hier reiche Silbervorkommen entdeckte; in jenem Jahr gab es in Creede über 70 Saloons! Auf den Straßen von **Creede** folgt man den Fußspuren von Calamity Jane, Bob Ford (der Mann, der Jesse James erschoss) und dem berühmte Bat Masterson.

Zu **Creedes** Attraktionen zählen Jeepfahrten zu den in der Nähe liegenden Geisterstädten, ein Museum, die Thermalquellen an der **Wagon Wheel Gap**, die „Holy Moses Mine", wo man auf Silber gestoßen war, und Kunstgalerien. In der Gegend liegen mehrere Gäste-Ranches. Besonders populär ist das **Creede Repertory Theatre** – Mitte Juni bis Anfang September.

AUF DEM WEG NACH ALAMOSA

Von **South Fork** setzt sich die *US 160* ostwärts fort nach **Del Norte**, dem Zentrum eines riesigen Landwirtschaftsgebiets. Die zu den ältesten Städten Colorados zählende Stadt war früher Treffpunkt der Trapper. Auf dem Weg nach **Alamosa** passiert man **Monte Vista** – Zentrum Colorados Salat- und Kartoffelanbaugebiets. Hier wird auch Gerste zur Belieferung von Brauereien angebaut.

COLORADO ROUTEN 177
Baxter Info-Karte: Route 12: Durango—Alamosa

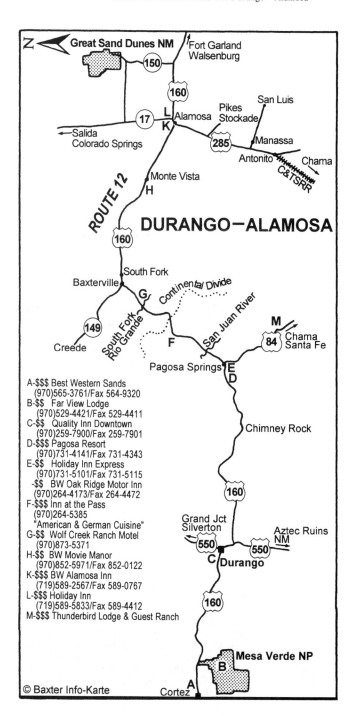

ATTRAKTIONEN DER ALAMOSA AREA

Alamosa (spanisch für *cottonwood*=Pappel) ist Ausgangspunkt zu verschiedenen Attraktionen. Auf *US 285* gelangt man im Süden zum **Pike Stockade State Historical Monument** – restaurierte Abwehrstellungen, die Pike **1807** auf seiner Expedition benutzt hatte. In der Nähe liegt **Manassa** – Heimatort des berühmten amerikanischen Schwergewichtboxers Jack Dempsey (Titelverteidiger von 1919 bis 1926). Direkt an *US 285*, etwa 28 mi/45 km südlich von **Alamosa**, liegt **Antonito**, Abfahrtstelle der Schmalspureisenbahn *Cumbres and Toltec Scenic Railroad*. Der *Colorado Limited* verkehrt von Juli bis Anfang Oktober täglich zwischen **Antonito** und **Osier** (wo zu Mittag gegessen wird) – Abfahrt vormittags, Rückkehr am Spätnachmittag.

Etwa 25 mi/40 km westlich von **Alamosa** liegt das **Fort Garland State Museum** – restauriertes Fort aus dem Jahre **1858**, das zum Schutz der Siedler gegen Ute- und Apache-Indianer angelegt wurde. Hier war der berühmte Kit Carson 1866/1867 mit seinem letzten Kommando stationiert, bevor er 1868 starb. Südlich von **Fort Garland** kommt man auf der *CO 159* nach **San Luis**, Colorados ältester Siedlung aus dem Jahre **1851**. Etwa 35 mi/56 km nordöstlich von **Alamosa** erreicht man über *US 160* und *CO 150* das **Great Sand Dunes Nationalmonument**.

ALAMOSA—COLORADO SPRINGS

(Route 13)

Die Strecke zwischen **Alamosa/Great Sand Dunes Nationalmonument** und **Colorado Springs** – über **Salida** und **Buena Vista** – bietet bezaubernde Landschaften und viele Attraktionen. Unterwegs Möglichkeit zum Besuch des **Florissant Fossil Beds Nationalmonuments**, des berühmten Goldminencamps **Cripple Creek** und der bezaubernden Felslandschaften im **Garden of the Gods** und Fahrt hinauf zum **Pikes Peak**. Weitere Attraktionen in diesem Teil Colorados umfassen **Canon City** und **Leadville**, am Rande der Route.

Entfernungen in Meilen/Kilometer von Alamosa:

Buena Vista	105/168	Florissant Fossil Beds NM	196/314
Canon City	139/222		
Colorado Springs (via Cripple Creek)	252/403	Great Sand Dunes NM	35/56
		Salida	82/131
Cripple Creek	212/339	Wilkerson Pass	196/314

NORDWÄRTS NACH SALIDA

Nördlich von **Alamosa/Great Sand Dunes Nationalmonument** passiert *CO 17* ein breites, langgestrecktes Tal, das durch künstliche Bewässerung fruchtbar gehalten wird. Im Osten erstrecken sich die **Sangre de Cristo Mountains**. Etwa 4 mi/6 km nördlich der Kreuzung *US 285/CO 17* liegt **Villa Grove** – gegen Ende der **1880er** Jahre wichtiges Versorgungsdepot der umliegenden Bergwerkcamps. Westlich davon liegt das **1881** gegründete **Bonanza**; Zentrum mehrerer Bergwerkcamps. **1937** fiel der größte Teil des Orts bei einem Brand den Flammen zum Opfer.

COLORADO ROUTEN 179
Route 13: Alamosa—Salida—Colorado Springs

Hinter dem **Poncha Pass Summit** geht es von 2746 m ü.M. auf *US 285* kurvenreich bergab. Landschaft gleicht einem Canyon, unterwegs passiert man am Straßenrand noch mehrere alte Bergwerkstollen. Bei **Poncha Springs** – etwa 2277 m ü.M. – führt *US 50* westwärts und über den **South Arkansas River**. In östlicher Richtung gelangt man auf *US 50* nach **Salida** mit Motels und Restaurants.

SALIDA & ATTRAKTIONEN DER AREA

Salida liegt günstig zum Übernachten. Der Name der Stadt hat seinen Ursprung im Spanischen für Ausgang/Ausgangspunkt. Die Stadt nahm ihren Anfang nicht etwa als Bergwerksiedlung, sondern als Eisenbahnzentrum. **1882** besaß **Salida** etwa 1500 Einwohner. 1975 wurde die Eisenbahn stillgelegt. Gelegenheit zum Thermalbad im Hot Springs Swimming Pool, mit anschließendem Besuch des **Frontier Museums**; Motel Area an *US 50*.

Westlich von **Salida** führt die *US 50* durch mehrere Geisterstädte. **Maysville** war einst ein wichtiger Ort der Gegend, der zu Beginn der **1880er** Jahre auf über 1000 Einwohner blickte. Hier nahm die Mautstraße/*Toll Road* ihren Anfang über den **Monarch Pass**. Das östlich vom Pass liegende **Monarch** erreichte innerhalb weniger Monate nach Entdeckung wertvoller Mineralien im Jahre **1878** eine Einwohnerzahl von 3000.

Etwa 57 mi/91 km östlich von **Salida** erreicht man über *US 50* **Canon City**. Von der etwa 3 mi/5 km langen Panoramastraße *Skyline Drive* hat man hervorragenden Blick auf die Stadt und Umgebung; etwa 8 mi/13 km westlich erstreckt sich die Schlucht **Royal Gorge** des **Arkansas River**. Hier überspannt eine der höchsten Hängebrücken in etwa 320 m Höhe den Fluss; Fußgänger- & Autoverkehr über die Brücke. Mit einer Bergbahn geht es in den Canyon hinab; eine Bahn fährt oben am Rand der Schlucht entlang.

Buckskin Joe (Wildleder Joe) ist der echte Name einer wiederaufgebauten Bergwerkstadt, etwa 8 mi/13 km westlich von **Canon City**. Der Ort wurde aus Old West Gebäuden aus den 1850er Jahren als Themenpark mit Schießereien und Gold-/Silbergräberstadt-Atmosphäre zusammengestellt. Verschiedene Western wurden in **Buckskin Joe** gefilmt, darunter *True Grit* (1969) mit John Wayne, *Cat Ballou* (1965) mit Jane Fonda und Lee Marvin sowie *Lightning Jack* (1994) mit dem Australier Paul Hogan. Das berühmte **Cripple Creek** liegt etwa 45 mi/72 km nördlich von **Canon City** – über Schotterstraße erreichbar (vorher über Straßenverhältnisse erkundigen).

NÖRDLICH VON SALIDA

Fährt man auf *US 285* von **Salida** aus nordwärts, erblickt man den **Arkansas River**. Mehrere Floßfahrt-Unternehmen bieten unterwegs Wildwasserfahrten an.

• **Christmas 1806**/Weihnachten 1806: Nach gescheitertem Versuch, den Gipfel **Pikes Peak** am 27. Nov. 1806 zu besteigen, schleppte sich Zebulon Pike mit seinen 15 Mitstreitern auf der Suche nach dem **Red River**, der südlichen Grenze des Gebiets aus dem Louisiana Purchase (Landkauf), durch **South Park**. Nach Überqueren des **Trout Creek Pass** gelangten die Forscher erneut an den **Arkansas River**, ihre Vorräte gingen allerdings schon bedrohlich zur Neige. Am Weihnachtstag konnten glücklicherweise zwei Jagdtrupps

180 COLORADO ROUTEN
Route 13: Alamosa—Leadville—Colorado Springs

acht Büffel erlegen. Weihnachten verbrachten sie in der Nähe der Mündung des **Squaw Creek** (etwa 800 m südlich), verzehrten Büffelfleisch und setzten ihre Ausrüstung instand.

Anfang **1807** gelangte Pike mit seiner Expedition ins Tal **San Luis Valley** bei den **Great Sand Dunes** und errichtete ein Holzfort (heute rekonstruiertes State Historical Monument) am **Conejos River** in der Nähe vom heutigen **La Jara**, wo Pike von den Spaniern gefangengenommen wurde.

Weiter Richtung Norden kann man dann entlang *US 285* ca. 9 mi/14 km nördlich von **Salida** links auch **Mt. Shavano** – 4337 m ü.M. und **Mt. Antero** – 4349 m ü.M. sehen. Westlich von **Nathrop** liegt **St. Elmo** – gut erhaltene Geisterstadt, die einst etwa 3000 Einwohner besaß. Weiter westlich kommt man zum **Alpine Tunnel** – einer der ersten Tunnels durch die *Continental Divide*. Der **1881** fertiggestellte Tunnel hatte eine Länge von etwa 562 m.

Der *Highway of the Fourteeners* setzt sich nordwärts fort – Name stammt von den zehn 14 000 Fuß/4267 m hohen Berggipfeln, die rechts und links von **Buena Vista** liegen (*fourteen* = 14). Obwohl sich die Route im Süden von **Buena Vista** ostwärts fortsetzt, lohnt sich ein Abstecher zu dieser Stadt am Fuße der **Collegiate Range** wegen ihrer herrlichen Aussicht; Unterkunft, Restaurants. **Buena Vista** wurde als Bergwerk- und Ranchzentrum **1879** gegründet.

Schlüssel zur Baxter Info-Karte:
Routen 13 & 14 Durango—Alamosa—Colorado Springs

Orientierung:
- 1-KOA Alamosa
  geb.frei 1-800-562-9157
- 2-KOA Buena Vista
  (719)395-8318
- 3-Yogi Bear's Jellystone Park Camp Resort
  (719)275-2128
- 4-KOA/Exit 101/(719)542-2273
- 5-KOA Cripple Creek/(719)689-3376
- 6-KOA Colorado Springs South
  (719)382-7575
- 7-KOA/Denver East Strasburg/Exit 310 *I-70*
  (303)622-9274/geb.frei 1-800-562-6538
- 8-McDonald's/Exit 161

Unterkunft:
- A-$$$ BW Alamosa Inn
  (719)589-2567/Fax 589-0767
- B-$$$ Holiday Inn
  (719)589-5833/Fax 589-4412
- C-$$ BW Rambler/Exit 52
  (719)738-1121/Fax 738-1093
- D-$$ BW Colorado Lodge
  (719)539-2514/Fax 539-4316
- E-$$ Vista Inn
  (719)395-8009/Fax 395-6025
- F-$$ BW Royal Gorge Hotel
  (719)275-3377/Fax 275-3931
- -$$ Holiday Inn Express
  (719)275-2400/Fax 276-0101
- G-$$ Cripple Creek Motel
  (719)689-2491
- -$$ Imperial Casino Hotel
  (719)689-7777/Fax 689-1008
- H-$$$ Town & Country Resort
  (719)687-9518/Fax 687-9518
- K-$$ Holiday Inn Express
  (719)473-5530/Fax 473-8763
- L-$$ Hampton Inn South/Exit 138
  (719)579-6900/Fax 579-0897
- M-$$ Motel 6
  (719)520-5400/Fax 630-0377
- N-$$ Ramada Inn
  (719)633-5541/Fax 633-3870
- O-$$ Hampton Inn North/Exit 149
  (719)593-9700/Fax 598-0563
- P-$$$ Radisson Inn/Exit 150A
  (719)598-5770/Fax 589-3434
- -$$ Drury Inn/Tel. & Fax (719)598-2500
- -$$ Red Roof Inn
  (719)598-6700/Fax 598-3443
- -McDonald's
- R-$$$ Denver Hilton South
  (303)779-6161/Fax 689-7080
- S-$$$ Marriott/Exit 201
  (303)758-7000/Fax 691-3418
- T-$$ Holiday Inn DIA/Exit 283 v. *I-70*
  (303)371-9494/Fax 375-1808
- U-$$$ Holiday Inn Coliseum/Exit 241
  (303)292-9500/Fax 295-3521

LEADVILLE

Leadville liegt etwa 35 mi/56 km nördlich von **Buena Vista** und bietet sich daher als interessanten Abstecher entlang der Route **Alamosa—Colorado Springs**. Leadville ist mit über 3000 m ü.M. die

COLORADO ROUTEN 181

Baxter Info-Karte: Routen 13 & 14: Alamosa—Colorado Springs—Denver

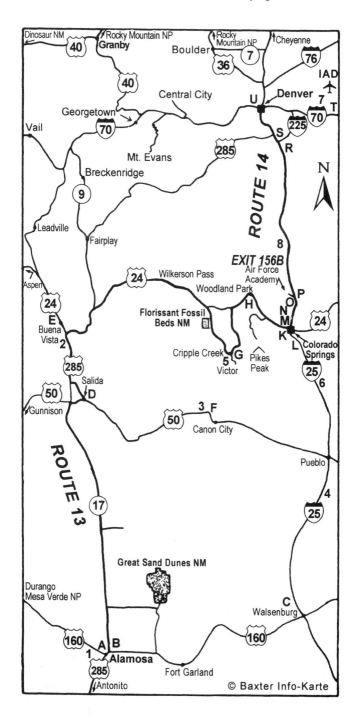

182 COLORADO ROUTEN
Route 13: Alamosa—Leadville—Colorado Springs

höchstliegende Stadt der USA. **1860** stieß Abe Lee in der California Gulch in der **Leadville** Area auf Gold; in den **1880er** Jahren zählte **Leadville** etwa 40 000 Einwohner!

Leadville bildet auch den Hintergrund der Familienstory der Tabors, die **1860** von Kansas hierher zogen, um den Goldrausch mitzumachen. Jahrelang betrieben die Tabors hier einen Kolonialwarenladen. **1878** kauften mehrere Bergleute bei den Tabors ihre Vorräte und tauschten sie gegen ein Drittel aller gefundenen Mineralien ein. Die **Little Pittsburg Mine** war sehr ergiebig und brachte damit den Tabors ein Vermögen ein. Mit diesem Geld bauten die Tabors das **Tabor Opera House** und eröffneten die **Matchless Mine**, die die Tabors zu den Reichsten in ganz Colorado machte. Allerdings macht Geld nicht glücklich, und die Ehe von Horace und Augusta Tabor ging in die Brüche.

Horace Tabor heiratete wieder, und zwar Elizabeth Doe – kurz Baby Doe genannt. Mit fallendem Silberpreis, zerran auch Tabors Vermögen. Vor seinem Tode bat er seine zweite Frau, die **Matchless Mine** zu erhalten, die neues Vermögen bringen sollte. Baby Doe lebte fast 36 Jahre lang auf der Matchless Mine, doch ein neuer Reichtum blieb aus. Im März **1935** fand man sie erfroren neben dem Bergwerkstollen. Tausende kamen dann schließlich zu ihrer Beerdigung.

Bei der Besichtigung von **Tabor House, Tabor Opera House** und der **Matchless Mine** kann man auch eine Rundfahrt durch die Gegend unternehmen. Dabei geht es zur **California Gulch** und **Iowa Gulch** sowie anderen Gebieten, in denen Gold, Silber und Zink abgebaut wurde. Nordöstlich von **Leadville** liegt **Climax**, wo Molybdän gewonnen wird, das man zur Härtung von Stahl verwendet.

Etwa 2 mi/3 km südlich von **Buena Vista** und der Kreuzung *US 24/ US 285* kommt man ostwärts entlang *US 24* zur Aussichtsstelle **Buena Vista Scenic Overlook** mit herrlichem Blick auf die Berge. Eine Infotafel informiert über die Landschaft:

• **Collegiate Range:** Bei der gewaltigen Gebirgsfront auf der anderen Talseite handelt es sich um die **Collegiate Range**, dem südlichen Teil der **Sawatch Range**, die höchste Gebirgskette der kontinentalen USA. Die **Sawatch Range** beginnt südlich von **Mt. Shavano** am **Marshall Pass** links und zieht sich über **Leadville** etwa 120 km nordwärts bis zum **Mt.-of-the-Holy Cross**.

Sechzehn Gipfel der **Sawatch Range** übersteigen 14 000 Fuß/4267 m und werden daher „Fourteeners" (Vierzehner) genannt. Drei der höchsten Gipfel der kontinentalen USA liegen innerhalb eines Umkreises von 48 km: **Mt. Elbert, Mt. Massive** und **Mt. Harvard**. Das Gebirge bildet auch die *Continental Divide*/kontinentale Wasserscheide durch Zentralcolorado. Die großen *Fourteeners* geradeaus sind von links nach rechts: **Mt. Princeton, Yale, Columbia** und **Harvard**.

• **A Protected Rocky Mountain Valley**/ein geschütztes Rocky Mountain-Tal: Das Tal **Collegiate Valley** erstreckt sich nördlich und südlich vom rechts liegenden Ort **Buena Vista**. Das Tal wird auch Colorados „Banana Belt"/ Bananengürtel genannt, weil es über ein außerordentlich sonniges und mildes Klima verfügt.

Die im Westen und Norden hoch über dem Tal aufragende **Collegiate Range** bildet eine Wetterbarriere, die das hauptsächlich aus diesen Richtungen kommende strenge Winterwetter abhält. Die über der Ostseite des Tals ragenden Gebirgsmassive schirmen das Tal von dem aus Richtung **South Park** kommenden kalten Wetter ab.

Von Wettersatelliten gelieferte Fotos mit Winterstürmen über Zentralcolorado weisen in der Wolke über diesem Tal häufig ein Loch auf.

Das Tal **Collegiate Valley** gehört zu den Stellen Colorados, wo das ganze Jahr über am meisten die Sonne scheint. Hier herrscht mit weniger als 25 cm

COLORADO ROUTEN 183
Route 13: Alamosa—Wilkerson Pass—Colorado Springs

durchschnittlichen Niederschlägen pro Jahr das trockenste Klima in Colorado. Im Sommer durchschnittliche Tagestemperaturen von etwa 26°C.

● **History of the Buena Vista Area**/Geschichte der Buena Vista Area: Jahrhundertelang war die Gegend von Indianerstämmen bewohnt – anfangs von den Ute-Indianern, in den 1500er Jahren, und im folgenden Jahrhundert von den Comanche-Indianern. Für die Indianer war diese Gegend ein Jagdparadies. Aber auch andere Indianerstämme wie die Cheyenne, Arapahoe und Kiowas gingen hier zur Jagd.

Französische und spanische Forscher waren die ersten Weißen dieser Gegend. **1807** zog Zebulon Pike mit seiner Expedition auf der Suche nach der Quelle des **Red River** durch das Tal.

Biber-Trapper – auch ,,Mountain Men" genannt – konnten die Gegend wegen feindlicher Angriffe der Comanche und Ute nur langsam durchstreifen. Kit Carson und Bill Williams befanden sich unter den ersten Trappern, die **1834** hier an den Flüssen nach Pelztieren jagten.

In den 1880er Jahren wurde in diesen Bergen eifrig nach Gold, Silber, Blei und Zink gegraben. Eine der reichsten Goldminen Colorados war die legendäre **Mary Murphy**, in der Nähe von **St. Elmo**, die von **1875** bis **1924** Gold im Wert von 60 Millionen Dollar produzierte.

Buena Vista – auch ,,White Water Capital of Colorado"/Wildwasserhauptstadt Colorados genannt – erhielt **1879** Stadtrecht und wurde bald darauf mit drei Eisenbahnlinien zum Eisenbahnknotenpunkt.

WILKERSON PASS

Pass im Pike National Forest auf 9507 Fuß/2898 m ü.M. Die Entfernung zwischen dem **Buena Vista Scenic Overlook** und **Wilkerson Pass** beträgt etwa 40 mi/64 km. Unterwegs sieht man entlang der *US 24* Biberdämme und die **Buffalo Peaks** in der Ferne. Hinter dem **Trout Creek Pass** – 2849 m ü.M. führt *US 24* bergab. Auf *US 285* geht es nordwärts nach **Fairplay/South Park City**, wo **1859** Gold entdeckt wurde. Heute befindet sich dort ein interessantes Freilichtmuseum mit allem möglichen vom Saloon bis zum Bahnhof.

Fährt man auf der *US 24* weiter ostwärts, passiert man ein leicht hügeliges Tal. Später wird der **Middle Fork of the South Platte River** überquert. Vom **Wilkerson Pass** hat man eine herrliche Aussicht auf die Umgebung des **Pike National Forest**. Eine kleine informative Ausstellung des U.S. Forest Service liefert Info zur Geschichte der Area.

Am Infobrett neben Toiletten (links vom Visitors Center) von links nach rechts:

● **Elevenmile Reservoir and Canyon.** Die Bahn *Colorado Midland Railway* nahm ihren Weg als Standard-Schmalspureisenbahn von **Colorado Springs** hinauf über den **Ute Pass** und schlängelte sich am **Twin Creek** bergab nach **Florissant** und **Lake George**. Von Lake George folgte die Route dem **South Platte River** durch den **Granite Canyon** – heute **Elevenmile Canyon** genannt. Anschließend ging es über **South Park**, durch Hartsel über den **Trout Creek Pass** westwärts.

Die **Midland** bot wöchentlich und später täglich Fahrten mit den ,,*WildflowerExcursion Trains*", um Fahrgäste zu animieren. Wenn der *Midland* Zug aus dem **Elevenmile Canyon** nach **South Park** kam, hielt er bei **Idlewild**, wo die Fahrgäste Wildblumen, darunter Iris, Skrofulariazeen, Indian Paintbrush und Astern pflücken konnten. In der Nähe dieser Wildblumenwiesen liegt der Picknickplatz **Idlewild Picnic Ground**.

Im Spätsommer des Jahres **1918** gab die *Midland Railway* ihren Personen- und Frachtverkehr auf; **1921** wurde die Strecke schließlich völlig stillgelegt.

184 COLORADO ROUTEN
Route 13: Alamosa—Wilkerson Pass—Colorado Springs

Unterwegs gibt es entlang der *Midland Railway* Strecke auf der Canyon-Route interessante geschichtliche Hinweise. Camping- und Picknickplätze im **Elevenmile Canyon** nach dem Reservoir.

Elevenmile Canyon ist auf der *US 24* erreichbar, etwa 9 mi/14 km bis **Lake George**. Von dort geht as auf *Forest Road 245* südwärts. Etwa 13 mi/21 km führt die Fahrt durch den bezaubernden und geschichtsträchtigen **Elevenmile Canyon**, ehe das **Elevenmile Canyon Reservoir** erreicht wird, wo die Straße am Staudamm endet.

Mit Vollendung des Wasserprojekts *Denver Water Bord Project* am **South Platte River** im Jahre **1931** besaß das **Elevenmile Canyon** Staubecken eine Kapazität von 98 Milliarden Litern. Seit **1966** fängt auch die Stadt **Colorado Springs** hier Wasser auf, das westlich von der *Continental Divide* stammt. Die Wasservorräte versorgen Haushalte und Industrie im Großraum **Denver** und **Colorado Springs** mit Wasser. Bei voller Kapazität könnte das Reservoir entweder **Colorado Springs** etwa 2 Jahre oder den Großraum Denver etwa 3 Monate lang mit Wasser beliefern.

● **Florissant Fossil Beds:** Etwa 16 mi/26 km südöstlich vom **Wilkerson Pass** gab es vor etwa 40 Millionen Jahren in der Nähe der kleinen Siedlung **Florissant** einen urzeitlichen See. Etwa l5 mi/24 km südwestlich dieses Sees stiegen bei einer Vulkaneruption in der Nähe von Guffey dichte Staubwolken auf, die winzige Aschepartikel mitnahmen. Diese riesigen Aschewolken, die vom Wind nordöstlich getrieben worden waren, regneten sich über dem urzeitlichen See und seinem bewaldeten Ufer aus. Dabei zogen sie Insekten und Blätter auf den Seeboden. Diese schnell begrabenen und von Luftzufuhr abgeschlossenen Lebewesen und Pflanzenteile faulten nicht. Nach mehreren Ascheregen hintereinander häuften sich die papierdünnen Schieferschichten und verhärtete auf dem Seeboden. Die mitgeschleiften Lebewesen und Pflanzenteile wurden in diesen Ablagerungen gepresst und versiegelt.

Der Seltenheitswert des **Florissant Fossil Beds Nationalmonuments** liegt nicht in Exponaten mit Tierknochen von Riesentieren, sondern in den Abdrücken Tausender zarter Insekten, Blätter und anderer Lebewesen. In **Florissant** gibt es allein über 1000 verschiedene Insektenarten, Vögel, Weichtiere, Säugetiere und Pflanzen, die im Stein verewigt sind.

Florissant Fossil Beds beherbergt zahlreiche versteinerte Baumstümpfe von Riesen-Sequoias, die sich noch genau an den Stellen befinden, wo diese Baumriesen einst wuchsen. Eine eindrucksvolle Beispiele der Versteinerung von Pflanzen. Fossilien von Kiefer, Tanne, Fichte, Pappel, Wacholder, Erle, Eiche, Rosen, Esche, Reben, Ahorn, Disteln, Astern und wildem Wein sind hier zu finden, alles Pflanzen und Gewächse, die in Colorado heimisch sind.

Man stieß aber auch auf verschiedene Fossilien von Pflanzen, die heute nicht mehr in Colorado existieren, und zwar Kastanie, Feige, Stechpalme, Bast, Seifenkraut, süßer_Gummi,_Rauchstrauch und Dattelpflaume.

● **Cripple Creek-Gold Camp Road—Phantom Canyon: Cripple Creek** – reich an Colorados Bergwerkgeschichte – war bis zum Zeitpunkt, als der Cowboy Bob Womack **1890** in der **Poverty Gulch** auf Gold stieß, noch Viehzuchtgebiet und Weideland. **Cripple Creek** wurde nach dem durch den Ort fließenden Fluss benannt; **1892** erhielt **Cripple Creek** Stadtrecht. Der Fluss war noch vor den Goldfunden benannt worden, als ein Viehzüchter dort eine lahme Kuh antraf, die den Fluss überquerte (*cripple* = lahm).

Um 1900 wurde **Cripple Creek** mit etwa 25 000 Einwohnern zur viertgrößten Stadt Colorados. Bis zur Stilllegung der letzten Mine im Jahre **1961** hatte man Gold im Wert von etwa 800 Millionen Dollar aus den Bergen des *Cripple Creek Mining District* gegraben.

Heute kann man in **Cripple Creek** nur noch etwas vom ehemaligen Goldboom ahnen; stellenweise hat man wieder etwas mit dem Goldabbau begonnen.

Vom **Wilkerson Pass** aus erreicht man **Cripple Creek** über *CO 24* in Richtung Südosten auf dem Weg nach **Florissant** oder **Divide**, von dort fährt man von einem der beiden Orte südwärts.

Die *Gold Camp Road* war ursprünglich die Route der Eisenbahn *Colorado Springs and Cripple Creek District Railway*. Im allgemeinen wurde die **1901** fertiggestellte Eisenbahnlinie *Short Line* genannt, da etwa 90% der um **Cripple Creek** befindlichen Minen Leuten aus **Colorado Springs** gehörten,

COLORADO ROUTEN 185
Route 13: Alamosa—Wilkerson Pass—Colorado Springs

die sich über die hohen Frachtkosten ärgerten und deshalb das Erz zur Verarbeitung in andere Städte bringen ließen. Die *Short Line* brachte ein riesiges Vermögen und wurde oft als die *„gold-plated railroad"* (etwa goldplattierte Eisenbahn) bezeichnet.

Als jedoch die reichen Goldadern im *Cripple Creek Mining District* nicht mehr so ergiebig waren, und die Kosten im Bergbau stiegen, ging die *Short Line* bankrott. Im Mai **1930** verkehrte der „letzte Zug". Das Stahl-an-Stahl-Geräusch von Schienen und Rädern verstummte.

1936 baute man die Eisenbahntrasse zum „World's Greatest Gold Camp" (größten Goldcamp der Welt) zur öffentlichen Straße aus, die aus Mitteln des County und Forest Service unterhalten wurde.

Auto Tour auf dieser Route möglich. Einzelheiten am **Wilkerson Pass** oder bei der Pikes Peak Ranger District-Geschäftsstelle in Colorado Springs.

Die heutige *Gold Camp Road* bringt den Besucher wieder in die Zeit zurück, als hier zum ersten Mal der Aufschrei „Gold" ertönte.

Phantom Canyon – eine der reizvollsten Routen der **Cripple Creek** Gegend – war die Route der ersten Eisenbahn zum **Cripple Creek** Goldcamp. Die Züge der **1895** fertiggestellten Eisenbahnlinie *Florence and Cripple Creek Railroad* dampften über steile Berghänge und in scharfen Kurven den Canyon hinauf und kletterten von etwa 1500 m bei **Florence** bis auf etwa 3000 M ü.M. bei **Cripple Creek**.

Diese als „The Gold Belt Line" (Goldgürtellinie) bekannte, kurze Eisenbahnlinie – etwa 40 mi/64 km – war nur von kurzer Lebensdauer. Die Eisenbahn wurde **1912** stillgelegt, als der **Phantom Canyon** bei einem Hochwasser derart in Mitleidenschaft gezogen wurde, dass etwa 14 km Gleise und achtzehn Brücken weggerissen wurden.

Nach Entfernen der Gleise wurde die Strecke instandgesetzt und **1819** als Autostraße freigegeben, wobei viele der alten Eisenbahntunnels, Holzbrücken und Dämme benutzt wurden.

*Nach Information über Angeln/Fishing Info über **South Park** und **Fairplay**:*

•**South Park and Fairplay:** Bei der Fahrt nach **South Park** wird man mit einer reizvollen, Naturlandschaft und historischem Charme belohnt. Die ersten französischen Trapper, die in diese Gegend kamen, nannten die Gegend „Bayou Salada" oder Salzmarsch. Die Ute-Indianer benutzten **South Park** als beliebtes Sommerlager für ihre Jagd. Hier fanden sie riesige Büffel- und Antilopenherden, während sich Bären, Dickhornschafe, Rehwild und Wapitihirsche auf den bewaldeten Berghängen aufhielten. Die „Mountain Men" fanden hier in der Gegend genug Pelztiere wie Biber, Bisamratte, Otter, Nerz, Luchs und Puma.

Als man im Juli **1859** im Sand des **Tarryall Creek** in **South Park** auf Gold stieß, brach dort der Goldrausch aus. Flüsse und Hügel **South Parks** waren von Goldsuchern übersät, die entweder hier waren, um nach Gold zu graben oder die Minenbesitzer zu schröpfen.

1859 wurde der Minendistrikt *Fair Play Diggings* erschlossen. Der Name *Fair Play* geht wie im Sport auf den Ursprung zurück, dass hier jeder gleiches Recht und Chance besaß, einen Claim abzustecken, wo er graben wollte. Vor 1875 hieß der Ort **Platte City**, dann **Fair Play** und heute schließlich **South Park City**. Zu weiteren historischen Orten aus der Goldgräberzeit zählen **Buckskin Joe, Como, Horseshoe, Quartzville** und **Alma**. **Alma** überlebte als eine der höchstliegenden (3156 m ü.M.) Städte der USA.

Heute gibt es um **South Park** in erster Linie Weideland, Viehzucht- sowie Freizeitgebiet. In der **Fairplay** Gegend wurden einige Bergwerkaktivitäten wieder aufgenommen. Beim Besuch **Fairplays** unbedingt das historische **South Park City** aufsuchen.

•**Gold: 1859** strömten Glücksritter und Goldsucher mit Spitzhacke, Schaufel und Goldwäscherpfanne bewaffnet auf diesen Hügeln aus – die Spitzhacke löste Sand und Gestein, mit der Schaufel wurde gegraben und die Goldwäscherpfanne diente zum Goldwaschen.

Die ersten Goldfunde waren *Placers*, Gold, das sich im Sand und Kies am Flussufer abgelagert hatte. Vieles wurde schon durch Erosion freigelegt, wobei sich bereits das Gold an den *Placers* von seinem Ursprung etwas weiter

186 COLORADO ROUTEN
Route 13: Alamosa—Wilkerson Pass—Colorado Springs

zurück in den Bergen gelöst hatte. Ein Goldsucher hoffte immer, eine weitere Tasche voll Gold oder sogar auf die Hauptader/"Mother Lode" zu stoßen.

- History/Geschichte: **Wilkerson Pass** bildet den Durchgang nach **South Park** durch die Berge **Puma Hills**. Der Pass wurde nach einem englischen Viehzüchter benannt, der sich in der **Badger Mountain Area** niedergelassen hatte. Wie in den meisten Bergen Colorados wurde auch in den **Puma Hills** nach Gold und Silber gegraben. **Puma City**, das während des **Cripple Creek** Goldrauschs der 1890er Jahre gegründet wurde, war damals Mittelpunkt der Bergbaugemeinden. Obwohl Spuren von Mineralien gefunden wurden, hatte man hier nicht sehr viel Glück. **Puma City**, das heutige **Tarryall**, ist eine Semi-Geisterstadt.

Die Route über den **Wilkerson Pass** war ursprünglich ein Indianerpfad der Ute-Indianer und wurde in den 1860er Jahren eine Waggonroute. Der ehemalige Pfad wurde zur einfachen Straße, auf der sich während des Goldrauschzeit von **Leadville** in den 1870er Jahren lebhafter Verkehr abwickelte. Bis **1898** existierte hier die Postkutschenstation **Illinois House**.

1921 wurde der **Wilkerson Pass** abgeschnitten, als der Verkehr durch den **Elevenmile Canyon** nach **South Park** über die abgebaute Eisenbahnlinie *Midland Railroad* umgeleitet wurde. Etwa 10 Jahre lang war der **Elevenmile Canyon** die Strecke nach **South Park**. **1931** wurde die Straße erneut über den **Wilkerson Pass** verlegt, als ein Teil des **Elevenmile Canyon** in einen Stausee integriert wurde.

*Weitere Info über die Nationalwälder/**Our National Forest** an der zweiten Infowand hinter der ersten Infowand. Weiter hinten führen einige Stufen hinauf zum **Aussichtspunkt** mit weiterer Infotafel:*

- Pikes Peak Or Bust/Pikes Peak, koste es was es wolle: **Pikes Peak** war Wegweiser der Hoffnung und Verheißung, der **1859** die Gold- und Silbersucher ins Herz Colorados lockte. **Pikes Peak** war das erste markante Wahrzeichen, das die westwärts über die weiten Steppen ziehenden Pioniere sichteten. Oft konnte man folgenden Satz auf der Plane ihrer Planwagen (Conestoga Wagon) lesen: „Pikes Peak or bust"/Pikes Peak, koste es was es wolle! Heute gelangt man über einen Fußweg, eine Mautstraße und eine Bergbahn hinauf zum Gipfel.

Steigt man vom Aussichtspunkt links die andere Treppe hinunter, erreicht man weitere Infotafeln, entlang des am Parkplatz beginnenden Pfads.

WILKERSON PASS—FLORISSANT—CRIPPLE CREEK

Vom **Wilkerson Pass** führt die *US 24* ostwärts nach **Florissant,** dem Ausgangspunkt zum winzigen, aber hochinteressanten **Florissant Fossil Beds Nationalmonument**. Unterwegs hat man einen guten Blick auf **Pikes Peak**, 4301 m ü.M., an dem sich mehrere Campingplätze des National Forest befinden. Südlich der *US 24* biegt eine Straße zum **Elevenmile Canyon** ab. Auf einer Schotterstraße geht es von **Florissant** an einem restaurierten Siedlergehöft vorbei zum kleinen Besucherzentrum, Visitors Center, des **Florissant Fossil Beds Nationalmonuments** – etwa 3 mi/5 km südlich der *US 24*.

Nach dem Besuch des **Florissant Fossil Beds Nationalmonuments** kann man in **Cripple Creek** bequem eine Pause einlegen; nur etwa 16 mi/26 km südlich vom Visitors Center. Unterwegs auf dem Weg nach **Cripple Creek** passiert man ein Schild mit folgender Beschriftung: *„This is God's country/*...das ist Gottes Land. Bitte nicht durchbrausen wie durch die Hölle!" Von der Straße nach **Cripple**

Creek biegen Straßen ab nach **Guffey** und **Canon City** über High Park. Kurz vor **Cripple Creek** passiert man den **Mt. Pisgah**.

CRIPPLE CREEK—COLORADO SPRINGS

Die Entfernung zwischen **Cripple Creek** und **Colorado Springs** beträgt etwa 40 mi/64 km. *CO 67* führt von **Cripple Creek** etwa 19 mi/30 km nordwärts zur *US 24*. Unterwegs passiert man die legendäre **Mollie Kathleen Mine**; herrliche Aussicht auf **Cripple Creek** und **Mt. Pisgah**. Dann geht es durch einen einspurigen Tunnel – ehemaliger Eisenbahntunnel aus dem Jahre 1893. Nach dem Tunnel gelangt man ins Tal **Rainbow Valley** und zur Kletterschule *Rocky Mountain Camp of the American National Climbing School*. An der Kreuzung *CO 67/US 24* kommt man nach **Divide** – 2829 m ü.M.

Von **Divide** führt die *US 24* ostwärts nach **Woodland Park** – lebhafter, moderner Ort auf 2580 m ü.M. Östlich von **Woodland Park** geht es auf der *US 24* auf dem Weg nach **Colorado Springs** steil bergab. In **North Pole** zweigt die Mautstraße/*Toll Road* ab, die hinauf zum **Pikes Peak** hinaufführt.

Manitou Springs – 1954 m ü.M., einige Kilometer westlich von **Colorado Springs**, ist Ausgangspunkt zur Bergbahn *Pikes Peak Cog Railway* und **Garden of the Gods**. In **Colorado Springs** kreuzt *US 24* die *I-25*.

COLORADO SPRINGS—DENVER

(Route 14)

Die beiden größten Städte Colorados sind durch die *I-25* miteinander verbunden. Unterwegs gibt es entlang der verkehrsreichen Route, die den östlichen Ausläufern der Rockies folgt, mehrere Attraktionen. Als Hauptsehenswürdigkeit gilt die **U.S. Air Force Academy** (Luftwaffenakademie), die fast ein halbes Jahrhundert alt ist; nördlich von **Colorado Springs**. Von *I-25* **Exit 156B** für Air Force Academy Visitors Center benutzen.

AIR FORCE ACADEMY

Zu den Höhepunkten einer Fahrt von **Colorado Springs** nach **Denver** zählt der Besuch der Luftwaffenakademie/**U.S. Air Force Academy**, etwa 10 mi/l6 km nördlich von **Colorado Springs** und auf der Westseite der *I-25*. Die **U.S. Air Force Academy** – eine der größten Attraktionen Colorados – hat jährlich über eine Million Besucher, die neugierig sind, wie die zukünftigen Luftwaffenoffiziere leben.

Wer zur Sommerzeit besichtigen will, sollte versuchen, möglichst nach Mitte August oder vor der ersten Juniwoche während des akademischen Jahres hier zu sein, wenn die Akademie mit über 4000 Kadetten in vollem Gange ist. Während dieser Zeit sind verschiedene Veranstaltungen wie Paraden und Vorträge im Planetarium öffentlich. Einzelheiten beim Besucherzentrum/Visitors Center.

COLORADO ROUTEN
Route 14: Colorado Springs—Air Force Academy—Denver

EIN BESUCH IM VISITORS CENTER

Erste Station beim Besuch der **Air Force Academy** sollte das moderne Visitors Center sein. Hier in der Nähe der **Cadet Chapel** sowie **Cadet Area** gibt es Exponate, Filmvorführungen, Snacks, Toiletten, Souvenirs, Karten über die **Air Force Academy** Area sowie Information über öffentliche Veranstaltungen, Die Ausstellung im Visitors Center informiert in Details über das Kadettenleben – sogar mit Modell eines Kadettenschlafsaals – sowie über Geschichte und Geologie der Gegend.

Halbstündlich wird ein 17-Minuten-Orientierungsfilm gezeigt; jede halbe Stunde 50minütige „Walking Tour"/Führung durch **Cadet Area** und **Cadet Chapel**. Die **Cadet Lunch Formation** lässt sich von der **Cadet Chapel** beobachten, Mo.-Fr. um 12.10 Uhr. Hier nun einiges an Hintergrundinformation, die bestimmt den Besuch noch interessanter macht.

• **History and Geology**/Geschichte und Geologie. Die ersten Bewohner der Area, auf der sich heute die Akademie befindet, waren Indianer – Ute, Arapahoe, Cheyenne, Kiowa, Comanche, Sioux und Apache. Die Indianer bevorzugten den größten Teil in der Nähe der **Rampart Range**, und zwar ein Gebiet, das sich vom heutigen Standort des **Garden of the Gods** bis zur Akademie erstreckte.

Die ersten weißen Siedler waren französische Pelzhändler, die Anfang der 1700er Jahre eintrafen. Der amerikanische Leutnant Zebulon Pike geleitete **1806** seine Expedition in diese Gegend. Er hinterließ seinen Namen auf dem 4301 m hohen **Pikes Peak**, westlich von **Colorado Springs**.

Mit Bildung des Colorado Territorium im Jahre **1861** begannen Siedler, sich in der Nähe von **Monument Creek**, der durchs Akademiegelände fließt, in Holzhütten niederzulassen. Eine der Blockhütten, die William Burgess vor **1871** gebaut hatte, steht heute noch im **Douglas Valley**.

Die alte Postkutschenroute von **Colorado City** (heutiges **Colorado Springs**) nach **Denver** führte am Monument Creek entlang. Aus der Luft ist der Weg der Postkutsche noch erkennbar. Im Bereich der heutigen Material- und Versorgungsabteilung *(service and supply area)* gab es früher eine Postkutschenstation, **Edgerton**. Zur Blütezeit der Postkutsche lebten dort 700 Menschen.

Nördlich der Kadettenarea erhebt sich das bemerkenswerteste Naturdenkmal der Akademie – **Cathedral Rock**/Kathedralfelsen, ein etwa 30 m hohes massives Sandsteingebilde. Gegen Ende des 19. Jahrhunderts galt **Cathedral Rock** als beliebtes Picknickgelände der damaligen Siedler. Auf dem Felsen sind heute noch viele der eingeritzten Namen und Daten aus der Zeit von **1870** bis **1880** sichtbar.

• **Creation Of AFA**/Gründung der Luftwaffenakademie: Die Gründung der Akademie geht bis auf den Ersten Weltkrieg zurück. **1927** gab es bereits Vorschläge zur Schaffung einer separaten „Academy of the Air" zur Ausbildung von Offizieren für den Luftkrieg. Als die Air Force/Luftwaffe **1947** einen separaten Bereich des Militärs bildete, wurden Pläne für die neue Schule geschmiedet. Am **1. April 1954** unterzeichnete der damalige US-Präsident Dwight D. Eisenhower das Gesetz zur Gründung der **Air Force Academy**.

• **Basic Cadet Training**/Kadettengrundausbildung: Die Kadetten nehmen in den ersten sechs Wochen der Akademie an einer Grundausbildung/*Basic Cadet Training (BCT)* teil. Die Ausbildung in der Kadettenarea, mit Schwerpunkt auf militärischer Ausbildung, Anstandsregeln und Umgangsformen dauert drei Wochen. Die letzten drei Wochen werden im Zeltlager im nördlichen Teil der Akademie verbracht. Kadetten lernen Militärisches und müssen ein hartes, körperliches Trainingsprogramm über sich ergehen lassen. Den Abschluss der Sommergrundausbildung bildet die Empfangsparade/*Acceptance Parade*, wenn den jungen Frauen und Männern, die die BCT beenden,

COLORADO ROUTEN 189
Route 14: Colorado Springs—Air Force Academy—Denver

die Schulterstücke der Fourth Class (unterster Rang der 4jährigen Kadettenausbildung in der Akademie) verliehen werden, mit denen sie offiziell im Kadettenflügel aufgenommen werden.

• **Acceptance**/Empfang: Für die jungen Kadetten ist die **Acceptance Parade** der Höhepunkt der Sommergrundausbildung. Sie schließt sich direkt an die härtesten sechs Wochen ihres Lebens an.

• **Field Day**/Sportfest: Der sportliche Endkampf am Ende der Kadettengrundausbildung wird am *Field Day* ausgetragen. Auf dem Sportgelände finden sportliche Leichtathletikwettkämpfe statt wie Rennen, Gruppensport, moderner Fünfkampf usw.

• **Academics**: Der akademische Lehrplan stellt hohe Anforderungen an die Kadetten. Sie können ihre Ausbildung aus den 20 Hauptfächern wählen, z. B. technische Wissenschaften und Philosophie. Alle Kadetten müssen eine Reihe von Kursen, sogenannte Kernfächer, absolvieren, die einerseits aus Wissenschaft und Technik andererseits aus Sozialwissenschaften bestehen. Die Absolventen erhalten ihr Diplom in einem der wissenschaftlichen Fächer.

• **Faculty**/Lehrkörper: Über 550 Lehrkräfte sind an der Akademie beschäftigt. Die meisten sind Luftwaffenoffiziere, aber jedes Jahr kommen auch einige Zivilprofessoren und Offiziere aus anderen Bereichen der Streitkräfte hinzu. Die Offiziere haben nicht nur die Aufgabe, intellektuelles Wissen zu vermitteln, sondern sollen auch ihre eigene militärische Erfahrung weitergeben und Vorbild der zukünftigen Offiziere sein.

• **Military Training**/Militärausbildung: Dieser Ausbildungsabschnitt beginnt gleich am ersten Tag und geht durch alle vier Jahre der Ausbildung. Beginnt mit Grundausbildung und führt bis zum Überlebenstraining. Die Kadetten lernen zwar als erstes, Befehle zu befolgen, doch Endziel ist, Führungskräfte heranzubilden. Es werden nicht nur Schuhe poliert und Paraden abgehalten. Während des Semesters werden die Kadetten militärisch geschult.

• **Summer Training**: Nach der Sommergrundausbildung schließt sich im folgenden Sommer Spezialausbildung an, wie z. B. Überlebenstraining. Segelfliegen, Fallschirmspringen, Sportfliegen, Ausbildungsprogramm bei Militärstützpunkten und anderes erfolgt im Spätsommer. Die vor dem Abschluss stehenden Kadetten tragen die Verantwortung, die jungen Kadetten auszubilden.

• **Survival Training**/Überlebenstraining: Im nachfolgenden Sommer erfolgt intensives Überlebenstraining, z. B. Kompasslesen, Nahrungssuche, Hüttenbauen, Überleben im Wasser und in der Wildnis sowie andere herausfordernde Überlebenstechniken, die das fliegende Personal der Luftwaffe benötigt.

• **Flying Training**/Flugausbildung: Während der gesamten Ausbildung an der Akademie dreht sich vieles natürlich ums Fliegen. Manche Kurse sollen den Kadetten einen breiten Hintergrund über die Luftfahrt vermitteln. Fliegen im Sportflugzeug, Segelfliegen, Fallschirmspringen und Navigation gehören zum Ausbildungsprogramm. Den Kadetten wird freigestellt, dem *Academy Aero Club* zum Sportfliegen beizutreten.

• **June Week Activities**/Veranstaltungen im Juni: Den Abschluss der Kadettenausbildung bildet die Verleihung des Diploms. Die Abschlusswoche, die allgemein **June Week** genannt wird, gilt als wichtiger Meilenstein aller Kadetten, nicht nur der zukünftigen Offiziere. Für die unteren Klassen bedeutet es eine Stufe nach oben mit mehr Verantwortung und Privilegien. Es folgt außerdem die Auszeichnung einzelner Kadetten. Festessen und Tanz "gehören zu den Höhepunkten dieser Woche, wozu auch die Familien der Kadetten die Akademie besuchen. Im allgemeinen finden sich etwa 30 000 Menschen zur Abschlusszeremonie im **Falcon Stadium** ein!

• **Graduation/Commitment**/Abschluss/Verpflichtung: Jedes Jahr wird in der ersten Juniwoche etwa 800 bis 900 Abschlussabsolventen der Akademie das wissenschaftliche Diplom verliehen, das sie zum Offizier macht. Im Anschluss an die vierjährige Ausbildung bei der Akademie muss der Offizier mindestens 5 Jahre bei der Luftwaffe dienen; mehr, wenn er Pilot oder Navigator werden will. Einige Absolventen wechseln zum Heer oder zur Marine über. Die Diplomverleihung ist öffentlich.

EIN BESUCH DER CADET AREA

Hoch über dem Rest der **Air Force Academy** erhebt sich die **Cadet Area** auf etwa 2225 m ü.M. gegen die Rocky Mountains. Grandiose Zusammenstellung moderner Architektur und Natur. Die von der 17türmigen imposanten Kirche, **Cadet Chapel**, gekrönte **Cadet Area** erstreckt sich in der Nähe des Visitors Center.

Die **Cadet Area** besteht aus zwei riesigen Wohnheimen (jeweils zwei Kadetten in einem Raum) und einem riesigen Speisesaal für etwa 4000 Kadetten. Den Höhepunkt bildet hier jeweils die Versammlung der Kadetten zur Mittagszeit, ehe zum Speisesaal abmarschiert wird; Mo.-Fr. öffentlich. Samstags werden morgens oft Paraden abgehalten. Hauptattraktion ist die etwa 46 m hohe Kirche **Cadet Chapel**. Oben befindet sich die Protestant Chapel, unten sind Catholic Chapel und die Jewish Synagogue untergebracht.

Die weiteren Gebäude der **Cadet Area** umfassen Ausbildungs- und Verwaltungsgebäude sowie Planetarium. Gymnasium und Sporthalle befinden sich ebenfalls in der Area. Zwischen dem Visitors Center und der **Cadet Area** liegt das 40 000 Plätze fassende **Falcon Stadium**. Der Falke/*falcon* ist das Maskottchen der **Air Force Academy**.

ATTRAKTIONEN NÖRDLICH DER AFA

Östlich vom Nordeingang zur **Air Force Academy** liegt das **Western Museum of Mining and Industry** – Exponate und Bergwerkmaschinerie, wie sie überall im Westen verwendet wurde. Weiter nördlich befindet sich westlich der *I-25* der **Palmer Lake**. Geht die Fahrt nordwärts auf *I-25* weiter, passiert man **Wildlife World** – Museum und Galerie. **Monument Hill** ist etwa 2241 m hoch. Nördlich vom **Castle Rock** und der Kreuzung *I-25/US 85* ist die Skyline **Denvers** zu sehen. Nördlich vom **Denver Technological Center** führt die *I-225* zur *I-70*, auf der es ostwärts zum **Denver International Airport** (DIA) geht.

Cadet Chapel/ Air Force Academy

NEVADA 191
Reiseziele & Reiserouten

NEVADA REISEZIELE

NEVADA = NV

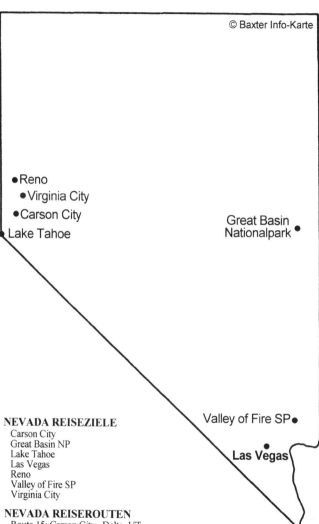

© Baxter Info-Karte

• Reno
 • Virginia City
• Carson City
• Lake Tahoe

Great Basin Nationalpark •

Valley of Fire SP •

• **Las Vegas**

NEVADA REISEZIELE
 Carson City
 Great Basin NP
 Lake Tahoe
 Las Vegas
 Reno
 Valley of Fire SP
 Virginia City

NEVADA REISEROUTEN
 Route 15: Carson City—Delta, UT
 Route 16: Reno—Salt Lake City, UT
 Route 17: Zion NP, UT—Las Vegas

BILLIG ÜBERNACHTEN
 Motel 6: Carson City, Elko, Ely, Lake Tahoe/
  (South Lake Tahoe, CA), Las Vegas,
  Reno, Sparks, Wells, Winnemucca

CARSON CITY, NV
Orientierung

CARSON CITY
„Hauptstadt Nevadas mit Nevada State Museum"

Carson City, Nevada – nach dem berühmten Forscher und Militarist Kit Carson benannt – ist die Hauptstadt des Bundesstaates Nevada. Die Stadt – übrigens eine der kleinsten Hauptstädte der USA – liegt auf dem Weg über **Genoa** etwa 31 mi/50 km nordöstlich von **South Lake Tahoe/Stateline**. **Virginia City** liegt etwa 13 mi/21 km nordöstlich von **Carson City** und **Reno** ca. 30 mi/48 km im Norden.

Sehenswürdigkeiten

Zu den Hauptsehenswürdigkeiten von **Carson City** zählen das Staatskapitol/**State Capitol** und das moderne Regierungsgebäude/ **State Legislative Building**. Das ausgezeichnete **Nevada State Museum** befindet sich an *Carson Street*, der Hauptstraße der Stadt, Ecke *US 50/US 395*; sehenswert! Ebenfalls im Stadtzentrum liegt die Bibliothek **Nevada State Library**. Westlich der Innenstadt, am **Nevada State Museum** vorbei, gelangt man zur **Governor's Mansion**. Überall in der Stadt gibt es Kasinos, um sein Glück zu versuchen.

Schlüssel zur Baxter Info-Karte: Carson City

1-Pony Express Trail
-Walley's Hot Springs
-Genoa Mormon Station
-Genoa
-Stateline/South Lake Tahoe
2-Lee Vining/Yosemite Nationalpark
3-Stateline/South Lake Tahoe
4-Nevada State Museum
5-Old Nevada State Capitol
-Nevada State Assembly
-Nevada State Senate
6-Nugget Casino
7-McDonald's
8-Scotty's Family Restaurant
9-Silver City Mall
-Supermarkt/K-Mart
10-Carson Mall
-Shopping
-Hardee's
11-Nevada Railroad Museum
12-Toyabe NF Ranger Station
13-Courthouse
14-Parkplatz
15-PostOffice/*Postamt*
16-Crossroads Center
-Supermarkt
17-Sizzler Steakhouse
18-Denny's
-Pizza Hut
-Kentucky Fried Chicken
-Wendy's
19-Heidi's Restaurant
populär bei Einheimischen
20-Rodeo
21-RV Park
22-Stewart Indian Museum
-Trading Post
23-Carson City Airport
24-Reno
25-Virginia City
-Fallon
-Ely/Great Basin NP

Unterkunft – Vorwahl/area code (775):
A-$$ Super 8 Motel
(775)883-7800/Fax 883-0376
-$$ Motel 6
885-7710/Fax 885-7671
B-$$ Best Western Carson Station Hotel
883-0900/Fax 882-7569
C-$$ Desert Hills Motel
882-1932/Fax 882-2864
D-$$ Best Western Trailside Inn
883-7300/Fax 887-7506

NEVADA STATE MUSEUM

Museum tägl. 8.30-16.30 Uhr geöffnet; Eintritt; Museumsplan auf deutsch verlangen. Für den Rundgang durchs Museum sollte etwa 1-2 Stunden einplanen. Ausstellungen verteilen sich auf Erdgeschoss und Obergeschoss sowie einen Bergwerkstollen im Keller, von dem aus man zum Ausgang gelangt. Der Museum-Shop hat ein interessantes Sortiment an Bildbänden und Souvenirs. Früher diente das

CARSON CITY, NV

Baxter Info-Karte: Carson City; Nevada State Museum

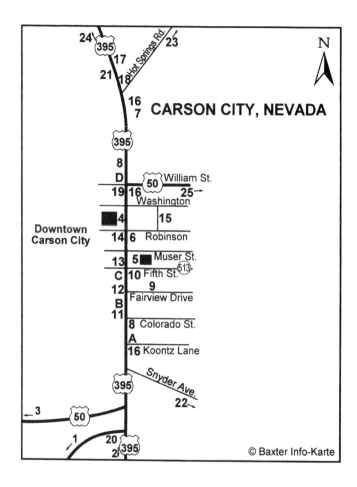

Gebäude des **Nevada State Museums** als Münzprägeanstalt/*U.S. Mint*. In der letzten Hälfte der 1800er Jahre war **Carson City** Zentrum der Nevada Gold- und Silberminenindustrie.

Unter den vielen Ausstellungsstücken findet man in der Nähe des Eingangs eine alte Münzpresse, ein protziges Silberservice, Flaschen über Flaschen sowie eine umfangreiche Mineraliensammlung. Die Steine werden mit fluoreszierendem Licht bestrahlt, wobei ein Spektrum herrlichster Farbtöne sichtbar wird. Daneben gibt es alle möglichen Knöpfe, Gold- und Silberproben aus Nevada, andere Mineralien und versteinertes Holz.

Das Museum umfasst auch eine ausgezeichnete **Indianerabteilung**. Unter den Exponaten Dioramen mit einer Campszene der Indianer bei Frühjahrsanfang, Körbe sowie Dekorationen und Ornamente. Außerdem wird gezeigt, wie die **Pueblobewohner** sich um **500 v. Chr. bis 1150 A.D.** mit dem Salzbergbau in Utah (Südutah) beschäftigten. Zu den übrigen Exponaten zählen eine Sattelsammlung, Fahrräder und sogar eine Druckpresse.

CARSON CITY, NV
Nevada State Museum/Erdgeschoss: Münzen & Waffensammlung

Außerdem sind Spielautomaten und andere Glücksspielgeräte ausgestellt, die eine der Haupteinnahmequelle Nevadas darstellen. Daneben gibt es Gewehre und eine Ausstellung über die verschiedenen Tiere des Bundesstaates. Zum Schluss geht es hinunter in einen **Bergwerkstollen**. Nachdem man den Stollen hinter sich hat, gelangt man zum Ausgang des Museums. Dieses Museum ist wegen seiner Fülle interessanter Exponate und Information über Nevada unbedingt einen Besuch wert.

Am besten vormittags zum Museum, damit anschließend noch genügend Zeit für den Ausflug nach **Virginia City** bleibt, und man nicht zu spät die Unterkunft in **Fallon** an der *US 50* erreicht.

ERDGESCHOSS

MINT ROOM/Münzsammlung

Links vom Haupteingang gelangt man zum **Mint Room** mit interessanter Münzsammlung, Waagen, Münzpresse, auf der die Buchstaben „CC" (für Carson City) auf Silber- und Goldmünzen geprägt wurden. Als sich das Bergwerk **Comstock Lode** in **Virginia City** als außerordentlich produktiv und ertragreich zeigte, aber die Transportkosten zur nächstgelegenen Münze in San Francisco enorm angestiegen waren, richtete man hier in **Carson City** eine Bundesmünzanstalt/*United States Mint* ein. In den Jahren **1870** bis **1893** wurden in **Carson City** Münzen im Wert von 49 Millionen Dollar geprägt.

Im Anschluss an den **Mint Room** gelangt man in den Raum mit dem aus 50 Teilen bestehenden Silberservice, für das man über 180 kg Silber verwendete! Das Service stammte von dem im Jahre **1915** gebauten amerikanischen Kriegsschiff *Nevada*, das bei Atombombentests im Pazifik sank.

Nach **Mint Room** und dem Silberservice weiteren Rundgang durchs Museum anhand des Museumsplan fortsetzen. Im Museum Shop gibt es zahlreiche Bildbände über Nevada. Gleich daneben passiert man den Eingang zum Bergwerk/**Mine Entrance** (noch **nicht** hinabsteigen, da der Stollen direkt zum Ausgang des Museums führt!). Dahinter gelangt man in die Waffensammlung/**Weapons Room**.

WEAPONS GALLERY/Waffensammlung

Diese Abteilung umfasst eine ausgezeichnete Waffensammlung mit Gewehren und Pistolen. Unter den Exponaten befindet sich auch ein 1883er Modell des von Colt hergestellten **Gatling Gun**. Die Schlacht am *Little Big Horn* (1876) wäre möglicherweise anders ausgegangen, wenn General Custer sein Gatling Gun dabei gehabt hätte. Das Gewehr gab 500 bis 1000 Schüsse pro Minute ab! Mehrere deutsche Pistolen aus dem Jahre 1850 befinden sich ebenfalls unter den Exponaten. Sehr interessant ist die Hintergrundinformation zu den Gewehren von Jake und Sam Hawken, die bei der Expansion des amerikanischen Kontinents nach dem Westen eine große Rolle spielten.

• **J & S Hawken And The Mountain Men**/J & S Hawken und die „Trapper". **Colt** und **Winchester** hatten den Wilden Westen erobert. Doch zwanzig

Nevada State Museum/Erdgeschoss: Waffensammlung/Nevada Ghost Town

Jahre vor dem ersten **Colt** und fünfzig Jahre vor der ersten **Winchester** wurde ein aus dem **Kentucky Rifle** entwickeltes Gewehr im amerikanischen Grenzland benutzt, und zwar **Plains Rifle** oder **Mountain Rifle**. Die ersten **Plains Rifles** waren mit Steinschloss, schwerem Lauf mit größerem Kaliber ausgestattet und wurden bei der Jagd auf Großwild im Wilden Westen benutzt.

Jake Hawken, ein berühmter Büchsenmacher, kam **1807** nach St. Louis, Missouri. **1815** eröffnete er seinen eigenen Gewehrladen, in den er **1822** seinen Bruder Sam nahm. Beide betrieben den Laden gemeinsam, bis Jacob **1849** an Cholera starb. Diese 27 Jahre waren gleichzeitig die Blütezeit des amerikanischen Pelztierhandels/American Fur Trade und der Mountain Men oder Trapper. In dieser Zeit gab es zwischen den Pelztierhandelsgesellschaften **American Fur Company, Hudson's Bay Company** und **Rocky Mountain Fur Company** einen harten Konkurrenzkampf um die bekanntesten Jagdgebiete; jeder eiferte, neue Jagdreviere zu erschließen. Während jener Zeit bereiste Jedediah Smith zum ersten Mal das Gebiet Nevadas. **1826** reiste er nach dem Rendezvous im **Cache Valley**, nordöstlich vom Großen Salzsee/**Great Salt Lake** zur High Sierra und wieder zurück.

Jenes Treffen diente ursprünglich als Zusammenkunft der Trapper zum Gedankenaustausch, Schieß- und Kampfwettbewerb, zum Verkauf der Jahresbeute gegen Bargeld und Beschaffung von Proviant und neuer Ausrüstung. Mit der Zeit nahmen an diesen **Rendezvous** auch Journalisten, Wissenschaftler und Geographen teil, um hier die berühmten „Pfadfinder"/*trail blazers* zu treffen.

Das **Hawken Rifle** wurde durch von Mund-zu-Mund-Reklame und die Schießwettbewerbe bei den Rendezvous berühmt. Das präzise arbeitende Gewehr war mit einem Lauf aus Weicheisen ausgestattet. **Hawken Rifles** wurden so populär, dass General Ashley, der Leiter der **Rocky Mountain Fur Company**, die **Hawken Rifles** in großen Mengen für seine Firma aufkaufte. Col. John C. Fremont bestellte **Hawken Rifles** für seine Forschungstrupps. Mountain Men/Trapper & Händler der Rocky Mountains benutzten das Gewehr in den 1820er und 1830er Jahren.

Anschließend landet man immer noch im Erdgeschoss in einen Raum mit einer rekonstruierten **Wildwest-Geisterstadt**.

THE NEVADA GHOST TOWN
Nevada Geisterstadt

Berlin, Genf, Rochester und Barcelona – wichtige Städte des Welthandels – dienten als „Namenspatronen" vieler tausende von Meilen davon entfernt liegenden Bergwerkgemeinden Nevadas. Heute existieren diese „Geisterstädte" teilweise lediglich nur noch als baufällige Denkmäler des Optimismus und der Energie ihrer ehemaligen Bewohner. Wie hier im Museum die Sonne über den Resten und Trümmern dieser Gemeinde untergeht, geschieht dies in vielen ehemaligen Dörfern Nevadas. In der Ausstellung ist hier eine vergleichbare Stadt rekonstruiert, wie sie in den 1940er Jahren etwa ausgesehen haben mag, ehe Plünderer und Vandalen über sie herfielen.

Die Namen vieler dieser Städte offenbaren die häufig nicht realisierbaren Hoffnungen und Träume der Bewohner. **Cornucopia, Metropolis, Ice, Gold Mountain, Gold Hill, Silver Peak, Silver City** und **Paradise**. Von den etwa 600 bewohnten Nevada-Städten der ersten 130 Jahre der Geschichte Nevadas sind etwa drei Viertel der Orte schon seit langem tot und unbewohnt oder bilden nur noch einen Bruchteil ihrer ehemaligen Existenz.

Mit Nevadas reichen Bodenschätzen Ende der **1850er** und Anfang der **1860er** Jahre verfiel sogar San Francisco, das den Goldrausch schon hinter sich hatte, in eine tiefe Wirtschaftskrise. Nachdem

CARSON CITY, NV
Nevada State Museum/Erdgeschoss: Naturgeschichte

Nevada **1864** Bundesstaat wurde, stellte Nevada eine Hauptstadt und lieferte 7 Jahre später sogar eigene Münzen, um die durch den *Civil War* (amerikanischer Bürgerkrieg, 1861-1865) finanziell geschädigte Nation wieder auf die Beine zu bringen.

In **Carson City** befand sich eine der sechs US-Münzprägeanstalten der Geschichte der USA. Obwohl **Carson City** durchaus keine Geisterstadt ist, beherbergt die ehemalige Münze, in der sich dieses Museum befindet, hier in dieser Abteilung eine Geisterstadt.

Der abgedunkelte Raum des Museums mit der **Nevada Ghost Town** umfasst interessante Bauten einer Geisterstadt. Darunter beispielsweise ein Saloon, das Probeamt, Wells Fargo Büro, Zeitungsbüro, General Store/Kolonialwarenladen, Hotel und Schreinerei.

Noch auf derselben Ebene gelangt man hinter der Ghosttown zu weiteren Museumsabteilungen: **Gallery of Birds, Environmental Gallery** und **Changing Exhibit Gallery** mit Wechselausstellungen, die viel Interessantes über Nevada vermitteln. Danach geht es oben im Obergeschoss weiter mit interessanten Ausstellungen.

NATURAL HISTORY AREA/Naturgeschichte

Nach **Mint Room, Museum Shop** und **Ghost Town Gallery** gelangt man in die naturgeschichtliche Abteilung/**Natural History Area**. Vor dem Eingang dieser Abteilung gibt es in der Nähe der Toiletten eine große Puppen- und Schmetterlingssammlung.

Die naturgeschichtliche Abteilung umfasst drei separate Ausstellungen. Der mittlere Raum beherbergt die **Environmental Gallery** mit Exponaten zur Landschaftskunde mit Information über die beiden großen Wüsten Nevadas sowie Biber und andere Tiere. Links davon umfasst die ornithologische Abteilung/**Gallery of Birds** eine ausgezeichnete Sammlung Vogelpräparate und herrlicher Dioramen. Im rechten Saal gibt es interessante Wechselausstellungen.

ENVIRONMENTAL GALLERY

Im Zentrum der Abteilung zur Umwelt und Landschaftskunde findet man eine große Karte Nevadas. Verschiedene Vitrinen umfassen Exponate und Information zu Nevadas Wüsten und hervorragende Tierpräparate, die Nevadas Tierwelt vorstellen. Die Nummerierung folgt den Ziffern auf der Baxter Info-Karte zum Museumrundgang (First Floor).

1-Nevada's Desert/Nevadas Wüsten

Ein großer Teil Nevadas wirkt unfruchtbar und leblos. Trockene Luft und fast unbegrenzte Sicht betonen die langgezogenen Täler und zackigen Berge, auf denen nur die widerstandfähigsten und abgehärtetsten Pflanzen- und Tierarten existieren können. Nevada stellt sich jedoch als großer und geographisch äußerst abwechslungsreicher Bundesstaat mit Hochgebirgen und riesigen Waldgebieten vor, die einen großen Pflanzen- und Tierreichtum aufweisen.

Nevadas Geographie wird durch die beiden großen Wüsten bestimmt – **Mohave** und **Great Basin**. Das *südliche* Drittel Nevadas umfasst die nördlichsten Ausläufer der **Mohavewüste**, die auch nach Arizona und Kalifornien reicht. Die *nördlichen* zwei Drittel Nevadas umfassen einen Teil der **Great Basin Desert**, die sich im südlichen Oregon und Idaho und westlichen Utah fortsetzt.

CARSON CITY, NV

Baxter Info-Karte: Nevada State Museum/Erdgeschoss

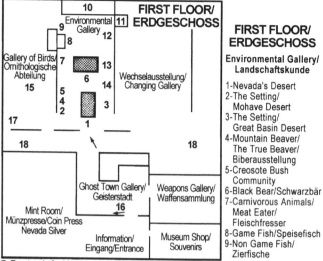

© Baxter Info-Karte

10-**Vitrinen mit Tierpräparaten** (von rechts nach links):
  -Gray Fox/Silberfuchs; *lebt in Südnevada*
  -Badger/Dachs; *kommt in ganz Nevada vor*
  -Mountain Lion/Berglöwe (Puma); *in gesamt Nevada, überwiegend im Gebirge vorkommend*
  -Yellow Bellied Marmot/Murmeltier; *in der nördlichen Hälfte Nevadas vorkommend*
11-Diorama: Long-tailed Weasel/Wieselart
12-Diorama:
  -Squirrels & Chipmunks/Eichhörnchen & Streifenhörnchen
  -Porcupine/Stachelschwein; *über ganz Nevada verbreitet*
13-Diorama: Sagebrush Community
14-Vitrine mit Tierpräparaten:
  -Raubtiere Nevadas

Im linken Nebenraum:
15-Gallery of Birds/Ornithologische Abteilung
16-Mine Entrance/Bergwerkstollen-Eingang
17-Aufzug/Elevator
18-Treppenaufgang zum 1. Stock/2nd Floor

Jede dieser Wüsten besitzt ihre eigene Pflanzen- und Tierwelt. Sonneneinstrahlung, Höhe und Breitenlage produzieren für die beiden Wüsten **Mohave** und **Great Basin Deserts** typisches Klima. Die **Mohave** ist eine *heiß-trockene* Wüste mit Temperaturen von über 37°C im Sommer, mildem Winter und jährlichen Niederschlägen von unter 15 Zentimetern. Die **Great Basin** ist eine *kalt-trockene* Wüste mit mild-heißem Sommer, kaltem Winter und jährlichen Niederschlägen von unter 23 Zentimetern.

In Nevada stoßen die beiden Wüsten ungefähr am 38. Breitengrad in einer Übergangszone/**Transition Zone** aneinander. In dieser Zone kommen Pflanzen- und Tierexemplare beider Wüsten vor.

Linke Seite:

2-The Setting: Mohave Desert/Mohavewüste

• **Topography**/Topographie: Die **Mohave Desert** Nevadas erstreckt sich über tiefere Lagen als die **Great Basin Desert**, mit einer Tallage von etwa 600 bis 900 m ü.M. Am **Colorado River** geht es sogar auf etwa 152 m ü.M. herunter. Über den Tälern erheben sich zwei Hauptgebirgsmassive, und zwar die **Sheep Range** und **Spring Mountains**, letztere mit etwa 3658 m ü.M. Beide Gebirge liegen ziemlich isoliert von anderen Bergen gleicher Höhe und dehnen sich im Vergleich mit den Bergen im Norden der **Great Basin Desert** nicht sehr aus.

Der Wasserablauf der **Mohave Desert** liegt außerhalb, d. h. alles ergießt sich im Endeffekt ins Meer. Wasser fädelt sich durch die Täler und fließt eventuell in den **Colorado River**. Darin unterscheidet sich die **Mohave Desert** auch wesentlich von der **Great Basin Desert**.

198 CARSON CITY, NV
Nevada State Museum/Erdgeschoss: Wüsten

• **Climate**/Klima: Die **Mohave Desert** erstreckt sich nordwärts in den Süden Nevadas und umfasst die niedrigen Gegenden des Clark County und Teile der südlichen Lincoln, Nye und Esmeralda Counties. Die Höhenlage reicht von etwa 152 m ü.M. am **Colorado River** – am Südrand Nevadas – bis etwa 1500 m ü.M., wo die **Mohave Desert** weiter im Norden in die **Great Basin Desert** übergeht. Ihre südlichere Breitenlage mit stärkerer Sonneneinstrahlung und geringerer Höhenlage bilden die Grundlage für den scharfen klimatischen Kontrast zur weiter nördlich liegenden **Great Basin Desert**.

Die **Mohave Desert** umfasst den größten Teil der aridesten Region Nordamerikas und ist der *trockenste* Teil Nevadas. Im Durchschnitt erhält die Gegend weniger als 13 Zentimeter **Niederschlag** pro Jahr. Diese Trockenheit lässt sich im wesentlichen auf drei Faktoren zurückführen: Entfernung zu Feuchtzonen des Meeres. Mangelnde Sommerregen wegen der subtropischen Hochdruckzone. Doch Hauptfaktor bildet die Lage im Regenschatten der südlichen **Sierra Nevada** und der übrigen südkalifornischen Gebirge.

Die meisten **Niederschläge** erfolgen im Winter, da das Südwärtsstoßen der subtropischen Hochdruckzone Zugang zu den pazifischen Sturmausläufern schafft. Winterregen sind im allgemeinen weitverbreitet, leicht und langanhaltend. Gelegentlich örtlich auftretende Sommerregen sind schwer, aber nur von kurzer Dauer, besonders im östlichen Teil der Region. Diese Sommerregen werden durch örtlich auftretende Stürme oder tropische Feuchtluft ausgelöst, die über den südlichen Teil des Staates getrieben wird. Messbare Niederschläge im Durchschnitt an 30 bis 40 Tagen: 30-40% dieser Niederschläge betragen 0,6 Zentimeter oder mehr. **Las Vegas** hat durchschnittlich Niederschläge von etwa 13 Zentimeter pro Jahr.

Die **Mohave Desert** ist eine heiße Wüste. Die mittlere Jahreswärme liegt über 15°C. Sommertagestemperaturen im allgemeinen über 38°C; mittlere Julitemperatur in Las Vegas 32°C. Milde Winter; die niedrigste gemessene Temperatur in Las Vegas -14°C; mittlere Januartemperatur beträgt 7°C. Dies verleiht der **Mohave Desert** eine *lange* Wachstumsperiode von 180 bis 200 Tagen.

Nun zur anderen Wüste auf der rechten Seite:

3-The Setting: Great Basin Desert/Great Basin Wüste

• **Topography**/Topographie: Die Wüste **Great Basin Desert** in Nevadas Area erstreckt sich über höhere Lagen als die Mohave Desert, mit einer Tallage von etwa 1200 bis 1800 m ü.M. Die im östlichen Teil Nevadas verlaufenden Täler liegen im allgemeinen höher als die im Westen Nevadas. Über den Tälern erheben sich ausgedehnte Gebirgsketten, meist parallel in Nordsüdrichtung verlaufende Bergmassive, im allgemeinen dicht nebeneinander mit nur kurzen Zwischeneinschnitten. Viele der Berge überschreiten die 3000-Meter-Marke.

Mit Ausnahme des nordöstlichen Winkels von Nevada erfolgt der Flussablauf nicht nach außen, d. h. es existieren keine Ausläufer zum Ozean. Flüsse und andere Wasserläufe verschwinden in Sickerstellen oder münden in Seen ohne Abflüsse. Flüsse aus dem äußersten Nordosten Nevadas fließen in das **Columbia River Flusssystem**.

• **Climate**/Klima: Die Wüste **Great Basin Desert** erstreckt sich über die nördlichen zwei Drittel Nevadas. Da der größte Teil der Region über 1200 m ü.M. liegt, ist die **Great Basin Desert** nicht nur eine Wüste der nördlicheren Breiten, sondern auch eine Wüste mit starker Höhenlage. Diese Faktoren mit den damit verbundenen durchschnittlich kürzeren Tagen und geringerer Sonneneinstrahlung unterscheiden die **Great Basin Desert** sehr deutlich von der **Mohave Desert**.

Die relativ großen Flächen Nordnevadas und der starke Einfluss der **Sierra Nevada** im Westen Nevadas bewirken die Klimaveränderungen innerhalb der **Great Basin Desert** Nevadas. Der nördliche Teil erhält infolge der höheren Lage mehr Niederschläge als der südliche Teil; Sturmausläufer sind außerdem häufiger. **Reno** hat durchschnittliche Niederschläge von etwa 18 Zentimeter pro Jahr, während das höher liegende **Elko** auf etwa 25 Zentimeter kommt.

Der *Westteil* Nevadas erhält seine Niederschläge wegen der Pazifikstürme hauptsächlich im Winter, Niederschläge im *zentralen* Teil Nevadas

CARSON CITY, NV 199
Nevada State Museum/Erdgeschoss: Ornithologische Abteilung

überwiegend im Frühjahr. Im *südöstlichen* Teil von Nevadas **Great Basin** lassen tropische Feuchtluft Sommerstürme entstehen. Messbare Niederschläge im Durchschnitt an etwa 40 Tagen des Jahres in der Gegend von **Caliente** und über 80 Tage im extremen Norden Nevadas. An etwa 30% dieser Regentage gibt es etwa 0,6 Zentimeter oder mehr Niederschläge. Feuchtluft hat die Tendenz, vom Südwesten zum Nordosten zuzunehmen.

Es kommt häufiger zu Schneefällen als in der **Mohave Desert**, häufiger im östlichen als im westlichen Teil. Durchschnittlich jährlicher Schneefall etwa 91 Zentimeter in **Elko** und 66 Zentimeter in **Reno**.

Die **Great Basin Desert** ist eine **kalte** Wüste. Die mittlere Jahreswärme beträgt im allgemeinen unter 10°C. Sommertemperaturen steigen im Extremfall über 38°C, aber die mittlere Julitemperatur beträgt etwa um 21°C in **Reno** und **Elko**. Der Winter ist kalt mit durchschnittlichen Januartemperaturen um 0°C in **Reno** und -5°C in **Elko**. Temperaturen *unter* dem Gefrierpunkt sind häufig. Die Wachstumsperiode ist relativ *kurz*, im allgemeinen weniger als 120 Tage außer im südlichen Teil der Region.

Danach passiert man eine Reihe von Vitrinen mit Tierpräparaten, ehe es links zur ornithologischen Abteilung geht.

Tierpräparate Exponate 4-14

4-Mountain Beaver/Gebirgsbiber;
5-Creosote Bush Community/Creosotestrauch-Landschaft;
6-Black Bear/Schwarzbär;
7-Carnivorous Animals (Meat Eater)/Raubtiere (Fleischfresser): Unter anderem Bobcat/Amerikanischer Luchs, Racoon/Waschbär, Mink/Nerz.
8-Game Fish/Speisefisch: Perch/Barsch, Trout/Forelle, Bass/Seebarsch.
9-Non Game Fish/Andere Fischarten: Catfish/Katzenwels, Carp/Karpfen und Cui Ui. Der Cui Ui ist ein lebendes Fossil des pleistozänen Sees **Lake Lahontan** und kommt nur im **Pyramid Lake**, NV, vor. Er lebt auf den tiefsten Wassergründen und arbeitet sich nur im April, Mai und Juni zu Laichplätzen im **Truckee River** stromaufwärts. An den Kiemen ist der Fisch mit bürstenähnlichen Anhängern ausgestattet, die winzige Organismen aus dem Wasser als Nahrung einfiltrieren lassen. Der **Cui Ui** geht an keinen Köder.
10-Diorama mit Yellow-Bellied Marmot/Murmeltier; Mountain Lion/Berglöwe; Badger/Dachs; Gray Fox/Fuchs;
11-Diorama: Long-tailed Weasel/Wiesel;
12-Porcupine-Squirrels/Stachelschwein, Eichhörnchen; Info über Stachelschwein und Eichhörnchen;
13-Sagebrush Community/Sagebrush Landschaft;
14-Raubtiere Nevadas: Unter den ausgestopften Tierpräparaten der Vitrine befinden sich Ring-Tailed Cat/Raubkatze, Raccoon/Waschbär, Pine Marten/Marder, Kit Fox/Fuchs und Coyote/Kojote.

*Nun zu den Vitrinen der **Ornithologischen Abteilung**.*

15-Gallery of Birds/Ornithologische Abteilung

Gleich rechts vom Eingang der Ausstellung stößt man auf Nevadas Staatsvogel, den **Mountain Bluebird**/Hüttensänger. Dann folgen verschiedene andere Vogelarten, angefangen von Schwänen und Enten bis zu Jagd- und Singvögeln. Außerdem gibt es in derselben Abteilung noch verschiedene Tierpräparate mit Raubtieren und Fischen.

Zuerst zur rechten Wandseite:

- **Waterfowl/Schwimmvögel:** Swans & Geese/Schwäne & Gänse; Whistling Swan/Zwergschwan und Canada Goose/Kanadagans.
- **Diving Birds/Tauchvögel:** Canvasback/Tauchente, Mergus Merganser/Gänsesäger, Scoter/Trauerente.
- **Surface Feeding Bird/Landenten:** Teal/Krickente, Mallard/Stockente.

200 CARSON CITY, NV
Nevada State Museum/Obergeschoss: Anthropologische Abteilung

- **Wading Birds**/Stelzenvögel, Kraniche: Crane/Kranich, Heron/Fischreiher, Egret/Weißer Reiher.
- **Shore Birds**/Ufervögel: Mountain Plover/Regenpfeifer, Western Sandpiper/Strandläufer.
- **Eagle/Adler:** Golden Eagle/Steinadler und Bald Eagle/Weißkopfseeadler.

Nun zur gegenüberliegenden Wandseite:

- **Owls/Eulen:** Barn Owl/Schleiereule, Great-horned Owl/Virginischer Uhu.
- **Doves/Tauben:** Mourning Dove/Taube, Rock Dove/Felsentaube.
- **Scavenger Birds/Aasvögel:** Steller's Jay/Häher, Crow/Krähe, Raven/Rabe, Vulture/Aasgeier.
- **Pyramid Lake Birds/Vögel vom Pyramid Lake:** White Pelican/Weißer Pelikan, Forster's Tern/Seeschwalbe.
- **Falcons and Hawks/Falken und Habichte:** Prairie Falcon/Präriefalke, Cooper's Hawk/Habicht.
- **Woodpeckers/Spechte:** White-headed Woodpecker/Weißkopfspecht, Hairy Woodpecker/Spechtart.
- **Songbirds/Singvögel:** Western Robin/Wanderdrossel, Rufous-sided Towhee/Finkenart.
- **Game Bird/Speisevögel/Jagdvögel:** Gambel's Quail/Schopfwachtel, Ring-necked Pheasant/Jagdfasan, Wild Turkey/Wildtruthahn, Himalayan Snow Partridge/Rebhuhn.

Und nun zum Obergeschoss mit der anthropologischen Abteilung.

OBERGESCHOSS

ANTHROPOLOGISCHE ABTEILUNG

Die im Obergeschoss untergebrachte **anthropologische** Abteilung zählt zu den faszinierendsten Abteilungen des Museums. Die beiden Räume der Abteilung **Great Basin Archaeology Gallery** und **Great Basin Ethnology** sind den ersten Bewohnern Nordamerikas gewidmet. Der angrenzende **History Room** mit der Geschichtsabteilung beschäftigt sich mit einer etwas zeitnaheren Periode.

GREAT BASIN ETHNOLOGY/ VÖLKERKUNDE IM GREAT BASIN

An der linken Wand:

1-Rabbit Drive/Hasenjagd

- Die **Paiutes** gingen meistens im November auf Hasenjagd. Dabei stellten sich jeweils mehrere Familien ans Ende eines trockenen Flusslaufs. Jede Familie war mit einem aus Naturflachs gewebten Netz ausgestattet, mit dem man die Hasen auffing. Das Fleisch wurde gegessen; aus Fellen fertigte man Kleidung und Decken.

CARSON CITY, NV 201

BaxterInfo-Karte: Nevada State Museum/Obergeschoss

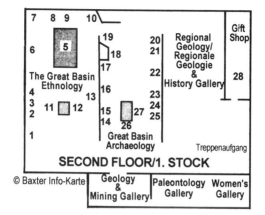

Great Basin Ethnology:
1-Rabbit Drive/*Hasenjagd*
2-The Deer/*Hirsch- & Rehwild*
3-Natural Foods/*Naturnahrung*
4-Raw Materials/*Rohprodukte*
5-Great Basin Camp
6-Making A Tule Boat/*Fertigung eines Tuleboots*
7-Piñon Pinenuts Harvest/*Kiefernzapfenernte*
8-Piñon Nuts/*Kiefernzapfen*
9-Milling Stones/*Mahlsteine, die Indianer zum Mahlen von Wildsamen benutzten*
10-Pyramid Lake Diorama
11-Antelope Hunt/*Antilopenjagd*
12-Mudhen Drive/*Sumpfhuhnjagd*
13-Vitrine mit Korbausstellung

Great Basin Archaeology:
14-Early man/*prähistorische Menschen*
15-The Dig/*Ausgrabung*
16-Prehistoric Mining/*prähistorischer Bergbau*
17-Pueblo Culture
18-Lost City
19-Winnemucca Lake Archaeology/*Archäologie*
20-Prehistoric Missile Weapons/*prähistorische Fluggeschosse*
  -Making Ground Stones
21-Aboriginal Menagerie
22-Tools & Ornaments
23-Seriation of Projectile Points.../*Serienproduktion von Pfeilspitzen*
24-Stone Tool Making/*Steinwerkzeugproduktion*
25-Raw Materials & Products/*Rohmaterial & Produkte*
26-Evolution of Tools/*Entwicklung von Werkzeug*
27-Shell Trade/*Muschelhandel*
  -Vergleich von Indianerwerkzeug mit neuzeitlichem Werkzeug
28-Gift Shop/*Souvenirs/Bücher*

2-The Deer/Hirschwild, der „lebende Supermarkt"Rabbit

• Früher wurde kein einziges Stück der Jagdbeute vergeudet. Nachdem das Tier erlegt war, wurde das **Fell** abgezogen, der **Magen** entfernt und gewaschen. Danach füllte man Blut, Herz, Leber, Nieren und Lunge in den Magenbehälter und präparierte eine Wurstmasse, die später abgekühlt wie Wurst verzehrt wurde. Gelegentlich röstete man die Magenfüllung auf Holzkohle.
  Eingeweide galten als Delikatesse und wurden roh gegessen. Die **Blase** diente als Behälter. Rotes Fleisch wurde abgeschnitten und zum Lager zurückgebracht. Das **Gehirn** wurde herausgetrennt, getrocknet und anschließend zum Gerben von Häuten verwendet. Nach dem Gerben fertigte man aus dem hergestellten **Leder** Kleidungsstücke. **Geweih** diente zum Bearbeiten von Steinwerkzeug. Aus den **Knochen** fertigte man Werkzeug und Schmuck. **Sehnen** wurden zu Schnüren und Seilen gedreht. **Hufe** und **Klauen** wurden zu Rasseln verwendet oder dienten als Dekoration.
  Hirschköpfe und Fellteile wurden gelegentlich im Great Basin getragen, um Böcke während der Brunstzeit zu locken. Wild bildete einen wesentlichen Teil der Ernährung, aber auch kleinere Tiere, wie Kaninchen und Erdhörnchen lieferten lebenswichtiges Protein.

Brain=Gehirn; *antlers*=Geweih; *scapula*=Schulterblatt; *lungs*=Lungen, *diaphragm*=Zwerchfell; *kidney*=Nieren; *hide*=Haut/Fell; *large intestines*=Eingeweide/Dickdarm; *urinary bladder*=Blase; *small intestines*

CARSON CITY, NV
Nevada State Museum/Obergeschoss: Great Basin Völkerkunde

=Dünndarm; *stomach*=Magen; *liver*=Leber; *dewclaw*=Huf; *cannon bone*= Sprungbein; *humerus*=Oberschenkel; *heart*=Herz.

Gegenüber befindet sich das Diorama mit Antilopenjagd (siehe 11).

3-Natural Foods/Naturnahrung

Die ersten Menschen in Nevada fanden genügend wildwachsende Nahrung, doch war es harte und langwierige Arbeit, ausreichende Mengen für einige Mahlzeiten zu sammeln.

- **Seeds**/Samen wurden etwa innerhalb einer Woche nach dem Reifen gesammelt. Mit einem Schlegel wurden Samenkapseln aufgeschlagen. Zu den verbreitetsten Körner- und Samenlieferanten zählten Lolch, Mesquite (Akazienart), Screw Beans (Akazienart), Feigendistel (Kakteenfrucht), Kiefernzapfen, Kresse, Dotterblume und Schlüsselblume.

- **Roots**/Wurzeln wurden mit einem Grabstock ausgegraben; beliebt waren Cattail (Sumpfpflanze), Camas und Wild Onion (Wildzwiebel).

- **Beverages**/Getränke: Mormon Tea (Mormonentee), Choke Cherry Stems (Stengel einer Prunusart), Pfefferminze und Hagebutten.

- **Fruits**/Obst: Choke Cherries (Prunusart), Sierrakorinthen und Elzbeeren.

4-Raw Materials and Products/Rohmaterial

Exponate stellen Rohmaterial und daraus hergestellte Produkte vor.

5-Great Basin Camp Scene (Early Fall)/Frühherbst

- **Great Basin Indian Camp:** Das Diorama mit Wachsfiguren in Lebensgröße zeigt ein Indianerlager vor etwa 200 Jahren; eine Alltagsszene der Indianer Nevadas (ohne Rücksicht auf einen speziellen Indianerstamm) mit kunstgewerblichen Gegenständen und Vegetation.
  Der Jäger kehrte gerade von erfolgreicher Jagd zurück. Seine Frau ist mit dem Füttern des Babys beschäftigt, während ihre junge Schwägerin den Jäger anblickt. Die Mutter der Frau knackt Kiefernzapfen und legt die Samen in eine fächerförmige Worfschaufel. Nach dem Rösten werden die Samen auf dem Mahlstein zu Mehl gemahlen, das für Brei, Suppe oder Brot verwendet wird. Die **Pine Nut**/Kiefernzapfen gilt als eines der Grundnahrungsmittel; wurde im Herbst gesammelt und als Wintervorrat eingelagert.
  Der Großvater zeigt dem kleinen Jungen, wie die Pfeilspitze befestigt wird und wie man einen Bogen spannt. Nevadas Indianer waren Nomaden. Sie zogen in kleinen Familienverbänden dorthin, wo sie Nahrungsmittel sammeln konnten. Dort bauten sie einfache Hütten aus Sagebrush, Kiefern oder Schilf. Die Figuren haben echtes Haar und künstliche Gebisse sowie Glasaugen. Paiute-Indianer der Pyramid Lake Reservation standen Modell bei Fertigung der Figuren.

Weiter entlang der Wand zum Bootsbau.

6-Making A Tule Boat/Bootsbau

Die Ausstellung informiert über den Bau sogenannter **Tuleboote**.

Danach zum Diorama über Kiefernzapfenernte.

Nevada State Museum/Obergeschoss: Great Basin Völkerkunde

7-Piñon Pinenut Harvest/Kiefernzapfenernte

Nach dem ersten Frost bei Frühjahranfang taten sich die Washoe, Shoshone und Paiute-Indianer zu kleinen Familienverbänden zusammen, um eines ihrer Grundnahrungsmittel – Kiefernzapfen – zu sammeln. Man röstete die „Nüsse", die dann für den Winter eingelagert wurden.

8-Piñon Nuts/Kiefernzapfen

Exponate demonstrieren wie die „Nüsse" geerntet und zubereitet wurden.

9-Milling Stones/Mahlsteine

Exponate zeigen wie Indianer Wildsamen zu Mehl mahlten.

10-Pyramid Lake Diorama

• **Paiute Fishing Camp**/Paiute Fischcamp. Die Paiute-Indianer am **Pyramid Lake** fanden weitaus günstigere Lebensbedingungen als andere Paiutes in Nevada. See, Fluss und Umgebung lieferten ausreichend Nahrungsmitteln. Der friedliebende und eifrige Stamm angelte Forellen und Cui-ui, jagte Wasservögel und sammelte Samenkörner und Nüsse.

Das Diorama zeigt die Männer beim Fischen an der Mündung des **Truckee River**. Die Frauen schnitten die Fische auf, trockneten und lagerten sie für den Winter ein. Die Hütten waren aus vorhandenem Material wie Sagebrush, Schilf oder Weidenzweigen gebaut.

• **Pyramid Lake**. Der See **Pyramid Lake** ist der letzte Rest des urzeitlichen **Lake Lahontan**. Gespeist wird der See mit Wasser aus dem **Truckee River**, der aus dem Lake Tahoe kommt. **Pyramid Lake** besitzt *keinen* Abfluss.

John Fremont lagerte Anfang 1844 mit seinem Forschungstrupp an diesem See. Eine aus dem Wasser ragende riesige Tuffsteinformation erinnert an die Cheopspyramide in Ägypten und verlieh dem See den Namen **Pyramid Lake**.

Truckee River hieß erst wegen der riesigen Fische, die Fremont hier fand, **Salmon Trout River**. 1848 nannten Siedler den See um und gaben ihm den Namen des indianischen (Paiute) Führers *Truckee*. Heute ist der See **Pyramid Lake** von der sich auf etwa 128 832 Hektar ausbreitenden Indianerreservation Pyramid Lake Indian Reservation, in der einige der Paiutes Nevadas leben, umgeben.

Links vom Diorama sieht man eine Decke aus Hasenfell/Rabbit Skin Blanket und rechts ein Netz zum Hasenfang/Rabbit Net; nun zum Diorama mit Antilopenjagd.

11-Antilope Hunt/Antilopenjagd

Die Paiutes gingen zu Beginn des Frühjahrs auf **Antilopenjagd**, und zwar auf die *Prong-horned Antelope*/Gabelantilope. Paiutes trieben jeweils zu Gruppen formiert die Antilopen in den Busch-/Felszaun, wo sie die Tiere überfielen. Der Shaman/Medizinmann befindet sich neben seinen in den Fels eingeritzten Petroglyphen/Symbolzeichen, die den Jägern Glück bringen sollten.

12-Mudhen Drive/Jagd auf Sumpfhühner

Sumpf- oder **Wasserhühner** wurden im Herbst mit Netzen gefangen, und zwar jeweils in zwei oder mehreren Familienverbänden. Vorm Braten wurde

204 CARSON CITY, NV
Nevada State Museum/Obergeschoss: Great Basin Archäologie

die Haut vom Fleischs abgezogen, zu dünnen Streifen geschnitten, die später mit Kordel zu Decken gewebt wurden.

Nun folgt eine Ausstellung mit Korbwaren.

13-Basket Exhibit/Korbausstellung

Die Exponate stellen verschiedene Korbmacherwaren vor, die als Behältnisse oder zum Transport verwendet wurden.

Im anschließenden Raum findet man Exponate zur Archäologie des Great Basin mit dabei zu Tage geförderten Funden.

GREAT BASIN ARCHAEOLOGY/ ARCHÄOLOGIE IM GREAT BASIN

14-Early Man in North America/Urbewohner Nordamerikas

• **The Bering Strait Land Bridge/Landbrücke.** Alte und neue Welt waren in den vergangenen **50 Millionen Jahren** durch die Landbrücke Bering Strait Land Bridge über die Beringstraße miteinander verbunden, die heute Asien von Nordamerika trennt. Im Laufe von Millionen von Jahren gelangten über diese Landbrücke viele Tiere in die neue Welt. **Kleine Säugetiere** – die ersten Ankömmlinge verbreiteten sich *südwärts* über Nordamerika, jedoch nicht bis nach Südamerika. Große Tiere wie Mastodon (urzeitlicher Elefant), Mammut, Moschusochse, Bison, Elch, Wapitihirsch, Bergschaf und Ziege, Kamel, Fuchs, Bär, Wolf und Pferd kamen später.

Vor etwa **40 000 Jahren**, als die Landbrücke eine etwa 2000 km breite Ebene darstellte (vergleichbar mit der Entfernung zwischen San Diego, Kalifornien und Seattle, Washington), gelangten asiatische Menschen über die Landzunge in die neue Welt.

Vor etwa **11 000** bis **13 000 Jahren**, als sich zwischen der Kordilleren-Eisplatte und Laurentide-Eisplatte ein innerer Korridor auftat, siedelten sich die **Paleo-Indianer** mit ihren Familien in der neuen Welt an – ein Volk aktiver Großwildjäger. Kurz darauf erreichten **Paleo-Indianer** die Spitze Südamerikas. Damit begann der langsame Prozess kultureller Entwicklung.

Some Earliest Man Sites in Nevada/Fundstätten in Nevada:

• **Falcon Hill:** Radiocarbon-Datierung (Altersbestimmung durch radioaktive Isotopen des Kohlenstoffs) gibt einen langen Zeitraum für Handweberei im Great Basin an. Nachfolgendes Korbflechten verbreitete sich wahrscheinlich über das gesamte Basin. Die Zwirntechnik, die etwa vor **9540 Jahren** weitverbreitet war, gilt als älteste Wickeltechnik beim Korbflechten. Schnurflechten wurde etwa vor **2500 Jahren** eingeführt, der kurz darauf die geflochtene Korbtechnik der **Lovelock-Kultur** folgte.

• **Winnemucca Caves:** Die Höhle ist wegen ihrer weit zurückreichenden Radiocarbon-Datierung hochinteressant; Fossilien, Pferde- und Kamelknochen sowie Schmuck und ziemlich vollständige Angaben der späteren **Lovelock-Kultur**. Von Menschenhand gefertigte Netze aus der Höhle ließen sich auf etwa **7830 Jahre** zurückdatieren.

• **Hidden Cave.** Die Höhle ist zwar noch nicht völlig erforscht, doch steht bereits fest, dass die Höhle vor etwa **9000 Jahren** von prähistorischen Menschen bewohnt war.

CARSON CITY, NV
Nevada State Museum/Obergeschoss: Great Basin Archäologie

- **Leonard Rockshelter.** Eine ganze Serie von Radiocarbon-Daten von **9248 v. Chr. bis 3787 v. Chr.** ließ sich hier feststellen. **Humboldt-** und **Leonard-Kultur** geht auf die Zeit vor dem Pyramidenbau Ägyptens zurück.
- **Hathaway Beach.** Eine der Steinstätten Nevadas, auf denen kunstgewerbliche Gegenstände an Uferrändern und anderen etwa **10 000 bis 40 000 Jahre** zurückgehende Landformen gefunden wurden; Hack-, Schneid- und Kratzwerkzeuge.
- **Tule Springs.** Galt als eine der ältesten archäologischen Fundstellen Nordamerikas, bis intensive archäologische Studien des Nevada State Museums in den Jahren 1962-63 ergaben, dass die Tierfossilien und Schmuckstücke nur etwa **13 000** Jahre zurückgehen.
- **Gypsum Cave.** Ausgrabungen ergaben Berührungspunkte zwischen Menschen und dem inzwischen ausgestorbenen Faultier **Sloth**. Unter den Funden in der Gypsum-Höhle befanden sich Speerspitzen. Sloth-Fäkalien ließen sich durch Radiocarbon auf **11 690 Jahre** zurückdatieren.

15-The Dig/Archäologische Ausgrabung

- **Archäologische Stratigraphie.** Hier wird eine archäologische Ausgrabungsstätte im Querschnitt gezeigt, bei der die Natur- und Kulturschichtenfolge erkennbar ist. **Naturschichten** setzen sich aus einem Bett feinkörniger Sedimente, Felsen und Mineralien zusammen, die im allgemeinen durch Wasser, Wind oder Eis in ihre Lage gebracht wurden. Bei unveränderter Lagerung sind die tieferliegenden Schichten älter als die darüberliegenden.

Die **Kulturschichten** werden durch die vielen prähistorischen Feuerstellen mit Kohle, Asche, tierischen Knochen und gelegentlich auch dazwischen auftauchenden Kunstgegenständen oder Handarbeiten repräsentiert. Sorgfältig wird mit Staubpfanne und Kelle gearbeitet. Jede Lage prähistorischer Besiedelung lässt sich auf diese Weise in ihrer Gesamtheit freilegen, wobei sich die Beziehung zwischen Kunstgegenständen oder anderen Handarbeiten mit der Schicht, in der sie gefunden wurden, herstellen lässt.

- **Archaeology: A Voyage Through Inner Space**/Archäologie: Ein Trip durchs Erdinnere. Archäologische Ausgrabungen lassen sich mit einer Reise durch das Innere der Erdkruste auf der Suche nach vergangenen Kulturen vergleichen. Bei archäologischen Arbeiten muss alles bis ins Detail festgehalten werden. Genauigkeit ist bei allen Fundobjekten erforderlich, ob es sich um Gegenstände oder Wohnstätten, Feuerstellen, Steinöfen und Korbstücke, wie in der anschließenden Fundgrube, handelt. Fotos, Zeichnungen, Pläne und Aufzeichnungen ermöglichen später den Zusammenhang zu Gegenständen und Schichten, in denen die Funde auftauchten. Tagebücher und Arbeitsberichte werden geführt.

Die Ausgrabung ist erst mit Abgabe des Schlussberichts und Veröffentlichung der Ergebnisse beendet. Studium und Untersuchung des Materials der Grube, einschließlich Erde, Blütenstaub, Holz- und Pflanzenteile, menschliche und tierische Knochen, Kohle, Mineralien und Kunstgegenstände nimmt etwa 3 bis 5 Tage pro Ausgrabungstag in Anspruch. Alle laienhaften Ausgrabungen, die *pothunting* genannt werden, sind untersagt, da dabei meistens prähistorische Funde sinnlos zerstört werden.

16-Prehistoric Mining in Nevada/Urzeitlicher Bergbau

Exponate zeigen Werkzeug und Geräte, die beim Abbau von Türkis und Salz benutzt wurden. Daneben Diorama über Saltmining/Salzgewinnung:

- **Saltmining**/Salzgewinnung. Die Pueblobewohner Südnevadas (**Lost City**, 500 v. Chr.-1150 A.D.) bauten **Salz** ab, das sie zum Würzen verwendeten und damit Handel- und Tauschgeschäfte abwickelten. Die abgeräumten Salzklumpen wurden in Netzen transportiert; große Brocken wurden je nach Bedarf in kleineren Stücke zerkleinert oder gemahlen.

CARSON CITY, NV
Nevada State Museum/Obergeschoss: Great Basin Archäologie

17-Pueblo Culture/Pueblokultur

● **Lost City** (Pueblo Grande de Nevada). Bei den ältesten, sesshaften Bewohnern Südnevadas handelte es sich um Korbmacher, die erstmals im Nordosten Arizonas entdeckt wurden. Dieses Volk, das noch keine Keramik kannte, kam wegen seiner herrlichen Wickelkörbe zu dieser Bezeichnung. Die Basketmakers/Korbmacher lebten etwa um **100 A.D. bis 700 A.D.** in Südnevada, in **Lost City**, im **Moapa Valley**. Ihre Lebensweise unterschied sich kaum von der ihrer Verwandten in Arizona. Sie pflanzten Getreide und gingen mit einem **Atlatl** (Holzspeerwerfer mit Griffen) zur Jagd.

Etwa um **700 A.D.** kamen neue Ideen, einschließlich **Töpferei** sowie **Pfeil und Bogen** auf. Diese neuen Erfindungen, steigende Bevölkerungszahl und engeres Gemeinschaftsleben machten die Korbmacher zu sogenannten Pueblobewohnern.

Lost City, etwa eine Meile (1,6 km) breit und etwa 6 km lang, war bis etwa **1150 A.D.** bewohnt und wurde dann von seinen Bewohnern aufgegeben. Missernten und Überfälle nomadischer Indianerstämme gelten als mögliche Ursachen, dass die Stadt **Lost City** im **12. Jahrhundert** endgültig verlassen wurde.

● **Wood gaming piece:** Unter den Exponaten befindet sich ein hölzerner „Spielchip". **Glücksspiele** sind in Nevada mindestens schon **2000 Jahre** alt. Das Spielholz wurde von den Mitspielern eines Teams immer vor und zurückgegeben, während das andere Team raten musste, welcher der Spieler es gerade besaß. Dieses Spiel wird heute noch von den Indianern in Nevada gespielt.

18-Lost City/Pueblo Grande de Nevada

Ein Diorama zeigt die ersten Bewohner Nevadas. Dieses Volk der Anasazi ließ sich etwa um **500 v. Chr.** in Südnevada nieder. Die Menschen beschäftigten sich mit Landwirtschaft, Salzabbau und trieben mit den kalifornischen Indianern Handel. Um **1150 A.D.** verließen die Anasazi diese Wohnanlage spurlos.

19-Winnemucca Lake Archaeology/Archäologie am See...

● **Early Man in Nevada**/Die ersten Bewohner Nevadas: Gegen Ende der pleistozänen Epoche bildeten sich aus dem Schmelzwasser von Gletschern die Seen **Lake Lahontan**, in Nevada und **Lake Bonneville** in Utah. Die Seen hatten eine jeweils separate, aber parallel laufende Geschichte. Beide Seen begannen etwa **vor 17 000 Jahren, 14 500 Jahren, 12 000 Jahren und 9500 Jahren.**

Pyramid Lake, einer der Überreste des **Lake Lahontan**, erstreckt sich über eine Fläche von etwa 2153 Quadratkilometern. **Lake Lahontan** bedeckte einst 22 529 Quadratkilometer. **Pyramid Lake** erlebte gemeinsam mit seinem Schwestersee **Winnemucca Lake** (heute ausgetrocknet) die Ankunft der ersten Menschen in Nevada. Die Menschen lebten etwa vor 11 000 Jahren und früher im **Truckee Basin**.

Nun auf der anderen Seite:

20-Prehistoric Missile Weapons/Urzeitliche Waffen

● **Bows**/Bogen: Bogen wurden aus Weiden, Service Berry (Elzbeere), Wacholder, Greasewood oder Gebirgsmahagoni hergestellt. Manchmal verstärkte

Nevada State Museum/Obergeschoss: History Gallery

man den Bogen mit Sehnen, die mit Klebstoff aus Horn, Fisch oder Greasewood am Holz befestigt wurden. Zum Spannen des Bogens verwendete man ebenfalls Sehnen. Herstellungsmethode etwa mit dem heutigen Fiberglasbogen vergleichbar.

• **Arrows**/Pfeile: Pfeile wurden aus Gewächsen mit relativ geraden Äste (oder solchen, die sich gerade biegen ließen), hergestellt. Als Material dienten beispielsweise Elzbeere, Wildrose, Schilfrohr und Korinthen. In der Vitrine wird Stufe für Stufe die Herstellung eines Rosenholzpfeils mit den dabei verwendeten Werkzeugen gezeigt.

*Außerdem Info und Exponate zur Speerschleuder/**Atlatl** sowie Speeren und Speerspitzen bis zur Darstellung der Herstellung von Steinwerkzeugen. Ferner Exponate von Rohmaterialien zur Fertigung von Werkzeugen. Abschließend Info über Handel mit Muscheln (siehe 21-27 der Baxter Info-Karte zum Museumrundgang/**Second Floor**).*

HISTORY GALLERY/ GESCHICHTSABTEILUNG

Die Geschichtsabteilung umfasst eine Fülle an Information und Exponate zu Nevadas jüngster Geschichte, darunter zu Glücksspielen und Bankwesen.

Entlang der linken Wand der History Gallery:

Gaming/Glücksspiele

Myron Angel, Nevadas kompetentester Glücksspielhistoriker, berichtete, dass „Lucky Bill" Thorington, der Anfang der **1850er** Jahre in **Carson Valley** lebte, Immigranten mit Taschenspielereien das Geld abgelockt habe, und dass die Chinesen in **Johnstown** (heutiges **Dayton**) die Prospektoren und Bergleute mit aufregenden Spielen wie „Fan Tan" und „Mar Jhong" begeistern konnten.

1859 erließen die Bergleute von **Gold Hill** ein Gesetz, das jegliches Geldspiel innerhalb des Distrikts unter Androhung der Verbannung aus dem Distrikt untersagte.

Gouverneur Blandel unterstützte das staatenweite Verbot des Glücksspiels und setzte strenge Strafen und Gefängnis für in Glücksspiele verwickelte Personen fest. Trotzdem existierten viele Glücksspiele weiterhin in den Bergwerkcamps. Als schließlich deren Popularität immer weiter zunahm, sah sich die Gesetzgebung des Staates gezwungen, dieses Vergnügen zu legalisieren. **1869** wurden Glücksspiele erstmals gesetzlich erlaubt.

1910 trat ein neues Glücksspielverbot in Kraft, doch nach 21 Jahren wurden Glücksspiele wieder bis zum heutigen Tage legal. Glücksspiele wurden zu einem Hauptwirtschaftszweig Nevadas.

Law Enforcement And Crime Detection/ Bestrafung & Verbrechensaufklärung

Verbrecher der neuen Bergbauregion waren nicht von der gemeinen, kaltblütigen Sorte, die nur aus Habgier tötete; davon gab es nur wenige. Die meisten Morde erfolgten wegen Streitereien beim Glücksspiel, Trunkenheit, Land- und Besitzstreitereien, Geld und Frauen sowie in Notwehr.

208 CARSON CITY, NV
Nevada State Museum/Obergeschoss: History Gallery

Nach dem *Gold Hill Miner's Code* des Jahres **1859** wurde Mord mit Hängen, Raub und andere Verbrechen nach dem Urteil von Geschworenen bestraft. Auf Grund solcher Gesetzen wurden George Ruspas und David Reise wegen Rinderdiebstahls die Ohren abgeschnitten.

Avote, ein Paiute-Indianer aus dem Eldorado County in Südnevada, galt als Nevadas erster „Volksfeind Nr. 1". Aus krankhafter Eifersucht auf seine gutaussehende Squaw hatte er einen Weißen getötet. Als er merkte, dass man ihn suchte, nahm er sich vor, die gesamte weiße Bevölkerung zu ermorden. Innerhalb von 2 Tagen tötete er 3 weitere weiße Männer. Avote erzürnte seine Avote bereitete seinen Stammesbrüder große Schwierigkeiten und machte sie sehr wütend. Die Paiute verfolgten ihn und lieferten schließlich Avotes Kopf in einem Sack als Beweis, dass sie mit ihm selbst abgerechnet hatten.

Der Tod durch den Strang galt als die am häufigsten verhängte Strafe für Mord. **1888** hatten Josiah und Elizabeth Potts Miles Fawcett in Carlin, Nevada ermordet. Die Potts gaben an, Fawcett habe Selbstmord begangen. Medizinische Untersuchungen ergaben später allerdings, dass der Mann nicht erschossen wurde. Es stellte sich heraus, dass Mrs. Potts den schlafenden Fawcett durch einen Schlag mit der Axt auf den Hinterkopf erschlagen hatte. Die Potts konnten des Mordes überführt werden und wurden gehängt.

Das **Bertillion System** (Erkennungsdienstmethode) wurde von Alphonse Bertillion, einem französischen Anthropologen der späten 1800er Jahre erfunden. Vor Entwicklung des Verfahrens der Sicherung von Fingerabdrücken wurde dieses System in Frankreich und in den USA angewandt. Mit den ausgestellten Instrumenten wurden hauptsächlich Schädel und Knochen vermessen.

The Nevada State Prison/Nevadas Staatsgefängnis

1862 mietete man das **Warm Springs Hotel** und Hotelgelände für das territoriale Gefängnis an. Als erster Gefängnisdirektor wurde Abe Curry eingesetzt. **1864** erwarb das Territorium den Besitz. **1867** wurde das Gefängnis durch Brand zerstört. In jenem Jahr waren 41 Sträflinge inhaftiert. Die Gefängniskleidung bestand damals aus einem schwarzweiß gestreiften Wollanzug. **1871** flüchteten 29 Häftlinge; auf ihrer Flucht hatten sie Gefängnisdirektor Denver und 4 Aufseher verletzt und einen Gefängniswärter sowie einen Freiwilligen getötet. Die geflüchteten Häftlinge gerieten an einem kleinen See oberhalb der Staatengrenze in Kalifornien unter Beschuss. Alle Häftlinge wurden getötet oder gefasst und zurückgebracht. Noch heute heißt dieser See „**Convict Lake**" (*convict* = Sträfling).

Gefängnisdirektor Denver weigerte sich, das Gefängnis **1875** dem neuen Direktor zu übergeben. Als schließlich die Nationalgarde das Gefängnis umstellte und ihn zur Übergabe zwang, gab Denver auf. **1875** kamen die ersten Zugräuber der Geschichte hinter Gitter. Etwa um dieselbe Zeit stieß man bei Ausgrabungen im Steinbruch auf Reste eines **Mastodons**. Weitere Grabungen legten hunderte von Abdrücke prähistorischer Vögel, riesiger Faultiere (Sloths) und anderer Tiere frei.

Namaga/Warren Wasson

• **Namaga**, den die Weißen *Young Winnemucca* nannten, war ein Paiutehäuptling und enger Freund Wassons. Beide bemühten sich um die Indianer, als die Weißen ihr Land überrannten. **Namaga** war intelligent, mutig, sprach Englisch und unternahm alles, um immer wieder Frieden wiederherzustellen.

• **Warren Wasson** kam im Alter von 16 Jahren mit den Goldsuchern, den 49ern aus dem Westen nach Kalifornien. **1858** legte er in **Big Hot Springs**, im Long Valley, Kalifornien eine Ranch an. Die Landrechte kaufte er von dem Paiuten **Namaga** und dem Washoe **Deer Dick**. Wasson galt bei den Indianern als Medizinmann, nachdem er den Indianern einen heißen Breiumschlag aus Maisstärke zum Heilen von Augenkrankheiten verordnet hatte.

CARSON CITY, NV

Nevada State Museum/Obergeschoss: History Gallery

- **1859** wurde Wasson zum Long Valley Abgeordneten der Genoa Convention gewählt, um eine Carson County Regierung aufzubauen.
- **1859** scheiterte Wassons Versuch, den Indian Agent Dodge (Vertreter der US-Regierung zur Regelung indianischer Angelegenheiten) zur Gründung einer Reservation auf **Truckee Meadows** zu überzeugen.
- **1859** verkaufte er seine Ranch in **Long Valley** und zog nach **Genoa**. Richter Cradiebaugh ernannte Wasson zum Marshal.
- **1860** – versammelten sich die Paiutes am **Pyramid Lake** und protestierten die Wegnahme ihres Lands durch die Weißen während des Bergbaubooms.
- **1860** reiste **Namaga** nach Kalifornien, da die Weißen zu mächtig geworden waren, und trat gegen einen Krieg ein. Doch ehe er sich bei **Poito** und anderen Indianerhäuptlingen der Paiutes durchsetzen konnte, hatte eine Gruppe von Indianern **Williams Station** überfallen, niedergebrannt und dabei fünf Weiße getötet.
- **1860** setzte Major W. M. Ormsby seine improvisierte Armee in Bewegung, um die Morde von **Williams Station** zu rächen. Unterwegs gerieten sie in eine Indianerfalle und wurden ebenfalls getötet. **Wasson** ritt 14 Stunden 176 km von **Carson City** nach **Honey Lake,** um die Siedler zu warnen.
- **1860** wurde **Wasson** Führer und Dolmetscher sowie Vermittler der Truppen von **Fort Churchill**. Als Indian Agent war Wasson für die Angelegenheiten der Indianer zuständig und versuchte mit dem wenigen Geld der Agency, manchmal auch mit seinem eigenen Geld, den Indianern zu helfen, zu überleben. Er gab sogar einmal einem alten Indianer, der den Termin zur Kleidervergabe der Regierung versäumt hatte, sein eigenes Hemd und seine Hose.
- **1860** arrangierte **Wasson** ein Treffen zwischen dem Gouverneur des Territoriums, **Nye** und **Poito** (Old Winnemucca). Das Treffen fand in der Nähe des heutigen **Wadsworth** mit etwa 400 Paiutes und 100 Soldaten von **Fort Churchill** statt.
- **1860** – Kein Friedensvertrag, aber Austausch von Geschenken. **Namaga** fungierte erneut als Friedensdiplomat der Paiutes. Als Zeichen des Friedens und der Freundschaft gab er **Wasson** seine Kriegerkopfbedeckung, Pfeil und Bogen sowie seine Tomahawk-Friedenspfeife.
- **1871** – **Namaga** starb in seinem Camp, in Nähe vom heutigen **Wadsworth**.
- **1896** – **Wasson** starb in **Edwardsville**, Kansas.

Nun im hinteren Teil des Raums

Pony Express

Der **Pony Express** begann seinen Service am **3. April 1860**. Über 18 Monate lang bildeten die tollkühnen Reiter und ihre Pferde eine Verbindung zwischen dem Osten und Westen der USA, trotz schlechten Wetters, Indianerkriege, Banditen und anderer Gefahren. Die Schar junger Reiter jagte in einer Superzeit von 10 Tagen über die 3200 km von **St. Joseph**, Missouri nach **Sacramento**, Kalifornien. Im Schnitt legten die Reiter etwa 13 km pro Stunde zurück, und das in einer Zeit, als 32 km pro Tag schon eine gute Zeit war!

Nach 308 Ritten verstummte das Hufeklappern mit Vollendung der Telegraphenleitung Anfang November **1861**. Die Pony Express Besitzer hatten etwa eine halbe Million Dollar Verlust gemacht.

In der Raummitte:

St. Nicholas Bicycle/St. Nicholas Fahrrad

Dieses Fahrrad, ein Vorläufer des sicheren Fahrrads mit zwei gleichgroßen Rädern, wurde **1882** von einem Mr. Nathaniel Estes Wilson gekauft. Mr.

210 CARSON CITY, NV
Nevada State Museum/Zwischengeschoss: Geologie & Bergbau

Wilson hatte während seiner Jugendzeit in Orono, Maine einen Wagen hinten an dieses St. Nicholas Fahrrad gebunden und darin seinen Hund Sancho und die jüngere Schwester durch die Stadt gezogen.

Kurz nachdem die Wilsons **1891** nach **Reno** kamen, kauften Mr. Wilson und seine Frau moderne Sicherheitsfahrräder und traten einem Fahrradclub bei. Im Juni **1894** fuhren sie mit ihrem dreijährigen Sohn und Miss Bertha Bender von **San Francisco** nach **Los Angeles**. Sie legten die 824 km in 12 Tagen zurück. Auf der Rückfahrt fuhren und schoben sie ihre Fahrräder über den Donner Summit (Pass) nach **Reno**.

Nun wieder entlang der Wand Exponate über Werkzeug, Stacheldraht und übers Bankwesen/Banking.

Banking/Bankwesen

1859 eröffnete **Wells Fargo** die erste Bank in Nevada, und zwar in einem Zelt in **Virginia City**. Bank und Express Company zogen später auf die andere Straßenseite und benutzten dieselben Räume der Postkutschenlinie *Pioneer Stage Line*.

John A. Paxton eröffnete Anfang der **1860er** Jahre die erste lokale **Bank**, ebenfalls in **Virginia City**. Die erste Bankfiliale wurde **1863** in **Austin** durch Paxton und W. B. Thornburgh eröffnet. Zwar wurde die Virginia City Bank schon lange aufgelöst, doch das aus territorialer Zeit stammende Bankgebäude in Austin wird heute von der Nevada Bank of Commerce benutzt.

Banken brauchten bis **1864**, bevor Nevada ein Bundesstaat wurde, keine Lizenz (Friseure mussten allerdings eine Lizenz haben). Zinssätze lagen bei 24% pro Jahr, soweit vertraglich kein höherer Zinssatz festgelegt wurde.

Viele neue Banken folgten mit Haupt- und Nebenstellen in fast jedem Bergbaucamp. Manche Banken brachen mit Stilllegung von Bergwerken zusammen, doch andere überlebten Panik, Wirtschaftskrisen und Überfälle.

Die erste Bank, die in Nevada, die Opfer eines Bankraubs wurde, war die Winnemucca First National Bank. Im Jahre **1900** suchte kein anderer als der berühmte „Butch" Cassidy mit seiner Bande die Bank auf und trat mit seiner Beute den Rückzug an. Bergbau und Banken trugen zum Wachstum des Silberstaats bei.

Unter den weiteren Exponaten befinden sich Sättel, eine Telefonvermittlung aus Virginia City und eine Ausstellung über Stacheldraht. Außerdem sind die verschiedenen Brandzeichen Nevadas ausgestellt – 3885 Zeichen sind registriert; über 23 Millionen Hektar Weideland werden in Nevada genutzt.

Ein weiterer Teil der Ausstellung befasst sich mit Medizin. Unter den Exponaten befinden sich medizinische Instrumente der Homöopathischen Apotheke, Leipzig.

ZWISCHENGESCHOSS

GEOLOGY &MINING GALLERY/ GEOLOGIE & BERGBAU

Ein halbes Stockwerk über der anthropologischen/historischen Abteilung kommt man zur geologischen und bergbautechnischen Abteilung, Paläontologischen Abteilung sowie anderen Abteilungen.

CARSON CITY, NV 211
Nevada State Museum/Zwischengeschoss: Comstock Lode

Diesen Abschnitt des Museums nicht versäumen! Doch nun zu den Mineralien.

Minerals/Mineralien

Die Abteilung umfasst eine herrliche Mineraliensammlung sowie versteinertes Holz. Die Exponate zeigen Aluminium aus Bauxit und Gold aus Golderz. Die seltenen Erden mit Kupferz mit Uran; **Nichtmetalle** – Talk, Quarzkristall, grauer Marmor und Schwefel. Edelsteine – Jaspis, Türkise und Opal. **Metalle** – Kupfer, Silber, Zinn und Nickel.

Raum rechts:

Comstock Lode/Comstock Gold- & Silbermine

Ein senkrechter Ausschnitt der berühmten Gold- und Silbermine **Comstock Lode** zeigt, wo die wertvollen Metalle Gold und Silber gefunden wurden. Hier einige der wichtigsten Daten der Mine:

- **1848–** Goldentdeckung durch William Prouse.
- **1849–** Einige Prospektoren kommen in die Gegend.
- **1850-57–** Placer-Abbau mit etwa 150 Bergleuten im **Gold Canyon**.
- **1857–** Allen und Hosea Grosh analysieren etwas „von dem blauen Stoff", der ständig die Goldsiebe verstopfte – etwa $3500 pro Tonne Silber. Misserfolg und Tod verhindern die Entwicklung ihrer Entdeckung in der Nähe von **Silver City**.
- **1859–** Goldfunde im Gold Canyon und Six Mile Canyon. Gold Canyon Fund führt zur **Imperial Mine** und Six Mile Canyon zur **Ophir Mine**.

Henry „Pancake" Comstock überzeugte die vier ursprünglichen Entdecker, ihn am Claim teilhaben zu lassen. Er prahlte derart über seine Mine, dass man sie schließlich **Comstock Lode** nannte. Alle ursprünglichen Goldentdecker starben in Armut.

- **1860–** der große Rausch beginnt.
- **1861–** Nevada erhält Territorialstatus.
- **1864–** Nevada wird 36. Bundesstaat der USA. Auf Mindesteinwohnerzahl wurde verzichtet, da die Union die **Comstock Mine** brauchte, um den amerikanischen Bürgerkrieg *(Civil War,* 1861-1865) zu finanzieren.

Während des großen Booms galten die Bergleute der Comstock-Mine als bestbezahlteste der Welt – $4 pro Tag. Die Mine produzierte durchschnittlich etwa 55% Silber und 45% Gold.

- **1881–** Rückgang der **Comstock**, nachdem die „Königin der Bergwerke" Gold und Silber im Wert von $397 304 140 erzeugt hatte.

Bis heute liegt unbekannter Reichtum unter den Städten **Virginia City, Gold Hill** und **Silver City**. Bisherige Versuche, die Mine aufleben zu lassen, scheiterten wegen der hohen Abbaukosten.

Hier interessante Hintergrundinformation zum Bergwerk:

The Mine/Das Bergwerk

Im Zentrum des Ausstellungsraums befinden sich Gucklöcher, durch die man die einzelnen Phasen des Abbaus in einem Bergwerkschacht verfolgen kann. Dies dient als ausgezeichnete Vorschau auf das, was man unten im rekonstruierten **Bergwerk**, dem letzten Ausstellungsabschnitt vor Verlassen des Museums, zu sehen bekommt.

212 CARSON CITY, NV
Nevada State Museum/Zwischengeschoss: Comstock Lode

• **Descent In Mine Shaft**/Abstieg in einen Minenschacht: Der Zugang zum Bergwerkstollen des Nevada State Museums erfolgt (beim Modell) in einem Förderkorb den Minenschacht hinab. (Der Höhenunterschied einiger hundert Meter wird durch Spezialanlagen simuliert, obwohl der eigentliche Abstieg weniger als 6 m beträgt.) Schalter rechts vom Guckloch betätigen, um zur tieferen Ebene zu gelangen, wo die Miniführung durchs Bergwerk beginnt.

• **Shaft Station At Lower Level**/Schachtstation unten: Der Förderkorb landet im Terminal auf der Ebene, die besichtigt wird. Links hinter dem Erzwagen (Lore) befindet sich der Minenschacht mit den abgestützten Wänden und Bretterverschlag, der vor Steinschlag schützt. Das glänzende Kabel im Schacht zeigt, dass der „Käfig" auf der unteren Ebene angelangt ist. Rechts hängt ein Sauerstoffgerät, das der Bergmann bei Sicherheitsarbeiten benutzt. Der nächste Blick zeigt die Pumpenausrüstung im selben Bereich.

• **Water Pumps And Power Supply**/Wasserpumpen und Stromversorgung: Die elektrische Pumpe zieht ständig in den Schacht sickerndes Wasser ab. Hinter der Pumpe liegt die Stromschalttafel. Im Vordergrund befindet sich ein Stahlgitter am Ende der Spur, sogenannter „Grizzly". Es bedeckt eine Erzschüttelrinne und verhindert, dass übergroße Felsbrocken, die von der Lore springen, die Rinne verstopfen. Förderkörbe werden vor dem Hochziehen im Schacht in dieser Rinne entleert. Ein Gang führt rechts hinter dem Minenschacht aus diesem Bereich.

• **Timber-supported Drift Tunnel**/Verschalter Tunnel: Dieser Gang führt durch metamorphes Gestein vulkanischen Ursprungs, das ziemlich selbsttragend ist und trotz Sickerwasser lediglich Stützbalken und Decke benötigt. Oben verlaufen ein Wasserversorgungsrohr und eine dünnere Leitung für Pressluft, mit denen einige Minengeräte betrieben werden. Dieser Tunnel führt geradeaus zu einem großen Stollen.

• **Large Stope With Square-set Timbering**/Großer Stollen mit Verschalung: Aus dieser ausgedehnten Ader wurde Erz erst vor kurzem bis vorn zur Granitwand abgebaut. Die anderen Felswände werden durch diese kunstvolle, oft mehrstufige Stützbalkenkonstruktion, die 1860 als riesiger Fortschritt des Bergbaus erfunden wurde, vorm Einsturz bewahrt. Der nächste Blick führt von diesem Raum einen langen Stollen entlang.

• **Long Mine Passage From Square Sets**/Langer Minentunnel: Minentunnels, die sich oft über hunderte von Metern entlangziehen, sind sehr häufig. Meist sind sie mit Schienen zum Transport von Erz und Ausrüstung ausgestattet. Direkt vorne befindet sich auf den Schienen eine elektrische Lokomotive mit Loren und Grizzly (Stahlgitter) im Vordergrund. Eine Schalttafel an der Wand kontrolliert die pneumatische Öffnung der Erzrutsche hinter der Verschalung links, die beim nächsten Blick besser sichtbar wird.

• **Square-set Stope**/Querstollen: Die Erzrutsche, von einem höheren Standort aus gesehen, ragt oben rechts aus der Wand. Links sieht man eine Wiederholung der Holzverschalung, wo großer Erzabbau abgeschlossen wurde. Im Vordergrund befindet sich ein Tunnel am Ende der Schienen, rechts ein weiterer Grizzly zum Aussondern und Befördern von Eisenerz zu einer darunterliegenden Rutsche. Man verlässt nun diesen Stollen und folgt den Schienen zu einem Stollen, in dem Gold und Silber abgebaut wird.

• **Mining For Gold And Silber**/Gold- und Silberabbau: Hier befindet sich ebenfalls Fels vulkanischen Ursprungs mit Gold- und Silberablagerungen, die in Quarzadern auf dem Fels erscheinen. Mit Pressluft werden links im Vordergrund Sprenglöcher in den Fels gebohrt. Über der Lokomotive befindet sich eine Schüttrinne von einer oberen Lage; rechts gesprengtes Erz aus einem weiter oben bearbeiteten Bereich. Sprengzünder sieht man rechts ringsum an der Wand; auffällig die hervorstehenden Zünder. Als nächstes ist das Abräumen zu sehen.

• **Mucking Operation**/Abbau: In diesem Stollen wird Erz mit Hilfe eines *mucker* entfernt. Diese luftbetriebene Maschine erleichtert das Laden von herausgesprengten Felsbrocken und Erz. Das Luftrohr oben ist aus gummiertem Segeltuch, das sich bei Bedarf leicht austauschen lässt. Bergmann im feuchten Stollen links benutzt Diamantbohrer, um Tiefe und Art der Ablagerungen festzustellen. Als nächstes blickt man tiefer ins Innere des Stollens.

Nevada State Museum/Zwischengeschoss: Comstock Lode/Paläontologie

- **Typical Stope**/Typischer Stollen: Erneut ist der *mucker* in Aktion, um die von der Stirnseite rechts abgesprengten Erzbrocken aufzunehmen. Bei dem grünlichen Gestein handelt es sich um **Andesit** (Ergussstein) mit einigen Rissen mit Quarzablagerungen, Malachit, Sulfiden und Pyrit. Auf der anderen Seite wird die Decke von einem Holzgerüst und Stützbalken getragen. Die Eindrücke im Holz zeigen die Notwendigkeit dieser Stützmaßnahmen. Nun verlässt man diesen Stollen wieder nach rechts im Tunnelgang.

- **Old Mine Workings**/Bergbaubetrieb von früher: Neben einem engen Tunnel rechts liegt ein verlassener verschalter Stollen, wo Schiefer die Verschalung verschoben und den Zugang unsicher gemacht hat. In der **Comstock Mine** existieren auch andere Druckverhältnisse. Nasser Lehm musste ständig abgehalten werden, um den Stollen nicht zu verschütten. Genau vorne gibt es mehr Aktivität, wo abgeräumtes Erz abgespült und in eine Lore gefüllt wird.

- **Slushing Operations**/Abspülen: *Slushing* ist ein anderer Ausdruck für das Verfahren, bei dem die abgeräumten Erzbrocken aufgenommen und in die Loren gefüllt werden. Rechts befindet sich eine luftbetriebene Winde, die das Kratzeisen über die Erzbrocken schickt, um die Loren zu füllen. Dieses besonders bunte Erz enthält etwas Gold und sehr viel arsenhaltige Sulfide. Beim Weitergehen ist rechts eine weitere Methode der Aufnahme von Erz zu sehen.

- **Ore Conveyer Operations**/Förderband: Rechts ist ein modernes, mechanisch betriebenes Erzförderband zu sehen, das eine Lore belädt. Diese Maschine befördert das Erz aus dem Stollen, wo es abgebaut wurde, direkt in die Lore; verfügt über große Kapazität für schnellen Abraum. Hinter der Lore befindet sich ein Stollen, der durch ausgedehnten losen Boden getrieben wurde. Die Decken- und Wandpostenverkleidung hält das Gewicht des Felsens, während die oberen und seitlichen Bretter die Steine zwischen den Stützen zurückhalten. Dieser Stollen führt zu einem offenen Stollen, der sehr viel Abwechslung bietet.

- **Open Stope**/Offener Stollen: Zwei Bergleute arbeiten in einem offenen Stollen – etwa 45 m breit und 30 m bis zum Bogen seines eigenen Granitgewölbes. Unter der Ausrüstung im Vordergrund ein Bohrgerät und ein Sprenggerät. Ultraviolett angestrahltes Erz links zeigt Wolframablagerungen. Die Bergwerkbesichtigung endet am Ausstellungsraum rechts, wo Bilder und Erklärungen über Technik, Geschichte modernen Bergbaus im Detail informieren.

PALEONTOLOGY GALLERY/ PALÄONTOLOGIE

Raum links:

Neben der Mineralienausstellung kommt man zu einer ausgezeichneten Ausstellung über Fossilien. Fossilien sind Reste oder Abdrücke von Organismen, die während urzeitlicher geologischer Epochen lebten und in der Erdkruste erhalten blieben.

- **Fish**/Fisch: Der älteste bekannte Fischabdruck befindet sich im **Ordovician-Sandstein** im östlichen Colorado und Wyoming. Die Devon-Periode wird oft als Fischzeitalter bezeichnet, da diese Periode erstmals die meiste Information über Fischfossilien lieferte. Fische sind die ersten Lebewesen mit innerem Knochenbau, zentralem Nervensystem und anderen speziellen Charakteristiken, die Wirbeltiere auszeichnen. Höhere Wirbeltiere stammen zweifellos von Fischen ab.

214 CARSON CITY, NV
Nevada State Museum/Zwischengeschoss: Paläontologie

• **Horse**/Pferd: Das Pferd, mit Ursprung in Nordamerika, wanderte in andere Teile der Welt. Die ältesten bekannten Pferde waren etwa 30 cm groß – nach Skelettabdrücken in Felsablagerungen von vor **50 Millionen** Jahren in Nordamerika und Südengland.

In der Entwicklung des Pferds zeigt sich deutlich eine Verlängerung der Glieder, Veränderung der Fußstellung (von Zehen, bei denen nur die Spitzen den Boden berühren), Reduzierung der Anzahl von Zehen an jedem Fuß zu einem Huf, Reduzierung kleinerer Knochen (Elle und Wadenbein) der Glieder, Veränderung und Umstellung des Gebisses von einer überwiegend im Wald lebenden zu einer auf offenen Weiden grasenden Art. Ausdehnung des Schädels und Nackens sowie auffallende Größenveränderung.

• **Rhinos**/Nashorn: Das Nashorn existierte etwa 7 Millionen Jahre lang nicht in Nordamerika. Obwohl dieser Kontinent zwar nicht die Heimat des Nashorns ist, erfuhr es gerade hier seine bedeutendsten Entwicklungsstufen. Die ersten, nashornähnlichen Tierformen waren klein und im allgemeinen hornlos, viel leichter im Gewicht und viel flinker auf den Beinen. In Nordamerika ausgestorben, doch die in die alte Welt abgewanderte Exemplare überlebten.

• **Camels**/Kamele: Kamele haben ihren Ursprung in Nordamerika, wanderten nach Südamerika und wieder zurück Richtung Norden, überquerten schließlich die Alaska-Sibirien-Landbrücke nach Asien und gelangten dann nach Afrika.

Das Kamel tauchte erstmals vor 40-50 Millionen Jahren auf. Es entwickelte sich von Kaninchengröße bis zur Höhe der heutigen Giraffe. Die Zahl der Hufe verringerte sich von 5 auf 2. Die Zähne entwickelten sich von flachkronigen zu hoch-kronigen Mahlzähnen. Kamele lebten mehrere Eiszeiten lang in Amerika und starben aus bisher ungeklärten Gründen aus.

• **Bison**/Bisons haben hohle Hörner, sind Wiederkäuer, Paarhufer, die zur Rinder-Antilopengruppe gehören. Diese Tiere hatten ihren Ursprung in der alten Welt, und dort sind auch die meisten lebenden wilden Formen noch zu finden. Der Bison zählt in dieser Tiergruppe zu den wenigen Tieren, die das kalte nördliche Klima überlebten und es schafften, über die Alaska-Sibirien-Landbrücke nach Nordamerika zu wandern.

• **Mammoths**/Mammuts: Elefanten gelangten vor weniger als 1 Million Jahren nach Nordamerika und waren dort in vielen verschiedenen Arten vertreten. Zur bekanntesten Art zählt das **Wooly Mammoth**/wollhaarige **Mammut**, das auf der Tundra und in den Wäldern an den Eisfeldern, von Eurasien bis Nordamerika zu Hause war. Andere Arten existierten in wärmeren Gegenden in den Tiefebenen der zentralen und südwestlichen Staaten Nordamerikas. Eines dieser Arten mit 4 m langen Hörnern, das **Imperial Mammut**, erreichte bis 4 m Schulterhöhe.

WOMEN'S GALLERY/FRAUEN NEVADAS

Die Ausstellung neben der paläontologischen Abteilung informiert über berühmte Frauen in Nevadas Geschichte.

• **Women Have Played A Role In Every Aspect Of Nevada's Past**/Frauen haben in Nevadas Vergangenheit in jeder Hinsicht eine Rolle gespielt. Mit den großen Überlandtrecks der 1840er und 1850er Jahre kamen mit den Siedlungsgruppen viele Frauen auf dem Weg nach Kalifornien und Oregon über **Nevada**. Viele zogen zwar ungern mit, wollten aber ihr Familien- und Eheleben nicht in Gefahr bringen. Ausführliche Tagebücher der Frauen lassen Heimweh durchblicken – Gedanken an die zurückgebliebenen Verwandten und die Zivilisation; an das, was auf dem Weg nach Westen zurückgelassen werden musste – Möbel, Porzellan, Silberbesteck, Kleidung. Auf dieser Reise blieb ihnen nur wenig von den bisherigen Annehmlichkeiten – schöne Kleider, Schuhe, Schmuck, Geschirr und Bücher.

Die meisten Frauen waren wie die meisten Immigranten in Nevada nur auf der Durchreise. Ihre Namen wurden gar nicht bekannt, mit Ausnahme von **Mrs. Nancy Kelso**, die zur **Bidwell-Bartleson Gruppe** gehörte und unterwegs im heutigen Nevada ein Mädchen zur Welt brachte.

Die **1850er** Jahre brachten verschiedene wichtige Ereignisse, die Beziehung zur Geschichte der Frauen in Nevada bekamen: Gründung der **Territorien Utah** und **New Mexico**. Zwischen den beiden politischen Gebilden lag das künftige **Territorium Nevada** und späterer **Bundesstaat Nevada**. Mit Gründung der ersten Siedlung bei **Mormon Station**, im **Carson Valley** im Jahre **1851** trafen Familien auch im westlichen Utah Territorium ein. Mitte der **1850er** Jahre brauchte man Schulen. Die erste Schule wurde **1854** von **Mrs. Isaac Mott** in ihrem Haus in **Mottsville** gegründet. Den ersten Schulbezirk organisierte man **1856** in Carson County. Unter den Pionierlehrern befand sich **Hannah Clapp** aus **Carson City**, die von **1857** bis **1861** ihre Klassen zu Hause unterrichtete. Danach organisierte sie in **Carson City** eine Privatschule, **Sierra Seminary**. Nevadas Frauen erhielten **1914** Wahlrecht.

Im Anschluss an die Frauenabteilung gelangt man zu einer faszinierenden Ausstellung fluoriszierender Mineralien sowie einer Sammlung mit Flaschen und Knöpfen.

Den Abschluss des Museumrundgangs bildet der im Kellergeschoss befindliche rekonstruierte Bergwerkstollen, dessen Eingang sich gegenüber vom Museum Shop befindet. Den Stollen unbedingt erst zum Schluss aufsuchen, da der interessante Gang durch die Mine nämlich direkt aus dem Museum nach draußen führt.

Antilope

GREAT BASIN NATIONALPARK

„Nevadas einziger Nationalpark"

◆**Öffnungszeiten:** Ganzjährig; Visitors Center & Tropfsteinhöhle täglich 7 bis 18 Uhr; Winter 8.30-17 Uhr.
◆**Lage:** Ostnevada. *US 6 & US 50* bis Baker, 5 mi/8 km via *Hwy 488* zum Park.
◆**Entfernungen in Meilen/Kilometer:**

Baker 5/8	Fallon 325/1520
Carson City 386/618	Las Vegas 290/464
Cedar City, UT 120/192	NV/UT Bundesstaatenlinie ... 10/16
Delta, UT 95/152	Salt Lake City, UT 246/394
Ely 6/9	VC—Wheeler Peak Campground 12/19

◆**Unterkunft:** Ely, NV und Delta, UT.
◆**Günstigste Besuchszeit:** Juni-Sept./Okt.
◆**Wetter:** Angenehm milde Temperaturen im Sommer (manchmal heiß in tieferen Regionen); streng kalt, harsches Klima im Winter.
◆**Ausmaße:** 30 872 Hektar; 1986 gegründet.
◆**Eingang:** Baker, Nevada.
◆**Ausgangsorte:** Salt Lake City, Delta, Utah und Ely, Nevada.
◆**Aktivitäten:** Rangerführungen durch Tropfsteinhöhlen, Rangervorträge/ Campfire Programs; Bristlecone Pine Ranger-guided Hike/Wanderungen in der Wheeler Peak Area; Skilanglauf im Winter.
◆**Camping:** 4 Campingplätze in Höhenlagen von 2285 m bis 3033 m.
◆**Wandern:** Viele Wanderwege einschließlich zum nahen **Wheeler Peak** und den Eisfeldern, Seen sowie einem urzeitlichen Bristlecone Forest.
◆**Restauration:** Cafeteria (Frühjahr-Herbst) im Visitors Center; Gift Shop & Café: (775)234-7221.
◆**Attraktionen: Lehman Caves** – spektakuläre Tropfsteinhöhle, **1885** durch Absalom Lehman entdeckt. - - **Gothic Palace** und **Ivory Towers** in Lehman Caves – herrliche Kalksteinformationen entlang der Höhlentour. - - Naturlehrpfad/**Nature Trail** hinter dem Visitors Center; **Rhodes Cabin** neben Visitors Center und Ausstellung über Höhlen und Umgebung. - - Zwischen Sagebrush im Tal und der felsigen alpinen Zone liegen verschiedene Habitats (**fünf Pflanzen-Habitats**, die dem Vegetationsbereich einer Fahrt 4800 km nach Norden entsprechen)! - - **Wheeler Peak** 3982 m – zweithöchster Gipfel Nevadas; 4 mi/6 km Trail über 910 Höhenunterschied zum Gipfel. - - **Bristlecone Pine Trees** auf Mt. Washington; der älteste Vertreter dieser Baumart (Bürstenkiefer) heißt ,,Prometheus" und ist etwa 5000 Jahre alt. - - **Baker Lake** – via 6.5 mi/ 10,4 km Trail erreichbar; Angeln und Campen.
◆**Unterkunft:** Keine Unterkunft im Park; zur Not in der kleinen Border Inn an der Nevada-Utah Staatenlinie.
◆**Information:** Superintendent, Great Basin National Park, Baker, NV 89311; Tel. (775)234-7331; Internet: www.nps.gov/grba/

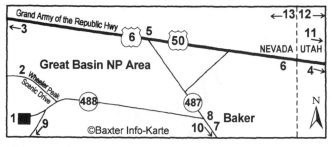

1-Visitors Center/Great Basin Nationalpark
-Lehman Caves Tour/ Tropfsteinhöhlen-Tour Höhlenführungen
2-Campingplätze Wheeler Peak
3-Ely .... 56 mi/90 km
-Carson City .... 386 mi/618 km
4-Delta .... 95 mi/125 km
-Salt Lake City .... 246 mi/394 km
-Hinckley .... 85 i/133 km
5-Café
6-Border Inn Motel (775)234-7300
-Tankstelle/Restaurant
-Slot Machines
7-The Outlaw Restaurant/Bar
8-Tankstelle
-Family Restaurant
9-Baker Creek Campground
10-Cedar City, Utah
11-no services next 80 miles keine Tankstelle nächste 80 mi/128 km
12-Mountain Daylight Saving Time
13-Pacific Time Zone

Baxter-Tipps

♦ **Keine** Park-Eintrittsgebühr.
♦ Im **Sommer** bis 9 Uhr oder früher ankommen um sich in Namensliste für **Höhlenführung** einzutragen, *first-come, first served* (Reihenfolge des Ankommens) oder vorher telefonisch anmelden; (775)234-7331.
♦ **Höhlenführungen** ganzjährig. Im Sommer etwa 10 Touren täglich: **30-Min.**-Tour (7.20, 10.20 und 14.20 Uhr); **60-Min.**Tour (8.30, 12.30 & 16.30 Uhr), **90-Min.**-Tour (9, 11, 14 & 15 Uhr) – Zeiten variieren, daher gleich bei Ankunft bei Visitors Center oder vorher telefonisch nach Tourzeiten erkundigen.
♦ Tourpreise je nach Länge **unterschiedlich**; unter 12 Jahre frei.
♦ **Höhlentemperatur** gleichbleibend +10°C, daher leichte Jacke oder Pullover empfehlenswert.
♦ Wegen **enger** Höhlengänge keine Backpacks, Kamerataschen und Handtaschen in die Höhle nehmen.
♦ Höhleneingang liegt auf 2080 m ü.M.
♦ Bei Höhlenführung stets Anschluss halten, da Ranger nach Verlassen eines Höhlenbereichs Licht **ausschaltet**.
♦ Blitzlicht **erlaubt**.
♦ Feste Schuhe mit **rutschfester** Sohle angebracht, da Höhlenpfad feucht und rutschig sein kann. Manche Durchgänge sind sehr niedrig; Kopf einziehen! Stufen und Gefälle/Steigung entlang der Höhlengänge.
♦ Great Basin Nationalpark ist auf **Pacific Time**.
♦ Höhlenführung 30-, 60- und 90-Min.; **90-Min.-Tour** keine Kinder unter 5 Jahre.
♦ **Höhlenformationen** (Stalagmiten – vom Boden nach oben wachsend; Stalagtiten – von der Decke tropfend; Soda Straw, Parachute, Draperies, Aragonite und dergleichen) **nicht** anfassen.
♦ **Keinerlei** Verzehr von Ess- oder Trinkbarem (einschließlich Wasser) sowie Genuss von Tabakwaren und Kaugummi in der Höhle.
♦ **Zimmerreservierung** in Ely und Delta im voraus vornehmen
♦ Auto bei jeder Gelegenheit volltanken.
♦ **Wheeler Peak Scenic Drive** nur bis Upper Lehman Creek Campground und Lehman Creek Trailhead offen.
♦ Straße zum Wheeler Peak Campground (12 mi/19 km vom Visitors Center) **steil** mit 8% Steigung/Gefälle sowie eng und kurvenreich, für RVs und Trailers **nicht** geeignet.
♦ **Wasser** auf den Campingplätzen **nur im Sommer**.

Höhlentouren

Besichtigung der Tropfsteinhöhlen **Lehman Caves** nur mit einer von Park Rangers durchgeführten Höhlenführung/**Guided Tour**. Höhlenführungen **ganzjährig** täglich (außer Thanksgiving, 25. Dez. und 1. Jan), Sommer ab 7.20, Winter 9 Uhr erste Tour (über Zeiten vorher erkundigen).

• **Höhlentouren**: Angeboten werden 30-, 60- und 90-Minuten lange Höhlenführungen. Längere Touren führen entlang derselben Route wie die kürzeren Touren tiefer in die Höhle. Die **vollständige** Tourroute (90 Min.) beträgt hin und zurück 800 Meter.
  Die **First Room Tour** (30 Min.) führt nur zum **Gothic Palace,** dem ersten Höhlenraum der Tour. Kinder unter 5 Jahren nicht zur 90 Min. Tour zugelassen, da im allgemeinen nur begrenzt aufnahmefähig. Teilnehmerzahl pro Führung max. 25. Da Höhlentouren schnell ausverkauft sind, Ticket frühzeitig am selben Tag kaufen oder im voraus telefonisch bestellen (nur im Sommer). Berücksichtigung der Teilnahme nach *first-come, first-served* Prinzip

218 GREAT BASIN NP, NV
Höhlentouren/Camping/Wanderungen

(Reihenfolge der Ankommenden); Teilnehmerzahl pro Führung auf 25 Personen begrenzt.
- **Candlelight Tours**/Kerzenschein Touren. Im Sommer tägl. 18 Uhr; kürzere Version der normalen Höhlenführung, etwa 800 m in die Bergseite der Höhle, etwa 45 Minuten.
- **Spelunking Tours**/Spelunken Touren. Nur im Sommer Sa. & So. 13.30 Uhr. Anmeldung erforderlich. Höhlenforschung in einer „wilden" Höhle (Tour ins Blaue). Voraussetzungen: Mindestalter 14 Jahre; gute körperliche Verfassung. Teilnehmer werden vor Tourbeginn in einer Betonform (50 cm breit und 25 cm tief) zur Qualifikation gemessen! Bei dieser Höhlentour wird die meiste Zeit durch niedrige Höhlengänge auf dem Bauch gekrochen!

Über Tourangebot bei Visitors Center erkundigen. Preise gestaffelt – 30 Min. à $2, 60 Min à $4 und 90 Min. à $6.

Camping

Great Basin Nationalpark umfasst **vier** Campingplätze. Gebühr pro Nacht jeweils $7. Platzreservierung telefonisch über Visitors Center/Ranger Station: (775)234-7331, sonst im allgemeinen Platzvergabe in der Reihenfolge der Ankommenden.
- **Baker Creek Campground.** 2350 m ü.M. Mitte April bis Anfang Okt. 3 mi/5 km vom Visitors Center via Schotterstraße. 32 Plätze; Grubentoiletten, Wasser nur im Sommer vorhanden.
- **Lower Lehman Creek Campground.** 2200 m ü.M.; ganzjährig; 2.5 mi/4 km vom Visitors Center. 11 Plätze, Grubentoiletten; nur kleine RVs möglich; Wasser nur im Sommer.
- **Upper Lehman Creek Campground.** 2400 m ü.M. Mitte April bis Anfang Okt. 3 mi/5 km vom Visitors Center. 24 Plätze, Grubentoiletten; Wasser nur im Sommer.
- **Wheeler Peak Campground.** 3000 m ü.M.; Mitte Juni bis Anfang Okt. 12 mi/19 km vom Visitors Center via enge kurvenreiche Straße mit 8% Steigung/Gefälle – für RVs und Trailer nicht ratsam. 37 Plätze, Grubentoiletten. Wasser nur im Sommer.

Hikes/Wanderungen

- **Bristlecone Pine Ranger-guided Hike.** Die von Rangers durchgeführte Wanderung zu den uralten **Bristlecone** (Bürstenkiefer) Hainen im **Wheeeler Peak Cirque** zählt zu den beliebtesten Wanderungen. Ausgangspunkt am Bristlecone Trailhead; 1.4 mi/2,2 km mit 183 m Höhenunterschied. Von dort weitere Wanderung zu einem Eisfeld oder entlang **Alpine Lakes Loop Trail** möglich oder Rückkehr zum Ausgangspunkt.
- **Mountain View Nature Trail.** Naturlehrpfad (Begleitbroschüre im Visitors Center erhältlich) 0.5 mi/0,8 km; etwa 20 Minuten; Start an der Rhodes Cabin.
- **Wheeler Peak Scenic Drive.** Panoramastraße zum Wheeler Peak (nur bis Wheeler Peak Trailhead befahrbar); 12 mi/19 km vom Visitors Center bis Wheeler Peak Campground, von dort 5 mi/8 km Wanderung hinauf zum Wheeler Peak. Sehr enge, steile (8% Steigung/Gefälle) und kurvenreiche Strecke über 12 mi/19 km.

GREAT BASIN NP, NV

Visitors Center: Pflanzenwelt im Great Basin

VISITORS CENTER

Beim Besuch des **Great Basin Nationalparks** als erstes das Besucherzentrum/Visitors Center aufsuchen, um sich über Zeiten der Höhlenführung durch die Tropfsteinhöhle **Lehman Caves** zu erkundigen und dazu Tickets zu besorgen. Das Visitors Center umfasst einen Informationsstand, wo man sich über die Höhlentouren, Wanderungen und Camping informieren kann, einen Buch- und Souvenirladen sowie einen Ausstellungsraum mit interessanten Exponaten.

Im Vorführraum werden informative Filme über den Park gezeigt. Zum Komplex des Visitors Centers gehört eine Cafeteria, Toiletten, Telefon. Neben dem Visitors Center befindet sich **Rhodes Cabin**, eine kleine Blockhütte mit Exponaten. Dahinter beginnt der Naturlehrpfad **Mountain View Nature Trail**. Nachfolgend zu einem kleinen Rundgang durch die Ausstellung im Visitors Center.

Ausstellung im Visitors Center

Exponate entlang der linken Wand vom Infostand:

Plant Communities of the Great Basin/Pflanzenwelt im ...

Extreme differences.../Die extremen Höhen. und Klimaunterschiede machen den Great Basin Nationalpark zu einem biologisch artenreichen Gebiet. Die Erhebungen innerhalb des Parks reichen von 1890 m bis 3982 m mit dem Gipfel des **Wheeler Peak**. Derartige Höhenunterschiede wirken sich auf Niederschlagsmengen, die mit steigender Höhe zunehmen, sowie auf Temperaturen, die allerdings **abnehmen, aus.**

Die Berge der Sierra Nevada im Westen, die einen Großteil der Niederschläge von ostwärts ziehenden Regenfronten abfangen, bestimmen in hohem Maße die klimatischen Bedingungen der Region. Der Regenschatteneffekt ist auf der Westseite des Basins am stärksten, während der verminderte Regenschatten auf der Ostseite, bzw. Parkseite mehr Niederschläge bis zum Boden gelangen lässt. Die verschiedenartigen Klimaverhältnisse bringen ganz bestimmte Pflanzen- und Tiergemeinschaften hervor.

• **Greasewood/Saltbush Community**/Salzbusch-Gemeinschaft. **Streams entering** ...Ins Great Basin gelangende Flüsse enden in Tälern und lagern ihre angesammelten Mineral- und Alkalistoffe in den Ebenen ab. Die in diesen Tälern vorkommenden Pflanzen tolerieren Salz und müssen mit Niederschlagsmengen von nur 13-25 cm pro Jahr auskommen. Insbesondere **Greasewood** hat sich diesen Bedingungen angepasst und schickt seine Wurzeln bis zu 15 m tief in den Boden, um an Grundwasser zu gelangen.

• **Sagebrush/Grassland Community**/Sagebrush, Prärie-Gemeinschaft. **Traditionally** ...Jahrzehntelang galten die Grasebenen am Fuße der Berge als typischste Pflanzengemeinschaft des Great Basins. Heutzutage sind nur noch wenige Flächen des ursprünglichen Weidelandes vorhanden.

• **Piñon Pine/Juniper Community**/Pinienkiefer-Wacholdergemeinschaft. **The piñon pine** ...Pinien- und Wacholderwaldbestände sind die ersten Waldgebiete, auf die Parkbesucher stoßen, vor allem im Bereich des Visitors Centers vorkommend. Diese Baumarten spielten bei den Indianern der Gegend eine große Rolle; die **Piñonkiefer** lieferte Nüsse, Zweige dienten als Bauholz beim Hüttenbau sowie als Brennholz, während die faserige Rinde von **Junipers** Rohmaterial für Textilien lieferte.

220 GREAT BASIN NP, NV
Visitors Center: Pflanzenwelt im Great Basin

- **Riparian Community**/Pflanzengemeinschaften in Flussniederungen. **The Wheeler Peak...** Die Wheeler Peak-Wasserscheide fängt genug Niederschläge zur Versorgung permanenter Bäche und Flussläufe auf – eine Rarität im Great Basin. Diese Bäche versorgen mit ihrem Wasser die Ufergemeinschaften, eine Zone wasserfreudiger Pflanzen, die entlang von Bachränder ein grünes Band bilden. In dieser saftigsten und grünsten Pflanzengemeinschaft sind Pappeln/*cottonwood*, Weiden/*willow*, Fische und Eisvögel beheimatet.

- **Mixed Conifer Community**/Nadelmischwald. **This relatively wet...** Die relativ feuchte **Snake Range** beheimatet einige Pflanzengemeinschaften, die im Great Basin selten vorkommen, beispielsweise Nadelmischwald. Ponderosakiefer, Silbertannen und Douglastannen wachsen auf dem Nordhang zwischen 2400 und 2900 m ü.M. Die ersten Siedler fällten Baumbestände entlang der Lehman, Baker und Snake Creeks als Baumaterial.

- **Mountain Mahogany Community**/Bergmahagoni-Waldbestand. **On the drier...** An den trockeneren Südhängen gedeiht der Bergmahagoni in derselben Höhenlage wie der Nadelmischwald. Im allgemeinen als Strauch vorkommend, kann er der Bergmahagoni hier Baumhöhe erreichen. Im Park gibt es eine ganze Reihe hoher Bergmahagonis, ein Zeichen, dass hier mehrere Jahre lang kein größerer Waldbrand ausbrach.

- **Spruce/Limber Pine Community**/Fichten-/Limberwald. **The least desertlike...** Zu den Pflanzengemeinschaften mit den geringsten Wüsteneigenschaften innerhalb des Great Basins zählt der Fichten- und Limberwald, den man auf den feuchten Nordhängen auf 2700-3200 m ü.M. auf der Ostseite des Basins antrifft. Die relativ hohe **Engelmannfichte** und **Limberpinie** wachsen in kühlem alpinen Klima, während verschiedene Arten dieser Bäume in Höhe der Baumgrenze einen niedrigen, mattenhaften Wuchs bilden.

- **Aspen Forest Community**/Espenwälder. **Relatively common...** Espenwälder kommen relativ häufig im Great Basin Nationalpark vor, und zwar entlang von Bächen und auf feuchten Hängen höherer Lagen, wo Fichtenbestände durch Waldbrande vernichtet wurden. Die hellgelben und goldenen „zittemden" Blätter bilden im Herbst einen herrlichen Kontrast zu tiefem Grün übriger Vegetation und den schneebedeckten Berggipfeln.

- **Bristlecone Pine Community**/Bürstenkiefernbestand. **The gnarled...** Die knorrigen Bristlecone Pines, die als isolierte Baumbestände an der Baumgrenze vorkommen, zählen zu den ältesten Gewächsen dieser windzerzausten, harschen Landschaft, in der die Rinde dieser Bäume von eisigen Winterstürmen getriebene Eispartikel das Holz der Bäume schonungslos abgeschabt und abgerieben wird. Diese Bäume leisten heftigen Widerstand, klammern sich fest und können einige Tausend Jahre alt werden. **Bristlecone Pines** ragen unter Fichten und Limberkiefern, die nicht so alt werden, hoch und aufrecht empor.

An der rechten Wand:

- **Alpine Community**/Alpine Gemeinschaft. **Low herbs such...** Pflanzen von niedrigem Wuchs wie Primrose Sticky Polemonium/Primeln und Phlox, Gräser und Kräuter wachsen dort, wo für Bäume bereits beschränkte Lebensbedingungen herrschen. Kleine Grasbüschel und Wildblumen kommen an Gipfeln über 3300 m innerhalb des Great Basin Nationalparks vor.

Nun zu weiteren Exponaten an der rechten Wand mit Info zum Nationalpark:

Great Basin National Park

- **Great Basin National Park**/Great Basin Nationalpark. **Stretching from...** Das Great Basin umfasst von den **Wasatch Mountains** im Osten bis zur **Sierra Nevada** im Westen fast ganz Nevada sowie Teile von Utah, Idaho, Oregon und Kalifornien – fast 11% der Fläche der 48 zusammenhängenden Bundesstaaten der USA. Ein Gebiet hoher Berge und Wüstenregionen, ein

Komplex von Ablaufecken, dessen aufgefangene Wassermengen nie einen Ozean erreichen. Stattdessen sickert Regen- und Schmelzwasser ins Erdreich, verdunstet oder sammelt sich in vom Land eingeschlossenen Seen.
   Dedicating A New Park/Ein neuer Park wird eingeweiht. Der Nationalpark wurde am 27. Okt. 1986 als neuer Nationalpark und repräsentativer Teil des **Great Basin** gegründet. Der Nationalpark umfasst einen großen Teil der **South Snake Range** und schützt geologische, biologische und landschaftliche Aussichtspunkte, die beispielhaft für die Einzigartigkeit dieser Region sind. **Great Basin Nationalpark** wurde am 15. Aug. 1987 in Anwesenheit von Senatoren, Vertretern des Abgeordnetenhauses, des Gouverneurs von Nevada, anderen Persönlichkeiten offiziell eingeweiht.
   The Great Basin/Das große Becken. Die Bergkämme der beiden Hauptgebirgszüge begrenzen die äußeren Ränder des **Great Basins**, während kleinere nordsüdwärts verlaufende Gebirge das Becken in kleinere Wasserscheiden aufteilen. Zwischen **Wasatch Range** und **Sierra Nevada** ist das Becken gewölbt und weist im Zentrum Mulden auf, die entlang der Ränder etwa 610 m aus, dem Tal aufragen.

Nun zu den Exponaten an der gegenüberliegenden Wand:

Höhlenformationen in den Lehman Caves

Lehman Caves/Lehman-Tropfsteinhöhle. **Shadows, strange shapes...** Schatten, seltsame Gebilde und Atmosphäre längst vergangener Zeiten – auf all dies stößt man in den **Lehman Caves**. Das durch Marmor gesickerte Wasser hat hier Tropfsteingebilde und Formationen aller Variationen entstehen lassen. Die Tropfsteinhöhle kann nur in Begleitung von Park Rangers besichtigt werden. Tickets für Höhlentouren beim Infoschalter im Visitors Center erhältlich. Vor jeder Führung gibt ein kurzer Orientierungsfilm einen Überblick über Lehman Caves.
   Unter den Exponaten werden Stalagmiten und Stalaktiten, Bacon/Speckformationen, Kristalle, Höhlenpopcorn, Draperies/,,Kalkgardinen" und Gypsum/Gips vorgestellt:

- **Stalagmite**/Stalagmiten. Durch Auftropfen entstehen die **vom Boden hochwachsenden** Stalagmiten. Heruntertropfende Wassertropfen lösen dort, wo sie fallen, weiteren Kalk.

- **Stalactite**/Stalaktiten. Herabhängende Stalagtiten entstehen durch **Abtropfen**; kalkhaltiges Wasser sickert Tropfen für Tropfen durch die Höhlendecke. Beim **Abtropfen von der Decke** hinterlassen einige Tropfen einen Kalkring – den sogenannten **Kern** des Stalaktiten. Bei Stalaktiten kommt es zu einer großen Vielfalt an Tropfsteinausbildungen – dünnwandig, hohle straws/,,Strohhalme" und lange, bezaubernde Eiszapfen.

- **Bacon**/Speck. Werden durch unterbrochenes Fließen und unterschiedliche Anteile an Mineraloxyden farbige Linien hinterlassen, nennt man das Ergebnis **Bacon** (Speckformation).

- **Popcorn**. Die sich als Knötchen herausgebildeten Formationen, sogenanntes Popcorn, entstanden vermutlich durch Wasser oder zumindest in sehr feuchter Umgebung.

- **Cave Drapery**/Wandbehänge. Sickert Wasser durch Längsspalten in Decken und Wänden, entstehen Kalkgardinen/*curtains*, die manchmal regelrechte Trennwände entstehen lassen und den Höhlenraum teilen.

Attraktionen & Aktivitäten im Great Basin Nationalpark

- **Great Basin National Park – What To See/What To Do**/Great Basin Nationalpark– Sehenswürdigkeiten/Aktivitäten. Der Great Basin Nationalpark bietet ausgezeichnete Gelegenheiten zum Wandern, Camping, Angeln, Sightseeing per Auto und im Winter Skilaufen. Der Park ist ein bergiges, naturbelassenes Wüstengebiet mit extremen Temperatur- und Wetterbedingungen.

222 GREAT BASIN NP, NV

Baxter Info-Karte: Vom Visitors Center zum Wheeler Peak

Sommer mit geringer Luftfeuchtigkeit (5-10%), warme bis heiße Temperaturen und möglichen starken Nachmittagsgewittern. Winter mit Temperaturen von -29°C, starken Schneefällen und strengem Wind. Wasser aus Quellen, Seen oder Bächen sollte vor Genuss gefiltert, 5 Minuten lang abgekocht oder mit Chemikalien behandelt werden. Beim Infostand über Zustand von Straßen und Wanderpfade erkundigen.

• **Wheeler Peak.** Höchster Berg des Parks – geeignet für Sommerwanderungen. Der Wanderweg zum Gipfel klettert vom **Wheeler Peak Campground** über 8 km über 975 m Höhenunterschied. Wanderer sollten auf extremen Wetterumschwung gefasst sein, ungeachtet der Wetterverhältnisse beim Start. Wer den Park per Auto erkunden möchte, kann entlang des asphaltierten **Wheeler Peak Scenic Drive** bis zum **Wheeler Peak Campground** auf 3048 m ü.M. fahren und dort die spektakuläre Sicht auf Berge und Täler genießen. Info über Straßenzustand, Trail und Campground-Situation beim Infostand im Visitors Center.

• **Hiking/Backpacking**/Wandern/Rucksackwandern. Viele Trails des Great Basin Nationalpark sind abgelegen, nicht ausgebaut und nur etwas für erfahrene Wanderer. Wer Ruhe und Einsamkeit der Berge sucht, findet hier abseits vom Trubel die geeignete Umgebung.

• **Camping.** Es gibt vier ausgebaute Campingplätze im Park. Jeder Stellplatz umfasst Tisch und Feuerstelle, doch nicht alle Plätze mit Wasseranschluss (auch nur im Sommer). Weitere Info beim Infostand.

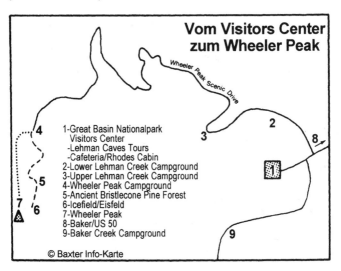

Ein-Weg-Entfernungen in Meilen/Kilometer:
Visitors Center—Wheeler Peak Campground.. 12/19
Wheeler Peak Campground—Wheeler Peak via Wheeler Peak Scenic Drive. 5/8
Wheeler Peak Campground—Bristlecone Pine Forest................................. 2/3

Rechts eine sehr informative Karte:

Dreidimensionales **Computerbild** aus einer Höhe von 8534 m zeigt von Great Basin Nationalpark und Umgebung von einem Punkt einige Meilen nördlich des Parks.

Weitere Exponate über Freizeit- und Sightseeingmöglichkeiten im Park:

• **Fishing**/Angeln zählt zu den beliebtesten Aktivitäten an Lehman, Baker und Snake Creeks sowie den Seen Baker und Johnson Lakes. Gültiger Nevada Angelschein erforderlich.

- **Skiing.** Im Winter im allgemeinen Skilanglauf möglich. Auf Ski-Klettertouren gefasst sein. Über Loipen beim Infostand erkundigen.
- **Lexington Arch.** Wer sich eine 30 mi/48 m Fahrt abseits der Straße (nur mit Geländefahrzeug!) zutraut und die Einsamkeit in den zerklüfteten Bergen sucht, kann diesen Ausflug wagen. Zufahrt über *Highway 21* südlich von **Garrison**, Utah; nur in den wärmeren Monaten passierbar. Geländegängiges Fahrzeug/Jeep erforderlich, bei feuchtem Wetter Fahrzeug mit Vierradantrieb empfehlenswert. 3 km-Wanderung (hin und zurück) zum **Lexington Arch** entlang eines einsamen Pfads durch steile, buschige Schlucht beginnt am Ende der Straße. Einzelheiten und Straßen-/Trailzustand beim Infoschalter.
- **Bristlecone Pines**/Bürstenkiefern. Gilt als die älteste „Kreatur" der Welt; **Bristlecone Pines** erreichen hohes Lebensalter und können über 3000 Jahre alt werden. Das älteste Baumexemplar des Parks soll über 3500 Jahre alt sein; das älteste je gefundene Baumexemplar dieser Art (Prometheus genannt) wurde über 5000 Jahre alt. Die an der Baumgrenze vorkommenden, von scharfem Wind umwehten Bristlecone Pines kann man auf einer 3 km langen Wanderung vom Wheeler Peak Campground aus entdecken. Der Bristlecone Pines-Bestand befindet sich unter der Nordostwand des **Wheeler Peak**. Im Sommer finden täglich von Park Rangers geführte Wanderungen zum Bristlecone Pine-Hain statt.

In der Raummitte weitere Exponate zur Geologie der Lehman Caves.

Geologisches zu Lehman Caves

- **Lehman Caves formed in Marble**/Lehman Tropfsteinhöhle entstand im Marmor. Nachfolgend Einzelheiten zum Entstehungsprozess der Höhle.

1–Schimmelpilze und Bakterien verwester Blätter und andere organische Stoffe bilden im Boden **Kohiendioxyde**.
2–In den Boden sickerndes Regen- oder Schmelzwasser nimmt Kohlendioxyd auf und wird leicht **säurehaltig**.
3–Zufließendes Sickerwasser enthält Kohlensäure und konnte daher stärkeren Kalkgehalt lösen. Dieses kohlensaure Wasser dringt durch Spalten und Risse im Marmor nach unten bis zum Grundwasserspiegel, in dessen Höhe alle Mulden und Öffnungen mit Wasser gefüllt sind.
4–Der größte Teil des Marmors löst sich unterhalb dieses Wasserspiegels auf, sobald das Grundwasser langsam abfließt.

Auf diese Weise entstanden die Höhlengänge. Höhlendekorationen/Speleothems bildeten sich erst später.

Cave Formations/Höhlenformationen

- Höhlenformationen setzen sich aus Kalk zusammen. Kalk ist ein Mineral, das Marmor entstehen lässt:

1–**Grundwasser** löst auf seinem Weg nach unten in die luftgefüllten Gänge den Marmor durch denselben chemischen Vorgang auf, durch den die Höhlenöffnungen entstanden sind.
2–Sobald das Wasser in die Höhle gelangt, wird Kohlensäure durch Wasserverdunstung, Erschütterung und nachlassenden Druck freigesetzt – wie beim Öffnen einer Flasche Mineralwasser. Es handelt sich hauptsächlich um Freiwerden von Druck, da Wasser im Freien im Vergleich zum Grundwasser nur etwa 1/100 an Kohlensäure halten kann.
3–Ein Teil des gelösten Marmors kristallisiert in der Höhle sofort zu Kalk – einem Mineral der Höhlenformationen aus.

Solange Grundwasser Kalk vom oberen Grundwasserspiegel-Marmor zu den tieferen Höhlen transportiert, entstehen Höhlenformationen. Hier nimmt die irdische Chemie kein Ende. Fließt kein Wasser mehr und wird die Luft trocken, bedeutet dies das Ende der Formationen – sie hören auf zu glänzen, werden stumpf und beginnen abzusterben. Glänzende Tropfsteine verwandeln sich zu Krümeln und zum Schluss zu Staub.

GREAT BASIN NP, NV
Lehman Caves Höhlenformationen/Mountain View Nature Trail

- **Column**/Säulenbildung: Treffen Stalaktiten mit Stalagmiten zusammen, entsteht eine Säule/*column*. Derartige Säulengebilde sind in Lehman Caves anzutreffen.
- **Helictite**/Heliktite/schneckenförmige Karstbildung: Kalksinterkristalle scheiden sich am Ende von engen Röhren der **Heliktite** in verschiedenen Richtungen aus und lassen ohne Rücksicht auf Druck ein schneckenförmiges oder oft zufälliges Gebilde von Verästelungen entstehen.
- **Curtains**/Gardinen: Sickert Wasser durch Längsspalten in Decken und Wänden, entstehen Kalkgardinen/*curtains*, die manchmal regelrechte Trennwände bilden und den Höhlenraum teilen.
- **Shields**/Schilde: Schildartige Gebilde wachsen aus jedem Winkel der Höhlenwand oder sogar aus dem Boden. Shields sind schildförmige platte Formationen, deren Oberflächen einen kleinen Abstand haben, was sich vermutlich auf einen Riss im Grundgestein, der sich verbreitet hat, zurückführen lässt. Wieso bleibt die Spalte offen? Vermutlich durch Druck des in die Spalte fließenden Wassers.
- **Flowstone**/Fließstein: Höhlenwasser, das an den Wänden, Deckenwölbungen oder auf dem Boden entlangläuft, lässt Fließstein /*flowstone* entstehen.

MOUNTAIN VIEW NATURE TRAIL

Der kurze **Mountain View Nature Trail**/Naturlehrpfad (0.5 mi/ 0,8 km; etwa 20 Min.) beginnt bei der **Rhodes Hütte**. Unterwegs erklären Infotafeln die Vegetation der Umgebung. Außerdem ist im Visitors Center eine Begleitbroschüre zum Trail erhältlich (kann ausgeliehen oder gekauft werden; mit Broschüre ca. 30 Minuten mehr rechnen). Hier im einzelnen zum Spaziergang entlang des Naturlehrpfads.

Erste Tafel rechts nach Rhodes Cabin:

- **Jointfir or Mormon Tea**/Mormonentee: Von nahem lassen sich an dieser einfachen Pflanze die blattartigen Auswüchse am Stengel erkennen, aus denen im Frühjahr blassgelbe, zapfenförmige Blüten sprießen, die kleine winzige, schwarze Samenkörner produzieren. Aus den abgekochten Pflanzenstengeln bereiteten Indianer und Mormonen Tee daher der Name.

Nun etwas weiter links:

- **Pricklypear**/Feigendistel-Kaktus. Der **Pricklypear-Kaktus** besitzt ein flaches Wurzelsystem, das ihm sogar bei den kürzesten sommerlichen Regengüssen erlaubt, Feuchtigkeit aufzunehmen, die er in seinen fleischigen, stacheligen Armen speichern kann. Die spitzen Stacheln schützen den Kaktus vor Tieren, die ihn sonst wegen seines Wasservorrats fressen würden. Die dicke Haut schützt den Kaktus vor Feuchtigkeitsverlust. Blüht rot, gelb oder rosa.

Links zu Cliffrose:

- **Cliffrose**/Klippenrose: Die **Cliffrose** zählt zu den attraktivsten Sträuchem im Südwesten der USA – gelbe, cremefarbene Blüten wie winzige Wildrosen, aber einem Duft wie Orangenblüten; Samenkörner sind mit weißen Federn ausgestattet.
  Früher verwendeten die Indianer die faserige Rinde für Matten und Seile; aus dem Holz wurden Pfeile hergestellt. Hirschwild labt sich im Winter gerne an den Zweigen.

Nun zur nächsten Tafel rechts des Pfads:

- **Mountain Mahogany**/Bergmahagoni: Pflanzen benötigen eine bestimmte Umgebung und gedeihen dort am besten, wo sie entsprechende Voraussetzungen vorfinden. Dem **Curllleaf Mountain Mahogany** ist hier das Klima zu

GREAT BASIN NP, NV 225
Mountain View Nature Trail

trocken, daher gedeiht der schmalblättrige Busch hier nur sehr kümmerlich. In Höhenlagen von etwa 1500 m höher, wo größere Mengen Niederschläge niedergehen, werden die Mahogany Trees/Mahagonibäume viel höher. Das Gewächs gleicht der Cliffrose ein wenig, doch beim Näherhinsehen erkennt man an den Blättern rasch den Unterschied.

Die nächste Tafel rechts informiert über Landschaftspunkte rundum in der Umgebung; herrliche Aussicht:

- **Umgebung.** Der etwa 3982 m hohe Gipfel **Wheeler Peak** im Südwesten ist die höchste Erhebung des **Central Great Basin**. Im Südosten erstreckt sich die **Snake Range** und im Osten die **Burbank Hills** in Utah. Das Tal **Snake Valley** bildet den niedrigsten Punkt. Am Ostrand des Tals erstreckt sich die **Buckskin Range** (Wildledergebirge). Im Nordosten ist in der Ferne die **House Range** in Utah erkennbar. Der im Norden liegende Gebirgskamm **Low Ridge** ist glazialen Ursprungs. **Mt. Moriah** erhebt sich mit 3673 m im Norden.

Nun links zu Big Sagebrush:

- **Big Sagebrush**/Großer Salbeistrauch. Die Buschart Sagebrush – „Purple Sage" des Westens und Staatsblume Nevadas – zählt zu den typischen Pflanzen von Tafelbergen und Hochebenen im Südwesten der USA. Beliebtes Futter für Wild und Vieh. Die Blätter geben besonders nach dem Regen einen strengen, aromatischen Duft ab.

Kurz danach lädt an der höchsten Stelle des Pfads eine Bank ein, die Natur in Ruhe zu genießen. Nach etwas größerem Abstand erreicht man den ursprünglichen Eingang zu **Lehman Caves**:

- **Original Entrance to Lehman Caves**/Originaleingang zur Lehman-Höhle: An dieser Stelle verschaffte sich **Ab Lehman** etwa um **1885** zum ersten Mal Zugang zur Höhle. Bis **1940** benutzten Besucher diesen natürlichen Höhleneingang, ehe der heutige Zugangstunnel gebaut wurde.

Kurz danach Information über Wacholder:

- **Utah Juniper**/Utah-Wacholder: Die „Blätter" dieser Baumart sind fein und schuppenförmig und unterscheiden sich deutlich von den Nadeln der Pinyon Pine. Bei den kleinen, bläulichen, beerenähnlichen Früchten handelt es sich um winzige Zapfen, die von Vögeln und kleinen Säugetieren bevorzugte Nahrung sind.

  Erste Siedler verwendeten die geraden Stämme der Juniper wegen ihrer Haltbarkeit und langen Lebensdauer gerne als Zaunpfosten.

Erneut eine Bank zum Ausruhen und Info über Pinyon-Kiefer:

- **Pinyon Pine**/Kiefernart: Fasst man die runden, abgespitzten und jeweils separat am Ast wachsenden Nadeln an, lässt sich die Pinyon Pine gut von anderen Kiefernarten unterscheiden. Die Zapfen enthalten essbare Samen, die bei Mensch und Tier begehrt sind.

  In Gesellschaft von Junipers/Wacholder wachsend, bilden die **Pinyon Pines** den **Pygmy Forest**/Zwergwald, der sich im Südwesten über die Mesas/Hochplateaus und Ausläufer der Berge in Höhenlagen zwischen 1500 m bis 2100 m verbreitet.

Abschließend Hintergrundinformation über Flechten:

- **Lichens – Plants without soil**/Flechten, Pflanzen, die keine Erde benötigen: Bei den orange- und gelbgrünen Flecken auf den Felsen handelt es sich um **Lichens**/Flechten (sprich leikens). Wie existieren sie? Flechten bestehen eigentlich aus zwei Pflanzen – Algenkolonien und einem Fungus/Pilzmyzel, die als eine gemeinschaftliche Pflanzeneinheit existieren und jeweils voneinander abhängig sind. Die Algen produzieren Nährstoffe, während die Fungi die Schutzfunktion der Pflanze übernehmen. Flechten bilden die erste Stufe in der Umwandlung von Felsmaterial zu Erde. Flechten produzieren eine leichte Säure, die das Gestein langsam zersetzt und zu mineralhaltiger Erde umwandelt, in der sich später andere Pflanzen ansiedeln können.

Nun zu der kleinen Ausstellung in der rechts vom Visitors Center befindlichen **Rhodes Cabin**:

AUSSTELLUNG IN RHODES CABIN

Die Blockhütte **Rhodes Cabin** beherbergt verschiedene Exponate, darunter Laternen und Karbidlampen aus der Anfangszeit der Höhlentouren, Gesteinsproben (Marmor, Meeresfossilien und Mineralien) sowie interessante Information zur Hütte und Ab Lehman:

Auf der Seite des Naturlehrpfads links mm Eingang:

• **The Rhodes Cabin. An early motel unit? Who built it?**/Die Rhodes-Hütte. Ein Motel aus vergangener Zeit? Wer baute die Hütte? In der Zeit nach Lehmans Tod bis 1920 war das Gelände rund um den Höhleneingang in der Hand verschiedener Besitzer. 1920 erwarb Mr. C.T. Rhodes das Gelände und begann mit dem Ausbau, sowohl unten in der Höhle als auch oben auf der Oberfläche. Gemeinsam mit seiner Frau bewirtschaftete er die Höhle von 1920 bis 1932.

• **When was It built?**/Wann wurde die Hütte errichtet? Als Hauptbaumaterial hatte man für die Hütte Holz der Engelmann-Fichte und Weißtanne verwendet, das man aus den über der Höhle befindlichen Canyons herbeischleppte. Die für das Dach verwendeten Bretter stammen angeblich von der Osceola Flume, die 1888 für den Goldabbau konstruiert worden war; diese Wasserleitung lief vom nahen **Lehman Creek** bis **Osceola** und legte dabei eine Strecke von fast 32 km um den Berg zurück!

Ein Zeitungsbericht aus „The Ely Record" vom 2. März 1928 informiert über Höhleninvestitionen.

• **New Investments at Caves**/Neue Investitionen im Höhlenbereich. Das Lehman Caves Resort hat feste Absichten, Einrichtungen zur Unterbringung der zu erwartenden Besucherströme zu schaffen. Der Plan sieht den Bau von fünfzehn Hütten vor; ein großes Parkhaus zur Unterbringung von Autos ist bereits fertiggestellt.

Nach T.S. Shuttleworth, Sekretär der Calivada Circle Tour, ist auf Grund der zahlreichen Anfragen beim Bureau of Mines mit einer alles übertreffenden Touristensaison der Höhle zu rechnen.

Ein Foto zeigt die touristischen Einrichtungen im Jahr 1933:

• **The Rhodes Development in 1933**/Die Rhodes Anlage im Jahr 1933. Die Einrichtungen umfassten eine Blockhaus-Lodge, neun Hütten dieser Art, einen Tanzsaal, Schwimmbecken und Speisesaal.

• **How was this cabin used?**/Welchem Zweck diente diese Hütte? Von 1928 bis 1933 diente sie zur Unterbringung von Höhlenbesuchern. Von 1933 bis 1936 bewohnte sie der Verwalter des Monuments mit seiner Familie (auf dem Foto abgebildet).

• **Later...** /Später diente die Hütte als Lagerraum. Inzwischen wurde sie von außen wieder in ihren ursprünglichen Zustand versetzt und dient heute als Ausstellungsraum des National Park Service.

GREAT BASIN NP, NV
Rhodes Cabin

Rechts vom Eingang auf der Parkplatzseite eine Zeichnung, die Absalom S. Lehman zeigt. Danach folgt eine Serie von Zeichnungen, die Lehmans Weg bis zur Entdeckung der Höhle illustrieren:

- **Absalom S. Lehman** – entdeckte diese herrliche Tropfsteinhöhle.

- **Ab Lehman...** /Der **1827** in Pennsylvania geborene Ab Lehman hatte sich bereits 20 Jahre lang mit Schürfen und Bergbau beschäftigt, ehe er etwa um **1869** ins **Snake Valley** kam. Vermutlich lockten ihn die Bergbaumöglichkeiten in diese Gegend.

- **1869** sattelte Lehman vom Bergbau zur Viehzucht um und baute sich hier in der Nähe eine Ranch auf. Einige der Aprikosenbäume vor dem Visitors Center wurden von ihm gepflanzt.
   Die **Lehman Ranch** war meilenweit bekannt als Oase der Gastfreundschaft. Ihre Produkte, insbesondere gutes Obst, waren in Utah und Nevada berühmt.

- **Ab Lehman discovered...** /Vermutlich stieß Ab Lehman im Frühjahr des Jahres **1885** auf die Höhle. Obwohl Indianer zuvor die Eingangskammer der Höhle aufgesucht und gelegentlich als Bestattungsraum benutzt hatten, gilt Lehman wohl als der erste, der sie bis zu ihrer tiefsten Stelle erkundete. Er machte die Höhle später der Öffentlichkeit zugänglich.

Vom Great Basin Nationalpark nun weiter zum **Lake Tahoe**, dessen Gebiet sich über Nevada und Kalifornien erstreckt.

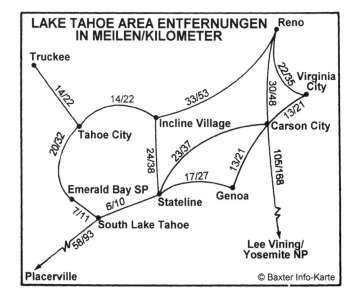

LAKE TAHOE, NV
Allgemeines/Überblick

LAKE TAHOE AREA
„Juwel der Sierra Nevada"

South Lake Tahoe, CA
Stateline, NV
See & Region
Lake Tahoe Route
Ponderosa Ranch
Little Genoa

CA=Kalifornien
CO=Colorado
NV=Nevada
UT=Utah

Lake Tahoe auf einen Blick

Name: Von den Washoe Indianern für „großes Wasser"
Lage: 196 mi/304 km nordöstlich von San Francisco
40 mi/64 km südöstlich von Reno, Nevada
120 mi/192 km nördlich vom Yosemite Nationalpark
Wasserfläche: 507 Quadratkilometer
Höhenlage: 1897 m ü.M.
Maximale Tiefe: 501 m
Länge: 23 mi/37 km
Breite: 12 mi/19 km
Uferlänge: 72 mi/115 km
(43 mi/69 km in Kalifornien; 29 mi/46 km in Nevada)
Sommer-Wassertemperatur: +20°C
Flughäfen: South Lake Tahoe, CA; Reno, NV
Straßen: *US 50* von Sacramento zum Südufer des Sees
I-80 von San Francisco & Sacramento zum Nordufer des Sees

LAKE TAHOE AREA ÜBERSICHT

Das Gebiet um den See **Lake Tahoe** ist landschaftlich bezaubernd und ein richtiges Erholungsparadies mit Freizeitmöglichkeiten für Sommer- und Winterzeit. **Sommer**: Warme Tages- und kühle Nachttemperaturen erlauben vielseitigen Freizeitsport – Wandern, Reiten, Segeln und mehr. **Winter**: Etwa 508 cm Schneefall; ausgezeichnetes Skisportgelände mit über einem Dutzend Skihotels. Wegen der hervorragenden Schneeverhältnisse wurden **1960** auch die olympischen Winterspiele hier in **Squaw Valley**, in der **Sierra Nevada** ausgetragen – in der Nähe des nordwestlichen Zipfels des Lake Tahoe.

Das Zentrum der **Lake Tahoe Area** bildet der malerisch tiefblaue See **Lake Tahoe**. Der wasserklare See wird von der Bundesstaatenlinie zwischen Kalifornien und Nevada aufgeteilt. Da Glücksspiele in Nevada *legal* sind, findet man auf der Nevadaseite des Sees die vielen großen Spielkasinos. Am kalifornischen Seeufer liegen dafür viele *günstige* und *preiswerte* Hotels, die man bequem zu Fuß oder

LAKE TAHOE, NV

Baxter Info-Karte: Lake Tahoe Area

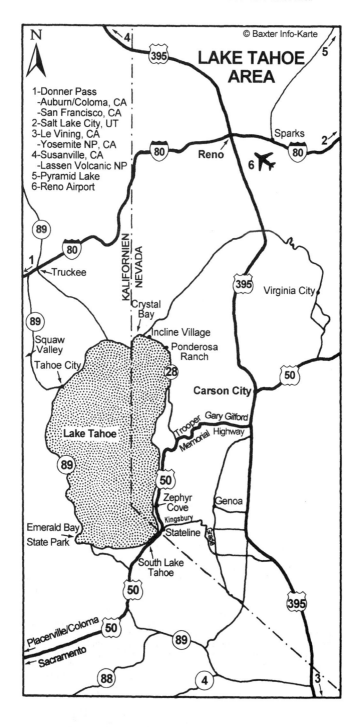

mit dem Auto von den Kasinos mit den Spielautomaten und Supershows in Nevada über die Bundesstaatengrenze erreicht. Die etwa 72 mi/115 km lange Rundfahrt (im Uhrzeigersinn) um den See führt durch waldreiche National Forests, State Parks und kleine Ferienorte, die Zugang zu den Bergen bieten und wo man See und seine Freizeitmöglichkeiten genießen kann.

Vom Seeufer des **Lake Tahoe** kann man mehrere interessante Tagesausflüge unternehmen. Weniger als eine Stunde *nordöstlich* von der lebhaften Gegend mit **South Lake Tahoe**, Kalifornien/Stateline, Nevada liegt der winzige Ort **Genoa** – Nevadas älteste Stadt. Früher war **Genoa** einmal ein wichtiger Haltepunkt auf der Route des **Pony Express**. Heute gibt es hier zwei kleine Museen, die über die Menschen und Ereignisse, die die Geschichte dieser Gegend Kaliforniens und Nevadas beeinflusst haben, informieren.

Nördlich von **Genoa** liegt **Carson City,** die Hauptstadt Nevadas (s. S. 192). Hauptattraktion ist das hervorragende **Nevada State Museum**, in dem es sogar ein Bergwerk gibt! Nach kurzer Fahrt *nordostwärts* gelangt man nach **Virginia City** – die aufstrebende Silberminenstadt der 1800er Jahre. Ein wenig weiter im *Norden* liegt **Reno**, Nevadas zweitgrößte Stadt, die fast ebenso lebhaft wie **Las Vegas** ist – nur eine Stunde vom **Lake Tahoe** entfernt!

SOUTH LAKE TAHOE, CA

Durchschnittliche **Höchst-** und *Tiefsttemperaturen* in °C:
Jan.: **+3** & *-10*; **Juli**: **+27** & *+7*; **Sept.**: **+23** & *+2*.

Das Herz der **Lake Tahoe Area** bildet der Ort **South Lake Tahoe**, Kalifornien etwa 200 mi/320 km nordöstlich von **San Francisco** und etwa 60 mi/90 km südlich von **Reno**, Nevada. Die lebhafte Ortschaft am Südufer vom **Lake Tahoe** liegt direkt an der *US 50*, dem Highway, der den See am Süd- und Südwestufer streift. **South Lake Tahoe**, und sein Nachbar **Stateline** in Nevada besitzen susammen über 35 000 Einwohner; diese Gegend des **Lake Tahoe** wird jährlich von etwa 6 Millionen Touristen besucht!

Info & Attraktionen

Viele Besucher benutzen **South Lake Tahoe** als Ausgangsbasis zur Erkundung der Lake Tahoe Area, insbesondere das benachbarte **Stateline**, Nevada mit seinen eindrucksvollen mehrstöckigen Spielkasinos zu erobern. Wer genügend Zeit hat, findet man rund am den See verschiedene Übernachtungsmöglichkeiten. Hinter **South Lake Tahoe** herrscht viel weniger Betrieb, dafür findet man mehr Natur, aber weniger Kasinos und Shows.

Entlang des etwa 6 mi/10 km langen Abschnitts der *US 50*, der auch *Lake Tahoe Blvd.* heißt, zwischen der Kreuzung *CA 89 & US 50* und **Stateline**, Nevada findet man praktisch ein Hotel nach dem andern. Motels auch direkt an der Bundesstaatenlinie Kalifornien/Nevada – nur ein kurzer Spaziergang von Kalifornien hinüber zur Glitzer- und Glücksspielwelt Nevadas!

An der *US 50* befindet sich auch das Besucherzentrum, **South Lake Tahoe Visitors Bureau.** Hier erfährt man das Aktuellste über Shows in den Kasinos, Abfahrtzeiten der Bootsfahrten auf dem Lake Tahoe und über besondere Veranstaltungen und Attraktionen der Gegend. In der Nähe befindet sich das **Historical Museum** sowie öffentliche Badestrände/*public beaches*. Die Best Western Timber Cove Lodge besitzt eigenen Badestrand, Pier und Bootshafen. Gegenüber vom Motel Gelegenheit, sich im Supermarkt mit Proviant zu versorgen.

Baxter-Tipps für Lake Tahoe Area

- **Vorwahl/area code**: Kalifornische Seite **(530)**, Nevadaseite **(775)**.
- **Unterkunft:** In Lake Tahoe Area herrscht an **Wochenenden** Hochbetrieb und Anstieg der **Hotelpreise**.
- **Preiswerte Unterkunft**: South Lake Tahoe, CA – Motel 6, (530)542-1400/Fax 542-2801. Super 8 (530)544-3476/Fax 542-4011. Holiday Inn Express, Nähe Kreuzung *US 50 & CA 89* am Südrand von **South Lake Tahoe**, (530)544-5900/Fax 544-5333. – – **Truckee**, CA – Holiday Inn Express, an *I-80 & CA 89*; (530)582-9999/Fax 582-9996.
- **Luxushotel** in ruhiger Umgebung – Hyatt Lake Tahoe, in **Incline Village**, NV – auch Kinderfreizeit; (775)832-1234/Fax (775)831-7508.
- **Camping**: **KOA**, an *US 50*, südl. von South Lake Tahoe; 71 Plätze; 52 *full hookups*; (530)577-3693. – – **Camp Richardson Resort** – von *US 50 & CA 89* ca. 2½ mi/4 km nordwestwärts auf *CA 89*, 335 Plätze, 33 *full hookups*; (530)541-1801. – – Auf kalifornischer Seite vom Lake Tahoe mehrere Campingplätze des *State Park* und *U.S. Forest Service*. – – **Reno Hilton RV Park** in **Reno**, 230 Plätze, *full hookups*; Benutzung der Hoteleinrichtungen; geb.frei 1-800-648-5080.
- **Sightseeing & Freizeit.** Gray Line bietet Ausflugfahrten zu Attraktionen der Gegend; im Hotel nach Tourprogramm und Abfahrtszeiten erkundigen.
- **Bootsausflüge** auf Lake Tahoe mit Sternwheeler/Raddampfer M.S. *Dixie* und anderen Booten – herrliches Erlebnis.
- **Reitausflüge** in der Nähe von South Lake Tahoe – **Camp Richardson Corral**, Tel. (775)541-3113; Breakfast Rides (Frühstücksritt), Brunch Ride, Steak Ride, Day Fishing Trip (Angeltour), Overnight Pack Trip (Ritt mit Übernachtung) sowie normale Ausritte, Trail Rides/Geländeritte – 1 Stunde bis zu einem halben Tag. – – Reittouren auch in **Squaw Valley**. – – *Breakfast Rides* auf der **Ponderosa Ranch**.
- **Ponderosa Ranch**, Incline Village, NV bis **Oktober** in Betrieb.
- **Segelboote** beim Bootsverleih in **Zephyr Cove**; (775)588-5021.
- **Nicht vergessen**, beim Check-in im Hotel/Motel in der Lake Tahoe Area die *bonus coupons*/Coupon-Hefte zu besorgen (liegen in vielen Hotels aus). **Coupons** können in den **Kasinos** eingelöst werden.
- **Shows** mit Stars von Weltrang in den Kasinos in **Stateline**, NV und Reno, NV; Tickets zu vernünftigen Preisen!
- **Hard Rock Café** im Harvey's Resort & Casino in Stateline, NV.
- Im allgemeinen gibt es abends zwei Shows: Dinner Show und Cocktail Show. Cocktail Show ist meistens etwa **$5 billiger**.
- Viele Kasinos bieten **billige** Frühstücksbüffetts, oder Lunch/Mittag- und Dinner/Abendbüffetts.
- Beim Spiel an den Slot Machines/Spielautomaten stets persönliches **Limit** für den Spieleinsatz setzen, um bei Verlust ein nicht zu großes Loch in die Urlaubskasse zu reißen.
- **Marlette Flume Trail** für **Mountain Bikers Touren** bietet eine der besten Aussichten auf Lake Tahoe; Lake Tahoe Nevada State Park. Zugang vom Spooner Lake ($5 Gebühr für Fahrzeuge); 5 mi/8 km bergauf zum Marlette Lake, wo der Flume Trail beginnt. Von Marlette weitere 8 km nordwärts zur Tunnel Creek Station, wo die alte Flume Section endet. Anschließend 5 km steil bergab nach Incline Village. Trail wird auch von Wanderern benutzt. Info (775)831-0494; auch *guided mountain-bike* Tours via Spooner Lake Tours (775)749-5349, Internet: www.theflumetrail.com

Vorschläge für den Aufenthalt

Ein Tag Aufenthalt: Von **South Lake Tahoe** zur *Rundfahrt* im Uhrzeigersinn (da stets auf Seeseite der Fahrbahn!) um den See.

Attraktionen: South Lake Tahoe Forest Service Visitors Center, Emerald Bay State Park mit Vikingsholm Schlösschen, Tahoe City, Ponderosa Ranch, Lake Tahoe Nevada State Park, Cave Rock, Zephyr Cove und wieder zurück nach South Lake Tahoe. Abends eine *Show* in einem der großen Kasinos in **Stateline**, Nevada erleben.

Zwei-Drei-Tage Aufenthalt:
1. **Tag.** Rundfahrt um den See Lake Tahoe mit Abstecher nach Squaw Valley, Truckee und zum Donner Memorial State Park mit Museum.
2. **Tag.** Ausflug nach Genoa, Carson City, Virginia City, Reno und über den *Mt. Rose Highway* zurück zum Lake Tahoe.
3. **Tag.** Reitausflug, Bootsfahrt auf dem Lake Tahoe und Fahrt mit der Gondelbahn hinauf nach Heavenly Valley, in der Nähe von South Lake Tahoe.

232 LAKE TAHOE, NV
Baxter-Tipps zur Lake Tahoe Area

Etwa 4 mi/6 km nördlich von **Stateline** kommt man zur Bootsabfahrt der Ausflugsboote, wo der *Ski Run Blvd.* an den See stößt; Bootsabfahrten auch von **Zephyr Cove**. Auf dem *Ski Run Blvd.* geht es in entgegengesetzter Richtung zur Gondelbahn, die zum Skigebiet **Heavenly Valley** führt – eines der größten Skigebiete des Landes. Die Gondelbahn ist auch im Sommer in Betrieb; grandiose Aussicht vom Gipfelrestaurant.

Nur etwa 3 mi/5 km nordwestlich von **South Lake Tahoe** passiert man entlang der CA 89 das **US Forest Service Visitors Center**. Auf der Südseite der *CA 89* liegt der See **Fallen Leaf Lake** *(fallen leaf*=fallendes Laub), Nähe Camp Richardson. In einer der Hütten am **Fallen Leaf Lake** hielt übrigens Kevin Costner Whitney Houston in dem Film *Bodyguard* (1992) vor einem Attentäter versteckt! Etwa 9 mi/14 km nordwestlich von **South Lake Tahoe** kommt man zur malerischen Bucht **Emerald Bay** mit dem **Emerald Bay State Park** und dem kleinen Schlösschen **Vikingsholm,** der Nachbildung eines skandinavischen Schlosses.

Verkehrsmittel & Touren

Der Flughafen **South Lake Tahoe Airport** liegt etwa 2 mi/3 km südlich von **South Lake Tahoe** – Mietwagen sowie Busverbindung zu den Motels. Vom **Cannon International Airport,** der **Reno,** Nevada versorgt, bestehen **Busverbindungen** nach Stateline/South Lake Tahoe. **Greyhound Busse** fahren nach South Lake Tahoe/Stateline.

Zwischen den Motels von **South Lake Tahoe** und den Kasinos von Stateline bestehen Busverbindungen entlang der *US 50*; auch Busse zu Badestränden am See. Außerdem gibt es auch zwischen Nord- und Südufer des **Lake Tahoe** Bootsverbindungen. Man kann das ganze Jahr über Fahrräder und Mopeds mieten. Das Sightseeingunternehmen Gray Line bietet verschiedene Ausflugsfahrten und Touren an, darunter eine Seerundfahrt um den Lake Tahoe sowie Touren nach Virginia City, Genoa & City und Reno.

STATELINE, NEVADA

Direkt hinter der Bundesstaatenlinie zwischen Kalifornien und Nevada, im Anschluss ans kalifornische South Lake Tahoe, erstreckt sich der Kasinokomplex von **Stateline**, Nevada. Hier findet man zu beiden Seiten der mitten durch die Stadt verlaufenden *US 50* die turmhohen Hotelkasinos – oft mit über 500 Zimmern als starker Kontrast zu den Motels im benachbarten South Lake Tahoe. Anziehungspunkt sind nicht die Hotels, sondern ihre riesigen Kasinos. Im Gegensatz zum angrenzenden South Lake Tahoe sind Glücksspiele hier legal.

Auf einer Seite liegen **Harrah's Lake Tahoe** – mit der Reiterstatue eines Pony Express Reiters – und **Caesar's Tahoe** mit einem riesigen Parkplatz/*RV parking lot* für RVs und Camper. Auf der Seeseite der *US 50* liegen die beiden Hotels **Harvey's Resort Hotel** und **Horizon Casino Resort**. Mit attraktiven Preisen bei Drinks und Mahlzeiten (insbesondere Büffetts) locken die Kasinos Besucher und Spieler. Außerdem bieten sie hervorragendes Entertainment mit bekannten Weltstars und Supershows. Tickets zu vernünftigen Preisen. In den Kasinos herrscht *rund um die Uhr* Spielbetrieb – diese Gegend von Lake Tahoe „geht nie schlafen"!

LAKE TAHOE, NV

Baxter Info-Karte: South Lake Tahoe, CA/Stateline, NV Area

SOUTH LAKE TAHOE, CA—STATELINE, NV

Zephyr Cove Ponderosa Ranch ↑ Incline Village
Kahle Dr.

Supermarkt
John's Tahoe Nugget
Sheriff

↑ Zephyr Cove Resort (775)588-6646
Fax 588-9627

Lakeside Inn & Casino (775)588-7777
Fax 588-4092

Lake Tahoe Wedding Chapel
Postamt/Post Office
(50)
RV Parking →

Kingsbury Grade (207)

Genoa Carson City

Lake Parkway

STATELINE, NV

Horizon Casino Resort (775)588-6211
Fax 588-3110
Harvey's Resort (775)588-2411
Fax 588-4889

Caesar's Tahoe (775)588-3515/Fax 586-2036
Pony Express Statue
Harrah's Tahoe (775)588-6611/Fax 586-6607
McDonald's
Bill's Lake Tahoe Casino

NEVADA
KALIFORNIEN

Stardust Lodge (530)544-5211
Fax 737-9139

Embassy Suites
(530)544-5400
geb.frei 1-800-988-6252

Park Ave.
Travelodge Stateline (530)541-5000
Fax 544-6910

Pioneer Trail Bell Court Lodge
(530)541-5400
Supermarkt

Tahoe Chalet Inn (530)544-3311/Fax 544-4069

IHOP *Wildwood*

McDonald's
Marie Callender's Restaurant
Travelodge South Lake Tahoe
(530)544-5266/Fax 544-6985
Heidi's Restaurant
Pancakes & Steaks
BW Timber Cove Lodge (530)541-6722
Fax 541-7959

Kentucky Fried Chicken *Ski Run Blvd.*

Days Inn (530)544-3445
Fax 544-3466
Super 8 (530)544-3476
Fax 542-4011

Heavenly Valley →
Ski Area

6 mi/10 km

Supermarkt *Johnson Blvd.*

Public Beaches/
öffentliche Badestrände

Lyons Restaurant (24 Std. geöffnet)

(50)

Historical Museum

Chamber of Commerce (Mo.-Fr. 8.30-17 Uhr/
Lake Tahoe Museum   Sa., So. 9-16 Uhr)
Camping
Denny's
Supermarkt

Upper Truckee River   Upper Truckee River

Holiday Inn Express (530)544-5900 (50)
Fax 544-5333
Motel 6 (530)542-1400/Fax 542-2801

SOUTH LAKE TAHOE, CA

Burger King
North
← **Tahoe City** (89) Supermarkt

7-Eleven
Swiss Chalet Restaurant & Bar
McDonald's

Airport ✈

Pioneer Trail

Myers

Visitors Information
Highway Patrol
(89) South

Placerville
Sacramento ↓

KOA

© Baxter Info-Karte

Allgemeine Info zum See Lake Tahoe und zur Region

Der See **Lake Tahoe** und seine ihn umgebende Landschaft sind im Gegensatz zur Crater Lake Area im Bundesstaat Oregon kein Nationalpark. Hier findet man eine Mischung von Privatbesitz, einigen State Parks und eine überwiegend mit National Forest gestaltete Landschaft. Etwa 72% der Ebene des **Lake Tahoe Basin** besteht aus Waldgebiet des National Forest, das außerordentlich vielseitige Freizeitmöglichkeiten bietet – Wandern, Schwimmen und andere Wassersportarten sowie Camping.

Die Forstverwaltung/U.S. National Forest Service sorgt im gesamten Gebiet für Freizeitmöglichkeiten und hat hierzu eigens zusätzliche Informationsstellen eingerichtet. In der **Pope-Baldwin Recreation Area** am **Westufer** des Sees findet man ein hervorragendes National Forest Visitors Center, und zwar entlang *CA 89*, nur einige Kilometer *westlich* von **South Lake Tahoe**. Am **Ostufer** des Sees gibt es in der Nähe von **Logan Shoals** eine hervorragende Ausstellung des National Forest mit Info zum See, ebenfalls nur wenige Kilometer *nördlich* von **South Lake Tahoe** an der *US 50*.

Am Vista Point ca. 16 mi/26 km südlich vom Hyatt Hotel & Casino, Incline Village:

● **Lake Tahoe/der Tahoesee: 1861** bekam ein Mann namens Samuel Clemens den See zu Gesicht und berichtete viele Jahre später, nachdem er die Welt als **Mark Twain** bereist hatte, wie folgt:

„As it lay there with the shadow of the mountains photographed upon its surface, I thought it must surely be the fairest picture the whole earth affords." – ...Als ich den See erblickte, auf dessen Oberfläche sich die Berge wie ein Foto wiederspiegelten, schien mir, das dies eines der schönsten Bilder ist, das die Welt bietet.

Heute sind ist man bestrebt, dieses *„fairest picture"* und gleichzeitig den größten Vorrat an klarem, sauberen Wasser zu erhalten.

Lake Tahoe besitzt eine Länge von ca. 37 km und eine Breite von ca. 19 km, mit einer Uferlänge von etwa 114 km. Die größte bisher gemessene Tiefe liegt bei 505 m, die durchschnittliche Tiefe beträgt etwa 305 m. **Lake Tahoe** ist der höchste See seiner Größenordnung in den USA.

In Nordamerika gibt es nur zwei andere Seen, die **tiefer** als Lake Tahoe sind: **Crater Lake** im Bundesstaat Oregon (588 m) und der Große Sklavensee/Great Slave Lake in Kanada (613 m). Mit den Wassermengen des **Lake Tahoe** könnte man die Flächen Kaliforniens und Nevadas zusammen bis zu einer Höhe von ca. 20 Zentimeter bedecken!

● **Tahoe's Geologic History**/Tahoes geologische Geschichte: Die Senke des Lake Tahoe Basin hat während ihrer Entstehung verschiedene Stadien durchlaufen, die jeweils ihre eigenen Spuren in der Landschaft hinterlassen haben.

Vor etwa **25 Millionen Jahren** entstand das Gebirge der **Sierra Nevada**, als sich gewaltige Erdmassen in die Höhe schoben. Das Tal, das später die *Senke* des Tahoe Basin bildete, versank zwischen zwei *Erdfalten*, als sich die Berge durch *Verwerfungen* zu beiden Seiten in die Höhe schoben. Dadurch bildete sich ein *Graben* oder eine Vertiefung, die sich später mit *Wasser* füllte und den See entstehen ließ. Granitsteilklippen und Felsbrocken stammen noch aus jener Periode.

Vor etwa **2 Millionen Jahren** bildeten Lavamassen aus Vulkanausbrüchen der umliegenden Berge einen Damm und begrenzten damit das Tal zwischen **Tahoe City** und **Truckee**. Damit wurde die äußere Form des Sees von seinem *nordöstlichen* bis zu seinem *nordwestlichen* Ufer umgestaltet. **Cave Rock** am

LAKE TAHOE, NV 235

Baxter Info-Karte: 1. Teil Rundfahrt um Lake Tahoe bis Crystal Bay

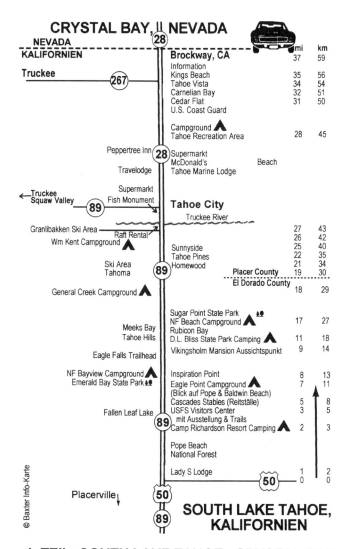

1. TEIL: SOUTH LAKE TAHOE—CRYSTAL BAY

Ostufer und **Eagle Rock** am Westufer sind als alte *vulkanische* Felsformationen aus dieser Epoche zurückgeblieben.

Im Laufe von vier abgeschlossenen Zeiträumen vor **25000 bis 11 000 Jahren** wurden die Berge der Umgebung von gewaltigen Gletschermassen geschaffen, die die Landschaft so gestalteten, wie sie in ihrer heutigen bezaubernden Schönheit zu bewundern ist. Zwar gelangte nie ein *Gletscher* in den Lake Tahoe, doch wurden die Täler, die heute von der **Emerald Bay**, den Seen **Cascade Lake** und **Fallen Leaf Lake** eingenommen werden, von Gletschern *ausgespült*. Als sie dahinschmolzen, hinterließen sie Haufen von Schutt und Geröll oder Moränen zurück und ließen den See etwa 183 m über seiner heutigen Höhe ansteigen.

236 LAKE TAHOE, NV
Rundfahrt um Lake Tahoe/Baxter-Tipps

• **Logan Shoals (Past & Present)**/Vergangenheit & Gegenwart: Das Ostufer des **Lake Tahoe** spielte jahrhundertelang eine wichtige Rolle im Leben der Uferbewohner. Bis vor nur etwa 100 Jahren kamen die **Washoe-Indianer** im Sommer zum Fischen und Jagen ans Seeufer. Die große Felshöhle des etwa 2 mi/3 km südlich liegenden **Cave Rock** war Ort religiöser Zeremoniells. In der Gegend findet man auch noch Mahlfelsen/*grinding rocks*, auf denen Getreide und Körner gemahlen wurden.

Mit den Gold- und Silberfunden in Kalifornien begannen in den **1800er Jahre** weitere Siedler zum Lake Tahoe zu kommen. Überall im Basin entwickelte sich Holzwirtschaft, die dauerhafte Camps entstehen ließ. Die Berghänge wurden regelrecht abgeholzt, da man in den Bergwerken und Bergbaustädten im Carson Valley Holz benötigte. Im etwa 2 mi/3 km nördlich liegenden Glenbrook entwickelte sich ausgedehnte Holz- und Forstwirtschaft.

In dieser Zeit versuchte der Viehzüchter Robert Logan aus dem Carson Valley, nördlich dieses Vista Point einen Hotelbetrieb aufzubauen. Doch schon zwei Jahre nach Beginn im Jahre 1864 musste er dicht machen, da der Betrieb unrentabel war; nach zwanzig Jahren war das Gebäude völlig zerfallen. Das heutige Seeufer **Logan Shoals** (als *shoal* bezeichnet man die flachen Stellen des Sees) wurde zur Erinnerung an Robert Logan benannt.

• **Recreation**/Freizeitmöglichkeiten: Heute findet man am Ostufer des Lake Tahoe (und an anderen Stellen rund um den See) das ganze Jahr über eine riesige Auswahl an Freizeitmöglichkeiten.

– **Wandern:** Verschiedene Wanderwege der Gegend führen hinunter zu den **Badestränden** und hinauf zu herrlichen Aussichtspunkten in den **Bergen**. Topographische Karten werden in dieser unberührten und naturbelassenen Gegend sehr nützlich.

– **Angeln:** Angelscheine von Nevada oder Kalifornien sind auch zum Angeln im Lake Tahoe gültig. Über Einzelheiten und Bestimmungen beim Forest Service erkundigen.

– **Baden:** Die Badestrände des Nevada State Parks oder des Forest Service (sogenannte *walk-in beaches*, nur zu Fuß erreichbar) am Ostufer des Sees bieten herrliche Gelegenheit zum Sonnenbaden und Schwimmen.

– Im Winter sind **Skilanglauf** sowie Fahrten mit dem **Snowmobil** (Schneemobil) in der Lake Tahoe Area äußerst populär. Karte mit Loipen und Fahrtrouten der Snowmobils besorgen.

RUNDFAHRT UM LAKE TAHOE

Höhepunkt der Lake Tahoe Area bildet die Rundfahrt um den See – etwa 72 mi/115 km. Unterwegs bietet sich ein ständig wechselndes Bild. Manchmal geht die Fahrt hoch über dem See entlang, wie beispielsweise im **Emerald State Park**. Auf anderen Abschnitten befindet man sich direkt auf der Höhe des Seeufers, wie in der Gegend um **Homewood**. Rund um den See gibt es State Parks und Campingplätze – die meisten findet man auf der kalifornischen Seite des Sees zwischen **South Lake Tahoe** und **Tahoe City**. Übernachtungsmöglichkeiten – außer im lebhaften Abschnitt zwischen Stateline, Nevada (NV) und South Lake Tahoe, Kalifornien (CA) – gibt es in **Tahoe City**, CA, **Crystal Bay**, NV, und **Incline Village**, NV, sowie in anderen kleinen Orten, die sich um den See verteilen.

Baxter-Tipps für die Rundfahrt um Lake Tahoe

Am besten fährt man im *Uhrzeigersinn* um den See **Lake Tahoe** wie auf den Baxter Info-Streckenkarten zur Rundfahrt. Vor Beginn der Rundfahrt hier ein wenig mit der Information über **Ponderosa Ranch**, die nahe am See liegt, und **Info zu See und Region** (S. 234 ff) beschäftigen.

Falls keine langen Unterbrechungen geplant sind, sollte man mit **mindestens 3 Stunden** Fahrt rechnen. Da es allerdings nahe liegt, bei den Sehenswürdigkeiten unterwegs Halt zu machen, ein am See liegendes Restaurant

LAKE TAHOE, NV 237

Baxter Info-Karte: 2. Teil Rundfahrt Crystal Bay—South Lake Tahoe

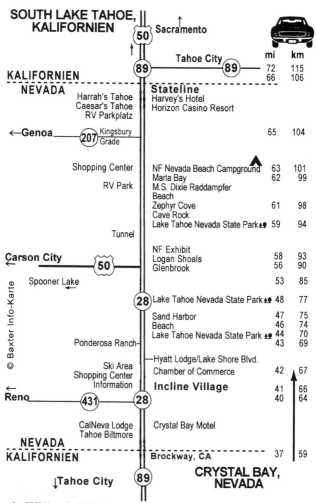

2. TEIL: CRYSTAL BAY—SOUTH LAKE TAHOE

aufzusuchen oder eine Picknick einzulegen, ist entsprechend mehr Zeit einzuplanen, schätzungsweise ein ganzer Tag. Vielleicht soll unterwegs ein Ausflug nach **Squaw Valley** sowie **Truckee** und **Donner Pass** angeschlossen, eine Wanderung unternommen werden, oder will man nur ein wenig in der Sonne am Seeufer ausruhen und die klare frische Bergluft atmen und die bezaubernde Landschaft genießen. Auf alle Fälle für diese bezaubernde Rundfahrt genug Zeit lassen, die zu den schönsten Seerundreisen Amerikas zählt.

Bei Planung der Rundfahrt um den See ist zu überlegen, **welche** Attraktionen man sich unterwegs vornehmen will. Da wären beispielsweise das **U.S. Forest Service Visitors Center**, **Emerald State Park** mit dem Schlösschen **Vikingsholm Castle** und der Insel **Fannette Island** sowie die **Ponderosa Ranch**. Bei **Sand Harbor**, im **Lake Tahoe Nevada State Park** Badegelegenheiten, und in **Zephyr Cove** befindet sich die Abfahrtsstelle des Ausflugdampfers M.S. *Dixie;* morgens und nachmittags Ausflugsfahrten sowie

LAKE TAHOE, NV
Rundfahrt um Lake Tahoe

Abendfahrt, *Dinner Cruise*. Eine Rundfahrt um den See kann leicht zu einem ganztägigen Ausflug werden! Im Anschluss Hintergrundinformation zu einigen Attraktionen, die direkt am See oder in der Nähe liegen:

- **U.S. Forest Service Visitors Center.** Wanderpfad, Besucherzentrum, Ausstellungen, Informationen, Diashow, Lagerfeuer-Veranstaltungen.
- **Vikingsholm.** Das skandinavische Schlösschen liegt am Seeufer der von Gletschern geschaffenen **Emerald Bay** im **Emerald State Park.** Ein Fußweg führt hinunter zu dem Schloss aus dem Jahre 1929. Über 30 Räume, im Hochsommer täglich Führungen.
- In der Nähe von **Homewood** liegt die Villa des ehemaligen Henry T. Kaiser Besitz, die einzige Villa am See mit einem Leuchtturm! Hier und in der **Whittel Mansion** am Ostufer von Lake Tahoe, Nähe **Skunk Harbor**, die als Villen der Corleone Familie dienten, wurden Szenen von Francis Ford Coppolas *The Godfather Part II* (1974) gedreht. In der Kaiser Villa beispielsweise wurde Al Pacinos Sohn getauft. Bei Bootsausflügen auf dem See sind die Villen gut zu sehen.
- **Sugar Pine Point State Park.** Das Gelände war früher in Privatbesitz. Die Villa **Ehrman Mansion** im Park dient nun als Visitors Center und Museum; im Sommer nachmittags geöffnet.
- **Tahoe City. Tahoe City** ist der größte Ort am nordwestlichen Ufer des Lake Tahoe. Genau südlich des Orts liegt die **Granlibakken Ski Area** – eines der besten Skigebiete der **Sierra Nevada.** Südlich vom **Fish Monument** überquert man an der Kreuzung von *CA 89/CA 28* den **Truckee River** über die **Fanny Bridge.** Der Fluss ist der **einzige** Abfluss des Sees; er kontrolliert den Wasserstand des Sees. Von hier aus fließt der **Truckee River** ordwärts nach **Truckee.**

Hier gibt es ein Schleusentor zu sehen, zu dem eine Infotafel über die Hintergründe informiert: **1870** kam es wegen der Schleuse zwischen den Besitzern am See und den flussabwärts lebenden Siedlern, die mit dem Wasser des Truckee River versorgt wurden, zum Streit, der zwischen den beiden Parteien zu einem zwanzigjährigen Wasserkrieg, dem *Tahoe Water War*, führte. Der Streit konnte schließlich im Jahre 1910/11 geschlichtet werden, als man dank der von Dr. James E. Church entwickelten Methode den Wassergehalt von Schnee und daraus den jahreszeitlich bedingten Wasserstand von See und Fluss mit größerer Präzision bestimmen und kontrollieren konnte.

- **Ausflüge von Tahoe City.** Etwa 6 mi/10 km nordwestlich von Tahoe City, an der *CA 89*, liegt **Squaw Valley.** Hier fanden **1960** die olympischen Winterspiele statt. Mit den Olympischen Spielen wurde die **Lake Tahoe Area** in aller Welt zum Begriff. Doch bereits im 19. Jahrhundert hatte man hier Wintersport betrieben, und **Lake Tahoe** war damals ein exklusives Wintersportzentrum. Im Sommer kann man mit der Gondelbahn die Abfahrtsstrecken hochfahren; auch Reitmöglichkeiten.
- **Truckee**, nach einem alten Indianerführer benannt, ist ein weiteres Ausflugsziel; an *I-80* nördlich von **Squaw Valley** und etwa 14 mi/22 km nördlich von **Tahoe City.** Mit der transkontinentalen Eisenbahn, die **Truckee** in den **1860er** Jahren erreichte, wurde **Truckee** bekannt. Etwa 2 mi/3 km im Westen liegt der See **Donner Lake** und **Donner Memorial State Park** mit Museum und Campingplatz. Teilnehmer der **Donner Party** hatten hier im Winter des Jahres **1846**, als sie wegen der schweren Schneefälle nicht mehr vorwärts kamen, ihr Lager aufgeschlagen. Über die Hälfte der Teilnehmer kam hier in der **Sierra Nevada** um.
- **Crystal Bay.** Das ist die **erste** Ortschaft in **Nevada** auf der im Rundreise um den See. Natürlich findet man hier Spielkasinos, darunter eines der bekanntesten Kasinos an der relativ ruhigen Norduferseite von Lake Tahoe – **CalNeva Lodge**; Ursprung des Namens geht auf die Bundesstaatenlinie zurück, die hier zwischen Kalifornien (Cal) und Nevada (Neva) mitten durchs Hotel führt! Das Hotel diente übrigens verschiedenen Drehaufnahmen von Filmen wie *Cobb* (1994) mit Tommy Lee Jones oder als Galaxy Hotel in *Things Change* (1989) mit Joe Mantegna und Don Ameche.
- **Incline Village.** Diese reizvolle Ortschaft ist der Ausgangspunkt zu mehreren Skigebieten sowie dem malerischen und kurvenreichen *Mt. Rose Highway*

LAKE TAHOE, NV 239
Rundfahrt um Lake Tahoe/Ponderosa Ranch

nach **Reno**; Camping auf dem National Forest Service **Mt. Rose Campground**. In reizvoller Lage dicht am See liegt das Hyatt Hotel mit Spielkasino und südlich davon die aus der TV-Serie *Bonanza* bekannte **Ponderosa Ranch**.

• **Lake Tahoe Nevada State Park**. Der Park erstreckt sich südlich der **Ponderosa Ranch** in Nord-/Südrichtung entlang des Sees. Warme Sommertemperaturen verlocken oft, hier Halt zu machen (leider gibt es nur beschränkte Parkmöglichkeiten entlang der Straße) – Sonnenbaden oder ein erfrischendes Bad im klaren (und kalten) Wasser des Sees.

• **Hidden Beach** liegt nicht weit von der **Ponderosa Ranch** entfernt, etwa 1.5 mi/2,4 km nördlich von **Sand Harbor**; ebenfalls Badestrand, Umkleideräume und Picknickplatz; häufig starker Betrieb. **Hidden Beach** ist der Startpunkt für Tagestouren in östlicher Richtung ins Hinterland des **Lake Tahoe Nevada State Parks**.

Wandermöglichkeiten:
– Hidden Beach zur **Tunnel Creek Station**, 3 mi/5 km Rundweg, etwa 2 Std.
– Hidden Beach nach **Twin Lakes**, 5 mi/8 km Rundweg, etwa 4 Std.
– Und genau nördlich der Kreuzung *US 50/NV 28* liegt die **Spooner Lake Picnic Area**. Vom Ausgangspunkt des Wanderwegs/Trailhead sind es etwa 1.6 mi/2,6 km rund um den **Spooner Lake**, etwa 1 Std.
– Spooner Lake zum **Marlette Lake**, durch **North Canyon**, etwa 10 mi/16 km Rundtrip, etwa 6 Std.
– **Marlette Flume Trail** – für Wanderer und Mountain Bikers. Der Trail geht auf das Ende der 1800er Jahre zurück, als man auf mehreren Meilen die Konstruktion aus Holzrinnen erstellte, über die Wasser aus dem **Marlette Lake** nach **Virginia City** geleitet wurde. Bevorzugt erfolgt Zugang zum Trail vom **Spooner Lake** ($5 Gebühr). 5 mi/8 km bergauf zum **Marlette Lake**, wo der **Flume Trail** startet. Vom See weitere 5 mi/8 km nordwärts bis zur **Tunnel Creek Station**, wo der alte Flume Abschnitt endete. Bikers müssen sich dann der 3 mi/5 km langen sehr steil bergab führenden Strecke nach **Incline Village** anpassen. Trail wird sowohl von Wanderern als auch Bikers benutzt.

• **Cave Rock**. Genau hinter dem Tunnel gelangt man zu dem kurzen Abschnitt **Cave Rock**, der zum **Lake Tahoe Nevada State Park** gehört. Bootsrampen. Beliebte Stelle für Fotofans wegen des gewaltigen Felsens.

• **Zephyr Cove**. Ein sehr lebhafter Sporthafen. Picknickmöglichkeiten, Vermietung von Segelbooten, 2½stündige Schiffstour auf dem Raddampfer M.S. *Dixie*; Morgen- & Nachmittagsfahrten sowie Abendfahrten, Dinner Cruises.

PONDEROSA RANCH

Am Nordufer des **Lake Tahoe** zählt die **Ponderosa Ranch** zu den Hauptattraktionen des Sees. Die Ranch liegt hoch über dem herrlichen See, südlich von **Incline Village**, Nevada; Apr.-Okt. geöffnet, Öffnungszeiten in der Hochsaison im Sommer: 9.30-17 Uhr; (775)831-0691. Mittelpunkt der Ranch bildet das Wohnhaus, **Ranch House**, das man am Saloon, General Store und verschiedenen Ausstellungen vorbei erreicht.

Der Komplex mit seinen Hollywoodwurzeln umfasst ferner Garagen mit Film Memorabilien, darunter Chariots die in *Ben Hur* benutzt wurden oder ein Auto aus einem Charlie Chaplin Film. Heuwagenfahrten/*hay-wagon breakfast rides*, Hossburgers und in Blechtassen servierte Getränke sowie Wild West Comedy Stunt Shows und Auftritte von top Western Entertainers gehören zu den Ranch-Attraktionen.

Das Ranch Haus

Die **Ponderosa Ranch** wurde mit der alten Fernsehserie *Bonanza* bekannt. Von 1967 bis 1973 wurden hier 431 Folgen der Serie mit Ben Cartwright, den Söhnen Adam, Hoss und Little Joe gedreht. Interessant, dass die Ranch nicht existierte, als *Bonanza* 1959 erstmals auf dem Bildschirm erschien. Fans der Show tauchten auf Bill und Joyce Andersons Grundstück an Lake Tahoes

LAKE TAHOE, NV
Ponderosa Ranch/Genoa – Mormon Station

Nordufer auf, um die echte **Ponderosa** zu finden. Die Ponderosa besaß zwar keinen geschichtlichen Hintergrund, Handlungen und Personen waren als echte Hollywood Story frei erfunden waren, doch wies die jeweils im Vorspann einer Folge gezeigte Karte dort exakt den Standort der Ranch am **Lake Tahoe** auf.

Die Andersons witterten ein lukratives Geschäft und machten daraufhin der Fernsehgesellschaft NBC den Vorschlag, auf dem Grundstück eine Ranch und einen Themenpark zu errichten. **1967** baute man dann das **Ranch House** eigens für die Fernsehserie. Schauspieler und Techniker kamen extra für etwa 3-4 Wochen im Jahr aus Hollywood, um hier die Filmszenen der Serie zu drehen. Das in der Nähe liegende Hyatt Hotel diente während der Dreharbeiten als Studiohauptquartier.

Das ganze Jahr über finden kurze Führungen durch das **Ranch House** statt. Zunächst passiert man den Bereich des Hauspersonals – diesen Teil des Hauses bekam der Zuschauer allerdings selten zu sehen. Auf dem Tisch im Esszimmer stehen über 100 Jahre alte Kristallgläser und Porzellan. Die Wand ziert die berühmte Landkarte, die im Vorspann der Filme zu sehen war. Blickt man sich weiter um, werden Hollywoods Geheimnisse offenbart. Da gibt es beispielsweise eine Schiebetür für das Kamerateam, um dem Raum ein größeres Ausmaß zu verleihen. Falltüren erlaubten bei den Aufnahmen Lichteinfall von oben. Die Treppe führt keineswegs zu Räumen im Obergeschoss, da alle Szenen in den Schlafräumen in Hollywood gedreht wurden!

Draußen vor dem **Ranch House** befindet sich ein Schild, das der Ranch einen Echtheitsstempel und Bezug zum Wilden Westen aufdrücken will. Hier der etwa sinngemäße Wortlaut:

Willkommen auf der Ponderosa. Dieses Haus ist ein Denkmal für den Pioniergeist der Sierra Nevada: Die Frauen und Männer, die diese Prärien und die gewaltigen Berge überquerten, waren mutig und tapfer, geschickt und kamen mit der Absicht, hier eine bessere Zukunft zu finden, als sie sich in den Tälern niederließen. Mit ihren Siedlungen schossen sie das Glied das heranwachsende Land von Küste zu Küste zu verbinden.

Ein paar hundert Meter vom **Ranch House** entfernt, bietet sich ein ausgezeichneten Blick auf die Ranch und den blauen See – Tipp für ein Superfoto.

Weitere Attraktionen

An der Kasse erhält man einen Übersichtsplan der Ranch mit den verschiedenen Läden, Ausstellungen und Sehenswürdigkeiten, der zur Orientierung dient. Die Kirche, **Church of Ponderosa**, wird gerne für Trauungen benutzt. Für Kinder gibt es einen Streichelzoo/Petting Farm. Gegen Hunger gibt es einen *Hossburger*/Hamburger; *Sarsaparilla*, das typische alkoholfreie Getränk des alten Westens, wird in einer Blechtasse serviert, wie sie die Wranglers (ein *wrangler* ist ein Cowboy, der die Zäune repariert) benutzten. Die Blechtasse verbleibt einem anschließend als Souvenir. Auf der Ranch werden auch Frühstückritte/*Breakfast Rides* veranstaltet.

GENOA/MORMON STATION

Etwa 16 mi/26 km westlich vom lebhaften **South Lake Tahoe**, in Kalifornien und dem Lichterglanz und Glitzern der Spielkasinos an der Bundesstaatengrenze in **Stateline**, Nevada liegt der winzige Ort **Genoa**, Nevada. Kaum zu glauben, dass der als **Mormon Station**

LAKE TAHOE, NV 241
Genoa – Mormon Station

gegründete Ort 1850 als *erste* Stadt in Nevada gegründet wurde. Heute gibt es dort nur eine Hand voll Häuser, eine Tankstelle, ein Restaurant.

Rob Reiners Film *Misery* (1990) über den Romanschriftsteller James Caan, der von seinem fanatischen Fan (Kathy Bates) gefangengehalten wird, spielt in den Colorado Rockies, wurde aber am **Lake Tahoe** gefilmt. Bei der gefährlichen Gebirgsstraße, auf der James Caan mit dem Auto verunglückt, handelt es sich um den **Old Donner Pass**, etwa ½ Stunde westlich von Reno, kurz hinter der Nevada-Kalifornien Bundesstaatenlinie. Auf *I-80* bis Donner Exit, dann westlich am **Donner Lake** vorbei und am Ende des Sees etwa 3 mi/5 km hinauf zum **Donner Pass** und nach **Soda Springs** – von der Straße hat man einen herrlichen Blick auf die Umgebung des **Donner Lake**. Die **Silver Creek Lodge**, in der Caan seinen Roman vollendet, ist eine ehemalige Forest Service Lodge (nicht zugänglich), aber den im Film zu sehenden Country Store und Genoas daneben befindliches Postamt kann man aufsuchen. Die Gebäude liegen auf Main Street, unterhalb vom **Genoa Courthouse Museum** an 191 First Street, das für den Film *Charley Varrick* (1973) in die Bank verwandelt wurde, die Walter Matthau beraubt.

Zwei hervorragende Quellen informieren über die Geschichte der Gegend, und zwar **Mormon Station State Park** und das **Genoa Court House Museum**. Für die Gegend um **Genoa** bietet sich ein Tagesausflug von Lake Tahoe mit folgendem Routenverlauf an: **Lake Tahoe—Genoa—Carson City—Virginia City/Reno—Lake Tahoe.**

MORMON STATION

1851 überquerte Col. John Reese mit einer kleinen Gruppe von 18 Leuten die großen Wüsten und richtete die **erste Trading Post**/Handelsstation in Nevada ein – **Mormon Station**. Später folgten weitere Anhänger der Mormonen, die sich ansiedelten und die Stadt **Genoa** gründeten. Unter diesen Siedlern gelangte auch die *erste Frau*, Eliza Ann Middaugh Mott, die Frau von Israel Mott, hierhin. Ihre erste Tochter hieß Louisa Beatrice Mott. Mit ihrem Anführer, Orson Hyde, gelang den Siedlern der Start an ihrem neuen Siedlungsort; später gehörte die Gegend zum Carson County, Bundesstaat Utah (Nevada wurde erst 1864 US-Bundesstaat).

Rechts beim Eingang erhält man in der Ausstellung „Brief History of Sam Brown" einen kurzen Lebenslauf des Sam Brown, dem sich der Abschnitt ***„In the first place"*** *über die Indianer anschließt:*

In the first place/An erster Stelle…

Das Tal **Carson Valley** galt Jahrhunderte lang als die Heimat der **Washoe-Indianer**, bis die ersten Weißen das Gebiet durchquerten.

Obwohl die **Washoe-Indianer** von größeren und mächtigeren Indianerstämmen umgeben waren, überlebten sie erstaunlich gut. Zwar verfügten sie nur über ein kleines Stammesgebiet, dafür hatten sie aber zu jeder Jahreszeit in Hülle und Fülle zu essen.

Im **Frühjahr** waren sie hauptsächlich mit Fischfang beschäftigt, und zwar am Lake **Tahoe** – der indianische Name der Washoe für „großes Wasser". Im **Sommer** gingen sie in die Berge der Gegend, um dort essbare Pflanzen, Kräuter und Beeren für den kommenden Winter zu sammeln. Im **Herbst** hielten sich die Washoe in den östlich des Tals liegenden Kiefernwäldern auf und sammelten Kiefernzapfen. Den **Winter** verbrachten sie im geschützten Teil des Tals.

LAKE TAHOE, NV
Genoa – Mormon Station

Obwohl die **Washoe-Indianer** sich in ihrer Heimat ein gewisses Maß an Reichtum und Sicherheit verschafft hatten, sahen sie sich in den **1840er** Jahren mit Ankunft der Weißen plötzlich einer völlig neuen Herausforderung gegenüber, die das stolze Volk in Armut und Hungersnot führen sollte.

The Opportunity/Die Chance

Mormon Station – das *erste* in Nevada errichtete Gebäude, lässt sich auf mehrere eigenartige Ereignisse zurückführen. Hätte es **1849** durch den Goldrausch in Kalifornien nicht plötzlich unter den auf dem **Overland Trail** entlangziehenden goldhungrigen Einwanderern einen großen Bedarf an Versorgungsgütern gegeben, wäre dieser schläfrige Ort wohl nie in die Geschichte eingegangen. Nevadas *erste* Siedlung entstand durch reine Spekulation.

Die Idee einer Wegestation für Emigranten stammt vermutlich von dem Mormonen **Abner Blackburn**, der sich **1849** auf dem Rückzug aus den Goldfeldern nach Salt Lake City befand. Im darauffolgenden Sommer kehrte Blackburn mit Hampton S. Beatie und einer Gruppe Mormonen, die Capt. Joseph DeMont anführte, zu den Goldfeldern Kaliforniens zurück.

Als die Leute gegen Anfang Juni im **Carson Valley** ankamen, fanden sie ein saftig grünes Gelände vor. Das Tal wirkte besonders anziehend, nachdem sie zuvor die endlose Wüste durchquert hatten. Blackburn, Beatie und fünf weitere Leute entschieden sich, im Tal zu bleiben und eine **Trading Post** für die Emigranten einzurichten. Nach dem Bau einer kleinen Schutzhütte, zogen Beatie und Blackburn über die Berge, um einige ihrer Rinder zu verkaufen. Von dort brachten sie Proviantgüter mit, die sie dann an die Emigranten verkauften.

Für die Besitzer der Trading Post entwickelte sich mit den starken Einwandererströmen des Jahres **1850** ein äußerst ertragreiches Geschäft. Viele der Emigranten hielten die Pausen und Unterbrechungen der Reise bei Trading Posts in ihren Tagebüchern fest.

Die kleine Handelsstation wurde bald als **Mormon Station** bekannt. Da sich stets einiges an Geschäft machen ließ, florierte das zunächst von Beatie und später von Reese geleitete Unternehmen. Im allgemeinen handelte man Vieh gegen Getreide und andere Anbauprodukte mit schnellem Wachstum. Reese verkaufte beispielsweise das Bündel Rüben für $1.

Nach Information über Mormonen und Nevadas erste Regierung – „Nevada's First Government" und „The Mormons" nun Hintergrundinformation über „John Reese's Post".

John Reese's Post

Im September verkaufte Beatie die Holzhütte an einen Mr. Moore und kehrte nach Salt Lake City zurück. **John Reese**, bei dem Beatie nach seiner Rückkehr arbeitete, war von den Berichten über **Carson Valley** und seine wirtschaftlichen Möglichkeiten äußerst beeindruckt.

Im Frühjahr **1851** verließ Reese mit seinem Neffen Stephen Kinsey und 17 anderen Leuten Salt Lake City und machte sich auf den Weg nach **Carson Valley**. Als Reese mit 10 Wagenladungen handelsfähiger Gebrauchsartikel ankam, war er in der Lage, die Hütte und das Land zu kaufen. Er baute Beaties Unternehmen mit der ursprünglichen Hütte aus; Hotel und Laden entstanden, und um das Anwesen wurde ein Zaun gezogen. Im Norden des Grundstücks errichtete er eine Schmiede, in der er Pferde und Wagen der Emigranten beschlug oder reparierte.

In **Salt Lake City** interessierte man sich mehr und mehr für das fruchtbare Tal. Im Laufe der Zeit siedelten sich hier schließlich viele Mormonen an. **1856** wurde die Stadt offiziell **Genoa** getauft. Im Sommer des Jahres **1857** wurden die Mormonen jedoch wegen eines drohenden Krieges zwischen der amerikanischen Regierung und den Mormonen nach Salt Lake City zurückgerufen.

LAKE TAHOE, NV 243
Genoa – Mormon Station/Pony Express

End of The Beginning/Das Ende vom Anfang

Als die Mormonen das **Carson Valley** verließen, trafen auch andere Siedler ein, und eine immer mehr ansteigende Zahl Goldgräber passierte dieses Gebiet. Der gewaltige Strom von Goldgräbern brachte Nevada weitreichende Veränderungen. Das zuvor recht dünn besiedelte Gebiet wurde innerhalb von sieben Jahren zum 36. Bundesstaat der USA umgewandelt. **Mormon Station** rückte damit in den Mittelpunkt der Geschichte.

Während **Gold** die "49er" über die Sierra Nevada *westwärts* lockte, war es **Silber**, das sie etwa ein Jahrzehnt darauf erneut, dieses Mal ostwärts, locken sollte. Zwar hatte man **1850** in den Bergen der Nevada Mountains Silbervorkommen entdeckt, doch der große Silberrausch brach erst aus, als man **1859** auf die legendäre Silbermine **Comstock Lode** stieß.

1860 überfluteten die Gold- und Silbergräber die Minen von **Virginia City** und **Gold Hill**, wo die reichsten Edelmetallminen bereits riesige Mengen dieser begehrten Metalle freigaben. Edelmetall, das das Glück der Menschheit, des Staates und der gesamten USA in den nächsten drei Jahrzehnten entscheidend beeinflussen sollte.

Nun im nächsten Raum Links:

Tying A Nation Together/Ein Volk zusammenhalten

• **Mormon Station** war bei seinem relativ kurzen Auftritt im Glanz der Geschichte wie ein Stück Schnur – erst recht dünn, aber dann immer mehr an Stärke zunehmend, die Kalifornien mit der übrigen Bevölkerung verband. Im Laufe von zwei Jahrzehnten wurde der kleine Vorposten Zeuge weltbewegender Veränderungen im Transport- und Nachrichtenwesen, eine Entwicklung von schwerfälligen, mit Ochsen bespannten Planwagen zum eisernen Ross.

• **The Overland Trail**/Siedlerroute. Der Planwagen mit den gebogenen Rahmen für die Plane war während des *ersten Jahrzehnts* des Bestehens der **Mormon Station** Haupttransport- und Verkehrsmittel auf der Überlandroute des 2000 mi/3200 km langen **Overland Trail**. Der 500 mi/800 km lange Abschnitt von **Salt Lake City** zum **Carson Valley** forderte bei Mensch, Tier und Ausrüstung seine Opfer; die glühend heißen Salzebenen der Senke **Carson Sink** wurden zum riesigen Friedhof!

• **The Pony Express:** Als nach einer schnelleren Nachrichtenübermittlung gesucht wurde, kam der **Pony Express**. Dieses ehrgeizige und tollkühne Unternehmen machte am 3. April 1860 seinen Anfang, und zwar zunächst auf der Strecke zwischen **St. Joseph**, im Bundesstaat Missouri, und **Sacramento**, Kalifornien. Postsachen waren nun im Gegensatz zu mehreren Monaten Beförderung mit dem Planwagen zwischen diesen beiden Punkten nur noch **10 Tage** unterwegs.

244 LAKE TAHOE, NV
Genoa – Mormon Station/Pony Express/Postkutschen

Obwohl der **Pony Express** nur von kurzer Lebensdauer war – existierte ganze 18 Monate – nimmt der **Pony Express** ein romantisches Kapitel in der Geschichte ein. Die vielen Erzählungen mutiger und tollkühner Reiter des **Pony Express** gehören inzwischen der Legende an. **Mormon Station** war eine der 190 Stationen auf der Route des **Pony Express**. Der letzte Postsack wurde am **28. Oktober 1861** geliefert, nachdem der Pony Express in der Zwischenzeit durch die transkontinentale Telegraphenleitung überflüssig geworden war.

● **The Telegraph**/der Telegraph: Man war auf der Suche nach immer *schnelleren* und *wirksameren* Kommunikationsmöglichkeiten, ganz besonders im Westen. Frederick A. Bee, ein Geschäftsmann von Sacramento, hatte die Zukunft der Telegraphie rasch erkannt. Am **4. Juli 1858** begann Bees Firma, die *Pacific Humboldt & Salt Lake Telegraph Company,* die Drahtleitung in den Baumkronen von **Genoa** zu verlegen. Die Leute nannten dies zuerst ,,Bees Weinstockdrahtverbindung/*Bee's Grapevine Line".* Doch bald erkannte man, dass damit eine fabelhafte Nachrichtenübermittlung über große Entfernungen und zu abgelegenen Gegenden geschaffen werden konnte. Als sich Bees Drähte *ostwärts* ins **Carson Valley** zogen, wurde die Lücke in der Ost-West-Verbindung geschlossen, als man am 24. Oktober **1861** in **Salt Lake City** auf ihr *östliches* Gegenstück stieß.

● **The Stagecoach**/die Postkutsche: Der Postkutschenverkehr auf dem *Overland Trail,* der sich über das ganze Land von Küste zu Küste erstreckte, brachte mehrere konkurrierende Postkutschenunternehmen hervor. Die **Pioneer Stage Company**, die die Strecke zwischen **Placerville** und **Carson Valley** befuhr, wurde Teil der sich ausdehnenden **Wells Fargo & Company**. Die Wells Fargo Linie von Kalifornien nach **Salt Lake City** verschmolz mit der Postlinie, Ben Holladay's **Overland Mail and Express Company**, als Wells Fargo diese **1866** ebenfalls aufkaufte. In den **1860er** Jahren fuhren die Overland-Postkutschen bis **Genoa** durch und machten unterwegs in **Carson Valley** Halt. Um **1869** wurden die Postkutschen im Langstreckenverkehr von der gerade fertiggestellten Eisenbahn verdrängt.

● **The Railroad**/die Eisenbahn: Im Wettstreit mit dem Traum einer transkontinentalen Telegraphenverbindung hatten sich die Eisenbahngesellschaften schon in den **1850er** Jahren vorgenommen, Eisenbahnschienen über den ganzen Kontinent zu verlegen. Der Bürgerkrieg, *Civil War* (1861-1865), gab den entscheidenden Ausschlag zum Bau einer transkontinentalen Eisenbahn. **1862** erteilte die Regierung grünes Licht zum Bau der Bahnlinie der **Pacific Railroad**.

Zwei Eisenbahngesellschaften begannen mit dem Bau der transkontinentalen Bahnlinie. Die **Central Pacific** arbeitete sich von *Sacramento ostwärts,* während die **Union Pacific** von Omaha, Nebraska mit dem Schienenbau durch das Tal **Platte River Valley** begann. Am **10. Mai 1869** stießen die beiden Linien in **Promontory**, Utah zusammen. Bei der Einweihungsfeier schlug man als Bindeglied symbolisch einen goldenen Nagel/*golden Spike* in das Verbindungsstück. Damit waren Ost- und Westküste durch das modernste Verkehrsmittel damaliger Zeit miteinander verbunden.

Mit Fertigstellung der etwa 80 km nördlich von hier am **Truckee River** entlangführenden Bahnlinie, war **Mormon Station** plötzlich von der Hauptroute des transkontinentalen Reiseverkehrs abgeschnitten.

LAKE TAHOE, NV 245
Genoa – Mormon Station/Pony Express

Pony Bob Raslam

Unter allen romantischen wahren oder erfundenen Geschichten um den **Pony Express** scheint die Story über den tatsächlich stattgefundenen Ritt von „Pony Bob" Haslam als eine der interessantesten. Pony Bob ritt am 11. Mai 1860 von **Friday's Station** bei **Lake Tahoe** los. Auf seinem Ritt zur **Buckland's Station** (in der Nähe, wo in jenem Jahr **Fort Churchill** gebaut wurde) passierte er **Genoa**. Als er **Carson City** erreichte, hatte man dort allerdings die bereitstehenden frischen Pferde zur Bekämpfung der Paiutes, die sich auf dem Kniegspfad befanden, genommen. Pony Bob ritt also weiter, ohne zu wissen, auf welche ungeheuren Schwierigkeiten er noch stoßen sollte.

Die Paiutes hatten alle Postkutschenstationen zwischen **Carson City** und **Buckland's Station** überfallen, und es gab mehrere Tote. Als Pony Bob **Buckland's Station** erreichte, musste er, obwohl keine frischen Pferde vorhanden waren und er bereits 18 Stunden Ritt der zurückgelegten Strecke von 190 mi/304 km hinter sich hatte, weiter nach **Smith's Creek**.

Doch damit hatte Pony Bob noch nicht alles hinter sich. Nach acht Stunden Schlaf begann er seinen Ritt zurück, ging den Indianern aus dem Weg. Auf dem Weg nach **Friday's Station** stieß er auf die niedergebrannte Postkutschenstationen und auf ein paar frische Pferde. Nach seiner Ankunft hatte er eine Strecke von etwa **360 mi/576 km** zurückgelegt und war **36 Stunden** lang geritten – einer der längsten Ritte in der Geschichte des **Pony Express**.

Snowshoe Thompson

Der in Norwegen geborene John A. „Snowshoe" Thompson wurde zu einer der größten legendären Figuren des Westens *(snowshoe* = Schneeschuh). Nachdem er erfahren hatte, dass es große Schwienigkeiten gab, im Winter die Post über die **Sierra Nevada** zu befördern, machte Thompson sich seine skandinavische Herkunft zunutze und konstruierte 3 Meter lange *Ski* aus Eichenholz.

Es war erstaunlich, wie er damit die Strecke zwischen **Placerville** und **Genoa** von etwa 90 mi/144 km in nur drei Tagen im Januar bewältigte. Er stieß natürlich auf lebhaften Beifall und bekam gleichzeitig einen dauerhaften Job. Auf seinen Trips über die Sierras lieferte Thompson außer Post Erzproben, Medizin und die Zeitung *Territorial Enterprise*.

Angeblich konnte Thompson selbst in stockdunkler Nacht bei Schneestürmen seinen Weg finden. Er besaß einen äußerst guten Orientierungssinn und kannte sich vor allem in der tückischen Sierra so gut aus, dass er sich nie verirrte. Sein legendärer Ruf wurde noch durch das Gerücht ergänzt, dass er irgendwo in den Bergen eine sagenhafte Goldader entdeckt habe. Dieses Geheimnis nahm er jedoch mit ins Grab, als er im Mai **1876** starb. 49jährig wurde er ein Opfer des strengen Winters und der harschen Umgebung.

246 LAKE TAHOE, NV
Genoa – Genoa Court House Museum

Nach Information über die Weiterentwicklung Genoas "Genoa's later years" einige weitere Ereignisse in Genoa.

Weitere Ereignisse

Sogar noch vor der großen Veränderung der transkontinentalen Reiserouten schien sich der Untergang **Genoas** bereits anzubahnen. Der Schwerpunkt der Bevölkerung und Lebensinteressen verlagerte sich mit dem Strom der Goldsucher weiter nordwärts nach **Carson City** und **Virginia City**. Utahs Regierung wurde bedrängt, eine örtlich zuständige Regierung zu bilden. Am **18. Juli 1858** versammelten sich Abgeordnete der Gegend in **Genoa** und bildeten eine vorläufige territoriale Regierung, ein Vorläufer der im März **1861** vom Kongress beschlossenen **Territorialen** Regierung **Nevadas**. Bei der Wahl der **neuen** territorialen Hauptstadt wurde jedoch **Carson City** Genoa vorgezogen.

Am **18. Dez. 1858** wurde die *Territorial Enterprise* als Wochenzeitung in **Genoa** gegründet und dort bis zum **5. Nov. 1859** herausgegeben. Danach zog die Zeitung allerdings nach **Carson City**. Im **Okt. 1860** verlegte man den Sitz der Zeitung *Enterprise* nach **Virginia City**, wo sie bis **1916** erschien.

Nach Besuch der Ausstellung im Mormon Station nicht versäumen, das schräg gegenüber auf der anderen Straßenseite liegende **Genoa Court House Museum** aufzusuchen (Eintritt).

GENOA COURT HOUSE MUSEUM

Gegenüber der **Mormon Station** mit Museum und Picknickplatz befindet sich das **Genoa Court House Museum**, das **1865-1916** als das ursprüngliche Gericht **Douglas County Court House** diente und in den Jahren 1916-1956 als Schule benutzt wurde. Heute beherbergt das Gebäude Ausstellungen über Indianer, Photosammlungen, Korbwaren und Puppen.

Das Museum umfasst eine echte Gefängniszelle aus der Wildwestzeit. Das Loch in der Zelle entstand bei einem Fluchtversuch, bei dem ein Häftling auf eine 0,8 cm starke Stahlplatte in der Decke stieß. Unter den Exponaten befinden sich auch verschiedene Fluchtgegenstände, die Häftlinge beim Ausbruch benutzten. In einem Teil des Museums ist ein Klassenzimmer aus dem Anfang der 1900er Jahre untergebracht.

> Von der erfrischendenden Kühle der Berge und Wälder am Lake Tahoe und der Sierra Nevada nun zur Wüste von Nevada mit dem Glücksspielparadies **Las Vegas** und dem nahen Hoover Damm.

Hoover Staudamm

LAS VEGAS

»Glücksspielparadies in der Wüste von Nevada«

Glücksspielparadies
Weltstar-Shows
Der Strip

Hoover Staudamm
Valley of Fire
Spielkasinos

Temperaturtabelle in °C

	Jan.	Feb.	März	Apr.	Mai	Jun.	Juli	Aug.	Sept.	Okt.	Nov.	Dez.
⌀ max	13	16	20	26	31	36	41	39	35	27	19	14
⌀ min	-1	-3	-6	10	15	19	24	23	18	12	-5	-1

Las Vegas, die Hochburg der Glücksspiele, in der Zehntausende von Glücksspielautomaten im Lichtermeer von Kitsch und Show jährlich Millionen Menschen den ersehnten Nervenkitzel geben, liegt im äußersten Südosten des US-Bundesstaates Nevada, etwa 663 m ü.M. Die Einwohnerzahl des Clark County, zu dem der Großraum **Las Vegas** zählt, liegt bei über einer Million.

Den über 30 Millionen jährlichen Besucher – darunter über eine halbe Million Deutsche und andere USA-Besucher – stehen an die 126 000 Hotelzimmer zur Verfügung. In der Glückspielmetropole übertrumpft ein Hotel Casino das andere an Größe und Attraktionen. **Las Vegas** besitzt 9 der 10 größten Hotels der Welt und bietet mehr Entertainment als jede andere Stadt.

Die Stadt kennt keinen Schlaf; hier gibt es rund um die Uhr Gelegenheit, sein Glück im Spiel zu machen. **Las Vegas** ist 24 Stunden geöffnet und bietet nicht nur Spielkasinos, sondern verschiedenartige Museen, eine Fülle interessanter Restaurants, exklusive Shoppingmöglichkeiten mit Top Boutiquen und Outlet Malls sowie Vergnügungsparks aller Art.

Nähert man sich **Las Vegas** abends in der Dunkelheit, taucht die mitten in der Wüste liegende Stadt mit ihren Millionen Neonlichtern und Laserleuchtreklamen wie eine Glühbirne schon weitem auf. Vorwahlnummer/*area code*, von Las Vegas: (702).

Geschichtliches

In den **1830er** Jahren bewohnten rund 50 Menschen die Gegend des heutigen **Las Vegas'**. Von Santa Fe, New Mexico führte ein Handelsweg mitten durch diese Wüstenoase nach Los Angeles. Die spanische Bezeichnung *Las Vegas* bedeutet kurioserweise „die Wiesen".

In den **1830er** Jahren erreichte der berühmte Forscher Col. John C. Frémont auf seiner Forschungsreise durch den amerikanischen Westen ebenfalls die Gegend von **Las Vegas**. Die in der Innenstadt befindliche **Fremont Street** (heute **Fremont Street Experience** mit Aktivität, Lasershow & Entertainment in Downtown) wurde nach ihm benannt. In den **1850er** Jahren ließ sich William Bringhurst hier nieder – einer der Gefährten des Mormonenführers Brigham Young. Nach einigen Jahren blieb die Siedlung völlig verlassen und als Geisterstadt zurück.

248 LAS VEGAS, NV
Geschichtliches/Entfernungen/Airport

Zur eigentlichen Gründung der heutigen Stadt **Las Vegas** kam es **1905**, als die Eisenbahngesellschaft *Union Pacific Railroad* hier ihre Eisenbahnlinie durchführte. Mit dem Bau der Eisenbahn wuchs auch die Stadt. Die Eisenbahngesellschaft verkaufte an der Strecke liegende Grundstücke. Bei einer Grundstücksauktion wurde sie an einem Tag ca. 1200 Grundstücke los.

1935 wurde der etwa 25 mi/40 km südlich von Las Vegas liegende Staudamm **Hoover Dam** fertiggestellt – der Damm staut den **Colorado River** und bildet den See **Lake Mead**. Dieses gewaltige Bauprojekt trug ebenfalls zum Wachstum der Gegend von Las Vegas bei. **1946** wurde das erste der großen Hotels am **Strip** gebaut – der **Strip** ist die kilometerlange Straße mit Ferienhotels, Spielkasinos und riesigen Leuchtreklamen, die die Straße abends in eine Lichterkette verwandeln.

Chronologischer Überblick

1905: Bau der Bahnlinie Los Angeles—Salt Lake City mit Halt in Las Vegas.
1920er Jahre: Glücksspiele illegal in Las Vegas.
1946: Der berühmte Gangster „Bugsy" Siegel eröffnet das Flamingo Hotel, heutiges Flamingo Hilton.
1966: Billionär Howard Hughes beginnt Las Vegas Casinos aufzukaufen.
1966: Caesars Palace eröffnet; heute noch große Casino-Attraktion.
1993: Implosion & Abriss des Dunes Hotel; Eröffnung von Treasure Island.
1994: Eröffnung von MGM, größtes Hotel; mit Freizeit- & Vergnügungspark.
1995: Eröffnung von Luxor, New York New York.
1996: Eröffnung des Stratosphere Tower, einer der höchsten freistehenden Türme der USA.
1996: Eröffnung von The Frémont Street Experience in der Downtown Casino Area – Entertainment Area in überdachter Fußgängerzone.
1996: Eröffnung von Monte Carlo.
1997: Fertigstellung von Showcase, Entertainmentkomplex am Strip mit Official All-Star Café und World of Coca-Cola.
1998: Eröffnung von Bellagio.
1999: Eröffnung von Mandalay, Venitian, Paris-Las Vegas.
2000: Eröffnung des wiederaufgebauten Aladdin und Schließung des 50jährigen Desert Inn Resorts.

Entfernungen in Meilen/Kilometer

Atlanta, GA 2004/3206	Laughlin 94/150
Barstow, CA 153/245	nordöstl. Los Angeles, CA 290/464
Boulder City 25/40	Lost City Museum 66/106
Bryce Canyon, UT 242/387	Mt. Charleston 45/72
Carson City 430/688	New York City, NY 2591/4146
Death Valley Nordeingang ... 172/275	Palm Springs, CA 280/448
Südeingang 113/181	nordw. v. Phoenix, AZ 300/480
Flagstaff, AZ 275/440	Red Rock Canyon 17/27
Floyd R. Lamb State Park 16/26	südöstl. v. Reno 450/720
Grand Canyon Südrand 309/494	südw. von Salt Lake City, UT . 456/730
Nordrand 268/429	San Diego, CA 331/530
Great Basin Nationalpark 297/475	San Francisco, CA 589/942
Honolulu, Hawaii 2396/3834	Seattle, WA 1204/1926
Hoover Dam 25/40	Spring Mtn. Range 21/34
Kingman, AZ 103/165	Tonapah 208/333
Lake Havasu City, AZ 145/232	Valley of Fire State Park 50/80
südöstl. v. Lake Tahoe, CA ... 470/727	Zion NP, UT 159/254

McCarran International Airport

Der moderne Flughafen **McCarran International Airport**, einer der verkehrsreichsten Flughäfen der USA, liegt am Südostrand des berühmten **Las Vegas Strip**. Durchschnittlich werden täglich über 800 Flüge abgefertigt, darunter eine Anzahl internationaler Flüge. **Las Vegas** ist häufig Standort für Tagungen und Kongresse. Außerdem ist die Traum- und Glamourstadt beliebtes Reiseziel – nicht nur von Glücksspielern und zum Vergnügen – mit ausgezeichneten Flugverbindungen.

LAS VEGAS, NV
McCarran Airport/Verkehrsmittel

Geschäftsstellen der **Mietwagenfirmen** befinden sich im Bereich der Gepäckausgabe/*baggage claim area*. **Busse**, **Minibusse** und **Taxis** zu den Hotels stehen **draußen** vor dem Terminal zur Verfügung. **Stadtbusse** des *Citizen Area Transit* (CAT) verkehren von 5.30 bis 1.30 Uhr nachts halbstündig; relativ preiswert.

Bereits im Flughafenterminal wird man schon auf dem Weg vom Flugzeug von den **Glücksspielautomaten** begrüßt, ehe man überhaupt die Casinos erreicht. Auf alle Fälle schon im Flughafenterminal die **kostenlosen** Show-Guide (Information über Veranstaltungen in **Las Vegas**) und Fun Books besorgen, bei Autovermietern und Information erhältlich, die manchmal interessante Ersparnisse oder sogar kostenlose Dinge bieten.

Ankunft und Abflug der Flüge/*Arrivals* und *Departures* auf der oberen Ebene **Level 2**. Hier findet man auch Geschäfte und Restaurants, Flugausstellung/*Aviation Exhibit*, Slot Machines sowie Information. *Baggage Claim*/Gepäckausgabe sowie Ticketschalter und Einchecken auf der unteren Ebene – **Level 1**.

Ankunft mit Bus/Bahn

Große Inter-City-Busunternehmen wie **Greyhound** fahren Las Vegas an, halten am Strip sowie in der Innenstadt, am Transportation Center. Reisezeit von Los Angeles nach Las Vegas etwa 6 Stunden.

Kommt man von **Phoenix, Flagstaff** oder **Kingman** (alles in Arizona), geht die Fahrt über den bekannten **Hoover-Staudamm**. Ehe die Stadt erreicht wird, bietet sich ein ausgezeichneter Blick auf das Panorama von Las Vegas.

Amtrak bietet Bahnverbindungen zwischen **Los Angeles** und **Las Vegas**. Bahnhof und Busterminal am Ende von **Frémont Street** an Main Street in der **Downtown Casino Center Area**.

Verkehrsmittel in Las Vegas

Im Vergleich mit anderen Tourist-Mekkas ist eine Taxifahrt in Las Vegas im allgemeinen nicht astronomisch teuer. Außerdem gibt es Alternativen, sich auch ohne Auto fortzubewegen. Taxi vom McCarran Airport zu einem der Strip Hotels etwa $10 (ohne *Tip*) – je nachdem um welche Uhrzeit, kann sehr starker Verkehr auf dem Strip herrschen, was den Preis etwas nach oben drückt.

Manche Hotels bieten **kostenlosen** Monorail oder Tram Service zu anderen Hotels (liegen oft weiter auseinander als man vermutet!). Ferner gibt es einen Shuttle Bus oder Trolley – manche mit mehreren Haltestellen an verschieden Hotels, während andere direkt von Hotel zu Hotel befördern. Beim jeweiligen Hotel nach dem Fahrplan erkundigen, da die meisten Shuttles nur zu bestimmten Zeiten abholen oder zurückbringen.

Monorails & Trams. Bevorzugtes Verkehrsmittel zwischen den Hotel-Casinos und kostenlos.

– **Tram Service** zwischen **Bellagio** und **Monte Carlo Hotel Casino**, südlich an Strip, sowie zwischen **Treasure Island** und **The Mirage**.

– **Monorail** verbindet MGM Grand und Bally's Las Vegas sowie **Paris-Las Vegas Casino Resort**. Ferner künftig zwischen Excalibur und Luxor Hotel sowie dem **Mandalay Bay Resort & Casino** (bisher Laufband).

Shuttle Bus – **kostenlos**: Vom Strip zum **Golden Nugget Resort Casino** an *Frémont Street* in Downtown. Auch in umgekehrter Richtung möglich, und zwar von der Geschäftsstelle auf der Westseite des Strip, nördlich vom Holiday Inn Boardwalk Casino (Bordkarte beim Golden Nugget Haupt *Casino Cage* für Rückfahrt abstempeln lassen). Busse verkehren stündlich, von 12 bis 23 Uhr. Für Rückfahrt **vom** Golden Nugget stündlich ab 13.30 bis 0.30 Uhr.

Weiterer Shuttle vom Rio Visitors Center auf der Ostseite des Strip zum **Rio Suite Hotel & Casino** (westl. vom *Las Vegas Blvd.* auf *Flamingo Rd.*), ebenfalls kostenlos; Abfahrt alle 20 bis 30 Minuten vom Visitors Center,

250 LAS VEGAS, NV
Verkehrsmittel/Wetter/Information/Unterkunft

südlich vom Bally's und Paris-Las Vegas, Ablieferung beim *Masquerade Village Parkhaus*. Shuttle ab 9 Uhr, letzte Abfahrt vom Strip 1.30 Uhr morgens. Shuttle vom Rio zum Strip nicht so häufig. Abfahrt vom West Casino Eingang neben *Carnival World Buffet*, alle 2 Stunden ab 9 Uhr, letzter Shuttle vom Rio 1 Uhr morgens.

Kostenloser Trolley Service zwischen **Polo Towers**, auf der Ostseite des Strip, und dem **Stratosphere** am Nordende des Strip; Abfahrt stündlich ab 9 bis 23 Uhr; vom Stratosphere halbstündig ab 9.30 bis 22.30 Uhr.

Las Vegas Trolley verkehrt im Abstand von 15 bis 20 Minuten entlang des Strip mit Haltestellen an den Haupthotels/Casinos; ab 9.30 bis 2 Uhr morgens; Fahrpreis ca. $1.40, egal wo man ein oder aussteigt.

Information — Vorwahl/*area code* (702)

- Vorwahl/*area code* für **Las Vegas** und den umgebenden Clark County **(702)**, doch der übrige Teil Nevadas hat die Vorwahl (775).
- **Las Vegas Convention and Visitors Authority** ....Tel. 892-0711
  3150 Paradise Rd.   Fax 892-7555
  Las Vegas, NV 89109
- Las Vegas Chamber of Commerce 735-1616/Fax 735-2011
- Las Vegas Events/Veranstaltungen/Shows 731-2115/Fax 731-9965
- Tourist Information 892-7575
- Flughafen McCarran International Airport 261-5743
- Citizen Area Transit (CAT) Stadtbus 228-7433
- Heiratslizenz/Marriage License 455-4415
- Polizei 795-3111
- Wetter... 736-3854
- Straßenzustand 486-3116
- Notruf.. 911
- Touren
  - Gray Line Tours.. 384-1234/Fax 387-6401
  - Scenic Airlines/Grand Canyon Flugexkursionen 739-1900/Fax 638-3275
  - City Street Bike Tours of Red Canyon 596-2953
  - Radtour durch Red Rock Canyon

Wetter/Klima/Temperaturen

Las Vegas hat durchschnittlich etwa 294 Tage Sonnenschein pro Jahr. Die jährlichen Niederschläge sind so gering, dass man das Klima als arid bezeichnen muss. In den Sommermonaten Juni bis September können die Tageshöchsttemperaturen über 38°C erreichen, mit sehr geringer Luftfeuchtigkeit.

Im Frühjahr und Herbst, den relativ kurzen Jahreszeiten, liegen die Temperaturen in den 20ern, während in den Wintermonaten Tagestemperaturen zwischen 10 und 15°C erreichen.

Unterkunft – Hotel/Motel

Las Vegas bietet mit rund 126 000 Hotel/Motelzimmern eine breitgefächerte Auswahl an **Übernachtungsmöglichkeiten**. Da allerdings auch die Besucherzahlen ständig steigen, muss man Zimmerreservierungen rechtzeitig im voraus vornehmen. Die Zimmer sind vielfach zu 91% belegt. Insbesondere Wochenende und Feiertage sehen die stärksten Belegungsziffern.

Das Angebot besteht in normalen Hotels/Motels oder den großen Hotel-Casinos und Resorts. Oft bieten auch die Top Casino Hotels recht günstige Zimmerpreise, wenn man rechtzeitig **im voraus** bucht. Die **Baxter Info-Karte** zeigt die Lage einer ganzen Reihe von Hotels/Motels mit Angabe von Fax-/Tel.-Nrn. zur Vornahme der Zimmerreservierung oder Auskunft. Nachstehend noch einige weitere Unterkünfte.

Billig übernachten in der Jugendherberge:
Las Vegas International Hostel, 1236 S. Las Vegas Blvd. ....Tel. 735-2911
Las Vegas International Hostel, 1208 S. Las Vegas Blvd. 385-9955
American Youth Hostel, 125 S. Las Vegas Blvd.382-8119

LAS VEGAS, NV

Unterkunft/Camping/Orientierung/Las Vegas Strip

Exklusive Unterkunft abseits vom Casino Rummel:
Chateau Spaulding; exklusive Bed & Breakfast Unterkunft mit intimer Atmosphäre. Eleganter mediterraner Stil, reizvolles Hide-out für Flitterwochen am Sunrise Mountain; wenige Zimmer und teuer 437-1606
http://www.chateau spaulding.com

RV Campingplätze – Vorwahl/*area code* (702)

- **Boomtown RV Park**, 3333 Blue Diamond Rd.; 263-7777, geb.frei 1-800-588-7711; 460 Hookups, Pool, Shuttle Service zur Shopping Mall.
- **Boulder Lakes RV Resort & Country Club**, 6201 Boulder Hwy; 435-1157; 417 Hookups, Pool.
- **Sam Boyd's California Hotel & Casino RV Park**, Downtown Casino Area, 100 Steward Street; 388-2602; 220 Hookups, Pool.
- **Circusland RV Park**, 500 Circus Circus Dr. am Strip; 734-0410; 365 Hookups, Pool.
- **Good Sam's Hitchin Post Camper Park**, 3640 N. Las Vegas Blvd.; 644-1043; 195 Hookups, Pool.
- **Holiday Travel Trailer Park**, 3890 S. Nellis Blvd.; 451-8005; 402 Hookups, Pool.
- **KOA Kampgrounds**, 4315 Boulder Hwy.; 451-5527; 245 Hookups, Pool; kostenloser Strip Shuttle.
- **Sam's Town RV Park-Boulder**, 5225 Boulder Hwy.; 454-8055; 300 Hookups, Pool.
- **Sam's Town RV Park-Nellis**, 4040 S. Nellis Blvd.; 456-7777; 200 Hookups, Pool.
- **Desert Sands RV Park**, Henderson, 1940 N. Boulder Hwy.; 565-1945; 300 Hookups, Pool.

Orientierung

Las Vegas Besucher richten sich nach zwei Gebieten der Wüstenstadt – **Downtown Casino Center** und **Strip**. Das **Downtown Casino Center** ist der eigentliche Stadtkern, wo die Stadt begann und sich die ersten Casinos etablierten. Der **Strip** erstreckt sich als *Las Vegas Boulevard* über rund 5 Kilometer bis zum Flughafen **McCarran International Airport**, parallel zum Highway *I-15*. Hier liegen die spektakulären großen Hotels/Casinos und Resorts, die in ihrer Themenvielfalt miteinander wetteifern.

Der Weg von der **Downtown Casino Center Area** zum **Strip** und den Strip entlang zieht sich, so dass ein Fußmarsch doch recht strapaziös wird. Entlang des Strip verkehrt die Las Vegas Strip Trolley. CAT Busse sind bequemes und preiswertes Verkehrsmittel entlang des Strip und zur Downtown Area.

Las Vegas Strip

Die Baxter Info-Karte zum **Las Vegas Strip** zeigt die Lage der Hotel Casinos und Resorts entlang des Strip und der benachbarten Straßen. Außer den Casino Hotels gibt es verschiedene Hotels und Motels, die im allgemeinen nur Übernachtung anbieten und keinen Casinobetrieb haben.

Man kann also durchaus in einer dieser Unterkünfte übernachten und sich eine der angebotenen Shows in den exklusiven Hotel Casinos am Strip ansehen. Der Kartenschlüssel enthält jeweils lokale Tel.- und Fax-Nr. sowie einige gebührenfreie Rufnummern (gelten allerdings nur von in den USA).

252 LAS VEGAS, NV
Las Vegas Strip

Kartenschlüssel zur Baxter Info-Karte Las Vegas Strip

Super-Casinos am Strip/area Code (702)
+ **lokale** Tel. Nr./**geb.freie** Tel.-/**Fax**-Nr.:

1-Mirage/
  Tel. 791-7111/geb.frei 1-800-723-1723
  Fax 791-7446
  Vulkanausbruch/Siegried & Roy Show
2-Caesars Palace/www.caesars.com
  731-7110/1-800-933-7110/731-7172
  großzügiges Megaresort/
  griechisch-römische Statuen & Dekor
3-Flamingo Hilton
  733-3111/1-800-HILTONS/733-3499
  Standort von „Bugsy" Siegels Casino/
  erstes Las VegasHotel-Casino!
4-Tropicana
  739-2222/1-800-468-9494/739-2469
  mit einmaliger Folies Bergère Show
  herrlicher Pool & swim-up Casino
5-Bally's/www.ballyslv.com
  739-4111/1-800-634-3434/739-3848
  Mittelpunkt in „Honeymoon in Vegas"
  -Paris-Las Vegas Resort & Casino
  739-4401/-888-BON-JOUR
  mit Eiffelturm
6-Excalibur
  597-7700/1-800-937-7777/597-7040
  mittelalterliche Ritterspiele
7-ehemaliger Standort des 50jährigen
  Desert Inn (Sommer 2000 geschlossen)
  Howard Hughes schlief hier
8-Circus Circus
  734-0410/1-800-765-4449
  www.circuscircus-lasvegas.com
  Zirkusvorstellungen/RV-Park
9-The Luxor/www.luxor.com
  262-4000/1-800-288-1000/264-4405
  30stöckiger Pyramidenbau/
  Replika der Tutenchamun-Grabkammer
  -Mandalay Bay
  632-7777/1-877-632-7000/632-7190
  dschungelhafte Atmosphäre
10-Treasure Island Fantasy Resort
  894-7111/1-800-879-5361/894-7446
  Seeschlacht mit Piratenschiff
  www.treasureislandlasvegas.com
11-MGM Grand/www.mgmgrand.com
  891-7777/1-800-929-1111/891-1030
  „Emerald City of Oz" Vergnügungspark
12-New York New York
  740-6969/1-800-693-6763/740-6510
  www.nynyhotelcasino.com
  New York Skyline/Freiheitsstatue/
  Coney Island Achterbahn
13-Monte Carlo Resort & Casino
  730-7777/1-800-311-8999/730-7250
  www.monte-carlo.com
  mediterrane, viktorianische Architektur
14-Venetian
  733-5008/1-888-494-3556/733-5560
  Dogenpalast/Rialtobrücke/Markusplatz

Weitere Hotels/Casinos am Strip:
15-$$$ Harrah's/369-5000/Fax 369-5008
16-$$ Holiday Inn/Boardwalk Hotelcasino
  735-2400/739-8152
17-$$$ Frontier Hotel & Casino
  794-8200/794-8326
18-$$ Stardust Hotel & Casino
  732-6111/1-800-866-5400/732-6257
19-$$ Sun Harbor Budget Suites
  732-1500/732-2656
20-$$ Travelodge Las Vegas Strip
  735-4222/733-7695
21-$$ Westward Ho Hotel/Casino
  731-2900/731-5363
22-$$ Stratosphere Tower Hotel/Casino
  382-4446/1-800-99-TOWER/383-0664
  mit Achterbahn auf 300 m Turm
23-$$$ Sahara Hotel & Casino
  737-2111/1-888-696-2121/737-2111
24-$$$Bellagio/www.bellagiolasvegas.com
  693-7171/1-888-987-6667
  Kunstsammlung/Wasserspiele/
  32 Stockwerke über Comosee
25-$$$ Riviera Hotel & Casino
  734-5110/1-800-634-6753/794-9451
26-$$$ Imperial Palace
  731-3311/1-800-634-6441/735-8578
27-$ Algiers Hotel/735-3311/792-2112
28-$$$ Barbary Coast Hotel/Casino
  737-7111/1-888-BARBARY/737-6304
29-$$$ Aladdin Hotel & Casino
  968-4700/485-2020
  2567 Zimmer/Vorgänger 1998 implodiert
30-$$ Travelodge South Strip
  736-3443/736-1356
31-$$ Klondike Motor Inn
  739-9351/795-8710

Hotels/Casinos abseits vom Strip:
32-$$$ Debbie Reynold's Hollywood
  Hotel & Casino
  734-0711/734-7548
  Hollywood Motion Picture Museum

Koval Lane:
33-$$ Comfort Inn-South
  736-3600/736-0726
34-$ Motel 6/798-0728/798-5657
35-$$$ Carriage House/798-1020/798-1113
36-$$ Days Inn-Town Hall Casino Hotel
  731-2111/1-800-634-6541/731-1113
37-$$ Super 8 Motel/794-0888/794-3504
  -Ellis Island Casino
38-$$ Maxim Hotel/Casino
  731-4300/1-800-634-698/733-8793

Paradise Road:
39-$$ La Quinta/796-9000/769-3537
40-$$$ Las Vegas Hilton/732-5111/732-5249
  Star Treck: The Experience
41-$$ Residence Inn/796-9300/796-6571
42-$$ Courtyard by Marriott
  791-3600/796-7981
43-$$ BW Mardi Gras Inn
  731-2020/733-6994
44-$$ Fairfield Inn/791-0899/791-2705
45-$$$ Hard Rock Hotel & Casino
  693-5000/693-5010
46-$$ Quality Inn-Las Vegas
  733-7777/369-6911
47-$$$ Howard Johnson/798-2777/736-8295
48-$$$ St. Tropez-Suite Hotel
  369-5400/369-1150
49-$$ Paradise Resort Inn/733-3900
50-$$ BW McCarran Inn/798-5530/798-7627
51-$$$ The Orleans Hotel & Casino
  365-7111/365-7500
52-$$$ Rio Suite/252-7777/Fax 252-0080
  1-800-PLAY-RIO

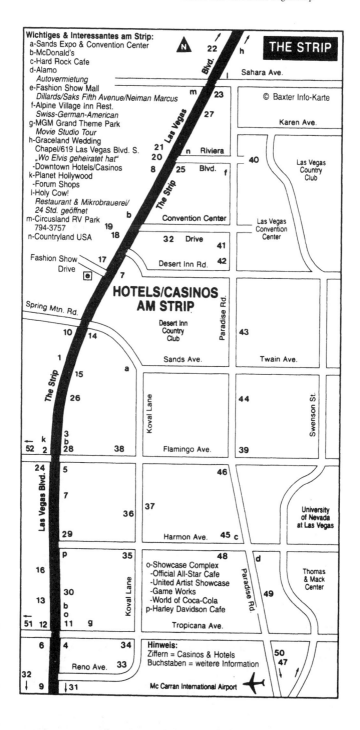

Restaurants

Las Vegas bietet erstklassige **Restaurants** berühmter Küchenchefs mit großer Auswahl internationaler Speisen. Die meisten Casino-Hotels offerieren die weltberühmten Büfetts als ultimatives Speisefestival zu sehr günstigen Preisen. Unterschiedliche Restaurantkategorien von einfach bis sehr elegant (und teuer). Verschiedene Preiskategorien als Anhaltspunkt; wegen ständiger Bewegung in der Restaurantbranche mögliche Änderungen berücksichtigen.

- **$ Preise etwa bis $10**
  - Circus Circus ....Circus Buffet
  - Circus Circus ....Pink Pony Café, 24 Std./Promenade Café, 24 Std. Comida Rica/*mexikanisch*
  - Imperial Palace..............Emperor's Buffet/Imperial Buffet/Teahouse/Pizza Palace
  - Monte Carlo ....Buffet
  - Riviera Hotel.................World's Fare Buffet/Mardi Gras Food Court/mehrere internationale Fast-food-Restaurants
  - Sam'sTown Hotel ....The Great Buffet/Papamios Italian Kitchen
  - Sahara Hotel ....Paco's Hideaway/*mexikanisch*
- **$$ Preise etwa $11-20**
  - Circus Circus ....Stivali Italian Ristorante
  - Excalibur ....WCW Nitro Grill (World Championship Wrestling) mit „*Nitro body slam*" und „*back breaker*"
  - Imperial Palace..............Ming Terrace/*Chinalokal*
  - Monte Carlo ....Dragon Noodle Company (asiatische Küche)
  - Rio Suite......................Carnival World Buffet/*größtes Buffet in Las Vegas*
  - Riviera Hotel.................Kady's Coffee Shop/Rik Shaw oder Kristofers Smith & Wollesky Steakhouse, zwischen *Harmon & Tropicana Blvd.*; neben MGM Grand, gegenüber Monte Carlo und New York New York.
- **$$$ Preise etwa $21-30**
  - Caesars Palace ....Wolfgang Puck's Chinois
  - Circus Circus ....The Steak House
  - MGM Grand.................Emeril's New Orleans Fish House
- **$$$$ Preise über $30**
  - Riviera Hotel.................Ristorante Italiano
  - Aladdin Hotel ....Commander's Palace

Oft bestimmen interessante Themen die gesamte Innenausstattung eines Restaurants, beispielsweise **Race Rock Las Vegas**, Downtown Casino Area (Race Rock Supercharged Restaurantkette); Ecke *Frémont Street & Strip*; Memorabilien berühmter Autorennen (Nascar, Indy Cars, Formel Eins); Speisekarte mit „*nitro wings*" und „*crashed potatoes*". Am besten in Broschüren des Las Vegas Visitors Bureau oder Zeitungen über Restaurants informieren, und dabei günstige Angebote nutzen – Coupons, Fun Books und ähnliches.

Auch die Hotel Casinos außerhalb vom Strip bieten ausgezeichnete Restauration zu hervorragend günstigen Preisen. Für Bierliebhaber sei nur zu erwähnen, dass es einige Mikrobrauereien gibt, beispielsweise im **Holy Cow! Casino**; ferner das **Gordon Biersch Brewery Restaurant** (Inhaber ist Absolvent der Münchner Weihenstephan Bierbrauer- und Getränkeingenieur Universität) im Hughes Center. Vom Restaurant aus kann man den Brauprozess hinter Glas verfolgen.

Las Vegas Shopping

Shopping zählt zu den beliebtesten Aktivitäten. Las Vegas Shoppers finden reichlich Gelegenheit, von bizarren Souvenirs bis zu Designer Kleidung und kostbaren Kunstgegenständen. In Las Vegas gehört Shopping zum Entertainment. Ein Spektrum von Restaurants für erschöpfte Shoppers zum Relaxen nach langem Tag in der Mall. Viele Hotels bieten ganze Ladenstraßen zum Einkaufsbummel wie The Venitian, Mandalay Bay, Bally's, Caesars Palace, Luxor, Treasure Island, Harrah's, Mirage oder Flamingo Hilton.

LAS VEGAS, NV 255
Shopping/Downtown Casino Center

- **Belz Factory Outlet World Mall,** 7400 S. Las Vegas Blvd., südlich vom Strip; über 145 Outlets mit 25 Mode- und Bekleidungsgeschäften, darunter Levi's, Nike, Oneida; klimatisierte Indoor Mall. Bis zu 75% reduzierte Preise.
- **Off Fifth Saks Fifth Avenue Outlet,** in separatem Gebäude am Südende vom Belz Factory Outlet World. Modebewusste Shoppers finden hier Designer Ware von Donna Karan, Hugo Boss und Calvin Klein 40-70% vom normalen Ladenpreis. **Off Fifth** ist im Vergleich zum Saks Mutter-Kaufhaus klein, aber es gibt eine große Auswahl an Schuhen, Kleidern und Accessoires, Anzügen, Möbel, Wäsche, Glaswaren. Mo.-Sa. 10-21 Uhr, So. bis 18 Uhr.
- **Boulevard Mall,** 3528 Maryland Pkwy., bei; 3 Blocks östlich vom Las Vegas Convention Center; mit 102 193 Quadratkilometern eine der größten Malls Nevadas mit Hunderten von Geschäften, darunter J.C. Penney, Sears und Broadway Southwest sowie zahlreichen Fachgeschäften wie Howard and Phil's Western Wear, Going To The Game oder Sanrio Surprises.
- **Fashion Outlet of Las Vegas,** in Primm, 43 mi/69 km südlich vom Strip. Indoor Mall mit 90 ab-Fabrik-Eliteläden, Designerware (auch Last Call/Neiman Marcus Billigladen); neben Primm Valley Resort.
- **Fashion Show Mall I und II,** am Strip und *Spring Mountain Road,* über 140 Boutiquen und Shops, einschließlich Neiman Marcus, Saks Fifth Avenue, Macy's, Dillard's und Robinson-May Co. sowie Bullock's. Nur kurzer Fußweg vom Mirage, Treasure Island, Sheraton Desert Inn und anderen Hotels. Ca. 15 Cafés im International Food Court und zahlreiche Restaurants.
- **Forum Shops at Caesars,** 3500 Las Vegas Blvd. S. Shoppers bewegen sich durch die antiken Straßen Roms. Große Springbrunnen, klassische Säulen und römische Statuen simulieren Außenumgebung im Freien.
- Stündlich Animation der steinartigen Figuren mit **Bacchus** und dem Hof römischer Götter in Laser-Lichtshow. Über 70 Geschäfte und Restaurants einschließlich Eliteläden wie Louis Vuitton, Gucci, Guess, Plaza Escada und Christian Dior. 26 292 Quadratmeter Erweiterung für noch mehr Shopping.
- **Galleria at Sunset,** 1300 W. Sunset Rd., Henderson, *Sunset Rd. & Stephanie Street* – größte Mall Nevadas. Südwestthema mit J.C. Penney, Robinson-May Co., Papyrus, Cache Champs, Harris and Frank, Disney Store sowie Food Court im schwarzweiß Schachbrett-Design.
- **Horizon Outlet Center,** Laughlin; klimatisierte Mall mit 55 Outlet Stores.
- **Las Vegas Factory Stores,** 9155 Las Vegas Blvd. S. 60 Markenware-Outlet Stores; 20 bis 70% Ersparnis.
- **Macy's** in Fashion Show Mall. Kleidung sowie Souvenirs.
- **Meadows Mall,** 4300 Meadows Lane. Shoppingkomplex auf mehreren Etagen mit über 140 Shops & Restaurants; zwei Ebenen mit Shops, fünf Innenhöfe mit bekannten Geschäften wie Dillard's, Broadway, J.C. Penney und Sears. Am *Valley View Boulevard* in der Nähe von *US 95 Expressway.* Als Verkehrsmittel steht Downtown Trolley mit Hin- und Rückfahrt-Service vom Downtown Transportation Center zur Verfügung.
- **Nike Factory Store** im Belz Factory Outlet/Nike-Artikel ab Fabrikpreise.
- **Showcase,** neben MGM Grand am Strip. Entertainment und Spezial-Shop Komplex. Fünf-Ebenen-Komplex umfasst Official All-Star Café, Game-Works, Everything Coca-Cola und United Artists Theaters sowie World of Coca-Cola und M&M's World und Ethel M Chocolates. Showcase bietet alles von origineller Coca-Cola Ware bis „high-energy" Spielen.
- **Aladdin:** erstes Hotelkasino in Las Vegas, das nach unter demselben Namen und am selben Standort wiedereröffnet wurde (Sommer 2000, nachdem das ursprüngliche Aladdin im April 1998 implodiert wurde). „Miracle Mile" mit über 130 Geschäften von Designer Mode bis zu Einrichtungsgegenständen. Außerdem findet man in der **Desert Passage** ein Spiegelbild der Märkte in Spanien, Nordafrika, Arabien und Indien. Übrigens fand Elvis Presleys Hochzeit im alten Aladdin statt!

Downtown Casino Center Area

Neben der Konzentration der Las Vegas Casinos entlang des Strips in immer größeren Dimensionen und Themenparks, bietet die **Downtown Casino Center Area** ebenfalls eine Ansammlung von Casino Hotels. Sehr lebhaftes Casinoviertel mit ebenfalls guten Shows und billigen Restaurants.

Frémont Street Experience ist eine kunstvolle Wiederbelebung des Innenstadtviertels mit ausgezeichneter Multimedia und *Special Effects.* In *Fremont Street* ist der ganze Straßenzug mit 2,1 Millionen Video-Lichtelementen als Fußgängerzone überdacht.

256 LAS VEGAS, NV

Downtown Casino Center/Heiraten in Las Vegas

Schlüssel zur Baxter Info-Karte Downtown Casino Center
mit vielen Baxter-Tips

Wichtiges & Interessantes:

1-Downtown Transportation Center
 -Trolley
 -McDonald's
2-Greyhound
3-Amtrak
4-Wedding Chapel
5-City Hall (Rathaus)
6-Post Office/Postamt
7-McDonald's
8-Clark County Courthouse/Gericht
9-Office of Civil Marriage Commisssioner
 Standesamt
10-Reiterstatue
11-Burger King
12-Rosie O'Grady's
13-Parkhaus
14-Hitching Post Wedding Chapel
 Marriage License usw.
15-Seven-Eleven Minimarkt
16-Drugstore
17-Chapel by the Courthouse
18-Clark County Detention Center
 Gefängnis
19-The Strip
20-Boulder Highway
21-zu *I-515* und *I-15*
22-California Hotel & Casino RV Parkplatz
23-Carl's Jr.
24-Gambling Supplies
 800 S. Main/*Main & Gass Ave.*
 „slots for your home"/*Spielautomaten
 für zu Hause*
25-Diamond, Gold & Furs Discount Center
26-Las Vegas Western Village
 Westernkleidung
27-El Portal Theater
 -Desert Indian Shop
 Souvenirs/Kunsthandwerk
28-Supermarkt
29-Tankstelle

Kasinos & Hotels/Vorwahl (702)Tel./Fax:

A-$$$ Plaza Hotel
 Tel. (702)386-2110/Fax (702)382-8281
B-$$$ Las Vegas Club Hotel
 385-1664/387-6071
C-$$$ California Hotel & RV Casino
 385-1222/388-2660
D-$$ Days Inn/*Frémont & 7th St.*
 388-1400/388-9622
E-$$$ Frémont
 385-3232/385-6270
F-$$ Binion's Horseshoe
 382-1600/384-1574
G-$$$ Four Queens
 385-4011/387-5133
H-$$ Golden Nugget
 385-7111/386-8362
K-$$ Golden Gate Hotel & Casino
 385-1906/382-5349
L-Pioneer Club
M-$$$ Las Vegas Club
 385-1664/387-6071
N-$$$ Lady Luck
 477-3000/477-3002
O-Miss Lucy's Gambling Hall & Saloon
P-$$ Gold Spike
 384-8444/384-8768
R-$$$ Fitzgeralds
 388-2400/388-2181
S-$$ Nevada Hotel
 385-7311/382-1854
T-$$ El Cortez Hotel & Casino
 385-5200/385-1554
U-$$ Meadows Inn
 366-0456/366-0807
V-$$ Golden Inn Motel
 384-8204
W-$$ Budget Inn
 385-5560/382-9273
X-$$$ Main Street Station Casino
 Brewery & Hotel
 387-1896/386-4421

In der **Downtown Casino Area** befinden sich die Verkehrsmittelterminals – **Amtrak** Bahnhof und **Greyhound** Station. Vom Downtown **Transportation Terminal** verkehren die *CAT* Stadtbusse sowie Las Vegas Trolleys zum Strip oder anderen Punkten.

Downtown Casino Center ist Ziel vieler Heiratslustigen, da sich hier das Clark County Marriage License Bureau befindet, wo die Heiratserlaubnis/*marriage license* erteilt wird. Hier beginnt, was anschließend in einer der vielen Hochzeitskapellen/*Wedding Chapels* feierlich besiegelt wird.

Heiraten in Las Vegas

Außer dem Reisepass und einer eidesstattlichen Erklärung, dass man noch unverheiratet ist, sind keine weiteren Formalitäten notwendig, um die Heiratslizenz (**Marriage License**) zu erhalten; 35 Dollar. Die Heiratslizenz ist im Clark County Courthouse zu beantragen, 200 S. Third St. Das Büro des **Commissioner of Civil Marriages** befindet sich an 136 S. 4th Street (einen Block vom Marriage License Bureau).

LAS VEGAS, NV 257

Baxter Info-Karte: Downtown Casino Cemter/Hochzeitskapellen

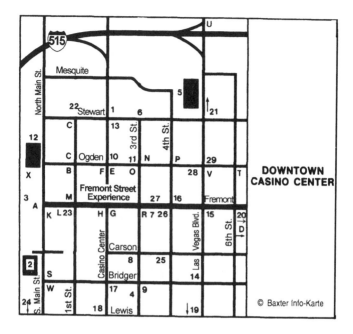

Marriage License Bureau **Öffnungszeiten**: Mo.-Do. 8-24 Uhr; an **Wochenenden** ab Fr. 8 Uhr **rund um die Uhr bis So. Mitternacht**. An gesetzlichen Feiertagen ist das Bureau **24 Stunden** geöffnet. Courthouse und Marriage License Bureau (702)455-3156.

Hochzeitskapellen/Wedding Chapels

Außer den Megaresorts und Casinos verfügt Las Vegas über rund **50 Heiratskapellen**. Pro Jahr geben sich über 100 000 Paare hier in den **Wedding Chapels** das Jawort. Nachdem man im Besitz der **Marriage License** ist, ist die Zeremonie ab 50 Dollar aufwärts zu haben, je nach Rund-um-Aufwand. Las Vegas hat für jeden Geldbeutel etwas, vom Hochzeitskleid bis zur Limo.

Es gibt **keine** Wartezeiten, für besonders Eilige hat die **Little White Chapel** sogar ein **Drive-Up Wedding Window**/Heirats-Autoschalter! 24 Stunden geöffnet, keine Reservierung erforderlich! Viel Prominenz hat in Las Vegas geheiratet z.B. Elvis & Priscilla Presley; Elizabeth Taylor, Frank Sinatra, Bruce Willis, Dudley Moore, Jon Bon Jovi, Eddi Fisher, Joan Collins, Clint Eastwood, Michael Jordan, Paul Newman & Joanne Woodward, Richard Gere & Cindy Crawford (obwohl die meisten dieser Ehen inzwischen nicht mehr bestehen). Nachfolgend einige der beliebtesten **Wedding Chapels**.

- **Candlelight Wedding Chapel**, 2855 S. Las Vegas Blvd., gegenüber von Circus Circus: Whoopi Goldberg, Michael Caine, Bette Midler, Barry White.
- **A Chapel By The Courthouse**, 201 E. Bridger, in Downtown Las Vegas.
- **Chapel of the Bells**, 2233 S. Las Vegas Blvd., Nähe Sahara Hotel; in den Filmen *Honeymoon in Las Vegas* und *Indecent Proposal* zu sehen.
- **Circus Circus Chapel Of the Fountain**, 2880 S. Las Vegas Blvd.
- **Cupid's Wedding Chapel**, 827 S. Las Vegas Blvd.
- **Garden Chapel Flamingo Hilton**, 3555 S. Las Vegas Blvd.
- **Graceland Wedding Chapel**, 619 S. Las Vegas Blvd. – Elvis heiratete hier.
- **Hitching Post Wedding Chapel**, 1737 S. Las Vegas Blvd.

LAS VEGAS, NV
Wedding Chapels/Las Vegas der Filmemacher

- **Island Wedding Chapel**, 3801 S. Las Vegas Blvd., im Tropicana Resort & Casino; tropische Umgebung, Wasserfälle, Palmen.
- **L'Amour Wedding Chapel**, 1901 S. Las Vegas Blvd., im St. Louis Square gegenüber vom Stratosphere Tower Hotel Casino.
- **Las Vegas Wedding Gardens**, 200 W. Sahara, 1/2 Block vom Strip.
- **Little Chapel of the Flowers**, 1717 S. Las Vegas Blvd.
- **Little Church of the West**, 3960 S. Las Vegas Blvd., seit 1942, Nevadas berühmte Kapelle der Stars, zwei Blocks südlich vom Luxor Casino Hotel.
- **Little White Chapel**, 1301 S. Las Vegas Blvd., ,,Trauung in deutscher Sprache!" Prominenz, die hier geheiratet hat: Joan Collins, Judy Garland, Demi Moore, Mickey Rooney, Frank Sinatra, Bruce Willis, The Who und Blue Oyster Cult; auch Trauung im Heißluftballon oder Helikopter.
- **Drive-Up Wedding Window**/Autoschalter-Trauung; man fährt im eigenen Fahrzeug oder eleganter Limousine vor (das Brautpaar bleibt im Auto).
- **MGM Central Park Wedding Chapel**, 3799 S. Las Vegas Blvd.
- **Riviera Wedding Chapel**, 2901 S. Las Vegas Blvd., im Riviera Hotel.
- **Shalimar Wedding Chapel**, 1401 S. Las Vegas Blvd.
- **Silver Bell Wedding Chapel**, 607 S. Las Vegas Blvd., Prominenz: Diana Ross, Don Johnson & Melanie Griffith, Burt Bacharach & Angie Dickinson, Barbara Mandrell, Louise Mandrell.
- **Speedway Chapel**, 7000 North Las Vegas Blvd.

Las Vegas, Drehort von Kinofilmen

Las Vegas ist dankbare Kulisse der **Filmindustrie**. Nahezu alle Streifen zeigen Casinos am berühmten Strip. **Caesars Palace** scheint der Liebling zu sein. So sah man beispielsweise Dustin Hoffman in **Rain Man** (1988) wie er beim Blackjack 85 000 Dollar absahnte oder wie Tom Cruise in demselben Streifen seinem Filmbruder Raymond in der VIP Suite des Hotels das Tanzen beibringt. Für **The Electric Horseman** (1979; Der elektrische Reiter) musste Robert Redford auf einem Pferd durchs Casino und den Strip entlang traben.

Honeymoon in Vegas (1992) mit Nicolas Cage und Sarah Jessica Parker und James Caan wurde im **Bally's Casino Resort** gedreht. Die Eröffnungsszene von **Rocky IV** (1985) lief im **MGM Grand** ab. In **Indecent Proposal** (1993; Ein unsittliches Angebot) macht Robert Redford Demi Moore und Woody Harrelson, die im **Las Vegas Hilton** untergebracht sind, 1 Million Dollar Angebot, um die Nacht mit Demi Moore zu verbringen. Dasselbe Hotel sah man auch im James Bond Film **Diamonds Are Forever** (1971; Diamantenfieber) mit Sean Connery und in **Over the Top** (1987) mit Sylvester Stallone, der an den *Arm Wrestling Championships* im **Hilton Center** teilnahm.

In **Bugsy** (1991) war das **Flamingo Hilton** Schauplatz, aber **nicht** Drehort. Das **Flamingo Hilton** war das **erste** große Hotel von Las Vegas. Da der Film in einer vergangenen Zeitepoche spielt und Las Vegas nicht mehr so aussieht wie damals, als Benjamin ,,Bugsy" Siegel das Flamingo in den 1940er Jahren baute, rekreierten die Produzenten das Hotel in **Palm Desert**. Außerdem hat man den größten Teil der ursprünglichen Gebäude des Flamingo abgerissen.

Wo sich heute der 2 Billionen Dollar Komplex des luxuriösen **Venetian Casino**, Convention und Entertainment Komplex erhebt, befand sich früher das Sands Hotel Casino, die ehemalige „Königin des Strip". In dem vierundvierzig Jahre alten traditionsreichen Haus traten in den fünfziger und sechziger Jahren unter anderem Nat King Cole, Frank Sinatra und Dean Martin auf. Die Demolierung des alten Hotel-Casino wurde in dem Film **Con Air** (1997) mit Nicolas Cage als Filmszene benutzt. In **Vegas Vacation** (1997) mit Chevy Chase erhielt man eine volle Tour durch Las Vegas.

Weitere in Las Vegas gedrehte Filme: **I love Trouble** (1994), **City Slickers II** (1994; Die Goldenen Jungs), **Honey, I Blew Up the Kid** (1992), **Lost in America** (1985), **Cannonball Run II** (1983; Auf dem Highway ist die Hölle los), **Viva Las Vegas** (1964). Viele Fliegerszenen von **Top Gun** (1986; Unbesiegt) wurden nördlich von Las Vegas über Fallon Air Force gedreht. In **Fatherhood** (1993) stürzt ein Auto über die Felsen am **Hoover Damm**.

Baxter-Tipps für Las Vegas

♦Wochenende, Feiertag (z. B. Memorial Day/letzter Montag im Mai, 4. Juli, Labor Day/1. Montag im Sept. sowie 1. Januar) **vermeiden**; erheblicher Preisanstieg und starke Zimmernachfrage.

♦Zimmerreservierung **vor Ankunft** in Las Vegas vornehmen. Lage & Fax/Tel. Nr. Baxter Info-Karte entnehmen.

♦Auskunft über **Heiratsformalitäten**: Courthouse und Marriage License Bureau: (702)455-3156.

♦Die Casinos bieten meistens zwei Shows an – Dinner Show gegen 19.30 oder 20 Uhr und Cocktail Show gegen 22.30 oder 23 Uhr. Die **Cocktail Show** ist **billiger**. In Las Vegas treten Top Stars auf.

♦In vielen Casinos live Music und Entertainment **kostenlos**.

♦**Slot Machines** („einarmige Banditen"/Spielautomaten) und Spieltische sind nur zu verlockend, sein Geld zu verspielen. Unbedingt vorher ein Limit setzen, bis zu dem man sich erlauben kann, Geld zu verlieren. Am besten aufhören, sobald der Einsatz wieder eingespielt ist.

♦**Kostenlose** Fun Books besorgen (in Hotels, Restaurants usw.) mit Coupons für Drinks, Souvenirs, Frühstück oder dergleichen.

♦**Kostenlose** Gaming Lessons bei verschiedenen Casinos, beispielsweise Bally's, Caesars Palace, Circus Circus, Excalibur, Flamingo Hilton, Harrah's Las Vegas, Hilton, Imperial Palace, Las Vegas Hilton, Luxor, MGM Grand, Palace Station, Riviera, Sahara, Sam's Town, Tropicana.

♦**Schnäppchenjäger** finden Top-Designer Mode in Off Fifth Saks Fifth Avenue Outlet zu erstaunlich reduzierten Preisen (40-70% vom Originalladenpreis!); separates Gebäude am Südende vom Belz Factory Outlet World, südlich vom Strip, 400 S. Las Vegas Blvd.

♦Es gibt noch ein richtig *old fashion* **Drive in Movie Theater**, und zwar Century Las Vegas Six Drive-In in North Las Vegas. Man bringt Essen und Getränke ins Autokino mit; auch Snacks dort erhältlich.

♦Die Slot Machines Geldautomaten meistens im **vorderen** Teil der Casinosäle, während die Spieltische für Kartenspiel, Roulette oder andere Glücksspiele sich mehr im hinteren Teil befinden. Zuschauen erlaubt.

♦Für die Show „Splash II, Voyage of a Lifetime" im Riviera Hotel Casino erhalten Besucher auf den ersten 100 interaktiven Plätzen ein Regencape mit dem Ticket; eine feuchte Show!

♦Wer erstmals ein „**Buffet**" besucht, sollte zuvor das Büffett ansehen und vor der Entscheidung sich nach dem Preis erkundigen. Nachdem gezahlt wurde, gründlich auswählen. Büffetts sind so gestaltet, erst nicht so teures Essen zu greifen, damit weniger Platz für die Hauptsache bleibt!

♦Der durchschnittliche Las Vegas-Besucher bleibt drei Tage in der Stadt und verspielt in dieser Zeit durchschnittlich 2000 DM. Summiert sich auf fünf Milliarden Zocker-Dollar jährlich für die Casinos.

♦**Thunderbirds Tour**. Das auf dem Lufwaffenstützpunkt Nellis Air Force Base stationierte Thunderbird Flieger Präzisionsteam ist bei Flugschaus in der ganzen Welt zu sehen. Führungen jeden Di. und Do. 14 Uhr; auf dem Gelände Schildern zum Thunderbird's Museum und Hangar folgen. Tour beginnt im Museumsauditorium mit kurzem Vortrag, Film und Frage- & Antwortspiel. Filmsprecher ist Michael Dorn, Star aus *Star Trek: The Next Generation*. Die Thunderbirds, die eine Jagdflieger Squadron von sechs F-16 Fighting Falcons umfassen, wurden 1953 ins Leben gerufen, als man während des Koreakriegs Technologie und Kampffähigkeit der Luftwaffe vorstellte. Das heutige Team ist auch als *Ambassadors in Blue* bekannt. Tour ist **kostenlos**!

LAS VEGAS, NV
Las Vegas Area/Casino Highlights

Schlüssel zur Baxter Info-Karte Las Vegas Area
mit vielen Baxter-Tips

Wichtiges & Interessantes:
- 1-Los Angeles
  - Calico Ghost Town
  - Barstow
- 2-Valley of Fire State Park
  - Lost City Museum/Overton
  - Zion/Bryce Nationalpark
  - Grand Canyon Nationalpark
  - Salt Lake City
- 3-Kingman, Arizona/Phoenix, AZ
  - Grand Canyon/Südrand
- 4-Needles/Searchlight
  - Lake Havasu City
  - Laughlin
  - Bullhead City, AZ
- 5-Pahrump/Shoshone
  - Death Valley Nationalpark
- 6-Lathrop Wells/US 95
  - Death Valley Nationalpark
- 7-Old Nevada
  - Spring Mountain Ranch
- 8-Red Rock Canyon
- 9-McCarran International Airport
- 10-Supermarkt/McDonald's
- 11-Information
  - Motels/Supermarkt
- 12-Lake Mead
  - Alan Bible Visitors Center
- 13-Lake Mead Overlook & Trail
- 14-Willow Beach
- 15-McDonald's
- 16-Supermarkt
- 17-Clark County Heritage Museum
- 18-Boulder Beach
- 19-Las Vegas Beach
- 20-Callville Bay Resort
- 21-Valley of Fire State Park
  - Overton
- 22-Information
- 23-K-Mart
- 24-TGI Friday's Restaurant
- 25-Las Vegas Silver Bowl
- 26-Boulder City Airport
  - Grand Canyon Flights
  - Supermarkt/McDonald's
- 27-Old Spanish Trail Info-Tafel
  6 mi/9 km von US 93
- 28-Nevada Welcome Center
  am Rand von Boulder City
- 29-Hoover Dam Visitors Center
  Kraftwerktouren, Gebühr

Unterkunft/Vorwahl (702)
Pahrump (775):
- A-$ Motel 6
- B-$ Motel 6
  - -$$ Travelodge
- C-$$ Super 8
  - -Denny's
- D-$$ Showboat Casino/385-9123
- E-$$ Quality Inn Sunrise/Indios Ave.
- F-$$ Sam's Town Casino
  456-7777/454-8014
  - -RV Park
- G-$$ Best Western Nellis Motor Inn
- H-$$ Best Western Lake Mead
- K-KOA Camping
- L-$$ Gold Strike Inn/Boulder City
  293-5000/293-5608
  Westernfassade/über 600 Slot Machines
- M-$$ Super 8 Nellis AFB
- O-$$ Best Western Mardi Gras Inn
- P-$$ Motel 6
- R-$$ Nevada Palace Casino
  458-8810/Fax 458-3361
  - -RV Camping
- S-$$$ Hilton
  - Las Vegas Convention Center
  - -$$$ Courtyard by Marriott
  - -$$$ Residence Inn
- T-$$$ The Mirage
- U-$$$ Bally's
  - -$$$ Paris-Las Vegas
- V-$$$ The Venetian
- W-$$ Railroad Pass Casino
  294-5000
- X-$$ Days Inn North/Exit 46

Y-Hotels/Casinos südl. von Las Vegas:
- Gold Strike Hotel/Casino
  Jean:477-5000/671-1615
- Buffalo Bill's/382-1111/Fax 874-1749
  Primm: 1-800-FUN-STOP
- Whiskey Pete's/382-4388/Fax 679-5488
  Primm: 1-800-FUN-STOP

Z-Hotels/Casinos in Laughlin:
- -$$ Ramada Express
  298-4200/Fax 298-6403
- -$$$ Harrah's/298-4600/Fax 298-6896
- -$$ Golden Nugget/Fax 298-7122
- Don Laughlin'Riverside Resort
  298-2535/298-2614
- -$$ River Palms Resort
  298-2242/Fax 298-2117
- -$$ Edgewater/298-2453/Fax 298-8165
- -$$ Colorado Belle/298-4000Fax 298-2597
- -$$ Avi Hotel Casino
  9 mi/14 km südl. von Casino Drive
- -RV Parkplatz
  535-5555/1-800-284-2946/535-5400

Casino Highlights:

Casino Projekte der Glitzermetropole Las Vegas müssen immer eine Nummer größer und verrückter sein als in anderen Touristen Städten auf dem Globus. Schon jetzt verfügt Las Vegas rund 126 000 Hotelzimmer!

Pro Jahr zählt die Wüstenmetropole bereits über 30 Millionen Besucher aus aller Welt. Die Gigantomanie der aus dem Boden schießenden Casino Paläste scheint kein Ende abzusehen. Nachfolgend eine Auswahl von Hotel Casino Resorts mit Besonderheiten und besonderer Anziehungskraft.

LAS VEGAS, NV 261
Baxter Info-Karte: Las Vegas Area

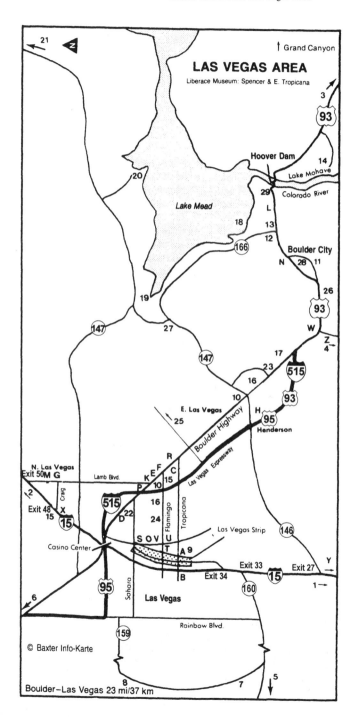

262 LAS VEGAS, NV
Las Vegas Casino Highlights

- **Barley's Casino & Brewing Company**. Das 7 Millionen Dollar Casino mit Mikrobrauerei erstreckt sich auf 1858 Quadratmeter.
- **Bellagio**, *Flamingo* & Strip, gegenüber vom Caesars Palace. 3005 Zimmer Nobelhotel der Spitzenklasse des Casino-Tycoon der Spielerstadt Steve Wynn, dem auch die Milliardenbauten **Mirage**, der Vegas-Klassiker **Golden Nugget** und **Monte Carlo** gehören. Der „Kristallüster" in der Hotelhalle besteht aus 2000 Stücken mundgeblasenes Glas; Wert von $10 Millionen.

  Das gigantische, 35 Stockwerke umfassende Casino Hotel ist von rauschenden Wasserfällen, klassischen Gärten und einem künstlichen See umgeben; erinnert an die ehrwürdigen Nobelwohnblocks entlang New Yorks 5th Avenue. In der **Gallery of Fine Art** findet man Kunst, mit Werken von Degas, Gaughin, Renoir, Cézanne, van Gogh, Picasso und Matisse sowie Bronzeskulpturen (Steve Wynn gilt als Amerikas neuester Kunstsammler); Eintritt. Ein botanischer Garten – *Conservatory Gardens* – unter einem 15 m hohen Atrium wird mehrmals im Jahr umgepflanzt.

  Als Entertainment bietet **Bellagio** „O" (von dem Französischen *eau* für Wasser), eine extravagante aquatische Artistenshow mit Synchron-Wasserballet des spektakulären Cirque du Soleil – in, auf und über einem riesigen Wasserbecken; nicht ganz billig. Kostenlos sind dagegen die Wasserspiele und musikalischen Wasserorgeln auf dem See im Freien über 1000 Springbrunnen und Fontänen) mit 15minütigem „Wasserballett" *Water and Light Show* (alle halbe Stunde von Beginn der Dämmerung bis Mitternacht).

  Bellagio ist via Monorail mit dem Monte Carlo Hotel Casino verbunden. Das **Bellagio** demonstriert eine Umkehr in der Familienpolitik der Zockerstadt: Im **Bellagio** sind erstmals in einem modernen Las Vegas Casino Resort Kinder unerwünscht.
- **Boomtown** Hotel & Casino, 3333 Blue Diamond Rd., im Western-Stil mit Western Shows; abseits vom Trubel. Auch RV Park.
- **Caesars Palace**, 3570 S. Las Vegas Blvd., 1966 eröffnet und immer noch eine der größten Attraktionen von Las Vegas. Am Eingang begrüßen vier blattgoldüberzogene Pferde; es gibt eine neun Tonnen schwere Marmornachbildung Michelangelos David, einen ganzen Tempel mit glitzernden Säulen und Springbrunnen. Über ein Rollband, dem *people mover*, wird man eingeschleust und gelangt Sekunden später vor eine Miniaturnachbildung der „Ewigen Stadt". Zwischen Colosseum und Forum Roms grüßt Caesar, ehe man unmittelbar in die Spiel-Arena gelangt.

  Eine neun Tonnen schwere Marmornachbildung von Michelangelos David wurde über das Dach ins Hotel gehievt. Der Carrara-Marmor, mit dem das 320 000 Quadratmeter große Roman Empire ausgestattet wurde, stammt ebenso wie die hohen Zypressen am Eingang aus Italien. Alles dreht sich um Rom – die Namen der Einrichtungen, Restaurants. Pools, Restaurants, sogar die Caesar-Couture der Service-Girls und Ladengalerie **Appian Way**.

  Römisches Brunnen- und Säulenensemble unter künstlichem Himmel bildet den Mittelpunkt des Einkaufszentrums. Das Caesars ist auch bekannt für seine Sport Spektakel, insbesondere wenn berühmte Boxer antreten. Ferner findet man in den Forum Shops eine Ausgabe von Planet Hollywood, der populären Prominenz-Lokalkette.
- **Circus Circus**, 2880 S. Las Vegas Blvd. – familienorientiertes Themenhotel alles dreht sich um die Zirkuswelt. Kostenlose Zirkusveranstaltungen. Klimatisierter *Indoor* Themenpark **Adventuredome** unter der rosa Glaskuppel mit **Grand Slam Canyon**, wo man kopfüber mit der Achterbahn ins Vergnügen saust; 40 m Gipfel und 27 m hoher Havasupai Wasserfall, Wildwasserfahrten und mehr; Eintritt. Auch großer RV Park.
- **Debbie Reynold's Hotel, Casino and Hollywood Movie Museum**, 305 Convention Center Dr. Ruhiges „Boutique Hotel" mit Debbie Reynold's Memorabilien Filmmuseum.
- **Excalibur**, 3850 S. Las Vegas Blvd., Ecke *Tropicana* & The Strip. Mittelalterliche Burgfassade mit Burggraben und Zugbrücke. Mit *Magic Motion Machines* geht es im Kino realistisch im Bob durch den Eiskanal. Fußgängerbrücken verbinden über die Kreuzung mit Tropicana und MGM Grand. Klimatisiertes Laufband verbindet Excalibur und Luxor. Zwei Canterbury Wedding Chapels mit Decke im Kathedralenstil und Bleiglasfenster.
- **Flamingo Hilton**, 3555 S. Las Vegas Blvd., Ecke *Flamingo* & The Strip. 1946 von dem berühmten Gangster „Bugsy" Siegel als erstes Hotel Casino am Strip mitten in der Wüste eröffnet, benannt nach seiner langbeinigen Geliebten Virginia Hill (die er Flamingo nannte). Warren Beatty brachte den eleganten Gangster in dem Film *Bugsy* (1991) zurück ins Leben, mit Anette Bening (beide seitdem verheiratet).

  Vom ursprünglichen Casino-Komplex existiert fast nichts mehr. Hotel bietet heute 6 Hektar Wasserspielplatz mit vier durch Wasserrutschen verbundenen Pools sowie große Wasserrutschbahn, tropische Gärten, Schwan- und Ententeiche sowie Flamingos. Hotel gab 2 Millionen Dollar für seine Neonreklame aus. Gesamtlänge der Neonröhren 3,2 Kilometer!

  Four Seasons Hotel, 400-Zimmer-Hotel im Mandalay Bay Resort, südl. vom Luxor Casino am Strip.

LAS VEGAS, NV 263
Las Vegas Casino Highlights

● **Hard Rock Hotel & Casino**, 4475 Paradise Rd., Ecke *Paradise & Harmon*; das erste Rock 'n' Roll Hotel und Casino. Riesige Gitarre bricht durch das Dach der Architektur. Überall Musikdekor und Memorabilien der Rock n' Roll Zeit; es gibt gitarrenförmige Spieltische; die Bar befindet sich unter einem rotierenden Classic Cadillac. Am Eingang stützen Rock Giganten überdimensionale Pianotastatur. *The Joint* Show Theater – treffender Name.

● **Harrah's Casino Hotel**, 3475 S. Las Vegas Blvd., Mardi Gras und Karneval Themenausstattung.

● **Holy Cow! Casino**, 2323 S. Las Vegas Blvd., Ecke *Sahara* & The Strip; Restaurant & Café mit der ersten Mikrobrauerei von Las Vegas; 24 Std. geöffnet, gegenüber vom Stratosphere Tower.

● **Hyatt Regency Lake Las Vegas Resort**, Nähe Lake Mead, 17 mi/27 km vom Strip und McCarran Airport; mit Casino.

● **Imperial Palace**, 3535 S. Las Vegas Blvd.; mit weltberühmter Imperial Palace Auto Collection (Al Capone's 1930 V-16 Cadillac, Elvis Presley's 1976 Cadillac und Marilyn Monroe's 1955 Lincoln Capri); grandiose Show „Legends in Concert"; Swimmingpool mit Olympiamaßen.

● **Las Vegas Hilton**; 3000 Paradise Rd. Im nördlichen Turm des Hotels mit *Star Trek: The Experience* wird man durch Bewegungssimulatoren und Virtual-Reality in die Zukunftswelt versetzt – technisch ausgefeilte Attraktion.

● **Luxor Las Vegas**, 3900 S. Las Vegas Blvd.; 36stöckiger, 107 Meter hoher Pyramidenbau nach dem Vorbild der Cheopspyramide in Giseh bei Kairo (23 m höher als das Original), mit Haupteingang zwischen den gigantischen Pfoten einer 10stöckigen Sphinx. Luxors Xenon Scheinwerfer (315 000 Watt) ist auf Flughöhe bis zu 400 km weit sichtbar.

1200 echte Palmen umgeben den Luxor Komplex (in nur 18 Monaten erstellt). 800 000 Quadratmeter weites Atrium (Platz für neun Jumbojets) beherbergt auf unterer Ebene Spielparadies in exotischen Rahmen. Ägyptisch ausgestattete Hotelzimmer, 236 Jacuzzi Suites. Zusammen mit zweistufigen pyramidenförmigen Hoteltürmen bietet das Megaresort 4480 Zimmer.

Ägyptische und futuristische Themenattraktionen mit künstlichen Ausgrabungsstätten und originalgetreue Kopie der Grabkammer von König Tutenchamun im **King Tut's Tomb and Museum**. 16 Inclinators-Gästeaufzüge befördern Hotelgäste in der Hauptpyramide die 39 Grad schrägen Pyramidenwände hinauf. Jede Seite der Pyramidenbasis misst 197 Meter.

● **Main Street Station Casino, Brewery & Hotel**, 200 N. Main St., Downtown Casino Area. Viktorianischer Stil; Mikrobrauerei.

● **Mandalay Bay** weiteres Mega-Casinohotel (Gelände ehemaligen Hacienda Casinos) mit 3733 Zimmern, einschließlich Four Seasons; Sand-und Surf-Beach mit 2 m hohen Wellen, Lagune, Dschungel-/Tropenlandschaft; mit Treasures of Mandalay Bay Museum/Banknoten- & Münzmuseum, Eintritt.

● **Mansion at the MGM Grand** – in toskanischer Architektur als City of Entertainment Complex, verbunden mit MGM Grand Conference Center mit 1500-Zimmer Marriott Marquis sowie 500-Zimmer und 30-Suites. Die Villen des Mansion, Suites sind von Atrium mit formellen Gärten, Hallen- und Freibad umschlossen. Ferner 2787 Quadratmeter Casino, Shangrila Pool und Spa.

● **MGM Grand Hotel/Casino**, 3799 S. Las Vegas Blvd., zur Zeit noch mit über 5000 Zimmern weltgrößtes Hotel, auf 15 794 Quadratmeter 4 Themen Casinos; 3500 Slot Machines, 10 Restaurants. 14 Meter hohe, glänzend polierte Bronze Löwenstatue am Eingang wiegt 50 Tonnen – eine der größten Bronzeskulpturen der Welt. Durch Monorail mit Bally's Resort verbunden.

MGM Grand Garden für Entertainment- und Sportveranstaltungen mit Kapazität für 15 200 Zuschauer. 13 Hektar **MGM Grand Adventures** Themenpark, der Vergnügungspark mit 12 aufregenden Fahrten und Attraktionen, alle im Zusammenhang mit berühmten Filmklassikern des Giganten der Filmindustrie; herrliche „MGM Studio Tour", Wildwasserfahrten und mehr.

Begeisternde Restaurants – darunter **Rainforest Café** mit Regenwald-Atmosphäre (simulierte Donner und Blitz, Wasserfälle, tropische Regenstürme; animatisierte Tropentiere und üppige Tropenvegetation), ansprechendes Interieur, abwechslungsreiche Shoppingmöglichkeiten, grandiose Theater für Super Shows. Live Music and Entertainment in Bars and Lounges in Filmwelt-Motiv-Design; **Studio 54 Nightclub**.

● **Millenium** – mit 20 000 Hotelzimmern geplant – eine Stadt in der Stadt mit eigenem Verkehrs- & Transportsystem und Riesen-Casino; stellt alles bisher dagewesene in den Schatten.

● **The Mirage**, 3400 S. Las Vegas Blvd., im Herzen des Strip. Die Unterhaltung des Hotels kostet pro Tag über 1,3 Millionen Dollar. Vor dem Mirage bricht alle 15 Minuten ein 16 m hoher Vulkan aus – eine Wasserfontäne, die unter großen Felsbrocken hervorschießt, wird durch Licht und künstlichen Rauch in einen speienden Vulkan verwandelt.

Im Innern des **Mirage** tropischer Regenwald *Secret Garden of Siegfried & Roy*, echte Haie, *Dolphin Environment* mit Delphinarium, die weißen Königstiger der Dressurmeister Siegfried und Roy, deren Show Weltklasse ist. Trockeneisnebel bringen erfrischende Kühlung.

LAS VEGAS, NV
Las Vegas Casino Highlights

- **Monte Carlo Resort & Casino**, 3770 S. Las Vegas Blvd., über 3000 Zimmer und 225 Luxussuites im Stil um die Jahrhundertwende mit mediterranem Flair des berühmten Casinos von Monaco. Palaststil mit Bögen, Kuppeln, Marmorböden, Gaslaternen mit 2000 Quadratmeter Wasserpark und Wasserfällen. 8361 Quadratmeter Casino mit 2200 Slots, Food Court und Brew Pub (Brauerei Pub). Durch Monorail mit Bellagio verbunden.
- **New York-New York Hotel & Casino**, 3790 S. Las Vegas Blvd. Ähnlich einer Filmkulisse ist um das eigentliche Hotel eine kleine Ausgab der New Yorker Skyline herumgebaut, komplett mit 46 m hoher Freiheitsstatue und 12 berühmten Wolkenkratzern, darunter 161 m hohes Empire State Building mit 8154 kg schwerer, 9 m hoher Spitze. Repliken von Grand Central Station, 91 m Brooklyn Bridge als Zufahrt, Replika des Soldiers and Sailors Monument sowie Restaurants und Shops, die an Big Apple erinnern.
Casino hat metropolitanische Atmosphäre mit Repliken New Yorker Straßen wie Manhattan's Park Avenue, Broadway, Times Square, Financial District, Central Park und Greenwich Village. Der Unterhaltungspark im Family Entertainment Center versetzt mit dem Manhattan Express, einer Achterbahn im Coney Island-Stil, in die Zeit Anfang der 1900er Jahre. Über 2000 Zimmer in Art Deco.
- **The Orleans Hotel & Casino**, 4500 W. Tropicana Ave., westl. vom Strip, New Orleans Themen Casino mit Flair des French Quarter, schmiedeeiserne Fassaden, Mardi Gras Motive; Century Theatre Orleans mit 12 Kinos. Kostenloser Shuttle zwischen Orleans, Strip und Gold Coast Casino.
- **Paris-Las Vegas Resort Casino** (Hilton) neben Bally's. 9,6 Hektar Gelände mit eleganter Version von Paris um die Jahrhundertwende mit 50stöckigem Replik des Eiffelturms. Auch andere Wahrzeichen einschließlich Arc de Triomphe, Pariser Oper, Louvre, Rue de la Paix und Parc Monceau.
Dekor umfasst Art Nouveau Skulpturen und Malerei französischer Impressionisten. 32stöckiger X-förmiger Turm mit 3000 Zimmern in französischem Stil. Neun Themenrestaurant, davon ein Restaurant auf der Spitze des Eiffelturms. 27 871 Quadratmeter Convention Area zwischen Paris Casino und Bally's. An Monorail, die Bally's und MGM verbindet, angeschlossen.
- **The Planet Hollywood Hotel & Casino**, neben Desert Inn. 3200-Zimmer-Hotel und 9290 Quadratmeter Casino.
- **Reserve Hotel Casino** in Henderson bringt die Serengeti nach Las Vegas – im afrikanischen Safari-Design.
- **Rio Suite Hotel & Casino**, 3700 W. Flamingo Rd., Las Vegas' einziges nur-Suite-Hotel-Casino; 2554 Suites. Casino mit brasilianischem und Karneval Thema. Masquerade Village mit 41stöckigem Hotelturm. New Orleans Stil Restaurant sowie Restaurants mit mexikanischer, italienischer und französischer sowie asiatischer Küche. Gigantischer Copacabana Entertainment Komplex, Karnevalumzüge, Masquerade Show und die größte Weinflasche der Welt – „The Treasure of the Titanic" (Inhalt, 1995er Reserve Merlot, entspricht etwa 36 Flaschen oder 162 Gläsern Wein).
- **Sam's Town Hotel & Gambling Hall**, 5111 Boulder Hwy. Angenehme Atmosphäre im Stil vom Old West. Überdachter Innenhof um 9stöckiges Hotel mit Zimmern im Western Stil. Motto: „*Where Locals bring their friends*". Nett. Preiswerte Restaurants. RV Park.
- **Santa Fe Valley Hotel** in Henderson mit Kasino in Santa Barbara Missionsarchitektur und Design; mit Eislaufarena.
- **Seven Circle**, *Rampart & Summerlin Parkways*, 25 Min. vom Las Vegas Strip, im Resort at Summerlin. Spanisch-mediterranes Design, Innenhöfe, Springbrunnen, Gewölbe; mit Restaurants, Mikrobrauerei und 4366 Quadratmeter Casino.
- **Stratosphere Tower Hotel & Casino**, 2000 S. Las Vegas Blvd. 1500 Hotelzimmer und 350 m hoher freistehender Turm, gilt als vierthöchstes Gebäude der USA, das höchste Bauwerk westlich des Mississippi. Drehrestaurant im Turm, Hochzeitskapelle und nervenkitzelnde Achterbahn 277 m über dem Strip um die Spitze des Turms (auf 264 m Gleitschienen). 21 m großer Gorilla klettert als King Kong außen und innen als Aufzug (48 Personen) am Turm auf und ab. An der Basis des Turms Promenade im Design einer Weltausstellung.
- **Sunset Station Hotel & Casino**, in Henderson, *Sunset Road & I-515*; mediterraner Themenkomplex, 15 Minuten vom Strip. 448 Zimmer, 7432 Quadratmeter Casino mit 2700 Slot-Video Poker Maschinen, 40 Spieltischen, 7 Restaurants, Kindergarten, 300-Sitze Entertainment Center und 13-Leinwand-Kino-Komplex. Gaudi Bar ist Centerpart des Casinos mit 10 872 kg schwerer Bleiglasdecke. „Wayne Gretzky Roller Hockey Center", Eislaufarena. Wer beim Spielen „Pfunde verlieren will", kann sich aufs Pedal 'N Play Trimrad schwingen und Slot Machine bedienen (funktioniert nur, wenn man kräftig in die Pedale tritt!).
- **Treasure Island at The Mirage**, 3300 S. Las Vegas Blvd., über Monorail mit dem Mirage verbunden. Am Eingang wird in einem künstlichen Bucht etwa sechsmal täglich die Seeschlacht zwischen der britischen Fregatte *H.M.S. Britannia* und dem Piratenschiff *Hispaniola* ausgetragen, einschließlich Kanonenfeuer, Wellengang (Buccaneer Bay Pirate Show). Geschmackvolle Zimmerausstattung, Hotelhalle und Casino. Themenrestaurants passen sich im Dekor dem Hauptthema „Schatzinsel, Piraten" an.

LAS VEGAS, NV 265
Las Vegas Casino Highlights/Attraktionen

● **Tropicana Resort & Casino**, 3801 S. Las Vegas Blvd., Ecke *Tropicana* & Strip. Tropisches Themen-Resort mit 2 Hektar Wasserpark und einem der größten Indoor/Outdoor Swimmingpools der Welt; Swim-up Blackjack-Tische – Glücksspiel im Pool! **Casino Legends Hall of Fame** – Museum mit Exponaten aus über 700 Kasinos (darunter 550, die nicht mehr existieren); Eintritt.
● **Venetian**, Ecke *Sands* & Strip, an der Stelle, wo zuvor das ehrwürdige, über 40 Jahre alte Sands Hotel & Casino stand, das im November 1996 gesprengt wurde, um Platz für neue Megaresort Casinos zu machen. 2 Billionen Dollar Luxus Casino, Konferenzzentrum, Resort und Entertainment Komplex in der Nachbildung der Lagunenstadt Venedig. Die Sprengung wurde übrigens in einer Filmszene des Action-Films *Con Air* mit Nicolas Cage verwendet.

Venedigs Wahrzeichen wie der berühmte Markusplatz, Campanile, Dogenpalast, Canale Grande und Rialto Brücke. Venezianische Architektur auch für rund 6000 Luxus-Hotel-Suites, 18 580 Quadratmeter Casinofläche und 46 452 Quadratmeter Shopping-/Restaurantgelände, 148 645 Quadratmeter Kongressfläche. Hier befindet sich auch Las Vegas erstes Wachsmuseum **Madame Tussaud's at the Venitian**.

Attraktionen

Die nach Themen gestalteten Casinos Las Vegas' mit ihren Kreationen der Kunstwelt, erstaunlichen Plastikwelt wie beispielsweise im Caesars Palace oder mit künstlichem **Vulkanausbruch** vor dem Mirage, **Piratenschlacht** vor Treasure Island oder Dressurkünsten berühmter Dressurstars, ganzer Städtelandschaften wie New York-New York, Paris-Las Vegas Resort Casino oder Monte Carlo und das Venetian Casino sind für sich alleine schon **Attraktion**. Daneben versuchen Themenparks mit ständig aufregenderen und technisch ausgefeilten Attraktionen und Fahrten die Vergnügungslust der Besucher zufriedenzustellen. In nachfolgender Auflistung werden einige Attraktionen besonders herausgestellt.

♦**Aladdin Hotel Casino**: Alle 30 Minuten ergießt sich ein Special-effects Regensturm über einem 47 Meter hohen Schiff, das im **Merchant's Harbor** der **Desert Passage** festgemacht ist.
♦**Bonnie Springs Old Nevada**, 20-30 Min. südwestlich von Las Vegas; vom *Las Vegas Blvd.* oder *I-15* via *Charleston Blvd. (NV 159)* oder *Blue Diamond Rd. (NV 160)*, **Red Rock Canyon** Area. Nachbildung eines Wildweststädtchens mit Saloon, Sheriff, Restaurant, Revolverhelden mit Western Shootouts, Revuegirls, Läden und Theater – Opera House und Motel. Reizvolle Fahrt durch den **Red Rock Canyon** via *NV 159*.
♦**Buccaneer Bay Pirate Village und Live Sea Battle**/Piratendorf und Seeschlacht; vor Treasure Island Hotel Eingang. Ca. 6 Shows tägl. mit aufregender Seeschlacht zwischen Piratenschiff *Hispaniola* und der britischen Fregatte *HMS Britannia* mit Kanonenfeuer und Wellengang; kostenlos. Zeiten sind angeschlagen, in der Regel alle 90 Minuten von 16 bis 23.30 Uhr.
♦**Caesars Palace Festival Fountain Animatronic Show**, in den Forum Shops des Caesars Palace. Animatronische Show mit Laser- und Farbstrahlen, bei der die Figurenwelt des Springbrunnens unter *Special Effects* und Musik lebendig wird. Tägl. ab 10 Uhr zur vollen Stunde.

Weitere animatronische Attraktion ist „**Race for Atlantis**", die erste IMAX 3-D Simulator Attraktion der Welt (in den Forum Shops), für alle, die Futuristisches und 3-D-Effekte lieben – ein Chariot-Rennen durch das legendäre Reich von Atlantis; 10-23 Uhr; Eintritt.

Zum Schnuppern der unterirdischen *„dining"* und Zaubershow gibt es eine Tour mit kostenloser **Luminaria Show**; Führung durch die Katakomben von Caesars Magical Empire mit Flammen und high-tech Effekten; tägl. 10.45 und 15.45 Uhr; Start Caesars Magical Empire Box Office.
♦**Circus Circus Hotel Casino**. Zirkusvorstellungen, Trapezkünstler und vieles mehr; tägl. ab 11 Uhr. Eintritt frei.
♦**Clark County Heritage Museum**, Henderson, 1830 S. Boulder Highway. Heimatmuseum, 12 000 Jahre Geschichte Südnevadas; Geisterstadt.
♦**Debbie Reynold's Hollywood Movie Museum**, 305 Convention Center Dr.; Sammlung von über 3000 Filmkostümen, Möbeln und Kulissendekorationen; Filmkulissen berühmter Filme. Eintritt.
♦**Dolphin Habitat** im Mirage, Flaschennasen-Delphin-Habitat; Eintritt.
♦**Ethel M. Chocolates Factory & Cactus Gardens**, Henderson, 1 Sunset Way. Kostenlos Besichtigung von Schokofabrik (Proben) und Kakteengarten.

LAS VEGAS, NV
Attraktionen

♦**Excalibur**. Drachenkampf vor Burggraben mit Simulatoren. **Magic Motion Machine** – Kinosaal wird durch hydraulische Anlage in Bewegung gesetzt, kann sich heben, schaukeln, rütteln, kippen und schlingern. Mit dem Bob geht es realistisch durch den Eiskanal!

♦**Extraterrestrial Highway**. Ein 98 mi/157 km Abschnitt des durch Südzentral Nevada verlaufenden Highway *NV 375*, der wegen der immer wieder hier gesichteten außerirdischen Flugobjekte offiziell zum **Extraterrestrial Highway Territory** (außerirdischer Highway) erklärt wurde. Die nördlich von Las Vegas verlaufende, verkehrsarme, ländliche Straße führt nach **Rachel**, einem 100-Seelen-Nest, das *UFO Capital of the West* genannt wird.

In **Rachel** gibt es die Little A 'Le' Inn, ein Restaurant, das über eine 150 Bände umfassende Ufologie-Bibliothek verfügt, und zu dem noch Bar, Motel und UFO Info Center mit Fotos von außerirdischen Flugobjekten gehören. Ferner kann man im **Close Encounters Museum** Dioramen von UFO-Absturzstellen bestaunen.

Area 51, in der Nähe von Rachel, ist eine Militär-Basis, auf der über 30 Jahre lang Militärflugzeuge entwickelt wurden. Es kursieren verschiedene Theorien, was eigentlich auf **Area 51** geschah. Angeblich sollen dort außerirdische Flugkörper aufgenommen und getestet worden sein. Übrigens hat man Szenen der Science Fiction Filme *Star Trek First Contact* und *Star Trek: Generations* in der Nähe vom **Valley of Fire State Park** gedreht.

♦**Flyaway Indoor Skydiving** – Fallschirmspringer-Simulator (vertikaler Windkanal, in dem man ohne Flügel fliegt); 200 Convention Center Dr. Information Fax (702)731-0051.

♦**Fremont Street Experience**. Downtown Casino Area. Ursprünglich beschränkten sich Las Vegas' Casinos nur auf *Frémont Street*, ehe die Ausdehnung auf den *Las Vegas Boulevard*, den berühmten **Strip** erfolgte. Mit 70 Mio. Dollar Einsatz gelang Las Vegas 1995 die Wiederbelebung seiner Downtown Area.

♦**Fremont Street Experience** hat die berühmte Frémont Street in eine Fünfblock Fußgängerzone verwandelt, die links und rechts von Kasinos und Geschäften begrenzt wird. Höhepunkt ist die sogenannte **Sky Parade**, eine eindrucksvolle, dreidimensionale Ton-Licht-Show, die auf die 27 Meter hohe Überdachung, die *Frémont Street* überspannt, projiziert wird.

Der Baldachin, der sich über eine Länge von etwa 425 Meter von *Main Street* zur *Fourth Street* erstreckt, umfasst rund 2,1 Million Glühlampen und 208 Lautsprecher sowie computergesteuerte Leuchtprogramme und Scheinwerfer, die in der Lage sind, über 300 Farben zu erzeugen. Die etwa 10 Minuten dauernde Show wird mit verschiedenen abwechselnden Programmen ab 20 Uhr zu jeder vollen Stunde bis Mitternacht gezeigt.

Eine der Präsentationen ist *Country Western Nights*, eine abwechslungsreiche Mischung aus Musik und Country Images. Das Programm umfasst als weitere Show *Odyssee: An Illuminating Journey*, das die Zuschauer in eine Sieben-Minuten-Exkursion durchs Weltall und inmitten eines Dschungels tropischer Blumen zurück zur Erde führt. Ein Team von Animators, Designer, Audio-Ingenieuren entwickeln ständig neue Programme, die auf bestimmte Themen, Veranstaltungen und Feiertage zugeschnitten sind. Frémont Street Experience hat ein attraktives Grand-Foyer für Downtown Hotel Casinos geschaffen.

Nach Hollywood-Manier gibt es einen **Walk of Fame** auf der *Frémont Street* mit in goldumrandetem Stern eingravierte Namen (gegen $100 kann man sich wie die Stars und Sternchen auf dem Walk of Fame in Hollywood mit einem solchen Stern verewigen lassen); besonders beliebt bei Hochzeiten. **Neonopolis @ Frémont Street** mischt Neon von Las Vegas mit dem Glamour Hollywoods und bringt Manns Theatre in einen Freiluft Shopping- /Entertainment-Komplex.

♦**Game Works**, im Showcase Complex. Unterhaltungskomplex, inspiriert durch Dream Works SKG (Steven Spielberg, Jeffrey Katzenberg und David Geffen), Sega Enterprises und Universal Studios. Verschiedenste Spiele von den technologisch höchstentwickelten bis zu den traditionellen und Internet Aktivitäten. Eine 23 m hohe Kletterwand im Innern des Showcase Complex bietet 13 verschiedene Routen und Schwierigkeiten. 10-4 Uhr morgens.

♦**Grand Slam Canyon** – Circus Circus Themenpark. Vergnügen unter klimatisierter rosa Zirkuskuppel, Achterbahn, Wildwasserfahrten. Eintritt.

♦**Guinness World of Records Museum**, 2780 Las Vegas Blvd. S. Interessante Demonstration aus dem Guinness Buch der Rekorde. Ziemlich „kitschig", aber interessante Rekorde, z.B. wer der dickste Mann der Welt ist (Robert Earl Hughes mit 484,25 kg!) oder wer den Weltrekord in Baked-Beans-Essen hält (Karen Stevenson 2780), Video zeigt den Weltrekord fallender Dominos.

♦**Harley-Davidson Café**, Ecke *Harmon & Las Vegas Blvd*. im Showcase Complex. Durch die Front des zweigeschossigen Baus bricht eine 8,5 m hohe, 6795 kg schwere replizierte Harley-Davidson Heritage Softtail Classic (Preis: $500 000). Auf einem Laufband rollen im Innern des Restaurants die neuesten Harley-Davidson Motorräder an den Gästen vorbei. Wand von einer amerikanischen Fahne mit den Maßen 12 x 12 m bedeckt.

Bikes werden wie im 1993 in New York eröffneten Harley-Davidson Café von Prominenten wie Billy Joel auf Baby Grand Piano vorgestellt.

LAS VEGAS, NV 267
Attraktionen

Verschiedenste Memorabilien aus der über 90jährigen Geschichte der Motorradmarke, u. a. „Taxi" Bike, „Lion" Bike, „Gambler" Bike oder „Rock 'n' Roll" Bike bilden das Interieur. In 2 Läden gibt es Harley-Davidson Signature Ware und Souvenirs. Motorräder zum Aufsitzen und Anfassen.

♦**Holy Cow! Casino & Brewery**; gegenüber vom Stratosphere Tower. Kostenlose Brauereibesichtigung.

♦**IMAX 3-D Theater** bei verschiedenen Hotels wie Circus Circus und Luxor.

♦**Imperial Palace Auto Collection** im Imperial Palace Casino am Strip. Ausstellung der seit 1981 über 750 Autos umfassenden Sammlung antiker und klassischer Automobile. Autos aus dem Besitz von Elvis Presley, Howard Hughes, John F. Kennedy, Al Capone und Adolph Hitler.

♦**Las Vegas Art Museum**, 3333 W. Washington Ave., im Lorenzi Park. Kunstmuseum mit wechselnder Ausstellung.

♦**Las Vegas Monorail**, Einschienenbahn verbindet verschiedene Hotel-Casinos wie MGM Grand und Bally's sowie Paris Casino Resort. Befördert täglich rund 13 000 Fahrgäste.

♦**Las Vegas Motor Speedway**, gegenüber von Nellis Air Force Base in North Las Vegas. NASCAR-Rennbahn.

♦**Las Vegas Natural History Museum**, 900 N. Las Vegas Blvd. Naturgeschichtliches Museum; von Dinosauriern bis zur heutigen Tierwelt.

♦**Liberace Museum**, 1775 E. Tropicana Ave. Boa-Kostüme und Nerzroben des verstorbenen Pianisten sowie Pianos und klassische Automobile, darunter ein Rolls-Royce in Schlangenleder!

♦**Lied Discovery Children's Museum**, 833 N. Las Vegas Blvd. Museum mit Exponaten zum Anfassen und Experimentieren und Erleben, wissenschaftliche und Lernexponate. Montags geschlossen.

♦**Lost City Museum of Archaeology**, Overton, 721 S. Moapa Valley Blvd.; 60 mi/96 km nordöstlich von Las Vegas. Pueblo Indian Artefakte, von der Anasazi Kultur, die das Moapa Valley vom 1. bis 12. Jh. bewohnt hat; lebensgroßer Indian Pueblo, archäologische Ausgrabungsstücke.

♦**Luxor Las Vegas Hotel & Casino**, am Strip; König Tutenchamun Grab-Replika.

♦**Magical Kingdom** im Caesars Palace, Besucher können durch Katakomben und Fantasiereiche wandern.

♦**Masquerade Village** im Rio Suite Hotel Casino. Karnevalatmosphäre wie Mardi Gras in New Orleans oder Karneval in Venedig; von 12-22 Uhr stündlich 12minütige Masquerade Show in the Sky mit Akrobaten, Tänzern und Musik (Mittwoch Ruhetag).

♦**MGM Grand Adventure Park**, neben MGM Grand Resort Casino. Themenpark mit aufregenden Vergnügungsfahrten, die ständig durch neuartige Attraktionen ergänzt werden. Riesenrad, Achterbahn und nervenkitzelnde Attraktionen. Man fährt beispielsweise in einer Bergwerks-Lore durch einen Bergwerkstunnel oder bei einer simulierten Fahrt **durch eine Lavaröhre.**

♦**Millenium Arena** in North Las Vegas, Veranstaltungskomplex für Konzerte, Ausstellungen und Monster Truck Shows.

♦**Mount Charleston**, 3658 m hohe Erhebung in der Nähe von Spring Mountain Ranch wird „Garteninsel in einem Wüstenmeer" genannt. Hier findet man erfrischende Kühle.

♦**NASCAR Café** neben Sahara Hotel; Megarestaurant und Achterbahn mit NASCAR Winston Cup Fahrzeugen, *virtual reality* Rennsimulatoren und interaktiven Stationen.

♦**Nevada State Museum & Historical Society**, 700 Twin Lakes Dr., im Lorenzi Park; geschichtliches und naturhistorisches Museum über Südnevada.

♦**New York-New York** Stadtlandschaft des New York-New York Hotel Casino mit berühmten Wolkenkratzern, Freiheitsstatue, Brooklyn Brücke und Coney Island Achterbahn.

♦**Official All-Star Café** im Showcase Complex. Über drei Ebenen verteiltes Sport-Themen-Restaurant mit Sportmemorabilien, großen Bildschirmen für Übertragung bedeutender Sportveranstaltungen; bis 2 Uhr morgens geöffnet.

♦**Old Mormon Fort State Park**, 908 Las Vegas Blvd. N. & *Washington*. Wiederaufgebautes Fort – angeblich ältestes, nicht-indianisches Bauwerk in Südnevada. 1855 von Brigham Young, dem Mormonen-Anführer errichtet zum Schutz der Missionare und Siedler auf dem Weg nach Kalifornien. 1857 von den Mormonen verlassen, diente das Fort vorübergehend als Ranch, Beton-Testlabor und Restaurant.

Von dem ursprünglichen Fort blieb als Original nur ein kleines Adobe-Gebäude übrig, das einst Teil der Südumfassung war. Der Park umfasst vier Abteilungen: Aus der indianischen Epoche findet man Hütten, sogenannte Paiute *Wickiups*. Die Mormonen-Ära erkennt man an Adobe-Umfassungsmauern, Toren, Bastionen und Tiergehegen, Gärten und Feldern.

Die Steinfundamente des Stewart Ranch House und Bunkhouse geben Besuchern die Möglichkeit, sich an archäologischen Ausgrabungen zu beteiligen. Die Rolle, die das Fort als Testlabor für den Bau des Hoover Damms gespielt hat, wird im restaurierten Testlabor deutlich. Eintritt.

268 LAS VEGAS, NV
Ausflüge & Touren

♦**Planet Hollywood**, in Forum Shops des Caesars Palace. Kalifornische Küche; interessantes farbenfreudiges Interieur mit wertvollen und authentischen Film- und TV-Memorabilien. Spektakuläre audiovisuelle Sensation.
♦**Omnimax Theater,** Caesars Palace. Kuppelförmiges Kino mit spezieller Ton- und Akustiktechnik.
♦**Red Rock Canyon National Conservation Area**, südwestlich von Las Vegas. 13 mi/21 km Rundfahrt durch rote Sandsteinlandschaft.
♦**Sam's Town**, Water & Laser Show im Atrium des Hotel Casino am *S. Boulder Highway.*
♦**Scandia Family Fun Center**, 2900 Sirius Ave. am *Rancho Dr.* Vergnügungspark.
♦**Showcase Complex**, Gelände neben MGM Grand Hotel/Casino, am Las Vegas Strip. Entertainment- und Geschäftekomplex auf mehreren Ebenen – „Entertainment Power Center" mit u. a. World of Coca-Cola, United Artist Theaters, M&M's World, Official All-Star Café und Game Works.
♦**Southern Nevada Zoological Park**, 1775 N. Rancho Dr.
♦**Spring Mountain Ranch State Park**, Red Rock Canyon.
♦**Stratosphere Tower**, 2000 S. Las Vegas Blvd., mit 350 m einer der höchsten freistehenden Türme der USA. Im 12stöckigen Turmaufsatz befinden sich Drehrestaurant und Aussichtsdecks (wird bei starkem Wind geschlossen). Außerdem auf der Spitze zwei Attraktionen *The Big Shot* und *High Roller*, eine nervenkitzelnde Achterbahn um die Turmspitze.
♦**Valley of Fire State Park**, 52 mi/83 km nordöstlich von Las Vegas, bei **Overton**. Grandiose Landschaft seltsam geformter roter Sandsteingebilde entlang der Parkstraße. Interessantes Visitors Center.
♦**Wet 'n Wild Water Park**, 2600 S. Las Vegas Blvd.; Wasserpark, im allgemeinen Mai - Dez.
♦**World of Coca-Cola Las Vegas**, *S. Las Vegas Blvd.*, Teil des Showcase Complex neben MGM Grand Casino. Weltgrößte Coca-Cola Flasche (30 m hoch) als Leuchtreklame. Einrichtung ist ein Museum der über 100 Jahre alten Geschichte des populären Erfrischungsgetränks; mit interaktiven Exponaten, Filmausschnitte der Reklamestreifen im Laufe der Zeit, Soda Fountain der 30er Jahre, mechanische Flaschenfüllanlage.
Der Komplex ist ein Ableger des originalen World of Coca-Cola von Atlanta, Georgia. Gläserner Aufzug befördert den Besucher in die gigantischen Cola-Flasche hinauf. Nach dem Aufzug wird man vom Klang einer geöffneten Cola-Flasche, die über Eiswürfel entleert wird, empfangen und folgt nun durch Räume mit der Geschichte des weltberühmten Getränks. Abschließend kann man die verschiedenen Getränkeprodukte dieses Unternehmens versuchen. Eintritt. Im Everything Coca-Cola werden Coca-Cola Verkaufsartikel angeboten.

Touren & Ausflüge

Las Vegas bietet die Gelegenheit verschiedener **Ausflüge** und **Touren** zu Attraktionen der Umgebung. Man kann entweder mit dem Mietwagen unterwegs sein oder an einer der angebotenen Ausflugstouren teilnehmen. Spektakuläre Landschaften der Nationalparks sind von Las Vegas erreichbar, wie **Grand Canyon** in Arizona, **Death Valley** und **Joshua Tree** in Kalifornien sowie **Bryce Canyon** und **Zion** in Utah oder **Great Basin Nationalpark** in Nevada etwa 300 mi/480 km nördlich von Las Vegas. Nur etwa eine Stunde von Las Vegas entfernt liegt **Mt. Charleston** mit **Lee** und **Kyle Canyons**.

Flugexkursionen zum **Grand Canyon** sowie Busausflüge zum **Hoover Damm** werden angeboten. Nachfolgend einige der beliebtesten Ausflugsziele. Einzelheiten in den Hotels erkundigen.

♦**Death Valley Nationalpark** – Tal des Todes. Hauptteil des Parks in Kalifornien, ein kleiner Teil in Nevada. Herrlich einsame und faszinierende, unberührte Wüstenlandschaft mit den tiefsten Punkten Nordamerikas – etwa 85 m unter dem Meeresspiegel.
Zentrum bildet **Furnace Creek** mit Visitors Center. Etwa 53 mi/85 km nördlich davon **Scotty's Castle** – luxuriöser Wohnpalast, mit dem sich der verstorbene Walter E. Scott (Spitzname *Death Valley Scotty, the prospector)* einen Traum verwirklicht hatte. Scotty gehörte zu den Prospectors, die in der Gegend nach Bodenschätzen gesucht hatten. Scotty's Castle wurde von Albert Johnson finanziert, der mit Versicherungen Millionen verdient hatte.
♦**Grand Canyon Nationalpark**. Eines der größten Naturwunder der Welt entstand in Millionen von Jahren durch die Arbeit des Colorado River und den ständigen Angriff von Sonne und Wind. Als Ergebnis präsentiert sich heute eine kilometerlange Schlucht in spektakulärer Farbenpracht der verschiedensten Fels- und Erdformationen.

LAS VEGAS, NV 269
Touren & Ausflüge

Der Grand Canyon liegt etwa 300 mi/480 km südöstlich von Las Vegas, etwa 6 Stunden Autofahrt.

Der Südrand ist ganzjährig geöffnet. Fahrt entlang des Canyonrands oder Maultierritt in den Canyon möglich. Auch Flugexkursionen von Las Vegas, Flugzeit etwa 40 Minuten.

♦**Hoover Dam**, etwa 25 mi/40 km südöstlich von Las Vegas; einer der höchsten Staudämme Amerikas. 221 m hoch; Bauzeit 1931-1935; nach Herbert Hoover, 31. US-Präsident (1874-1964) benannt. *US 93* führt als Durchgangsstraße über den 379 m langen Damm.

Der Staudamm hält das Wasser des **Colorado River** zurück und bildet den etwa 177 km langen See **Lake Mead**. Hoover Dam Visitor Center mit Aussichtsplattform und Hoover Dam Tour zur Besichtigung von Staudamm und Wasserkraftwerk. Parkhaus beim Visitor Center. Tägl. 8.30-17.30 Uhr. Gebühr für Damm-Tour.

♦**Lake Mead**; durch den Hoover Damm entstandener See etwa 25 mi/40 km östlich von Las Vegas. See bietet verschiedenste Wassersportmöglichkeiten wie Windsurfen, Schwimmen, Tauchen, Wasserski, Bootfahrten und Angeln. Campingplätze am See. Der 177 km lange See besitzt rund 88 km Uferlänge. 6 Bootshäfen bieten gute Anlegemöglichkeiten. Auch Hausboot-Vermietung.

♦**Old Nevada**, etwa 30 Minuten südwestlich von Las Vegas; südlich von McCarran International Airport via *Blue Diamond Road*. Wildweststädtchen mit Saloon, Restaurant, Opera House und Wildwest-Shootouts.

♦**Overton**, Nähe Valley of Fire State Park; **Lost City Museum** mit Artefakten alter Indianerkulturen vom Ufer des Muddy River.

♦**Primm**, an *I-15*/Bundesstaatengrenze Nevada/Kalifornien, ca. 35 Min. vom Südrand Las Vegas Strip. Primadonna Casino Resort mit Achterbahn. Kostenlos am Kasinoeingang von Whiskey Pete's bestaunen: Autos von Bonnie and Clyde sowie Al Capone/Dutch Schultz. Billige Übernachtung!

♦**Red Rock Canyon**, etwa 20 mi/32 km westlich von Las Vegas. Panoramastraße durch grandiose Landschaft. Vor etwa 225 Millionen Jahren verursachten Bewegungen in der Erdkruste eine allmähliche Anhebung des Meeresbodens und ließen eine Felsplatte über der andern horizontal verschieben. Die Eisenmineralien im Sandstein haben dem Gestein die rote Färbung verliehen.

Einst Heimat alter Indianerstämme, heute bevorzugte Gegend von Wildpferden und Wildeseln sowie Wüsten-Dickhornschafen und Kojoten. Kleines Visitors Center mit Exponaten.

Innerhalb des Gebiets liegt der **Spring Mountain State Park**. Die reizvoll gelegene Ranch, die sich einst im Besitz von Howard Hughes befand und zeitweilig auch der Deutschen Vera Krupp gehörte, liegt unterhalb der Felsenklippen der Wilson Range. Wasserquellen der umgebenden Berge waren Wasserlieferant der Paiute-Indianer.

♦**Rhyolite**; Geisterstadt, etwa 22 mi/195 km von Las Vegas, an der östlichen Grenze von Death Valley, Nähe *US 95*.

♦**Valley of Fire State Park**, etwa 52 mi/83 km nordöstlich von Las Vegas. Herrliche Wüstenlandschaft mit roten Sandsteinformationen. Parkstraße mit interessanten Haltepunkten, Felszeichnungen früher Indianerstämme. Sehr interessantes Visitors Center mit Museum.

Von den vielen verschiedenen Touren, die angeboten werden, sei hier nur eine der etwas ausgefalleneren Touren erwähnt:

♦**Out There Tours**. Touren umfassen 6 bis 8stündige *Xtour*, die entlang *NV 375*, dem **Extraterrestrial Highway** zu UFO Stätten wie Rachel und **Area 51** sowie **Valley of Fire State Park** führt. *Xpedition* führt zur **Nevada Test Site**, wo man die nach den ersten Atombombenversuchen verbliebenen Reste von geschmolzenen Gebäuden sehen kann. Ferner wird **Rhyolite**, eine Geisterstadt, besucht. Weitere Stationen der Tour umfassen Goldfield mit dem ältesten Saloon Nevadas, **Tonopah** mit dem historischen Mizpah Hotel und einen Trockensee, wo Szenen zu dem Science Fiction-Film *Independence Day*/Unabhängigkeitstag von 1996 gefilmt wurden.

Xperience umfasst dieselbe Route wie *Xpedition*, beinhaltet ferner noch Besuch von Death Valley Nationalpark, Lunar Crater, wo Ende der 1960er Jahre Astronauten trainierten, Cathedral Gorge, ein bekannter Drehort von Science Fiction Filmen sowie verschiedene Geisterstädte entlang der Route. Übernachtung im Mizpah Hotel in **Tonopah**.

Internet Adresse: http://pandora. bfd.com/outthere. html. Weitere Info (702)892-9951.

BAXTER'S LAS VEGAS CHECKLISTE

- ❑ STRIP-HOTEL BESUCHEN UND UMSEHEN
- ❑ SHOW IN EINEM CASINO-HOTEL ERLEBEN
- ❑ MIT DEM BUS DEN STRIP ENTLANG
- ❑ AUSFLUG ZUM HOOVER-STAUDAMM
- ❑ FREMONT STREET EXPERIENCE ERLEBEN

RENO

"The Biggest Little City In The World"

Glücksspiele
Reno Arch
Oldtimer Museum
Bergbau Museum
Pony Express Museum
Reno Hilton

Wer auf dem Luftweg die **Lake Tahoe Area** erreichen will, benutzt **Reno** als Ausgangspunkt. *I-80* bietet ausgezeichnete Straßenverbindung nach **San Francisco**, etwa 225 mi/360 km im Südwesten und nach **Salt Lake City**, etwa 525 mi/840 km im Osten. Zwischen **Reno** und dem Nordufer des **Lake Tahoe** über den reizvollen *Mt. Rose Highway* mit seinen Skigebieten liegen etwa 33 mi/53 km. Busverbindung von Downtown **Reno** sowie vom Flughafen nach **Lake Tahoe**. Mietwagen am Flughafen. Natürlich gibt es direkt im Flughafenterminal bereits Spielautomaten! Motel in Flughafennähe: Airport Plaza Best Western Hotel.

Reno ist Nevadas zweitgrößte Stadt mit Kasinos, spektakulären Hotels wie 2000-Zimmer-Hilton oder 1572-Zimmer Circus-Circus Hotel, Entertainment mit Weltstars sowie Museen. Wer die Strecke über 445 mi/712 km zu dem im Südosten liegenden Las Vegas zeitlich nicht schafft, findet auch in Reno genügend Möglichkeiten, Spielcasinos aufzusuchen.

Schlüssel zur Baxter Info-Karte: Reno, Nevada

1-Starlite Wedding Chapel
  Info/Heiratslizens
2-Greyhound
3-Post Office/*Postamt*
4-Amtrak
5-Reno Arch
5-„The Biggest Little City in the World"
6-Pioneer Center
  Theateraufführungen
7-University of Nevada
8-Virginia City
  -Carson City
  -Genoa
  -Lake Tahoe
  -Yosemite Nationalpark
9-Historical Society Museum
  -Susanville
10-zur I-80
11-Airport
12-Truckee/Auburn
  -Baxter
  -Sacramento
  -San Francisco
13-Sparks
  -Pyramid Lake
  -Salt Lake City
14-Reno RV Park
  -Wells Ave./Mill St.
15-McDonald's

Unterkunft/Kasinos: Tel./Fax
A-$$$ Harrah's
  (775)786-3232/Fax 788-3703
B-$$$ Flamingo Reno
  322-1111/Fax 785-7086
C-$$$ Fitzgerald
  785-5300/Fax 786-7180
D-$$$ Circus Circus
  329-0711/Fax 329-0599
E-$$ Motel 6 (Exit 16)
  358-1080/Fax 358-4883
  -$$ Days Inn
    786-4070/Fax 329-4330
F-$$$ Comstock
  329-1880/Fax 348-0539
G-$$$ Eldorado
  786-5700/Fax 322-7824
H-$$$ Showboat
  786-4032/Fax 786-4032
K-$$$ Reno Hilton
  789-2000/Fax 789-1678
L-$$ Motel 6
  827-0255/Fax 827-4728
  -$$$ Peppermill/829-2121
  geb.frei 1-800-282-2444
  -$$$ Atlantis Casino Resort
  825-4700/1-800-723-6500
M-$$$ Sands Hotel & Casino
  348-2200/Fax 348-2226
N-$$$ Travelodge Central
  786-2500/Fax 786-3884
O-$$$ Silver Legacy
  329-4777/Fax 325-7177

RENO, NV

Baxter Info-Karte: Reno, Nevada/Attraktionen

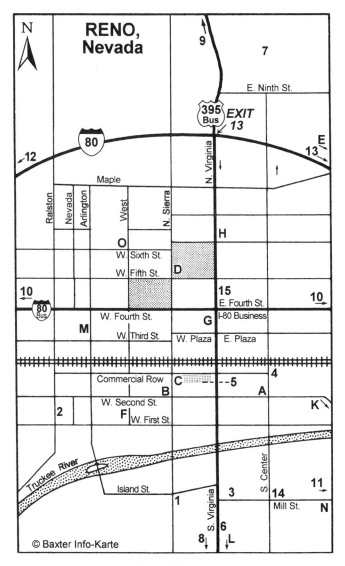

Attraktionen

Hauptattraktion **Renos** sind die prunkvollen Spielkasinos und Hotels im Bereich der **Casino Row**. **Reno** geht nicht schlafen — hier wird rund um die Uhr gespielt. Man findet die meisten Kasinos innerhalb von etwa acht Straßenzügen zwischen dem **Truckee River** und *I-80*. Renos Zentrum liegt im Bereich des **Reno Arch**, der sich über *Virginia Street* spannt. Der Bogen trägt folgende Inschrift: *The Biggest Little City In The World* – Die größte Kleinstadt der Welt. In diesem Viertel liegen die bekannten Hotelkasinos Harrah's Reno, Fitzgerald's und Flamingo Reno.

272 RENO, NV
Baxter-Tipps/Attraktionen

Nördlich der *I-80* erstreckt sich östlich der *North Virginia Street* das attraktive Universitätsgelände der **University of Nevada**, die seit den 1870er Jahren ihren Sitz in **Reno** hat. Auf dem Campus befindet sich das Bergbaumuseum, **Mining Museum** – Bergbau spielte eine bedeutende Rolle in Nevadas Geschichte. Das **Fleischmann Atmospherium-Planetarium** mit seinem Kuppelbau des Star Theaters zählt zu den Hauptattraktionen aller Hobby-Astronomen. Das **Nevada State Historical Society Museum**, 1650 N. Virginia St., umfasst ausgezeichnete Exponate zu Nevadas Geschichte. Das **Earth Window Museum** beherbergt eine ausgezeichnete Indianerausstellung, 100 N. Sierra St., Town Center Mall.

Autofans kommen in der riesigen **Harrah's Automobile Collection** auf ihre Kosten – etwa 3.5 mi/5,6 km östlich von Downtown Reno, über *East Second* und *Glendale* erreichbar. Hier verteilen sich über 1000 Autos über ein Dutzend Ausstellungshallen. Außerdem gibt es hier ein **Pony Express Museum**, einen Wildwest-Spielsaloon sowie eine Cafeteria.

Etwa 4 mi/6 km östlich von **Reno** gelangt man auf der *I-80* nach **Sparks** – eine wichtige Bahnstation, wo sich auch das **John Ascuaga's Nugget Hotel Casino** befindet, auf das es immer starken Ansturm gibt. Etwa 30 mi/48 km im Norden liegt der See **Pyramid Lake**, der früher weite Teile im Nordwesten Nevadas bedeckte. Der See, der sich inmitten eines Indianerreservats befindet, erhielt seinen Namen von dem pyramidenförmigen Felsen, den man von der Straße aus, die am Westufer des Sees entlangführt, sehen kann. Camping im **Warrior Point Park** am Westufer. In **Nixon**, am Südende des Sees, gibt es eine Trading Post, wo Angelscheine/*fishing licenses* ausgegeben werden. **Pyramid Lake** ist für seine großen Forellen bekannt; in diesem See sucht auch der cui-ui, eine alte Fischart, Zuflucht.

Das turmhohe **Reno Hilton Hotel** mit seinen 200 Zimmern zählt zu den großen Attraktionen des Spielerparadieses **Reno** – 1,6 km östlich vom Stadtzentrum und nördlich vom Flughafen. Mit seinen 26-Stockwerken strotzt das Hotel vor Superlativen – über 2000 Spielautomaten, 50 Bowlingbahnen, die Tag und Nacht in Betrieb sind, zwei Kinos, weltberühmte Shows, über ein halbes Dutzend Restaurants, Parkflächen für über 4000 Autos, über 40 Geschäfte und Boutiquen sowie einen Campingplatz. Auch wenn hier keine Übernachtung geplant ist, lohnt es sich, einen Blick in das Kasino zu werfen, das etwa die Größe von zwei Sportplätzen aufweist.

☞ Baxter-Tipps für Reno

♦ **Billige Unterkunft**: Drei Motel 6 in **Reno** – einschließlich Motel 6 Reno South am **Südrand** der Stadt, Tel.: (775)827-0255/Fax 827-4728.

♦ Beim Reno Chamber of Commerce, 133 North Sierra Street, **kostenlose Autokarte** mit Sehenswürdigkeiten der Reno Area verlangen.

♦ Über Kasinoführungen/**Casino Tour**, die hinter die Kulissen der Spielkasinos führen, erkundigen!

♦ **Reno Hilton** liegt etwa 1 mi/1,6 km östlich vom Stadtkern, 2500 East Second Street.

♦ **Reno Hilton RV Park**, 230 Plätze, *full hookups*; Exit Glendale Rd. von *US 395* und Exit 15 von *I-80 & US 395*, direkt neben Reno Hilton; Reservierungen: geb.frei 1-800-648-5080.

♦ Zur *I-80* oder *US 395* entweder auf *East Second Street* oder *Mill Street*.

♦ **Kostenloser Bus** zwischen **Reno Hilton** und **Downtown**, *South Virginia St. & Second Streets*.

♦ **Kostenloser** Bus zwischen **Harrah's** in Downtown Reno *(Second & Center Streets)* und **Harrah's Automobile Collection** – ein paar Kilometer östlich vom Stadtzentrum.

♦ Film-beeinflusste Ausstattung im Themenrestaurant **Planet Hollywood** beim Harrah's Hotel; sehr beliebt und gut.

♦ Die meisten Hotelkasinos bieten **preiswertes** Büfett an, z.B. Circus-Circus Hotel, 500 N. Sierra. Bei einigen Kasinos gibt es den ganzen Tag über billiges Frühstück.

VALLEY OF FIRE, NV
Entfernungen/Lost City Museum

VALLEY OF FIRE AREA
„Feuerrote Felslandschaft in der heißen Wüste Nevadas"

Etwa eine Stunde nordöstlich von Las Vegas erreicht man von *I-15* zwei sehenswerte Attraktionen, und zwar das klimatisierte (und hochinteressante) **Lost City Museum** in **Overton** und den spektakulären **Valley of Fire State Park** – feuerrote Felslandschaften in der glühend heißen Wüste von Nevada

Entfernungen in Meilen/Kilometer von *I-15/NV 169* nach:

Logandale	6/10	Valley of Fire SP	23/37
Overton	12/19	Echo Bay	22/35
Lost City Museum	13/21	Hoover Dam (via Overton)	82/131
Overton Beach	24/38	Las Vegas (via Overton)	55/88

LOST CITY MUSEUM

Über **Exit 93** von *I-15* gelangt man nach **Overton**. Das dortige **Lost City Museum** kam durch eine ehemalige, puebloähnliche Wohnanlage der Indianer zustande, die vor über 800 Jahren hier zu Hause waren. Die Siedlung wurde erst **1924** entdeckt und ausgegraben. Heute beherbergt das 1935 im Pueblostil errichtete Museum die **Lost City** (= verlorene Stadt), die einst etwa 5000 Menschen beherbergte, die von 300 v. Chr. bis etwa 1150 A.D. auf einem Gebiet von etwa 48 km im Tal des **Muddy River** lebten. Um **1150 A.D.** hatten die Bewohner die als **Pueblo Grande de Nevada** bezeichnete Stadt verlassen.

Das Museum birgt eine Fülle interessanter Exponate über die einst hier ansässigen Indianer. Ein Raum enthält eine Sammlung mit Pfeilspitzen, Tongefäßen und Körben. Eine interessante Abteilung zeigt sehr anschaulich die Stufen archäologischer Ausgrabungen – von Skizzen der Ausgrabungsstätte über die verschiedenen Bodenschichten bis zum Archivieren der Fundgegenstände.

Außerhalb des Museums gibt es eine Erdgrubenwohnung/*pithouse*, Petroglyphen und ein rekonstruiertes **Anasazi Pueblo** (auf den 1935 freigelegten prähistorischen Grundmauern errichtet). Pueblo kann besichtigt werden.

VALLEY OF FIRE

Etwa 10 mi/16 km südwestlich vom **Lost City Museum** in **Overton** erreicht man über **Exit 75** von *I-15* den Eingang des **Valley of Fire State Parks**. Nach etwa weiteren 4 mi/6 km erreicht man auf der kurvenreichen Parkstraße das Visitors Center. Unterwegs informieren Infoschilder über Land und Leute, den **Arrowhead Trail**/Pfeilspitzenpfad sowie die **Seven Sisters**/Sieben Schwestern.

In der Nähe des **Westeingangs** vom Park passiert man die **Beehives**/Bienenkörbe. Hitze, Kälte, Regen und Wind haben hier recht ungewöhnliche Felsgebilde entstehen lassen.

INFO ENTLANG DER PARKSTRASSE

Westlich vom Osteingang rechts (vgl. auch Infostand am Westeingang) Infostand bei roter Felsformation, sogenannter **Elephant Rock**. Fußpfad über den Felsen mit ausgewaschenen Höhlen; auch Toiletten vorhanden. Info über Landschaft und Besucher/Environment & Visitors:

274 VALLEY OF FIRE, NV
Entfernungen/Arrowhead Trail/Visitors Center

Entfernungen in Meilen/Kilometer vom Visitors Center

Echo Bay	22/35	Las Vegas (*I-15*)	55/88
Glendale	27/43	Overton	15/24
Hoover Dam	65/104	Overton Beach	24/38

● **Plant And Animal Life**.../Pflanzen und Tierwelt der Wüste sind äußerst empfindlich und leiden leicht Schaden. Lebensdauer der Wüstenlandschaft mit ihren Tieren und Vegetation ist vom Verhalten der Besucher abhängig. Geologie und Felsformationen der Gegend sind 150 Millionen Jahre alt, wollen erforscht aber unbeschädigt erhalten bleiben. Spuren alter Indianerkulturen und Siedler, die durchs Land zogen, sind ebenfalls sichtbar. Verhalten sich alle Besucher rücksichtsvoll, kann diese grandiose Landschaft als State Park erhalten bleiben. Autoverkehr ist nur auf den regulären Fahrstraßen und Parkplätzen erlaubt. Abfallbehälter dienen, die Umwelt sauber zu halten. Waffen aller Art sind verboten. Lagerfeuer ist nur an bestimmten Stellen erlaubt.

Ein Stück weiter links:

● **Arrowhead Trail**. Las Vegas nimmt für sich in Anspruch, für die Schaffung dieser **Allwetterroute** zwischen Los Angeles und Salt Lake City verantwortlich zu sein. Die verschiedenen Chambers of Commerce/Handelskammern förderten den **Arrowhead Trail**, bei dessen Bau Freiwillige angeheuert wurden. Erst durch den aus Los Angeles stammenden Charles H. Bigelow wurde die Route populär. Er benutzte die Route in den Jahren 1915 bis 1916 mehrmals mit einem aufsehenerregenden Gefährt *Twin-Six Packard „Cactus Kate".*
Der 1915 erbaute Trail schloss damit den Teil zwischen **St. Thomas** und **Las Vegas** an. Zu damaliger Zeit galt die Straße als eine der modernsten Errungenschaften.

Dann links Gedenktafel sowie unterhalb der Straße befindliches Kreuz, das die Stelle markiert, an der Capt. John J. Clark 1915 verstarb. Dann weiter rechts zur Abzweigung zu den Cabins – Schutzhütten aus Naturstein. Ein Stück weiter gelangt man links zu pittoresken roten Sandsteinformationen der Seven Sisters.

● **Seven Sisters**/Sieben Schwestern. Diese Felstürme, die einst Teil der roten Felsformationen der Umgebung waren, sind der Rest von dem, was übrigblieb, nachdem die Sandsteinablagerungen rundum durch ständige Erosion abgetragen wurden. Zahlreiche Löcher im Fels – *blow holes* – lassen vermuten, wie die Felstürme nach Bearbeitung durch Erosion etwa in einigen hundert Jahren aussehen werden.

Im Anschluss erreicht man die Abzweigung zum Visitors Center. Der äußerst modern und raffiniert gestaltete Ausstellungsraum informiert über Geologisches, Tier- und Pflanzenwelt sowie Bewohner des **Valley of Fire.** Hier eine Zusammenfassung der Information als Hintergrundinformation:

Visitors Center

● **Was ist Valley of Fire und wie entstand diese Felslandschaft?** Die farbenprächtige Landschaft ist das Werk von Erosion, ein Überlebenskampf unter den ungünstigsten Bedingungen. Das Tal war einst vor vielen Millionen Jahren von einem Binnenmeer bedeckt. Die Berge entstanden aus Kalksteinablagerungen des Meeres. Der Name geht auf die feuerroten Sandsteinformationen zurück.
Kalkstein bildet sich auf Meeresböden aus pflanzlichen und tierischen Rückständen. Der Kalkstein dieser Region ist etwa 280 Millionen Jahre alt. Im Kalkstein bleiben oft Tierabdrücke als Fossilien zurück. Man stieß auf Fossilien verschiedener Arten bereits ausgestorbener Tiere.
Die Felsformationen des Tals entstanden überwiegend durch Sandkörner, die durch kleine Eisenmengen zusammenzementiert wurden. Manche Sandsteinformationen sind weiß. Die roten Felsklippen des heutigen **Valley of Fire** setzen sich aus über 150 Millionen Jahre alten Sandkörnern zusammen. Damals erstreckten sich hier Sanddünen über hunderte von Quadratkilometern. Starke Winde ließen Kreuzschichtungsablagerungen entstehen.
Früher verteilten Flüsse und Ströme Mengen an Steinen und Kies über breite Flächen, während sich in stillen Gewässern Schlamm absetzte. Von Flüssen in

VALLEY OF FIRE, NV 275
Baxter Info-Karte: Valley of Fire State Park Area

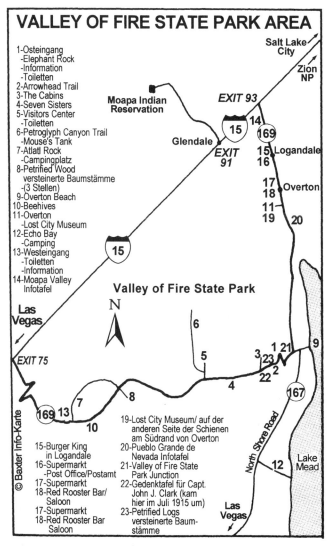

seichte Gewässer transportierter Sand und Schlamm verdichtete sich zu Gestein. Auf den umliegenden Hochgebirgen verwitterten Felsfragmente. Ehemalige Sandstrände hinterließen weitverbreitete Ablagerungen. Mit den Flüssen gelangten Baumstämme in die Gegend, die mit Sand und Kies überdeckt wurden und langsam versteinerten. An versteinertem Holz auftretende Färbungen sind mineralischen Ursprungs.

● **Die Felsen des Valley** wurden gefaltet und zerbrochen. Ursprünglich waren die Felsschichten dieser Gegend horizontal gelagert. Infolge starken Drucks aus dem Erdinnern wurden die Schichten zu einer großen Falte in die Höhe geschoben.

Weiterer Druck bearbeitete die Falte nach und nach und sorgte für Verschiebung mehrerer Kilometer ostwärts. Überhängende Schichten wurden dadurch zu einem nach Ostwest geneigten Bogen gedrückt.

Der ebenfalls in Ostwestrichtung verlaufende Graben **Arrowhead Fault** spaltet die gebogenen Schichten, wobei die Schichten auf dem hochgeschobenen

276 VALLEY OF FIRE, NV
Valley of Fire Information

Block hunderte von Meter höher liegen als die vergleichbaren Schichten des unten zurückgebliebenen Blocks. Die oberen Felsschichten verwitterten durch Erosion und ließen den farbenprächtigen roten Sandstein zutage treten, der die Landschaft des **Valley of Fire** gestaltet.

● Kräfte der Natur gestalten das Tal. Fließendes Wasser schnitt tiefe und enge Canyons ein. Wolkenbrüche verursachten Überschwemmungen und verteilten Felsbrocken und Steine über das ganze Tal. Wind und Wasser ließen durch Verwitterung Löcher im Fels entstehen.
Frost, Schmelzwasser und Spannung durch Temperaturschwankungen ließen Felsformationen zusammenbrechen. Pflanzenwurzeln, die sich im Fels verankerten, sprengten Gestein auseinander. Im Gestein enthaltene Mineralien ließen Wüstenfirnis entstehen.

● **Ausgestorbene Tiere.** Einst existierten hier viele heute bereits ausgestorbene Tierarten: **Mountain Goat**/Bergziege – naher Verwandter heutiger Arten, lebte in Canyons und auf Hochländern. – – **Dire Wolf**/Wolfsrasse – kam in dieser Region häufig vor. – – **Great Sloth**/ein Faultier – ein großer, bärenähnlicher Vegetarier. – – **Beaver**/Biber – größer als seine heutigen Verwandten, lebte in Seen der Umgebung. – – **Camels**/Kamele – grasten in den benachbarten Wiesentälern.

● **Das Tal wurde zur Wüste.** Als sich die **Sierra Nevada** in die Höhe schob, wurden alle Niederschläge vom westlichen Gebirge abgefangen, die ostwärts verlaufende Region wurde zur Wüste. Manche Tiere wie die Eidechse **Chuckwalla Lizard** nahmen durch den Genuss von Grünpflanzen Feuchtigkeit auf. Viele Pflanzen wie der Kaktus passten ihr Battwerk den veränderten Lebensbedingungen an, um den durch Verdunstung verursachten Feuchtigkeitsverlust zu verringern. Langsam stellten sich Pflanzen und Tiere auf eine wasserarme Existenz um.

● **Alte Indianerstämme** kamen hierher. Die ersten Menschen dieser Gegend waren in erster Linie Jäger. Mit der Zeit bauten sie Hütten aus Lehm und Zweigen und betrieben einfachen Ackerbau. Auf der Jagd verwendeten sie kleine Pfeilspitzen. Zum Werfen eines Speers benutzten die Indianer einen Atlatl. Bohrgeräte wurden aus Stein gefertigt. Die Indianer ernährten sich von bestimmten Tieren und Pflanzen des **Valley of Fire**.

● **Petroglyphen** sind in die Felsoberfläche eingeritzte Figuren oder Muster – von Indianern hinterlassene Spuren, die in allen möglichen Formen vorhanden sind. Manche Zeichen scheinen bedeutungslos und zufällig zu sein, während andere Zeremonien oder Jagdszenen darzustellen scheinen. Jäger, die auf der Jagd nach Wild ins Tal kamen, suchten Schutzhöhlen nur für kurze Zeit auf.

● **1858** kamen mit den Mormonen-Pionieren die **ersten Siedler** ins Tal und ließen viele kleine Siedlungen im **Muddy River Valley** entstehen. Einer der wichtigsten Orte der ersten Siedlungen war **Overton**, von Bauernhöfen umgeben.

● **Arrowhead Trail** galt als wichtige Route zum Siedlungsgebiet des **Muddy River Valley**. Heute noch verläuft die Route über *NV 40* ins **Valley of Fire**. Gelegentlich kam es zwischen den Siedlern und den ansässigen Indianern zu Zusammenstößen. Unter den streitsüchtigen Indianern befand sich **Old Mouse**, der sich schließlich bei **Mouse Tank** stellte – heute über einen kurzen Pfad erreichbar. Eroberung des Tals war mit vielen Schwierigkeiten verbunden. Hier Im Juli **1915** verdurstete Captain John J. Clark beim Versuch, das Tal zu durchqueren.

● **Wasser** gelangt in die Region. Das **Valley of Fire** wurde zum ersten Mal beim Bau des Staudamms **Hoover Dam** bekannt. Der Staudamm brachte große Veränderungen der Landschaft. Ganze Siedlungen wurden vom steigenden Wasser des **Lake Mead** bedeckt. Zurück blieben nur noch Baumskelette, Baumstümpfe, die Stellen der ehemaligen Siedlung markierten. Viele Bewohner von **St. Thomas** zogen lange vor Anstieg des Wassers weg. Einigen gelang es, ihr Hab und Gut zu retten, ehe ihre Häuser überschwemmt wurden. Berge wurden zu **Inseln**, auf denen zahlreiche Tiere auf den Gipfeln gefangen blieben. Die **Lost City**, die nach ihrer Ausgrabung rekonstruiert wurde, verschwand bald.

● **Valley of Fire wird ein State Park.** Vor vielen Jahren war das Felsenwunderland sogar bei den Bewohnern der benachbarten Ortschaften noch relativ unbekannt. Das Civil Conservation Corps (Vereinigung zum Naturschutz) richtete verschiedene touristische Einrichtungen des Parks ein, die heute der Allgemeinheit dienen. Ein kurzer Pfad führt zum Versteck des abtrünnig gewordenen Indianers Old Mouse.

VALLEY OF FIRE, NV

Valley of Fire Steinformationen

- **Landschaften** innerhalb des State Parks. Hohe Sandsteinklippen und tiefe Canyons bilden die Gegend um den **White Dome**. Die Schlucht **Fire Canyon** bildet den Mittelpunkt der reizvollsten und wildesten Rotfelslandschaften des Parks. Versteinertes Holz birgt Geschichte ehemaliger Wälder und Flüsse. Innerhalb des Parks findet man verschiedene Elefantenfelsen, die durch Erosion und Verwitterung entstanden sind.

- **Zur Pflanzenwelt** von **Valley of Fire** Tals zählen viele Blumenarten. Bei genügend Regenfällen wachsen sie üppig und bringen äußerst farbenprächtige Blüten hervor. Hier einige der vorkommenden Arten:

Beavertail Cactus
Giant Sun Ray
Strawberry Cactus
Desert Senna
Fish-hook Cactus
Cholla Cactus
Desert Chicory
Desert Gold Poppy

Dwarf Monkeyflower
Desert Marigold
Thistle Poppy
Indian Paintbrush
Datura
Blazing Star
Desert Mallow
Desert Star

- **Vogelwelt** von **Valley of Fire**. Obwohl nicht viel Vögel zu sehen sind, sind hier eine Menge verschiedener Arten hier zu Hause:

Resident/ständige Bewohner		Migratory/Zugvögel	
House Finch	Finkenart	Hermit Thrush	Drossel
Mourning Dove	Taubenart	Robin	Rotkehlchen
Turkey Vulture	Rabengeier	Western Tanager	Tangare
Desert Sparrow Hawk	Heuschreckenfalk	Black-headed Grosbeak	Fink
Gambel's Quail	Wachtel	Audubon's Warbler	Waldsänger

- **Säugetiere** von **Valley of Fire**. Trotz Nahrungs- und Wassermangel kommen selbst hier auch verschiedene Säugetierarten vor.

Kangaroo Rat	Beutelratte	Antelope Squirrel	Eichhörnchenart
Wildcat	Wildkatze	Coyote	Kojote
Jackrabbit	Eselshase	Striped Skunk	gestreiftes Stinktier
Bighorn	Dickhornschaf	Ringtail	Verwandter des Waschbärs

- **Die meisten Reptilienarten** von **Valley of Fire** sind selten zu sehen. Zu den am häufigsten vorkommenden Arten zählen:

Red Racer	Schlangenart	Gecko	Gecko
Desert Gopher Snake		Desert Tortoise	Wüstenschildkröte
Long-nosed Snake		Gridiron-tailed Lizard	Gestreifte Eidechse
Leopard Lizard	Leopardenechse		
California Kingsnake	Kalifornische Königsschlange	Whiptail Lizard	Wackelschwanzeidechse
Desert Iguana	Wüsten-Iguana	Sidewinder	Seitenwinder
Horned Lizard	Schuppenechse	Shovel-nosed Snake	Schaufelnasenschlange
Western Ground Snake	Western Bodenschlange	Panamint Rattler	Klapperschlange

Hier nun einige der im Valley of Fire vorkommenden Felsarten:

STEINFORMATIONEN

- **Aztec Sandstone**/Aztekensandstein: Die meisten lebhaft gefärbten Felsklippen des Parks bestehen aus diesem hellen Sandstein, der dem **Valley of Fire** den Namen gegeben haben. Der feinkörnige Aztekensandstein wurde ursprünglich im Jura – **vor** etwa 180 Millionen Jahren – in riesigen Sanddünen abgelagert. An verschiedenen Stellen des Parks ist die dünenhafte Kreuzschichtung zu sehen. Die rote Färbung stammt von im Stein vorhandenem Eisenoxyd.

- **Aztec Sandstone (weathered)**/Aztekensandstein (verwittert): Dieser Sandstein Exemplar kam nur wenige Meter von dem vorhergehenden Aztekensandstein gefunden. Auffälliger Unterschied zwischen verwitterten und nicht verwitterten Gesteinen, die verschiedene Härtegrade besitzen. Das Gestein weist im allgemeinen regelmäßigere und einheitlichere aufgebaute Strukturen auf. Beim verwitterten Gestein kommen einige Stellen stärkerer Eisenkonzentration vor, die sich leichter der Erosion widersetzen können als die sich anschließenden weicheren Teile.

- **Siltstone with gypsum, Chinle Formation**/Triebsandstein mit Gips, Chinle-Formation: Diese lose zusammenhängende Gesteinsart ist ein Teil der **Chinle**

278 VALLEY OF FIRE, NV
Mouse's Tank/Wüstenvegetation

Formation aus dem Trias (vor etwa 225 Millionen Jahren). Das purpurne Material besteht überwiegend aus Lehm und wird im feuchten Zustand klebrig. Das Felsmaterial ist von Gipsadern durchsetzt, die sich mit fast reinem Calcite (Kalk) mischen. Es ist dieselbe Formation, aus der die **Painted Desert** in Arizona besteht; unterwegs entlang *NV 40*, ein paar Kilometer östlich vom Visitors Center zu sehen.

● **Overton Fanglomerat**/Overton Fanglomerat: Hier handelt es sich um ein Konglomerat aus sehr unterschiedlichen Flusssteinen, Kies, Sandkörnern und Felsbrocken, die durch Kalziumkarbonat fest zusammenzementiert sind. Diese spezielle Formation ist an den östlichen Rändern des Parks zu sehen, wo sie einen runden Bergrücken bildet, durch den *NV 12* durchführt, genau nördlich der Zugangsstraße zum **Valley of Fire**.

● **Sandstone, Chinle Formation**/Sandstein, Chinle-Formation: Dieser grobkörnige, fest zusammenzementierte Sandstein gehört zur Chinle Formation. Obwohl nur wenige Meter von dem weichen Triebsandstein/*siltstone*, der rechts zu sehen ist, gefunden wurde, zeigt seine Härte, weiche Unterschiede innerhalb derselben geologischen Formation auftreten können.

● **Caliche**. Dieses Gestein entstand beispielsweise auf der Oberfläche der Mormon Mesa, die aus schuttbeladenen Talböden bestand, bis diese durch Erosion eingeschnitten wurden. Als sich im Laufe der Zeit Wasser auf dem Talboden sammelte, durchdrang es Schutt- und Geröllschicht und löste Kalkstein und andere in den Kieseln enthaltene Materialien auf. In Trockenzeiten verdunstete das Wasser und hinterließ einen schwammigen Zement aus Kalziumkarbonat, der die Kiesel und Felsbrocken fest zusammenbindet. Daraus entstand eine zusammenzementierte Schale, die heute die Mesa-Decke überzieht.

Sehenswertes im Park

Mouses Tank

● **Mouses Tank.** Um den antisozialen Paiute-Indianer Old Mouse, der als Geächteter in die Geschichte einging, kursieren viele Berichte und Stories. Er trieb gegen Ende der 1800er Jahre sein Unwesen im **Moapa Valley**. Mouse überfiel und belästigte nicht nur die Siedler im Moapa Valley, sondern selbst seine eigenen Stammesbrüder. Nach jedem Raubzug zog er sich ins **Valley of Fire** zurück und versteckte sich in dem Labyrinth der rotwandigen Canyons. Eines seiner vielen Verstecke, in dem auch Wasser vorhanden war, liegt im **Petroglyph Canyon**.

Der als **Mouse Tank** bekannte Felsen ist mit einem von Wasser ausgehöhlten Becken ausgestattet, in dem sich bei Überschwemmungen nach schweren Regengüssen und Wolkenbrüchen zurückgebliebenes Wasser sammelte. Der Tank liegt inmitten des Felslabyrinths am Boden des **Petroglyph Canyon**; von der **Mouse's Tank Picnic Area** über kurzen Fußweg zugänglich.

Mouse, dem man den Mord an zwei Goldsuchern anlastete, wurde monatelang von Weißen und Paiute-Indianern verfolgt und in eine Falle gelockt. Nachdem er 1898 schließlich gestellt werden konnte, wurde er in der Nähe von **Warm Springs**, Nevada hingerichtet.

Im **Valley of Fire** findet man verschiedene Vegetationsgemeinschaften, die jeweils von ihrer Umgebung abhängig sind.

Desert Wash Community/Pflanzen im Wüstenflussbett

Diese Pflanzenwelt entwickelt sich auf dem Boden eines Flussbetts, und zwar von den niedrigsten Lagen mit Kreosotebüschen bis zu mittleren Höhenlagen dieser Pflanzenkulturen.

Nach Wolkenbrüchen kommt es zu einer starken Konzentration von Wasser. Bei höherem Grundwasserspiegel wachsen die Pflanzen hier folglich üppiger als in den umliegenden Gebieten. Die Pflanzen bieten gleichzeitig Nahrung und Behausung und ziehen daher verschiedene Tiere an.

● **Brittle Bush**/Strauchart: In der Blütezeit überziehen massenweise sonnenblumenähnliche Blüten den Busch und leuchten in der Wüste mit ihrem Gelb auf. Die Blütenstengel überragen die empfindlich zarten Blätterstengeln. Aromatische duftende Kristalle aus den Stengeln wurden früher von Mönchen gerne als Weihrauch verwendet. Die Indianer kauten sie als Gummi oder verwendeten eine daraus hergestellte Salbe zum Lindern von Schmerzen.

VALLEY OF FIRE, NV 279
Wüstenvegetation

• **Creosotebush**/Kreosotebusch: Eine der häufigsten Wüstenpflanzen. Die wachsbeschichteten Blätter glänzen oft, als ob man sie gerade nass gemacht hatte. Diese Wachsschicht schützt die Pflanze in den langen Trockenperioden bis zum Regen vor zu starkem Feuchtigkeitsverlust. Von April bis Mai leuchtet die Pflanze mit ihren zahllosen kleinen gelben Blüten gelblich. Nach einigen Wochen überzieht sich der Busch mit lockeren weißen Samenkugeln. An Zweigen austretendes Harz verwendeten die Indianer früher zum Zusammenkleben von Tonscherben und zum Befestigen der Pfeilspitzen am Schaft.

• **Mesquite**/Akazienart: Die Mesquite gehört zu den wichtigen Pflanzen der Wüste, die im Boden vorhandene Wasservorräte anzeigen. Die langen Wurzeln dringen auf der Suche nach Feuchtigkeit oft tief in den Erdboden. Die süßen, fleischigen Schoten zählten bei den ersten Bewohner zu den Grundnahrungsmitteln. Aus den gekochten Bohnen bereiteten die Mexikaner ein Getränk. Im Frühjahr trägt die Pflanze frisches zartes Grün und gelbgrüne Kätzchen. Mesquiteholz verwendeten die ersten Siedler als Brennmaterial, für Zaunpfosten und fertigten damit sogar Möbelstücke. Mesquite gilt als eines der besten Brennhölzer der Wüste.

• **Globemallow**/Malvenart: Diese weitverbreitete Pflanze kommt rechts und links der Straße vom Lake Mead nach Las Vegas und auf den meisten Erholungsgebieten vor; erkennbar an den mohnblütenähnlichen, aprikosenfarbenen Blüten, die fast das ganze Jahr über blühen. Bei voller Blüte wirken die Büsche in der Nachmittagssonne wie feurig glühende Feuerstellen.

• **Palo Verde**. Pflanze trägt die Bezeichnung **Palo Verde** – spanisch für grüner Stock – zu recht wegen seines grünen Stamms und der grünen Zweige. Zum Schutz vor Feuchtigkeitsverlust wirft der Baum in Trockenzeiten seine Blätter ab. Photosynthese vollzieht sich durch das in der Rinde enthaltene Chlorophyll. **Palo Verde** fallen besonders in ausgetrockneten Flussbett der südlichen Wüste wegen ihres üppigen Blattwerks und der goldfarbenen Blüten auf. Früher mahlten die Indianer die Samenkörner des Palo Verde zu Mehl und Nahrungsmittel.

• **Desert Holly**/Ilex/Stechpalme: Etwa kniehohe, silbrig schimmernde Büsche, kommen auf gipshaltigen Böden vor und sind entlang des nördlichen Seeufers von **Lake Mead** zu sehen. Später färben sich die Blätter etwas rosa. In manchen Teilen der Wüste werden **Hollyzweige** gerne wegen ihrer Seltenheit gesammelt; die silbrigen Blätter sind insbesondere als Weihnachtsdekoration sehr gefragt.

• **Holycross Cholla**/Christusdorn: Die Pflanze wird gerne wegen der kleinen spitzen Dornen „pencil sharpener Cholla/Bleistiftspitzer Cholla" genannt. Man kann diese Cholla leicht übersehen, da meist im Schatten größerer Wüstensträucher vorkommend. Besitzt kleine, unauffällig grüngelbe Blüten. Im Spätherbst und Winter trägt der Strauch reizvolle, etwa 2,5 cm große Früchte. Der lange Mitteldorn wird wie ein Schwert von einer Scheide umhüllt.

Creosotebush Community/Kreosotebusch-Pflanzenwelt

Diese weitverbreitete Pflanzenkultur der südlichen Wüsten Nordamerikas kommt vor allem auf Talböden und an niedrigen Berghängen in Höhenlagen von etwa 150 m bis 1000 m ü.M. Obwohl ganzjährig Temperaturen bis 46°C herrschen, sind in dieser kargen Umgebung sehr viele Pflanzen und Tiere beheimatet. Bei ausreichenden Niederschlägen und entsprechenden Temperaturen breiten sich buntblühende Wildblumen wie ein Teppich aus.

• **Teddybear Cholla**/Teddybärkaktus: Der stacheligste und gefürchtetste aller Kakteen kommt in großen „Kakteenwäldern" des **Blackwood Canyon** und entlang der Zufahrtstraße zur **Cottonwood Cove** vor. Die grünlich bis blassgelben Blüten sind eher unscheinbar. Der Kaktus ist über und über mit Stacheln bedeckt, deren Berührung sehr schmerzhaft ist und die sich schwer entfernen lassen. **Pack Rats**/Packratten bespicken ihr Nest zum Schutz rundum mit diesen Stacheln. Beim Tritt auf trockene Kaktusarme, spritzen die Stacheln in die Luft, daher auch seine Bezeichnung „Jumping Cactus/Springkaktus".

• **Mohave Yucca**. Diese Yucca gehört zu den hochwachsenden Pflanzen, die oft 3 Meter Höhe erreichen, mit fädigen Fasern an den schwertförmigen Blättern. Früher verwendeten die Indianer das Fasermaterial zum Herstellen von Körben, Matten und Bekleidung. Die süßlichen, rötlichen Blüten wurde als Salat zubereitet, während die Früchte geröstet oder roh verzehrt wurden. Sogar die Wurzeln waren verwendbar – man fertigte aus zerstoßenem Wurzelbrei ein Shampoo.

Joshua Tree Community/Pflanzenwelt des Joshuabaums

• Hohe **Joshua Trees**/Joshuabäume (eine Yuccaart) überragen das weite Gebiet mit dunkelgrauem **Blackbrush** und zählen zu den bemerkenswertesten Pflanzen dieser Area. Kommen auf den unteren Hügeln in Lagen von etwa 900 bis 1500 m ü.M. vor; überleben im allgemeinen auch im Winter leichte Schneefälle. Man findet einen der schönsten Joshuatree-Wälder der Welt entlang der *NV 93*, südlich von **Pearce Ferry** und **South Cove**.

Desert Spring Community/Pflanzen an Wüstenquellen

● Schilfrohr und Binsen liefern neben Kakteen und Yucca einen faszinierenden Kontrast. Obwohl sonst Wassermangel herrscht, gibt es hier genug Wasser. Über 200 Vogelarten suchen diese Wasserquellen als Wassertränke auf, bauen dort ihre Nester, suchen Zuflucht und ruhen sich auf ihrem Flug nach Norden oder Süden aus. Gelegenheit, Vögel und andere Wüstenbewohner zu beobachten.

Cliff Community/Felsklippenwachstum

● Am Oberlauf von Wüstenflüssen/*desert washes* treten oft enge, steilwandige Canyons mit typischer **Felsklippenvegetation** auf. Hier scheinen die Pflanzen aus blankem Fels zu wachsen. Kleine Risse im Gestein ermöglichen ein Eindringen von Wurzeln zur Wasser- und Nährstoffaufnahme. **Barrel Cactus**/Fasskaktus und **Rock Nettles**/Felsnesseln kommen an den steilen Felsklippen vor.

Hinter dem Visitors Center führt die Parkstraße an der Abzweigung zum **Atlatl Rock** vorbei, wo eine steile Eisentreppe hinauf zum Felsen mit den **Petroglyphen** führt. Auf der anderen Straßenseite zweigt die unbefestigte Straße zu den **Petrified Logs** ab. Ein Pfad führt zu drei Stellen mit versteinerten Baumstämmen.

Ein echtes Erlebnis sind die **Beehives** (Bienenkörbe) aus kreuzweise gelagertem Sandstein, die tatsächlich den Eindruck riesiger Bienenkörbe geben. Herrliche Fotogelegenheit, schön zum Rumlaufen und Klettern. Hinter dem Parkende erreicht man einen Infostand (mit Toilette) für aus dem Westen kommende Besucher. Von dort hat man einen grandiosen Rückblick auf den Park.

VIRGINIA CITY

„Silberminen, bekannt aus der alten Fernsehserie Bonanza"

Virginia City, das viele noch aus der *Bonanza* Fernsehserie kennen (auf der Karte im Vorspann des Films rechts oben zu sehen), liegt auf etwa 1890 m ü.M. hoch oben in den öden Bergen Nevadas. **Carson City** ist etwa 13 mi/21 km im Südwesten und **Reno** etwa 22 mi/35 km im Norden. Unvorstellbar, dass sich einst an dieser Stelle eine der größten und modernsten Städte des Westens befand. Beim Abbau von Gold und Silber bediente man sich nicht wie während des kalifornischen Goldrauschs der Goldwäscherpfanne und Pickel, sondern in tiefen Minenschächten benutzte man modernste technische Bergbaugeräte.

In der letzten Hälfte des 19. Jahrhunderts hatte **Virginia City** etwa 30 000 Einwohner! Hier erschien die Zeitung *The Territorial Enterprise,* für die Mark Twain zwei Jahre lang arbeitete – eine der einflussreichsten Zeitungen im Westen. Sogar der bekannte Tenor Enrico Caruso trat hier im Opera House auf. **Virginia City** wird mit all

VIRGINIA CITY, NV 281
Comstock Lode

seinen Attraktionen aus alter Zeit und trotz heutiger Einwohnerzahl von nur etwa 1000 als *The world's liveliest ghost town* bezeichnet (…aufregendste Geisterstadt der Welt). Die Stadt blickt auf eine bewegte Vergangenheit; hier einige der wichtigsten Daten der Stadtentwicklung:

1849 ..Goldfund im benachbarten Dayton
1859 ..Comstock Lode Mine entdeckt
1862 ..Ankunft von Mark Twain
1870 ..Fertigstellung der Eisenbahn
1873 ..Big Bonanza Silbermine entdeckt
1875 ..Großbrand. Wiederaufbau der Stadt

Kommt man über den *Comstock Highway* vom Süden nach **Virginia City**, lässt sich die Bergbauentwicklung der Gegend leicht verfolgen. Im Westen der Gegend liegt das 1860 errichtete **Fort Churchill** – eines der ersten militärischen Forts in Nevada. Viel näher liegt **Dayton**, eine der ersten Bergwerkstädte. Fährt man auf *US 50* nordwärts weiter in Richtung **Virginia City**, passiert man unterwegs den Ort **Silver City** – etwa 1554 m ü.M. Nach weiteren 2 mi/3 km gelangt man nach **Gold Hill** – 1780 m ü.M., wo mehrere Infotafeln über die Entwicklung der Gegend informieren.

Infotafeln am Südrand der Stadt:

● **This is Gold Canyon**/Das ist der Gold Canyon: **1849** stieß man in **Dayton**, Nevada am Ende dieses Canyon auf Gold. Es sollte allerdings noch zehn Jahre, dauern, bis sich die Goldgräber durch den Canyon gearbeitet hatten und auf die sagenhafte Silbermine, **Silver Lode** in Virginia City stießen. Um **1863** reihte sich eine ununterbrochene Kette von Bergwerkstollen, Geschäften, Wohnhäusern, Restaurants, Saloons, Büros in dieser Bergschlucht über eine gesamte Entfernung von etwa 11 Kilometer von **Dayton** bis **Virginia City** aneinander.

AmNordende der Stadt an NV 13:

● **Comstock Lode.** Die berühmte Silbermine **Comstock Lode** wurde am 8. Juni 1859 entdeckt. Eigentlich hatten Ethan Allan Grosh und Hosea Ballou Grosh die Mine schon ein paar Jahre früher entdeckt, verstarben aber leider ehe sie ihren Fund zu Geld machen konnten. Die beiden Goldgräber Patrick McLaughlin und Peter O'Reilly stießen dann auf die legendäre Silberader, die sich aber innerhalb der Claims (abgestecktes Land) von Henry T. P. Comstock und James Fennimore befand – daher auch der Name **Comstock Lode**!

1860 verschaffte Phillip Deidesheimers Methode, die Stollen mit Stützbalken abzusichern, größere Sicherheit beim Ausbau tiefer Stollen, ein weiterer Fortschritt, an die riesigen Silbervorkommen in der Tiefe zu gelangen. Der tiefste Stollen lief beispielsweise etwa 994 m tief. Unter der Stadt und dem etwa 2377 m hohen **Mt. Davidson** verlaufen kilometerlange Stollen. Benötigtes Wasser leitete man 48 km weit aus der Sierra Nevada nach **Virginia City**! Die Silbervorkommen hatten einen Wert von über einer Milliarde Dollar!

Das Silber der **Comstock Mine** beeinflusste die Weltwährung und ermöglichte die Finanzierung des Amerikanischen Bürgerkriegs (*Civil War*, 1861-1865). Der plötzliche Reichtum führte dazu, dass Nevada ein US-Bundesstaat wurde (damit erhielten die Abgeordneten des Staats Stimmrecht bei der 13. Ergänzung der amerikanischen Verfassung – Abschaffung der Sklaverei). Mit dem Vermögen aus der Silbermine konnten die Baumaßnahmen vor und nach der großen Brandkatastrophe des Jahres 1906 (ausgelöst durch ein gewaltiges Erdbeben) in San Francisco finanziert werden. Außerdem ermöglichte das Geld den Ausbau verschiedener Industriezweige.

282 VIRGINIA CITY, NV
Comstock Lode/Attraktionen

William Ralston und William Sharon zählten zu Virginia City's ersten Finanzgenies. Die Silberkönige John W. Mackay, James G. Fair, James G. Flood und William O'Brien machten die **1873** die bedeutenden Silberfunde – the *Big Bonanza*. William W. Hearst, der berühmte Gründer der Zeitungsverlegerdynastie, machte sein Vermögen in **Virginia City**. Der anerkannte Rechtsanwalt William M. Stewart war für die ersten Bergwerkgesetze verantwortlich.

● **Virginia City: Queen of the Comstock/Königin der Comstock Mine.** Heute kann man auf einen Blick erfassen, was von der ehemals großen Stadt mit 30 000 Einwohnern übriggeblieben ist. Die Minen erbrachten etwa eine Milliarde Dollar an Gold und Silber, wodurch Dutzende zu Millionären wurden. Die legendäre **Comstock Lode** soll angeblich das größte Edelmetallvorkommen der Welt besessen haben.

Virginia City besaß zu seiner Blütezeit in den 1870er Jahren das Feinste vom Feinen. Es gab 4 Banken, 20 Wäschereien, 50 Lebensmittelläden, 6 Kirchen, 5 Brauereien und 10 Großhändler, die die 110 Saloons mit Spirituosen belieferten. Besucher können heute noch einige Stellen, die seit der viktorianischen Zeit der 1870er Jahre unverändert geblieben sind, besichtigen. In den verschiedensten Läden gibt es historische Ausgaben der Zeitung *Territorial Enterprise* zu kaufen – ein sehr originelles Souvenir.

Bummel durch Virginia City

Virginia City's Hauptstraße, *C Street*, verläuft in Südnordrichtung durchs Zentrum der Stadt – am Rande von **Mt. Davidson**. Eines der ersten Gebäude, am Südrand der Stadt ist der riesige Schulkomplex der Fourth Ward School, die **1875** nach dem vernichtenden Großbrand desselben Jahres gebaut wurde. Die Schule hatte früher über 1000 Schüler.

Genau östlich der Schule liegt die **Chollar Mine**, die der mexikanische Goldgräber Billy Chollar **1859** eröffnete. Die Mine wurde von William Sharon, der die Eisenbahn *Virginia & Truckee Railroad* gründete und später Senator von Nevada wurde, aufgekauft. Sie zählt zu den Bergwerken der Stadt, die besichtigt werden können; täglich Führungen. An *C Street* gibt es sogar direkt im **Ponderosa Saloon** eine Mine!

Weiter entlang der Hauptstraße passiert man die aus dem Jahre **1861** stammende **Savage Mansion** vorbei, die auch heute noch Unterkunft bietet. **Virginia City** besitzt auch noch eine Anzahl Saloons, in denen man alles mögliche an Kuriositäten und Dekorationen antrifft (in einem beispielsweise eine Kollektion BHs!). Ostwärts führt die Straße an der Kirche vorbei zum Bahnhof der *Virginia & Truckee Railroad*, wo man eine kurze Fahrt mit der faszinierenden historischen Eisenbahn unternehmen kann.

Wieder auf der Hauptstraße kommt man zum **Mark Twain Museum** und dem Verlagsgebäude der Zeitung **Territorial Enterprise** (die erste Zeitung Nevadas), wo Mark Twain für die berühmte Zeitung als Journalist beschäftigt war. Schräg gegenüber befindet sich das Visitors Bureau, wo man eine kurze Information zur Stadt erhält. Außerdem Gelegenheit, sich über Preise und Abfahrtszeiten der *Virginia & Truckee Railroad* und verschiedene Attraktionen zu erkundigen.

In der Nähe liegt der **Delta Saloon** mit dem berühmten **Suicide Table** (Einzelheiten im nachfolgenden Abschnitt). Auf der anderen Straßenseite kommt man zur Abfahrtsstelle der Sightseeingbahn. Gegenüber dem **Bonanza-Bar** (von der man einen sehr schönen Blick auf das Tal im Osten hat) führt die Straße bergauf zum berühmten **Piper's Opera House**, in dem Enrico Caruso auftrat – ein Straßenblock westlich der Hauptstraße. Info über Musical-Aufführungen beim Visitors Bureau.

Entlang der Hauptstraße passiert man eine Reihe Läden, die Mall Shops, das **Wild West Museum** und das **The Way It Was Museum** (So-wie-es-war-Museum), in dem alles mögliche ausgestellt ist – vom Bergwerkmodell zu Bergwerkgeräten, Mineraliensammlung, Fotos und alten Spielautomaten. Gegenüber vom Museum treten von Zeit zu Zeit Sänger im Saloon auf. Folgt

VIRGINIA CITY, NV 283
Baxter Info-Karte: Virginia City

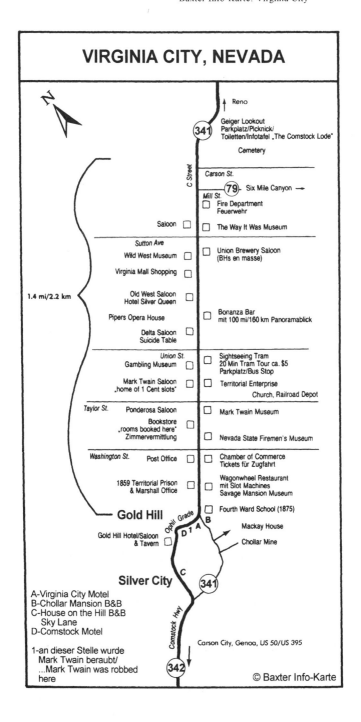

NEVADA ROUTEN
Route 15: Carson City—Delta, Utah

man der Hauptstraße, gelangt man am Ortsende entlang *Mill St.* ostwärts zum **Six Mile Canyon** und via *Carson St.* zu einigen Friedhöfen/*cemeteries*.

Beim Aufenthalt in **Virginia City** wird dem Besucher sehr rasch bewusst, wie stark die Vergangenheit der Stadt anhaftet, in der legendäre Figuren ein- und ausgingen. Im **Delta Saloon** steht ein Spieltisch, der sogenannte **Suicide Table**, um den es eine faszinierende Geschichte gibt. Eine Infotafel informiert hierzu wie folgt:

Suicide Table/Selbstmordtisch

Der **Suicide Table** kam zu seiner Bezeichnung, nachdem drei seiner ehemaligen Besitzer wegen riesiger Spielschulden an diesem Tisch Selbstmord begangen haben sollen. Der Tisch kam ursprünglich Anfang der 1860er Jahre als Banktisch nach **Virginia City**. Sein erster Besitzer, ein gewisser Black Jake, erschoss sich, nachdem er an einem einzigen Abend $70 000 verloren hatte.

Der zweite Besitzer, dessen Name in der Geschichte untergegangen ist, war nur eine Nacht im Besitz des Tischs. Er konnte seine Spielschulden nicht bezahlen. Einer Version nach soll er Selbstmord verübt haben, nach einer anderen Version soll er doch irgendwie aus seinen Schwierigkeiten gekommen sein.

Der Tisch blieb danach einige Jahre verwahrt, da niemand etwas damit zu tun haben wollte. Schließlich wurde er Ende der 1890er Jahre wieder als Kartenspieltisch benutzt. Fast schon hätte man seine dunkle Vergangenheit vergessen, hätte man nicht jene stürmische Nacht erlebt.

In jener Nacht stolperte ein schon sehr angetrunkener Goldgräber, den man bereits aus einigen anderen Spieletablissements hinausgeworfen hatte, herein. Er setzte einen Goldring gegen eine Fünf-Dollar-Münze und gewann! Er spielte die ganze Nacht hindurch und hatte bis zum frühen Morgen dank seiner ungewöhnlichen Glückssträhne über $86 000 in bar, ein Pferdegespann und den Anteil einer Goldmine gewonnen. All dies war das gesamte Vermögen des derzeitigen Besitzers des Tischs, der daraufhin Selbstmord begann – der dritte Selbstmord, den man mit dem Tisch in Verbindung bringt!

Viele berühmte Persönlichkeiten, die hier unter hohem Einsatz spielten, stützten sich auf das grüne Tischtuch und warteten ab, dass die entscheidende Karte umgedreht wurde. Dieser Tisch sah offenbar genug Gewinne und Verluste. Der **Suicide Table** ist ein Relikt, dem zahlreiche menschliche Schicksale Virginia City's anhängen. Vermutlich stützen dort Geister von Oldtimers immer noch ihren Ellenbogen auf und warten gespannt, bis die entsprechende Karte umgedreht wird!

NEVADA REISEROUTEN

CARSON CITY—DELTA, UT
(Route 15)

Entfernungen in Meilen/Kilometer von Carson City

Austin	171/274	Fallon	61/98
Delta	492/787	Great Basin NP	386/618
Ely	318/509	Salt Lake City	626/1002
Eureka	241/342	Virginia City	16/26

Baxter-Tipps/Route 15: Carson City, Nevada—Delta, Utah

ÜBERBLICK ZUR ROUTE

Die Route via *US 50* führt zwischen **Carson City**, Nevada und **Delta**, Utah durch Nevadas **Pony Express Territory** und zählt zu den bemerkenswertesten Routen durch den Westen – nicht etwa wegen spektakulärer Landschaft, sondern wegen der riesigen, unbewohnten und unbebauten Flächen mit unendlich weitem Horizont, historischen Bergbaugegend und dem allgegenwärtigen Gefühl, dass vor über hundert Jahren die Hufe der schnellen Pferde der Pony Express Reiter sich hier in diesen Boden einschlugen.

Bei der ein- oder zweitägigen Fahrt entlang US 50 durch den Westen passiert man winzige Orte, die heute oft nur noch als Skelett ehemals extravaganter Städte, die den Erfolg des Gold- und Silberrauschs krönten, zurückgeblieben sind. Fährt man vom Westen weiter ostwärts, bricht dann auf dem Weg nach Delta nach der Einöde Nevadas ein neuer Boom auf – fruchtbares Ackerland.

Meile für Meile Nichts ist für die **Carson City—Delta Route** charakteristisch. Highway 50 (*US 50*) trägt nicht umsonst den Namen „The Loneliest Road in America" die einsamste Straße Amerikas). Um so deutlicher wird, welcher Herausforderung Goldsucher, Bergleute und Siedler sich im vergangenen Jahrhundert gegenüber sahen, dieses herrliche Gebiet zu bezwingen. Die Fahrt wird als Erlebnis sicher lange in Erinnerung bleiben.

Baxter-Tipps & Vorschläge für die Route

♦ Wegen der **großen Entfernungen** auf der Fahrt durch Nevada nachfolgende Empfehlung als **Leitfaden** benutzen, um innerhalb der kürzesten Zeit soviel wie möglich zu unternehmen und zu sehen.
♦ Man kann beispielsweise den **ersten** Tag in der **Lake Tahoe Area** verbringen und in **Carson City** übernachten.
♦ Am zweiten Tag Besuch des hervorragenden **Nevada State Museum** in **Carson City**. Anschließend geht es weiter nach **Virginia City** und von dort über *US 50* nach **Fallon**.
♦ Am dritten Tag empfiehlt sich, früh aufzubrechen, um die 325 mi/ 520 km zum **Great Basin Nationalpark** möglichst bis zum frühen Nachmittag zurückzulegen. Dort gerade noch rechtzeitig ankommen, um eine Höhlenführung mitzumachen und anschließend die Strecke von etwa 106 mi/170 km bis **Delta**, Utah bewältigen.
♦ Unbedingt ratsam, **Unterkunft** in **Delta**, Utah bereits von Fallon vornehmen!
♦ Unterwegs, bei jeder Gelegenheit volltanken.
♦ Nachfolgende **Ziffern** entsprechen den Ziffern der Baxter Info-Karte zur **Route 15 Carson City, NV—Delta, UT**.

Carson City—Comstock Highway

US 50 folgt teilweise der berühmten **Pony Express Route**, auf der 1860-1861 die Post zwischen **Sacramento** und **Salt Lake City** sowie zu anderen Punkten im Osten befördert wurde. Die Entfernung zwischen **Carson City** über *US 50* und dem *Comstock Highway*, der nach **Virginia City** führt, beträgt etwa 8 mi/13 km. Unterwegs informieren verschiedene Geschichtstafeln über die Aufgabe der Mühlen, die das goldhaltige Erz aus den Minen von **Virginia City** bearbeiteten, sowie über die Rolle der Eisenbahn zur damaligen Zeit.

1—EMPIRE AND THE CARSON RIVER MILL/Empire und die Carson River Mühlen: Nachdem man **1859** die Mine **Comstock Lode** (in **Virginia City**) entdeckt hatte, ließ sich auch das Problem solvieren, die wertvollen Mineralien der sagenhaft reichen Virginia City Minen aus dem Gestein zu lösen, und zwar mit Hilfe wasserbetriebener Mühlräder. Erzmühlen entstanden im **Gold Canyon** und

286 NEVADA ROUTEN
Route 15: Carson City, Nevada—Delta, Utah

Six Mile Canyon im **Washoe Valley** bei **Dayton** sowie am **Carson River**, dessen starke Strömung den besten Antrieb der Mühlen bot.

Die erste kleine Mühle wurde am Ostufer des Flusses in der Nähe des Orts **Empire** errichtet und später erweitert. Weiter stromabwärts gesellten sich anschließend weitere große Mühlen hinzu, die das Wachstum der Ortschaft **Empire** förderten. Zunächst beförderte man das Erz in Wagen zu den Mühlen. Später übernahm die berühmte, **1869** fertiggestellte Eisenbahn *Virginia and Truckee Railroad* den Erztransport.

Über 40 Jahre lang verarbeiteten die Carson River Mühlen Gold und Silber und andere wertvolle Mineralien. Reste von **Empire** und den Mühlen sind heute noch zu sehen.

2–MOUND HOUSE: (*Mound* = Hügel) Das **Mound House** befand sich etwa 800 m nördlich von diesem Punkt und entstand **1871** ursprünglich als Bahnstation. Da die Station auf der Strecke der *Virginia and Truckee Railroad* lag, hielt man hier gelegentlich zum Holz- und Wassernachschub der Loks. **1877** wurde ein Postamt eingerichtet. **1880** übernahm **Mound House** seine eigentliche Funktion, als nämlich die *V & T* eine Schmalspureisenbahn von hier zu den Bergbaucamps Westnevadas und zum **Owens Valley** in Kalifornien baute. Als die Eisenbahn unter dem Namen *Carson & Colorado* bekannt wurde, entwickelte sich **Mound House** zum bedeutenden Verkehrsknotenpunkt.

1900 kaufte die Eisenbahngesellschaft *Southern Pacific Railroad* der *V & T* die *C & S* kurz vor dem großen Silberrausch **Tonopah Silver Strike** des Jahres **1905** ab. Die *S. P. R. R.* baute eine kurze Strecke von der neuen Station in **Hazenton** an der Hauptstrecke und kreuzte damit die *C & S* bei **Fort Churchill**. Die **Hazenton** Nebenstrecke nahm der *V & T* den größten Teil des Tonopah-Goldfield-Goldgeschäfts weg.

In der Zeit von **1900** bis **1920** wurde direkt nordwestlich vom **Mound House** Gips in großen Mengen intensiv abgebaut, den man in den Mühlen zum Verputz verarbeitete. **1934** wurde die Schmalspureisenbahn vom **Mound House** nach **Fort Churchill** und **1939** die *V & T*-Bahnstrecke von **Carson City** nach **Virginia City** stillgelegt. **Mound House** ging danach innerhalb weniger Jahre völlig unter.

Schlüssel zur Baxter Info-Karte: Route 15 Carson City, NV—Delta, UT

Historische Infotafeln entlang Pony Express Route
1-Empire And The Carson River Mills
2-Mound House
3-Dayton
4-Chinatown
5-Dayton
6-Sutro
7-Desert Well Station
8-Lahontan Dam
9-Ragtown
10-Grimes Point
11-Sand Mountain
12-Fairview
13-Wonder
14-Rock Creek
15-Edwards Creek Valley
16-New Pass Station
17-Jacobsville
18-Austin
19-Reuel Colt Gridley
20-The Survivors
21-Toquima Cave
22-Eureka Courthouse
23-Tannehill Cabin
24-Eureka
25-Hamilton
26-Pioche Country
27-Nevada Northern Railway
28-Ward Mining District
29-Taylor
30-Osceola/1972-1940

Unterkunft – Tel./Fax-Nr.:
A-$$ BW Lake View Motel (760)647-6543/Fax 647-6385
B-$$ BW Ruby Inn (760)932-7241-/932-7531
C-$ Motel 6 (530)542-1400/542-2801
D-$ Motel 6 (775)885-7710/885-7671
E-$$ Bonanza Inn (775)423-6031/423-6282
-$$ Holiday Inn Express (775)428-2588/428-2589
F-$$ Pony Canyon Motel (775)964-2605
G-$$ BW Eureka Inn (775)237-5247/237-5155
H-$$ BW Park Vue (775)289-4497/289-4541
K-$$ BW Main Motel (775)289-4529/289-6178
-$ Motel 6 (775)289-6671/289-4803
L-$$ BW Motor Inn (435)864-3882/289-4834
M-$ Motel 6 Convention (775)827-0255/827-4728
N-$ Motel 6 West (775)747-7390/747-4527
O-$$ BW Holiday Motel (775)623-3684/623-4221
-$ Motel 6 (775)623-1180/623-4725
P-$ Motel 6 (775)635-2416/635-2418
-$$ Super 8/(775)635-8808
R-$$ BW Elko Inn Express (775)738-7261/738-0118
-$ Motel 6 (775)738-4337/753-8381
S-$$ BW Sage Motel (775)752-3353/752-3353
-$ Motel 6 (775)752-2116/752-3192
T-$$ Days Inn (435)665-2215/665-3332
-$ Motel 6 (435)665-2267/665-2696
U-$ Motel 6 Airport West (801)364-1053/596-9152
-$ Motel 6 Downtown (801)531-1252/531-2859
-$$ Hampton Inn Downtown (801)741-1110/741-1171
-$$ Hampton Inn North (801)296-1211/296-1222
V-$$ Hampton Inn/Layton (801)775-8800/775-8888

NEVADA ROUTEN 287
Baxter Info-Karte: Routen 15 & 16

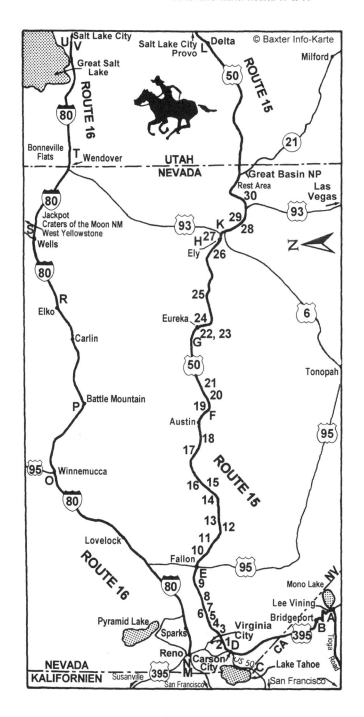

NEVADA ROUTEN
15: Carson City–Delta, UT

Die Entfernung von der Kreuzung *US 50/NV 341* nach **Virginia City** beträgt etwa 7 mi/11 km. Eine enge, steile und kurvenreiche Straße führt über die kahlen, nur von Sagebrush bewachsenen Hügel.

US 50/NV 341 – DAYTON

Die Entfernung zwischen der Kreuzung *US 50/NV 341* und der Ortschaft **Dayton** beträgt etwa 5 mi/8 km. Die *US 50* führt auf dem Weg nach Dayton – 1864 gegründet – durch ein hübsches Tal. Dayton liegt etwa auf 1329 m ü. M. Schilder informieren über die frühere Bergbaugeschichte der Region; auf der anderen Straßenseite befindet sich ein Information Center.

3 – DAYTON: **Dayton** war früher eine wichtige Station auf der Pony Express Route. Der berühmte Paiute Indianerhäuptling Chief Truckee – ein Freund der Pioniere – starb hier im Jahre 1860.

4 – DAYTON: **Dayton** war eine der ersten Siedlungen in Nevada und diente zunächst den in Richtung California ziehenden Siedlern als Raststätte am Fluß. Nachdem sie die Wüste hinter sich hatten, machten sie hier Halt, ehe sie weiter westwärts zogen.
   Als 1849 am Rande des **Gold Canyon** Gold gefunden wurde, begann in den Canyons im Westen die Suche nach Gold. Dabei stieß man 1859 auf die sagenhaften Goldvorkommen in **Gold Hill** und **Virginia City**.
   In der Anfangszeit trug der Ort mehrere Namen, bis man ihn 1861 Dayton nannte, und zwar zu Ehren von John Day, der die Stadt anlegte. Viele Jahre lang war Dayton ein Mühlen- und Handelszentrum und blieb bis 1911 Bezirkssitz des Lyon County.

5 – CHINATOWN: 1856 wurden die ersten Chinesen hierher gebracht, um den „Reese" Ditch (Graben) vom **Carson River** zum Beginn des **Gold Canyon** anzulegen. Den Graben benutzte man zum Abbau von Placers (erzhaltiges Gestein). Die Chinesen begannen sehr rasch damit, die Placers abzubauen und verdienten sich ihren Lebensunterhalt aus den Placers, die die Bergleute zurückgelassen hatten. Da dermaßen viele Chinesen (200) nachkamen, nannte man die Siedlung **Chinatown**. 1861 wurde sie in Dayton umbenannt.

DAYTON – FALLON

Die Entfernung zwischen **Dayton** und **Fallon** beträgt etwa 49 mi/78 km. Unterwegs gibt es Abfahrten zu drei Nevada State Parks – jeweils mit Campinggelegenheit. Am Ostrand von Dayton führt die Straße zum **Dayton State Park**. Einige Kilometer dahinter informiert die Tafel über den faszinierenden **Sutro Tunnel**.

6 – SUTRO: **Sutro** war ein Ort, ein Tunnel und Name eines Mannes. Der Ort war das Hauptquartier für den **Sutro Drainage Tunnel**.
   Der aus Deutschland stammende Adolph Sutro kam 1860 mit dem Vorschlag nach **Comstock**, einen Entwässerungstunnel zur *Comstock Lode* (Mine) anzulegen.
   Als man 1869 mit dem Bau begonnen hatte, wurde der Tunnel zunächst von den Bergleuten finanziert, da er ihnen eine höhere Sicherheit bringen würde. Später kam das Geld von internationalen Bankleuten.

NEVADA ROUTEN 289
15: Carson City – Delta, UT

Der über 5 km lange Tunnel war 1878 fertig. Seitentunnels wurden angebaut und das gesamte Tunnelprojekt entwässert, kanalisiert, belüftet und für die Comstock Mine in Betrieb genommen.

Nachdem sich die Tunnelidee bewährt hatte, verkaufte Adolph Sutro seinen Anteil an der Tunnelgesellschaft und kehrte nach San Francisco zurück. Zurückgeblieben ist ein riesiges Loch.

Einige Kilometer westlich vom Sutro-Schild führt die *Fort Churchill Road* zum etwa 16 mi/26 km entfernten historischen **Fort Churchill**. Das nach einem General benannte Fort wurde 1860 zum Schutz der Siedler und Pony Express Reiter gegen die Paiutes Indianer am Carson River gebaut. Heute befindet sich hier ein State Park mit Campingplatz und Museum.

Nach der *Fort Churchill Road* läuft die *US 50* weiter ostwärts zum Desert Well-Schild und nach Silver Springs. Von hier aus beträgt die Entfernung nach **Las Vegas** etwa 400 mi/ 640 km. Weiter östlich liegt der Staudamm **Lahontan Dam**.

7 – DESERT WELL STATION: Etwa 1,6 km südlich befinden sich die Reste einer typischen Postkutschenstation aus der Zeit von 1843 bis 1869. Vom Zeitpunkt der Ankunft des ersten Siedlertrecks bis zur Vollendung der transkontinentalen Eisenbahn vollzog sich ein gewaltiger Wandel.

Desert Well Station, die später den Namen Nelson's erhielt, wurde erst dadurch berühmt, daß Mark Twain in *Roughing It* von seinen Erlebnissen berichtete. An der ursprünglichen Stelle befanden sich zwei Brunnen, ein Gasthaus und Ställe. Einer der Brunnen wurde ausschließlich für die Kamele benutzt, die man extra in die Wüste von Nevada geholt hatte, um das in den Bergwerken von Comstock gewonnene Salz zu transportieren.

8 – LAHONTAN DAM: Der 1915 fertiggestellte Staudamm **Lahontan Dam** ist der Hauptbestandteil des *Newlands Irrigation Project* (Bewässerungsprojekt), durch den sich das Tal Lahontan Valley zu einem der produktivsten und besten Landwirtschafts- und Viehzuchtgelände entwickelte.

Der nach einem alten See, der in der Eiszeit Teile Nevadas bedeckte, genannte **Lahontan Dam** ist mit Erde ausgefüllt, etwa 49 m hoch und oben etwa 518 m lang. Der Stausee bedeckt etwa 4000 Hektar und ist etwa 27 km lang. Campingplätze. Weiter auf *US 50* entlang gelangt man zum **Carson River Diversion Dam** und dem „T-Canal" — ein etwa 50 km langer Kanal des **Truckee River**. Die nächste Informationstafel westlich von **Fallon** berichtet über den Ursprung des Namens Ragtown; westlich der Kreuzung *US 50/US 50 Alt:*

9 – RAGTOWN: **Ragtown** war nie eine Stadt, sondern der Name einer willkommenen Oase. Dieses Mekka am Ufer des nahen **Carson River** kam zu seinem Namen, als die Pionniersfrauen ihre Wäsche zum Trocknen überall auf den Büschen verteilten. Das sah natürlich so aus, als hätte man Lappen auf Gestelle gespannt (*rag* = Lappen).

Die direkt nördlich liegende Wüste **Forty-Mile Desert** galt als eine der schlimmsten Etappen auf dem California Emigrant Trail. Ragtown war die erste Wasserstelle nach der Wüste. Für die nach Wasser lechzenden Emigranten und ihre Tiere gab es keine willkommenere Stelle als der baumbestandene **Carson River**.

NEVADA ROUTEN
15: Carson City–Delta, UT

1854 eröffnete Asa Kenyon in der Nähe von Ragtown einen Trading Post (Handelsposten), wo er die Trapper mit Waren und Proviant versorgte. In den 1850er und 1860er Jahren wurde Ragtown eine der bedeutendsten Stellen auf der Carson Branch (Abschnitt) des California Trail.

Kurz bevor man **Fallon** vom Westen her erreicht, wird der **Carson River** überquert. Fallon mit etwa 5000 Einwohnern liegt auf etwa 1207 m ü. M. Die Stadt trägt den Namen eines Farmers, Mike Fallon, der 1869 in der Gegend ein Postamt eröffnete.

FALLON

Fallon ist eine wichtige Station auf der Route von **Carson City**, Nevada, nach **Delta**, Utah. Zentrum eines der bedeutendsten Landwirtschaftsgebiete Nevadas und Marine Stützpunkt. Das interessante **Churchill County Museum** befindet sich an *Maine Street*.

Am Ostrand der Stadt gibt es mehrere Motels, einen Supermarkt sowie Restaurants. Bequemer Übernachtungsstopp: Best Western Bonanza Inn – Hotelzimmer, Restaurant und Kasino. Ebenfalls am Ostrand der Stadt befindet sich die Kreuzung *US 50/US 95* – die *US 95* führt nordwärts zur *I-80* und nach Winnemucca und südwärts nach Babbit, Hawthorne, Tonopah und Las Vegas.

FALLON – AUSTIN

Die Entfernung zwischen Fallon und Austin beträgt auf der *US 50* etwa 110 mi/176 km. Obwohl dies eine sehr einsame und eintönige Strecke auf der Fahrt durch Nevada ist, machen bemerkenswerte Naturerscheinungen sowie Überreste aus der Siedlungszeit von vor 100 Jahren den Trip äußerst interessant.

Nach der Kreuzung *US 50/US 95* kommt man am Ostrand von Fallon zur Abzweigung, die zur **Stillwater Indian Reservation** führt. Die 1862 besiedelte Stadt **Stillwater** ist heute eine Geisterstadt. Etwa 5 mi/8 km weiter entlang der *US 50* gelangt man zur Straße, die zur **Grimes Point Archeological Area** führt.

10 – GRIMES POINT: **Grimes Point** – eine der größten und gut zugänglichsten Stätten mit Petroglyphen in Nordnevada – beherbergt etwa 150 Basaltblöcke, die mit Petroglyphen bedeckt sind. Nevadas Petroglyphen besaßen magisch-religiöse Bedeutung und sollten Erfolg bei der Großwildjagd versprechen, befanden sich in der Nähe der jahreszeitlich bedingten Wanderroute der Tiere.

Oben auf dem Bergrücken über den Petroglyphen gibt es von Ost nach West Zeichen, daß Hirsche oder Antilopen in eine Falle getrieben wurden. Dazu war eine gut organisierte Gruppe von Jägern erforderlich.

Petroglyphen stellten ein Ritual dar, das ein Anführer der Gruppe vor jeder Jagd vollzog. Es gibt Hinweise, daß sinnloses Gekritzel nicht erlaubt war. Es durften nur im Zusammenhang mit der Jagd stehende Petroglyphen und nur von Personen, die etwas mit der Jagd zu tun hatten, angebracht werden. Die Petroglyphen stammen vermutlich aus der Zeit von 5000 v. Chr. bis 1500 A.D.

Etwa 7 mi/11 km hinter der archäologischen Stätte ist zu beiden Seiten der *US 50* eine Salzwanne zu sehen. Außerdem gibt es wieder ein weiteres Schild der **Pony Express** Route und die großen Sanddünen. **Sand Mountain** ist schätzungsweise 4 km lang und etwa 183 m hoch. Vermutlich kommt der Sand vom Ufer des urzeitlichen Sees **Lake Lahontan**.

11 – SAND MOUNTAIN: Obwohl es weit entfernt zu sein scheint, hat dieses Wüstental eine große Geschichte hinter sich. Captain Simpson – einer der großen Forscher der Regierung – führte südlich von hier 1859 die Vermessungen zu einer Wagenroute durch, die etwa 320 km kürzer war als der alte Humboldt Trail. Etwa 1,6 km nördlich von hier befinden sich die Ruinen der **Sand Springs Pony Express Station**, die in den 1860er Jahren von Indianern überfallen wurde.

Hier sind auch die Ebenen sichtbar, wo in den 1870er Jahren Salz abgebaut wurde, die erste transkontinentale Telegraphenroute, die Straße nach Wonder, Fairview und anderen bedeutenden Camps. Die gesamte Szenerie wird allerdings von **Sand Mountains** berühmtem Profil bestimmt.

Nach den Sanddünen klettert die *US 50* einige Kilometer lang in die Höhe. Etwa 20 mi/32 km südlich von hier liegt die Geisterstadt **Rawhide**. In der Zeit von 1906 bis 1908 lebten in diesem Bergbaustädtchen mit seinen 90 Saloons etwa 12 000 Menschen. Bei einem Brand wurde fast die ganze Stadt vernichtet und danach nie wiederaufgebaut. Weiter entlang der *US 50* kommt man zu einer weiteren Tafel, die über **Fairview** informiert.

12 – FAIRVIEW (1905–1917; etwa 1.5 mi/2,4 km südlich): **Fairview** gehörte zu den neueren Bergbaustädtchen aus den reichen Mineralienfunden von **Tonopah** und **Goldfield**. Die Entdeckung einer reichen Silberader führte 1905 zu einem Silberboom, der bis 1906 und 1907 anhielt. **Fairview** besaß 27 Saloons, Hotels, Banken, Prüfstellen (wo das Erz untersucht und auf seinen Gehalt überprüft wurde), eine Zeitung sowie ein Postamt. Um 1908 ging der Boom zu Ende und die Produktion zurück. 1911 begann die *Nevada Hills Mining Company* mit ertragreichem Abbau und produzierte bis 1917 etwa 3,8 Millionen Dollar Silber.

Die *US 50* stößt weiter ostwärts auf die *NV 121*, die ins **Dixie Valley** und nach **Wonder** – einst berühmte Bergbaustadt – führt; an der Kreuzung *NV 121/US 50:*

13 – WONDER (Historic Mining Camp, 1906–1919): Etwa 13 mi/ 21 km weiter nördlich liegt das Camp **Wonder** – ehemals bedeutendes Bergbauzentrum. Thomas J. Stroud sowie verschiedene andere machten im März 1906 die erste Entdeckung von Mineralien. Im Juni desselben Jahres entstand der *Wonder Mining District.*

Wonders Boom war kurz und spektakulär. Geschäfte und Saloons entstanden im Hochsommer 1906, und 1907 wurde die Schule gebaut. Wasser kam vom Bench Creek, und mit einer Eisfabrik sowie einem Swimming Pool wurde das Leben etwas erträglicher. Innerhalb der kurzen Zeitspanne ihrer Existenz produzierte die *Nevada Wonder Mining Company* etwa 6 Millionen Dollar Silber, Gold, Kupfer und Zink.

NEVADA ROUTEN
15: Carson City–Delta, UT

Nach der Kreuzung *US 50/NV 121* setzt sich die *US 50* schnurgerade durch das Tal mit Sagebrush fort. Etwa 4 mi/ 6 km weiter kommt man zur Straße, die zum **Earthquake Fault** (Erdbebengraben) führt. Wer es eilig hat, verzichtet am besten auf die 7 mi/11 km-Fahrt zu den Gräben, die bei dem Erdbeben des Jahres 1954 entstanden sind; es ist teilweise etwas davon von der *US 50* auf der Südseite der Hügel zu sehen.

Wieder auf der *US 50* kommt man zum Rock Creek Schild – Ruinen der **Pony Express Station**.

14 – ROCK CREEK: Ehemals eine bedeutende Station der historischen Postkutschenlinien von *John Butterfield* (1861–1866) und *Wells Fargo & Company* (1866–1869) sowie *Overland Mail & Stage Company* auf der **Simpson Route** von Salt Lake City, Utah, nach **Genoa**, Nevada. Frische Pferde, Hufschmied und Wagenreparatur.

Die Pony Express Station **Cold Springs** entstand 1860 am Sagebrushrand auf der anderen Straßenseite.

Im Norden befinden sich die Ruinen einer Telegraphenstation und Reparaturwerkstätte für diesen Abschnitt der ersten transkontinentalen Telegraphenlinie der *Overland Telegraph–Pacific Telegraph Company*, die 1861 von **Sacramento**, California, nach **Omaha**, Nebraska, fertiggestellt wurde. Die Telegraphenlinie ging im August 1869 unter. Die transkontinentale Eisenbahn und die parallel dazu verlaufende Telegraphenleitung entlang des **Humboldt Rivers** im Norden führten hier zum Ende der Telegraphenlinie und zum Untergang der Postkutschenlinie.

Auf den nächsten Kilometern nach dem Schild überquert der Pony Express Trail mehrmals die *US 50,* bevor man zur Tafel über das **Edwards Creek Valley** kommt.

15 – EDWARDS CREEK VALLEY: Üppiger Graswuchs und Buschwerk in der Nähe von Quellen und der nur zu bestimmten Jahreszeiten Wasser führenden Flüsse boten den prähistorischen Bewohnern des Tals wichtige ökologische Areas. Die Shoshone Indianer und ihre Vorfahren waren saisonmäßig auf der Wanderschaft und sammelten Wildsamen und -körner und erlegten kleine Tiere; im Winter schlugen sie hier ihr Winterlager auf. Später lebten die Paiute Indianer ebenfalls in diesem Tal.

1854 fand Col. John Reese eine Route durch **Edwards Creek Valley**, die viel kürzer als der Humboldt Trail war. Die Route wurde 1859 von James Simpson vermessen; ihr folgten der *Pony Express,* die *Overland Telegraph* und Postkutschen der *Overland Mail Stages;* 1862 brach der Austin-Goldrausch aus. Die Route wurde der Hauptverkehrsweg bis 1880.

Nachdem die *US 50* durch einen felsigen Canyon führt, erreicht man bei **New Pass Station** eine Tafel sowie die Ruinen einer Postkutschenstation.

16 – NEW PASS STATION: Die Steine der Mauern dieser Postkutschenstation und Frachttransportstopps waren 1861 fein säuberlich übereinandergeschichtet und mit Weidenrutenbündeln bedeckt, als die Postkutschenlinie des Postkutschenkönigs John Butterfield *Overland Mail & Stage Company* diese **Central** oder **Simpson Route** zwischen **Salt Lake City**, Utah, und **Genoa**, Nevada, begann.

Die Wasserquelle auf dem Berg reichte nicht zur Versorgung von Menschen und Pferden. Auf der 1,6 km entfernten Thomas Plain Versorgungs-Ranch gab es Wasser oder frische Pferde.

NEVADA ROUTEN 293
15: Carson City – Delta, UT

Mit Vollendung der ersten transkontinentalen Eisenbahn kam der Untergang der Postkutsche *Overland Stage Line*. Butterfield verkaufte 1866 an *Wells Fargo and Company*. Wells Fargo stellte im Februar 1869 alle Operationen auf der Central Route ein. Das Potkutschenunternehmen betrieb seine Postkutschen bis in die 1870er Jahre noch auf anderen Linien weiter.

Die *US 50* steigt einige Kilometer weiter bergan, bis sie den **Near Pass Summit** erreicht – etwa 1935 m ü. M.; etwa 6 mi/ 10 km weiter östlich liegt der **Mt. Airy Summit** – etwa 2036 m ü. M. Dazwischen liegt das bezaubernde Tal **Reese River Valley**. Erneut kreuzt der Pony Express Trail die *US 50*, bevor die *US 50* den Reese River überquert und eine weitere Informationstafel folgt.

17 – JACOBSVILLE: Die Stadt befand sich etwa 0.5 mi/0,8 km weiter nördlich. 1859 am Ufer des Reese River gegründet durch George Jacobs – der erste Sheriff des Lander County, Farmer und Geschäftsmann. Zuerst *Overland Stage and Mail* Station dann 1860 Pony Express Station. Anfang der 1860er Jahre besaß **Jacobsville** 400 Einwohner und war stolz auf die erste Telegraphenstation, ein Postamt, Gerichtsgebäude, drei Läden und zwei Hotels.

Es war der erste Bezirkssitz des Lander County, das praktisch den ganzen Nordosten Nevadas umfaßte. Der Bezirkssitz wurde im selben Jahr, als er in Jacobsville gegründet wurde, zur stärker besiedelten Stadt Austin verlegt. Einzige Überreste sind ein paar Steine des Fundaments. Der westlich von hier fließende **Reese River** wurde 1854 von einer Expedition unter der Leitung von John Reese entdeckt.

Etwa 5 mi/8 km östlich der Tafel kommt man zur Straße, die zu einem Campingplatz im **Toiyabe National Forest** führt – etwa 12 mi/19 km südlich. Kurz bevor man **Austin** erreicht, biegt die *NV 305* von der *US 50* nach Norden ab zum **Battle Mountain** und zur *I-80* – etwa 90 mi/144 km nördlich. Die Tafel am Eingang von **Austin** informiert über die Geschichte der Stadt; Westseite von Austin:

18 – AUSTIN: **Austin** – Schlüsselstadt der Minencamps – schoß aus dem Boden, nachdem William Talcott am 2. Mai 1862 an dieser Stelle Silber entdeckt hatte. Talcott kam von **Jacobsville**, einer etwa 6 mi/ 10 km westlich liegenden Postkutschenstation am **Reese River**, dem ersten Bezirkssitz des Lander County. Er transportierte aus dem direkt darunter befindlichen Pony Canyon Holz, als er dort das Silber entdeckte, was zur berühmten Jagd nach Silber „Rush to Reese" führte.

Kurze Zeit erblühte ein Ort namens Clifton im Pony Canyon, doch bald wurde er vom schnell wachsenden Austin überholt, das 1863 Bezirkssitz wurde. Bevor die Produktion der Minen in den 1880er Jahren zurückging, hatte Austin rund 10 000 Einwohner. Von Austin strömten die Gold- und Silbersucher aus, um andere bedeutende Minencamps zu gründen.

„*Welcome: Home of the Shoshone Turquoise Mines.*" Etwa – Willkommen in der Heimat der Shoshone Türkis-Minen.

NEVADA ROUTEN
15: Carson City – Delta, UT

AUSTIN – EUREKA

Die Entfernung zwischen **Austin** und **Eureka** beträgt etwa 69 mi/110 km. Am Westrand der kleinen Ortschaft befindet sich eine U.S. Forest Service Ranger Station. Weiter ostwärts klettert die *US 50* in die Höhe und bietet eine herrliche Sicht auf das Tal **Reese River Valley** und **Austin**. Kurz danach folgt die Tafel, die eine bemerkenswerte Geschichte erzählt.

19 – REUEL COLT GRIDLEY: Dieses einfache Steingebäude wurde 1863 eröffnet. Ursprünglich betrieb die Firma Gridley, Hobart und Jacobs hier einen Kolonialwarenladen. An Gridley kann man sich am besten erinnern. Er ließ 1864 auf eine Wette hin einen Sack Mehl zu Gunsten des *Sanitary Fund* – Vorläufer des Amerikanischen Roten Kreuzes während des amerikanischen Bürgerkriegs, *Civil War* (1861 bis 1865) – versteigern. Das Mehl wurde wieder und wieder verkauft überall in Nevada und California, dann sogar nach Osten gebracht und bei der Weltausstellung in St. Louis versteigert, nachdem schon 275 000 US-Dollar in diesen Fond eingegangen waren. Gridley starb arm fast ohne einen Penny 6 Jahre später.

Die *US 50* steigt weiter bergan, bis der **Austin Summit** erreicht wird – etwa 2281 m ü. M. Am **Scott Summit** – etwa 2215 m ü. M. – gibt es eine weitere Informationstafel.

20 – THE SURVEYORS. Die Vermesser: Die US-Bundesregierung ließ eine ganze Anzahl Vermessungen durchführen, die sie nach 1848 bis zum Pazifik ausdehnte. Dabei ging es um die Anlage von Eisenbahnlinien, Forts, Wassertransportwegen und Wagenrouten. Die Vermessungen dehnten sich auf alle Territorien, nicht aber auf Bundesstaaten aus.
 In Nevada erfolgten zwei wichtige Vermessungen. Die Route Honey Lake zum Fort Kearny Wagon wurde 1860 von Captain Lander, die Route von Camp Floyd nach Genoa 1859 von Lieutenant Simpson vermessen.
 Unter den militärischen Pionieren, die Vermessungsarbeiten durchführten, befanden sich Stansbury, Marcy, Whipple, Beale, Simpson und Lander, nach dem der Bezirk benannt wurde. Die in der Nähe liegenden Berge **Simpson Park Mountains** wurden nach Lt. Simpson benannt.

Kurz hinter der Informationstafel kommt man zur Straße, die zu einem Campingplatz des U.S. National Forest Service führt. Im Süden führt die *NV 376* nach **Tonopah** – etwa 106 mi/170 km entfernt. Kurz bevor der **Hickison Summit** erreicht wird – etwa 1995 m ü. M., folgt eine weitere Informationstafel.

21 – TOQUIMA CAVE; Toquima Höhle: Östlich vom Paß liegt nördlich der Straße die **Toquima Cave** unter der Straßendecke. Die Wände sind mit Felsmalereien – **Pictographien** – rot, weiß und gelb verziert.
 Im allgemeinen befinden sich Pictographien wie hier an Quellen und Wanderwegen des Großwilds. Gemalte oder eingekratzte **Petroglyphen** stehen im Zusammenhang mit den Stellen, wo Nevadas prähistorische Bewohner ihre Nahrung suchten.
 Bisher konnte keine spezielle Bedeutung der verschiedenen Motive herausgefunden werden. Vermutlich schufen die Menschen damals ihre Muster als Ritus, um ihren Erfolg bei der Jagd zu bewirken. Bei den meisten Petroglyphen handelt es sich daher vermutlich nicht um „Mitteilungen" oder besonders ausgeprägte „Kunstformen".

NEVADA ROUTEN 295
15: Carson City – Delta, UT

Obwohl dieser Abschnitt der *US 50* durch ein ausgedehntes Gelände mit „Nichts" führt, wird die Fahrt keineswegs langweilig. Unterwegs gibt es in der Wüstengegend mehrere Stücke Land, die in den letzten Jahrzehnten zu verschiedenen Zeitpunkten durch das BLM (*Bureau of Land Management* = Regierungsstelle, die das Land verwaltet und auch für dessen Bearbeitung zuständig ist) eingesät wurden. Es ist erstaunlich, wie dieses Land durch das Einsäen verändert wurde. Ehe man **Eureka** erreicht, geht die Fahrt durch ein breites, fruchtbares Tal in der Nähe des geographischen Mittelpunkts von Nevada.

EUREKA
6481 ft/1975 m ü. M.

Eureka liegt etwa 180 mi/288 km östlich von Fallon und etwa 325 mi/520 km südwestlich von Salt Lake City. Früher führender Produzent von Silber, Zink und Blei. Verschiedene Tafeln in der Stadt informieren über Eurekas Geschichte.

22 – EUREKA COURTHOUSE; Eureka Gerichtsgebäude: 1879/80 aus am Ort gebrannten Ziegelsteinen und dem aus dem nahen Steinbruch gebrochenen Sandstein errichtet. **Eureka County Courthouse** dient als ausgezeichnetes Beispiel, wie die Stadt einst während des Booms in ihrer viktorianischen Pracht erstrahlte. Dieses Relikt – ehemals Schauplatz zahlloser Gerichtsverhandlungen – spiegelt den Glanz wider, der von Eureka – erster bedeutender Blei-Silber Distrikt der USA – ausging.

23 – TANNEHILL CABIN (eines der ersten Häuser Eurekas): Die Gebrüder Tannehill bauten dieses Blockhaus 1864 und bewohnten es etwa ein Jahr, bevor sie ihre Bergwerksanteile 1866 an eine New Yorker Firma verkauften. Die Hütte wechselte anschließend mehrmals den Besitzer – unter anderem die Firma Nathan & Harrison, die Ende der 1860er Jahre eines der ersten Handelsunternehmen der Gegend betrieb.

Feuer, Hochwasser und der Zahn der Zeit nagten an der Holzhütte, doch schließlich war es den Bewohnern gelungen, sie vor dem endgültigen Zerfall zu retten.

24 – EUREKA: Eureka! (etwa wie der deutsche Ausruf Heureka = ich hab's!) rief ein Bergmann im September 1864 aus, als man auf reiche Erzvorkommen gestoßen war. Dies gab der Stadt gleich ihren Namen. **Eureka** stand bald in der Blei-Silberproduktion Amerikas an erster Stelle. Die Stadt besaß in der Zeit ihres großen Booms in den 1880er Jahren 16 Schmelzereien, über 100 Saloons, etwa 10 000 Einwohner und eine Eisenbahn – die sagenhafte *Eureka und Palisade*, die nach etwa 90 mi/144 km Anschluß an die Haupteisenbahnstrecke hatte.

1883 wurde die Produktion rückläufig; um 1891 mußten die Schmelzereien geschlossen werden. Sie standen dort, wo heute noch die riesigen Schlackehaufen an beiden Enden der Hauptstraße zu sehen sind.

EUREKA–ELY

Die Entfernung zwischen **Eureka** und **Ely** beträgt etwa 77 mi/123 km. Unterwegs geht es über den **Pinto Summit** – etwa 2248 m ü. M. Danach folgt eine Tafel, die über eines der ersten Bergbaustädtchen der Region informiert.

NEVADA ROUTEN
15: Carson City—Delta, UT

25 — HAMILTON: Die Minen des White Pine District wurden 1865 entdeckt. Diese Entdeckung ließ in der Zeit von 1868 bis 1875 viele Bergbaugemeinden heranwachsen. Die berühmteste unter den ersten Bergwerkssiedlungen war **Hamilton**. Es gab verschiedene andere wie Eberhardt, Treasure City und Sherman Town. Diese Gemeinden sind heute alle Geisterstädte, die etwa 11 mi/18 km von hier dicht nebeneinander liegen.

Hamilton und die benachbarten Gemeinden entstanden auf Grund der gewaltigen Silbervorkommen, die man 1868 entdeckt hatte. Es war einer der intensivsten, aber kurzlebigsten Silberräusche aller Zeiten. In den Jahren 1868/1869 siedelten sich etwa 10 000 Leute in Hütten und Felshöhlen am Treasure Hill des Mount Hamilton in einer Höhe von etwa 2400 bis 3200 m ü. M. an.

1869 wurde Hamilton zur Stadt mit Sitz des White Pine County. Innerhalb kürzester Zeit erreichte die Stadt ihren Höhepunkt, besaß eine Hauptstraße und verfügte über den üblichen Geschäftsbetrieb. 1870 wurde ein Gerichtsgebäude aus Ziegelsteinen gebaut.

Am 27. Juni 1873 wurde der größte Teil Hamiltons bei einem Brand ein Opfer der Flammen. Die Stadt konnte sich nie wieder von dieser Katastrophe erholen. 1885 gab es einen weiteren Brand, wonach der Sitz des White Pine County nach Ely verlegt wurde.

Nach dem Hamilton-Schild passiert die *US 50* den **Robinson Summit** — etwa 2319 m ü. M. Nähert man sich **Ely**, fallen unterwegs die riesigen Kupferminen auf, die früher die Ely Area zum wichtigsten Kupferproduzenten Amerikas machten. Eine Tafel informiert hierüber.

26 — COPPER COUNTRY; Kupfergebiet: Die berühmten Kupferminen Ostnevadas, in denen Kupfer im Tagebau abgebaut wurde, zu denen die **Liberty Pit** — die größte Kupfermine Nevadas — gehört, liegen etwa 2 mi/3 km südlich dieser Stelle. In der ersten Hälfte des 20. Jahrhunderts erzeugte dieses Gebiet nahezu eine Milliarde Dollar in Kupfer, Gold und Silber. Der riesige Hügel, den man von hier aus sieht, ist Abfall, der beim Abbau der Erze anfiel und aufgehäuft wurde.

ELY

Ely liegt etwa 257 mi/411 km östlich von Fallon. Delta, Utah, liegt etwa 154 mi/246 km östlicher. Die auf etwa 1961 m ü. M. liegende Stadt wurde nach Smith Ely — Präsident einer Kupfermine — benannt.

Am Ostrand der Stadt liegt das **White Pine Public Museum** mit interessanten Exponaten — Pfeilspitzen, Körbe, Gewehre; auch Touristeninformation. Außerhalb gibt es verschiedene Lokomotiven und Eisenbahnwaggons. Eine Tafel informiert über die Geschichte einer der Eisenbahnen.

27 — NEVADA NORTHERN RAILWAY: Mark Requias *Nevada Consolidated Copper Company* baute 1905 bis 1906 eine 240 km lange Eisenbahnlinie von **Cobre** an der Strecke der *Southern Pacific* bis nach Ely, um das Erz aus den westlich von Ely liegenden Copper Flat Minen zu befördern.

Das Erz wurde in **Copper Flat** für den Transport zur Schmelzerei in McGill (etwa 13 mi/21 km nördlich von Ely) in Eisenbahngondeln verladen und über eine etwa 524 m lange, zweispurige Holzbrücke befördert. Die Holzkonstruktion brannte 1922 nieder und wurde durch einen mit Erde aufgefüllten Damm ersetzt.

Auf derselben Seite von Ely befinden sich Motels, ein Supermarkt, ein Büro des BLM und östlich ein KOA Campingplatz.

ELY-GREAT BASIN NATIONALPARK

Die Entfernung zwischen **Ely** und dem **Great Basin Nationalpark** beträgt etwa 68 mi/109 km. Etwa 11 mi/18 km östlich von Ely kommt man zur Abzweigung, wo die etwa 7 mi/11 km lange Straße zum **Ward Charcoal Ovens State Historic Monument** führt. Die Tafel informiert über Einzelheiten der Area.

28 – WARD MINING DISTRICT: Die zu Füßen der **Egan Range** liegende Geisterstadt **Ward** befindet sich etwa 8 mi/13 km westlich von hier. Ward erlebte seinen Boom in der Zeit von 1876 bis 1882 und kam damals auf etwa 1500 Einwohner. Ward galt als ein gesetzloses Bergwerkscamp. Mörder wurden von einer Kommission, die die Justiz ausübte, durch den Strang verurteilt.

Aus einer einzigen Höhle der Ward Mine wurde etwa eine Million Dollar Silber gewonnen. Gegen Ende der 1880er Jahre wurde die Stadt verlassen; doch als man auf neue Silberfunde stieß, und bessere Bergbaumethoden fand, erlebte Ward 1906 und in den 1960er Jahren neuen Aufschwung.

29 – TAYLOR: 1873 wurde im späteren **Taylor** Silber und Gold entdeckt. Eine typische Bergbausiedlung, die hauptsächlich von den Argus und Monitor Minen lebte. Der Ort kam innerhalb von 7 Jahren auf 1500 Einwohner, besaß 7 Saloons, 3 Kolonialwarenläden, ein Opernhaus, ein Wells Fargo Büro und verschiedene andere Betriebe. 1886 war Taylor der Mittelpunkt des Bezirks.

Bis 1919 wurde ununterbrochen Bergbau betrieben. Anschließend sorgte eine 100-Tonnen-Zyanidfabrik an der Stelle der Argus Mine für neuen Aufschwung, doch als der Silberpreis sank, ging auch die Produktion zurück.

Fährt man auf der *US 50* weiter ostwärts, kommt man durch den **Humboldt National Forest**, passiert den **Connors Pass** – etwa 2354 m ü. M., und fährt an den Schieferablagerungen und in der Nähe des berühmten Goldgräberstädtchens **Osceola** vorbei.

30 – OSCEOLA: **Osceola** – berühmtester Goldproduzent des White Pine County – war wohl das Goldcamp Nevadas, das sich am längsten hielt.

Die 1872 entdeckte, goldhaltige Quarzader war etwa 19 km lang und etwa 11 km breit. Placer-Gold wurde 1877 in einer tiefen Schlucht gefunden. Die Bergleute arbeiteten zunächst mit dem einfachen „49" Rocker. Das Gold wurde durch Wasserdruck aus dem etwa 3 bis 61 m dicken Kiesbett abgebaut. Einer der hier gefundenen Goldnuggets (Goldklumpen) hatte etwa 6000 Dollar Wert.

In Osceola gingen die Geschäfte wegen der günstigen Lage in Nähe von Rinder- und Getreidefarmen und Gärten in den Tälern **Spring** und **Snake Valley** sehr gut.

Die *US 50* steigt weiter bergan und passiert den **Sacramento Pass** – etwa 2181 m ü.M. *NV 487 & NV 488* führen von der *US 50* zum **Great Basin Nationalpark**. Entfernung von der *US 50* zum Visitors Center und Höh-

298 NEVADA ROUTEN
Route 16: Reno, NV—Salt Lake City, UT

leneingang etwa 12 mi/19 km. Ratsam, spätestens am frühen Nachmittag beim **Great Basin Nationalpark** anzukommen, um dort noch eine der hervorragenden Höhlentouren durch die Tropfsteinhöhlen mitzumachen.

Great Basin Nationalpark, NV—Delta, UT

Die Entfernung zwischen **Great Basin Nationalpark** und **Delta**, Utah beträgt etwa 106 mi/170 km. Sobald man sich nach Besuch des **Great Basin Nationalparks** wieder auf der *US 50* befindet, sind es nur etwa 7 mi/11 km bis zur Nevada/Utah Bundesstaatenlinie. Utah liegt in der **Mountain Time Zone**, d. h. **1 Std. vor** Nevada.

Hinter der Nevada/Utah-Staatenlinie öffnet sich die Landschaft wie ein geologisches Bilderbuch. Hier wird offenbar wie die Natur die Berge in der Landschaft entstehen ließ. Verwerfungen, Felsschichten, Ebenen, Gräben, Terrassen, Falten, natürliche, wilde Landschaft mit Gräsern, Büschen, Wacholder und Canyons bestimmen das Landschaftsbild.

Etwa 20 mi/32 km östlich der Nevada/Utah-Staatenlinie passiert man einen eindrucksvollen Canyon, der von uralten Felsen eingerahmt wird. Hinter dem Canyon folgt kilometerweit „Nichts". In der Ferne erkennt man das Ufer des **Sevier Lake**. Kurz vor **Delta** überquert man den **Sevier River**. In **Delta** gibt es Supermarkt und Motels am Ostrand der Stadt.

RENO, NV—SALT LAKE CITY, UT
(Route 16)

Die Entfernung zwischen **Reno**, Nevada und **Salt Lake City**, Utah beträgt via *I-80* etwa 530 mi/848 km. Die Route folgt der alten Pionierroute und der ersten transkontinentalen Bahnlinie.

     Baxter-Tipps für die Route

♦ „**No services for 80 miles**" (keine touristischen Einrichtungen auf den nächsten 80 mi/128 km) ernst nehmen; **volltanken**. Nach Möglichkeit Strecke nicht bei Dunkelheit zurücklegen – Rinder am Straßenrand und auf der Straße! Bei jeder Gelegenheit volltanken.
♦ **Reiseproviant** unterwegs im Supermarkt besorgen.
♦ **Zimmerreservierung** für unterwegs vornehmen.
♦ Unterwegs passiert man streckenweise eine recht eintönige Landschaft. Doch bei fast jeder urbanen Unterbrechung stößt man irgendwo in Nevada auf lockende „einarmige Banditen".

Historischen Pfaden folgend führt die Route zunächst entlang des **Donner Trail**. Am häufigsten frequentierte Pionierpfade sind **Goose Creek-Humboldt Emigrant Trail** und der **Bidwell-Bartleson Trail** aus dem Jahre 1841. Pionierfamilien zogen hier auf dem Weg ins heutige Nevada entlang. 92 mi/ 147 km nordöstlich von **Reno** erreicht man nach einer Strecke von 40 mi/ 64 km durch Wüstenlandschaft **Lovelock** – etwa 1600 Einwohner. **Lovelock's** Spielkasino bietet Spielbetrieb rund um die Uhr. Bis **Winnemucca** sind es weitere 72 mi/115 km. Unterwegs wird die Route von bis zu 3000 m hohen Bergen der **Humboldt Range** begleitet.

Winnemucca mit ca. 4000 Einwohnern kam durch den berühmten Pajute-Indianerhäuptling, der Mitte des vergangenen Jahrhunderts lebte, zu seinem Namen. **Winnemucca** bietet eine willkommene Unterbrechung inmitten der einsamen, dünn besiedelten Gegend! Etwa 53 mi/85 km östlich der Stadt passiert man **Battle Mountain**, wo **1857** eine Schlacht zwischen Indianern und Siedlern stattfand. Hinter **Battle Mountain,** mit Einkaufszentrum am Ostrand der Stadt, geht es auf der Fahrt nach **Carlin** – etwa 49 mi/78 km – in Nähe eines Thermalgebiets mit heißen Quellen und Geysiren vorbei und über **Emigrant Pass** auf 1855 m ü.M. **Carlin** ist eine ehemalige Goldgräberstadt und Eisenbahnknotenpunkt.

NEVADA ROUTEN 299
Route 17: Zion NP, UT—Las Vegas, NV

Zwischen **Carlin** und **Elko** – etwa 23 mi/37 km – führt *I-80* durch mehrere Tunnels und anschließend an Nevadas längstem Fluss entlang – **Humboldt River**, benannt nach Baron Alexander von Humboldt (1769-1859, Naturwissenschaftler und Forscher). Bei der am Straßenrand von *I-80* unter sonst kärglicher Vegetation auftauchenden Grasart handelt es sich meist um *Indian rice grass*.

Elko mit ca. 9000 Einw., auf 1542 m ü.M., ist als einziges noch verbliebenes echtes Rinderland im Westen die größte Attraktion im Nordosten Nevadas. Elko's Namensursprung geht auf einen indianischen Begriff für „weiße Frau" zurück. **Elko** Trapper waren **1826** die ersten Weißen, die diese Gegend durchstreiften, gefolgt von den Goldsuchern auf dem Weg nach Kalifornien. Danach erschlossen Pony Express und schließlich die transkontinentale Eisenbahn die einsame Gegend.

In den **1890er** Jahren siedelten sich Basken hier an, die aus Kalifornien, Südamerika und den Pyrenäen geflüchtet waren. Unterwegs kann man vielleicht sogar noch von einer Radiostation einige baskische Brocken aufschnappen. Zu den Sehenswürdigkeiten zählt das **Courthouse**/Gericht und das interessante **Northeastern Nevada Museum**. Chamber of Commerce/ Handelskammer am Ostrand von **Elko** mit Einkaufszentrum und McDonald's. Auf dem Weg von **Elko** nach **Wells** – etwa 50 mi/80 km führt die Route durch den **Humboldt National Forest** mit dem **Ruby Dome** – 3459 m ü.M. – in den **Ruby Mountains**. **Wells** gilt als wichtiger Verkehrsknotenpunkt, wo sich *US 93* und *I-80* kreuzen. *US 93* ist eine Alternativroute zum **Yellowstone Nationalpark**.

Von **Wells** bis zur Nevada/Utah Staatenlinie sind es etwa 59 mi/94 km. Dahinter fährt man weitere 122 mi/195 km entlang *I-80* bis **Salt Lake City**. Unterwegs passiert man die **Bonneville Salt Flats** (hier erfolgen Geschwindigkeitstests mit Autos) und die große Salzwüste **Great Salt Lake Desert**. Anschließend kann man am südlichen Seeufer des etwa 120 km langen Salzsees **Great Salt Lake** entlangfahren, ehe man **Salt Lake City** erreicht. Trotz des starken Salzgehalts, bei dem einen das Wasser wie beim Toten Meer ganz von selbst trägt, ist der See recht wenig einladend, dies auszuprobieren.

ZION NP, UT—LAS VEGAS, NV
(Route 17)

Die etwa 170 mi/272 km lange Route zwischen **Zion Nationalpark** und **Las Vegas** führt durch drei Bundesstaaten – Utah, den äußerst westlichen Zipfel **Arizonas** und **Nevada**. Westlich von **Zion** windet sich *UT 9* parallel zum **Virgin River** an kleinen landwirtschaftlichen Gehöften vorbei. **St. George** im südwestlichsten Zipfel **Utahs** zählt zu den ältesten Ortschaften des Bundestaats – Ende der 1840er Jahre von Mormonen gegründet; Mormonenführer Brigham Young besaß hier ein Haus. Wegen seiner verkehrsgünstigen Lage ist **St. George** heute beliebter Ausgangspunkt für **Bryce Canyon** und **Zion Nationalparks** – Restaurants, Supermärkte, Einkaufszentren und mehrere Motels. Von **Las Vegas** kommend (wer in umgekehrter Richtung unterwegs ist), unbedingt beim Utah Information Center an der *I-15*, an der Bundesstaatenlinie zwischen Arizona und Utah Station machen, um Utah-Straßenkarte und weitere Information zu besorgen.

In Arizona (insgesamt nur ein Abschnitt von 25 mi/40 km) passiert *I-15* in der 10 km langen Schlucht **Virgin River Gorge** eine spektakuläre Landschaft. **Arizona** liegt in der Mountain Time Zone, **Nevada** in der Pacific Time Zone. An den Spielkasinos findet man sehr schnell raus, dass man sich in Nevada befindet wie in **Mesquite**, direkt hinter der Bundesstaatenlinie. Etwa 50 mi/80 km nordöstlich von **Las Vegas** biegt *NV 169* (Exit 93 von *I-15*) zum **Nevadas Lost City Museum** (Museum über prähistorische Indianer, die einst die Gegend bewohnten) in **Overton** und zum **Valley of Fire State Park** (siehe S. 273) ab – spektakuläre Landschaft aus roten Sandsteinformationen. *NV 169* macht einen etwa 45 mi/72 km weiten Bogen zum Museum und State Park und kommt etwa 34 mi/54 km nordöstlich von Las Vegas wieder bei **Exit 75** auf *I-15* zurück. Von **Las Vegas** kommend diesen Exit zum **Valley of Fire State Park** benutzen.

300 NEVADA ROUTEN
Baxter Info-Karte: Route 17/Zion NP, UT—Las Vegas, NV

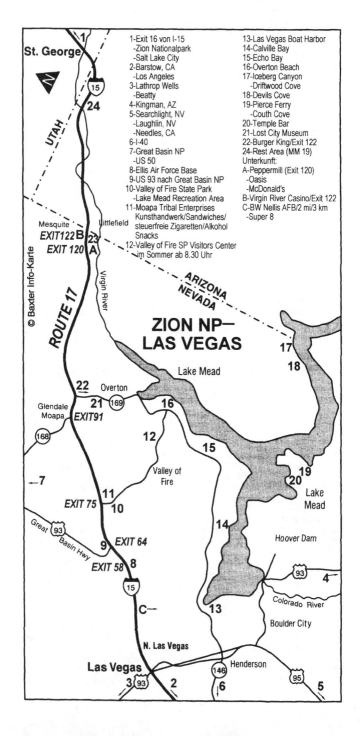

UTAH 301
Reiseziele & Reiserouten

UTAH REISEZIELE

BILLIG ÜBERNACHTEN
Motel 6: Green River, Ogden, Provo, Salt Lake City, St. George, Wendover
Hampton Inn: Salt Lake City, Provo, St. George
Jugendherberge/Youth Hostels: Salt Lake City, Canyonlands NP

UTAH = UT

UTAH REISEZIELE
Arches Nationalpark
Bryce Canyon Nationalpark
Canyonlands Nationalpark
Capitol Reef Nationalpark
Dinosaur Nationalmonument
Grand Staircase-Escalante NM
Kayenta, Arizona
Moab
Monument Valley
Natural Bridges NM
Salt Lake City
Zion Nationalpark

© Baxter Info-Karte

- Salt Lake City
- Dinosaur NM
- Arches NP
- Moab
- Canyonlands NP
- Capitol Reef NP
- Natural Bridges NM
- Bryce Canyon NP
- Hovenweep NM
- Zion NP
- Grand Staircase-Escalante NM
- Monument Valley/Kayenta, AZ

UTAH REISEROUTEN
Route 18: Salt Lake City—Dinosaur NM
Route 19: Salt Lake City—Moab
Route 20: Salt Lake City—Capitol Reef NP
Route 21: Capitol Reef NP—Natural Bridges NM
Route 22: Natural Bridges NM—Kayenta, AZ
Route 23: Kayenta, AZ—Monticello
Route 24: Monticello—Moab
Route 25: Kayenta, AZ—Mesa Verde Nationalpark, CO
Route 26: Delta—Provo/Salt Lake City
Route 27: Capitol Reef NP—Bryce Canyon NP
Route 28: Bryce Canyon NP—
    Grand Staircase/Escalante NP—Grand Canyon NP, AZ

ARCHES NATIONALPARK
„Gigantische Felsbögen und Sandsteinklippen"

♦**Öffnungszeiten:** Ganzjährig geöffnet. Parkeintrittsgebühr $10/Fahrzeug.
♦**Lage:** Südosten von Utah, etwa 5 mi/8 km nördlich von **Moab**; 1971 gegründet.
♦**Günstigste Besuchszeiten:** Mai-Okt.; für Wanderungen – Frühjahr & Herbst.
♦**Wetter:** Obwohl der größte Teil des Parks auf etwa 1500 m ü.M. liegt, erreichen die Sommertemperaturen über 38°C; nachts stark abkühlend. Mäßige Schneefälle im Winter.
♦**Ausdehnung:** Etwa 29 350 Hektar.
♦**Eingänge:** Nur über einen einzigen Eingang, nördlich von Moab zugänglich.
♦**Ausgangsorte:** Salt Lake City, Moab.
♦**Aktivitäten:** Von Rangers veranstaltete Aktivitäten, einschließlich abendliche Veranstaltungen am Lagerfeuer/*campfire programs* und begleitete Wanderungen.
♦**Unterkunft:** Keine Unterkunft innerhalb des Parks; Motels im benachbarten Moab.
♦**Camping:** Populärer Campingplatz Devils Garden Campground innerhalb des Parks, etwa 18 mi/29 km vom Visitors Center.
♦**Attraktionen: Courthouse Towers** (Sandsteinklippen). **Fiery Furnace** (Labyrinth schmaler Felspassagen und Sandsteininformationen), größte Konzentration von Naturfelsbögen und -brücken einschließlich **Delicate Arch** und **Landscape Arch** im **Devils Garden** mit einer Vielzahl von Felsbögen; **Wolfe Ranch**.
♦**Wandern: Devils Garden Trail** – etwa 5 mi/8 km hin und zurück; **Delicate Arch Trail** etwa 3 mi/5 km Hin- und Rückweg. **Desert Nature Trail** – beim Arches Visitors Center.
♦**Tierwelt:** Beutelratte, Jackrabbit/Eselshase, Kojoten, Hirschwild, Eidechsen.
♦**Restauration:** Keinerlei Restauration innerhalb des Parks.
♦**Information:** Superintendent, Arches National Park, P.O. Box 907, Moab UT 84532; (435)719-2319/Fax 719-2305; Park Headquarters – (435)719-2100; Tonbandinfo: (435)719-2299. Internet: archinfo@nps.gov

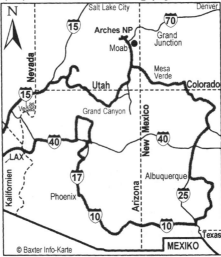

Entfernungen in Meilen/Kilometer vom Visitors Center

Canyonlands NP Island in the Sky 27/43	via *UT 128* 122/195
Canyonlands NP Needles District 75/120	Grand Staircase-Escalante NM 300/480
Capitol Reef NP 144/230	Kayenta, AZ 199/318
Cortez, CO 119/190	Mesa Verde NP, CO 132/211
Crescent Jct./*I-70* 26/42	Mexican Hat 148/237
Dead Horse Point State Park 25/40	Moab 9/14
Denver, CO 502/803	Monticello 62/99
Grand Junction, CO	Monument Valley, AZ 174/278
	Salt Lake City 240/384

Attraktionen auf einem Blick

♦ **Arches** – Felsbögen: Größte Konzentration von Felsbögen der Welt; offiziell hat man ca. 1700 Naturfelsbögen registriert und fast 300 weitere lokalisiert. Berücksichtigt werden übrigens nur Bögen mit einer lichten Weite von mindestens 90 Zentimetern (3 Fuß).

♦ **Rock Formations** – Felsformationen: Bunte Sandsteinklippen, Felstürme, Zinnen, Nadelspitzen und wie balancierte Felsplatten, die einem mexikanischen Sombrero gleichen.

♦ **The Windows** – Fenster: Eine der beliebtesten Stellen im Arches Nationalpark, in der sich zahlreiche Steinbögen in der Nähe befinden.

♦ **Wolfe Cabin/Delicate Arch**: Die Holzhütte **Wolfe Cabin** ist der Rest der ehemaligen **Wolfe Ranch**, einer typischen Rinderfarm – winziges Relikt der Pionierzeit In der Nähe führt der Pfad zum **Delicate Arch** sowie **Delicate Arch Viewpoint**.

♦ **Delicate Arch** ist ein freistehender Bogen, der ein „Amphitheater" aus Sandstein überspannt; wegen seiner Lage gilt es als einer der rnajestätischsten Steinbögen des Parks.

♦ **Fiery Furnace** – glühender Hochofen: Ein Labyrinth flammenroter Felsnadeln, Felsspalten, enger Durchgänge und *Passagen* durch Sandsteinklippen. Park Rangers bieten begleitete Wanderungen durch dieses Labyrinth an.

♦ **Devils Garden** – Teufelsgarten: Hier hat die Erosion noch nicht so stark eingegriffen. Hier warten Felstürme und senkrechte Steinrippen, dass die weicheren Steinschichten noch ausbrechen, um Bögen entstehen zu lassen. Nordteil des Parks, am Ende des *Park Highway*.

Baxter-Tipps für den Parkbesuch

♦ Erste Station: **Visitors Center**.
♦ Über **Straßenzustand** und **Wetterverhältnisse** sowie Ranger-Veranstaltungen erkundigen.
♦ Nach begleiteten Wanderungen/*ranger-guided walks* durch **Fiery Furnace** erkundigen; etwa 2 Stunden, anstrengend.
♦ **Devils Garden Campground** im Park: Belegung auf *first-come, first-served* Basis (Reihenfolge der Ankommenden); daher bereits frühmorgens um Campingplatz bemühen. Keine *hookups* und keine Duschen.
♦ Mindestens einen **halben Tag** einkalkulieren.
♦ **Unterkunft** in Moab arrangieren.
♦ Auf Wanderungen ausreichend Wasservorrat mitführen; mindestens 4 Liter Wasser pro Person und Tag. Tagestemperaturen bis zu 42°C möglich. Fatale Folgen bei Dehydrierung des Körpers.
♦ Sandstein **Slickrock** sehr gefährlich, da leicht bröckelt und abbricht. Daher Vorsicht bei Klettereskapaden. Im übrigen darf man die Felsbögen **nicht** besteigen.
♦ Arches mit Canyonlands sowie einer Bootsfahrt auf dem Colorado River **kombinieren**.
♦ Lohnt sich, **Zimmerreservierung** für **2 bis 3 Tage** Aufenthalt in der Moab-Gegend vorzunehmen.
♦ Günstig, den Parkpass für **Southeast Utah Group** für **$25** zu kaufen; berechtigt zum Eintritt in Arches, Canyonlands, Hovenweep, Natural Bridges und Bryce Canyon (sofern nicht National Park Pass für alle Parks für $50 beabsichtigt).
♦ Abstecher zum **Valley of the Gods** an UT 242;.von **Bluff** kommend in Richtung **Mexican Hat** über *US 163* erreichbar. Etwa 5 mi/8 km vor Mexican Hat rechts abbiegen oder über US 261 etwa 4 mi/6,4 km vor Mexican Hat links abbiegen. An letztgenannter Abzweigung gibt es eine Unterkunft im Tal – Valley of the Gods B&B Lee Ranch (seit 1928).
Allerdings ist die *UT 242* ungeteert und nur bei gutem Wetter befahrbar. Aber sonst ist die Straße auch mit normalem Pkw befahrbar und entspricht etwa einer Fahrt durchs Monument Valley, hinter dem sich die Landschaft des Valley of the Gods nicht zu verstecken braucht. Es bietet einige sehr schöne Felsformationen und einzelne Felsen wie im Monument Valley.

304 ARCHES NP, UT
Wanderwege

Wanderwege

Alle nachstehend aufgeführten Trails = Wanderwege sind auf der im Visitors Center erhältlichen Parkkarte markiert und werden hier in der Reihenfolge genannt, in der sie bei der Fahrt vom Visitors Center nordwärts in den Park folgen. Bei allen Wanderungen ist folgendes zu beachten:

Auf dem Weg bleiben, um das sensible Ökosystem der Wüstenböden nicht zu gefährden. Die kryptobiotische Kruste (der dunkelbraune, höckerige Überzug) bedeckt das Wüstengelände. Diese Decke schützt den Boden gegen Oberflächenerosion, saugt Feuchtigkeit auf und stellt Stickstoff und andere Nährstoffe bereit, die den Pflanzenwuchs fördern. Wasservorrat (mindestens 4 l pro Person pro Tag) mitnehmen und Wasser trinken. Auch bei kurzen Wanderungen nicht knausern! Feste (möglichst knöchelhohe) Wanderschuhe/Laufschuhe unerläßlich. Kopfbedeckung.
Sämtliche Abfälle zurücknehmen, einschließlich Zigarettenkippen!
Die Natur unversehrt lassen.
Fahrräder nur auf den Straßen erlaubt; auf Wanderwegen oder im Parkhinterland (*backcountry*) verboten.

Desert Nature Trail. 0.2 mi/0,3 km. Am Visitors Center. Kurzer *self-guided* Naturlehrpfad, der numerierten Pfosten folgt, die mit der beim Visitor Center erhältliche Broschüre zum Pfad in Einklang stehen.

Park Avenue Trail. 1 mi/1,6 km, Höhenunterschied etwa 100 m. Start am South Park Avenue Parkplatz, wo der Canyon frei zwischen Sandsteinwolkenkratzern liegt; Ziel Courthouse Towers Parkplatz. Herrliche Felsbeispiele, an denen deutlich wird, wie Steinbögen entstehen und verfallen. Wanderer fangen oft an einem Ende des Pfads an und lassen sich am anderen Ende von einem anderen mit dem Fahrzeug abholen. Wer diese Möglichkeit nicht hat, sollte denselben Weg zurücklegen, statt die Straße entlangzulaufen (ist viel interessanter).

Balanced Rock Trail. 0.2 mi/0,3 km. Start am Balanced Rock Parkplatz. Der merkwürdig geformte berühmte „Steinpilz" läßt sich auf kurzem Rundweg mühelos umrunden. Ganz dicht herankommen, um ein Gefühl für die enorme Größe dieser Formation zu bekommen (ca. 40 m Höhe!).

The Windows. 0.9 mi/1,44 km. Start Windows Parkplatz. Leichter Rundweg, der zu den **North** und **South Windows** und zum **Turret Arch** führt. Eine Alternative für den Rückweg führt auf dem *primitive loop* um die Rückseite der beiden Windows, um gute Ausblicke zu genießen.

Double Arch Trail. 0.25 mi/0,4 km. Start Double Arch Parkplatz (um die Schleife des Windows Parkplatzes). Kurzer, einfacher Spaziergang, bei dem man unter dem Doppelbogen zu stehen kommt, der im Kinofilm *Indiana Jones and the Last Crusade* (Indiana Jones und der letzte Kreuzzug) eine bezaubernde Kulisse bot.

Delicate Arch Trail. 1.5 mi/2,4 km (ein Weg). Höhenunterschied ca. 150 m. Etwa 2stündige Wanderung. Start Wolfe Ranch Parkplatz. Bei dieser mittelschweren Wanderung überquert man den Salt Wash über eine Schwingbrücke. Der Fußweg führt weiter über Slickrock und mündet am Bogen. Möglichst die Mittaghitze meiden. Unterwegs gibt es keinen Schatten!

Fiery Furnace. Start Fiery Furnace Parkplatz. Rangergeführte Wanderungen durch das Labyrinth des Sandsteincanyons. Etwa 2 mi/3,2 km; ca. 2½ bis 3 Stunden; mittelschwere Wanderung. In diesem Gebiet gibt es keine markierten Wege, daher unbedingt ratsam, sich einer Führung anzuschließen.

EIN BESUCH IM VISITORS CENTER

Das Besucherzentrum – **Visitors Center** – des Arches Nationalparks befindet sich am Eingang – *entrance* – zum Nationalpark. Empfehlenswert, hier zu halten, um sich bei den Park Rangers über Einzelheiten zum Park zu erkundigen; Film und Exponate geben hervorragende Informationen über den Park und seine verschiedenen Felsformationen. Ausgezeichnete Erklärungen darüber, wie die berühmten Felsbögen entstanden sind. Posters, topographische Karten und ausgezeichnete Bildbände sind ebenfalls hier erhältlich. Neben dem Visitors Center verläuft ein Naturlehrpfad – *Desert Nature Trail*, der in die Vielfalt der Pflanzenwelt des Parks einführt.

Felsbogendimensionen in Metern

Bezeichnung		lichte Weite	Höhe
Baby Arch	Babybogen	2,4	4,3
Bench Arch	Bankbogen	11,0	8,5
Black Arch	Schwarzer Bogen	21,0	13,4
Broken Arch	Zerbrochener Bogen	18,0	13,1
Cove Arch	Gewölbebogen	14,9	10,4
Crystal Arch	Kristallbogen	9,1	8,5
Delicate Arch	Zierlicher Bogen	10,1	13,7
Double Arch (S)	Doppelbogen (Süd)	49,7	32,0
Double Arch (W)	Doppelbogen (West)	18,3	18,6
Double O Arch (Top)	Doppel-O-Bogen (Spitze)	21,6	13,7
Double O Arch (Bottom)	Doppel-O-Bogen (Unterteil)	6,4	2,7
Eye of the Whale Arch	Walfischaugenbogen	11,3	3,7
Flat Arch	Flacher Bogen	1,2	0,5
Flat Iron Arch	Flacher Eisenbogen	1,5	1,8
Hidden Arch	Verborgener Bogen	10,7	7,6
Landscape Arch	Landschaftsbogen	88,7	32,3
Magical Mystery Arch	Zauberbogen	15,2	12,2
Navajo Arch	Navajobogen	12,5	4,0
North Window	Nordfenster	28,3	15,5
South Window	Südfenster	32,0	20,1
Parade of the Elephants Arch	Elefantenparade-Bogen	25,9	23,2
Parallel Arch (W)	Parallelbogen (West)	17,7	12,5
Parallel Arch (E)	Parallelbogen (Ost)	11,9	9,4
Partition Arch	Geteilter Bogen	8,5	7,9
Pine Tree Arch	Tannenbaumbogen	14,0	14,6
Ring Arch	Ringbogen	19,5	11,9
Ribbon Arch	Bandbogen	15,2	16,8
Sand Dune Arch	Sanddünenbogen	9,1	2,4
Skyline Arch	Himmelsbogen	21,0	13,7
Surprise Arch	Überraschungsbogen	19,2	16,8
Tapestry Arch	Tapisseriebogen	15,2	9,1
Tower Arch	Turmbogen	28,0	13,1
Tunnel Arch	Tunnelbogen	8,2	6,7
Turret Arch	Türmchenbogen	11,9	19,5
Twin Arch (S)	Zwillingsbogen (Süd)	10,1	10,4
Twin Arch (N)	Zwillingsbogen (Nord)	8,5	6,4
Wall Arch	Mauerbogen	20,7	12,5

306 ARCHES NP, UT
Temperaturen/Wanderwege

Sand Dune Arch Trail. 0.2 mi/0,3 km. Start: Sand Dune Arch Parkplatz. Einfache Wanderung, die zum gut verborgenen und schattigen Sand Dune Arch führt. Beliebter Aufenthaltsort für Kinder an heißen Tagen.

Broken Arch Trail. 0.5 mi/0,8 km. Start: Sand Dune Arch Parkplatz. Alternativer Ausgangspunkt für Sand Dune Arch und auch Broken Arch ist der Trailhead am unteren Ende des Devils Garden Campgrounds. Gut auf die aufgehäufte Steinhaufen-Markierung (sogenannte *stone cairns*) entlang des Pfads achten; kann leicht verwirren. Bequeme Wanderung zu interessantem Steinbogen.

Skyline Arch Trail. 0.2 mi/0,3 km. Start: Skyline Arch Parkplatz. Im November 1940 brachen gewaltige Felsmassen aus diesem Felsbogen und verdoppelten die Größe des Skyline Arch. Der kurze Wanderweg führt zur Basis dieses gewaltigen Bogens, der auch vom Amphitheater des Devils Garden Campgrounds zu sehen ist.

Arches Nationalpark, Utah
Skyline Arch

Devils Garden Trail. 2 mi/3,2 km Rundweg zum Landscape Arch. 4 mi/6 km Rundweg zum Double-O Arch. 5 mi/8 km Rundweg zum Double-O Arch mit Rückweg via *primitive loop trail*. Start: Devils Garden Trailhead. Devils Garden Trail ist der längste der angelegten Wanderwege des Parks und passiert fast ein ganzes Dutzend Steinbögen und bietet grandiose Aussicht auf die Sandsteinwände (Fins), das Salt Valley und in der Ferne die La Salle Mountains. Der Pfad zum Landscape Arch ist relativ leicht, aber danach wird es etwas steiler und felsiger. Bei Rückkehr über den *primitive trail* muß man etwa 1 mi/1,6 km hinzurechnen, wobei es hinunter in den mysteriösen Fin Canyon geht.

Tower Arch Trail. 2 mi/3,2 km. Start: Tower Arch Trailhead. Diese mittelschwere Wanderung führt zu dem spektakulären Bogen im Gebiet der Klondike Bluffs. Ein alternativer, aber kürzerer Weg beginnt am Ende der *fourwheel drive road* (nur für Geländefahrzeuge mit Vierradantrieb) an der Westseite des Tower Arch.

Temperaturen in °C

	Jan	Feb	März	Apr	Mai	Jun	Jul	Aug	Sept	Okt	Nov	Dez
Ø max.	5	11	16	22	28	30	37	36	30	23	12	7
Ø min	−7	−3	1	6	11	13	18	18	14	6	−2	−6

Camping

Devils Garden Campground ist der einzige innerhalb des Parks befindliche Campingplatz, etwa 18 mi/29 km vom Visitors Center. Ganzjährig geöffnet, keine *hookups* und keine Duschen, aber Toiletten und Wasser vorhanden. Weitere Campingplätze der Gegend findet man im benachbarten **Canyonlands Nationalpark**:

Squaw Flat (Needles District)
75 mi/166 km südwestl. von Moab
ganzjährig
Trinkwasser
keine Toiletten/Duschen
keine *hookups*

Willow Flat (Island in the Sky)
42 mi/67 km nördlich von Moab
ganzjährig
kein Trinkwasser
keine Toiletten/Duschen
keine *hookups*

–**Private** Campingplätze außerdem in **Moab** – siehe auch **Seite 451**. Ferner Campingplätze in folgenden State Parks: **Dead Horse Point** 30 mi/48 km; **Newspaper Rock** 60 mi/96 km, sowie im **Natural Bridges Nationalmonument** 115 mi/184 km.
–**BLM** (Bureau of Land Management) Campingplätze: **Wind Whistle** 37 mi/59 km, **Hatch Point** 62 mi/99 km.
–**National Forest** (NF) Campingplätze: **Oowah Lake** 45 mi/72 km, **Warner Lake** 45 mi/72 km.

Geschichtsdaten zum Arches Nationalpark

- **1888–** JohnWolfe baut gemeinsam mit seinem Sohn die Wolfe Ranch auf;
- **1906–** Neubau der Wolfe Ranch;
- **1910–** Wolfe Ranch wird aufgegeben und verlassen;
- **1929–** Gründung des Arches Nationalmonuments;
- **1940–** massiver Ausbruch am Skyline Arch;
- **1958–** Fertigstellung der asphaltierten Parkstraße;
- **1964–** Campingplätze werden eingerichtet;
- **1971–** Gründung des Arches Nationalparks.

FAHRT DURCH DEN PARK
Unterwegs
Windows Abschnitt
Wolfe Cabin/Delicate Arch
Devils Garden

Zum Höhepunkt des Besuchs des **Arches Nationalparks** zählt die Fahrt entlang der etwa 18 mi/29 km langen asphaltierten Parkstraße. Sie beginnt im südlichen Teil des Parks beim **Visitors Center** und führt in die nördliche Gegend des Parks, wo sich der malerische Campingplatz sowie die gleichnamige Landschaft **Devils Garden** (Teufelsgarten) befinden. Arches war auch Schauplatz von *City Slickers II*.

Rennkuckuck/Roadrunner

308 ARCHES NP, UT
Fahrt durch den Park: Courthouse Towers

Unterwegs zahlreiche Gelegenheiten, anzuhalten mit herrlichen Fotomotiven spektakulärer Landschaft mit ihren Sandsteinklippen und turmhohen, von der Natur geschaffenen Felsbögen. Kurze Fußwege führen von den Parkplätzen (oder Ausweichstellen) zu verschiedenen Steinbögen. Für die Gesamtstrecke von rund 36 mi/58 km hin und zurück sollte man **mindestens** einen **halben** Tag einkalkulieren, da es viel zu sehen und bewundern gibt. Bei Wanderungen zum **Delicate Arch** oder innerhalb von **Devils Garden** und **Fiery Furnace** muss man schon einen vollen Tag einplanen. Vor allen Unternehmungen vorher beim Visitors Center genau über die Verhältnisse, den Straßenzustand sowie spezielles Rangerprogramm erkundigen – beispielsweise begleitete Wanderungen durch **Fiery Furnace**.

Schlüssel zur Baxter Info-Karte: Arches Nationalpark Area

Arches NP Orientierung:	-South Window	Needles Section
1-Moab Fault Viewpoint	5-Panorama Arch	-Monricello
-Earthquake/Erdbeben	6-Delicate Arch	-Monument Valley
2-South Park Avenue	-Wolfe Cabin	13-Colorado NM/I-70
3-Courthouse Towers	7-Salt Valley Overlook	14-Dead Horse Point SP
-Three Gossips	8-Fiery Furnace	-Canyonlands NP
4-Windows Section	9-Doc William Point	-Island in the Sky
-Elephant Butte	-Sand Dune Arch	15-Potash Mine
-Garden of Eden	10-Broken Arch	**Unterkunft – Tel./Fax:**
-Parade of Elephants	-Skyline Arch	A-$$ Super 8
-Double Arch	**Weiter Orientierung:**	(435)259-8868/259-8968
-Turret Arch	11-Price/Salt Lake City/I-70	B-$$ Ramada Inn
-North Window	12-Canyonlands NP	(435)259-7141/259-6299

Info unterwegs im Park

Hinter dem Visitors Center klettert die Parkstraße entlang der Canyonwand in Serpentinen rasch bergan, bis der erste Parkplatz nach einem Höhenunterschied von bereits 274 m erreicht wird. Von hier oben hat man eine herrlich Aussicht auf den **Moab Canyon** im Westen. Nachfolgende Nummerierung entspricht der Nummerierung der Baxter Info-Karte. Eine Infotafel informiert über den Moab-Graben – **Moab Fault**:

1-Moab Fault/Earthquake/Erdbeben: Unten entlang der Straße wird das Tal durch den Moab-Graben/**Moab Fault** geteilt. Als Folge mehrere Erdbeben senkte sich die eine Grabenseite stärker als die andere. Das, was man heute sieht, lag einst bedeutend höher als alles, was auf der anderen Seite sichtbar ist.

Die massiven Felsenklippen (hinter dem Betrachter) reichen bis an die Straße – hier verläuft auch gleichzeitig der Graben. Dort unten bestehen die Felsenklippen lediglich aus einem Haufen zerbröckelter Felsen.

Überall im Park traten infolge von Erdbeben parallel laufende, senkrechte Risse im Gestein auf. Risse und Spalten dehnten sich später durch Erosion weiter aus und ließen lange, dünne Sandsteinplatten zurück, die als „Mutter" von Naturfelsbögen gelten.

Nächste Station ist die **South Park Avenue** – beliebte Unterbrechung und Ausgangspunkt zu einem bequemen Spaziergang durch die Sandsteinklippen.

2-South Park Avenue: Spaziergang – ½ Stunde (ein Weg) – entlang gut begehbarem Pfad in der Nachbarschaft von hoch aufragenden Sandsteinklippen. Der Weg führt zu den **Courthouse Towers**.

Beim nächsten Halt Information zu den **Courthouse Towers**; herrliche Aussicht auf die **La Sal Mountains** mit dem etwa 3877 m hohen **Mt. Peale**, sowie auf das Waldgebiet **Manti-La Sal National Forest**.

3-Courthouse Towers/Gerichtstürme: Zwei Felsschichten, deren Trennlinie heute noch erkennbar ist, füllten einst das gesamte Tal aus. Die Felsschichten zerbrachen zu immer kleiner werdenden Brocken. Risse traten als Folge mehrerer Erdbeben auf. Im Laufe der Zeit bildete sich tief im Innern des Felsgesteins starke Spannung. Außerdem dehnte sich in Felsspalten eingedrungenes und zu Eis gefrorenes Wasser aus. Schließlich brachen gewaltige Felsbrocken ab, die von Wind und Regen bearbeitet und weiter abgetragen wurden. Nun ist es nur eine Frage der Zeit, wie lange die Felsbrocken ihre heutige Größe behalten, ehe Erosion sie schrumpfen lässt.

ARCHES NP, UT 309
Baxter Info-Karte: Arches NP Area

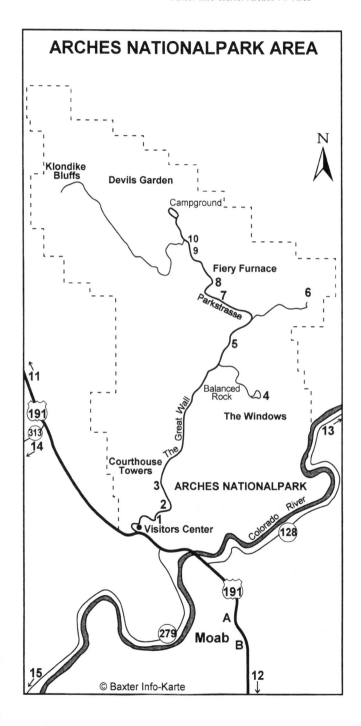

310 ARCHES NP, UT
Parkstraße: Courthouse Towers/Windows Section

An der Aussichtsstelle **Courthouse Tower Viewpoint** mehr Information über das Schicksal eines Felsbogens:

The Destiny of An Arch/Schicksal eines Felsbogens. Dieser Felsgrat vor einem zeigt Geburt und Tod von Felsbögen. Bei entsprechender Beleuchtung und Position des neu entstandenen Felsbogens wirkt er oft wie eine Höhle, obwohl es sich um einen echten Felsbogen handelt. Aus der Nähe erkennt man Tageslicht auf der anderen Seite. An einem anderen Exemplar sind nur noch die beiden Höcker eines Felsbogens übrig.

Die Parkstraße führt an der **Great Wall** und den ausgedehnten versteinerten Dünen – **Petrified Dunes** – vorbei, ehe man an den seltsam geformten **Balanced Rock** gelangt. Bei dieser 40 m hohen Felsskulptur wurde der Sockel durch Erosion stärker als der obenauf balancierende Felsbrocken abgetragen. Kurz danach kommt man zur Abzweigung zur **Windows Section**.

4–The Windows Section/Die Fenster. Eine der interessantesten Gegenden des Arches Nationalparks ist die „**Windows Section**". Von der Hauptstraße fährt man etwa 3 mi/5 km auf asphaltierter Straße entlang. Zu den markantesten Punkten am **Elephant Butte** (Elefantenbuckel) zählen der **Garden of Eden**/Paradiesgarten oder Garten von Eden, **Parade of Elephants**/Elefantenparade, der spektakuläre **Double Arch**/Doppelbogen sowie und andere Felsbögen. Einige dieser Sehenswürdigkeiten sind auf kurzen Pfaden erreichbar.

Auf der einer Seite des Parkplatzes führt ein Trail zu den Felsbögen **North Window**/Nordfenster, **South Window**/Südfenster sowie zum **Turret Arch**/Türmchen. An der anderen Parkplatzseite erreicht man **Parade of Elephants**/Elefantenparade und **Double Arch**/Doppelbogen. Eröffnungsszenen von *Indiana Jones and the Last Crusade* (1988) beim **Double Arch** ferner *Josh and S.A.M.* (1993) ebenfalls in **Arches NP** gefilmt. Anschließend einige Dimensionen der Felsbögen.

They're bigger than you think/...größer als man denkt: Natursteinbögen wirken hier nur aus der Entfernung so klein. In Wirklichkeit ragen hier riesige Felsbögen frei aus der Landschaft. Entfernung gibt allem eine völlig andere Perspektive. Hier findet man das **South Window**/Südfenster, **North Window**/Nordfenster, **Turret Arch**/Türmchen und **Double Arch**/Doppelbogen.

Felsbogen	lichte Weite in Meter	Höhe in Meter
Cove Arch	14,9	10,4
Double Arch (Süd)	49,7	32,0
Double Arch (West)	18,3	18.6
Ribbon Arch	15,2	16,8
North Window	28,3	15,5
South Window	32,0	20,1

Je dichter man sich Felsbögen nähert, um so gewaltiger scheinen sie zu wachsen. Fußweg etwa 15 Minuten (hin und zurück); vorsichtshalber mindestens eine halbe Stunde einkalkulieren.

Wieder entlang der Hauptstraße kommt man auf dem Weg in Richtung Norden zum **Panorama Point** mit einer Ausstellung zur „**Geology of Salt Valley**" – Geologie des Salztals:

5–Panorama Point – Geology of Salt Valley/Geologie des Salztals. Dieses Gebiet war früher von einem Binnensee bedeckt; nach Verdunsten des Wassers blieb eine dicke Salzschicht zurück. Die sich unter dem Druck starker Felsablagerungen verschiebende Salzschicht brachte viele der heutigen Veränderungen in der Landschaft hervor.

Von der Hauptstraße zweigt die Straße zur etwa 2 mi/3 km entfernten Holzhütte **Wolfe Cabin** und Aussichtsstelle mit Blick auf **Delicate Arch** ab.

5–Wolfe Cabin/Delicate Arch. 1888 baute John Wolfe die ehemalige Wolfe Ranch auf. Der größte Teil der Ranch existiert nicht mehr; die heutige Wolfe Cabin wurde kurz nach 1900 errichtet, aber bereits um 1910 wieder verlassen. Der letzte Angehörige der Pionierfamilie der Wolfe Ranch starb 1977.

Delicate Arch ist auf der geteerten Straße erreichbar, die von der Wolfe Cabin zu einem Parkplatz führt. Vom Parkplatz gelangt man zum **Lower**

ARCHES NP, UT 311
Parkstraße: Delicate Arch/Fiery Furnace/Devils Garden

Viewpoint – ca. 100 Meter (ein Weg), einfach und eben verlaufender Pfad. Zum **Upper Viewpoint** geht es 800 Meter auf gut markiertem Pfad bergauf, der teilweise Stufen hat – bei normaler Kondition ohne weiteres zu bewältigen. Nur ein Canyon trennt hier den Betrachter vom **Delicate Arch**.

Delicate Arch. Der etwa 1.5 mi/2,4 km (ein Weg) lange Fußweg von der Wolfe Ranch Area zum **Delicate Arch** ist recht anstrengend; unbedingt Trinkwasser mitnehmen! **Delicate Arch** ist mit seiner 10 Meter Weite und 14 Meter Höhe ein erhebender Anblick und fotografischer Leckerbissen. Vorher über Geländezustand bei Park Rangers genauestens erkundigen.

Delicate Arch
Arches Nationalpark, Utah

Hinter der Abzweigung zur **Wolfe Cabin Area/Delicate Arch** geht es auf der Parkstraße weiter nordwärts weiter zum **Devils Garden**. Unterwegs passiert man weitere Aussichtspunkte **Salt Valley Overlook** und passiert **Fiery Furnace**.

7–Salt Valley Overlook. Von der Aussichtsstelle hat man einen hervorragenden Blick ins Tal, das sich während der nicht zu trockenen Sommermonate in ein Blumenmeer verwandelt.

8–Fiery Furnace ist ein Labyrinth schmaler Durchgänge inmitten von Sandsteinwänden. Park Rangers führen hier kurze **Führungen** durch – im allgemeinen frühmorgens und spätnachmittags. Einzelheiten beim Visitors Center.

In dem Felslabyrinth kann man sich leicht verirren, da es keine markierten Wege gibt. Man erreicht sogar nicht einmal die Talsohle. In diesem Felsengewirr gibt es enge Schluchten, die nirgendwo hinführen, und manche Gänge laufen einfach aus.

Trotz des deutlichen Hinweises „Don't enter", dass kein Zugang besteht, versuchen Besucher trotzdem, den Gang zu betreten. Aus diesem Grund bleibt auch das Tor dort unten abgeschlossen. Da sich die meisten Besucher bereits verirren, ehe sie das Tor erreichen, werden hier Führungen der Park Rangers angeboten, damit sich niemand verirrt. Die Führung dauert etwa zwei Stunden; festes Schuhwerk erforderlich.

Ehe man **Devils Garden** mit dem Campingplatz erreicht, wo die Parkstraße endet, passiert man weitere Aussichtspunkte mit Zugang zu einigen Felsbögen.

9–Doc Williams Point – nach Dr. J. W. Williams benannt, der 1929 bedeutend zur Gründung des damaligen Arches Nationalmonuments beitrug. Anschließend passiert man den Punkt, an dem ein Pfad zu dem in der Nähe liegenden **Broken Arch** führt.

10–Broken Arch – ist etwa 18 m weit und 13 m hoch. Der Pfad führt auch weiter zum **Sand Dune Arch** (Sanddünenbogen) – etwa 9 m weit und 2,4 m hoch. Von der Straße hat man einen guten Blick auf **Skyline Arch** – 21 m weit und 14 m hoch.

Kurz darauf erreicht man den Picknickplatz sowie den sehr populären (da einziger Campingplatz im Park!) **Devils Garden Campground**. Zur Hauptsaison unbedingt ratsam, sich schon sehr früh morgens hier um einen Platz zu bemühen. Nur ein kurzes Stück weiter gelangt man am Ende der Parkstraße zum Start des *Devils Garden Trail*.

312 BRYCE CANYON NATIONALPARK, UT
Orientierung

11–Devils Garden/Teufelsgarten. Die **Devils Garden Area** beginnt direkt am Parkplatz. Rundum ragen steile Felswände in die Höhe. Der relativ anstrengende *Devils Garden Trail* führt zu den folgenden Felsbögen: **Tunnel Arch**/Tunnelbogen, **Pine Tree Arch**/Kiefernbogen, **Landscape Arch**/ Landschaftsbogen, **Partition Arch**/Teilungsbogen, **Navajo Arch**/Navajobogen und **Double-O Arch**/Doppel-O-Bogen. **Landscape Arch** zählt mit einer Weite von 88,7 Metern zu den Giganten unter den Naturfelsbögen der Welt – auf einem Fußweg (etwa 2 mi/3 km hin und zurück) erreichbar. Gesamtlänge des *Devils Garden Trail* etwa 5 mi/8 km (Hin- und Rückweg); unbedingt Trinkwasservorrat mitnehmen; etwa 4 Stunden. Im Visitors Center die Begleitbroschüre *Devils Garden Trail Guide* besorgen; enthält interessante Info über Vegetation und Geologie der Gegend.

Entfernungen der Trails in Meilen/Kilometer

Double O Arch	2/3	Pine Tree Arch	¼/0,4
Landscape Arch	1/1,6	Tunnel Arch	¼/0,4
Navajo Arch	1¾/2,8	Wall Arch	1¼/2
Partitition Arch	1¾/2,8		

Eine weitere landschaftlich schöne Gegend des Parks sind die **Klondike Bluffs**, Sandstein-Steilhänge, die über eine sehr rauhe, etwa 7.8 mi/l2,5 km langen Straße erreichbar sind. Vom Ende dieser Straße führt ein einfacher Pfad etwa 1.2 mi/l,9 km zum **Tower Arch** (Turmbogen).

BRYCE CANYON NATIONALPARK
„Zartrosa bis feuerrote, bizarr geschnitzte Sandsteintürme und Felsnadeln"

♦**Öffnungszeiten:** Ganzjährig, doch touristische Einrichtungen nur Apr.-Nov.; während der Wintermonate (Okt. bis Mitte Mai) nur beschränkte Benutzung der Parkeinrichtungen. $20/Fahrzeug Eintritt.
♦**Name:** Benannt nach einem Canyon einer Serie hufeisenförmig geformter Amphitheater, die aus dem Ostrand des Paunsaugunt Plateau herausgemeißelt wurde (dieses wiederum benannt nach Ebenezer und Mary Bryce, die von 1875 bis 1880 im Paria Valley lebten).
♦**Lage:** Im Süden des US-Bundesstaates Utah; 24 mi/38,4 km südöstlich von Panguitch. **1928** gegründet.
♦**Entfernung in Meilen/Kilometer von Bryce nach:**

Cedar City, UT	87/139	Mt. Carmel Jct., UT	64/102
Grand Canyon NP, AZ		Page, AZ	162/259
Südrand	302/483	St. George, UT	150/240
Nordrand	163/261	Salt Lake City, UT	270/432
Kanab, UT	80/128	Yellowstone NP, WY	610/976
Las Vegas, NV	270/432	Zion Nationalpark, UT	88/140

♦**Günstigste Besuchszeiten:** Juni-Oktober.
♦**Wetter:** Wegen seiner Höhenlage – 2438-2743 m ü.M. – sind die Sommertemperaturen in Bryce gemäßigt und liegen tagsüber um 27 Grad Celsius, nachts abkühlend. Im Winter ist der größte Teil des Parks schneebedeckt und es ist kalt; Schnee wird in der Regel auf der Parkstraße geräumt.
♦**Ausmaße:** 14 334 Hektar; 60 km Fahrt zu den bekanntesten Sehenswürdigkeiten des Parks.
♦**Eingänge:** Nur ein Eingang; über *UT 12* erreichbar, kurz hinter Ruby's Inn.
♦**Ausgangsorte:** Las Vegas und Salt Lake City sind die Hauptausgangsorte zum Bryce Canyon Nationalpark.
♦**Verkehrsmittel & Touren:** Flüge von Las Vegas zum Bryce Canyon Airport (Info: 435-834-5239). Bei Ankunft mit eigenem Fahrzeug Parken bei **Shuttle Staging Area** und Benutzung des **Blue Line Shuttle** zum Visitors Center ($15, umfasst Shuttle & Parkeintritt) oder Parken (begrenzte Parkplätze) beim Visitors Center und Benutzung des **Red Line Shuttle** zu den Viewpoints im Park ($20 Parkeintritt, umfasst Shuttle; mit Park Pass für $50 keine weitere Gebühr).
♦**Bryce Canyon Shuttle:** Es verkehren **drei** Shuttle Linien – 15. Mai-30. Sept. **Blue Line** verkehrt vom Parkplatz **Shuttle Staging Area** außerhalb des Parks an Kreuzung *UT 12 & UT 63* zum Visitors Center ($15 umfasst Shuttle und Parkeintritt). **Red Line** vom Visitors Center zu den Aussichtsstellen innerhalb des Parks. Blue und Red Line fahren alle 10 bis 15 Min.
    Green Line für Touren durch den südlichen Teil des Parks; persönliche Platzreservierung einen Tag im voraus beim Visitors Center erforderlich! Verkehrt

BRYCE CANYON NP, UT

Baxter Info-Karte: Shuttle Staging Area/Parkeingang

nach festem Fahrplan, Platzvergabe nach *first-come, first-served* Prinzip. **Green Line** Fahrplan umfasst auch Fahrten zu den meisten Backcountry Trailheads.

♦**Unterkunft im Park:** Bryce Canyon Lodge (1. Apr.-31. Okt.), 114 Motel & Cabins, Tel. (435)834-5361; AmFac Parks & Resort, 14001 East Iliff Ave., Suite 600, Aurora, CO 80014, Tel. (303)297-2757/Fax 237-3175; Internet: www.amfac.com

♦**Unterkunft außerhalb:** Best Western Ruby's Inn am Parkrand, ganzjährig in Betrieb; sehr beliebt und verkehrsgünstig, Tel. (435)834-5341/Fax 834-5265, geb.frei 1-800-468-8660. – – **Bryce Canyon Western Town**, 3800 S. US Hwy 89, Tel. (435)676-8770/Fax 676-8771. – – **Bryce Canyon Pines**, (435)834-5441, geb.frei 1-800-892-7923. – – **Bryce Village Resort**, (435)834-5303 mit Camping (30 Plätze). – – **Bryce Canyon International Hostel**, 190 N. Main Street, P.O. Box 664, Panguitch, UT 84759, Tel. (435)676-2300. – – **Marianna Inn Motel**, 699 N. Main Street, P.O. Box 150, Panguitch, UT 84759, Tel. (435)676-8844/Fax 676-8340, geb.frei 1-800-331-7407. – –**Bryce Junction Inn** (*US 89 & UT 12*), 3068 E. Hwy 12, Panguitch, UT 84759, Tel (435)676-2221.

♦**Camping:** Zwei Campingplätze im Park mit 218 Plätzen – **North Campground** und **Sunset Campground**; Platzvergabe *first-come, first-served*; keine *hookups* (aber saisonbedingt Benutzung der Entsorgungsstelle beim North Campground gegen Gebühr). – – **Außerhalb** vom Park – **Ruby's Inn Trailer Park**, 200 Plätze, geb.frei 1-800468-8660. **Bryce Canyon Pines**, Bryce, 40 Plätze, geb.frei 1-800-892-7923. **Riverside RV Campground**, Hatch, 125 Plätze, (435)735-4223. Cannonville Bryce Valley KOA, Cannonville, geb.frei 1-888-KOA-4710.

♦**Attraktionen:** Größte Attraktion ist das Säulen- und Zinnenlabyrinth, das aus den **Pink Cliffs** am Rande des Paunsaugunt Plateaus durch Verwitterung herausgefressen wurde. Beim **Bryce Amphitheater**, in Nähe des Visitors Center und der Lodge, gibt es mehrere Aussichtsstellen – z. B. **Sunrise Point** und **Sunset Point**. Fahrt entlang **Rim Drive**/Parkstraße bis Südende am **Rainbow Point** (18 mi/29 km entfernt!); auf Rückfahrt Halt an 13 Aussichtsstellen entlang der **Pink Cliffs**, darunter **Natural Bridge** und Yovimpa Point.

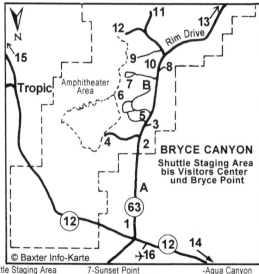

1-Shuttle Staging Area
-Parkplatz
-Abfahrt **Blue Line** Shuttle zum Visitors Center
2-Entrance Station
Parkeingang/Zahlstelle
3-Visitors Center
-Abfahrt **Red Line** Shuttle
4-Fairyland Point
-Fairyland Trail
5-North Campground
6-Sunrise Point
-Queen's Garden Trail
7-Sunset Point
-Navajo Loop Trail
8-Sunset Campground
9-Inspiration Point
10-Silent City
11-Paria View
12-Bryce Point
-Under-The-Rim-Trail
-Bryce Point—Rainbow Point
-Peekaboo Loop Trail
13-Rainbow Point
-Farview Point
-Natural Bridge
-Agua Canyon
-Yovimpa Point
-Riggs Springs Loop Trail
14-Red Canyon & *US 89*
-Panguitch/Hatch
15-Grand Staircase-Escalante
-Escalante
-Capitol Reef NP
-Torrey
16-Bryce Canyon Airport
Unterkunft:
A-BW Ruby's Inn
B-Bryce Canyon Lodge

314 BRYCE CANYON NP, UT
Geologisches/Planung

♦**Tierwelt:** Maultierwild, Kojote, Eichhörnchen, Stachelschwein und sogar Pumas! Zahlreiche Vogelarten.
♦**Wandern:** Populär sind **Queens Garden Trail** (1.5 mi/2,4 km) und **Navajo Loop Trail** gleiche Entfernung, nur steiler. Ferner **Under-The-Rim-Trail** – erstreckt sich vom **Bryce Point** bis **Rainbow Point** unterhalb des Canyonrands.
♦**Aktivitäten** (außer Wandern): Canyon Trail Rides – von Wranglers/Cowboys begleitete Ausritte (2 Std. oder ½ Tag) sowie Maultierritte hinunter ins Bryce Amphitheater entlang Reitpfad und Peekaboo Loop Trail; Canyon Trail Rides, P.O. Box 128, Tropic, UT 84776, Internet: www.onpages.com/canyonrides/ Tel. (435)679-8665. Im Winter Skilanglauf oder Snow Shoe Trips auf markierten Loipen auf dem Canyonplateau bei 46 cm Schneetiefe beim Visitors Center; kostenloser Verleih von *snow shoes* (bei Hinterlegung der Kreditkarte!).
♦**Restauration:** Bryce Canyon Lodge im Park sowie BW Ruby's Inn außerhalb.
♦**Information: Park** – National Park Service, Bryce Canyon National Park, P.O. Box 170001, Bryce Canyon, UT 84717-0001; Tel. (435)834-5322/Fax 834-4102; E-mail: BRCA_Superintendent@nps.gov

Bryce Canyons Entstehungsprozess

Erosion und Verwitterung haben dem Bryce Canyon seine unverwechselbare Gestalt gegeben. Witterungseinflüsse am **Wasatch-Kalkstein** machen sich in drei Etappen offenbar, wie nachfolgende drei Skizzen deutlich zeigen:

Stufe 1: In einem *Fin* (aus der Seite des Plateaus hinauslaufende Rippen) sind Schwachstellen früh erkennbar. In vertikalen Rissen bricht das Gestein leichter auseinander. Manche horizontal verlaufenden Kalksteinschichten sind durch unterschiedliche Zusammensetzung weniger beständig als andere.

Stufe 2: In seinen vertikalen Rissen sprengt gefrierendes Wasser Schicht um Schicht weg. Gelegentlich wird weicheres Gestein soweit abgetragen, dass sogar Fensteröffnungen im Fels entstehen.

Stufe 3: Anhaltende Erosion kann solche Felsausläufer fast verschwinden lassen. Das der Witterung am stärksten ausgesetzte äußere Ende des *Fin* wird bis auf einige Reste reduziert, die von wetterbeständigen Hauben/*caps* überzogen sind. Diese Hauben lassen die Felssäulen einem Heer von Soldaten oder Schachfiguren gleichen!

Verschwinden alte *Fins*, bilden sich durch die Rinnen, die das Wasser gräbt, bald wieder neue, die erneut als Rippen aus der Felswand des Plateaus hervortreten. Solange dieses Plateau existiert, bringt Verwitterung immer wieder neue phantastische Skulpturen unterhalb des Plateaurands hervor!

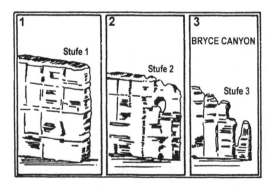

Planung des Bryce-Aufenthalts

Zu den angenehmsten Eigenschaften des **Bryce Canyon Nationalparks** zählt, dass dieses steinerne Meer von Kathedralen und Kandelabern und Spitzen und Bögen und Giebeln und Türmen und Pagoden und Minaretten und Tempeln und Schlössern und Menschen und Tieren so überwältigend und doch überschaubar ist. Im Vergleich zum Grand Canyon, bei dem sich jegliches Größenverhältnis zu verlieren scheint, behält man im **Bryce Canyon** doch einen relativ guten Überblick.

BRYCE CANYON NP, UT 315
Kinderprogramm/Unterkunft

Die in *Nordsüdrichtung* verlaufende Hauptstraße des Parks, der **Rim Drive**, ist rund 35 Kilometer lang. Unterwegs gibt es entlang dieser Panoramastraße 13 Halteplätze, die einen Panoramablick auf die herrlichen, durch Erosion geschaffenen **Pink Cliffs** (Anspielung auf ihre Farben) gestatten. Mehrere Wanderpfade – oft nur 1-2 Kilometer lang – führen ganz dicht an diese bezaubernden Felsengebilde heran. Wer nicht wandern möchte, kann an einer begleiteten Reittour unterhalb des Plateaurands teilnehmen. Außerdem gibt es eine Menge Veranstaltungen der Park Rangers/*Park Ranger-led activities*, bei denen man sein Wissen über den Park, seine Geschichte, Geologie, Vegetation und Tierwelt erweitern kann. Zudem bietet die Ruby's Inn verschiedene informative Veranstaltungen.

Mindestens einen vollen Aufenthaltstag für Bryce Canyon Nationalpark einplanen – nach Möglichkeit länger. Wegen der Höhenlage zwischen 2438 und 2743 m ü.M. ist zu berücksichtigen, dass im Winter weite Teile des Parks mit Schnee bedeckt sind. Die beste Zeit für den Parkbesuch liegt zwischen Juni und Oktober.

Interessantes für Kinder
- Im Visitors Center über spezielle Naturkundeveranstaltungen für Kinder im Rahmen des **Bryce's Junior Ranger Program** erkundigen: spezielles Programm für Kinder im Alter von 5 bis 12 Jahren. „Unterricht" im allgemeinen in der Zeit von Mitte Juni bis Mitte August, und zwar montags bis freitags.
- Kindern macht es viel Spaß, die unterwegs gesehenen Gesteinsformationen (auf Wanderungen oder von den verschiedenen Aussichtsstellen) zu deuten und zu beschreiben.
- Kindern unterwegs die Rolle des Navigators überlassen, um jeweils den nächsten Aussichtspunkt anzukündigen.
- Veranstaltungen der Park Rangers am Lagerfeuer/*campfire programs* sind für Kinder ein besonderes Erlebnis.
- Über Filmprogramm im Visitors Center erkundigen; meist am späten Nachmittag/Freitag abends.
- Bei der Ruby's Inn findet mehrmals in der Woche ein Rodeo statt.
- Nicht versäumen, beim Visitors Center das **Junior Ranger Booklet** zu besorgen; enthält die Bedingungen fürs Junior Ranger Zertifikat!

Unterkunft im Park

Bewirtschaftung der Unterkünfte in **Bryce Canyon Lodge** innerhalb des Parks durch einen Konzessionär; im allgemeinen vom 1. April bis Ende Okt. in Betrieb; nach genauen Daten erkundigen. Zur Auswahl stehen zwei Unterkunftypen: Rustikale Western Cabins/ Hütten mit zwei Doppelbetten *(2 double beds)*, Bad mit eigener Veranda; und Motelzimmer (Paunsaugunt Rooms); Check-in bei Bryce Canyon Lodge.

Unterkunft am Parkrand: Ruby's Inn

Bryce Canyon Nationalpark ist ganzjährig geöffnet. Da die Unterkünfte innerhalb des Parks jedoch nur von April bis Ende Okt. in Betrieb sind, muss lange im voraus gründlich geplant werden, da zur Hochsaison stets der Kampf um eine Unterkunft in der Bryce Canyon Lodge innerhalb des Parks losgeht.

Als bequeme Alternative zur Parkunterkunft bietet sich die kurz vor dem Parkeingang befindliche **Best Western Ruby's Inn** an. Während der Rundreise durch den Westen kann man unterwegs bequem von anderen Unterkünften derselben Motelkette Zimmerreservierung direkt vornehmen lassen.

316 BRYCE CANYON NP, UT
Camping/Infoquellen/Wandern

Ruben C. Syrett baute 1916 in dieser Gegend eine Ranch auf, die er später mit einer Lodge in der Nähe von Sunset Point ausbaute. Syrett machte sich recht bald unter seinem Spitznamen Ruby als Gastwirt und Touristenführer einen Namen. Später verlegte er die Lodge zur Ranch und nannte sie einfach **Ruby's Inn**. Wegen seiner günstigen Verkehrslage zählt das Motel inzwischen zu den beliebtesten (und daher schnell belegt) Unterkünften im Umkreis von Bryce Canyon.

Ruby's Inn umfasst ein Restaurant, das sich größter Beliebtheit erfreut, kleinen Proviantladen, Münzwäscherei/*laundromat)*, Hallenbad und Post. Ruby's Inn bietet Reitausflüge/Scenic Trail Rides sowie Chuckwagon Dinner (zünftiges Cowboyessen). An bestimmten Tagen kann man sogar einem Rodeo beiwohnen! Einzelheiten beim Check-in.

Camping in Bryce

Innerhalb des Parks gibt es zwei Campingplätze: **North Campground** in der Nähe des Visitors Centers, **Sunset Campground** dagegen in geringer Entfernung zum Sunset Point. Beide Campingplätze bieten zusammen etwa 200 Stellplätze. Möglichst früh ankommen, um sich einen Platz zu sichern, da die Plätze schnell belegt sind. Keine Anschlüsse/*hookups* für Camper & RVs. Ab Oktober gibt es wegen der kalten Witterung kein Wasser auf den Plätzen.

Informationsquellen

National Park Service
Bryce Canyon National Park
P.O. Box 170001
Bryce Canyon, UT 84717-0001
Tel. (435)834-5322/Fax 834-4102
E-mail: BRCA_Superintendent@nps.gov

Kostenloses Material:
map of park/Nationalparkkarte
campground information/
Information über Campingplätze
hiking information/Info für Wanderer
calendar of activities/Programm
Parkzeitung
Bryce Canyon Shuttle

AmFac Parks & Resort
14001 East Iliff Ave., Suite 600
Aurora, CO 80014
Tel. (303)297-2757/Fax 237-3175
Internet: www.amfac.com

Unterkunft im Park/Bryce Canyon Lodge
accommodations prices/Zimmerpreise
cabins inside park reservations/
Hüttenreservierung im Park

Bryce Canyon Lodge
114 Zimmer Motel & Cabins
(1. Apr.-31. Okt.)
Tel. (435)834-5361

motel & cabins inside park/
Motel & Hütten im Park
Info & Reservierung

Best Western Ruby's Inn
Tel. (435)834-5341/Fax 834-5265
geb.frei 1-800-468-8660

Motelunterkunft
Rodeo
trail rides/Reitausflüge

Canyon Trail Rides
P.O. Box 128
Tropic, UT 84776
Internet: www.onpages.com/canyonrides/
Tel. (435)679-8665

trail rides/Reitausflüge
Auskunft & Reservierung

Bryce Canyon Airport/435-834-5239   Info über Flüge nach Las Vegas

Wanderungen in Bryce

Bryce Canyon bietet zahlreiche bezaubernde Wanderwege, auf denen man die unglaubliche Inszenierung in Stein und Farbe unterhalb vom Canyonrand erleben kann. Eine beliebte Tageswanderung ist der **Fairyland Trail** (5 Std.), gerade schon innerhalb des Parks, wenn man von Ruby's Inn kommt. **Sunset Point** und **Sunrise Point** sind Ausgangspunkt der kürzeren Wanderungen wie **Navajo Loop** und **Queen's Garden Trail** – jeweils unter zwei Stunden.

BRYCE CANYON NP, UT 317
Wandern/Under-The-Rim-Trail

Under-The Rim Trail (23 mi/37 km) zwischen **Bryce Point** und **Rainbow Point** (mit 8 Campingstellen) und **Riggs Springs Loop Trail** (8.8 mi/14 km) vom **Yovimpa Point** (mit 4 Campingstellen) zählen zu den mehrtägigen Wanderungen. Beide Trails fallen stark unter dem Canyonrand ab und führen durch bewaldete Gebiete. Bei mehrtägigen Wanderungen im Backcountry mit Übernachtung unterwegs ist ein **Backcountry Permit** erforderlich, das vom Visitors Center erteilt wird ($5 Gebühr). Vor Beginn jeder Wanderung bei Park Rangers über Zustand der Wanderwege und vorhandene Wasserquellen erkundigen. Beim Visitors Center topographische Karten erhältlich. Gegebenenfalls Shuttle Reservierung mit **Green Line Shuttle** vornehmen (weitere Information beim Visitors Center) bzw. über Beförderungs-/Abholmöglichkeiten von bestimmten Trailheads erkundigen.

Übersicht zu Wandermöglichkeiten

♦**Rim Trail:** Start überall entlang des Canyonrands; Länge 17,7 km (Rundweg); Ab-/Aufstieg etwa 168 m; 4-5 Std.; leicht bis mittelschwer.
♦**Queen's Garden:** Beginn am Sunrise Point; Rundweg 2,4 km; 98 m Ab-/Aufstieg; 1-2 Std.; mittlerer Schwierigkeitsgrad.
♦**Navajo Loop Trail:** Beginn am Sunset Point; Rundweg 3,5 km; 159 m Ab-/Aufstieg; 1-2 Std.; etwas anstrengend.
♦**Queen's Garden/Navajo Trail-Kombination:** Beginn am Sunset Point oder Sunrise Point; Rundweg 4,8 km; 159 m Ab-/Aufstieg; 2-3 Std.; etwas anstrengend.
♦**Peekaboo Loop:** Beginn an Bryce Point, Sunset Point oder Sunrise Point; 153-244 m Ab-/Aufstieg; Rundweg 8-11,3 km; 3-4 Std.; anstrengend.
♦**Tower Bridge:** Beginn nördlich von Sunrise Point; Rundweg 4,8 km; 2244 m Ab-/Aufstieg; 2½-3 Std.; anstrengend.
♦**Fairyland Loop:** Beginn an Sunrise Point oder Fairyland View; Rundweg 12,9 km; 650 m Ab-/Aufstieg; 5 Std.; anstrengend.
♦**Trail To The Hat Shop:** Beginn am Bryce Point; Rundweg 6 km; 275 m Ab-/Aufstieg; 4 Std.; anstrengend.
♦**Bristlecone Loop Trail:** Beginn Rainbow Point; Rundweg 1,6 km; 31 m Ab-/Aufstieg; 1 Std.; leicht bis etwas anstrengend.

Under-The-Rim-Trail (Bryce Point—Rainbow Point)

Der **Under-The-Rim-Trail**, wie sein Name bereits andeutet, verläuft unter dem Rim und erstreckt sich über etwa 37 km zwischen **Bryce Point** und **Rainbow/Yovimpa Points**. Hier einige Entfernungen in Meilen/Kilometer vom Bryce Point zu verschiedenen Punkten entlang des Trail. 8 Zeltplätze etwa im Abstand von 5-7 km; Backcountry Permit erforderlich.

Hat Shop	2.0/3,2
Right Fork Yellow Creek	2.8/4,5
Yellow Creek	5.1/8,2
Sheep Creek Trail	9.2/14,7
Sheep Creek	9.3/14,9
Right Fork Swamp Canyon	10.0/16,0
Swamp Canyon	11.5/18,4
Whiteman Trail	12.6/20,2
Natural Bridge	15.6/25,0
Agua Canyon	16.3/26,1
Agua Canyon Trail	16.8/26,9
Ponderosa Canyon	18.2/29,1
Black Birch	19.8/31,7

BRYCE CANYON NP, UT
Rim Drive: Amphitheater Area/Bryce Point—Rainbow Point

ENTLANG DER PARKSTRASSE

Die Fahrt entlang der Panoramastraße Südutahs durch den **Bryce Canyon Nationalpark** erstreckt sich über rund 35 km in Nordsüdrichtung. Unterwegs gibt es verschiedene Abzweigungen zu den Aussichtspunkten. Die Parkstraße lässt sich geographisch in zwei Abschnitte einteilen. Im ersten Abschnitt passiert man **Bryce Amphitheater** mit Fairyland Point, Visitors Center, Bryce Canyon Lodge, Sunrise Point, Sunset Point, Inspiration Point, Paria View und Bryce Point. Hinter der Abzweigung zu Inspiration Point, Paria View und **Bryce Point** setzt sich der zweite Abschnitt des **Rim Drive** zum Südende der Straße am **Rainbow Point** mit Farview Point, Natural Bridge, Agua Canyon, Yovimpa Point fort.

Erster Abschnitt: Amphitheater Area

Die **Amphitheater Area** ist Ziel der meisten Besucher. Wer keinen vollen Tag für den **Rim Drive** zur Verfügung hat, beschränkt sich auf die Aussichtspunkte der **Amphitheater Area – Paria View, Bryce Point, Inspiration Point, Sunset Point** und **Sunrise Point**.

Der farbenprächtige Skulpturengarten östlich der Bryce Canyon Lodge trägt die Bezeichnung **Bryce Amphitheater** oder **Amphitheater Area**. Die Indianer fanden für diese „Freilichtbühne der Natur" den treffenden Namen „Rote Felsen, die wie Menschen in einer schalenförmigen Schlucht stehen". Hier tut sich ein Hochofen der roten und gelben Türme auf, die sich gen Himmel erheben. Dieser Teil des Nationalparks offenbart, dass **Bryce Canyon** kein klassischer Canyon ist – nicht von einem Fluss in Fels gefräst, sondern die östliche Abbruchkante des **Paunsaugunt Plateau**. Die der Erosion ausgesetzten freigelegten Flanken des Plateaus haben die abwechslungsreichen Felsgebilde und Formen der **Pink Cliffs** hervorgebracht. Die Farbenpracht ist eine Folge fortschreitender Ocidation eisen- und manganhaltiger mineralischer Verbindungen. Sie reicht vom fast reinen Weiß puren Kalksteins über alle Schattierungen von Gelb-, Braun-, Rot- zu Violett-Tönen.

Zweiter Abschnitt: Amphitheater Area—Rainbow Point

Von der Abzweigung zum **Inspiration Point/Paria View** und **Bryce Point** folgt die Strecke über etwa 16 mi/26 km des **Rim Drive** dem Felsrand der **Pink Cliffs**. An manchen Stellen verläuft die Straße ganz dicht entlang des Felsrands der rosa Klippen.

Zunächst passiert man eine relativ offene Landschaft, die von Espenwäldern abgelöst wird. Unterwegs kommt man an Straßenrand an Trailheads vorbei, von denen Verbindungswege über die **Pink Cliffs** zum **Under-the-Rim-Trail** ausgehen. Zu den *Connecting Trails* zählen beispielsweise **Sheep Creek Connecting Trail, Swamp Canyon Connecting Trail** und **Whiteman Connecting Trail**. Ab und zu lassen die Bäume den Blick auf die gelb- und rosafarbenen Felsgebilde, Minarette und Zinnen frei. Meilensteine am Straßenrand geben jeweils die Entfernung vom Parkeingang zum Rainbow Point an und dienen unterwegs als gute Orientierung.

Farview Point ist die erste Aussichtsstelle, etwa 8.1 mi/13 km hinter der Abzweigung zum **Inspiration Point**. Da alle Aussichtsstellen am Felsrand der Gegenfahrbahn liegen, fährt man zunächst **ohne** Halt vorbei an Farview, Natural Bridge und Agua Canyon Richtung **Rainbow Point**. Auf der Rückfahrt kann man dann die verschiedenen Aussichtsstelle bequem anfahren und sich dort aufhalten. Vor Erreichen des **Rainbow Point** passiert man kurz zuvor rechts **Yovimpa Point**, wo man den ersten Halt einlegt.

- **Yovimpa Point: 18.7 mi/29,9 km vom Parkeingang**

Etwa 3 mi/5 km hinter **Ponderosa Point** und kurz bevor der **Rim Drive** am **Rainbow Point** endet. Ein schmaler Waldpfad führt zum Aussichtspunkt. Dort sind **Navajo Mountain** (132 km entfernt) sowie das **Paria River Valley, Page, Molly's Nipple, Vermilion Cliffs, Kaibab Plateau** und die **Coral Pink Sand Dunes** sichtbar. Weit in der Ferne liegt der **Grand Canyon**.

BRYCE CANYON NP, UT 319
Baxter Info-Karte: Amphitheater Area/Bryce Point—Rainbow Point

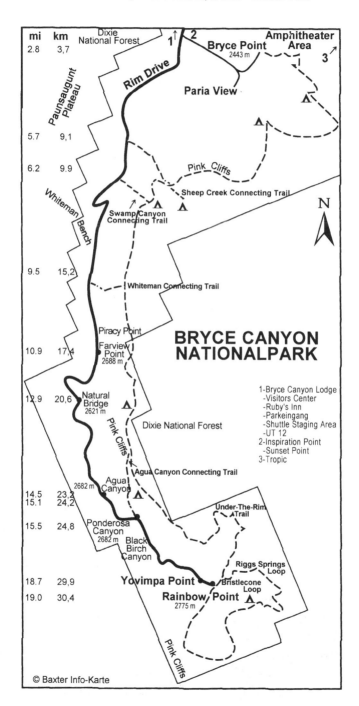

320 BRYCE CANYON NP, UT
Rim Drive: Amphitheater Area/Bryce Point—Rainbow Point

Auf dem Pfad zur Aussichtsstelle zweigt unterwegs der **Under-the-Rim-Trail** ab, der sich verzweigt und in der einen Richtung 22.6 mi/36,4 km zum **Bryce Point** führt. In der anderen Richtung verläuft der 8.8 mi/14,2 km lange **Riggs Springs Loop Trail**, der am **Rainbow Point** endet. Auf alle Fälle vorher bei Park Rangers über Einzelheiten und Zustand der vorgenannten anstrengenden Wanderwege erkundigen.

Beim **Rainbow Point**, dem südlichsten Aussichtspunkt des **Rim Drive**, endet die Parkstraße.

•Rainbow Point, 19 mi/30,4 km vom Parkeingang
Hier befindet man sich auf 2774 m ü.M. Von hier sind **Table Cliffs, Kodachrome Flat** und **Navajo Mountain** zu erkennen. Beim näher Hinsehen lässt sich in einem Felsgebilde ein Pudel erkennen. In weiter Ferne ist der Ostarm/ **East Fork of the Sevier River** sichtbar. Vom Aussichtspunkt hat man auch eine recht gute Perspektive vom Verlauf des **Rim Drive**.

Beim Visitors Center erfährt man, zu welchen Zeiten hier Führungen und Kurzvorträge über Geologie durch Park Ranger stattfinden – **Rainbow Point Nature Walk** und **Geology Talk**. Auf keinen Fall versäumen, Wanderung entlang des **Bristlecone Loop Trail** (leichter Rundwanderweg 1,6 km) zu unternehmen. Dort gelangt man zur **Bristlecone Pine** (*Pinus arislata*), eines der seltenen Nadelbaumexemplare. Die Grannen- oder Bürstenkiefer (Zweige wie Flaschenbürsten) zählt zu den ältesten Pflanzengattungen der Welt! Vom Parkplatz folgt der Pfad entlang leichter Erhebungen dem Plateau entlang und windet sich durch Fichten-Tannen-Waldbestand bis an den Rand der Klippen, wo die wetterfesten und robusten **Bristlecone Pines** wachsen. Unterwegs herrlicher Ausblick auf die farbenprächtige Landschaft mit Schluchten und Klippen.

Under-the-Rim-Trail führt von hier nordwärts und endet am **Bryce Point**, 22.6 mi/36,4 km entfernt. Der Pfad führt zum Fuß der farbigen Felsenklippen hinunter und klettert mehrere Bergrücken auf und ab durch Pinyon-Juniper-Wald (Kiefern-Wacholder-Wald). Unterwegs stoßen 4 Verbindungswege auf den **Under-the-Rim-Trail**, die kürzere Backpacktrips mit Übernachtung bei einem der *primitiv campgrounds* unterwegs oder Tagestouren erlauben. Bei Übernachtung ist ein Backcountry Permit erforderlich.

Riggs Springs Loop Trail bietet einen schönen Tagesausflug oder Übernacht-Rucksack-Wanderung; der 8.8 mi/14,2 km lange Rundwanderweg überwindet allmählich einen Höhenunterschied von 511 m und führt unter den Klippen hinunter ins Tal. Unterwegs geht es durch Fichten-, Espen-, Ahorn-Gambelseichen- *(Quetvus gambelli)* und riesenhafte Ponderosakiefernbestände. Gelegentlich kann man durch Öffnungen zwischen den Bäumen einen Blick auf die farbenprächtigen Felsenklippen hoch oben einfangen. Eine Abkürzung führt an **Riggs Springs** vorbei und ermöglicht eine etwas kürzere Wanderung. Der Aufstieg vom Canyonboden erfolgt über allmählich zunehmende, aber stetige Steigung; unterwegs Panoramablick nach Osten und Süden. Bei Übernachtung ist Backcountry Permit erforderlich.

Auf der Rückfahrt vom **Rainbow Point** passiert man erneut **Yovimpa Point** und erreicht hinter **Black Birch Canyon** und **Ponderosa Canyon** die Aussichtsstelle **Agua Canyon**.

•Agua Canyon: 14.5 mi/23,2 km vom Parkeingang
Agua Canyon ist etwa 5.5 mi/8,8 km vom **Rainbow Point** entfernt und liegt auf 2621 m ü.M. Von der Aussichtsstelle hat man einen herrlichen Blick auf den tief unten liegenden **Agua Canyon** und die weiten Ebenen in der Ferne. Blick auf **Table Cliffs, Henry Mountains, Kaiparowits Plateau, Hunter** (Jäger/Trapper), **Navajo Mountain, Rabbit** (Kaninchen).

Weiter entlang der Parkstraße nordwärts zur **Natural Bridge**, einem der Höhepunkte entlang der Panoramastraße:

•Natural Bridge: 12.9 mi/20,6 km vom Parkeingang
Am Aussichtspunkt befindet man sich auf 2621 m ü.M. Von hier oben kann man durch den Felsbogen ins in der Tiefe liegende Tal blicken. Bietet sich als erstklassiges Fotomotiv an. Angaben zur Natural Bridge: 16 m breit, 29 m hoch. In der Nähe befinden sich Toiletten.

•Farview Point: 10.9 mi/17,4 km vom Parkeingang
Die Aussichtsstelle **Farview Point** liegt auf 2688 m ü.M. mit Superblick. Aussicht von links nach rechts auf **Table Cliffs, Henry Mountains, Paria River Valley, Canaan Mountain, Henrieville, Kaiparowits Plateau, Navajo Mountain, White Cliffs, Molly's Nipple, Rainbow Point** und **Willis Creek**.

BRYCE CANYON NP, UT 321
Baxter-Tipps

Farview Natural Bridge – Felsbogen, der sich über einen Wasserablauf am Rande des tief unten liegenden Abhangs spannt. Abfließendes Wasser fand einen Riss in der harten, wetterfesten Kalksteinschicht und suchte seinen Weg zu einer Öffnung in der darunter befindlichen Klippenwand. Ständige Erosion erweiterte die Felsöffnung und ließ widerstandsfähige Felsschichten als Brücke bestehen. Unterhalb des Canyonrands weitere Felsbögen.

Anschließend geht es auf dem **Rim Drive** nun weiter nordwärts zurück in Richtung Amphitheater Area, Bryce Canyon Lodge und Visitors Center.

Baxter-Tipps für Bryce Canyon ☞

♦ **$50 Park Pass** macht sich bezahlt, wenn mehrere Nationalparks besucht werden. Bryce Canyon Eintritt kostet allein schon $20!

♦ Günstig, Fahrzeug außerhalb des Parks auf **Shuttle Staging Area** zu **parken** und **Blue Line Shuttle** zum Visitors Center zu benutzen. Oft sind die Parkplätze im Park überfüllt und man verliert kostbare Zeit, auf einen freien Platz zu warten. Bei Parken außerhalb beträgt Parkeintritt nur $15 und umfasst Blue Line Shuttle. Mit Park Pass Shuttle und Parkeintritt **kostenlos**, d.h. ist bereits bezahlt.

♦ Vom Visitors Center **Red Line Shuttle** zu den Aussichtsstellen benutzen. Im Bereich der Amphitheater Area verkehrt Red Line Shuttle alle 10 bis 15 Min.

♦ **Red Line Shuttle** hält an **13 Stellen** entlang des Rim Drive bis Rainbow Point.

♦ **Green Line Shuttle** verkehrt nach Fahrplan zum Südteil des Parks. Gelegenheit zur Beförderung zu und von Trailheads. Allerdings vorherige Anmeldung (ein Tag im voraus persönlich) beim Visitors Center. Begrenzte Platzvergabe.

♦ Durch Shuttle Service Gelegenheit, in den Canyon hinunter zu wandern und an einem anderen Trailhead wieder oben am Canyonrand anzukommen.

♦ **Leichtester** unterhalb vom Plateaurand verlaufender Weg ist der **Queen's Garden Trail**.

♦ **Peekaboo Trail** wird auch von **Reitern** benutzt; Achtung, Maultiere oder Pferde!

♦ Wer **knapp** an Zeit ist, sollte sich wenigstens 15-20 Minuten Zeit nehmen, zum **Fairyland Point** zu fahren, und ein kurzes Stück den Trail entlangwandern.

♦ **Bryce Canyon Lodge** verfügt über guten **Souvenirladen**; auch Restaurant.

♦ Beim Visitors Center über **Führungen** der Park Rangers erkundigen.

♦ Bei anstrengenden Wanderungen die **Höhenlage** des Parks berücksichtigen; man befindet sich auf ca. 2400 m ü.M. und höher. Wer nicht besonders fit ist, sollte die schwierigeren Wanderungen und Märsche vermeiden.

♦ Auf **Rückweg** von Rainbow Point zum **Fotografieren** an den verschiedenen Aussichtsstellen aussteigen.

♦ Bei **Ruby's Inn** wird mehrmals in der Woche **Rodeo**.

♦ Voranmeldung für **Reittouren**/Horseback Rides beim Trail Desk in Bryce Canyon Lodge; 2stündige Ausritte oder ½ Tag hinunter ins Amphitheater entlang Peekaboo Loop Trail – siehe S. 314.

♦ Unterkunft in Bryce Canyon Lodge **lange im voraus** buchen.

♦ **Reservierung** für Unterkunft innerhalb benachbarter Parks **Zion** und **Grand Canyon Nationalpark** Nordrand/North Rim von der Bryce Canyon Lodge möglich!

♦ Ausstellung und 20-Min.-Film im **Visitors Center** ansehen; ganzjährig geöffnet.

♦ **Sunrise Nature Center** beim Sunrise Point nur im Sommer geöffnet; bietet Information und Ausstellungen.

♦ Campingplätze im Park **billiger** als die außerhalb liegenden Privatplätze.

♦ Campingplatz innerhalb des Park so früh wie möglich erreichen; Platzvergabe nach *first-come, first-served*. Plätze sind bereits früh gefüllt.

♦ Veranstaltungen der Park Rangers **kostenlos**, Mondscheinwanderungen bei Vollmond und Vorträge am Lagerfeuer auf dem Campingplatz.

♦ Vor Eintreffen im Park im **Supermarkt** unterwegs **Proviant** einkaufen.

♦ Zahlreiche **Picknickplätze** innerhalb des Parks mit herrlicher Aussicht.

♦ Wer unterwegs frische Wäsche benötigt, kann bei **Ruby's Inn** seine **Wäsche waschen** – *laundromat*/Münzwäscherei.

♦ **Backcountry Permit** erforderlich für alle mehrtägigen Wanderungen mit Übernachtung unterwegs auf primitiven Campingplätzen; kostet $5; im Visitors Center erhältlich.

322 CANYONLANDS NATIONALPARK, UT
Orientierung

Entfernungen von Bryce Canyon in Meilen/Kilometer:

Anasazi Indian Village SP 80/128	Kayenta, AZ 397/635
Antimony, UT 41/66	Kodachrome Basin StatePark......26/42
Arches Nationalpark 270/432	Las Vegas, NV.....................255/408
Boulder, UT..............................80/128	Los Angeles, CA...................543/869
Brian Head via Panguitch 72/115	Mesa Verde Nationalpark, CO..465/744
Bullfrog via Burr Trail 147/235	Moab, UT.............................275/440
Burr Trail via Boulder, UT 80/128	Monument Valley, AZ & UT ..377/603
Calf Creek Falls 65/104	Mt. Carmel Jct., UT 64/102
Cannonville, UT 16/26	Natural Bridges Nat.Mon. 283/453
Canyonlands Nationalpark 340/544	Navajo Lake 58/102
Capitol Reef Nationalpark 121/194	Ogden 303/485
Cedar Breaks via Panguitch.....83/133	Page, AZ 162/259
Cedar City, UT..........................86/138	Panguitch, UT...........................26/42
Death Valley............................395/632	Panguitch Lake 41/66
Denver, CO............................580/928	Phoenix, AZ 427/683
Escalante, UT............................50/80	Pine Lake 22/35
Escalante Petrified Forest..........48/77	Pipe Spring Nat.Mon., AZ......105/168
Flagstaff, AZ...........................285/456	Posey Lake 62/99
Glen Canyon Dam, AZ 160/256	Price 265/424
Grand Canyon, North Rim, AZ.163/261	Provo 227/363
Grand Canyon South Rim, AZ.302/483	Red Canyon 8/13
Grand Junction 380/608	St. George, UT 138/221
Grand Staircase-Escalante, NM .55/88	Salt Lake City, UT 270/432
Grosvenor Arch 35/54	San Francisco 849/1358
Hatch, UT..................................24/38	Ticaboo via Burr Trail 132/211
Hells Backbone 64/102	Tropic Reservoir 15/24
Henrieville, UT 19/30	Tropic, UT 11/18
Hole-in-the-Rock..................100/160	Washington, D.C.................2381/3810
Hurricane................................114/182	Widtsoe Junction......................16/26
Jacob Lake............................120/192	Yellowstone Nationalpark,WY .610/976
Kanab, UT................................80/128	Zion Nationalpark, UT............88/140

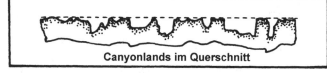

Canyonlands im Querschnitt

CANYONLANDS NATIONALPARK

„Felsenwildnis mit steilen Canyons um Colorado & Green Rivers"

♦**Öffnungszeiten:** Ganzjährig geöffnet.
♦**Lage:** Im südöstlichen Utah, etwa 32 mi/51 km von Moab entfernt; **1964** gegründet.
♦**Entfernungen:** Etwa 260 /416 m südöstlich von Salt Lake City; etwa 20 mi/ 32 km südwestlich vom Arches Nationalpark.
♦**Günstigste Besuchszeiten:** Mai bis Oktober; zum Wandern Frühjahr und Herbst.
♦**Wetter:** Heiß im Sommer, Schnee im Winter.
♦**Ausmaße:** Etwa 135 028 Hektar.
♦**Eingänge:** Der Park besteht aus drei Hauptgebieten – jedes über separaten Eingang erreichbar. **Island-In-The-Sky District** (Himmelsinsel) über *US 191*, genau nördlich von **Moab** erreichbar. **Needles District** (Die Nadeln) von der *US 191* nördlich von **Monticello** zugänglich. Und der abgelegene **Maze District** (Irrgarten) auf der Westseite des Colorado River, von *UT 24* über eine Jeep-Straße erreichbar.
♦**Ausgangsorte:** Salt Lake City, Moab, Monticello, Green River.
♦**Aktivitäten:** Von Park Rangers veranstaltete Lagerfeuer-Programme.
♦**Camping:** Campingplätze im Island-In-The-Sky sowie im Needles District – mit normalen Fahrzeugen (mit Zweiradantrieb) zugänglich.
♦**Unterkunft:** Keine Unterkunft im Park. Außerhalb des Parks in **Moab** – Super 8, Best Western Green Well, Ramada, Sleep Inn; in **Monticello** – Best Western Wayside Inn, Super 8; in **Kanab** – Best Western Red Hills Motel, Shilo Inn

CANYONLANDS NP, UT

Temperaturen/Baxter Info-Karte: Island-In-The-Sky

Kanab. **Billige** Unterkunft in Kanab – Canyonlands International Hostel, 143 E. 100 South, Kanab, UT 84741, (435644-5554.
♦**Attraktionen:** Island-In-The-Sky – Aussicht auf Colorado und Green Rivers, The Neck, Upheaval Dome, Mesa Arch. Needles District – Cave Spring, Elephant Hill, Wooden Shoe, Pothole Point sowie Blick auf den Zusammenfluss von Colorado und Green Rivers (**Confluence Overlook**), Druid Arch und Angel Arch, auf Jeep-Straße und Wanderwegen erreichbar.
♦**Wandern:** Alle drei Bereiche des Parks bieten geübten Wanderern ausgezeichnete Wanderungen. Zu den beliebtesten Tageswanderungen im Needles District zählt beispielsweise die Wanderung vom Elephant Hill zum Druid Arch – etwa 10.8 mi/17,3 km (hin und zurück).
♦**Tierwelt:** Maultierwild, Kojote, Puma und Amerikanischer Luchs.
♦**Restauration:** Innerhalb des Parks keinerlei Restauration.
♦**Information:** Superintendent, Canyonlands National Park, 125 West 200 South, Moab, UT 84532.
♦**Visitors Centers: Island-In-The-Sky**, 40 Min. von Moab via *UT 313* (Abzweigung von *US 191* ca. 10 mi/16 km nördlich von Moab); Tel. (435)259-4712. – – **Needles District**, via *US 191* und *UT 211* ca. 40 mi/64 km; (435)259-4711. – – **Hans Flat Ranger Station**, 2½ Std. von **Green River**; von *I-70* für 24 mi/38 km entlang *UT 24*, an Abzweigung zum Goblin State Park 46 mi/76 km südostwärts entlang unbefestigter Piste/*dirt road*; 131 mi/121 km von **Moab**.

ISLAND-IN-THE-SKY DISTRICT

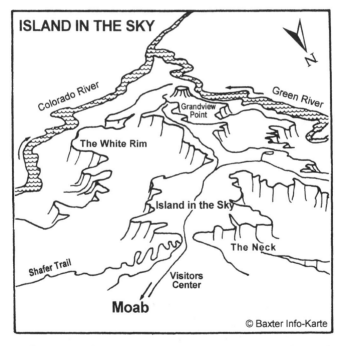

Das in Nähe des Eingangs zum Nordbereich des Canyonlands Nationalparks befindliche kleine Visitors Center liegt etwa 30 mi/48 km von **Moab** oder etwa 27 mi/43 km vom **Arches Nationalpark** entfernt. *UT 313* zweigt 10 mi/16 km nördlich von Moab von *US 191* südwestwärts ab zum **Canyonlands Nationalpark** und **Dead Horse Point State Park**.

Temperaturtabelle in °C für Island in the Sky District

	Jan	Feb	März	Apr	Mai	Jun	Juli	Aug	Sept	Okt	Nov	Dez
⌀ max	3	6	12	16	23	29	32	31	25	17	9	2
⌀ min	-7	-3	0	2	10	14	18	17	12	6	-1	-6

324 CANYONLANDS NP, UT
Baxter-Tipps für Island-In-The-Sky

Die jährliche Niederschlagsmenge beträgt im Durchschnitt etwa 203 mm, stärkste Niederschläge im Juli, August und Oktober. Schneefall im allgemeinen bis gegen Ende April und etwa ab Oktober; jährl. Schneefallmenge etwa 584 mm.

☞ Baxter-Tipps für Island in the Sky District

- Parkeintritt: $10 (günstig, **Park Pass** für $50 für alle Parks zu kaufen).
- Vor dem Start **volltanken**.
- Picknickproviant im **Supermarkt** in Moab besorgen.
- Ausreichend **Wasser**-, Getränkevorrat für unterwegs mitnehmen.
- *No food, gas, water or lodging available* – **keine** Restauration, Tankstelle, Wasser oder Unterkunft!"
- *UT 313* ist **asphaltiert**.
- **Unterkunft** in Moab reservieren.
- Bei Wanderungen ins Hinterland, Backcountry Permit $10 bei Visitors Center besorgen. Hier auch topographische Karten organisieren. Tourenvorschläge machen lassen.
- Die meisten Routen abseits der asphaltierten Straße sind nur mit Geländefahrzeugen (*4-wheel-drive*) befahrbar. Bei Visitors Center über Straßenzustand erkundigen.
- Angebot von **Jeeptouren** verschiedener Untenehmen in Moab; Reservierung erforderlich.
- Vorsicht an Felsrändern und auf **glattem** Slickrock-Stein.
- **Feste** Wanderschuhe und Kopfbedeckung für Wanderungen; Wasservorrat mitführen.
- **Fernglas** wird sehr nützlich.

Vorschlag für Unternehmungen
- Spaziergang entlang **Mesa Arch Trail** mit Blick auf Mesa Arch.
- Fahrt zum Grand View Point Overlook; Superaussicht ant Colorado River.
- **Green River Overlook** mit Blick auf Green River.
- Fahrt zum **Upheaval Dome** mit Abstecher zum **Whale Rock** (Walfischfelsen) mit Blick auf Indianerruinen.
- Kurzwanderung zum **Upheaval Dome**.
- Auf Rückfahrt vom Island in the Sky District Abstecher zum **Dead Horse Point State Park** (ca. 2 Stunden einkalkulieren).

Island-In-The-Sky Visitors Center

Park Rangers beim Visitors Center informieren über Neuigkeiten und Veranstaltungen, Wanderwege und geben Tipps für sicheren Aufenthalt, beispielsweise über Schutz bei Blitz und Gewitter (da weit offenes Gelände und oft plötzliche Gewitter). Hier sind auch topographische Karten und Bildbände über den Park erhältlich.

Fahrt entlang der Parkstraße

Das **Island-In-The-Sky Visitors Centers** ist beginnt man mit der Erkundung des Parks. Für die gesamte Etappe über 40 mi/64 km vom Visitors Center zum **Mesa Arch, Grand View Point Overlook** und **Upheaval Dome** und zurück einen halben Tag bis ganzen Tag einkalkulieren. Ausgezeichnete Parkstraße mit einer Reihe grandioser Aussichtsstellen. Zunächst überquert die Parkstraße **The Neck** – ein Felsgrat, gerade so breit wie die Straße, der das Plateau mit Canyonlands verbindet. Bei der ersten Aussichtsstelle mit Blick auf die Serpentinen der **Shafer Trail Road** befindet man sich auf 5800 Fuß/1768 m ü.M. Infotafel am **Shafer Canyon Overlook**.

Shafer Canyon Overlook

• **The Neck**/Der Hals. Dort unten überquert die Straße ein schmales Stück Land, **The Neck**, dem einzigen Zugang für Fahrzeuge zur etwa 104 Quadratkilometer weiten Mesa **The-Island-In-The-Sky**. Im Laufe der Zeit wird **The** Neck vermutlich durch Erosion abgetragen und wird **Island-In-The-Sky** vom „Festland"

CANYONLANDS NP, UT 325
Island-In-The-Sky: The Neck/Mesa Arch Trail/Grand View Point

abtrennen. Die **Neck** Area blickt auf eine bewegte Vergangenheit und Geschichte zurück. Viele Jahre lang war das Gebiet für Indianer, Cowboys und andere Landnutzer von großer Bedeutung.

• **Cowboys and Indians**/Cowboys und Indianer. Im allgemeinen lässt sich ein etwa 10 000 Hektar großes Land kaum mit einem nur 12 m langen Zaun einzäunen. Dies war in der Tat hier allerdings möglich. Der über dem Neck verlaufende Zaun machte **Island-In-The-Sky** zum abgeschlossenen Weideland dieser Größenordnung. 300 m tiefe Steilfelsen rund um den Rand des Geländes, erübrigten jegliche weitere Einzäunung.

Durch Einzäunen beider **Neck**-Ränder schuf man ein Gehege, indem man das Vieh einfangen und halten konnte. Vermutlich stellten die Indianer Fallen und Zäune aus Ästen und Sträuchern auf und fingen dort das zum Neck getriebene Vieh ein.

The Shafer Trail/Shafer-Wanderweg; unbefestigte Straße – auch *Potash Road* genannt, die von *Route 279* abzweigt. Die Straße schlängelt sich durch Felsklippen abwärts und verläuft größtenteils entlang derselben Route, auf der einst Tiere und prähistorische Völker entlangzogen. Sehr wahrscheinlich benutzten Forscher dieser Gegend ebenfalls den Pfad. Die Viehzüchter John and Frank Shafer legten später hier einen Weg an, um ihre Rinder von der Island-in-the-Sky hinunter zum Plateau zu treiben – daher **Shafer Trail** genannt. Viehtreiber, Goldsucher, Geächtete und Pferdediebe nutzten den Pfad, der heute auch als Wanderweg dient.

10 mi/16 km weiter auf **Shafer Trail** befindet sich der *Thelma and Louise* Point, wo die dramatische Flucht von Susan Sarandon und Geena Davis vor der Polizei über eine Felsklippe gefilmt wurde (im 1991er Film als Grand Canyon dargestellt). Am **Shafer Canyon Overlook** beginnt der **Neck Spring Trail**, etwa 5 mi/8 km.

Nachdem man **The Neck** hinter sich gelassen hat, gelangt man etwa 6 mi/10 km vom Visitors Center zum **Mesa Arch Trail**, hinter dem sich die Parkstraße verzweigt. Ein Arm führt südwärts weiter zum **Grand View Overlook**, während der andere Arm nordwärts zum **Upheaval Dome** weiterläuft.

Mesa Arch Trail

Für Hin- und Rückweg (etwa 0.5 mi/0,8 km) vom Parkplatz zu dem kleinen Felsbogen etwa 2 Std. Kleine Steinhaufen/*cairns* markieren den Pfad. Der kurze, relativ einfache Trail führt zum **Mesa Arch**, einem der schönsten und zugänglichsten Felsbogen des **Island-In-The-Sky-Distrikts**.

Mesa Arch hängt hoch oben am Canyonrand an einer etwa 160 m hohen Steilwand. Der Felsbogen umrahmt spektakuläre Ausblicke auf die **LaSal Mountains** im Nordosten und den etwa 350 m tiefer liegenden **Buck Canyon**. Von der Aussichtsstelle hat man auch einen schönen Blick auf den **Washer Woman Arch**.

Entlang des Trails fallen dunkle Flecken auf dem Boden auf:

• **It's Alive**/Es lebt. Diese sogenannte **Kryptogamen-Kruste** setzt sich aus einer Mischung sandigen Bodens und blütenloser Sporenpflanzen, Moos, Flechten, Fungus und Algen zusammen. Diese bemerkenswerte Pflanzengemeinschaften liefern den Grundstock zum Wachstum anderer Pflanzen, produzieren Nährstoffe und tragen dazu bei, Erosion zu verhindern. Wanderer sollten darauf bedacht sein, den empfindlichen, schwarzen Knirschboden aus lebenden Pflanzen nicht zu zertrampeln oder zu beschädigen. Eine zertrampelte Stelle erholt sich erst wieder nach langen Jahren.

Etwa 6 mi/10 km hinter dem **Mesa Arch Trail** gelangt man südwärts, am **Buck Canyon Overlook** vorbei zum **Grand View Point Overlook** mit herrlichem Blick auf das Netz verästelter Canyons. Unten im **Monument Basin** ragen Steinsäulen bis 100 Meter aus der Talsohle auf.

Grand View Point Overlook

In diesem Teil des Parks auf 6080 Fuß/1853 m ü.M. hat man die beste Panoramasicht auf die Umgebung. Die Ziffern der Infotafel beziehen sich auf Landschaftspunkte, die von der Aussichtsstelle zu sehen sind.

326 CANYONLANDS NP, UT
Island-In-The-Sky: Grand View Point

1–LaSal Mountains. Etwa 35 mi/56 km ost-nordostwärts von hier, in der Nähe der Colorado-Staatenlinie. Höchste Erhebung **Mt. Peale,** 12 721 ft/3877 m ü.M.

2–White Rim. Aus urzeitlichen Meeresablagerungen eines Binnenmeeres entstanden. Diese harten Schichten weißen Sandsteins bilden einen scharf abgrenzenden Rand über den unteren Canyons. Der **White Rim** liegt etwa 300 m unter dieser Aussichtsstelle.

3–Colorado River. Der Fluss hat sich so tief in den Canyon eingeschnitten, dass er von dieser Stelle gar nicht sichtbar ist. Er fließt von links nach rechts, wo er sich mit dem **Green River** vereinigt. Vor **1921** nannte man diesen Abschnitt des **Colorado River** oberhalb von Green River „Grand River' – daher der Name „**Grand View Point**".

4–Totem Pole/Totempfahl. Früher „Standing Rock" genannt. Diese Felsnadel verwitterten Sandsteins ragt mit 93 m als höchste Erhebung aus dem **Monument Basin** auf.

5–White Rim Road. Mit Geländefahrzeugen (Vierradantrieb) kann die Wildnis des **Canyonlands Nationalparks** entlang dieser 160 km langen Backcountry Road erkundet werden. Fahrzeit: Etwa 2 Tage. Weitere Auskunft beim Visitors Center.

6–Monument Basin. Längsrisse im Sandstein haben hier die Erosion der Felsen beschleunigt und zwar steile Klippenwände, Säulen und Türme entstehen lassen – einst „Standing Rock Basin" genannt.

7–Abajo Mountains. Etwa 35 mi/56 km südöstlich von hier, in der Nähe der Colorado-Staatenlinie. Höchste Erhebung **Abajo Peak** mit 11 360 ft/3463 m.

8–The Needles. Distrikt im Canyonlands Nationalpark, etwa 12 mi/19 km Luftlinie südlich von hier. Landschaft farbenprächtiger, behauener Felsen, mit Felsbögen, Canyons und nadelförmigen Türmen.

9–Mining Roads/Bergwerksstraßen. Lastwagen mit Uranladungen und Bulldozers zerfurchten die Landschaft, ehe der Nationalpark 1964 gegründet wurde. Die Wüste ist gegen derartige Attacken nicht „gewaffnet", und einmal entstandener Schaden braucht Jahrzehnte, „geheilt" zu werden.

10–Confluence/Zusammenfluss. An dieser Stelle vereinigen sich **Green River** und **Colorado River**. Allerdings kann man die Flüsse von der Aussichtsstelle nicht sehen.

11–Green River. Nimmt in der **Wind River Range** in Wyoming seinen Anfang. Der Fluss hat sich so tief in den Canyon eingeschnitten, dass er von der Aussichtsstelle nicht sichtbar ist.

Eine Infotafel vermittelt Details zur **Geologie** der Umgebung.

•**The Three Worlds**/Drei Welten. **Imagine the featureless ...** Man stelle sich die freie Ebene vor vielen Jahrmillionen vor. Man konnte schnurgerade über eine geschlossene Ebene bis an den Horizont laufen. Inzwischen wurden die Felsschichten vom Regenwasser langsam und allmählich bearbeitet, verwitterten und ließen riesige Canyons und Basins entstehen.
Robustere Schichten wie der **White Rim Sandstone** widerstehen der Erosion und bilden flache Mesas. Schwächere Schichten wie der **Wingatesandstein** verwittern und lassen Klippen oder Hänge zurück. Die „stufenförmige" Erosion hat die Landschaft in drei Welten unterteilt: **Island-in-the-Sky-Mesa**, auf der man sich hier befindet, **White Rim Mesa** und die Schlucht **Colorado River Gorge**. Hohe Felsklippen versperren den Weg zwischen den drei Abschnitten und machen einen Trip von einem zum anderen relativ schwierig.
Vegetation und Klimate sind auch „weltverschieden". Hier auf der **Island-In-The-Sky** stößt man auf Wiesen und Pinyonkiefern-Waldbestände mit gemäßigten Niederschlägen und Temperaturen. Der **White Rim** ist wärmer, trockener und besitzt mehr Wüstencharakter. Und entlang des **Colorado River** ist ausreichend Wasser zur Versorgung der hier vorkommenden Weiden, Pappeln und andere Pflanzen vorhanden.

Die Aussichtsstelle ist Ausgangspunkt des 1 mi/1,6 km langen Felsrandwanderwegs **Grand View Trail.** Vom **Grand View Point Overlook** geht es zurück zur Kreuzung beim **Mesa Arch** und 6 mi/10 km weiter nach Nordwesten zum **Upheaval Dome**; Beschilderung folgen. An der Abzweigung zum **Willow Flat Campground** führt die Seitenstraße etwa 1.5 mi/2,4 km zum **Green River Overlook**. Hier liegt einem die weite Canyonlandschaft zu Füßen mit dem **Stillwater Canyon** des **Green River** in der Tiefe. Dahinter erstreckt sich der „Irrgarten"/**The Maze**.

CANYONLANDS NP, UT

Island-In-The-Sky: Green River Overlook/Dead Horse Point SP

Green River Overlook

Kurz hinter dem Campingplatz erreicht man **Green River Overlook** auf 1829 m mit Blick auf den **Green River**, ehe er ein paar Kilometer weiter südwärts in den **Colorado River** mündet. Etwa 300 m tiefer erstreckt sich der **White Rim Jeep Trail**, der sich dicht an den **Colorado River** hinab und zur **Wild Bunch Cabin** schlängelt. Butch Cassidy (1866-1937) soll angeblich diese abgelegene Hütte mit seinen Bandenmitgliedern als Unterschlupf benutzt haben. Westlich der Aussichtsstelle erhebt sich der **Candlestick Tower**/Kerzenstumpfturm (etwa 1788 m ü.M.), während westlich des **Green River** Richtung Südwesten der **Turks Head**/Türkenkopf emporragt.

Auf dem Weg zum **Upheaval Dome** sind rechts in den Felsen kleine Ruinen zu erkennen. Die kleinen Bauten dienten vermutlich als Vorratsräume, in denen die vor vielen Jahren hier lebenden Indianer ihre Feldfrüchte lagerten. Hier kommt ein Fernglas sehr gelegen. Von dem **Whale Rock Trail** in der Nähe hat man einen guten Blick auf den **Upheaval Dome**. Vom kleinen Picknickplatz am Ende der Straße führt ein kurzer, verhältnismäßig steiler Pfad hinauf zum **Upheaval Dome**.

Upheaval Dome

Upheaval Dome Overlook Trail. Hin- und Rückweg der 0,8 km Strecke etwa 30-45 Min. Der kurze, aber steile Pfad führt 0.25 mi/0,4 km zu einer grandiosen Aussichtsstelle am Südrand des **Upheaval Dome** und auf derselben Strecke wieder zurück. Höhenunterschied etwa 60 m. Steinaufhäufungen/*cairns* markieren den Pfad.

    Upheaval Dome hat etwa 1600 m Durchmesser und gleicht einem riesigen Vulkankrater, aus dessen Kernstück Berggipfel herausragen. Sein Ursprung gab lange Zeit Rätsel auf. Inzwischen neigen Wissenschaftler zu zwei möglichen Theorien: Entstehung durch Meteoriteneinschlag oder Einsturz einer ehemaligen Salzkuppel.

Nach Verlassen des **Island-In-The-Sky District** bietet sich der Besuch des am Weg liegenden **Dead Horse Point State Park** an.

ABSTECHER ZUM DEAD HORSE POINT SP

Dead Horse Point State Park besucht man am besten im Anschluss an die Fahrt durch den Island-In-The-Sky District des Canyonlands Nationalparks. Eingang etwa 4 mi/6 km von der Kreuzung *UT 313* und Zufahrt zum Island-In-The-Sky District – etwa 30 mi/48 km von **Moab**, über *US 191* und *UT 313* erreichbar. Der vom Utah Division of Parks & Recreation verwaltete Park umfasst ein interessantes Visitors Center, Wasser und Toiletten, einen netten Campingplatz, kurze Wanderwege, einen Picknickplatz. Vom **Dead Horse Point** hat man einen spektakulären Blick auf den in 610 m Tiefe befindlichen Colorado River. Parkeintritt- sowie Campingplatzgebühr. Der Park ist auch Schauplatz von Wettbewerben im Drachenfliegen/Hang Gliding.

Temperaturtabelle in °C für Dead Horse Point

	Jan	Feb	März	Apr	Mai	Jun	Juli	Aug	Sept	Okt	Nov	Dez
⌀ max	2	6	12	17	23	31	33	32	26	18	9	4
⌀ min	-9	-6	-2	2	14	17	16	12	12	5	-2	-7

Durchschnittliche **Jahresniederschläge** etwa 210 mm; jährlicher Schneefall etwa 760 mm.

Dead Horse Point Visitors Center

Am besten gleich zu Beginn das Visitors Center aufsuchen. Auf der oberen Ebene findet man einen Informationsstand sowie Verkauf von Souvenirs und Bildbänden. Die untere Ebene beherbergt eine Ausstellung mit interessanten Exponaten und Information zum Park. Draußen am Visitors Center kann man einem kurzen Naturlehrpfad/*nature trail* folgen. Beim Visitors Center über begleitete Wanderungen/*guided walks* und Abendveranstaltungen/*evening programs* erkundigen.

Der Campingplatz **Kayenta Campground** liegt zwischen Visitors Center und der Aussichtsstelle **Dead Horse Point**. Vom Visitors Center führt die Parkstraße ein Stück weiter zum **Dead Horse Point Overlook**. Ehe man den etwa 27 m breiten Engpass erreicht, der zum Aussichtspunkt führt, informiert eine Infotafel über Geschichte der Gegend.

Nun zum Besuch des im Südosten vom **Canyonlands Nationalpark** liegenden **Needles District**.

NEEDLES DISTRICT

Der im Südosten befindliche Teil des Canyonlands Nationalparks umfasst eine mannigfaltige Landschaft. Die **Needles** (Nadeln) weisen Naturbogen, Felsspitzen, Gräben und Canyons auf. Die Felsnadeln selbst sind nackte, orange und weiß gestreifte Felsspitzen, die von den Elementen der Natur geschaffen wurden.

Needles District liegt etwa 75 mi/121 km von **Moab** und etwa 49 mi/79 km von **Monticello** entfernt. Die Entfernung vom **Island-In-The-Sky** Visitors Center bis zum **Needles** Visitors Center beträgt etwa rund 100 mi/160 Straßenkilometer.

Attraktionen im Needles District

Nachstehend folgt eine Aufzählung der Höhepunkte und Sehenswürdigkeiten im **Needles District** des **Canyonlands Nationalparks**. Viele sind allerdings nur mit Fahrzeugen mit Allradantrieb oder zu Fuß erreichbar. **Pothole Point** und **Cave Spring Trail** sind auf normaler Fahrstraße zugänglich.

♦ **Angel Arch**/Engelsbogen: Auf einem etwa 0.5 mi/0,8 km langen Weg von der **Salt Creek Jeepstraße** erreichbar. Gilt als einer der eindrucksvollsten Felsbögen im Needles District

♦ **Castle Arch**/Schlossbogen: In der Nähe vom **Horse Canyon**/Pferdeschlucht – über 37 m breiter Bogen mit relativ dünner Decke.

♦ **Caterpillar Arch**/Raupenbogen: Im **Lavender Canyon**/Lavendel-Canyon, trägt den Namen, weil er aussieht, als läge eine Raupe oben auf dem Bogen.

♦ **Cave Spring Trail**/Höhlenquellweg: Interessanter Kurzwanderweg; mit normalem Pkw erreichbar.

♦ **Chesler Park**: Weites Gelände mit hohen Türmen und Felsnadeln südwestlich vom **Elephant Hill**/Elefantenhügel. Nach einem Cowboy benannt, der hier einst seine Rinderherden weiden ließ.

♦ **Cleft Arch**/Rissiger Bogen: Im **Lavender Canyon**/Lavendel-Canyon, mit dünnem Riss – daher der Name.

♦ **Confluence Overlook** – Aussicht auf die Flussmündung: Hier fließen **Colorado River** und **Green River** zusammen. Ab hier nimmt der **Colorado River** südwestwärts seinen Weg durch den turbulenten **Cataract Canyon**, bildet anschließend den See **Lake Powell** und nimmt dann Kurs auf den

CANYONLANDS NP, UT

Baxter Info-Karte: Dead Horse Point SP

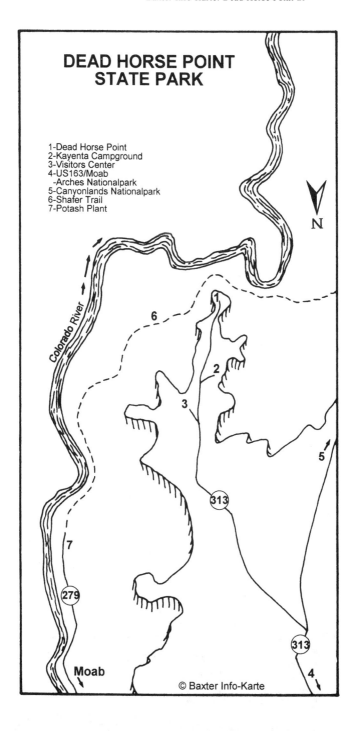

330 CANYONLANDS NP, UT
Needles District: Attraktionen

Grand Canyon. Von der Aussichtsstelle sind es etwa 300 m bis hinunter zum Fluss, wo Dutzende von Felsschluchten sichtbar werden, die im Laufe von Jahrmillionen entstanden sind.

♦ **Davis Canyon:** Canyon zwischen **South Six-Shooter Peak** (Südgipfel des Sechs-Patronen-Colt) und **Lavender Canyon** (Lavendel-Canyon).

♦ **Druid Arch**/Druidenbogen: Massiver Bogen südlich vom **Chesler Park**

♦ **Elephant Hill**/Elefantenhügel: Beginn der Jeep-Piste **Elephant Hill Jeep Trail** mit etwa 40% Steigung; Ausgangspunkt von Wanderungen zum **Druid Arch**/Druidenbogen.

Vom Elephant Hill Jeep Trail:	Vom Elephant Hill Trailhead:
River Confluence .... 9 mi/14 km	Chesler Park .... 2.9 mi/4,6 km
Devil's Pocket Camp ..... 3.5 mi/5,6 km	Squaw Flat Campground ..... 5 mi/8 km
Chesler Park .... 10 mi/16 km	Druid Arch .... 5.4 mi/8,6 km

♦ **Fortress Arch**/Festungsbogen; Gewaltiger Felsbogen im **Horse Canyon**/Pferdeschlucht.

♦ **Horse Canyon Jeep Trail**/Jeep-Piste durch die Pferdeschlucht.

♦ **Indian Canyon**/Indianerschlucht: Hier erhebt sich der **Newspaper Rock**/Zeitungsfelsen; die *US 211* führt zwischen **US 191** und dem **Needles District** des Canyonlands Nationalparks durch diesen Canyon.

♦ **Lavender Canyon**/Lavendel-Canyon: Schlucht mit verschiedenen eindrucksvollen Felsbögen und Felshöhlenwohnungen/*cliff dwellings*. Von der **Dugout Ranch**, in der Nähe der *UT 211*, führt eine Jeep-Piste in den Canyon.

♦ **Paul Bunyans Potty**/Paul Bunyans Klo (überdimensionale Holzfällergestalt). Hier wird die Kraft der Erosion durch Wasser deutlich. Nähe **Horse Canyon**.

♦ **Pothole Point**/Stelle mit den „Schlaglöchern": Ein kurzer Pfad führt über ein riesiges Felsengelände mit zahlreichen Mulden und „Schlaglöchern"/*potholes* im Felsen. Auf normaler Fahrstraße mit Pkw erreichbar.

♦ **Roadside Ruin Trail**/Wanderweg zu der an der Straße liegenden Indianerruinen. Kurzer Wanderweg hinter dem Visitors Center. Der Pfad führt über ein Gelände mit verschiedenen hier vorkommenden Pflanzen und Gräsern zur kleinen Indianerruine. Snakeweed, Indian Rice Grass, Pepper Grass, Tumbleweed und schmalblättrige Yucca kommen hier vor.

♦ **Salt Creek Jeep Trail:** Beliebte Jeep-Piste, die in der Nähe vom **Cave Springs Trail** beginnt und am Flussbett des **Salt Creek** entlang bis in die Nähe des **Angel Arch**/Engelsbogen verläuft.

Salt Creek Jeep Trailhead nach:
Tower Ruin .... 5 mi/8km   Angel Arch .... 14 mi/22 km

♦ **S.O.B. Hill:** Steiler Hügel auf Jeep-Piste, westlich vom **Elephant Hill** mit Pictographs/Felszeichnungen.

▲

♦ **Squaw Flat Campground:** Attraktiver Campingplatz, der aus zwei Abschnitten besteht, auf normaler Fahrstraße mit Pkw erreichbar.

Squaw Flat Trailhead „B" nach:	Squaw Flat Trailhead „A" nach:
Squaw Flat Trailhead „A" 0.3 mi/0,5 km	Lost Canyon .... 2.6 mi/4,2 km
Chesler Park .... 4.5 mi/7,2 km	Peek-A-Boo-Spring .... 5.4 mi/8,6 km
Druid Arch .... 7.4 mi/11,8 km	Squaw Flat Loop Trail . 7.8 mi/12,5 km
Squaw Flat LoopTrail ... 7.8 mi/12,3 km	Druid Arch .... 8.3 mi/13,3 km

♦ **The Grabens:** Mehrere lange Canyons, die durch Verschiebung von Salzschichten entstanden, bei der sich Mulden bildeten.

♦ **The Needles**/Die Nadeln: Bezeichnung für den Südteil des Parks

♦ **Tower Ruin**/Turmruine: Anasazi Indianerruine, die nur nach steiler Klettertour zugänglich war; in der Nähe vom Nordende des **Horse Canyon** (Pferdeschlucht). Etwa seit dem 14. Jahrhundert verlassen.

♦ **Wooden Shoe**/Holzschuh: Seltsames Felsgebilde, das man auf der Fahrt durch den Park nach dem Visitors Center sehen kann.

Temperaturtabelle in °C im Needles District

	Jan	Feb	März	Apr	Mai	Jun	Juli	Aug	Sept	Okt	Nov	Dez
⌀ max	3	9	11	18	26	27	34	33	28	19	11	4
⌀ min	-10	-6	-2	1	7	12	16	15	9	3	-3	-9

Die jährlichen Niederschläge betragen im Durchschnitt etwa 218 mm, stärkste Niederschläge im August und Oktober. Schneefall im allgemeinen bis gegen Ende April und etwa ab Anfang Oktober; jährliche Durchschnittsmenge an Schnee bis etwa 356 mm.

Baxter-Tipps für Needles District

♦Kurz vor dem Visitors Center findet man einen General Store – Needles Outpost – mit Tankstelle, Snack Bar, Propangas-, Bier- und Eisverkauf; Mitte Mär-Okt. 8-19 Uhr. Sicherheitshalber aber mit vollem Tank starten.!

♦Bei **Visitors Center** aktuellste Information über Straßenverhältnisse und Aktivitäten im Park einholen.

♦Für **Wanderungen**: Auskunft über Zustand der Wege sowie Wetterverhältnisse und Vorschläge für Wanderrouten sowie Liste der Wanderwege bei den Park Rangers des Visitors Centers. Dort auch die neuesten Wanderkarten besorgen.

♦Kleine **Indianerruinen** ansehen, die unweit der Straße im Umkreis des Visitors Centers liegen.

♦Über den blanken Felsen laufen und am **Pothole Point** in den Felslöchern nach Lebewesen suchen.

♦Auf dem Weg zum **Elephant Hill** (Elefantenhügel) den reizvollen Campingplatz ansehen.

♦Den Holzschuh/**Wooden Shoe** suchen; aus einem bestimmten Blickwinkel kann man in der Felsformation in des Ferne einen Holzschuh erkennen!

♦**Bequeme Laufschuhe** für den Spaziergang auf dem **Cave Springs Trail** entlang erforderlich – angenehmer, kurzer Spaziergang.

♦Falls eine Wanderung vom **Elephant Hill** (Elefantenhügel) zum **Druid Arch** (Druidenbogen) und am selben Tag wieder zurück geplant ist (10.8 mi/17,3 km hin und zurück), nicht später als 8 Uhr beim Visitors Center melden, um sich über das Neueste zu erkundigen und Wanderkarten zu besorgen.

♦Wer die Indianerbehausungen/*Indian dwellings* und Steinbögen/*arches* am **Salt Creek** und im **Horse Canyon**/Pferdeschlucht sehen will (mit Jeep erreichbar), sollte sich einige Tage vorher mit den Veranstaltern der Jeeptouren/*jeep tour operators* in **Moab** in Verbindung setzen.

Fahrt entlang UT 211 zum Needles District

UT 211 führt von der Kreuzung *UT 211/US 191* als asphaltierte Straße westwärts zum **Needles District** des Canyonlands Nationalparks. Nach etwa 9 mi/14 km über offene Landschaft und an den George Rocks vorbei geht *UT 211* mit 10% Gefälle bergab und führt eine Weile kurvenreich entlang, ehe man einen engen, bunten Canyon erreicht. Hier befindet man sich nur nach 12 mi/19 km am **Newspaper Rock State Historical Monument.** Rechts geht es zum Parkplatz mit Toiletten und Pfad zum **Newspaper Rock**, links gelangt man zum Camping- und Picknickplatz.

CANYONLANDS NP, UT
Newspaper Rock/Needles District

Am **Newspaper Rock**/„Zeitungsfelsen" informiert eine Infotafel über diesen mit Petroglyphen reich verzierten Felsen:

Newspaper Rock State Historical Monument

• **Newspaper Rock is a petroglyph panel**... /Bei dem Newspaper Rock handelt es sich um einen Sandstein mit Petroglyphs/Felszeichnungen, die etwa 2000 Jahre erster menschlicher Aktivitäten aufzeigen. Darunter Zeichen prähistorischer Völker, vermutlich aus dem Archaikum, Basketmakers/Korbflechter-, Fremont- und Pueblokultur, aus der Zeit vor Christi Geburt bis etwa 1300 A.D. Ferner leisteten auch in jüngerer Zeit Utah- und Navajo-Indianerstämme sowie als Anglos bezeichnete erste weiße Siedler ihren Beitrag und hinterließen ihre Zeichen.

Nach welcher Methode diese Zeichen und Bilder entstanden, ist nicht geklärt. Bei der Interpretation der Bedeutung der Zeichen und Figuren sind sich die Wissenschaftler nicht einig. In der Navajosprache wird der Felsen „Tse' Hone" (Fels, der eine Geschichte erzählt) genannt. Es ist nicht geklärt, ob die Figuren eine Story enthalten, ein Gekritzel, Jagdbeschwörung, Clan-Symbole, urzeitliche Graffiti oder etwas anderes darstellen. Ohne genaue Auslegung der Zeichen bleibt es dem Betrachter überlassen, die Zeichen nach eigener Phantasie zu interpretieren. **Newspaper Rock** wurde **1961** zum **State Historical Monument** erklärt. Besucher werden angehalten, zum Erhalt des Monuments beizutragen.

Links vom **Newspaper Rock** beginnt ein etwa 0.3 mi/0,5 km langer Naturlehrpfad/*nature trail*, der zurück zum Parkplatz führt. Zum **Newspaper Rock Interpretive Trail** gibt es ein Begleitblatt mit Information zur Vegetation, Tierwelt und Landschaft. Unterwegs passiert man viele Pflanzen, die typisch für diese wüstenhafte Landschaft sind, darunter Squawbush, der Beeren trägt, und dessen Zweige früher zum Korbflechten verwendet wurden. Ferner geht es an Pinyon Pine/Kiefernart, Utah Juniper/Wacholder, Yucca und Indian Rice Grass/indianisches Reisgras (Hirseart) vorbei, ehe man die Straße zum **Indian Creek** überquert.

Der Weg verläuft anschließend entlang des Ufers des Indian Creek, der in den **Blue Mountains** entspringt und in den **Colorado River** fließt. Unterwegs kommen Cottonwoods/Pappelart, Birken und Weiden vor. Am Ufer des Indian Creek machen sich die Folgen der Erosion bemerkbar. Erneut führt der Pfad über die Straße. Auf dem Weg zum Parkplatz durchquert man eine Wiese mit herrlichen Wildblumen. Hier sind auch die verschiedenen Steinschichten an den Canyonwänden gut zu sehen; von unten nach oben: Navajo Sandstein, Kayenta Sandstein und Wingate Sandstein – schätzungsweise über 180 Millionen Jahre alt.

Die Fahrt entlang *UT 211* geht hinter dem **Newspaper Rock** kurvenreich durch Canyonlandschaft, begleitet vom **Indian Creek**. Rechts und links ragen hohe Canyonwände steil auf, grandiose Felsmonumente ringsum sowie herabgestürzte Felsbrocken. Etwa 6 mi/10 km darauf passiert man die Zufahrt zur **Dugout Ranch** mit großen Viehweiden. Hier hat man Aussicht auf einige Kegel mit von „Fingern" gekrönten Felssäulen der **South** und **North Sixshooter Peaks**. Dazwischen liegen Wiesen mit Sagebrush/Salbeisträuchern.

Etwa 21 mi/40 km von *US 191* passiert man **Lavender Canyon** und **Davis Canyon** mit gutem Blick westwärts auf die **Sixshooter Peaks** – **South Sixshooter Peak** 1869 m ü.M. und **North Sixshooter Peak** 1943 m ü.M.

UT 211 führt nun bergab und erreicht bei etwa 34 mi/54 km die Parkgrenze mit dem Eingangsschild zum **Canyonlands Nationalpark**. Erst ab hier beginnt die eigentliche Fahrt durch den Nationalpark. Eine Seitenstraße biegt kurz darauf rechts zum außerhalb der Parkgrenze liegenden **Needles Outpost** ab; Camping, Duschen, Tankstelle, kleines Restaurant; Jeeptouren, Rundflüge/Scenic Flights. Wieder auf der Parkstraße erreicht man etwa 3 mi/5 km innerhalb der Parkgrenze das Needles Visitors Center – rund 35 mi/56 km von *US 191*.

Needles District Visitors Center

Das kleine Visitors Center umfasst einen kleinen Ausstellungsraum, Infotheke und Buchhandlung mit Postkarten, topographischen Karten und Bildbänden. Hier werden auch Backcountry Permits für Wanderungen ins Hinterland

CANYONLANDS NP, UT 333
Baxter Info-Karte: Needles District

erteilt. Kein Telefon, aber Toiletten und *Drinking Fountain*/Trinkwasserspender. Park Rangers erteilen gerne Auskunft über von verschiedenen Unternehmen veranstalteten Touren durch Canyonlands sowie Camping, Wanderwege und Wetter. Eine kleine Ausstellung informiert über die Landschaft.

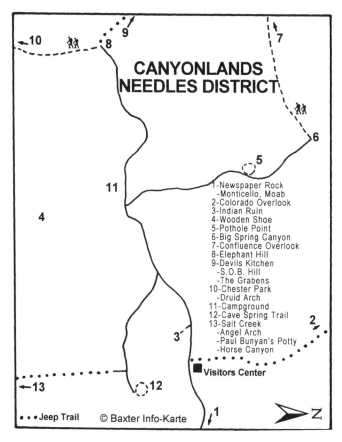

Fahrt durch Needles District

Im **Needles District** laufen Jeep Sandpisten sowie zahlreiche Wanderpfade kreuz und quer. Dieser Teil des **Canyonlands Nationalparks** ist ideal für Jeepexkursionen mit gemietetem Jeep oder organisierter Jeeptour. Aber auch Wanderer, die mit topographischen Karten vertraut sind und Erfahrung mitbringen, finden hier ideales und faszinierendes Terrain. Für normale Pkws sind die Möglichkeiten etwas beschränkt, obwohl man auch Sehenswürdigkeiten wie **Elephant Hill, Pothole Point** und **Big Spring Canyon Overlook** sowie den interessanten **Cave Spring Trail** und eine kleine Indianerruine erreicht. Der attraktive Campingplatz **Squaw Flat Campground**, wo fast jeder Standplatz seinen eigenen Felsen hat, ist ebenfalls mit normalem Pkw zugänglich. Etwa 0.3 mi/0,5 km vom Visitors Center gelangt man südlich der Straße zur **Roadside Ruin**.

334 CANYONLANDS NP, UT
Needles District: Cave Spring Trail

Roadside Ruin/Indianische Ruine

Vom Parkplatz führt ein 0.25 mi/0,5 km langer Rundwanderweg zur Ruine einer typischen indianischen Kornkammer, wie man sie überall im Park findet. Nicht alle Ruinen sind so gut erhalten. Die ersten Farmer, die hier vor rund 700 Jahren Mais anbauten, waren mit den **Anasazi** von **Mesa Verde** verwandt.

Entlang des Trail folgt man den nummerierten Pfosten des Naturlehrpfads, die in einer Begleitbroschüre/*trail guide* (beim Visitors Center erhältlich) erklärt werden. Darin werden die verschiedenen Wüstenpflanzen vorgestellt.

Kurz darauf erreicht man entlang der Parkstraße die Kreuzung mit der Abzweigung zum **Cave Spring Trail**:

Cave Spring Trail

Zu den interessantesten Wanderwegen (sowohl für Kinder als auch Erwachsene) im **Needles District** zählt der **Cave Spring Trail** – etwa 45 Min. 0.6 mi/1 km Rundwanderung. Unbedingt festes Schuhwerk erforderlich, da unterwegs der Abstieg über zwei kurze Leitern erfolgt!

Vom Parkplatz geht es zunächst durch Sand und an einer Vielzahl von für diese Gegend typischen Pflanzen vorbei. Ehe man den etwa 73 m langen, etwas Schatten spendenden Felsvorsprung erreicht, passiert man verschiedene Straucharten, darunter Rabbitbush (botanischer Name: *Chrysothamnus naureosus*) und Greasewood (auch Antilopenbusch genannt). Der langgestreckte Felsvorsprung bietet einen reizvollen Anblick.

Nach schmalblättriger Yucca und Utah Juniper/Wacholder beginnt der Aufstieg auf die Felsen, von wo man einen guten Blick auf den Gipfel der **Six Shooter** hat. Unterwegs passiert man Pinyon Pines/Pinienkiefern und zahlreiche Felslöcher. Vom blanken Fels erfolgt der Abstieg über eine Leiter. Hinter Mormon Tea (Busch) geht es über eine etwas längere Leiter. Etwas weiter erreicht man die große Höhle mit Wasserquelle, nach der der Pfad benannt wurde. Im Schatten der dicht mit Farnen bewachsenen Höhle hört man tropfendes Wasser.

Hinter der Quelle geht es an Gambelseichen und einem alten, interessanten Cowboy Camp vorbei, das noch mit allen möglichen Utensilien, Töpfen und Pfannen ausgestattet ist. Hier hielten sich früher die Park Rangers auf. Danach landet der Pfad wieder am Ausgangspunkt des Parkplatzes.

Vom **Cave Spring Trail** Abstecher wieder zurück zur Parkstraße, auf der sich nach ca. 0.5 mi/2,4 km vom Parkplatz ein Blick auf den **Wooden Shoe Arch**/Holzschuhbogen bietet:

Blick auf Wooden Shoe

Am Parkplatz informieren drei Infotafeln über die Szenerie:

Links:

- **Red Sandstone**/Roter Sandstein. Bei der Sandsteinprobe aus der **Cutler Group** des Unterperm (250 Millionen Jahre alt) handelt es sich um dieselbe Gesteinsart, aus der sich der **Wooden Shoe**/Holzschuh zusammensetzt. Die rote Farbe ist eine Folge von Oxidation eisenhaltiger mineralischer Verbindungen. Sedimente dieses Gesteins wurden durch Ströme des **Uncompahgre Uplift** (Hebung) im Osten herangetragen.

Rechts:

- **White Sandstone**/Weißer Sandstein. Gesteinsprobe des Cedar Mesa Sandsteins aus der **Cutler Group** des Unterperm (250 Millionen Jahre. alt) mit heller Färbung. Offensichtlich fehlen den Sedimenten des Gesteins eisenhaltige oder andere chemische Verunreinigungen. Die Sedimente lagerten sich ursprünglich an Stränden, Sandbänken oder Küstendünen ab.

CANYONLANDS NP, UT 335
Needles District: Wooden Shoe Arch/Potholes/Slickrock Trail

In der Mitte:

• **Wooden Shoe Arch**/Holzschuhbogen. Der am Horizont auftauchende **Wooden Shoe Arch** befindet sich hier schon seit Jahrtausenden, und das Gesteinsmaterial, aus dem er sich zusammensetzt, ist noch viel älter.
 Während des **Pennsylvanian** Zeitalters (vor über 300 Millionen Jahren) war diese Gegend von einem Meer bedeckt. Nach Verdunstung des Wassers blieb ein großes Salzbecken zurück, in dem sich viele Sedimentschichten abgelagert hatten. Hier überlappten rote Sedimente aus den Bergen im Osten die weißen Ablagerungen der Küste. Später wandelten sich diese Sedimente zu rot und weiß gestreiftem Sandstein der **Cedar Mesa Formation** um, auf der man sich hier befindet.
 Die unterirdischen Salzlager, deren Salz unter tektonischem Druck zu fließen beginnt, sobald es durch Grundwasser aufgelöst wird, wölbten sich unter dem Sandstein und begannen ihn zu zerklüften. Entlang der Bruchstellen ließ Verwitterung unterschiedliche Formen im Gestein entstehen, wie den Wooden Shoe Arch oder andere Bögen, Felsspitzen, Dome und Felsgrate, die heute zu sehen sind.
 Wasser, Wind und Gravitation schnitten langsam ein Loch in eine Schwachstelle des Sandsteins und formten so den Wooden Shoe Arch. Im Gegensatz zu anderen Bögen besitzt der Wooden Sho Arch nur eine kleine, tunnelähnliche Öffnung. Vollzieht sich weitere Erosion und Verwitterung, wird sich der Bogen weiter verändern und die Öffnung erweitern. Mit der Zeit wird er dann wohl ganz verwittern und eines Tages verschwunden sein.
 Das Blockdiagramm vom Zentralteil des Canyonlands Nationalparks zeigt die nicht festen Satzlager, die sich unter dem Cedar Mesa Sandstein und anderen Schichten liegen. **Wooden Shoe Arch** zählt zu den erstaunlichsten Gebilden, die Erosion im zerklüfteten Sandstein geschaffen hat

Weiter entlang der Parkstraße stößt man auf die Abzweigung zum **Squaw Flat Campground** mit **Elephant Hill Trailheas**. Hier ist der Ausgangspunkt der Trails zum **Druid Arch** und **Chesler Park**. Folgt man der nördlichen Gabel der Parkstraße Richtung **Big Spring Canyon Overlook** erreicht man etwa 5 mi/8 km vom Visitors Center die Aussichtsstelle Pothole Point:

Pothole Point

Potholes sind natürliche Mulden im Gestein, in denen sich Regenwasser sammelt (ähnlich wie bei Schlaglöchern/*potholes* – daher die Bezeichnung). Vom Parkplatz kommt man nach 15-20 Minuten Spaziergang zu diesem Wasserspeicher. Eine beim Visitors Center erhältliche Begleitbroschüre/trail guide informiert über die **Potholes**.
 Kleine Steinhäufchen/*cairns* markieren den Weg, der fast nur über blanken Fels führt. In einem Abschnitt des Trail stößt man auf eine ganze Reihe ausgewaschener Mulden/*potholes*. Von einem weiteren Teil des Trail bietet sich ein hervorragenden Panorama der **Needles**, den Namenspaten dieses Teils von Canyonlands.
 Erstaunlich, wie diese mit Wasser gefüllten Felsmulden Kleinstlebewesen als Habitat dienen. Vor völligem Austrocknen der Wasserlöcher legen diese Pothole-Bewohner im Schlamm ihre Eier ab. Sobald sich die Potholes wieder mit Wasser füllen, können die Eier reifen und bald wieder neues Leben hervorbringen.

Weiter der Straße entlang passiert man kurz vor dem **Big Spring Canyon Overlook** den Parkplatz zum **Slickrock Trail**:

Slickrock Trail

Der etwa 2.4 mi/3,8 km lange Trail führt über die kahlen **Slickrock**-Kuppen der **Cedar Mesa Formation**. Eine Begleitbroschüre/*trail guide* ist beim Visitors Center erhältlich. Darin findet man Information zu den vier Aussichtsstellen entlang des Slickrock Trail. Unterwegs hat man von dem reizvollen Wanderweg einen herrlichen Ausblick auf **Upper** und **Lower Little Spring Canyon** sowie **Big Spring Canyon** mit seinen aus den nackten Felsen aufragenden Felssäulen.

336 CANYONLANDS NP, UT
Maze District/Cataract Canyon

Die Parkstraße endet am **Big Spring Canyon Overlook,** bei dem man sich auf 1487 m ü.M. befindet. Hier kommt man zum Ausgangspunkt des **Confluence Overlook Trail,** der zum Zusammenfluss von **Colorado** und **Green Rivers** führt. Vom Aussichtspunkt dort liegt der Fluss etwa 300 m in der Tiefe.

Nun noch zum letzten Abschnitt des Parks, dem **Maze District,** in dem der Besucher noch mehr Einsamkeit, Stille und Herausforderung findet.

MAZE DISTRICT

Der **Maze District**/Irrgarten gehört ebenfalls zum Canyonlands Nationalpark und befindet sich im Westen – völlig losgelöst von **Needles** und **Island-In-The-Sky**. Etwa 82 mi/131 km von **Green River** über *I-70* und *UT 24*, einschließlich 46 mi/74 km über die östlich von *UT 24* zur **Hans Flat Ranger Station** verlaufende, unbefestigte Zufahrtstraße. Die Ranger Station liegt in der **Glen Canyon National, Recreation Area**. Eine unbefestigte Straße (nur für Geländefahrzeuge/*4-wheel drive*) führt auch aus dem Südwesten von *UT 95* und **Hite Marina** in der **Glen Canyon National Recreation Area** über 58 mi/93 km bis **Hans Flat.**

☞ **Baxter-Tipps für den Maze District**

♦ Das gesamte, östlich von **Hans Flat** liegende Gebiet ist nur mit geländegängigen Fahrzeugen/*4-wheel drive* oder zu Fuß zugänglich.

♦ Vor Erkundung des **Maze District** und **Horseshoe Canyon** mit Geländefahrzeugen und Wanderungen unbedingt über Geländezustand bei der Ranger Station oder beim National Park Information Office in **Moab** erkundigen; dort auch neueste topographische Karten besorgen. ♦ **Maze District** zählt unter erfahrenen Wanderern und Besuchern mit Geländefahrzeugen zu den beliebtesten Gegenden von Canyonlands.

♦ Im Maze District findet man eine Vielfalt an Felsformationen und Felsbögen wie **Muffin Arch** und **Beehive Arch**/Bienenkorbbogen sowie die Felsspitzen des **The Doll House**/Puppenhaus.

♦ Entlang des Colorado River erstreckt sich **Spanish Bottom**. Angeblich sollen die Spanier dieses Gebiet südlich der Flüsse **Colorado** and **Green River** als Übergang benutzt habon.

♦ Ganz im Süden liegt der berühmte **Cataract Canyon**. Der reizvolle Canyon des **Colorado River** ist für seine Stromschnellen wie **Big Drop** and Wasserfälle bekannt. **Wildwasserfahrten**/*river raft trips* werden von verschiedenen Unternehmen in Moab angeboten.

Hickman Bridge, Capitol Reef Nationalpark

CAPITOL REEF NATIONALPARK, UT 337
Orientierung/Temperaturen

CAPITOL REEF NP

„Sandsteinbögen, Schluchten, Felszeichnungen"

♦ **Öffnungszeiten:** Ganzjährig geöffnet. **1971** gegründet.
♦ **Lage:** Südzentral Utah, etwa 10 mi/16 km östlich von Torrey.
♦ **Name:** Von dem Bergrücken **Capitol Reef**, der mit seinen senkrechten Felswänden früher den Pionieren wie ein Riff (=*reef*) den Weg versperrte. Die dem **Capitol**-Gebäude von Washington, D.C. ähnlichen Sandsteinkuppen gaben dem Park seinen Namen.
♦ **Entfernungen:** Etwa 75 mi/120 km südöstlich von **Richfield**; etwa 37 mi/59 km westlich von **Hanksville**, etwa 205 mi/328 km südlich von **Salt Lake City**; etwa 125 mi/200 km nordwestlich vom **Natural Bridges Nationalmonument**.
♦ **Günstigste Besuchszeiten:** Mai bis Oktober; Wandern – Frühjahr und Herbst.
♦ **Wetter:** Sommer – tagsüber heiß, nachts kühl; Winter – tagsüber kalt, nachts Temperaturen unter dem Gefrierpunkt; Juli-Sept. Gewitter.
♦ **Ausmaße:** 983 Quadratkilometer.
♦ **Eingang:** West Entrance (Torrey).
♦ **Ausgangsorte:** Salt Lake City, Torrey.
♦ **Aktivitäten:** Ranger-Programme am Lagerfeuer und begleitete Wanderungen. Scenic Drive vom Fruita Campground $4.
♦ **Camping:** Reizvoller Campingplatz am Visitors Center, **Fruita Campground; Cathedral Valley Campground, Cedar Mesa Campground** – alle ganzjährig; (435)425-3791.
♦ **Attraktionen:** Viele geologische Sehenswürdigkeiten – Capitol Gorge, Grand Wash, Goosenecks of Sulphur Creek, Capitol Dome, Cassidy Arch, Hickman Bridge und Cathedral Valley sowie Fruita Schoolhouse und Behunin Cabin.
♦ **Tierwelt:** Graufuchs, Maultierwild/Mule Deer, Amerikanischer Luchs/Bobcat, Eulen und Eidechsen.
♦ **Wandern:** Hickman Bridge Trail – 2 mi/3 km hin & zurück; Capitol Gorge Trail – 2 mi/3 km hin & zurück; Goosenecks Overlook Trail – 0.3 mi/0,5 km sowie verschiedene andere Wanderwege durch den Park. Overnight Backcountry Permit **kostenlos**!
♦ **Restauration:** Keine Restauration innerhalb des Parks.
♦ **Unterkunft:** Keine Unterkunft direkt im Park; am Westeingang zum Park — Rim Rock Ranch Motel, Torrey, UT 84775, (435)425-3843; auch Jeeptouren in den Park.
♦ **Information:** Superintendent, Capitol Reef National Park, Torrey, UT 84775. Visitors Center – (435)425-3791, Ext. 111.

Orientierung

Der **Capitol Reef Nationalpark** im Herzen des Canyon Country liegt etwa auf halbem Weg zwischen **Canyonlands** und **Bryce Canyon Nationalparks**. Der Park erstreckt sich entlang der sogenannten **Waterpocket Fold**, einer gigantisch gekrümmten Falte der Erdkruste im mittleren Südutah. Diese „Wasserloch-Falte" zieht sich über 160 km entlang und kann entlang der *UT 24* sowie entlang der Panoramastraße *Scenic Drive* im Nationalpark erkundet werden.

UT 24 passiert den Park, durchschneidet das Riff – **Capitol Reef** – mit den senkrechten Felswänden und folgt dem sich schlängelnden **Fremont River**, während der *Scenic Drive* der Westseite der Falte folgt und zum **Grand Wash** (Schwemmland) und zu den beiden Schluchten **Capitol Gorge** führt.

Temperaturtabelle in °C für Capitol Reef NP

	Jan	Feb	März	Apr	Mai	Jun	Juli	Aug	Sept	Okt	Nov	Dez
∅ max	5	9	13	19	24	31	33	32	27	20	12	6
∅ min	-8	-4	-1	3	8	13	17	16	12	6	1	-6

Unterkunft

Torrey, UT 84775: (10 mi/16 km westlich der Parkgrenze)
 Rim Rock Ranch Motel, (435)425-3843; Heuwagenausflüge, Reittrips
 Holiday Inn Express, (435)425-6100/Fax 425-3229
 Boulder View Inn, 385 West Main, Tel. (435)425-3800
  (gegenüber Capitol Reef Inn & Café – super Essen!)

338 CAPITOL REEF NP, UT
Unterkunft/Camping/Baxter-Tipps

Capitol Reef Inn & Café (super Essen), (435)425-3271
Wonderland Inn (435)425-3775
Chuck Wagon (435)425-3288
Best Western Capitol Reef Resort, 2600 E. Hwy 24,
P.O. Box B 750160, (435)425-3761/Fax 425-3300
Hanksville: 37 mi/59 km östlich vom Parkeingang
Desert Inn Motel, (435)542-3241
Whispering Sands Motel, (435)542-3228
Escalante: 75 mi/120 km südlich vom Parkeingang
Circle D Motel, (435)826-4297
Moqui Motel, (435)826-4210

 Camping

Innerhalb des Nationalparks gibt es nur einen Campingplatz, und zwar den **Fruita Campground** am Scenic Drive, sowie zwei Primitive Campgrounds – Cathedral Valley im Norden und Cedar Mesa im Süden (Grubentoiletten, Tische und Feuerstellen); alle drei Plätze ganzjährig in Betrieb. Fruita Campground ist mit Toiletten, Wasser und sanitärer Entsorgungsstation ausgestattet. Platzvergabe nach dem Prinzip *first-come, first-served* (Berücksichtigung in der Reihenfolge der Ankunft).

Außer diesen Campingplätzen im Park gibt es im Westen des Parks mehrere Campingplätze des National Forest; **Sunglow**, etwa 22 mi/35 km vom Visitors Center (nur etwa 2 mi/3 km abseits der *UT 24*); östlich von **Bicknell**. Südlich von **Torrey** an der Sandpiste nach **Boulder**, befinden sich weitere Campingplätze – alle über 2400 m ü.M.; nur im Sommer geöffnet: **Singletree, Pleasant Creek** und **Oak Creek Campgrounds**.

☞ Baxter-Tipps für Capitol Reef Nationalpark

♦Wegen eingeschränkter Unterkunftmöglichkeiten östlich des Capitol Reef Nationalparks, bei Reisen in Richtung Osten dringend **vorher** Zimmer reservieren. **Mehr** Unterkunftsmöglichkeiten in Richtung **Westen** vorhanden.

♦**Visitors Center** aufsuchen – Diavorführung ansehen, Ausstellung mit ausgezeichneter Reliefkarte. Neueste Informationen über Veranstaltungen der Park Rangers, Aktuelles übers Wetter sowie über Straßenzustand der Routen zu anderen Teilen des Parks. Bildbände, topographische Karten. Weitere Informationen über Geologie des Parks. Visitors Center an *UT 24*, Abzweigung zum Fruita Campground & Scenic Drive.

♦Fahrt zur **Capitol Gorge** mit Fußtour auf dem Canyonboden zu den Felszeichnungen – *petroglyphs*. Auf dem Rückweg zur *UT 24* am **Grand** Wash halten und auf dem Canyonboden entlanglaufen. Spaziergang zwischen den steilen Felswänden entlang.

♦Aussicht vom **Sulphur Creek** auf die **Goosenecks**.

♦Zur **Hickman Natural Bridge** wandern – etwa 2 mi/3 km hin & zurück; mindestens 1 Stunde.

♦Im **Rimrock Motel** nach Touren zum **Cathedral Valley** im nördlichen Teil des Capitol Reef Nationalparks erkundigen.

♦Nur mit **vollem** Tank starten; bei jeder Gelegenheit tanken.

♦Schwimmen im Fremont River, nur beim Campingplatz.

♦**Fernglas** macht sich bezahlt.

♦Genügend **Trinkwasservorrat** mitbringen.

♦Beste Zeit: **Herbst**, Temperaturen bis 16-20°C, Tiefsttemperatur ca. 7°C.

♦Gutes Essen (super Frühstück) in **Hanksville** an *UT 95 & UT 24* auf dem Weg von Capitol Reef zum Monument Valley; **preiswert** & reichlich.

♦Overnight Backcountry Permit **kostenlos**!

CAPITOL REEF NP, UT 339
Baxter Info-Karte: Capitol Reef NP

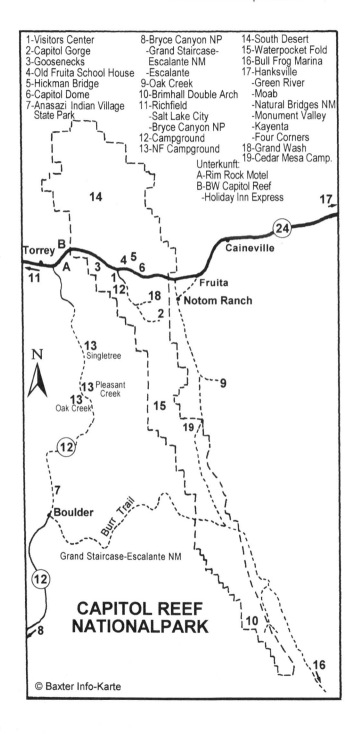

Wanderungen

Tageswanderungen mit Ausgangspunkten von *UT 24* und *Scenic Drive* möglich. **Längere Wandertouren** im Norden und Süden des Parks. Im Visitors Center gibt es einen Leitfaden für Wanderungen im Park *„Hikers Guide to Capitol Reef"* besorgen. Im Hinterland ist **Wasser** Mangelware, daher stets genügend Wasser mitführen (mindestens 1 gallon = 3,785 Liter pro Person/Tag). Wasser aus dem Gelände stets mindestens 5 Minuten vor Genuss abkochen. Kleine Steinhaufen/*cairns* markieren die meisten Trails.

Bei Wanderungen ins Hinterland **Backcountry Permit** im Visitors Center besorgen **kostenlos**! Umwelt schützen: Alles, was 'reingebracht wird, muss auch wieder 'raus (einschließlich Abfälle!). Auf markierten Trails bleiben, keine Abkürzungen benutzen. Anschließende Streckenangaben zu Wanderungen in Meilen/Kilometer jeweils eine Strecke soweit nicht anders angegeben.

♦ **Capitol Gorge** – 1/1,6 – leicht, vergleichbar mit Trail zum **Grand Wash** und **Pioneer Register** sowie **Waterpockets** (Auswaschungen im Fels).

♦ **Cassidy Arch** – 1¾/2,8 – hoch oben in der Felswand; anstrengend, Pfad steigt vom **Grand Wash** über Felsbogen steil auf zu den hohen Felsklippen.

♦ **Chimney Rock** – 3½/5,6 (hin und zurück) – anstrengend, Pfad klettert in Kehren zur oberen Schleife. Aussicht auf **Chimney Rock**.

♦ **Cohab Canyon** – 1¾/2,8 – auf den ersten 800 m anstrengend, dann mäßige Anstrengung; Pfad klettert zu einem verborgenen Canyon über dem Campingplatz.

♦ **Fremont Gorge Overlook** – 2¼/3,6 – anstrengend, Pfad überquert **Johnson Mesa** und klettert dann steil 300 m über den **Fremont River**.

♦ **Fremont River** – 1¼/2 – zu Anfang leicht, nach 800 m anstrengend; Pfad führt durch Obstgärten zur Aussichtsstelle mit Panoramablick aufs Tal.

♦ **Frying Pan** – 3/5 – anstrengend; Pfad folgt dem Kamm des **Capitol Reef**.

♦ **Golden Throne** – 2/3 – anstrengend; Pfad klettert vom Boden der Schlucht hinauf auf die steilen Felsklippen mit Aussicht auf **Golden Throne**.

♦ **Goosenecks** – $\frac{1}{10}$/0,16 – leicht; Blick auf den tiefen Mäander des **Sulphur Creek Canyon**, Panorama; interessante Felsformationen entlang des Trail.

♦ **Grand Wash** – 2¼/3,6 – leicht; überwiegend ebener Pfad entlang schmalem Trockenbett eines Wash mit steilen Felsklippen zu beiden Seiten.

♦ **Hickman Bridge** – 1/1,6 – mittelschwer; *self-guiding nature trail*/selbstführender Naturlehrpfad verläuft unter dem 38 m hohen Felsbogen **Hickman Bridge**.

♦ **Navajo Knobs** – 4½/7,2 – von *UT 24;* anstrengend, Pfad folgt Trail zum **Rim Overlook** oben am Felsrand entlang und klettert 2¼ mi/3,6 km zu herrlicher Rundumsicht.

♦ **Old Wagon Trail** – 3½/5,6 (hin und zurück) – anstrengend; Pfad folgt der Wagenroute auf **Miners Mountain**; Blick auf **Waterpocket Folds**.

♦ **Rim Overlook** – 2¼/3,6 – anstrengend; Pfad endet oben auf einer Steilwand, die 300 m zum **Fremont River** abfällt; spektakuläre Aussicht nach Ost, West und Süd.

♦ **Sunset Point** – $\frac{1}{3}$/0,5 – leicht; weitschweifende Panoramen mit farbenprächtigen Felsenklippen und massiven Steinkuppeln; fantastisch schönes Licht bei Sonnenuntergang.

VISITORS CENTER

Das Visitors Center des **Capitol Reef Nationalparks** beherbergt Infoschalter, Telefon, Toiletten, Buchhandlung mit Postkarten, topographischen Karten und Bildbänden sowie Ausstellungsraum. Info zum Park, Straßenzustand, Wandervorschläge und Wetter.

CAPITOL REEF NP, UT 341
Baxter Info-Karte: Capitol Reef NP Area

Ausstellung und riesige Reliefkarte geben ausgezeichneten Überblick und Einführung zum Park, die durch informative Diashow ergänzt wird. Info über Geschichte, seine früheren Bewohner – vor etwa 1000 Jahren hier beheimatete Indianer und Mormonen-Pioniere, die sich etwa um **1880** hier niederließen. Interessante Fakten und Geologisches zum Park und eindrucksvollen geologischen Erscheinungsformen der Natur wie **Cassidy Arch** und Flussschleife **Goosenecks of Sulphur Creek**.

Die Bezeichnung des Parks ist übrigens auf die Form der Sandsteinkuppeln des Parks zurückzuführen, die man mit dem **Capitol** von Washington, D.C. verglich. Als Ende des 19. Jh. die großen Segelschiffe durch Dampfschiffe ersetzt wurden, versuchten viele der arbeitslosen Seeleute ihr Glück als Goldsucher. Als nun solche ehemaligen Seeleute auf ihrem Weg zu den Goldfeldern auf die massive Felsbarriere der **Waterpocket Fold** stießen, die sich ihnen hier auf einer Länge von fast 160 km in Nordsüdrichtung in den Weg stellte, wurden sie an die unüberwindlichen Felsenriffe ihrer Seefahrerzeit erinnert. Folglich tauften sie das Felsmassiv **Reef**/Riff.

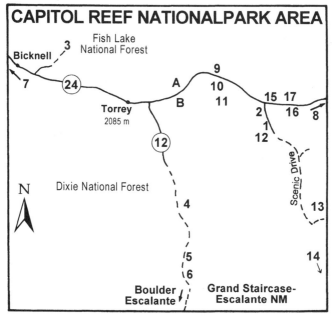

1-Fruita Campground
2-Visitors Center
Nat. Forest Campgrounds:
3-Sunglow
4-Singletree
5-Pleasant Creek
6-Oak Tree
7-Richfield
-Salt Lake City

8-Hanksville
-Natural Bridges NM
9-Twin Rocks
10-Panorama Point
11-Goosenecks Overlook
12-Gifford Farm House
13-Capitol Gorge
14-Cedar Mesa
15-The Castle

16-Capitol Dome
-Behunin Cabin
17-Fruita Historic District
-Petroglyphs
-Hickman Bridge

Unterkunft:
A-BW Capitol Reef
B-Rim Rock Motel

FAHRT ENTLANG UT 24 DURCH DEN PARK
Goosenecks – Fruita Schoolhouse – Petroglyphen – Hickman Bridge Trail – Behunin Cabin

UT 24 führt etwa 14 mi/22 km von West nach Ost durch den **Capitol Reef Nationalpark**. Unterwegs passiert man zahlreiche interessante geologische Sehenswürdigkeiten, urzeitliche Felszeichnungen – Petroglyphen, Pionierhütte sowie eine Schule aus der Wildwestzeit, Obstgarten und den **Fremont**

342 CAPITOL REEF NP, UT
Goosenecks/Fruita Schoolhouse/Petroglyphs

River, der hier weitaus zahmer wird. Entlang des Straßenrands liegt der Ausgangspunkt zu verschiedene Wanderwegen, darunter **Hickman Bridge Trail**. Visitors Center und Campingplatz liegen ebenfalls an der *UT 24*.

Eine der ersten Sehenswürdigkeiten entlang *UT 24* auf der Westseite ist **Chimney Rock**/Kaminfelsen. Auf einem etwa 3.5 mi/5,6 km langen Wanderweg gelangt man in die Nähe vom **Chimney Rock** mit herrlicher Aussicht auf die Umgebung; Höhenunterschied etwa 200 m – von 1800 m auf 2000 m ü.M. Etwas weiter östlich führt eine Stichstraße von *UT 24* zum **Sulphur Creek Canyon** und **Goosenecks of Sulphur Creek**.

Goosenecks

Über eine Stichstraße gelangt man westlich vom Westeingang des Parks von *UT 24* zur spektakulären Aussichtsstelle mit Blick auf die **Goosenecks**/Gänsehälse. In der Ferne sind die Berge **Boulder Mountains** und weiter östlich die **Henry Mountains** zu sehen. Ein kurzer Fußweg führt zum Aussichtspunkt, der hoch über den Mäanders des dort unten in der Tiefe fließenden **Sulphur Creek**. Eine Infotafel erklärt:

• **Glaciation**/Gletscherarbeit: Während des späten Pleistocene/Pleistozän (Diluvium – etwa vor 25 000 Jahren) herrschte in dieser Gegend ein von starken Niederschlägen begleitetes kaltes Klima. Auf dem **Boulder Mountain** bildete sich ein Gletscher, der dann in mehrere Täler abfloss. Auf dem Weg ins Tal schleppte er vom Berggipfel Basaltbrocken mit sich, die vom Schmelzwasser via **Fremont River** durch den **Miners Mountain** transportiert wurden und dann auf dem Hochplateau der heutigen **Johnson Mesa** liegenblieben. Danach fraßen sich die Flüsse **Fremont River** und **Sulphur Creek** durch das Gestein mit der Folge, dass die Felsbrocken heute etwa 60 m über dem Wasserspiegel liegen.

Nach **Goosenecks** erreicht man die Aussichtsstelle **The Castle**/Burg. Bei **The Castle** handelt es sich um eine gigantische Felsformation aus **Wingate** Sandstein auf der Nordseite der *UT 24*. Dahinter passiert man die Abzweigung zum Visitors Center, Fruita Campingplatz und dem *Scenic Drive* zur **Capitol Gorge**. Setzt man die Fahrt auf *UT 24* ostwärts fort, gelangt man zum historischen **Fruita Schoolhouse**. Eine Infotafel erklärt:

Old Fruita Schoolhouse

1880 trafen die ersten Mormonen-Pioniere hier ein und gründeten im Tal, in dem **Fremont River** und **Sulphur Creek** zusammenflossen, eine Siedlung, die sie **Junction**/Zusammenfluss nannten. Nachdem die Felder und Gärten jahrelang gute Ernten gebracht hatten, tauften sie ihr Dorf in **Fruita** um.

Als man eine Schule benötigte, wurde **1896** das heute im Tal befindliche Schulhaus **Fruita Schoolhouse** errichtet. Im Laufe der Zeit erfuhr das Gebäude einige Umbauten und Veränderungen.

In dem einzige Schulsaal wurden 8 Schuljahre gleichzeitig unterrichtet. 45 Jahre lang gingen hier die Kinder des Tals zur Schule, bis man sie 1941 mangels Schüler schließen musste. Die Schule hatte nie viele Schüler; in den besten Jahren 21, in schlechtesten Jahr 8. Sonntags wurde die Schule für Gottesdienste und als Sonntagsschule benutzt.

Für die Bewohner des Tals war **Fruita Schoolhouse** nicht nur Kirche und Gemeindezentrum, sondern gleichzeitig gesellschaftlicher Treffpunkt der Mormonensiedlung. Ältere Talbewohner erinnern sich noch gern an die damalige Zeit. Interessant, einen Blick ins Schulhaus zu werfen, in dem einige Fotos die Pionierzeit illustrieren.

Nicht weit vom **Fruita Schoolhouse** gelangt man entlang *UT 24* zu den **Petroglyphs**, die man allerdings nur aus der Ferne ansehen kann; hier kann man unbedingt sein Fernglas benutzen. Eine Infotafel erklärt:

Petroglyphs

Petroglyphs/Petroglyphen: Bei den in die Sandsteinwände eingekratzten und eingeritzten Bildern, die Figuren und Zeichen aufweisen, handelt es sich um eine sehr populäre und für diese Region typische Kunstrichtung. Die Kombination von **Bergschafen** und Darstellung menschlicher Gestalten mit **Kopfschmuck** lässt darauf schließen, dass man hier gewisse Ritualien, um Jagdglück zu erflehen, zugrunde legte. Der linke Teil des Kunstwerks wurde leider durch

CAPITOL REEF NP, UT

Hickman Natural Bridge/Behunin Cabin

Steinschlag zerstört. Wegen möglicher Steinschlaggefahr kommt man auch nicht so dicht an den Felsen und sollte sich nur mit sicherem Abstand nähern.

Weiter entlang *UT 24* erreicht man den Parkplatz mit Ausgangspunkt zum **Hickman Natural Bridge Trail.** Hier einige Details zum Trail:

Hickman Bridge

Der Wanderweg **Hickman Natural Bridge Trail** *(Natural Bridge*/Naturbrücke) beginnt am Parkplatz neben der *UT 24*.

Voraussetzung für diese Wanderung: Gute Kondition, festes Schuhwerk, etwa 1 Stunde Zeit für 2 mi/3 km hin & zurück; mittelschwere Wanderung. Trail führt durch Landschaft mit typischer Wüstenvegetation und verschiedenen Aussichtsstellen. Vom Parkplatz steigt der Pfad von 1621 m ü.M. auf 1731 m ü.M. bis zur **Hickman Bridge** und setzt sich unter dem Felsbogen fort.

Hinter dem **Hickman Bridge** geht es zunächst an Sträuchern, Bäumen und schroffen Felswänden vorbei durch das sandige Flussbett des **Fremont River**. Hinter der Sandstrecke hat man wieder festen Boden unter den Füßen – nur etwa 100 m von der **Hickman Natural Bridge** mit 40 m Spannweite; günstige Fotoperspektive. Nach den Stufen klettert der Weg ziemlich steil bergauf; unterwegs herrlicher Blick auf **Capitol Dome**, vorbei an schwarzen Lavablöcken und Kakteen. Bald danach gabelt sich der Weg. Eine Abzweigung führt weiter zur **Hickman Natural Bridge** (nach einem Rechtsanwalt benannt, der sich für den Naturschutz in der Capitol Reef Area einsetzte). Der Weg führt im Bogen zur Brücke und wieder zurück zum Flussbett. Die andere Abzweigung führt zum **Rim Overlook** – anstrengende Wanderung, vom Parkplatz etwa 5 mi/8 km hin & zurück. Der Abstieg ist viel leichter als der Aufstieg.

Gegenüber vom Parkplatz beginnt auf der anderen Straßenseite der etwa 1.7 mi/2,7 km lange **Cohab Canyon Trail**, höchster Punkt unterwegs 1865 m ü.M. Zum **Fruita Campingplatz** sind es etwa 1.8 mi/2,9 km, **Cassidy Arch** etwa 4.3 mi/6,9 km und **Grand Wash** etwa 4.8 mi/7,7 km.

Auf der Weiterfahrt via *UT 24* fort, bieten sich verschiedene weitere Wanderungen, beispielsweise zu den **Grand Wash Narrows** – etwa 1 mi/1,6 km. Der Trail verläuft in einem ausgetrockneten Flussbett, das zu beiden Seiten von steilen Felswänden begrenzt ist. Bei drohendem Gewitter wegen plötzlicher Sturzfluten auf keinen Fall im Flussbett aufhalten! Weiter östlich passiert *UT 24* eine alte Pionierhütte – **Behunin Cabin**, zu der eine Tafel informiert:

Behunin Cabin

Elijah Cuttler Behunin Cabin/Elijah Cuttler Behunin Hütte: Behunin erstellte **1892** diese Hütte für seine neunköpfige Familie. Heute stehen die Überreste der Hütte unter Denkmalschutz und werden vom Wayne Wonderland Lion's Club instand gehalten, um dieses Relikt der Pionierzeit künftigen Generationen zu erhalten.

Setzt man die Fahrt auf *UT 24* fort, folgt die Straße dem Lauf des **Fremont River**, der sie auf der Nordseite begleitet. Ehe man den Park verlässt, kann man vom Parkplatz aus den wilden Fluss auf seinem Weg nach Osten verfolgen, wo er später in den **Colorado River** mündet.

Östlich der Parkgrenze führt eine Schotterstraße südwärts nach **Notom** und entlang der Ostwand der **Waterpocket Fold**. Kurz hinter der Abzweigung nach **Notom** passiert man die **Moki Ruin**. Bei der kleinen Ruine handelt es sich um einen als Kornspeicher oder Vorratskammer genutzten Bau der **Fremont Indianer** aus der Zeit 900-1200 A.D. Die Eingänge hatte man mit Steinblöcken verschlossen und mit Lehm abgedichtet, um Nagetiere fernzuhalten.

An der Ruine vorbei gelangt man zu einer Furt/**River Ford** im **Fremont River**, die von Geländefahrzeugen benutzt wird, die zum **Cathedral Valley** und anderen Punkten im Nordteil des **Capitol Reef Nationalparks** unterwegs sind. Weiter östlich gibt es eine weitere Abzweigung nach **Notom** und zu den Osträndern der **Waterpocket Fold**.

Im Anschluss nun zur Fahrt entlang des *Scenic Drive* zur **Capitol Gorge**.

344 CAPITOL REEF NP, UT
Scenic Drive zur Capitol Gorge/Cathedral Valley

SCENIC DRIVE ZUR CAPITOL GORGE

Die Fahrt entlang des etwa 10 mi/16 km langen *Scenic Drive* vom **Visitors Center** zur **Capitol Gorge** sollte man sich nicht entgehen lassen. Unterwegs passiert man zahlreiche geologische Besonderheiten. **Capitol Gorge** ist eine der wenigen Stellen, an denen die fast 160 km lange **Waterpocket Fold** durchbrochen wurde.

Die *UT 24* führte vor dem Bau der asphaltierten Straße entlang des **Fremont River** durch die **Capitol Gorge**. Von der **Capitol Gorge** kann man in der Nähe liegende Attraktionen wie **Petroglyphen, Narrows** und **Tanks** – von Wasserstrudeln und Wind ausgewaschene Felslöcher – zu Fuß erreichen. Diese **Tanks** fassen eine Menge Wasser wie ein Tank, daher der Name. Die langen Stangen in die Felswänden dienten früher zur Befestigung von Telefondrähten.

Vom **Visitors Center** führt der *Scenic Drive* an Baumgruppen vorbei zu einem schattigen Picknickplatz. Danach überquert man den **Fremont River**. Der in der Nähe beginnende **Cohab Canyon Trail** führt zur Aussichtsstelle mit dem **Fruita Campingplatz**, der von der Straße zur **Capitol Gorge** zugänglich ist. Hinter dem Campingplatz erreicht man die Abzweigung zum **Grand Wash**. Ein Spaziergang durchs trockene Flussbett mit den steilen Felswänden zählt zu den Höhepunkten des Nationalparks. Die Wanderung zum **Cassidy Arch** ist allerdings anstrengend.

Weiter entlang des *Scenic Drive* Richtung **Capitol Gorge** passiert man die massiven Felsklippen des **Egyptian Temple**/Ägyptischer Tempel. Danach kommt man zur **Capitol Gorge** Exhibit mit Exponaten und Information zur Schlucht **Capitol Gorge**, hinter der die schmale Straße zum Parkplatz führt, von wo aus die Erkundung der Schlucht beginnen kann.

BACKCOUNTRY CAPITOL REEF NP

Capitol Reef Nationalpark umfasst im Norden und Süden weitere Attraktionen an Naturschönheiten in der Abgeschiedenheit des Hinterlands, zu deren Erkundung man jeweils einen halben bis ganzen Tag benötigt.

Der Norden

Zu den Atttraktionen im nördlichen Teil des **Capitol Reef Nationalparks** nördlich der *UT 24* zählen **South Desert** und **Cathedral Valley**. Dieser Parkteil mit dem großen Semi-Wüstengebiet und der massiven Entrada Sandsteininformation ist nur mit geländegängigen Fahrzeugen (*4-wheel drive*) erreichbar. Information über den etwa 70 mi/112 km langen **Cathedral Valley Loop** beim Visitors Center.

Der Süden

Südlich der *UT 24* gibt es mehrere Attraktionen. Der **Capitol Reef Nationalpark** erstreckt sich über 45 mi/172 km südlich der *UT 24*. In diesem Südteil findet man ausgiebige Wandermöglichkeiten. Einzelheiten über Wanderungen, Karten, Backcountry Permits (kostenlos), Information über Straßen- und Zustand der Trails sowie Zeltplätze unterwegs beim Visitors Center.

Von der *UT 24* biegt eine asphaltierte Straße ab, auf der man mit normalem Pkw an der Ranch in **Notom** vorbei südwärts fahren. Dort hat man die Möglichkeit, etwa 35 mi/56 km am Ostrand des Parks entlangzufahren und die Fahrt dann etwa 37 mi/59 km auf der reizvollen **Burr Trail Road** nach **Boulder** und zum benachbarten **Anasazi Indian Village State Historical Monument** fortzusetzen. Dort geht es anschließend durch den Dixie National Forest über *UT 12* nach **Torrey**. Südlich der **Burr Trail Road** erstreckt sich das ausgedehnte riesige Gebiet des **Grand Staircase-Escalante Nationalmonuments**, eine noch weitgehend gering erschlossene Wildnis – **S. 357ff**.

DINOSAUR NATIONALMONUMENT, UT   345
Entfernungen/Orientierung

UMGEBUNG ÖSTLICH VON CAPITOL REEF

Die Gegend östlich vom **Capitol Reef Nationalpark** ist relativ einsam und unbewohnt mit großen Entfernungen zu weiteren Unterkunftmöglichkeiten. Bei Weiterfahrt nach Osten entsprechend planen, da bei der geringen Zahl der Unterkünfte Zimmer zur Hochsaison schnell belegt sind.

Falls auf dem Weg zum **Monument Valley** und **Kayenta** ein Besuch von **Natural Bridges Nationalmonument** und **Goosenecks of the San Juan River** beabsichtigt ist, muss man bei der Entfernung von rund 205 mi/328 km einkalkulieren, dass man streckenweise nur sehr langsam vorankommt. Außerdem ist die Straße durchs **Monument Valley** nur bei **Tageslicht** geöffnet.

Zwischen **Natural Bridges Nationalmonument** und **Mexican Hat** ist *UT 261* über eine Etappe von 3 mi/5 km ziemlich steil und staubig, aber doch noch so breit, dass man mit einem Wohnmobil passieren kann. Die Steilstelle beginnt unmittelbar nördlich der Abzweigung zum **Valley of the Gods**. Dort ist die Straße überwiegend aus dem Fels gehauen. Beim Aussichtspunkt am oberen Ende des „Staubabschnitts" unbedingt anhalten und die Landschaft genießen. Strecke für erfahrene Autofahrer und nur bei Tageslicht fahren. Sehr früh vom **Capitol Reef Nationalpark** zum **Monument Valley** oder nach **Kayenta** aufbrechen

Entfernungen in Meilen/Kilometer von Capitol Reef

Arches Nationalpark 144/230	Kayenta, AZ 205/328
Blanding 171/274	Las Vegas, NV 330/528
Boulder 50/80	Lehmann Caves NM 260/416
Bryce Canyon NP 149/238	Los Angeles, CA 640/1024
Canyonlands NP (Nord) 175/280	Mesa Verde NP 272/435
Canyonlands NP (Süd) 210/336	Mexican Hat 220/352
Dead Horse Point SP 162/259	Moab 150/240
Denver, CO 455/728	Monticello 198/317
Dinosaur NM 282/451	Monument Valley 180/288
Escalante 77/123	Natural Bridges NM 125/200
Grand Canyon (Nord) 260/416	Page, AZ 270/432
Grand Canyon (Süd) 415/664	Price 145/232
Grand Junction, CO 196/314	Reno, NV 630/1008
Hanksville 38/61	Richfield 75/120
Hite 88/141	Salt Lake City 220/352
Hovenweep, NM 220/352	San Francisco, CA 863/1381
Kanab 195/312	Zion NP 210/336

DINOSAUR NAT. MONUMENT, UT
„Steinbruch mit wertvollen Dinosaurierfossilien"

♦**Öffnungszeiten:** Ganzjährig geöffnet. Quarry in Utah 8-16.30 Uhr (Sommer länger geöffnet), Headquarters in Colorado 8-18 Uhr (Winter 8.30-16.30Uhr).
♦**Gesamtfläche**: 850 Quadratkilometer.
♦**Lage:** 320 mi/512 km westlich von **Denver** und 200 mi/320 km östlich von **Salt Lake City**. Verteilt sich auf **nordöstliches Utah** und **Nordwesten Colorados**; besteht aus zwei Abschnitten – **Fossil Bone Quarry**, (in **Utah**) und **Canyon Area** (in **Colorado**). Beide Parkabschnitte auf Nordseite von *US 40*.
♦**Entfernungen:** Dinosaur Quarry Area etwa 7 mi/11 km nördlich von **Jensen**, UT; 20 mi/32 km (30 Min. Fahrt) östlich von **Vernal**, UT; 30 mi/48 km westlich vom Headquarters Information Office und der Canyon Area und etwa 130 mi/208 km nördlich von **Grand Junction**, CO.
♦**Günstigste Besuchszeiten:** Frühjahr bis Herbst.
♦**Wetter:** Heiß im Sommer und kalt im Winter; jederzeit wechselhaft.
♦**Eingänge:** Jensen, UT (Quarry Area) und Dinosaur, CO (Canyon Area).
♦**Ausgangsorte:** Vernal, UT; Grand Junction, CO; Salt Lake City und Denver.
♦**Unterkunft:** Keine Unterkunft im Park; in Vernal Motels aller Preisklassen.
♦**Camping:** Split Mountain und Green River Campgrounds in der Quarry Area.
♦**Attraktionen:** Fossilien im Quarry Visitors Center; Fahrt durch Canyon Area.
♦**Information:** Dinosaur National Monument (Quarrry), 11625 East 1500 South, Jensen, UT 84035 oder Dinosaur NM, 4545 E. Hwy 40, Dinosaur, CO 81610; (435)789-2115/Fax (970)374-3003; DINO_Superintendent@nps.gov

346 DINOSAUR NM, UT
Orientierung: Quarry, UT & Monument Headquarters, CO

ORIENTIERUNG

Das **Dinosaur Nationalmonument** mit einer der reichsten Fossilienfundstätten des Südwestens erstreckt sich über die beiden Bundesstaaten **Colorado** und **Utah** mit 850 Quadratkilometer herrlich zerklüfteter Gebirgs- und Canyonlandschaften. Der **östliche** Teil des Parks im Nordwesten Colorados umfasst das **Monument Headquarters Visitors Center** – 2 mi/3 km östlich der Ortschaft **Dinosaur**, CO und nur etwa 30 Autominuten vom **Dinosaur Quarry** in Utah entfernt. Der **westliche** Teil am äußersten Nordostrand von **Utah** dagegen beherbergt den Steinbruch **Dinosaur Fossil Bone Quarry**, der dem Monument zu seinem Namen verholfen hat – die **einzige** Stelle innerhalb des gesamten Monuments, wo fossile **Dinosaurierknochen** zu sehen sind!

Utah:

- **Dinosaur Quarry.** Fossiliensteinbruch mit **Quarry Visitors Center**, in dem Knochenfossilien von Dinosauriern freigelegt sind. Ausstellungen und paläontologisches Labor. Etwa 1 Stunde einkalkulieren.

- **Auto Tour:** Wer 3 oder 4 Stunden hier verbringen will, kann die *self-guiding* Auto Tour **Tour of the Tilted Rocks** unternehmen, die in der Nähe vom **Quarry** beginnt – 22 mi/35 km hin und zurück, 1½-2 Std. Die Fahrt führt durch den übrigen Parkteil mit Felsmalerei prähistorischer Indianer, geologischen Besonderheiten und durch reizvolle Landschaft mit abwechslungsreicher Tier- und Pflanzenwelt. Unterwegs gibt es den **Desert Voices** *self-guiding* Naturlehrpfad – hierfür weitere 1½ Std. berücksichtigen.

- **Jones Hole National Fish Hatchery.** Bei mehrtägigem Aufenthalt Fahrt entlang **Diamond Mountain Road** zur Fischzucht **Jones Hole National Fish Hatchery** – 48 mi/77 km nördlich vom **Dinosaur Quarry**. Besichtigung der Forellenfischzucht und Wanderung zum **Green River** (8 mi/13 km hin und zurück). Trail entlang eines klaren Bachs mit stellenweise schattigen Abschnitten. Etwa 1½ mi/2,4 km in den herrlichen Canyon hinein stößt man bei der **Deluge Shelter** auf 1000 Jahre alte Petroglyphen prähistorischer Felsenkunst. Entlang **Ely Creek** gelangt man auf einem Seitenabstecher entlang **Island Park Trail** zu einem Wasserfall. Wer weiterwandern will, kann auf dem **Island Park Trail** die **Labyrinths** erkunden, ein kleines Labyrinth aus Sandstein Canyons und Felsgrotten.

Colorado:

Im **Coloradoteil** des **Dinosaur Nationalmonuments** bieten sich mehrere Erkundungsmöglichkeiten, je nach zur Verfügung stehender Zeit. Keine Parkeintrittgebühr für Coloradoteil.

- **Headquarters Visitors Center** – an *US 40*, 2 mi/3 km östlich von **Dinosaur**, Colorado. Nach Besuch des **Dinosaur Quarry** und Tour zu den **Tilted Rocks** in Utah Fahrt zum Park Headquarters in Colorado. Beim **Monument Headquarters Visitors Center** gibt es ein 10-Minuten Orientierungsprogramm im Auditorium, eine informative Ausstellung mit interessanten Exponaten und einen kurzen Naturlehrpfad durch Wüstensträucher-Vegetation. In diesem Teil des Parks gibt es **keine** Fossilien zu sehen!

- **Harpers Corner Road.** Vom Visitors Center begibt man sich auf die *self-guiding* Auto Tour **Journey Through Time** entlang der **Harpers Corner Road**. Für Hin- und Rückfahrt der Gesamtstrecke von 62 mi/99 km der Auto Tour sollte man 2-4 Stunden einkalkulieren. Die Route dient als Einführung zum abwechslungsreichen Dinosaur Ökosystem. Unterwegs gibt es mehrere kurze Naturlehrpfade und spektakuläre Aussichtspunkte: Plug Hat Butte, Escalante Overlook, Canyon Overlook, Island Park Overlook, Iron Springs Bench Overlook und Echo Park Overlook.

Am Ende der Straße beginnt der **Harpers Corner Trail**, ein *self guided* Naturlehrpfad über 1,6 km. Die Aussichtsstelle am Endpunkt des Trail liegt 700 Meter über dem Fluss und bietet eine der spektakulärsten Aussichten im Westen. Für den gesamten Ausflug mit **Quarry** und **Auto Tour** benötigt man einen Tag.

- **Wildwasserfahrten auf Green und Yampa Rivers.** Im Anschluss an Besuch von **Quarry** und Fahrt entlang **Harpers Corner Road** lässt sich eine ein- oder mehrtägige Wildwasserfahrt mit einem der River Concessionaires des Parks anschließen (Info beim Visitors Center).
- **Echo Park Road** – 25 mi/40 km nördlich vom Monument Headquarters, Abstecher von der **Journey Through Time Auto Tour**. Unbefestigte Straße, aber mit den meisten Pkws befahrbar, allerdings bei nassem Wetter nicht passierbar (dann Alternativtrip wählen). Fahrt zum Echo Park und dortigem Campingplatz führt durch zwei herrliche Sandstein Canyons. Unterwegs passiert man historische **Chew Ranch**, prähistorische **Petroglyphen**, die Höhle **Whispering Cave** und **Echo Park**.

  Echo Park wurde **1869** von John Wesley Powell auf seiner ersten wissenschaftlichen Erkundung des **Colorado Plateau** benannt. Hier führt der **Yampa River**, der letzte nicht regulierte Flusslauf des **Colorado River Systems**, in den **Green River**. Vom **Echo Park** und **Chew Ranch** bieten sich weitere Wandermöglichkeiten.
- **Deerlodge Park** – am äußersten Ostzipfel des Nationalmonuments, 53 mi/85 km östlich vom Monument Headquarters entlang des **Yampa River**. Der dortige Campingplatz **Deerlodge Campground** liegt am Fluss unter einem herrlichen Pappelhain. Hier befindet sich der Hauptausgangspunkt von River Trips auf dem **Yampa River** – im Frühjahr und zu Sommeranfang reger Betrieb. In der übrigen Zeit nach Mitte Juli sehr friedliche und stille Gegend zum Relaxen. Angeln und Wanderungen und Erkundung historischer Cabins, **Disappointment Draw** oder **East Cactus Flats**.
- **Yampa Bench Road** – nur mit Geländefahrzeug! 71 mi/114 km Fahrt von **Harpers Corner Road** zur *US 40* durch wild zerklüftete Landschaft mit spektakulären Aussichtspunkten hoch über dem sich windenden Canyon des **Yampa River**. Gelegenheit zu Wanderungen in Seitencanyons und mehrtägigen Backcountry Trips. Die Fahrt allein dauert ca 4 Std.
- **Gates of Lodore** und **Browns Park** im nördlichsten Teil des Monuments, 106 mi/170 km nördlich vom Monument Headquarters. **Gates of Lodore** Ranger Station und Campground befinden sich im südlichen Teil von **Browns Park**, eine Stelle, an der Westerngeschichte gemacht wurde und einst Indianer und Trapper ihre Camps aufschlugen. Etwa 8 mi/13 km von **Lodore** kann man im Browns Park Store an *CO 318* Campingproviant besorgen.

  Mögliche Unternehmungen in der Gegend des **Browns Park**: Wanderungen entlang **Gates of Lodore Nature Trail**, Erkundung der 1000jährigen Petroglyphen in **Irish Canyon** und Besichtigung des historischen **Lodore Schulhauses** und **Lodore Cemetery** mit Namen dort bestatteter Geächteter der Wildwestzeit, oder Besuch der historischen **John Jarvie Ranch**, Fahrt via *self-guided* Tour durch Naturschutzgebiet **Browns National Wildlife Refuge** und über die Schwingbrücke, die dort den **Green River** überspannt.

QUARRY VISITORS CENTER

Den absoluten Höhepunkt im **Dinosaur Nationalmonument** in Utah bildet der **Fossil Bone Quarry** mit dem **Quarry Visitors Center** – nur 30 Autominuten östlich von **Vernal**. In **Vernal** fährt man auf *US 40/Main Street* ostwärts bis zur gut markierten Linksabbiegung zur *Route 149* nördlich von **Jensen**. Von der Kreuzung sind es noch 7 mi/11 km bis zum **Quarry** Parkplatz.

Wegen der begrenzten Parkmöglichkeiten oben am Visitors Center verkehrt alle 15 Min. vom Parkplatz eine Zubringerbahn, die Parkbesucher hinauf zum **Quarry Visitors Center** befördert. Oben grüßt am Eingang das fotogene Exemplar eines friedfertigen **Stegosaurus** mit den Panzerzacken auf dem Rücken. Diese Stacheln des Stachelmonsters dienten übrigens als Kühler!

Der Komplex des **Quarry Visitors Center** umschließt den **Quarry**/mit Felshang, der 1500 versteinerte Dinosaurierknochen enthält. Eine ausgezeichnete Ausstellung, die sich über zwei Ebenen verteilt, informiert anhand von Exponaten und Schautafeln über diese

DINOSAUR NM, UT
Baxter-Tipps/Quarry Visitors Center, UT

☞ Baxter-Tipps für Dinosaur NM
- **Keine** Parkeintrittgebühr für **Coloradoteil**.
- **Keine** Dinosaurierfossilien im **Coloradoteil** des Dinosaur NM.
- **Keinerlei** öffentliche Verkehrsmittel zum Park.
- **Keine RVs über 35 Fuß** auf allen Campingplätzen des Dinosaur NM.
- Beim Quarry Visitors Center wird man von einem **Stegosaurus** begrüßt.
- Dinosaur Klima ist **semiarid**; Sommernachmittage warm um 35°C, nachts bis auf 10°C abkühlend. Juli, Aug. häufig **Nachmittagsgewitter**.
- **Harper's Corner Road** (Coloradoteil) wird beim ersten großen Schneesturm im Winter hinter Plug Hat Trail **gesperrt**.
- Echo Park Road bei **nassem** Wetter **nicht passierbar**.
- **März & April** ist wegen der **Schneeschmelze** die „mud season"; gelegentlich Schnee bis Anfang Juni.
- Im Sommer stets **Trinkwasservorrat** bei Wanderungen mitführen.
- Bei **Gewitter** Gefahr von plötzlichen **Sturzfluten**; Schluchten und Canyons meiden – *Flash flood* Gefahr.
- **Feste** Wanderschuhe für Wanderungen, **Regenschutz** mitführen.
- Für **Overnight Hiking Trips** kostenloses Backcountry Permit bei Dinosaur Quarry und Headquarters Visitors Centers erhältlich.
- Bei **Ranger Talks** im Dinosaur Quarry tägl. 10-15.30 Uhr; bester Platz dicht beim Ranger.
- Oben von der **Balkonebene** im Dinosaur Quarry Visitors Center guter **Überblick** der freigelegten Fossilien.
- **Shuttle** vom Parkplatz hinauf zum Quarry Visitors Center alle 15 Minuten.
- Picknickplätze in beiden Parkteilen; **Proviant** im **Supermarkt** in Vernal besorgen.
- **Tankstellen** in Vernal & Jensen, UT sowie in Dinosaur & Rangely, CO.
- **Chamber of Commerce** für weitere Info **Unterkunft** usw.: Vernal, UT (435)789-1352; Dinosaur Colorado Welcome Center (970)374-2205.
- **Desert Voices Nature Trail** umfasst Infotafeln von Kindern für Kinder gestaltet.
- **River Trips** sind herrliche Erlebnisse auch für Kinder.
- **Green River Campground** (Apr.-Okt.), 5 mi/8 km östlich und **Split Mountain Campground** (im Sommer Mai-Okt. nur für Gruppencamping, 435-789-8277), 4 mi/6 km östlich vom Dinosaur Quarry.
- **Keine Campinggebühr**: Rainbow Park, (2 Plätze) 26 mi/42 km vom Dinosaur Quarry; Deerlodge Park, (8 Plätze) 53 mi/85 km östl. Vom Headquarters. Beide ganzjährig mit Toiletten, aber **kein** Wasser.
- Platzvergabe auf den **Campingplätzen** *first-come, first-served*, keine vorherige Reservierung. Keine *hookups*.
- Scharfe Kurven und steile Abschnitte auf den Straßen nach Echo Park und Rainbow Park; **nicht für Motorhomes geeignet!**
- **Mountain Biking**. Keine Mountain Bikes auf Hiking Trails oder schmalen Backcountry Roads.
- **Beste Mountain Bike Routen**: Island Park Road, 12-17 mi/19-27 km, nicht asphaltiert, aber in gutem Zustand. Echo Park Road, 13 mi/21 km ein Weg bis Echo Park Campground (Campinggebühr), uneben und steil – sehr anstrengend. Yampa Bench Road, 51 mi/82 km innerhalb des Monuments und weitere 20 mi/32 km bis zur *US 40* – nicht asphaltiert, uneben, stellenweise sehr steil und äußerst anstrengend; kein Campingplatz oder Wasser unterwegs (gute Planung erforderlich!).

versteinerten Knochen. Außerdem gibt es dazu noch Repliken von Dinosauriern, um die im Fels entdeckten Knochenfossilien am fertigen Objekt zu studieren. Durch die Glasscheibe kann man den Paläontologen bei der Arbeit an Fossilien im paläontologischen Labor oder direkt am Felsabbruch zuschauen.

Grafiken, Modelle und Repliken versuchen, das Bild der Welt der Dinosaurier, die hier vor 150 Millionen Jahren zu Hause waren zu verdeutlichen. Von der oberen Ebene hat man einen hervorragenden Überblick der Fossilien, die hier vor Verwitterung geschützt sind. Park Rangers halten von Zeit zu Zeit Kurzvorträge und erklären die

Fossilienfunde am Hang. Auf der unteren Ebene findet man außerdem den Infostand und das Büro der Park Rangers. Die Buchhandlung bietet ein ausgezeichnetes Sortiment an Büchern über Dinosaurier und Naturgeschichte sowie interessante Souvenirs. Toiletten auf der oberen Ebene.

Einige Vorgedanken zum Aufstieg der Dinosaurier

Gut **150 Millionen** Jahre lebten die Dinosaurier auf der Erde, und der Grund ihres plötzlichen Verschwindens vor **65 Millionen** Jahren ist nicht eindeutig geklärt. War es ein Meteoriteneinschlag im Golf von Mexiko, waren es Vulkanausbrüche, Seuchen oder eine globale Klimaumwälzung? Man weiß es noch nicht. Klar ist nur, dass des Menschen Bild vom Saurier erst einmal von der Evolutionstheorie Charles Darwins geprägt wurde, der davon ausgeht, dass nur der Stärkere überlebe. Womit die Saurier, da nicht überlebensfähig, schnell das Etikett „überdimensionale Flaschen der Erdgeschichte" weghatten. Dass dieser Sicht der Dinge ein menschliches Auge zugrunde liegt, ist offensichtlich.

Eine Sturzflut neuen Materials – versteinerte Knochen, Nester, Eier und sogar Fußabdrücke, die mittels High-Tech-Apparaturen analysiert wurden – hat das Wissen über die Dinosaurier (deutsch: „die schrecklichen Echsen") revolutioniert. Die jüngste Überraschung: eine neue Dinoart aus der **Mongolei**, die vom New Yorker Paläontologen Marc Norel entdeckt wurde. Das truthahngroße Tier mit dem Namen **Mononychus** sieht aus wie ein flügelloser Vogel, aber mit komplettem Federkleid. Seine Knochenstruktur ist für Vögel und Dinosaurier gleichermaßen charakteristisch – er gilt als weiteres Indiz für die biologische Verbindung zwischen Dinosauriern und Vögeln. Einer seiner Nachfahren ist der krähengroße Urvogel **Archaeopteryx** (hatte schon richtige Federn und starb vor rund 80 Millionen Jahren), der im bayerischen **Solnhofen** gefunden wurde. Forscher sehen in den Vögeln die legitimen Nachfahren der Dinos, die damit, im Sinne der Evolution, gar nicht ausgestorben sind: „Der **Tyrannosaurus Rex** ist mit den heutigen Vögeln enger verwandt als mit jedem anderen Saurier", bestätigt Norel.

Trotz der Berge von Fossilien arbeiten die Wissenschaftler noch immer mit mangelhaften Informationen. Obwohl im Durchschnitt alle sieben Wochen eine neue Dinoart entdeckt wird, gibt Dr. Jack Horner, Kurator für Paläontologie in Montana, zu: „Wahrscheinlich kennen wir noch nicht einmal ein Prozent aller Arten." So wie er sind noch etwa 100 andere Wissenschaftler mit einer mageren Million Dollar an Forschungsgeldern auf der Suche nach dem **Ursaurier**.

Niemand weiß, wie der allererste **echte** Dinosaurier aussah, aber ein junger Paläontologe namens **Paul Sereno** von der University of Chicago ist dem Geheimnis nähergekommen als jeder andere.

1991 entdeckte er zusammen mit argentinischen Wissenschaftlern im Park von **Ischigualasto** am Rande der Anden das vielleicht älteste jemals gefundene Dinosaurierfossil. Das Tier, inzwischen als **Eoraptor** bekannt, war ein Fleischfresser, **228 Millionen** Jahre alt.

Eraptor zeigt so viele primitive Züge, einschließlich eines außergewöhnlich einfachen Kiefers, dass Sereno in ihm den saurischen Urahnen sieht. Früher war es ein radikaler Gedanke, dass Dinosaurier eine gemeinsame Abstammung hätten. Inzwischen sind die Wissenschaftler kurz davor, den Urahn zu finden. Paläontologen interessiert auch, wie die Dinosaurier die Vorherrschaft auf der Welt erringen konnten. Denn noch ist nicht restlos geklärt, wie es den Dinos gelang, über 165 Millionen Jahre die Erdgeschichte maßgeblich zu befruchten (zum Vergleich: Homo erectus gibt es erst seit 1,5 Millionen Jahren).

Aus Serenos argentinischen Ausgrabungen wird eins deutlich: Es ging schnell. Zur Zeit des **Eoraptor** waren die **Dinosaurier** selten. Zehn Millionen Jahre später jedoch – ein geologischer Wimpernschlag – traten **Dinosaurier** die Herrschaft an, während Reptilien und Krokodile in schnellem Niedergang begriffen waren.

Der Grund, so glauben Sereno und viele seiner Kollegen, war der Einschlag eines massiven Asteroiden oder Kometen, vielleicht aber auch eine dramatische Klimaveränderung.

Die frühen Säugetiere entstanden zwar um die gleiche Zeit, blieben während der nächsten **150 Millionen** Jahre Randerscheinungen. „Die Säuger in dieser Zeit" sagt Hans Dieter Stues vom Royal Ontario Museum in Toronto, „waren kleine, insektenfressende Kreaturen."

350 DINOSAUR NM, UT
Quarry Visitors Center, UT

Geschichtliche Hintergrundinformation zu den Funden

1908 und 1909 entsandte das Carnegie Museum in Pittsburgh, Pennsylvania Earl Douglas, um diese Region nach Dinosaurierknochen abzusuchen. Bis zum **17. August 1909** konnte er nichts Nennenswertes finden. An jenem Tag vermerkte er jedoch in seinem Tagebuch: *„At last in the top...* schließlich stieß ich oben an der Kante, an der weicheres Untergestein einen Art Sattel bildet, etwas vom Schwanzknochen eines **Brontosaurus** in ganz exakter Position – für wahr ein erhebender Anblick."

Douglas hatte an jenem 17. August 1909 einen Rückenwirbelknochen entdeckt. Der Sandsteinsattel umfaßte mehr als nur die Knochen des **Brontosaurus**. Unter dem ersten Skelett entdeckte Douglas noch weitere und arbeitete in den darauffolgenden 15 Jahren daran, Tausende von Fossilien für das Carnegie und andere Museen freizulegen. Man trug Material von der Bergkuppe auf einer Länge von 183 Meter bis zu einer Tiefe von 24 Meter entlang des Felsbetts mit fossilen Knochen ab. Der **Brontosaurus/ Apatosaurus** gilt als riesiger Fleischkoloss. Der friedliche Pflanzenfresser war 25 Meter lang und wog 30 Tonnen. Vermutlich war er ein flotter, ausdauernder Geher, wie Fußspuren eines **Brontosaurus** in Colorado ergaben.

Nach zweijähriger intensiver Arbeit der Freilegung des ersten Skeletts und anderer, mit ihm vermischten Knochen, arbeitete sich das Team des Carnegie Museums im Bereich der Knochenschicht weiter westwärts. Die Ablagerungen nahmen im angrenzenden Bereich immer mehr ab und zogen sich mehr nach Osten. 1922 stellte das Carnegie Museum seine Ausgrabungen ein. Dafür kamen nun Paläontologen des Smithsonian Institution sowie der University of Utah, um einige teilweise ausgegrabene Fossilien am Ostrand der Ausgrabungsstätte zu entfernen. Nach **1924** stellte man die Ausgrabungen völlig ein, bis der National Park Service **1953** die Arbeit an dem heutigen Abschnitt begann. An dem heute innerhalb des Visitors Center befindliche **Quarry** wird seit den 1950er Jahren gearbeitet.

Nach Earl Douglas' Entdeckung dieses kostbaren Berghangs wurde dieser zur bedeutendsten Informationsquelle der Welt für die Zeit des Jura, dem Erdmittelalter der Dinosauriergeschichte. Bei den ersten Ausgrabungen des Carnegie Museums richtete sich die Arbeit auf Freilegung und Entfernen versteinerter Knochen aus dem Felshang. Heute sind die Paläontologen des National Park Service bei der Freilegung neuer Fossilien bemüht, diese weitgehend sichtbar zu machen, jedoch nicht von ihrer Fundstelle zu entfernen. An ihrem Fundort verbleibende Knochenfunde dienen im Relief als hervorragendes Anschauungsmaterial zur Zeit der Dinosaurier.

Weshalb soviele Knochen an einer Stelle?

Die Frage tut sich auf, weshalb es zu einer Konzentration von Knochen gerade an einer einzigen Stelle kommt.

1– Ein mäandrierender Fluss spülte vor vielen Jahren unzählige Leichen von Dinosauriern auf eine **Sandbank**. Strömung und Aasgeier sorgten für Zerstreuung der Überreste. Im Laufe der Zeit setzte sich nach und nach stellenweise eine 2-3 Meter dicke **Sandschicht** auf vielen der Knochen ab.
2– Über einen nun längeren Zeitraum hinweg lagerten Binnenseen Tausende von Meter **Schlamm und Sand** auf den Knochen ab. Langsam verwandelten sich die Sedimente und Knochen zu Stein.
3– Verwerfungen und Krümmung der Erdkruste bogen horizontale Felsschichten nach oben und **falteten** sie zu Bergen; gleichzeitig setzten die Kräfte der **Erosion** ein, die Felskuppen abzutragen.
4– Ständige **Verwitterung** jüngerer Zeit **legte** Teile einer nach oben geschobenen Sandbank **frei**, bis einige Knochen an der Oberfläche freikamen, die Douglas zu sehen bekam.

Unterschiedliche Oberschenkelknochen

Knochen sprechen Bände. Der traditionelle Weg zum Verständnis der Dinosaurier verläuft über ein versteinertes Skelett. Die Art, wie Knochen aneinander passen, kann deutlich machen, wie die Gelenke eines Tieres funktionierten, wie sich seine Glieder bewegten, welche Art Nahrung es aß und wie beweglich es war. Selbst wenn hier und da verschiedene Teile des Skeletts fehlen, lassen sich im **Quarry** über ein Dutzend Dinosaurier erkennen. Es ist

DINOSAUR NM, UT 351
Quarry Visitors Center, UT

wie ein Puzzle, dabei die unterschiedlichen **Oberschenkelknochen** zu identifizieren.

Apatosaurus (Brontosaurus) – gerader, kräftiger Oberschenkelknochen, mit breiten Enden, um die schwere Körpermasse zu tragen.

Diplodocus – ähnlich wie der des Apatosaurus, nur etwas schlanker. Lebte auf großem Fuß – Fußknochen des **Diplodocus** wurden 1912 in Sachsen-Anhalt entdeckt.

Camptosaurus – schmaler Vorsprung in der Mitte des Oberschenkelknochens zur Verankerung von Bändern und Muskeln ist typisch für **Camptosaurus** und andere zweibeinige Pflanzenfresser. Dieser kleine Saurier kommt hier nicht sehr häufig vor.

Allosaurus – beim Allosaurus und anderen hier seltenen Fleischfressern sind die Knochenenden glatt und abgerundet für schnell bewegliche Gelenke.

Schädelknochen

Dinosaurierschädel, die über 2 Dutzend zerbrechliche Knochen enthalten, zählen zu den Raritäten unter den Fossilien. 1977-78 stieß man bei den Freilegungsarbeiten als besondere Kostbarkeit auf mehrerer Knochen eines **Camarasaurus**-Exemplars, die nie zuvor in dem ganzen Sauropod-Schädel gefunden wurden. Es fehlen immer noch einige Knochenteile, die möglicherweise im Gestein verborgen liegen und darauf warten, eines Tages entdeckt zu werden. Die „neuen Knochen" gehören zum Unterkiefer und Ohr – Mittelohrknochen.

Funde aus dem heutigen Steinbruch

Knochen eines fast vollständigen Skeletts eines **Apatosaurus** befinden sich heute im **Carnegie Museum** in **Philadelphia**. Weiter rechts wurde ein junger **Camarasaurus** gefunden, der sich heute im **Smithsonian Museum** befindet. Noch weiter rechts fand man das fast vollständige Skelett eines **Camarasaurus**, das im **Carnegie Museum** ausgestellt ist. Etwas tiefer kam bei den Grabungen der University of Utah ein **Allosaurus** zum Vorschein. Ein Foto zeigt den „Entdecker" Earl Douglas bei Freilegung des Smithsonian **Diplodocus**.

Der **Allosaurus** (Raubsaurier aus dem Oberjura, sogenannter *Raptor*) war zwölf Meter lang und rund vier Meter hoch. Das Maul des Raptors mit den dolchartig gebogenen Sägezähnen von 18 Zentimeter Länge war so groß, dass ein ganzer Mensch darin verschwinden würde. Er besaß kraftstrotzende Hinterbeine, kleine Vordergliedmaßen mit drei scharfen Klauen und einen langen Reptilienschwanz. Beutetiere des **Allosaurus** waren vermutlich Pflanzenfresser wie der gigantische **Apatosaurus**. Am Schwanz eines **Apatosaurus**-Skeletts entdeckten Wissenschaftler Spuren von **Allosaurus**-Zähnen.

Vorhanden sind Knochen von **Stegosaurausbabies**, **Stegosaurus** Rückenplatten, Hinterbein eines **Sauropods**, Schädel eines **Camarasaurus**, **Apatosaurus**, Oberschenkelknochen von **Sauropod** sowie ein versteinerter Baumstamm und Smithsonian **Diplodocus**. Der **Diplodocus** war ein friedlicher Pflanzenfresser aus dem Jura, mit nur elf Tonnen im Vergleich zum **Brachiosaurus** ein Leichtgewicht; Sein Schwanz – wahrscheinlich die einzige Waffe gegen Raubsaurier – maß 15 Meter, der Hals neun, der Körper aber nur fünf Meter!

Der Steinbruch ist nur ein kleiner Ausschnitt aus dem Zeitalter der **Dinosaurier**. Fossilien der **ersten** Dinosaurier befinden sich in Neuengland und im Südwesten der USA, konnten hier allerdings nicht entdeckt werden.

Die im Steinbruch gefundenen Fossilien stammen aus dem **Erdmittelalter** der Dinosaurier. Einige der **letzten** Dinosaurier lebten im heutigen US-Bundesstaat Montana. In der Wüste von **Montana** fand der amerikanische Forscher Dr. Jack Horner (Dino-Experte und Leiter des **Museum of the Rockies** im US-Bundesstaat Montana) **1991** zufällig das bisher vollständigste Skelett eines **Tyrannosaurus rex** (zu über 90 Prozent erhaltenes Skelett). Dessen Arme waren viel kürzer als bis dahin angenommen. Das hiesige Fundgebiet Utahs lag damals die meiste Zeit in einem Meer.

Handwerkszeug derPaläontologen oder „Knochenjäger"

Relativ „knochenlose" Vorderschichten der Fossillagen, die noch etwa ein Drittel der Felswand ausmachen, werden mit Bohrer und Keilen entfernt.

DINOSAUR NM, UT
Quarry Visitors Center, UT

Elektrische Spezialhämmer übernehmen dann die Arbeit, wo man der fossilreichen Gegend näher kommt. Sie lösen faustgroße Felsbrocken heraus – schneller als mit einfachen Handwerkzeugen, aber behutsam genug, die Knochen nicht zu beschädigen. Vom Spitzmeißel bis zur Spitzhacke werden Handwerkzeuge für die Kleinarbeit an den Fossilien eingesetzt. Es dauert manchmal Stunden, bis mehrere Wochen, bis ein Knochen freigelegt ist.

Panzer oder Wärmeregler?

Obwohl im **Quarry** Knochenfunde des **Sauropod** überwiegen, kommen Fossilien des **Stegosaurus** ebenfalls häufig vor. Sie lassen sich am leichtesten an den flachen, knochigen Platten erkennen, die bei diesem seltsamen Pflanzenfresser am Rücken entlanglaufen. Bisher ist es wissenschaftlich nicht einwandfrei erwiesen, ob diese Platten bei jungen oder bei alten Tieren vorkamen. Vermutlich dienten die Panzerzacken dieses Zweitonners (oder sogar schwerer) zur Temperaturregelung des Körpers, weniger zum Schutz.

Ein seltener Fund

Fossilien vollausgewachsener **Stegosaurier** kommen hier sowie in anderen Steinbrüchen des Jurazeitalters häufig vor, doch bisher stieß man in der ganzen Welt nur auf zwei **Jung-Stegosaurier**. Die Fossilien wurden in dem Bereich am Westrand der Steinbruchwand gefunden, der durch ein Dreieck markiert ist. Wegen ihrer Einmaligkeit hat man die Knochen zu wissenschaftlichen Zwecken entfernt. Die echten Fossilien sind für Ausstellungszwecke zu zerbrechlich.

Freilegungsarbeiten

Bei den ausgestelltenSchädeln handelt es sich um Nachbildungen. Hier eine Schilderung der bei Freilegungsarbeiten verfolgten Arbeitsgänge:

1–Nach Abtragen des Felsmaterials mit schweren Werkzeugen, taucht der Teil eines Knochens an der Felswand auf. Sorgfältig gesäubert kommt er langsam in seiner ganzen Größe zum Vorschein. Er gehört zu einem Schädel und ist ein wertvoller Fund.
2– Der Knochen wird mit einem Spray gehärtet und erhält einen Verband aus Juteleinwand. Mit feuchten Tüchern löst man den Knochen aus dem Verband.
3–Nun wird der Block ganz aus der Felswand gelöst und völlig eingehüllt und wandert zur Reinigung ins Labor.
4–Nun gehen geschickte Fachleute mit Feinwerkzeugen ans Werk, alle Spuren anhängenden Gesteins abzukratzen und zu lösen.
5–Stunden sorgfältiger Arbeit bringen einen gut erhaltenen Knochen eines **Camarasaurus**-Schädels hervor.
6–Andere dabei gefundene Knochen erfahren dieselbe Behandlung. Das meiste des Schädels ist vorhanden. Ein Schädel brachte Licht ins Dunkel von etwa 150 Millionen Jahren!
Das Labor der Paläontologie ist Arbeits-, Lager- und Ausstellungsraum. Hier werden die wenigen, aus der Felswand entfernten Knochenfunde präpariert, begutachtet, fotografiert und katalogisiert. Über alles wird genau Buch geführt. Bei den in den Regalen befindlichen Materialien handelt es sich um Rekonstruktionen oder echte Fossilien. Unter den Funden befinden sich ein Knöchel und der rechte Hinterfuß eines unentwickelten **Diplodocus**.

Die Geschehnisse

Es ist eine lange Story – 130 Millionen Jahre – vom lebenden Dinosaurier zu den in den steilen Sandsteinschichten begrabenen Fossilknochen. Die Felsen dieser Region geben Aufschluss über Lebensgewohnheiten und Verhaltensweisen der Tiere und fügen sich als Mosaikssteinchen in das Bild über Aufstieg und Untergang der Dinosaurier.

Vor 550 Millionen Jahren: *Unita Mountain Quarz* aus Flusssand und Kiesel. Vermutlich existierten einfache Lebewesen, die jedoch keine Spuren im Gestein hinterließen.
Vor 450 Millionen Jahren: *Lodore Schieferton* aus Schlamm, der sich in seichten Gewässern absetzte. Dieses Gestein zeigt Spuren erster Meerestiere.
Vor 230 Millionen Jahren: *Morgan Kalkstein*, der in einem Meer entstand; enthält Fossilien von Meermuscheln, aber an anderen Stellen lebten bereits einfache Reptilien auf dem Festland.

DINOSAUR NM, UT 353
Quarry Visitors Center, UT

Vor 150 Millionen Jahren: *Navajo Sandstein* aus angewehten Sanddünen. Dinosaurier hatten sich entwickelt, hinterließen aber hier in der Wüste keine Spuren oder Knochen.

Vor 130 Millionen Jahren: *Morrison Sandstein* voller Dinosaurierknochen. Das Gestein des Steinbruchs hier am Fundort besteht aus diesem Material. Welche Geschehnisse mag er wohl noch verbergen?

Ereignisse

Im **Quarry** darf der Besucher ein wenig „Kriminalarbeit" leisten. Verschiedene Hinweise geben Rückschlüsse auf gewisse Ereignisse.

Sandstone/Sandstein. *Sichtbar* – eine Kreuzschichtung aus überlappenden Sandschichten. *Folglich* schoben Wind oder fließendes Wasser die Sandkörner an die richtige Stelle. Sichtbar, dass der Sandstein Süßwassermuscheln enthält. *Folglich* muss es Wasser und nicht der Wind gewesen sein; Süßwasser und keine Meeresströmung.

Pebbles/Flusskiesel. *Sichtbar* – Kieselsteine, aber keine großen Brocken zwischen den Sandkörnern. *Folglich* hatte der Fluss Geschwindigkeit, war aber kein reißender Strom.

Fine-Grained Rock/Feinkörniges Gestein. *Sichtbar* – feinkörniges Gestein, eng mit Sandstein verbunden, enthält Süßwasserfossilien. *Folglich* bildete sich in stillem Wasser – vermutlich einem See.

Volcanic Ash/Vulkanasche. *Sichtbar* – Vulkanasche kommt in den meisten dieser Schichten vor. *Folglich* Eruption von Vulkanen in der Gegend.

Quarry Sandstone/Quarry Sandstein. *Sichtbar* – Quarry Sandstein enthält Knochen von 19 Reptilienarten, davon 14 Dinosaurier. *Folglich* entfalteten sich die Tiere damals stark.

Bones/Knochen. *Sichtbar* – knochenhaltige Schicht ist etwa 2,4-3,6 m dick. *Folglich* wurden die Knochen damals nicht sofort im Sand vergraben.

Fügt man diese einzelnen Bausteine zusammen, lässt sich die Landschaft von vor 130 Millionen Jahren rekonstruieren, in der die Dinosaurier lebten und starben – eine Landschaft ferner Gebirgszüge, sanfter Täler, Seen, Flüsse, auf der Leben herrschte.

Friedhof in der Sandbank

Nach dem Sterben der Dinosaurier, trieben viele ihrer Kadaver in einem Fluss und dessen Nebenflüssen stromabwärts. Manche der Kadaver blieben auf einer Sandbank hängen und wurden bei späterem Überfluten von Sand bedeckt. Nur eine geringe Zahl toter Tierkörper wurde als Ganzes begraben – die meisten wurden, ehe sie begraben wurden, auseinandergezerrt oder weggespült.

Unter der Sanddecke vermoderte das Fleisch und zurück blieb nur noch das Knochengerippe, das schnell von Sand und Schlamm überdeckt wurde. Im Laufe von Jahrmillionen lagerten hier Flüsse, Seen und Ozeane ununterbrochen ihre Sedimente ab. Langsam verdichteten sich Sand und Schlammmassen Schicht für Schicht und wurden hart. Die Sedimente häuften sich, Grundwasser sickerte durch die Knochen und füllte die Poren und Ritzen mit mineralhaltigen Stoffen.

Den langsamen Übergang vom Knochen zum Stein bezeichnet man als **Petrifikation** (Vorgang der Versteinerung). Holz versteinert auch. Horn- und Hautsubstanzen bleiben selten lange genug erhalten; moderne Ausgrabungsmethoden ermöglichen jedoch, versteinerte Dino-Haut unbeschädigt aus dem Umgebungsgestein zu lösen. Unter den Exponaten befindliche völlig versteinerte Knochen sind sehr hart.

Wie die Knochen zum Vorschein kommen

Versteinerte Knochen blieben durch natürliche Vorgänge erhalten und traten später an die Oberfläche. Im Laufe der vergangenen **60 Millionen** Jahre bildeten sich hier Gebirge, die zum größten Teil bereits wieder abgetragen wurden.

Tektonische Kräfte aus dem Erdinnern falteten und brachen Felsschichten. An der Steinbruchwand im **Quarry** ziehen sich einst horizontale Schichten steil nach Süden.

Mit der Entfaltung von Bergen begannen gleichzeitig bereits zerstörende Kräfte der Natur, Bergkuppen abzutragen. Regenwasser, Eis und Wind sorgten für Abbruch von Gestein und trugen es davon.

DINOSAUR NM, UT
Quarry Visitors Center, UT

An anderen Stellen hobelten Erosionskräfte Tausende von Meter jüngeren Gesteins ab und legten Felsen von über einer **halben Milliarde** Jahre frei! Von Erosion bearbeitete Felslagen blieben in der Gegend des **Quarry** als Bergrücken (harte Schichten) und Rinnen (weiche Schichten) zurück. Nach **130 Millionen** Jahren gelangen versteinerte Knochen wieder an die Oberfläche, wo man sie entdecken und studieren kann.

Wandernde Landmassen und Tierwelt

Vermutlich hatten die heutigen Landmassen nicht zu allen Zeiten ihre heutige Anordnung. „Kontinentales Geschiebe" erklärt möglicherweise die weite Verbreitung vieler Arten von Dinosauriern.

Vor **225 Millionen** Jahren – kurz vor dem Zeitalter der Reptilien, lagen alle Erdmassen in einem einzigen Superkontinent, den man als *Pangaea* bezeichnet. Vor **140 Millionen** Jahren – in der **Morrison** Zeit, schoben sich die Kontinente langsam auseinander, lagen aber noch urzeitlich genug, dass man sich von einem zum anderen bewegen konnte.

Fossilien liefern sorgfältige Berichte

Fossilien zeichnen das unter der Erdkruste wohlgehütete prähistorische Leben nach. Fossilienfunde liefern alle sehr unterschiedliche Berichte:

Manche Fossilien blieben **unverändert** oder annähernd unverändert erhalten: Eine gefundene Muschel scheint frisch, als käme sie direkt von irgendeinem Strand, doch lag sie viele Millionen Jahre im Fels begraben.

Manche Fossilien weisen nur **Spuren** pflanzlicher oder tierischer Existenz auf: Spuren von Würmern, die sich durch urzeitliche Schlammablagerungen gegraben hatten. Ein in einem *Silt* begrabenes Blatt hinterließ seinen Abdruck. Ein Dreizeher-Dino überquerte eine Schlammebene; er verschwand, hinterließ jedoch seine Spur, die erhalten blieb.

Manche Fossilien besitzen noch ihre **Form**, bestehen aber nicht mehr aus dem eigentlichen Material: Muschelschalen ausgestorbener Meerestiere sind nicht mehr aus Kalkstein, sondern wurden zu Kieselsäure umgewandelt. Versteinertes Holz lässt sich noch an seiner mikroskopischen Zellenstruktur erkennen, ist aber kein Holz mehr. Pflanzen werden manchmal in Kohle konserviert.

Manche Knochen des Steinbruchs liefern ausgezeichnetes Studienmaterial – keine Formveränderung, doch nur Material aus Stein. Fossilien sind mehr als nur Beweis urzeitlichen Lebens. Mit Hilfe der **Paläontologie** lässt sich die Entwicklung von Pflanzen und Tieren verfolgen, eine Chronologie der Erdgeschichte aufstellen und eine Verwandtschaftsbeziehungen zur Ordnung neuzeitlich existierender Arten herbeiführen.

Wann lebten Dinosaurier?

Leben hat sich von einfachen Lebewesen bis zu den kompliziertesten Lebewesen entwickelt. **Dinosaurier** beherrschten die Erde auf einer Sprosse dieser Entwicklungsleiter. Für geologische Zeitbegriffe liegt dies noch nicht lange zurück.

Die Erde begann etwa vor **viereinhalb Milliarden** Jahren. Vor **600 Millionen** Jahren **keinerlei Fossilien**, die auf Leben hinweisen.

Mesozoikum – das Zeitalter der Reptilien, vor **160 Millionen** Jahren: **Erste** Dinosaurier vor weniger als **200 Millionen** Jahren. Aussterben der Dinosaurier vor **70 Millionen** Jahren.

Känozoikum – Zeitalter der Säugetiere, vor **63.5 Millionen** Jahren.

Menschenzeitalter – vor **1,5 Millionen** Jahren. Dinosaurier waren erfolgreich, beherrschten das Land etwa fünfundsiebzigmal länger als der Mensch bis heute.

Was waren eigentlich Dinosaurier?

Warmes oder kaltes Blut? Die Annahme, dass Dinosaurier **kaltblütig** waren, stützte sich ursprünglich auf ein einfaches Argument: Reptilien können ihre Körpertemperatur nicht regulieren. Bei Überhitzung sterben sie, und in der Kälte sind sie zu träge. Dinosaurier waren mit Reptilien wie dem heutigen Krokodil eng verwandt. Eine Gruppe dieser Reptilien, die **Archosauria**, lebte im **Mesozoikum**.

Zur Gruppe der **Archosauria** zählten folgende Mitglieder: **Thecodontia**, **Crocodilia**/Schuttwürmer, **Pterosauria**/Flugechsen, **Saurischia**/ Echsenhüfter, **Ornithischia**/Vogelhüfter. Bei den beiden letzgenannten Arten handelt es sich um Dinosaurier (schreckliche Eidechsen).

Schon um 1950 jedoch behaupteten einige Forscher, die große Blutmenge in den Dinosaurier-Knochen, die sich aus den Kanälen in den Fossilien nachweisen ließ, erinnerten eher an schnell wachsende Vögel und Säugetiere als an Reptilien. So soll der **Stegosaurus** seine Panzerstacheln als riesige Kühlplatten verwendet haben. Untersuchungen seiner Zacken ergaben, dass sie wabenförmig und vermutlich mit zirkulierendem Blut gefüllt waren.

„Dinos konnten in sehr unterschiedlichen Klimazonen leben. Sie müssen warmblütig gewesen sein", behauptet der Paläontologe Robert Bakker. Mittlerweile herrscht Einigkeit darüber, dass diese Dinosaurier **nicht grundsätzlich** Kaltblüter waren, sondern meist Warmblüter.

Alle Dinosaurier entwickelten sich aus den kleinen **Thecodonts** (wie der **Sultoposuchus**), die auf zwei Beinen gingen. Manche blieben Zweibeiner wie der **Antrodemus**. Sogar jene, die auf allen Vieren gingen, ließen noch auf ihre zweibeinigen Vorfahren schließen. Der **Stegosaurus** besaß abnormal kleine Vorderbeine. Viele Dinosaurier waren Riesen: Der etwa 24 m große **Brachiosaurus** (nicht der längste Dinosaurier) war schätzungsweise mit etwa 85 Tonnen das schwerste Festlandtier, das je existierte. Doch verschiedene Dinosaurier waren von kleinem Wuchs. Der **Coelophysis** – Leichtgewicht und Sprinter unter den Raubsauriern war nicht größer als ein Truthahn.

Coelophysis

Echsenhüftige Dinosaurier

Alle **Saurischian**/Echsensaurier besaßen Beckenknochen, die wie bei normalen Reptilien angeordnet waren. Sie hatten vorne im Kiefern Zähne. Manche der **Lizard Hips**/Echsenhüfter waren Fleischfresser und gingen auf ihren Hinterbeinen.

Der einzige **Fleischfresser** unter den Dinosauriern des **Quarry** ist der **Antrodemus**. Dieser neun Meter lange Raptor und Tyrann fraß alle Tiere in seiner Reichweite und beherrschte die Erde. Waren seine schrecklichen, sägescharfen Zähne abgenutzt, wuchsen ihm neue.

Unter den **Lizard Hips** gab es viele vierbeinige, vegetarische Riesen, aus deren Gruppe die meisten hier vorkamen. Der massive **Apatosaurus** (auch **Brontosaurus** genannt) besitzt die typischen Eigenschaften dieser Gruppe.

Vogelhüftige Dinosaurier

Bei allen **Ornithischian**/Flugsauriern waren Beckenknochen wie bei Vögeln angeordnet. Die meisten besaßen vorne im Kiefer keine Zähne. Keiner dieser Gattung zählte zu den Fleischfressern.

Vor 140 Millionen Jahren existierten hier verschiedene „Entenschnabelsaurier" – benannt nach der Form ihres Mauls, die als friedliche Pflanzenfresser bekannt waren. Der **Comptosaurus**, ein typischer Vertreter dieser Zweibeiner, war mit zum Pflanzenfressen geeigneten Zähnen ausgestattet.

Auf der urzeitlichen Erde kam auch eine seltsam verunstaltet laufende Festung vor – der **Stegosaurus**. Große, knochige Panzerstacheln oder Schutzplatten auf seinem Rücken besaßen nicht, wie man inzwischen behauptet, in erster Linie Schutzfunktion, da die Untersuchung seiner Zacken ergaben, dass sie wabenförmig und vermutlich mit zirkulierendem Blut gefüllt waren und zur Regulierung der Körpertemperatur dienten. Vier am Schwanzende sitzende Sporen verliehen dem **Stegosaurus** eine effektvolle Waffe. Dieser massige Körper wurde allerdings von einem Gehirn in der Größe des Gehirns einer Katze in einem lächerlich kleinen Kopf gesteuert. Ein vergrößerter Abschnitt seines Rückenmarks – von zwanzigfacher Größe seines Gehirns kontrollierte die Muskeln der großen Hinterbeine und des Schwanzes.

356 DINOSAUR NM, UT
Quarry Visitors Center, UT/Untergang der Dinosaurier

Dinosaurier und ihr Untergang

Dinosaurier existierten noch **70 Millionen** Jahre nach der Zeit, in der diese Knochen vom Sand begraben wurden. Dann starben sie innerhalb von ein paar Millionen Jahren aus.

Wieso verschwanden diese so erfolgreichen Kreaturen so plötzlich? Es gibt keine eindeutige Erklärung zu dem großen Sterben. Die bisher gängige Theorie über den Grund des Aussterbens der Dinosaurier war der weltweite Klimawandel – doch dieses Kapitel der Dinogeschichte muss umgeschrieben werden: Vor etwa **66 Millionen** Jahren, so lautet nun die Theorie, gegen Ende der **Kreidezeit**, stürzte ein Asteroid oder Komet auf die Erde und wirbelte weltweit Staubwolken auf.

Die Sonne wurde monatelang verdüstert, wodurch der größte Teil der Vegetation abstarb und die Dinosaurier zum Hungertod verurteilt waren. Die Säugetiere, die beim letzten massenhaften Artensterben **150 Millionen** Jahre zuvor ihre Chance vertan hatten, übernahmen eilig die plötzlich leergewordenen ökologischen Nischen.

Einen Beleg für diese Theorie liefert eine dünne Schicht aus **Iridium**, einem Element, das in alten Erdablagerungen zu finden ist und von gewaltigen vorzeitlichen Kometeneinschlägen stammt. Vier riesige Einschlagskrater aus der entsprechenden Zeit vor etwa **66 Millionen** Jahren wurden auf der Yucatan-Halbinsel in Mexiko sowie in den USA und Russland entdeckt.

Es gibt Belege, dass die **Dinosaurier** bereits kurz vor dem Aussterben standen, selbst wenn ihnen erst ein Asteroid tatsächlich den entscheidenden Schlag versetzte. Die Fossilien zeigen, dass die Zahl der Dinosaurierarten zwischen **73 Millionen** und **65 Millionen** Jahren vor unserer Zeitrechnung um 70 Prozent sank.

Warum auch immer die **Dinosaurier** von der Erde verschwanden: Wenn die Geschichte des Lebens auf der Erde eines fernen Tages abgeschlossen sein wird, dann werden die beliebtesten Geschöpfe der Erdgeschichte viele Millionen Jahre länger gelebt haben als ihre Bewunderer.

Nach dem Abstecher ins Zeitalter der Riesenechsen im **Quarry Visitors Center** hat man beim Warten auf die Zubringerbahn zum Parkplatz noch Gelegenheit, einen letzten Blick auf die Landschaft zu werfen, die Heimat des **Brontosaurus** war.

Brontosaurus

Nun zu einem der jüngsten Parks unter den Nationalparks und -monumenten –
Grand Staircase-Escalante Nationalmonument.

GRAND STAIRCASE-ESCALANTE NATIONALMONUMENT

„In Stein erstarrte geologische Geschichte"

Grand Staircase-Escalante Nationalmonument in Süd-Utah ist mit 7600 Quadratkilometer Land das größtes Nationalmonument außerhalb Alaskas. Die einzigartige Wildnis, umschließt etwa 3% des gesamten Gebiets von Utah – fast dreimal so groß wie das Saarland, wurde **1996** auf der Grundlage des *Antiquities Act* von 1906 unter Naturschutz gestellt und das Nationalmonument gegründet. Es ist das erste Monument, das vom Bureau of Land Management (BLM) verwaltet wird – alle übrigen unterliegen dem National Park Service. Es ist das jüngste Nationalmonument der USA und umfasst ein ausgedehntes Gebiet unbesiedelter Wildnis mit spektakulären Landschaftsformen, wo man auf Meilen und Meilen in Stein erstarrter geologischer Geschichte blickt.

Die grandiose Redrock-Landschaft um den **Escalante River** ist noch weitgehend unerschlossen, dass kaum jemand sie bis in alle Winkel kennt. 130 Kilometer Wildnis auf der Landkarte – ein Nichts, in das Menschen eintauchen, um allein zu sein, um den Stress des urbanen Alltags abzubauen. Hier kann man tagelang unterwegs sein, ohne jemandem zu begegnen. Das Monument ist eine geologischer Sammler mit einer Vielfalt an Felsformationen, Steingebilden und erstklassischen paläontologischen Stätten.

Grand Staircase-Escalante's geologische Formationen überspannen Äonen der Zeitrechnung. Das Territorium farbenprächtiger Felsenklippen, Plateaus, Mesas, Steinbuckeln, Felsminarette und Canyons lässt sich in **drei** Abschnitte aufteilen:
Grand Staircase, das **Kaiparowits Plateau** und die **Canyons of the Escalante**. Obwohl die drei Abschnitte unterschiedliche Topographie aufweisen, haben sie doch alle etwas gemeinsam: riesige Entfernungen, enorm schwieriges Terrain und Abgeschiedenheit, wie sie sonst kaum noch in den südlich von Alaska liegenden kontinentalen 48 Bundesstaaten der USA zu finden ist.

Geographische Orientierung

Das **Grand Staircase-Escalante Nationalmonument** ist förmlich umringt von anderen Nationalparks und anderen geschützten Landschaften. Auf der Westseite zieht sich seine Grenze von der US 89 zunächst rechtwinklig und dann in Ausbuchtungen nordwärts zum Südrand des **Bryce Canyon Nationalparks**. Im Osten-Südosten wird es von der **Glen Canyon National Recreation Area** und im Nordwesten vom **Dixie National Forest** begrenzt. Die Südhälfte der **Waterpocket Fold** des **Capitol Reef Nationalparks** verläuft an der Nordostflanke des Monuments. Die *Burr Trail Road*, die von **Boulder** und dem **Anasazi Indian Village State Park** an *UT 12* ostwärts zur **Waterpocket Fold** im **Capitol Reef Nationalpark** führt, zieht sich durch den nordöstlichen Rand des Nationalmonuments.

Das **Grand Staircase-Escalante Nationalmonument** ist im Norden von *UT 12* und im Süden von *US 89* erreichbar. Ausgangspunkt im Norden ist der Ort **Escalante**, im Westen **Bryce Canyon Nationalpark, Tropic** und **Henrieville** und im Süden **Kanab** oder **Page**, Arizona. Eigentlich führen keine Straßen durch das Nationalmonument außer einer Verbindung zwischen *UT 12* im Norden bei Cannonville südwärts zum *US 89*. Unterwegs passiert man **Grosvenor Arch** und **Cottonwood Canyon**. Über die *Burr Trail Road* im Norden des Monuments besteht eine Verbindung von **Boulder** zum **Capitol Reef Nationalpark**.

GRAND STAIRCASE-ESCALANTE NM, UT
Info/Unterkunft/Camping

Eine weitere Verbindung gibt es von **Escalante** von *UT 12* südwärts zum **Hole-in-the-Rock** am Nordufer von **Lake Powell/Glen Canyon National Recreation Area**. Alles andere sind Trails oder Wege, die man anhand topographischer Karten verfolgen muss. Von **Escalante** gelangt man ostwärts auf *UT 12* zum Ausgangspunkt für den **Escalante Canyon**.

Das Nationalmonument ist bisher touristisch noch wenig erschlossen und wird es auch künftig weitgehend bleiben. In **Escalante** ist ein Visitors Center vorgesehen, und zwar das **Escalante Center** neben der High School.

Wichtiges für den Aufenthalt & Unternehmungen

Die Gegend um Grand **Staircase-Escalante Nationalmonument** ist touristisch nicht sehr stark ausgebaut, dennoch gibt es am Rande oder in der weiteren Umgebung eine Reihe von Unterkünften und Campingplätzen. Spezielle Touren durch das Monument werden nicht angeboten, hier ist man größtenteils auf sich selbst gestellt. Einige Outfitters bieten jedoch entsprechende Utensilien zur Wanderausrüstung sowie Reitausflüge/Trail Rides an.

Information

- Grand Staircase-Escalante National Monument, 337 South Main Street, Cedar City, UT 84720 ....(435)865-5100.
- Kanab Resource Area Office, 318 North 100 East, Kanab, UT 84741 ....(435)644-2672.
- Escalante Interagency Visitors Center, 755 W Main St., Escalante, 84726 ....(435)826-5499.

Camping

(außer Backcountry ohne jegliche Einrichtungen)
- **Escalante**
  - Escalante Petrified Forest State Park (Mai-Okt.), 21 Plätze (435)826-4466–Pine Lake Campground, 28 Plätze (Mai-Sept.), (435)826-5499
- **Cannonville**
  - Kodachrome State Park, ganzjährig; (435)679-8562
- **Tropic**
  - Bryce Pioneer Village Camp, 20 Plätze (Apr.-Okt.), 1-800-222-0381

Unterkunft

Escalante: (435)
- Circle D Motel, 475 W. Main St. 826-4267/Fax 826-4402
- Escalante Grand Staircase B&B, 280 W. Main 426-4890/Fax 426-4889;
- Escalante Outfitters & Bunkhouse, 310 W. Main 826-4266/Fax 826-4388
- La Luz Retreat 826-4708
- Moqui Motel & RV Park, 480 W. Main 826-4210
- Quiet Falls Motel, 75 South 100 West 826-4250
- Padre Motel, 20 W. Main 826-4276/Fax 826-4277
- Prospector Inn & Restaurant, 380 W. Main 826-4653/Fax 826-4285
- Rainbow Country B&B, 585 East 300 South .... 826-4567, geb.frei 1-800-252-8824
- Boulder Mountain Ranch, familiäre kleine Gäste-Ranch am Rand des Grand Staircase-Escalante NM, Hell's Backbone Rd./Salt Gulch, P.O. Box 1373, **Boulder**, UT 84716 .... 335-7480/Fax 335-7352
.... E-mail: bmr@boulderutah.com
- Grand Staircase Inn, Cannonville 1-877-GRANDINN

Tropic: (435)
- Under The Rim Inn 679-8888
- Bryce Point B&B 679-8629
- Stepping Stone B&B 679-8796

Kanab: (435)
- BW Red Hills ...644-2675/Fax 644-5919
- Shilo Inn Kanab 644-2562/Fax 644-5333
- Quail Park Motel 644-5044
- Kanab Mission Inn 644-5373
- Holiday Inn Express 644-8888
.... Fax 644-8880

Mount Carmel Junction: (435)
- Zion Ponderosa Resort 581-9817
- Golden Hills Motel 648-2268
- BW Thunderbird................ 648-2203
.... Fax 648-2239

GRAND STAIRCASE-ESCALANTE NM, UT

Baxter Info-Karte: Grand Staircase-Escalante Area

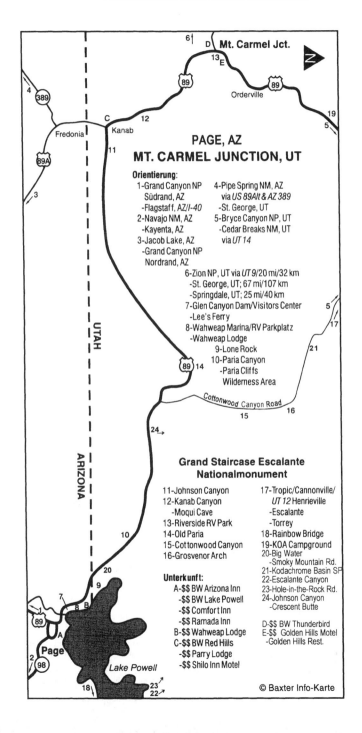

360 GRAND STAIRCASE-ESCALANTE NM, UT
Baxter-Tipps/Attraktionen

Weitere Unterkünfte um **Bryce Canyon Nationalpark** (s. Seite 313) **Torrey/Capitol Reef Nationalpark** (s. Seite 337).

Outfitters

Angebotene Trail Rides, Canyon & Klettertouren & Ausrüstung:
–Escalante Canyon Outfitters, 842 W. Highway 12, Boulder, UT 84716, P.O. Box 1330, Boulder UT 84716; (435)335-7311/Fax 335-7499; geb.frei 1-888-326-4453; E-mail: echohike@color-country.net
–Boulder Mountain Ranch, Hell's Backbone Rd., P.O. Box 1373, Boulder, UT 84716; (435)335-748-0/Fax 335-7352; E-mail: bmr@boulderutah.com
–Desert Highlights, 208 E. 200 S#1, P.O. Box 1342, Moab, UT 84532; (435)259-4433, geb.frei 1-800-747-1342; E-mail: matt@deserthighlights.com
–Wild Hare Expeditions, 116 W. Main St.; P.O. Box 750194, Torrey, UT 84775; (435)425-3999/Fax 425-3999; E-mail: thehare@color-country.net
–Mecham's Outfitter and Guide Service, 50 S. 781 West, Box 71, Tropic, UT 84776; (435)679-8823

☞ Baxter-Tipps für die „Große Treppe"

♦ **Grand Staircase-Escalante**, gut zu kombinieren mit Besuch des Capitol Reef Nationalparks und Bryce Canyon.
♦ Für **Burr Trail Road** in Boulder Mountain Lodge Lunchpacket besorgen und dort auch über die Tour zum Capitol Reef Nationalpark erkundigen.
♦ **Escalante River** erst **1872** erforscht.
♦ **Lower Escalante River Trail** ist ein mehrtägiger Backpacking Trip ins Canyon Country; Schwierigkeitsgrad 3; kann abgekürzt werden.
♦ **Wanderungen nur in Begleitung** nie völlig allein.
♦ Vorher ordentliches **topographisches** Kartenmaterial besorgen.
♦ **Vor** Hiking Trips bei Park Rangers in Escalante **informieren** oder Grand Staircase-Escalante NM, 337 S. Main Street, Cedar City, (435)865-5100.
♦ Stets ausreichenden **Wasservorrat** mitführen.
♦ **Mountain Biking Trips** zum **Powell Point** im Dixie National Forest mit Blick auf Grand Staircase. Powell Point liegt 23 mi/37 km nordöstlich von Bryce Canyon NP via *UT 22/Johns Valley Road* (von Bryce Canyon NP Zufahrt Kreuzung *UT 12 & UT 63*). Bei Start am Pine Lake beträgt Hin- und Rückfahrt 23 mi/37 km mit 700 m Höhenunterschied (bergauf!). Alternative bei Anfahrt mit geländegängigem Fahrzeug 6 mi/10 km Pine Canyon hinauf zum Trailhead auf dem Table Cliff Plateau; restliche 9 mi/14 km hin und zurück nur minimaler Höhenunterschied.

Attraktionen

–**Burr Trail Road** – einen ersten Eindruck der unerschlossenen Wildnis des Grand Staircase-Escalante Nationalmonuments erhält man auf dem **Burr Trail**, der von **Boulder** an *UT 12* zum **Capitol Reef Nationalpark** führt.
–**Escalante Canyon** – 70 mi/112 km entlang des **Escalante River** von Escalante an *UT 12* bis **Lake Powell**. **Escalante Canyon** erstreckte sich früher noch über weitere 30 mi/48 km, die heute unter dem Wasser des **Lake Powell** liegen. Trip bis ganz hinunter zum **Lake Powell** ist besonders interessant (obwohl sehr anstrengend und lange), um zu erleben, wie ein Canyon in einem See ertrinkt. Man kann den Escalante dann auf dem Rückweg über **Hurricane Wash** zum **Coyote Gulch** verlassen (dabei weitere 14 mi/22 km mit einrechnen). Über **Coyote Gulch** gelangt man in Richtung *Hole-in-the-Rock Road*. Alle diese Trips müssen gut geplant werden und vorher gute topographische Karten besorgen.
–**King Bench** entlang Escalante Canyon mit herrlichem Blick
–**Silver Falls Canyon, Choprock Canyon** mit riesigem Band Petroglyphen und **Little Death Hollow, Harris Canyon** – alles entlang Escalante Canyon.
–**Versteinerte Sanddünen** entlang Escalante River.
–**Phipps Arch** – benannt nach Washington Phipps, Pionier der 1870er Jahre, der Pferde in die Gegend brachte, bis er dort von seinem Partner erschossen wurde.
–**Grosvenor Arch** an *Cottonwood Canyon Road*.
–**Pioneer Mesa, Big Bow Bench, Harris Wash, Straight Cliffs** – eine abrupte, 450 m hohe Felswand, die fast ununterbrochen vom Escalante Rim bis fast an den Lake Powell verläuft.
–**Hole-in-the-Rock Road** – 60 mi/96 km rauhe Straße, die 1880 von Mormonenpionieren gebaut wurde, die auf dem Weg waren, sich unter den Pappelhainen von **Bluff** am San Juan River niederzulassen. Sie mussten sich ihren Weg über die Felsklippen schneiden, um den Colorado River zu überqueren.

GRAND STAIRCASE-ESCALANTE NM, UT 361

Attraktionen

- **Kaiparowits Plateau** – unendliche Weite ohne markiertes Wegenetz für erfahrene und orientierungssichere und gut ausgerüstete Wanderer.
- **Petroglyphen** aus der Zeit um 900 A.D., als die Menschen der Fremont und Anasazi-Kultur in der Gegend lebten. Das Monument beherbergt über 100 000 archäologische Stätten, die meisten bisher nicht kartographiert und registriert.
- Fast 1000 Kilometer Routen für **Geländefahrzeuge**.

Grand Staircase

Das Land erhebt sich in breiten schrägen Terrassen, die einen „Großen Treppenabsatz"/Grand Staircase bilden. Man stelle sich die Stufen einer Treppe vor, die sich in riesigen geographischen Ebenen vom **Grand Canyon** im Süden zu den Höhen eines **Bryce Canyon** und dem **Dixie National Forest** im Norden erheben – dann hat man etwa ein Bild von der Ausdehnung dieser Treppe. Vom Süden her gehen die Terrassen in die **Vermilion, White, Gray** und **Pink Cliffs**. Diese Schichten enthüllen 200 Millionen Jahre von geologischer Geschichte.

Der tiefrote Moenkopi-Sandstein der **Vermilion Cliffs** mit Basis aus Chinle Ödland enthält viele Fischfossilien und frühe Dinosaurierfossilien aus dem Triaszeitalter. Eine Stufe nach Norden und die Kontour von **White Cliffs** besteht aus Jurasanddünen, die in Navajosandstein erstarrt sind. Die **Gray Cliffs** über den **White Cliffs** stellen ein weicheres geologisches Profil dar. Sie wurden abgelagert als ein Ozean dieses Land bedeckte und decken Spuren von Meereslebewesen wie Muscheln, Haifischzähne und von aus Sumpf- und Moorpflanzen zusammengepressten Kohleablagerungen auf. Am oberen Ende der **Staircase** wurden die Kalkstein **Pink Cliffs** von einem vorzeitlichen Süßwassersee abgelagert und liegen jetzt vor allem im **Bryce Canyon**.

Von der *US 89* müsste man über einen 40 mi/64 km langen Weg der „Treppen" der Vermilion Cliffs, White Cliffs, Gray Cliffs und der Pink Cliffs mit über 1500 m Höhenunterschied steigen, bis man oben auf dem Paunsaugunt Plateau angelangt wäre, wo sich der Bryce Canyon Nationalpark ausbreitet. Sogar noch höher und länger, wenn man sich etwas mehr ostwärts Richtung Powell Point oder noch darüber hinaus Richtung Aquarius Plateau halten würde.

Kaiparowits Plateau

Wasser des Paria River und Wind haben eine Landschaft von isolierten Mesas, Buttes, Tälern und Canyons in diesen Grand Staircase aus Klippen und Terrassen eingeschnitten. Das höchste Gebiet des Monuments ist das Kaiparowits Plateau, von den Einwohnern ,,Fifty Mile Mountain"/Fünfzig-Meilen-Berg genannt. Von oben gesehen führt das Plateau südlich der Ortschaft **Escalante** in ein enormes Landstück, das am **Lake Powell** endet. **Kaiparowits Plateau** ist ein weites und verwirrendes Gebiet mit gigantischen Steinbänken von einer durchschnittlichen Höhe um 1800 m. Dies ist ein wildes und unfruchtbares Gebiet mit bewaldeten Plateaus und Jahrtausende alten Pinyon-Juniper/Wacholderbäumen, vielen Säugetieren und Vögeln, einschließlich siebzehn Raubvogelarten.

Die 42 mi/67 km langen **Straight Cliffs** markieren das östliche Ende des Plateaus. Die Gegend des **Kaiparowits Plateau** gilt als das isoliert liegenste Gebiet der USA außerhalb Alaskas und Hawaii. Über Tausende von Quadratkilometer Land, in dem kaum menschliche Spuren moderner Zeit zu finden sind. Eine Gegend voller Einöde, Stille und Weite. Im Norden des Monuments erstreckt sich das enorme **Aquarius Plateau**, das von dem 3700 m hohen **Boulder Mountain** überragt wird.

Canyons of the Escalante

Schluchtensystem des Escalante Canyon. Wanderungen im Grand Staircase-Escalante Nationalmonument müssen gut vorbereitet werden, da man innerhalb des Monuments sich völlig sich selbst überlassen wird. Auf alle Fälle vor Antritt eines Trips bei der Parkverwaltung erkundigen.

Eine der besten längeren Wanderungen ist der Lower Escalante River Trail. Von **Escalante** zum **Lower Escalante River** via *UT 12* ostwärts etwa 15 mi/24 km, wo die Straße den Fluss überquert. Entlang des Trail zahlreiche Campingmöglichkeiten 3; 500 m Höhenunterschied. Man muss nicht die Gesamtstrecke von 70 Meilen (112 km – etwa 10 Tage!) bis zum Lake Powell zurücklegen. Der nördliche Abschnitt bietet Fluchtwege in Seitencanyons, einschließlich **Horse Canyon, Silver Falls Creek, Harris Wash** und **Twentyfive Mile Wash**, die zur *Hole-in-the-Rock Road* führen. Kein Permit erforderlich. Parken und Zugang kostenlos. USGS topographische Karten besorgen mit Calf Creek, King Bench, Red Breaks, Silver Falls Bench, Egypt, Scorpion Gulch, King Mesa und Stevens Canyon South.

Grand Staircase-Escalante Nationalmonument ist eins der letzten großen Wildnisgebiete auf dem Planeten. Dieser Zustand unberührter Ferne ist für den Abenteuersuchenden noch verlockender.

HOVENWEEP NATIONALMONUMENT, UT

Baxter Info-Karte: Hovenweep NM Area/Orientierung

HOVENWEEP NM

„Verlassene Wohnstätten der Anasazi im Canyon"

Das nach dem Begriff der Ute Indianer für „verlassenes Tal" benannte **Hovenweep National Monument** liegt etwa auf halbem Weg zwischen **Bluff**, Utah und **Cortez**, Colorado im südöstlichen Teil Utahs und südwestlichen Teil Colorados – via *UT 262*. Obwohl es sowohl in Utah und Colorado innerhalb des Monuments mehrere Ruinen der **Anasazis** gibt, liegt das kleine Visitors Center mit den in der Nähe befindlichen **Square Tower Ruinen** (gemauerte Viereck-türme) westlich der Colorado/Utah-Bundesstaatenlinie in Utah.

Da sich die meisten Hovenweep-Ruinen im südöstlichen Utah befinden, lässt sich ein Besuch auf dem Weg zum **Mesa Verde Nationalpark** oder von **Cortez** zum **Monument Valley** oder **Arches Nationalpark** verbinden. Bei Mangel an Zeit muss man allerdings auf das doch etwas abseits liegende **Hovenweep** verzichten, um die im Südosten Utahs und Südwesten Colorados liegenden Ziele direkt auf ausgebauten Straßen zu erreichen.

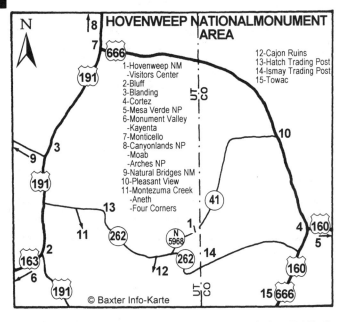

Ganzjährig geöffnet. Die einzige asphaltierte Zugangsstraße ist *UT 262*, die ostwärts von *US 191* ca. 15 mi/24 km südlich von **Blanding** zum Monument abbiegt. Informationen & Auskünfte über andere, weniger zugängliche Ruinen in Ranger Station. Unterkunftmöglichkeiten in Nähe des **Hovenweep National Monuments** in **Bluff** & **Blanding** in Utah und **Cortez** in Colorado. Kleiner, schöner Campingplatz neben Ranger Station; Zelte und ein paar Plätze für RVs; ganzjährig in Betrieb. Parkeintritt $6; Info (970)562-4282

Zugang von Utah

Hovenweep Visitors Center liegt etwa 29 mi/46 km östlich der *US 191* die durch Südost-Utah verläuft. Der erste Abschnitt der Straße ist von der *US 191* bis etwa zur **Hatch Trading Post** asphaltiert; über Straßenzustand erkundigen, besonders bei nassem Wetter. In **Bluff** oder **Blanding** volltanken.

HOVENWEEP NM, UT 363
Entfernungen/Orientierung

Kleine Navajo-Häuser sind unterwegs von der Straße aus zu sehen; keine intensive Landwirtschaft. Getränke und Snacks bei der kleinen **Hatch Trading Post** unter den Bäumen; einfacher Laden!

Zugang von Colorado

Von **Cortez**, Colorado gelangt man über zwei verschiedene Routen zum des **Hovenweep Visitors Center**. Eine Route führt von *US 666* westwärts etwa 4 mi/6 km südlich von **Cortez** durch **McElmo Canyon** und auf einer nicht asphaltierten Straße zum Visitors Center etwa 40 mi/64 km von **Cortez**. Snacks bei **Ismay Trading Post** erhältlich. Der andere Weg geht von **Pleasant View** und *US 666* westwärts, etwa 20 mi/32 km nördlich von **Cortez**, passiert die **Lowry Ruine** (ebenfalls Anasazi Ruine) und weiter durch landwirtschaftliches Gebiet über nicht asphaltierte Straße zum Visitors Center – etwa 44 mi/70 km. Unabhängig für welche Route man sich entscheidet, auf alle Fälle zuvor über Straßenzustand erkundigen, in **Cortez** volltanken und Proviant besorgen.

VISITORS CENTER

Als erstes steuert man in der Nähe der **Square Tower Group** die Ranger Station mit Visitors Center an. Infostand und Angebot interessanter Bildbände. Info über Wanderungen; informative Ausstellung mit Exponaten und Schautafeln zu den Hovenweep Ruinen und Astronomie. Ferner kleines Modell des **Hovenweep Castle** um 1275. Beim Visitors Center Routenbeschreibung zu den abseits liegenden Ruinen des Nationalmonuments verlangen und über Straßenverhältnisse erkundigen.

Hinter dem Visitors Center befinden sich Toilette und ein kleiner Experimentiergarten, in dem Squash/Kürbis, Mais und Bohnen angebaut werden. Vom Parkplatz führt ein kurzer Pfad zu den ersten Ruinen.

Entfernungen vom Visitors Center in Meilen/Kilometer

Aneth	20/32	Hatch Trading Post	16/26
Blanding	45/73	Ismay Trading Post	14/23
Bluff	40/63	Pleasant View	25/40
Cortez	45/73		

Ruinen-Trails Info

Info am Ausgangspunkt des Trail mit Karte und Überblick touristischer Einrichtungen:

Touristische Einrichtungen
◆**Visitors Center.** Täglich 8-17 Uhr, ganzjährig. Information, Exponate und Ruinenmodell, Trinkwasser, Toiletten, Bücher, Film, Ansichtskarten.
◆**Hilfe in Notfällen.** In dringenden Notfällen an Park Ranger im Visitors Center oder in der Wohnung neben dem Campingplatz wenden.
◆**Camping.** 31 Stellplätze, etwa ¾ mi/1,2 km von hier; ganzjährig geöffnet. Apr.-Nov. Campinggebühr auf Selbstregistrier-Basis beim Campground entrichten (Geld in vorgesehene Sammelkasse werfen). In Wintermonaten Wasser nur beim Visitors Center erhältlich. Camping an allen anderen Stellen des Monuments nicht erlaubt.
◆**Tankstellen.** Ismay Trading Post (nur *regular gas*!), Aneth, Blanding und Cortez.
◆**Proviant.** Hatch Trading Post, Ismay Trading Post, Aneth, Blanding, Cortez.
◆**Unterkunft.** Blanding, Bluff und Cortez.
◆**Touren/Führungen.** Keine. Die Ruinen sind auf leichten bis leicht anstrengenden Trails erreichbar. Begleitbroschüre im Visitors Center verlangen.
◆**Baxter-Tipps**: Eine der nahen archäologischen Stätten besichtigen; östl. Von Bluff über die Schwingbrücke zur **Seventeen Room Ruine**. Petroglyphen mit Kokopelli, dem Anasazi Flötenspieler in Nähe **Sand Island** Campground, westl. von Bluff. Evtl. auf Hovenweep Campingplatz übernachten, um die Ruinen bei Sonnenuntergang oder -aufgang zu erleben. Meist sternklare Nacht auf dem Campingplatz genießen.

Square Tower Ruinen Information
◆**Hiking**/Wandern. Hier ist der Ausgangspunkt von drei kurzen Loop Trails/ Rundwanderwegen. Beim Visitors Center Begleitbroschüre erhältlich. Für längere Wanderung den 8 mi/13 km langen Trail wählen, der den Campingplatz mit **Holly, Horseshoe** und **Hackberry Ruinen** verbindet.
 The Outlying Ruins/Die abseits liegenden Ruinen, **Holly**, Horseshoe und **Hackberry Ruinen** sind nur über Sandpiste oder Schotterstraßen zugänglich.

364 HOVENWEEP NM, UT
Baxter Info-Karte: Hovenweep Nationalmonument/Info

Nach Sommergewitter oder Winterstürmen sind diese Strecken nicht passierbar. Außerdem nur für Geländefahrzeuge oder Fahrzeuge mit Allradantrieb geeignet. Bei Park Rangers über neueste Straßenverhältnisse erkundigen und wegweisende Karte zu den Ruinen verlangen.
♦**Safety**/Sicherheit. Man befindet sich hier auf Wüstengelände, auf 1585 m ü.M. in einem Gebiet mit Temperaturen im Sommer über 38°C oder im Winter bei minus 18°C. Vor Wandertrips stets jemanden über Wander-, Camping- oder Routenpläne informieren und sich gut vorbereiten.
–Hut mit breiter Krempe als Sonnenschutz.
–ausreichende Wasservorräte mitführen.
–Beißende Insekten können einem das Leben schwer machen. Langärmelige Bluse/Hemd und lange Hosen, zuverlässiges Mittel gegen Insekten besorgen (größte Plage Mitte Mai bis Anfang Juli).
–Vorsicht bei lockerem Fels, Steinschlag.
–Vorsicht Klapperschlangen! Falls man welchen begegnet, Ranger melden!
–Im Winter bei Schnee und Eis Rutschgefahr auf den Wegen. Vorsicht am Abgrund; jeder Schritt kann gefährlich sein.

Hier einige Verhaltensregeln zur Besichtigung der Ruinen:
♦Mithelfen, das Monument zu schützen und künftigen Besuchern zu erhalten.
♦Nicht auf die über 700 Jahre alten brüchigen Mauern klettern.
♦Auf angelegten Wegen bleiben. Wüstenboden ist sehr empfindlich und soll erhalten bleiben.
♦Keine Fahrräder im Gelände oder Trails.
♦Nur auf ausgewiesenen Plätzen des Campground zelten.
♦Keine Haustiere auf den Trails erlaubt, im übrigen an der Leine halten.
♦Brennholzschlagen oder sammeln nicht erlaubt.
♦Keine Abfälle wegwerfen. Kein Rauchen entlang der Trails.

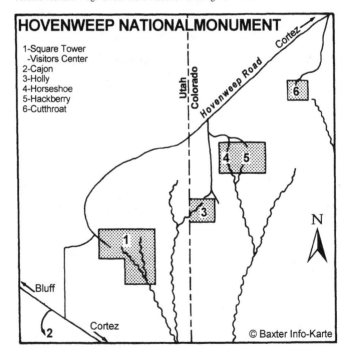

SQUARE TOWER RUINEN

Hovenweep umfasst hier die ausgedehnteste Ruinenstätte mit sechs am Canyonrand befindlichen Ruinen, die in relativ gutem Zustand erhalten sind. Weitere Information zu den übrigen entfernteren Ruinenstätten des Monuments erhält man im Visitors Center.

HOVENWEEP NM, UT

Baxter Info-Karte: Hovenweep NM/Square Tower Group

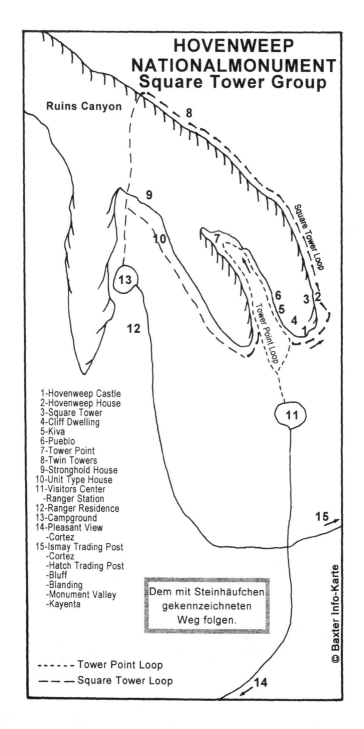

366 KAYENTA, ARIZONA
Orientierung

● **History**/Geschichte. **Hovenweep**.../Hovenweep, ein Begriff der Ute-Indianer für „verlassenes Tal", wurde **1923** zum Nationalmonument erklärt, um die zahlreichen von den Anasazi-Indianern angelegten Türme und Dörfer (auch Pueblos genannt) zu schützen und zu erhalten. Archäologen haben sich hier nur in sehr kleinem Rahmen mit Tests beschäftigt und die Ruinen größtenteils ohne Ausgrabungen belassen.

● **Anasazi. This area's…** /Bei den prähistorischen Bewohner dieser Gegend handelt es sich um „Anasazi" – ein Begriff der in der Sprache der Navajo „die Alten" oder „alte Feinde" bedeutet. Die hier lebenden Menschen gehörten der Mesa Verde Richtung der Anasazi-Kultur an. Der Begriff „Anasazi" ist keine Stammesbezeichnung wie Navajo oder Ute, sondern beschreibt eine Kulturgruppe ähnlich wie der Begriff „European (Europäer)" ohne Bezug auf Nationalität. Diese Menschen hielten sich über 350 Jahre (920-1277 A.D.) in und um einen kleinen Canyon auf, den man beim Gang zu den Ruinen bald vor sich hat. **Hovenweep** gilt als relativ späte Anasazi-Besiedelung.

Eine Skizze zeigt den Verlauf der Trails. Früher konnte man direkt zu den im Canyon befindlichen Ruinen gelangen. Nun wird der Besucher zum Schutz der Ruinen entlang eines durch Steinhäufchen/cairns markierten Pfads geführt. Beim Rundgang hat man also immer etwas Abstand zu den Ruinen.

Square Tower Loop: 2 mi/3 km, etwa 2 Std.
Tower Point Loop: 0.5 mi/0,8 km, etwa 45 Min.

Weitere Square Tower-Ruinen Info

Da sich gerade in dieser Gegend mit stark schwankenden Niederschlägen so viele Menschen angesiedelten, die sich schon sehr intensiv mit Ackerbau beschäftigt hatten, schlossen sich die **Anasazi** von Hovenweep in den Canyonspitzen zu großen Pueblos zusammen; vermutlich wegen vorhandener Wasserquellen, die sich überwiegend in der Canyonspitze befinden. Alles vorhandene Wasser wurde wirtschaftlich genutzt. Man legte Dämme, Terrassen und Wasserrinnen an. Die **Square Tower Ruinen** sind für Pueblostätten in einer Canyonspitze besonders typisch.

Um **1300 A.D.** hatten die **Anasazi** diese Gegend völlig verlassen. Wohin und weshalb sie wegzogen blieb ungeklärt. Obwohl sich die Anasazi-Kultur 700 Jahre halten konnte, erfuhr sie dann aber ein jähes Ende.

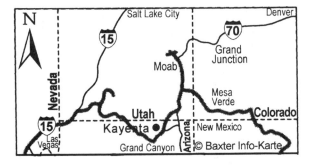

KAYENTA, AZ

„Tor zum südlichen Utah & Monument Valley"

Kayenta liegt im Nordosten Arizonas, ist eine der größten Städte innerhalb der **Navajo Indian Reservation** und Tor vom Süden zum **Monument Valley**. Kayenta ist eine gute Ausgangsbasis für Tagesausflüge in die Umgebung – zum Navajo Nationalmonument, Monument Valley, Goosenecks of the San Juan River und Valley of the Gods, Natural Bridges Nationalmonument oder Hovenweep Nationalmonument.

KAYENTA, ARIZONA
Entfernungen

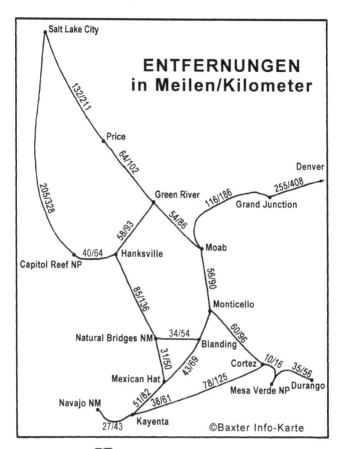

Monument Valley, Arizona & Utah
East Mitten

Entfernungen von Kayenta in Meilen/Kilometer

NM=New Mexico, AZ=Arizona, WY=Wyoming, CO=Colorado, NV=Nevada, CA=Kalifornien, UT=Utah

Albuquerque, NM 329/526	Los Angeles, CA 667/1067
Aztec Ruins NM, NM 157/251	Mesa Verde NP, CO 150/240
Bryce Canyon NP, UT 300/480	Mexican Hat, UT 51/82
Cameron, AZ 108/173	Moab, UT 190/304
Canyon de Chelly NM, AZ 109/174	Monticello, UT 116/1 86
Cortez, CO 116/186	Monument Valley, AZ 27/43
Denver, CO 540/864	Natural Bridges NM, UT 82/131
Durango, CO 165/264	Navajo NM, AZ 27/43
Flagstaff, AZ 151/242	Page, AZ 98/157
Four Corners 71/114	Phoenix, AZ 290/464
Goulding's Lodge 24/38	Salt Lake City, UT 409/654
Grand Canyon Nordrand, AZ .. 225/360	San Francisco, CA 950/1520
Grand Canyon Südrand, AZ 157/251	Window Rock, AZ 200/320
Grand Junction, CO 301/482	Yellowstone NP, WY 690/1104
Las Vegas, NV 415/664	Zion NP, UT 267/427

368 KAYENTA, ARIZONA
Baxter Info-Karte: Kayenta

Kayenta konzentriert sich praktisch um die Kreuzung von *US 163 & US 160* mit einigen Motels, Restaurants, Supermarkt, Tankstelle und Shopping Center. Golden Sands Café ist seit Jahren beliebter Treff der Einheimischen und bietet indianische Spezialitäten – Navajo Taco, Fry Bread und Chili. Im Golden Sands Café wird sehr früh Frühstück serviert, falls ein Früher Start von Kayenta geplant ist. Kayenta Trading Post um die Ecke von Wetherill Inn wird hauptsächlich von Einheimischen aufgesucht – Souvenirs und natürlich Lebensmittel. Kayenta Hotels bieten Ausflugtouren zum **Monument Valley**.

Entfernungen in Meilen/Kilometer

Kreuzung AZ 564	19/30	Arches Nationalpark	199/318
Kreuzung US 89	82/131	Bryce Canyon Nationalpark	397/635
Tuba City	72/115	Capitol Reef Nationalpark	205/328

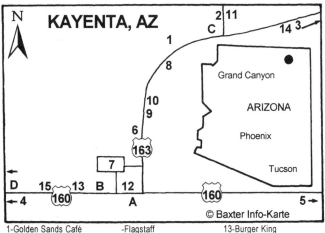

1-Golden Sands Café
2-Supermarkt
 -Kayenta Trading Post
 -Shopping Center
3-Monument Valley
 -Natural Bridges NM
 -Capitol Reef NP
 -Grand Staircase-Escalante
 -Hovenweep NM
 -Moab
 -Canyonlands NP
 -Arches NP
 -Colorado NM
 -Salt Lake City
4-Navajo NM
 -Grand Canyon NP
 -Flagstaff
 -Montezuma Castle NM
 -Phoenix
5-Canyon de Chelly NM
 -Four Corners
 -Cortez
 -Mesa Verde NP
6-Polizei
7-Teeh'indeeh Shopping Ctr
 -Pizzeria
 -Supermarkt
8-Postamt
9-Navajo Housing Authority
10-Kayenta Field House
11-Kayenta Boarding School
12-Tankstelle
13-Burger King
14-Schule
15-Bei MM 387: 6000 Fuß
.... 2829 m ü.M.

Unterkunft (Vorwahl 520)
A-$$$ Holiday Inn
 697-3221/Fax 697-3349
B-$$ Hampton Inn
 697-3170/Fax 697-3189
C-$$ Wetherill Inn
 697-3231
D-$$ Anasazi Inn in Tsegi
 697-3793
 11 mi/17 km westlich
 -Café

East und West Mitten/Monument Valley

MOAB

„Tor zu Arches, Canyonlands & Dead Horse Point"

Moab liegt etwa 250 mi/400 km südöstlich von **Salt Lake City** im Südosten Utahs. **Moab** ist mit einem guten Angebot an Motels, Restaurants, Supermarkt, Touren und Outfitters beliebte Ausgangsbasis zu den benachbarten Parks **Arches Nationalpark** (nur 8 km entfernt), **Canyonlands Nationalpark** und **Dead Horse Point State Park**.

Baxter-Tipps für Moab

♦ **Arches** und **Canyonlands Nationalparks** lassen sich in einem Tag erkunden, besser allerdings, vollen Tag für jeden einzelnen Park mit kleinen Wanderungen entlang der Trails

♦ **Vorwahl (435); Info** – BLM Moab (435)259-6111; 1-800-635-6622.

♦ **Zimmerreservierung vor** Ankunft vornehmen.

♦ **Moab Information Center,** *Center & Main Sts.,* Moab Nordrand: Multiagency mit U.S Forest Service, BLM, US Park Service – Unterkunft, Touren, Camping, Veranstaltungen, Nationalparks, Attraktionen.

♦ **Canyonlands by Night:** Interessante Multimedia Show vom Colorado River Boot; Info beim Hotel.

♦ Vorschlag für **2-Nächte-Aufenthalt**: Ankunft mittags, im Hotel einchecken und nahen Arches NP erkunden, abends Canyonlands by Night Bootstour; 2. Tag: Frühstart zum nahen **Canyonlands NP** und **Dead Horse Point State Park**; am Spätnachmittag in Moab pausieren oder Panoramastraße *UT 128* am Colorado River entlangfahren.

♦ **Moab Area Movie Locations Auto Tour:** Moab und Green River Umgebung ist die Welt der Western mit John Wayne. Broschüre zur Auto Tour beim Visitors Center erhältlich: Liste der Stellen, wo über 50 Hollywood-Filme in der Umgebung von Moab gedreht wurden. *Wagon Master* (1950), *Rio Grande* (1950), *Taza, Son of Cochise* (1953), *Warlock* (1958), *Ten Who Dared* (1959), *The Comancheros* (1061), *Cheyenne Autumn* (1963), *The Greatest Story Ever Told* (1963), *Rio Conchos* (1964), *Blue* (1967), *Against a Crooked Sky* (1975), *Space Hunter* (1982), *Choke Canyon* (1984), *Sundown* (1988), *Indiana Jones and the Last Crusade* (1988), *Thelma and Louise* (1991), *Geronimo* (1993), *City Slickers II* (1994).

♦ Moab ist Heimat des **Hollywood Stuntmen's Hall of Fame and Museum**, 100 East 100 North; P.O. Box 577, Moab, UT 84532.

♦ **Unterkunft**: Apache Motel nichts Exklusives, aber zivile, vernünftige Preise (kleiner, erfrischender Swimmingpool), etwas abseits der verkehrsreichen und lauten *Main Street;* etwas großzügiger (und teurer), direkt an *Main Street* Best Western Green Well und Ramada. Außerhalb am nahesten zum Arches NP, Aarchway Inn, 1551 North Hwy 191.

♦ **River Trips & Aktivitäten:** Verschiedene Unternehmen bieten Halbtags- & Tagestouren, Colorado River Trips, Jeep- und Motorboottouren durch Canyonlands an. Auch Mountain Bike Trips. Info bei Visitors Center.

♦ Proviant für Tagestouren und Selbstversorger im Supermarkt **City Market** mit Deli, Bäckerei & Pharmacy. Kleine Läden an *Main* zwischen *Center & 100 North*.

♦ **Restaurants: Micro Brewery** am Südrand der Stadt an *US 191*, Treffpunkt der Bikers. Riesenportionen nach sportlichem Tag. – – **Sunset Grill** beliebt bei Einheimischen. – – **The Ranch House** Restaurant etwas formeller, Steaks, deutsche Küche 259-5733. – – **Mi Vida Restaurant** Mittag- und Abendessen mit Panoramablick.

♦ **Slickrock Bike Trail** – beliebter Mountain Bike Trip über glattes Felsterrain (Fahrradvermietung in Moab).

♦ **Wasserpark**, Schwimmbad oder spektakuläre Sesselliftfahrt zum **Moab Rim** erfrischende Abwechslung nach heißem Tagestrip durch Arches oder Canyonlands Nationalpark.

♦ **Sand Dunes Arch** im Arches Nationalpark mit riesigem Sandhaufen unter dem Felsbogen ist für Kinder ein besonderes Erlebnis.

♦ Moab liegt auf der **High Desert** 1200 m ü.M.; die umgebenden Nationalparks etwa auf 1800 m ü.M. Im Sommer meist wolkenloser Himmel, hohe Temperaturen (heißeste Zeit um 13-16 Uhr) mit sehr geringer Luftfeuchtigkeit. Möglichst alle körperlichen Aktivitäten in den frühen Morgenstunden unternehmen, nachmittags erholsame Aktivitäten wie Autoausflüge, Ausritte oder Jetboat Fahrten.

MOAB, UT
Orientierung

Schlüssel zur Baxter Info-Karte: Moab, Utah/Vorwahl (435)

1-Information Center (8-17 Uhr)
 -National Park Service
 -U.S. Forest Service
 -Bureau of Land Management (BLM)
 -Tourist Information
2-Chamber of Commerce
3-Moab Slick Bike Trail
 -Mill Creek Canyon
4-Polizei/Tennisplätze
5-Dan O'Laurie Museum
 sonntags geschlossen
 -Utah State Liquor Store
6-Baseball Stadion
7-City Park/Spielplatz/Swimmingpool
8-Supermarkt
9-Drugstore
10-Rim Tours
 Mountain Bike Rental/Vermietung
11-Slick Rock Canyon Campground
12-Canyon Camppark
 RVs & Zelte/Waschmaschinen
13-Laundromat/*Münzwaschmaschinen*
Colorado River Trips/Jeep Tours:
14-Tag-a-Long Tours/259-8946
 geb.frei 1-800-435-3292
15-O.A.R.S./North American River
 259-5865/geb.frei 1-800-342-5938

Restaurants:
16-McDonald's
17-Pizza Hut
18-Sunset Grill
19-Golden Stake Restaurant
 Family Rest./beliebt bei Einheimischen
20-Chuckwagon Supper
 ab 18 Uhr; 259-5515
21-Moab Brewery
 frischgebrautes Bier/beliebt
22-The Ranch House/259-5733
 Steaks und deutsche Küche
23-Bar M Chuckwagon/*N. Hwy 191*
 Barbecue/Entertainment/259-2276
24-Moab Diner/*beliebt bei Einheimischen*

25-Colorado River Road
 -Castle Valley
 -Fisher Towers/*I-70*
26-Petroglyphs
 -Potash Mine
27-Canyonlands NP/Island-In-The-Sky
 -Dead Horse Point State Park
28-Post Office/*Postamt*
29-Hollywood Stuntmen's Hall of Fame
30-Library/*öffentliche Bücherei*
31-Canyonlands NP/Needles District
32-Wetlands Preserve
 -Colorado River/Hurrah Pass
33-Indian Arts & Crafts/*Indianerschmuck Kunsthandwerk*
34-Canyonlands By Night/*Geschäftsstelle*

35-Kino
Unterkunft:
A-$$ Apache Motel
 259-5727/Fax 259-8989
B-$$$ Ramada........ 259-7141/Fax 259-6299
C-$$ The Virginian 259-5951
 geb.frei 1-800261-2063
D-$$$ BW Green Well Inn
 259-6151/Fax 259-4397
E-$$ The Rustic Inn 259-6177
 geb.frei 1-800-231-8184
F-$$$ Big Horn Lodge
 259-6171/Fax 259-6144
G-$$$ BW Canyonlands Inn
 259-2300/Fax 259-2301
H-$$ Bowen Motel....................... 259-7132
 geb.frei 1-800-874-5439
K-$$ Inca Inn 259-7261
 geb.frei 1-800-237-4685
L-$$ Red Rock Lodge 259-5431
 geb.frei 1-877-207-9708
M-$$ The Landmark Motel
 259-6147/Fax 259-5556
N-$$ Westwood Guest House...... 259-7283
O-$$ Super 8 ..... 259-8868/Fax 259-8868
P-$$$ Comfort Suites....................259-5252
R-$$ Days Inn 259-4468/Fax 259-4018
S-$$ Moab Valley Inn 259-4419
 -$$ Sleep Inn......259-4655/Fax 259-5838
 geb.frei 1-800-753-3746
T-$$ Gonzo Inn..259-2525/¹-800-791-4044
U-$$$ Aarchway Inn/259-2599/Fax 259-2270
 geb.frei 1-800-341-9359
 Internet: aarchway2@lasal.net
Bed & Breakfast:
Desert Chalet, 1275 E. San Juan Dr. 259-5793
Desert Hills, 1989 Desert Hill Lane... 259-3568
Dream Keeper Inn, 191 S. 200 E. ... 259-5998
 1-888-230-3247
Sunflower Hill B&B, 185 N. 300 E.. 259-2974
 1-800-662-2786
Billige Unterkunft:
–Lazy Lizard Hostel, 1213 S. Hwy 191
 . 259-6057/E-mail: lazylzrd@lasal.net
Entfernungen Downtown Moab in mi/km:
US 191/UT 128 ....3/5
US 191/UT 279 ....4/7
Arches NP 5/8
US 191/UT 313 ....11/18
I-70 via US 191 ....31/50
Price 118/190
Salt Lake City 250/400
I-70 via UT 128 ....47/75
Grand Junction, CO via *UT 128*....... 113/181
Monticello...53/85
Kayenta, AZ.................................... 190/304
Cortez, CO 113/181
Mesa Verde NP, CO........................ 123/197
Capitol Reef via *I-70* (3 Std.) 148/237
Capitol Reef via *UT 95* (4 Std.)........ 242/387

Beschreibt man Utah als Abenteuerland, ist **Moab** darin eingeschlossen. Die Stadt, deren Name „im Freien" bedeutet, liegt nur vier Stunden südöstlich von Salt Lake City. Heute hat **Moab** den Ruf als Zentrum der Welt für Mountain Biking. Doch **Moabs** „Outdoor"-Popularität geht auf viele Jahre zurück, als es das Phänomen Mountain Biking noch nicht gab. Der mächtige **Colorado River** fließt durch diese Gegend und ermöglicht River Rafting beginnend mit kleinen Floßtrips bis zu herausfordernden Wildwasserexkursionen.

MOAB, UT 371
Baxter Info-Karte: Moab

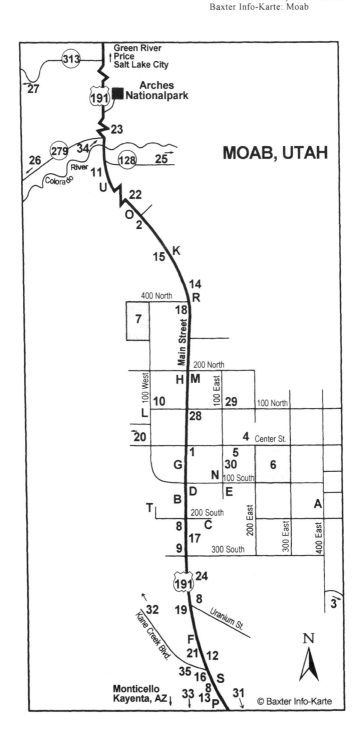

Baxter-Tipps für die Four Corners Area

♦Die **Four Corners Area** mit dem geographischen Punkt, an dem die vier Bundesstaaten Arizona, Colorado, New Mexico und Utah aneinanderstoßen – umfasst spektakuläre Landschaften, über die sich Canyons, Mesas und Plateaus verteilen. Hier findet man eine Konzentration dicht beieinanderliegender Nationalparks und -monumente, in denen man Naturwunder erleben und die faszinierende Kultur der Indianer kennenlernen kann, die vor über 700 Jahren hier lebten. Zudem passiert man Gegenden mit Siedlungen heute noch hier wohnhafter Indianer.

♦**Arches Nationalpark** und **Canyonlands Nationalpark** liegen in der Nähe von **Moab**. Außerdem befindet sich der **Dead Horse Point State Park** ebenfalls in der Nähe.

♦Während bei bekannten Parks wie Grand Canyon, Yellowstone oder Yosemite Unterkunftmöglichkeiten und Restaurationsbetriebe dicht gesät sind, hat man hier zur Schaffung touristischer Einrichtungen in den Parks noch recht wenig Eingriff in die Natur genommen. **Campingplätze** sind allerdings überall zu finden. Verpflegung und vor allem Trinkwasser für unterwegs besorgt man sich am besten mit etwas Vorrat im Supermarkt der Ausgangsorte.

♦Da nur begrenzt touristische Einrichtungen vorhanden sind, werden die in Parknähe liegenden Städte und Orte zur wichtigen Ausgangsbasis: **Kayenta**, Arizona, **Cortez**, Colorado und **Moab**, Utah. Falls keine Reservierung vorgenommen wurde, unbedingt versuchen, sich spätestens am Spätnachmittag um ein Zimmer zu kümmern.

♦Wichtig, stets im voraus eine Unterkunft zu arrangieren.

♦Außerdem empfiehlt sich, bei möglichen Gelegenheiten vollzutanken.

♦Erkundung mit Mietwagen/Motorhome/RVs und zu Fuß. Öffentliche Verkehrsmittel sind so gut wie gar nicht vorhanden.

♦Die **Four Corners Area** liegt in der High Desert; es kann also im Sommer tagsüber sehr heiß werden. Dafür sind die Abende und Nächte angenehm kühl. Kleidung entsprechend darauf einstellen. Vor **Wanderungen** bei Park Rangers über Terrainverhältnisse und Wetter erkundigen.

♦Fürs **Hiking & Trekking** feste, Bei Wanderungen feste, am besten knöchelhohe Wanderschuhe, stets langärmeliges Hemd oder Bluse mitführen, Kopfbedeckung, Wasserflasche und Sonnencreme unerlässlich. Für mehrtägige Hikes ins Hinterland muss man Zelt, Schlafsack und Verpflegung in aller Regel mitbringen. In Parks und anderen Schutzgebieten außerdem **Backcountry Permit** benötigt, das bei Ranger Stations oder Visitors Center erhältlich ist. Meist darf vielfach nur auf festgelegten Wilderness Campgrounds/primitive campgrounds übernachtet werden. Topographische Landkarten erhält man vom Forest Service und BLM oder National Park Service, wo man sich auch abmelden (für einen Notfall) und die vorgesehene Route angeben soll.

♦Große **Entfernungen** innerhalb der Parks und zwischen den Parks einkalkulierten. Doppelte Strecken vermeiden, Rundreisen planen.

♦Überwiegend ausgezeichnete Straßen und Highways als Zugang zu den Parks. Die meisten Parkstraßen sind asphaltiert. Im Backcountry jedoch verlaufen teilweise **Sandpisten** oder Schotterstraßen, die oft nur mit Geländefahrzeugen befahrbar sind. Insbesondere bei nassem Wetter sind manche dieser Strecken nicht passierbar. Hinweise **"four-wheel-drive only"** unbedingt beachten, nicht mit normalem Pkw versuchen zu befahren.

♦Soweit sich Parkland über ein **Indianerreservat** erstreckt, unbedingt respektvoll verhalten. Vor Filmen und Fotografieren klären, ob es einer besonderen **Erlaubnis** bedarf. Fast überall erhält man ein Permit, allerdings nur gegen Gebühr. Tänze sind religiöse Zeremonien, es wird nicht applaudiert. Beim Besuch von Zeremonienplätzen und Tanzarealen respektvoll verhalten; nichts auf eigene Faust besichtigen! Auf gesittete Kleidung achten (bei Zeremonien keine Miniröcke, keine Shorts, keine Hüte!).

1-Arches NP
2-Aztec NM
 -Chaco Canyon NM
3-Chinle
 -Canyon de Chelly NM
4-Canyonlands NP
 Island-In-The-Sky District
5-Canyonlands
 Needles District
6-Capitol Reef NP
 -Grand Staircase-
 Escalante NM
7-Colorado NM
8-Hovenweep NM
9-Mesa Verde NP
10-Monument Valley
11-Natural Bridges NM
12-Navajo NM
 -Flagstaff
 -Montezuma Castle NM
 -Phoenix
13-Dead Horse Point SP
14-Manti LaSal NF
15-Valley of the Gods
16-Goosenecks
17-Grand Gulch
18-Durango
 -Aztec NM
 -Colorado Springs/Denver
19-Price
 -Salt Lake City
20-Denver
21-Four Corners
22-Lake Powell
 -Grand Canyon
23-Grand Staircase-Escalante

MOAB, UT 373
Baxter Info-Karte: Four Corners Area

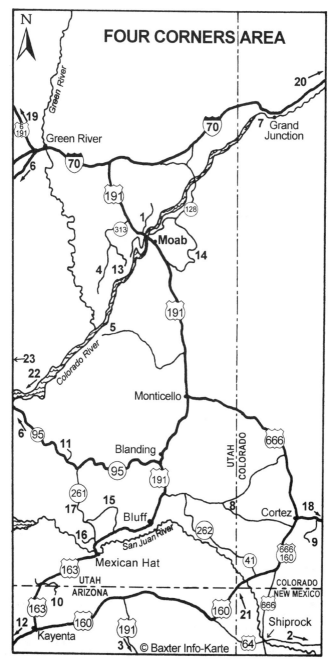

Die Gegend um **Moab** mit einer Ansammlung von Nationalparks, einem Panorama Tausender fein geschnitzter Sandsteinstrukturen und Felsbögen in

allen vorstellbaren Dimensionen, Canyons und gewaltigen Weiten mit Buttes und Mesas ist überreich an Attraktionen. Während des ganzen Jahres kann man ein Mountain Bike oder einen Jeep mieten und damit auf Pfaden zum Backcountry fahren, um die Einsamkeit in unverdorbener Natur zu erleben. Aber auch mit normalem Pkw kommt man den Naturschönheiten näher. Zum Beispiel auf einer Fahrt entlang *UT 279*, westlich von **Moab**. Die reizvolle Route folgt dem Lauf des **Colorado River** und führt an interessanten Petroglyphen vorbei. Nordöstlich von Moab folgt die landschaftlich schöne *UT 128* dem **Colorado River** und passiert auf dem Weg nach **Cisco**, zur *I-70* und dem auf einem Hochplateau geformten **Colorado Nationalmonument** die schmale Hängebrücke **Dewey Suspension Bridge** über den **Colorado River**. Von *UT 128* zweigt die Straße ab zum **Castle Valley**, einer Landschaft bezaubernder Felsformationen (einschließlich **The Priest** und **The Nuns**/Nonnen) und hoch hinauf ins Waldgebiet des **Manti LaSal National Forest**. Dieser Streckenabschnitt ist Teil einer Straße, die von **Moab** aus eine etwa 70 mi/112 km lange Schleife macht. Weiter entlang der *UT 128* gelangt man zu den **Fisher Towers**/Fischertürme – eine Gegend mit bezaubernden roten Felsformationen.

Historisches über **Moab** erfährt man im **Moab Museum**, 118 East Center Street in Moab. **Moab** wurde **1855** von Mormonen als **Elk Mountain Mission** gegründet und besiedelt. Etwa fünf Monate, nach Ankunft der ersten Siedler wurden drei Siedler von Indianern getötet. Daraufhin flohen die Mormonensiedler und ließen alles Hab und Gut zurück.

1877 ließen sich die nächsten Siedler nieder. **1879** wurde ein Postamt eingerichtet, und **Moab** erhielt seinen Namen. **1890** Gründung des Grand County mit Sitz in **Moab**. Rinder- und Schafzucht bildete bis in die **1940er** Jahre die wichtigste Einnahmequelle, bis **Moab** zum Zentrum des Uranabbaus im Westen wurde; der Uran-Rausch hielt bis in die **1950er** Jahre an.

MONUMENT VALLEY

„Das achte Weltwunder – Filmkulisse vieler John Wayne Western!"

Monument Valley erstreckt sich mit etwa 2600 Quadratkilometer über den Nordosten Arizonas und Südosten Utahs als atemberaubende rote Sandstein-Mesas hoch über dem Wüstenboden, manche über 300 Meter hoch. Ausgangspunkte sind **Kayenta**, Arizona vom Süden und **Mexican Hat**, Utah vom Norden. Zwischen beiden Ausgangsorten durchquert *US 163* auf rund 17 Meilen die rote Sandsteinwüste mit den vertrauten Kulissen aus Monolithen, riesigen Felshügeln und Plateaus.

Einen der spektakulärsten Abschnitte der Route durchs Monument Valley erlebt man im von Navajo Indianern verwalteten **Monument Valley Navajo Tribal Park**, Arizona. Abzweigung von *US 163* zum ca. 12 000 Hektar umfassenden Gelände 25 mi/40 km nördlich von **Kayenta**. Der **Monument Valley Tribal Park** ist kein Nationalpark, gehört aber zu den 71 000 Quadratkilometer Land des Reservats der Navajo Indianer (Navajo bezeichnen sich selbst als Diné oder People).

Navajos, die hier seit den 1600er Jahren ab und zu gelebt haben, weiden hier auch heute noch ihre Schafe, deren Wolle zu wertvollen Teppichen/Navajo Rugs verwebt wird, die zum Verkauf angeboten werden. Traditionelle Navajo-Behausung ist der **Hogan**.

MONUMENT VALLEY, UT & AZ

Baxter Info-Karte: Monument Valley Area

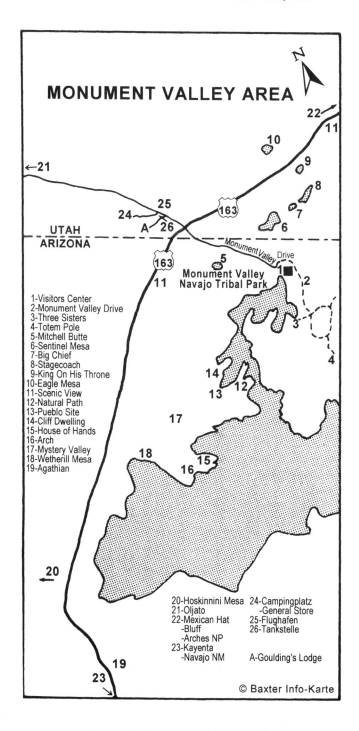

MONUMENT VALLEY, UT & AZ
Monument Valley Navajo Tribal Park

MONUMENT VALLEY NAVAJO TRIBAL PARK VISITORS CENTER

Der **Monument Valley Navajo Tribal Park** liegt auf der Ostseite der *US 163* in Arizona. Die Zufahrtstraße zum Park (ca. 4 mi/6 km) zweigt 25 mi/40 km südlich von **Mexican Hat** – noch in **Utah** – südostwärts zum **Park** von *US 163* ab. Am Parkeingang ist die Eintrittsgebühr zu entrichten. National Park Pass oder andere NPS Pässe sind nicht gültig. In Nähe des Visitors Centers liegt der Campingplatz **Mitten View Campground**; Duschen vorhanden; Platzvergabe in Reihenfolge der Ankommenden *first-come, first-served*; Campingplatzgebühren sind beim Visitors Center zu entrichten.

Das kleine Visitors Center umfasst eine kleine Ausstellung mit informativen Exponaten, Restaurant und Souvenirladen; Telefon und Toiletten vorhanden. Beim Informationsschalter über Zustand der Parkstraße, Touren und Führungen erkundigen. Auf keinen Fall den Blick auf **Monument Valley** von der Aussichtsstelle **hinter** dem Visitors Center entgehen lassen.

Entfernungen in Meilen/Kilometer vom Monument Valley

Bluff	51/82	HubbelTradingPost	156/250
Canyon de Chelly NM	126/202	Kayenta	25/40
Chaco Canyon NM	217/347	Mesa Verde NP	127/203
El Morro NM	272/435	Mexican Hat	26/42
Glen Canyon (Page)	123/197	Monticello	96/154
Grand Canyon NP/Südrand	172/275	Petrified Forest NP	140/224
Grand Canyon NP/Nordrand	245/392	Wupatki NM	144/230

Ausstellung

- **Animals**/Tiere: Pflanzen und Tiere, die sich der Upper Sonoran-Life Zone angepasst haben, existieren hier im Monument Valley. Etwa 43% der jährlichen durchschnittlichen Niederschläge von 21,2 cm gehen in den Sommermonaten nieder. Vorkommende **Tiere**: Steinadler/Golden Eagle, Waschbär/Raccoon, Felsenzaunkönig/Rock Wren, Rabe/Raven, Hornkröte/Horned Toad.

- **The Anasazi Culture**/Anasazi-Kultur: Anasazi sind vermutlich die Vorfahren der heutigen Pueblo-Stämme; jahrhundertelang lebten diese Indianer im Four Corners Country, zu dem Monument Valley gehört.

- **Rocks**/Felsen: Unter den Exponaten befinden sich verschiedene Gesteinsproben. **Shinarump Conglomerate**/Konglomerat – etwa 195 Millionen Jahre alt; **De Chelly Sandstone**/Sandstein – etwa 215 Millionen Jahre alt; **Organ Rock Shale**/Schieferton – etwa 230 Millionen Jahre alt. Weitere Gesteinsproben **Basalt**, **Fossil Coral**/Korallenfossilien, **Petrified Wood**/versteinertes Holz, **Copper Ore**/Kupfererz und **Igneous Rock**/Eruptivgestein.

- **Monument Valley Formation**/Entstehung von Monument Valley. Monument Valley entstand als Material der urzeitlichen Rocky Mountains sich ablagerte und sich zu Sandstein verfestigte. Die Formationen, die man heute im Valley sieht, sind Überbleibsel nachdem die Kräfte der Erosion den Sandstein bearbeiteten. Im **Mesozoikum** – vor 70 Millionen Jahren – erstreckten sich urzeitliche Meere vom Golf von Mexico bis über diese Region. Ein geologisches Geschiebe bewirkte Auffaltung und Aufwärtsschiebung von Erdmassen, an denen vom Wind angewehte Sandschichten und Sedimentgestein an den Bergen freigelegt wurden. Was einst ein Basin war, wurde zum Plateau.

  Gegen Ende des **Miozän** – etwa vor 10 Millionen Jahren – wurde das **Colorado Plateau** durch tektonischen Druck aus dem Erdinnern in die Höhe gedrückt. Die Oberfläche des Tafellands wölbte sich und erhielt starke Risse.

MONUMENT VALLEY, UT & AZ 377
Baxter Info-Karte: Monument Valley Navajo Tribal Park

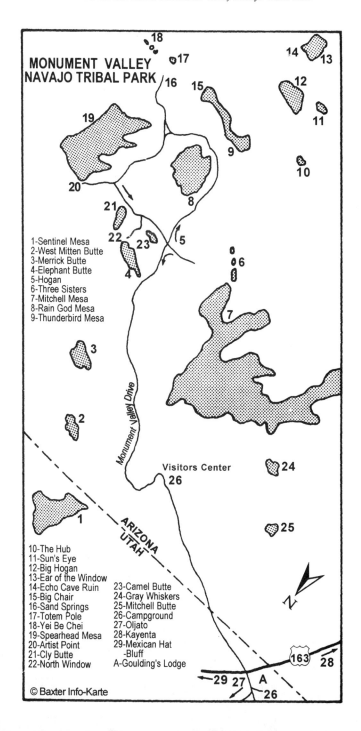

378 MONUMENT VALLEY, UT & AZ
Monument Valley Drive

Durch Wind und Wasser setzte starke Verwitterung ein, die die Risse vertiefte und so stark erweiterte, dass breite Abläufe und Canyons entstanden, die die heutige Landschaft gestalteten. Unaufhörliche Erosion bearbeitete die Oberfläche dieser Dome und Bergkuppen, und mit der Zeit entstanden die freistehenden Felsformationen, die heute als Monolithen, Buttes/Kuppeln, Mesas und Canyons das **Monument Valley** füllen. **Monument Valley** weist Höhenlagen von 1490 bis 1920 m ü.M. auf.

Als Druck aus dem Erdinnern schließlich so stark zunahm, gelangte flüssige Lava an die Oberfläche und eruptierte. Dieser Vulkanismus setzte zusammen mit ähnlichen Eruptionen im gesamten Südwesten ein. Bekannte Felsen vulkanischen Ursprungs sind **Agathla** (an der *US 163* auf dem Weg nach **Kayenta**) und **Shiprock** (nördlicher Teil von New Mexico).

FAHRT ENTLANG MONUMENT VALLEY DRIVE

Monument Valley Drive beginnt als Rundfahrt entlang 14 mi/23 km langer, fester Sandpiste beim Visitors Center; mit normalen Fahrzeugen befahrbar, jedoch keine RVs oder andere Fahrzeuge über 21 Fuß. Beim Visitors Center Routenplan zum **Monument Valley Drive** mit nummerierten Stopps verlangen oder der **Baxter-Info-Karte** folgen. Unterwegs passiert man 11 Stopps, durch nummerierte Pfosten rechts am Straßenrand markiert. Vom Visitors Center führt der erste Abschnitt des **Monument Valley Drive** *bergab* am **West Mitten Butte** vorbei. Links zum Mitten View Picknickplatz, auch Blick auf Sentinel Mesa.

1. *Links*: **The Mittens und Merrick Butte**. Im Monument Valley muss man seine eigene Fantasie spielen lassen. Hier passiert man die Handschuhe/**Mittens**, die nach der Navajo Legende von den spirituellen Wesen, die einst Mutter Erde bewohnten, hinterlassen wurden; **West Mitten** 298 m und **East Mitten** 312 m.

    Merrick Butte wurde nach einem der beiden Prospectors benannt, die vermutlich in den 1800er Jahren in dem westlich vom Park liegenden Gebiet eine Silberader fanden. Ein hiesiger Navajo Häuptling namens Hoskinnini und seine Anhänger ermordeten die Prospectors, um die Entdeckung der Silberader geheim zu halten. Der genaue Standort der Silbermine ist heute allerdings nicht bekannt.

2. *Links*: **Elephant Butte**. Bei der 237 m hohen Felsmasse, die sich westwärts richtet, kann man tatsächlich einen riesigen Elefanten ausmachen!
3. *Rechts*: **Three Sister**. Hier schwankt man zwischen drei Schwestern oder drei Nonnen, aber mit Sicherheit befindet sich eine kleinere, schlankere Schwester unter den dreien. Rechts blickt man auf **John Ford Point** und **Mitchell Mesa**. Hier fährt man weiter geradeaus – Beginn der Einbahnstraße, daher nicht links abbiegen!
4. **John Ford Point**. TV und Filmproduzenten haben diese Stelle zum berühmtesten Punkt im Monument Valley gemacht. Harry Goulding, Gründer der Goulding's Trading Post und Lodge, konnte Regisseur John Ford und Hollywoods Filmproduzenten begeistern, hier zu filmen. 1938 entstand hier der klassische Western *Stagecoach* (deutscher Titel *Ringo* früher *Höllenfahrt nach Santa Fe*) mit John Wayne. Weitere Filme wie *Kit Carson*, *Cheyenne Autumn* (deutscher Titel *Cheyenne*), *How The West Was Won* (deutscher Titel *Das war der Wilde Westen*) und *Eiger Sanction* mit Clint Eastwood.
5. **Camel Butte**. Viele der seltsamen Felsformationen wurden von John Wetherill und Harry Goulding benannt, die sich als erste Siedler und Traders im Monument Valley niedergelassen hatten. Beim genaueren Hinsehen erkennt man beim Blick auf den linken Teil ein Kamel mit Kamelhöcker rechts.
6. *Rechts*: **The Hub**. Alle Stätten innerhalb **Monument Valley** sind heilige Stätten. Eine bestimmte Gegend, als **Rain God Mesa** bekannt, hatte vier verschiedenen Quellen, an der sich einst Medizinmännern der Area zu zeremoniellen Handlungen einfanden. Heute nennt man diese Gegend „**The Hub**" wegen der 47 Meter hohen Formation eines Wagenrads/*wagon wheel* Eine nahe Formation heißt **Thunderbird Mesa**. Weitere Formationen dort umfassen **Totem Pole** und **Yei-Bi-Chei** rechts und **Sand Spring** geradeaus.
7. *Rechts*: **Totem Pole** und **Yei-Bi-Chei**. Beim ersten Blick auf diesen Monolithen hat man den Eindruck ein Indianerreservat im Nordwesten zu besuchen. Hier blickt man auf 122 m hohe scharlachrote Felsformationen, die einer Replika eines Totempfahls gleichen wie unter den Indianern im Nordwesten üblich. **Yei-Bi-Chei** erinnert an eine geheiligte Figur unter den Navajo. Ausgewählte Navajomänner verkleiden sich als Yei-Bi-Cheis und tanzen bei der geheiligten neuntägigen Night Way Ceremony zu Heilungszwecken. Die **Yei-Bi-Chei** Felsformation gleicht einer Linie mehrerer verschiedener Yei-Tänzer.

Baxter-Tipps für Monument Valley ✌

- Das 1868 gegründete Reservat **Navajo Indian Reservation** breitet sich mit rund 71 000 Quadratkilometern über Nordost-Arizona, Südost-Utah bis Nordwest-New Mexico (etwa so groß wie Bayern mit Hauptstadt Window Rock). Die Navajo Nation ist von 8000 in den 1860er Jahren, als sich der Stamm Kit Carson ergab, auf eine heutige Population von 225 300 (nur Cherokee mit größerer Population) angewachsen.
- **Information**: Monument Valley Navajo Tribal Park, Box 360289, Monument Valley, UT 84536; (435)727-3287. Oder Navajo Tourism Department: (520)871-6436. Oder BLM: (602)414-9200.
- Monument Valley Navajo Tribal Park (seit 1958) an Bundesstaatenlinie Arizona/Utah, 25 mi/40 km von Kayenta; ganzjährig geöffnet; **Eintritt**.
- Park nur tagsüber geöffnet; Visitors Center 7-20 Uhr im Sommer, 8-17 Uhr im Winter).
- Park in Arizona liegt mit gesamter Navajo Nation im Sommer auf Sommerzeit/**Mountain Daylight Savings Time** (dieselbe Zeit wie Utah & Colorado)! **Goulding's Lodge** liegt in **Utah**.
- Park umfasst Visitors Center, Souvenirshop, Campingplatz & Restaurant.
- Vom Besucher wird **respektvolles** Verhalten vorausgesetzt; Filmen & **Fotografieren**/Nahaufnahmen von Navajos nur mit deren ausdrücklichem Einverständnis und nur gegen **Geld**.
- **Unterkunft**: Keine Unterkunft innerhalb des Tribal Parks. Außerhalb – Goulding's Lodge, Utah Tel. (435)727-3225; 5 mi/8 km westl. vom Monument Valley Tribal Park; E-mail: gouldings@gouldings.com
- Campingplatz mit Anschlüssen/*full hookups* und Geschäft in der Nähe der Goulding's Lodge (15. März-31. Okt.). Blick auf Monument Valley.
- **Restaurant** in Goulding's Lodge mit Aussicht auf Monument Valley.
- 14 mi/23 km feste **Sandpiste** *Monument Valley Drive* führt innerhalb des Monument Valley Navajo Tribal Parks als Rundweg durchs Tal. Start beim Tribal Park Visitors Center mit den bekanntesten Monumenten – Mittens, Totem Pole und Yei Bi Chai. Mit normalem Pkw befahrbar; 1½ Std.
- Vormittags-, Nachmittags- und Tagestouren von Hotels/Motels in Kayenta, Arizona, Goulding's Lodge sowie von Mexican Hat und Bluff, Utah.
- Vom Visitors Center des Monument Valley Tribal Park und Goulding's Lodge führen **Touren** tief ins Tal, in Gegenden, die nicht mit Privatautos zugänglich sind; Besichtigung eines Hogan, der traditionellen Navajo-Behausung sowie Felsklippenwohnungen; Tour in Begleitung von Navajo Guides. Auch begleitete Reittouren möglich.
- **Filmvorrat** zuvor in Kayenta besorgen oder bereits von zu Hause mitnehmen. Falls möglich, Weitwinkelobjektiv und Tele benutzen. Monolithen, Felskuppen und Plateaus (Mesas) zum Fotografieren.
- **Verpflegung** vorher im Supermarkt besorgen besorgen. Die 14 mi/23 km lange Fahrt durchs Tal dauert länger als man denkt (mindestens 2-3 Stunden), da es unterwegs viele Gelegenheiten zum Halten gibt.
- Wandern, Klettern und Querfeldein-Fahren im Park nicht erlaubt. **Wandern** abseits der Hauptstraße im Monument Valley Tribal Park nur mit Erlaubnis/**Permit**. Vorsicht Klapperschlangen!
- **Goulding's Museum & Trading Post** in Original Trading Post der 1920er Jahre. Harry bewohnte mit seiner Frau „Mike" das Obergeschoss; beide waren enge Freunde der Navajo. Harry drehte eines Tages Regisseur John Ford ins Monument Valley, um ihm die Landschaft zu zeigen, und der Rest ist Filmgeschichte. Museum umfasst Filmsets aus John Wayne Filmen, Filmmemorabilien und indianisches Kunsthandwerk.
- Monument Valley war **Kulisse** von Hunderten von Werbefilmen, Dutzender Filme und Werbespots für Zigaretten, Shampoo bis Designermode.

1938 kam Regisseur John Ford und filmte *Stagecoach* mit John Wayne. Ford drehte sechs Western im Monument Valley, darunter *My Darling Clementine* (1946), *Fort Apache* (1948), *She Wore a Yellow Ribbon* (1949) und *The Searchers* (1956). Filmer benutzen immer noch dieselben Stellen wie Ford. Für *Back To The Future III* (1990) wählte Regisseur Robert Zemeckis ein Gebiet zwischen den **East** und **West Mittens**, zum Aufbau des Drive-in, in dem Michael J. Fox zurück ins Jahr 1885 befördert wird. Fox wurde von Indianern begrüßt, hinter denen die Cavalry herjagte. Nach Beendigung der Dreharbeiten baute man das Drive-in wieder ab.

Monument Valley's lange Liste von **Filmen** umfasst auch *How The West Was Won* (1962), *The Legend of the Lone Ranger* (1981), *2001: A Space Odyssey* (1969), *Easy Rider* (1969), *National Lampoon's Vacation* (1983), *Over The Top* (1986), *Pontiac Moon* (1994) und *Forrest Gump* (1994) – Tom Hanks (als Gump) beendet hier seinen dreijährigen Cross-country Lauf.

380 MONUMENT VALLEY, UT & AZ
Monument Valley Drive/Unterkunft/Touren

8. Sand Springs. Man stößt unterwegs meistens auf keine Einheimischen in Nähe anderer Stätten, mit Ausnahme dieser. Die ganzjährige Wasserquelle ist Hauptwasserlieferant für das im Monument Valley gehaltene Vieh.
Vor **Artist Point** führt eine Piste zu den 8 km entfernten Sanddünen, **Sand Dunes**, die den Hintergrund auf vielen Bildern mit weidenden Schafen der Navajo bilden.
9. Artist Point und Spearhead Mesa. Fast jeder Winkel im Monument Valley ist ein Magnet für Fotografen. Von diesem „Malerwinkel" bietet sich ein großartiger Blick auf Monument Valley. Rechts vom **Artist Point** sitzt die **Spearhead Mesa** mit ihrer Speerspitze. Daneben links der 180 Meter hohe **Cly Butte**, benannt nach einem verstorbenen Navajo, den man hier irgendwo am Fuß der Mesa beerdigte.
10. *Rechts*: **North Window**/Nordfenster. Konzentriert man den Blick nordostwärts zwischen **Elephant Butte** links und **Cly Butte** rechts, erhält man einen Fensterrahmen, was dem Punkt diesen Namen gab.
11. The Thumb/der Daumen. Felsformation gleicht einem nach oben gerichteten Daumen.

Zur Rückfahrt rechts abbiegen und der Straße bis zur Kreuzung folgen. An der Kreuzung geht es rechts zum Visitors Center. Über Touren ins **Mystery Valley** – etwa zwischen *US 163* und *Monument Valley Drive* – erkundigen. Das einst von Anasazis bewohnte Tal beherbergt erstaunliche Petroglyphen/ Steinzeichnungen und Pictographs/Felsmalereien) sowie Felsklippenwohnungen mit über 100 Räumen! Monument Valley ist Panorama visueller Überraschungen.

 ## Unterkunft

Bluff – 40 mi/64 km von Monument Valley; Vorwahl Tel./Fax (435)
♦Desert Rose Cabins & Lodge, 672-2303/Fax 672-2217; geb.frei 1-888-475-7673 Internet: information@DesertRoseInn.com
♦River House Inn, 672-2448
♦Wayside Inn, 672-2287
♦Far Out Expeditions, 672-2294
♦Recapture Lodge, 672-2281
♦Kokopelli Inn, 672-2322
♦The Pioneer House Inn Bed & Breakfast, 672-2446

Mexican Hat – 25 mi/40 km von Monument Valley; Vorwahl Tel./Fax
♦Canyonlands Motel, 683-2230
♦Mexican Hat Lodge, 683-2222
♦Burch's Trading Company & Motel, 683-2221

Touren

Anasazi Ruinen, Petroglyphs, Movie locations/Filmdrehorte, Navajo Weber, Navajo Hogan, 300 Fuß Monolith. Goulding's: Ganztagstouren Abfahrt 9 Uhr, Halbtagstouren 9, 13.30 & 14 Uhr etwa 3½ Std. – – Weitere Tourunternehmen (Kontakt über Monument Valley Navajo Tribal Park Visitors Center – Jackson's Tours, Bennett Tours, Totem Pole Guided Tours (Mystery Valley & Hunts Mesa) und Navajo Guided Tour Services. – – Jeep Tours & Reitausflüge mit Tourunternehmen in Mexican Hat und Kayenta.

Three Sisters
Monument Valley

NATURAL BRIDGES NM, UT

Orientierung

NATURAL BRIDGES NM
„Canyon mit Naturfelsbrücken"

Das **Natural Bridges Nationalmonument** liegt im Südosten Utahs, etwa 44 mi/70 km nördlich von **Mexican Hat**, 47 mi/75 km östlich von **Blanding**, 90 mi/144 km südöstlich von **Hanksville** und etwa 90 mi/144 km nördlich von **Kayenta**, Arizona. Der Park ist zwar ganzjährig geöffnet, aber günstigste Besuchszeit von Mai bis Oktober. Naheste Unterkunft zum Monument in **Blanding** und **Mexican Hat**; Campingplatz beim Visitors Center.

Sipapu Bridge/Natural Bridges Nationalmonument

Baxter-Tipps

◆**Eingang** zum Monument am Ende von *UT 275* (endet an Monumentgrenze), ca. 47 mi/75 km westl. von **Blanding** via *UT 95*, oder 93 mi/149 km südöstlich von **Hanksville**.
◆**Parkeintritt** $6.
◆**Information**/Visitors Center; tägl. 8-17 Uhr; (435)692-1234.
◆Obwohl **Natural Bridges National Monument** etwas abseits liegt, lässt es sich doch bequem erreichen, wenn man vom Capitol Reef Nationalpark zum **Monument Valley** oder umgekehrt unterwegs ist. Man kann es auch gut auf einem Tagesausflug von **Kayenta** oder **Monticello** besuchen.
◆Auf alle Fälle bei jeder Gelegenheit **volltanken**
◆**Verpflegung** vorher im **Supermarkt** in Kayenta oder Torrey oder sonst wo unterwegs besorgen (keine Snackbars oder Restaurants im Park vorhanden).
◆Auf Wanderungen **Trinkwasser** mitnehmen.
◆Auf alle Fälle **Unterkunft** am Zielort reservieren.
◆Nicht bei Dunkelheit auf *UT 261* zwischen dem Natural Bridges Nationalmonument und **Mexican Hat** unterwegs sein – Tiere unterwegs und man verpasst die schöne Landschaft.
◆Abstecher über *UT 316* zu den „Gänsehälsen" im **Goosenecks of the San Juan State Reserve** auf einem Abschnitt extrem steil und eng, daher nur langsam, vorsichtig und unbedingt nur bei Tageslicht befahrbar.
◆Wer vorhat, eine oder mehrere der Naturfelsbrücken zu erwandern, sollte mindestens einen **halben** Tag im Park verbringen.
◆**Parkplätze** für Sipapu, Kachina und Owachomo entlang des *Bridge View Drive*.
◆Der sehr schöne **Campingplatz** ist sehr beliebt, da weit und breit kein anderer. Sich früh um einen Platz bemühen, da nur 13 Plätze und schnell belegt. Platzvergabe *first-come, first-served*; $10/Nacht.

382 NATURAL BRIDGES NM, UT
Unterkunft/Camping/Temperaturen/Brückendimensionen

Attraktion des **Natural Bridges National Monument** – 1981 m ü.M. – ist die asphaltierte Parkstraße *Bridge View Drive*. Der Park gibt einen Eindruck von der herben Schönheit der Region. Entlang der etwa 8 mi/13 km langen Rundfahrt erlebt man sogar direkt vom Auto die drei spektakulären Felsbrücken/*natural bridges* – drei der größten bekannten Naturbrücken der Welt! Wer das Erlebnis vertiefen will, wandert zu einer der drei mächtigen steinernen Brücken. Diese Naturfelsbrücken verhalfen auch dem **1908** gegründeten National Monument zu seinem Namen.

Die im **Cedar Mesa Sandstone** entstandenen Felsbrücken sind aus über 250 Millionen Jahre altem Gestein. Im Laufe der Jahrhunderte erlebte die Landschaft eine mehrfache Aufwärtsbewegung, bei der sich Flüsse immer tiefer und tiefer in den Fels hineinfraßen und die Schluchten **White** und **Armstrong Canyons** entstehen ließen. Die Flüsse begannen, sich mäandrisch durch das Gelände zu winden und krümmten sich in engen Flussschleifen praktisch wieder in sich zurück. An manchen Flussschleifen war der Abstand zur nächsten Schleife so gering, dass bei Hochwasser im Laufe der Zeit Felsbrocken die dünnen Felswandungen durchbrachen, womit die erste Stufe einer Naturfelsbrücke erreicht war. Die Felsbögen des **Arches Nationalparks** sind dagegen ein Produkt von Frost, Wind und Erosion.

Touristische Einrichtungen in der Umgebung:

♦**Fry Canyon** – 26 mi/42 km westlich: Tankstelle und kleiner Laden, Fry Canyon Lodge, (435)259-5334.
♦**Mexican Hat** – 44 mi/70 km südlich: Restaurant, Läden, Tankstelle; Canyonlands Motel, (435)683-2230; San Juan Inn & Trading Post, (435)683-2220/Fax 683-2210; Mexican Hat Lodge, (435)683-2222; Burch's Trading Company & Motel, (435)683-2221.
♦**Blanding** – 47 mi/75 km östlich: Restaurants, Geschäfte, Tankstellen; Best Western Gateway Inn, (435)678-2278/Fax 678-2240; Super 8 Motel, (435)678-3880/Fax 678-3790.
♦**Hall's Crossing** (Lake Powell) – 59 mi/94 km südwestlich; Tankstelle und Laden; Halls Crossing Family Units (435)684-7000.
♦**Bluff** – Steakhouse, Café, Tankstelle, Trading Post; Pioneer House einfaches B&B, (435)672-2446; Recapture Lodge, (435)672-2281; Desert Rose Cabins & Lodge, (435)672-2303; River House Inn, (435)672-2448; Kokopelli Inn, (435)672-2322.

Campingplätze

Unter Parkverwaltung *(public; ohne hookups)*	–Goosenecks of the San Juan, 40 mi/64 km südlich; –Hite, 50 mi/80 km westlich; –Hall's Crossing, 59 mi/94 km südw.; –Devil's Canyon, 52 mi/83 km nördl.
Privatplätze *(full hookups)*	–Blanding, 47 mi/75 km östlich; –Mexican Hat, 44 mi/70 km südlich; –Monticello, 64 mi/102 km nördlich; –Hanksville, 93 mi/149 km westlich.

Nachfolgende Temperaturangaben aus einem Zeitraum von 12 Jahren:

Temperaturtabelle in °C

	Jan.	Feb.	März	Apr.	Mai	Jun.	Juli	Aug.	Sept.	Okt.	Nov.	Dez.
∅ max	5	8	11	16	23	29	33	30	25	18	10	4
∅ min	-9	-6	-3	0	6	11	15	15	9	3	-3	-8

Der im Visitors Center benutzte Strom wird überwiegend aus Solarenergie produziert. **Natural Bridges Nationalmonument** wurde wegen seine Abgeschiedenheit und reichem Sonnenschein zur Teststation, Sonnenenergie in Strom umzuwandeln. Stromlieferant war zuvor ein Diesel-Stromaggregat.

Dimensionen der Brücken in Metern

	Höhe	Spannweite	Breite	Dicke
Sipapu Bridge	67	82	9	16
Kachina Bridge	64	63	13	28
Owachomo Bridge	32	55	8	3

NATURAL BRIDGES NM, UT 383

Baxter Info-Karte: Bridge View Drive

BRIDGE VIEW DRIVE

Einen ausgezeichneten Überblick über die mächtigen Steinbrücken verschafft man sich auf der Fahrt entlang des **Bridge View Drive** – und bequemer kann Sightseeing gar nicht sein! Auf einer Länge von 9 mi/14 km führt die Asphaltstraße vom Visitors Center in einer großen Schleife entlang der bezaubernden Landschaft, mit grandiosem Blick auf die Brückengiganten **Sipapu**, **Kachina** und **Owachomo** mit ihren darunter liegenden verwinkelten Canyons und Anasazi Ruinen. Mindestens 2 Stunden für die spektakuläre Fahrt einkalkulieren.

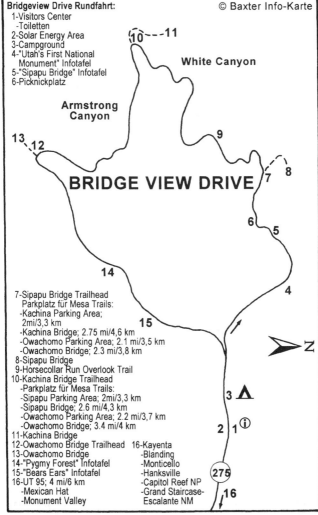

Bridgeview Drive Rundfahrt:
1-Visitors Center
 -Toiletten
2-Solar Energy Area
3-Campground
4-"Utah's First National Monument" Infotafel
5-"Sipapu Bridge" Infotafel
6-Picknickplatz
7-Sipapu Bridge Trailhead
 Parkplatz für Mesa Trails:
 -Kachina Parking Area; 2mi/3,3 km
 -Kachina Bridge; 2.75 mi/4,6 km
 -Owachomo Parking Area; 2.1 mi/3,5 km
 -Owachomo Bridge; 2.3 mi/3,8 km
8-Sipapu Bridge
9-Horsecollar Run Overlook Trail
10-Kachina Bridge Trailhead
 -Parkplatz für Mesa Trails:
 -Sipapu Parking Area; 2mi/3,3 km
 -Sipapu Bridge; 2.6 mi/4,3 km
 -Owachomo Parking Area; 2.2 mi/3,7 km
 -Owachomo Bridge; 3.4 mi/4 km
11-Kachina Bridge
12-Owachomo Bridge Trailhead
13-Owachomo Bridge
14-"Pygmy Forest" Infotafel
15-"Bears Ears" Infotafel
16-UT 95; 4 mi/6 km
 -Mexican Hat
 -Monument Valley
 -Blanding
 -Monticello
 -Hanksville
 -Capitol Reef NP
 -Grand Staircase-Escalante NM
16-Kayenta

Natural Bridges Nationalmonument war übrigens das **erste** in Utah gegründete Nationalmonument. Nur hier gibt es drei Naturbrücken, die gleich so nah beieinander stehen. Vor Gründung des Nationalmonuments im Jahre

NATURAL BRIDGES NM, UT
Baxter Info-Karte: Bridge View Drive

1908 hießen die Brücken *Edwin*, *Augusta* und *Caroline*. Später gab man ihnen Hopinamen, obwohl Hopis nie hier lebten. Sipapu findet man heute noch in Kivas in den Felsklippenwohnungen der Anasazi sowie in Kivas der Hopi. Damit bezeichnet man ein Loch im Boden des halbunterirdischen Zeremonialraums, durch das die Hopi (nach ihrem Glauben) aus einer dunkleren Welt auf die Erde gekommen seien. Die prächtige Felsbrücke der **Sipapu Bridge** erinnerte die Namensgeber an dieses Zauberloch der Hopi – daher der Name. Sie gilt als die zweitgrößte Felsbrücke der Welt.

Die mächtige **Kachina Bridge** kam durch die unten an der Basis der Brücke entdeckten Pictographs/Felsmalereien der Anasazi zu ihrem Namen. Die dargestellten Tänzer haben Ähnlichkeit mit den Hopi-Tänzern, den *Kachinas*, die als Boten zwischen realer und spiritueller Welt gelten. Die dünnste und am zerbrechlichsten wirkende der drei Brücken, **Owachomo Bridge**, erhielt ihre Bezeichnung von dem in der Nähe befindlichen riesigen Felsbuckel/*rock mound*.

Jede der drei Brücken entstand zu verschiedener Zeit. Vermutlich werden sich alle drei ausweiten und eines Tages unter ihrem eigenen Gewicht einstürzen. Den Unterschied zwischen Bogen/*arch* und Brücke/*bridge* kann man gut erkennen, wenn man die darunter befindliche Umgebung betrachtet. Eine Naturbrücke spannt sich im allgemeinen über einen Fluss oder Bach und wurde ursprünglich auch durch fließendes Wasser aus dem Gestein genagt.

Nur wenige Schritte von den Parkplätzen kann man die Naturbrücken von Aussichtsplattformen eingehend bewundern. Vom Parkplatz jeder Brücke führt ein Pfad hinunter zur Naturfelsbrücke. Entlang der **Mesa Trails** kann man aber auch kurze Spaziergänge zu weiteren Aussichtspunkten unternehmen. Ein 9 mi/14 km Wanderweg verbindet alle drei Naturbrücken.

Wanderung zu den Brücken

Obwohl die Naturbrücken schon von weitem ein imposantes Bild bieten, werden sie erst recht aus der Nähe richtig spektakulär. Ihre gigantischen Ausmaße werden überhaupt nur offenbar, wenn man ganz dicht herankommt. Von den Parkplätzen entlang *Bridge View Drive* kann man zu allen drei Brücken wandern. Außerdem ist es möglich auf einem Trampelpfad am Flussbett entlang durch den **White Canyon** von der **Sipapu Bridge** zur **Kachina Bridge** zu wandern. Ein ähnlicher Pfad folgt dem Flussbett durch den **Armstrong Canyon** zwischen **Owachomo Bridge** und **Kachina** Bridge.

Sipapu Bridge: Von der *Bridge View Road* führt ein Pfad hinab zur **Sipapu Bridge** – Höhenunterschied etwa 183 m; etwa 1½-2 Stunden hin und zurück.

Kachina Bridge: Pfad von *Bridge View Road* hinab zur **Kachina Bridge** – Höhenunterschied etwa 183 m; etwa 1½-2 Stunden hin und zurück.

Owachomo Bridge: Pfad von *Bridge View Road* hinab zur **Owachomo Bridge** – Höhenunterschied etwa 91 m; etwa 1-1½ Stunden hin und zurück.

- ♦ Voraussetzung für Hiking Trips hinunter zu den Brücken und den Aufstieg zurück: Gute körperliche Kondition.
- ♦ Vor Wanderung bei Park Rangers erkundigen.
- ♦ Aussichtsstelen sind bei Blitz und Sturm gefährdete Zonen.
- ♦ Im Hochsommer kann es hier sehr heiß werden, daher stets ausreichend Wasservorrat mitnehmen.
- ♦ Kein Wasser in den Canyons.
- ♦ Die Trails zur Sipapu und Kachina Bridge sind im Winter im allgemeinen geschlossen.

SALT LAKE CITY, UT 385
Orientierung/Airport

SALT LAKE CITY, UTAH
„Mormonenstadt am Großen Salzsee und Tor zum Westen"

© Baxter Info-Karte

Temple Square

Great Salt Lake

Trolley Square

Utah State Capitol

University of Utah

Pioneer Museum

Temperaturtabelle in °C

	Jan.	Febr.	März	Apr.	Mai	Jun.	Juli	Aug.	Sept.	Okt.	Nov.	Dez.
∅ max	3	6	11	18	23	29	34	33	27	18	9	3
∅ min	-7	-5	-2	3	7	11	16	15	3	3	-4	-6

Salt Lake City auf einen Blick

Lage: Norden Utahs, etwa 750 mi/1200 km östlich von San Francisco, etwa 710 mi/1136 km nordöstlich von Los Angeles und etwa 510 mi/816 km westlich von Denver; umgeben von 3500 m hohen Bergen der **Wasatch Mountains** im Osten und **Oquirrh Mountains** im Westen. – – **Name**: Nach dem **Großen Salzsee**/Great Salt Lake, 150 km lang und 75 km breit – etwa 12 mi/19 km nordwestlich der Stadt. Die Stadt wird oft auch nur kurz „Salt Lake" oder „Salt" genannt. – – **Besiedelung**: **1847** von verfolgten Mormonenpionieren gegründet, deren Anführer Brigham Young hier erklärte: *„This is the Place"* (...das ist der Platz...); **1848** kam die Gegend nach dem Friedensvertrag mit Mexiko zu den USA; **1849** Raststätte der Goldsucher auf dem Weg nach Kalifornien; **1856** Verlegung der Hauptstadt des Utah Territoriums von Fillmore nach **Salt Lake City**; **1869** Fertigstellung der transkontinentalen Eisenbahn nördlich von Salt Lake City; **1896** wurde Utah 45. US-Bundesstaat mit Salt Lake City als Hauptstadt. **2002** Gastgeber der Olympischen Winterspiele. – – **Einwohnerzahl**: Obwohl die Stadt Salt Lake City selbst nur etwa 170 000 Einwohner zählt, weist der Großraum Salt Lake City-Provo-Ogden über 1,2 Million Einwohner auf – und das in einem Bundesstaat mit einer Gesamtbevölkerung von 2,1 Millionen. Kein Wunder, dass es zur Rush Hour auf *I-80* und *I-15* immer wieder zu massiven Verkehrstaus kommt. – – **Handel & Wirtschaft**: Fabriken, Bergbau, Tourismus, Stahl, Energieentwicklung. – – **Höhenlage**: Etwa 1280 m ü.M. **Vorwahlnummer Salt Lake City-Provo-Ogden**/*area code* **(801)**.

Salt Lake City International Airport

Lage: Etwa 7 mi/11 km westlich von Downtown Salt Lake City. – – **Unterkunft**: Am Flughafen – siehe S. 390; alle Hotels/Motels mit kostenlosem Abholdienst vom Flughafen. **Billige** Unterkunft Microtel Inn & Motel 6 – entlang Stadtbusroute Airport—Downtown. – – **Verkehrsmittel**: Taxis und gute (außerdem billige) Stadtbusverbindungen (außer sonntags) zwischen Flughafen und Attraktionen sowie Downtown Hotels; Mietwagenfirmen am Flughafen.

Straßen, Bahn, Busse, Mietwagen

Straßen: Salt Lake City trägt den Beinamen *Crossroads of the West/* Verkehrsknotenpunkt im Westen. *I-15* in Nordsüdrichtung westlich der Innenstadt; *I-80* Westostrichtung; *US 89* führt als State Street durch Downtown. – – **Bahn**: Amtrak-Züge nach Seattle, Denver (über Grand Junction, CO), Las Vegas, Los Angeles und San Francisco; 1-800-872-7245. – – **Busse**: Greyhound Busverbindung zu allen größeren Städten – 1-800-231-2222. – – **Light Rail Trax**: Vorortzüge, 16 Stationen zwischen Delta Center und 1000 South in Sandy. Info bei Utah Transit Authority. – – **Mietautos**: Führende Mietwagenfirmen am Flughafen und in der Innenstadt. – – **Stadtbus/City Bus** mit Utah Transit Authority (UTA) 287-4636: Gute Verkehrsverbindung (aber sonntags keine Busse!) zu Hauptattraktionen der Stadt sowie zum Flughafen. Im Winter Busverkehr zu nahen Wintersportorten Brighton, Solitude und Snowbird. – – UTA Trolley verkehrt zwischen Temple Square und Trolley Square.

386 SALT LAKE CITY, UT
Orientierung/Entfernungen

Schlüssel zur Baxter Info-Karte: Downtown Salt Lake City
mit vielen Baxter-Tipps

1-Greyhound
2-Family History Library/*Familienforschung*
3-Amtrak
 -Denver & Rio Grande Depot
4-Utah State Capitol
5-Convention & Visitors Bureau
 -Tourist Information
6-Shopping
7-Promised Valley Playhouse
8-Marmalade District
9-ZCMI Mall/Shopping
10-Brigham Young Statue/BY Monument
11-LDS Visitors Center/Museum
12-Eagle Gate
13-Temple Square
 -Salt Lake Temple
14-LDS Visitors Centre
15-Tabernacle
 -Tabernacle Chor
16-Beehive House
17-Hansen Planetarium
18-LDS Church Office Building
19-Tourist Information
20-Daughters of the Pioneer Memorial Museum
21-University of Utah
22-Trolley Square
23-City Hall/Rathaus
24-Capitol Theatre
 -Marie Callender's Restaurant
25-American Express
26-JB's Restaurant
27-Log Cabin
28-Dee's Family Restaurant
29-Symphony Hall/Abravanel Hall
30-Art Center
31-Salt Palace Convention Center
32-Hardee's
33-McDonald's
34-Triad Center
35-The Devereaux House
 -Chart House/Restaurant
 -Union Pacific Depot RR
36-Delta Center/Sportstadion
 -Jazz Center (Heimstadion der Utah Jazz)
37-Lok Nr. 833 der Union Pacifc
 -Pioneer Park
38-Denny's
39-Dairy Queen
40-Mormon Museum of History and Art
41-Burger King
42-The McCure Mansion
 Dinner/Empfänge
43-Gallivan Plaza
 "experience the elegance"
 -Red Rock Brew Company/Micro Brewery

Unterkunft – Vorwahl/area code (801):

A-$$ Royal Executive Inn
    521-3450/Fax 521-7639
    geb.frei 1-800-541-7639
 -$$ Covered Wagon Motel
    533-9100/Fax 467-0371
B-$$ Little America Hotel
    363-6781/Fax 596-5911
C-$$ Best Western SLC Plaza
    521-0130/Fax 322-5057
D-$$ Cavanaughs Olympus Hotel
    521-7373/Fax 524-0354
E-$$$ Wyndham Hotel
    531-7500/Fax 328-1289
F-$$$ Marriott Salt Lake City
    531-0800/Fax 532-4127
G-$$$ Embassy Suites
    359-7800/Fax 359-3753
H-$$$ Salt Lake Hilton
    532-3344/Fax 531-0705
K-$$ Crystal Inn Downtown
    328-4466/Fax 328-4072
L-$$ Shilo Hotel
    521-9500/Fax 359-6527
M-$$ Holiday Inn Downtown
    339-8600/Fax 339-7186
N-$$ Holiday Inn Express SLC Airport East
    355-0088/Fax 355-0099
O-$$ Motel 6 Downtown
    531-1252/Fax 359-2859
P-$$$ Inn at Temple Square
    531-1000/Fax 536-7272
    geb.frei 1-800-843-4668
R-$$$ Doubletree Hotel SLC
    328-2000/Fax 532-1953
S-$$ Quality Inn City Centre
    521-2930/Fax 355-0733
T-$$ The Inn on Capitol Hill
    575-1112/Fax 933-4957
    225 N State St./geb.frei 1-888-8THEINN
U-$$ Travelodge City Centre
    531-7100/Fax 359-3814
V-$$ Super 8
    534-080/Fax 355-7735
W-$$$ Marriott at Gallivan Plaza
    715-6685/Fax 715-6691
X-$$ Courtyard Downtown
    531-6000/Fax 531-1273

Entfernungen in Meilen/Kilometer nach:

Ort	Meilen/km	Ort	Meilen/km
Albuquerque, NM	604/966	Las Vegas, NV	450/720
Arches NP	232/371	Los Angeles, CA	688/1101
Bryce Canyon NP	258/413	Mesa Verde NP, CO	380/600
Canyonlands NP	250/400	Moab	235/376
Capitol Reef NP	205/328	Ogden	35/56
Cortez, CO	355/568	Page, AZ	383/613
Dallas, TX	1240/1984	Phoenix, AZ	658/1053
Delta	135/216	Price	125/200
Denver, CO	512/819	Provo	46/74
Grand Canyon NP/Südrand	534/854	San Francisco, CA	745/1192
Grand Canyon NP/Nordrand	396/634	Seattle, Washington	851/1362
Grand Junction, CO	286/458	Vernal	170/272
Green River	185/296	Washington, D.C.	2100/3360
Heber City	47/75	Yellowstone NP, Wyoming	350/560
Kayenta, AZ	409/654	Zion NP	305/488

SALT LAKE CITY, UT
Baxter Info-Karte: Downtown Salt Lake City

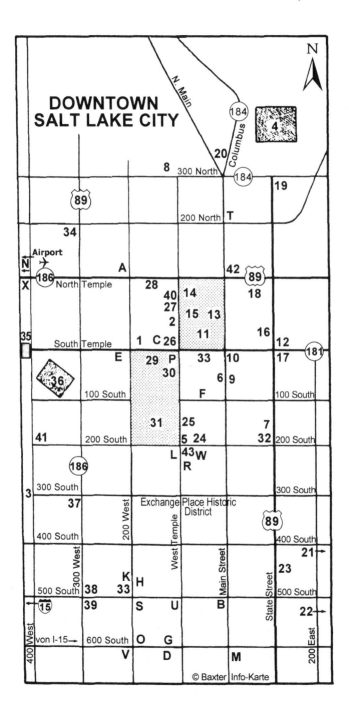

SALT LAKE CITY, UT
Baxter-Tipps

☞ Baxter-Tipps

♦**Salt Lake City's** Straßen sind gitterförmig angelegt. Den zentralen Punkt dieses Straßennetzes bildet die **Südostecke** vom Temple Square, in der Nähe des BY Monuments mit der **Brigham Young Statue**. Straßenbenennung gibt Entfernung und Relation zu diesem Punkt an. Z.B. *2nd West Street* (oder 200 West Street) liegt 2 Straßen *westlich* vom Temple Square oder *3rd South* (300 South) 3 Straßen *südlich* vom Temple Square.

♦**Unterkunft**: Luxushotels und preiswerte Hotels/Motels in Downtown. – – Billige Unterkunft – Motel 6 Downtown & Flughafennähe, Microtel in Flughafennähe – siehe Baxter Info-Karte.

♦**Jugendherbergen**: The Avenues Hostel, 107 F Street (östlich vom Temple Square), Tel. 359-3855/Fax 532-0182, geb.frei 1-800-881-4785. – – Utah International Hostel, 50 South 800 West, Tel. 359-4525, geb.frei 1-888-884-4752 ($10 *dormitory*/Mehrbett-, $20-30/Einzelzimmer). – – International Ute Hostel, 21 East Kelsey Ave., Tel. 595-1645/Fax 539-0291, Internet: infobytes.com/utehostel – E:mail: uteinthl@aol.com

♦**Bed & Breakfast:** Log Cabin on the Hill B&B, 2275 East 6200 South, Tel. 272-2969, geb.frei 1-888-639-2969 – – The Wolfe Crest Inn B&B, 273 E. Capitol Blvd., Tel. 521-8710 – – Grandmother's House B&B, 6401 Holladay Blvd., Tel. 943-0909/Fax 733-9609, geb.frei 1-800-493-5073 – – Wildflower B&B, 936 East 1700 South, Tel. 466-0600/Fax 466-4728, geb.frei 1-800-569-0009; E-mail: Lark2spur@aol.com – – The Spruces B&B, 6151 S. 900 East, Tel. 268-8762 – – Red Butte B&B, 1731 East 900 South, Tel. 582-5356.

♦**Kostenloser Bustransfer Flughafen-Downtown-Flughafen** bei *mind.* 2 Std. Umsteigezeit bei Weiterflügen von Salt Lake City. Bedingung: Vorlage Flugticket mit Umsteiger in SLC und Mindest-Layover von 2 Std., kein Gepäck (Schließfächer und Gepäckaufbewahrung im Flughafen). Airport Abfahrt nach Downtown zwischen Terminal 1 und 2 ab 11 Uhr stündlich, letzte Abfahrt 16 Uhr; von Downtown zurück zum Flughafen West Gate Temple Square ab 12.30 Uhr stündlich, letzter Bus 17.30 Uhr.

♦**Shopping**: Direkt in der Innenstadt – **Crossroads Plaza**, 50 S. Main St., und ZCMI Center Mall36 South Main; **Trolley Square** – über 100 Geschäfte und Restaurants; University Mall, State St. & University Pkwy. **Cottonwood Mall**, 4835 Highland Dr., **Provo Towne Centre**, **Ogden City Mall**. **Factory Stores** in Park City.

♦**Touren**. Gray Line und andere Tourunternehmen bieten Stadtrundfahrten zu den Attraktionen der Stadt an sowie zum Großen Salzsee/**Great Salt Lake**, zur **Kennecott's Bingham Canyon Mine, Provo Canyon** und andere Sehenswürdigkeiten.

♦**Ausgehen/Restaurants**. Vorschlag für Ausgehabend: Spaziergang über Temple Square oder Besuch einer kulturellen oder Sportveranstaltung im Salt Palace. – – Angenehm kühl, voll klimatisierter Hallenkomplex Trolley Square mit Shops und Restaurants sowie **Desert Edge Brewery** (Wochenende bis Mitternacht geöffnet). – – Preiswerte Menüs bei **Old Spaghetti Factory**. – – **Red Rock Brewing Company**, 254 S. 200 West, Mikrobrauerei. – – **Squatter's Pub Brewery**, 147 W. Broadway. – – **Lamb's** Restaurant, 169 S. Main, seit 1919, ältestes Restaurant der Stadt und beliebt bei Einheimischen mit Lunch-Theke. – – **Santa Fe Restaurant**, 2100 Emigration Canyon (2.5 mi/4 km hinauf *Emigrant Canyon Road*), Südwestküche in rustikaler Lodge mit Blick auf Wasatch Mountains. – – **Capitol Café**, 54 W. 200 South, neben Capitol Theater, Reservierung erforderlich, 532-7000. – – Beim **JB's Restaurant**. neben Best Western in Downtown, Nähe Temple Square, bekommt man auch noch spät abends etwas zu essen. – – **Marie Callender's**, Ecke West Temple & 200 South, neben Capitol Theatre; gut und preiswert. McDonald's in der Nähe.

♦**Live Music** – **Dead Goat Saloon** (Blues) am Arrow Press Square, 165 S. West Temple. – – **Port O'Call**, 78 West 400 South. – – **The Zephyr Club** (Blues, Jazz und Reggae), 301 S. West Temple. – – **Club Max** Nightclub, Tanzclub, 255 S. West Temple.

♦Am 24. Juli wird in Salt Lake City und anderen Teilen Utahs gefeiert – **Pioneer Day** zur Erinnerung der Ankunft Brigham Young's und seiner Anhänger im Great Salt Lake Valley; zahlreiche Feiern, Rodeos und Umzüge.

♦Beliebter Ausflug zu Wintersportorten der Umgebung wie Snowbird, Parks City. Im Sommer findet man hier auch Zuflucht vor der Hitze im Tal; Badegelegenheit, Tennis, Golf; ausgezeichnete Restaurants, Unterhaltung und Hotels.

♦**Sonntags** kein Busverkehr!

SALT LAKE CITY, UT 389
Temple Square

HISTORIC TEMPLE SQUARE

Salt Lake City ist das weltweite Center der *Church of Jesus Christ of Latter-Day Saints (LDS)*/Kirche Jesu Christi der Heiligen der Letzten Tage – auch als Mormonen bekannt. Der Tempelplatz/**Temple Square** in **Salt Lake City** ist das Zentrum der Mormonenwelt, wo der erste Mormonentempel, das Tabernakel (Heimat des bekannten Mormonen Tabernakelchors), die nahegelegene Familiengeschichtsbibliothek, das Kunst- und Geschichtsmuseum und das **Beehive Haus** Symbole von Fleiß und Hingabe der ersten Pioniere sind.

Wegen seiner günstigen Lage zu Hotels, Restaurants, Geschäften und Salt Lake Palace ist **Temple Square** beliebtes Ziel von Spaziergängern. Mit Rücksicht auf die kirchliche Umgebung trägt man hier im allgemeinen leichte Sommerkleider und Anzug – eine willkommene Abwechslung nach Ausflügen und Hikes durch die heißen Naturlandschaften Utahs, abseits aller Zivilisation.

Öffnungszeiten & Touren
♦Temple Square für Publikumsverkehr geöffnet im Sommer 8-22 Uhr, im Winter 9-21 Uhr. Keine Eintrittsgebühr; Führungen sind kostenlos.
♦Information & Ausstellungen in **South Visitors Center** und **North Visitors Center**. Im **Nord Visitors Center** sind Wandgemälde mit Bildern des Alten und Neuen Testaments zu sehen; auch Videos. Im Süd-Visitors Center findet alle 30 Minuten eine 2-Minuten-Präsentation zum Buch der Mormonen (Purpose of Temples and Book of Mormon Presentation) und Info zum Temple Areal. **South Visitors Center** liegt im Tempelbereich gegenüber der **Crossroads Mall** und McDonald's.
♦Den ganzen Tag über Führungen zu den verschiedenen Attraktionen des **Temple Square**. Sammelpunkt für **deutsche** Führungen am Tor 13 des Tabernacle (über Zeiten beim Visitors Center erkundigen). Hauptführung (englisch) durch Temple Square beginnt etwa alle 15 Minuten am Fahnenmast und dauert etwa 45 Minuten.
♦Tabernacle Orgelspiel Mo.-Sa. 12-12.30 Uhr und So. 14 Uhr. Publikumzugang zu den Chorproben des **Mormon Tabernacle Choir** Do. 20 Uhr; sonntagmorgens 9.30 Uhr Rundfunkübertragung des berühmten Chors – öffentlich, Plätze müssen bis 9.15 Uhr eingenommen sein. Der **Tabernacle Choir** umfasst 300 Chormitglieder, musikalisch begleitet von einer der größten Orgeln der Welt mit rund 10 000 Orgelpfeifen; kostenlos; Info über Konzerte 1-800-537-9703.

Spaziergang durch Temple Square

Eine Mauer umschließt den 424 Hektar großen Tempelplatz mit den religiösen Gebäuden: **Salt Lake Temple,** im östlichen Geländeteil, wurde nach etwa 40jähriger Bauzeit **1893** fertiggestellt. Stellenweise sind die Mauerwände drei Meter stark. Den mit sechs Türmen ausgestatteten Kirchenbau krönt eine über 3½ m hohe Engelfigur. Die Kirche ist nicht zur Besichtigung geöffnet.

Auf der Westseite des Temple Square erhebt sich der kuppelförmige Bau des **Tabernacle**, die Heimat des weltberühmten Tabernakelchor **Mormon Tabernacle Choir**. An der Nord- und Südseite befinden sich Visitors Centers – Startpunkt verschiedener Führungen und Touren. Gleich links beim Südeingang informiert eine Infotafel über das **Sea Gull Monument**. Weitere Infotafeln vertiefen die Information, die man beim Rundgang und Führungen erhält.

Salt Lake Temple/
Salt Lake City, Utah

SALT LAKE CITY, UT
Temple Square/Brigham Young Monument

- **Sea Gull Monument/Seemöwendenkmal.** Im Frühjahr des Jahres 1848 bauten die Mormonenpioniere Getreide an, nachdem sie während des ersten Winters im Tal **Salt Lake Valley** unter großer Hungersnot gelitten hatten. Als das Getreide reifte, überfielen riesige Grillenschwärme aus den östlich des Tals befindlichen Ausläufern der Berge die Felder. Mit Stöcken, Feuer und Wasser versuchten die verzweifelten Mormonenpioniere gegen die Insekten vorzugehen.

  Die Siedler befürchteten schon, ihre gesamte Ernte und Wintervorräte zu verlieren. Doch plötzlich wurden ihre Gebete und Fürbitten erhört, als Tausende von Seemöwen auftauchten und die Grillen verspeisten. Damit bewahrten sie die Siedler vor dem sicheren Hungertod. **Sea Gull Monument** ist ein Denkmal an dieses moderne Wunder. Die Seemöwe ist heute Utah's Staatsvogel. Diese Vogelart nistet in großen Kolonien auf den Inseln und Deichen des **Great Salt Lake** und **Utah Lake**.

- **Handcart Pioneer Monument.** Das Handkarren-Pionierdenkmal wurde zur Erinnerung an die Tausenden zäher Mormonenpioniere errichtet. Die vielen Siedler, die in den 1850er Jahren die rauhen Ebenen durchzogen, führten alle ihre Habseligkeiten in einem Handkarren mit, da sie sich keinen größeren Ochsenkarren leisten konnte.

- **Tabernacle.** 1863 begann der Bau des **Tabernacle** – Beendigung der Bauarbeiten im Jahre **1867**, doch seine endgültige Vollendung erfolgte erst **1875**. Der **Tabernacle** hat eine Länge von 76 m, eine Breite von 46 m und Höhe von 24 m. Bei dem Gewölbedach – ein Design des Brückenbauers Henry Grow – hat man einen großartigen Brückenbau verstrebter Holzbogen, die mit hölzernen Bolzen und Lederstreifen befestigt sind. Die ursprünglichen Holzschindeln wurden durch Zinnblech und später Aluminium ersetzt.

  Aus dem Tabernacle werden musikalische Programme des berühmten Mormonenchors Mormon Tabernacle Choir im Rundfunk ausgestrahlt. Täglich kostenlose Orgelkonzerte auf der **Tabernacle Organ** — eine der letzten Orgeln der Welt. Das Gebäude verfügt über eine bemerkenswerte Akustik. Auf der Westseite des Gebäudes befindet sich **Door 12** (Tor 12), wo die Führungen durch den **Tabernacle** beginnen.

- **Nauvoo Bell.** Die **Nauvoo Bell** Glocke hing ursprünglich im **Nauvoo Temple**, den die Mormonenpioniere als zweiten Tempel errichtet hatten. Als die verfolgten LDS Anhänger Illinois im Jahre 1846 verlassen mussten, rissen sie den Tempel nieder. Auf Brigham Youngs Anordnung nahm der zweite Pioniertrupp die Glocke mit ins Salt Lake Valley. Dort wurde die Glocke zu verschiedenen Anlässen geläutet – zum Feierabend, zur Abreise und zur Warnung der Indianer, dass Nachtwächter im Dienst waren. Heute wird die Glocke stündlich als religiöses Symbol des Friedens geläutet und ist im KSL-Radio zu hören. Als Denkmal der Relief Society gedenkt es einer Frauenvereinigung, die **1842** von der Mormonenkirche ins Leben gerufen wurde.

- **Assembly Hall** – 1880 aus dem restlichen Granit-Baumaterial des Templebaus errichtete Gebetsstätte. Das neugotische Bauwerk umfasst eine Breite von 21 m und 37 m Länge; der Mittelturm besitzt eine Höhe von 40 m. Der Zuhörerraum hat Platz für 2000, der Chorraum hat 100 Plätze. Der spitz auslaufende Spiralturm war ursprünglich als Kamin gedacht. Obwohl das Gebäude haupsächlich für Konferenzen und Kirchenversammlungen der Mormonen genutzt wird, finden hier auch verschiedene kulturelle öffentliche Veranstaltungen statt. Besucher sind willkommen.

B. Y. Monument Area

Der Bereich um *South Temple & Main Street*, an der südöstlichen Ecke des **Temple Square**, ist sehr historisch. Auf der gegenüberliegenden Straßenseite breitet sich die **Crossroads Plaza** aus – moderne, voll klimatisierte Shopping Mall. Direkt auf der Kreuzung steht die Brigham Young Statue; in der Nähe informieren verschiedene interessante Infotafeln über Geschichtliches. Das Monument gedenkt außer Brigham Young den Utah Indianern und Trappern, die vor den Mormonen ins Salt Lake Valley zogen.

- **Brigham Young Statue.** Die Statue wurde anlässlich der 50-Jahrfeier der Ankunft der Pioniere errichtet, die am **24. Juli 1847** in dieses Tal kamen. Auf der Nordseite des Denkmals sind die Namen der mutigen Mormonen eingraviert, die **1847** hier eintrafen. Die Gruppe umfasste 143 Männer, 3 Frauen (!), 2 Kinder, 70 Wagen, 1 Boot, 1 Kanone, 93 Pferde, 52 Maultiere, 66 Ochsen und 19 Kühe. Bei Jahresende hatten sich bereits über 1600 Mormonen in der Gegend niedergelassen.

Gegenüber der **Brigham Young Statue** stößt man am Bürgersteig, der um den **Historic Temple Square** läuft, auf zwei interessante Infotafeln:

SALT LAKE CITY, UT

Baxter Info-Karte: Historic Temple Square

HISTORIC TEMPLE SQUARE

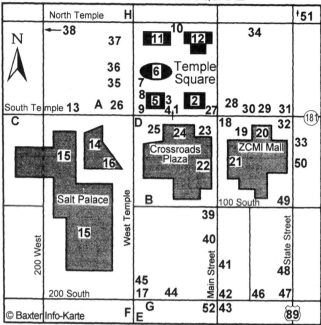

1-South Entrance/*Südeingang*
2-South Visitors Center
3-Sea Gull Monument
4-Handcart Pioneer Monument
5-Assembly Hall
6-Tabernacle
7-Door 12 (Tabernacle)
8-Nauvoo Bell
9-Restrooms/*Toiletten*
10-North Entrance/*Nordeingang*
11-North Visitors Center
12-Salt Lake Temple

13-Bus Terminal
14-Symphony Hall/Abravanel Hall
15-Salt Palace Center
16-Salt Lake Art Center
17-Tourist Information
18-Brigham Young Statue
19-Kennecott Building
20-Deseret Bookstore/*Buchhandlung*
21-The ZCMI Center
22-Nordstrom
23-Weinstock's
24-McDonald's
25-Restaurant
26-JB's Restaurant
27-Historic Markers/*Infotafeln*
28-LDS Church Offices
   ehemaliges Hotel Utah
29-Brigham Young's Office
30-Lion House/*Löwenhaus*/16.30-18.30 Uhr
31-Beehive House/*Bienenkorbhaus*
32-Eagle Gate/*Adlertor*
33-Hansen Planetarium
34-LDS Church Office Building Headquarters

35-Genealogical Library
   Familiengeschichtsbibliothek
36-Log House/*Blockhaus*
37-Museum of Church History and Art
38-Salt Lake City International Airport
39-Zion's Nobel Bar/*1873 gegründet*
40-Kearns Building
   -Zion's First National Bank/*"oldest com
   mercial Building"/ältestes Bürogebäude*
41-Tribune Building
   -Pony Express Statue
42-Lamb's Restaurant/*beliebt bei Einheimischen*
43-One Utah Center/*hoher Bürokomplex*
44-Marie Callender's Restaurant
   -Capitol Theatre
45-American Express
46-Eat a Burger
   Diner der 50er Jahre
47-Hardee's/*Fast-food*
48-Promised Valley Playhouse
49-Salt Lake Theatre Infotafel
50-The Old Social Hall
   Exponate/Alfred W. McCune Mansion
51-Capitol
52-Gebr. Walker Infotafel
Hotels – Vorwahl/area code Tel./Fax (801):
A-$$ BW SLC Plaza 521-0130/Fax 322-5057
B-$$$ Marriott SLC 531-0800/Fax 532-4127
C-$$$ Wyndham Hotel 531-7500/328-1289
D-$$$ The Inn at Temple Square
       531-1000/Fax 536-7272
E-$$$ Doubletree 328-2000/Fax 532-1953
F-$$ Shilo Hotel 521-9500/Fax 359-6527
G-$$$ Marriott at Gallivan Plaza
       715-6685/Fax 715-6691
H-$$ Covered Wagon 533-9100/Fax 467-0371

392 SALT LAKE CITY, UT
Temple Square/Salt Lake City Attraktionen

● **Honor Thy Father And Thy Mother**/Vater und Mutter ehren. Die hier befindliche Büste des **Charles R. Savage** wurde 1928 am **Old Folks Day** in Utah eingeweiht. Charles R. Savage setzte unter Mithilfe des amtierenden Mormonenbischofs und George Goddard 1875 den Old Folks Day ein. Seitdem werden alljährlich am **Old Folk Day** fast überall in Utahs die Siebzigjährigen und älteren Gemeindemitglieder in einer Feier geehrt. Anreise, Erfrischung und Unterhaltung kostenlos.

● **Great Salt Lake Base And Meridian.** (Breitengrad 40° 46' 04"/Längengrad 111° 54' 00" und Höhe am Bürgersteig 1318,95 m). Diese Maße legten Orson Pratt und Henry G. Sherwood am 3. Aug. 1847 hier bei der Vermessung der „Great Salt Lake City" im Bereich des Mormonentempels fest, den man am 28. Juli 1947 zu Ehren Brigham Young's gebaut hatte.

Von diesem Punkt gehen Nummerierung und Benennung der Straßen aus. Dies war auch Ausgangspunkt der allgemeinen Landvermessung, die 1855 startete. Bis 1893 benutzte man eine in der Nähe befindliche astronomische Station als „Normaluhr". Auf der gegenüberliegenden Straßenseite eine weitere Infotafel an der Ecke des **Joseph Smith Memorial Building** (ehemaliges Hotel Utah; im National Register of Historic Places eingetragen).

● **Great Utah Historic Site.** Die Ecke *Main Street* und *South Temple* blickt auf langjährige Geschichte zurück. Vor Bau des Hotel Utah im Jahre 1909 befanden sich hier das LDS Kirchenbüro Church of Jesus Christ of Latter-Day Saints' General Tithing Office, Bishop's Storehouse und „Deseret News" Building (Zeitungsverlag). Im Juni 1909 begannen die Arbeiten an dem Gebäude in moderner italienischen Renaissance, das zwei Jahre später am 9. Juni 1911 als **Hotel Utah** eröffnet wurde.

WEITERE DOWNTOWN ATTRAKTIONEN

■ **Capitol Theatre,** 50 West 200 South. Theater aus dem Jahre 1912, Heimat des Ballettensembles Ballet West, Utah Opera Company, Repertory Dance Theatre und Gastspieltheatergruppen; Tickets 355-2787

■ **Crossroads Plaza,** 50 S. Main Street; Nordstrom, Mervyn's und über 145 Geschäfte, Restaurants und Theater; sonntags kostenlos parken.

■ **Beehive House.** *Beehive*/Bienenkorb. 67 E. South Temple Street, östlich vom Temple Square. Das 1855 errichtete Haus diente Brigham Young (1801-1877) und einigen seiner 26 Frauen und 56 Kindern als offizielle Residenz, während seiner Amtszeit als Vorsitzender der LDS Kirche und Gouverneur des Utah Territory. Mit Möbeln der Zeit eingerichtet; täglich kostenlose Führungen.

■ **Eagle Gate**/Adlertor; *State Street & South Temple.* Das Originaltor war etwa 6,7 m breit und stand am Eingang zur Brigham Young Residenz, die sich bis zum **City Creek Canyon** erstreckte – eine wichtige Wasserquelle der ersten Siedler. Das heutige Tor mit einer Spannweite von 23 m ziert ein 2000 kg schwerer Adler mit einer Flügelspanne von 6 Metern.

Schlüssel zur Baxter Info-Karte: Salt Lake City/Airport Area

1-Salt Lake City International Airport/SLC	18-Denny's	C-$$$ Radisson Hotel 364-5800/Fax 364-5823
2-Temple Square	19-Dee's Family Restaurant	D-$$ Days Inn Airport
3-State Capitol	20-Exit 117 von *I-80* für *I-215*	539-8538/Fax 595-1041
4-State Fairgrounds	-Ogden/Provo via *I-215*	-$$ Motel 6
5-University of Utah		364-1053/Fax 596-9152
-Utah Mus. of Fine Art	**Unterkunft**	E-$$ Holiday Inn Express
-Utah Mus. of Nat. History	**Tel./Fax Vorwahl (801):**	355-0088/Fax 355-0099
6-Fort Douglas	A-$$ Super 8 SLC Airport	F-$$ Holiday Inn Airport
7-Hogle Zoo	533-8878/Fax 533-8898	533-9000/Fax 355-3047
8-Pioneer Trail State Park	-$$ Airport Residence Inn	G-$$ Econolodge/363-0062
-"This is the Place" Monument	532-4101/Fax 532-4206	H-$$ Hampton Inn
	-$$$ Sheraton Airport	741-1110/Fax 741-1171
	530-0088/Fax 530-0202	K-$$ Hampton Inn North
9-Emmigrant Canyon	-$$ Fairfield SLC Airport	296-1211/Fax 296-1222
10-City Creek Canyon	355-3331/Fax 355-3360	Exit 318/6 mi/10 km
11-Trolley Square	-$$ Airport Courtyard Inn	L-$$ Hampton Inn Murray
12-Sal Palace	532-4083/Fax 532-4241	293-1300/Fax 293-3046
13-Pioneer Memorial Mus.	-$$ Holiday Inn Airport	Exit 15/I-215; Exit 304/I-15
14-Great Salt Lake	537-7020/Fax 537-7701	7 mi/11 km v. Salt Lake
-Reno/Sacramento	-$$ Ramada Limited	M-$$ BW Executive Inn
-Donner Pass	539-5005/Fax 539-5118	566-4141/Fax 566-5142
15-KOA	B-$$$ Airport Hilton	N-$$ Microtel Fort Union
16-McDonald's	539-1515/Fax 578-4596	255-5559/1-888-771-7171
17-Burger King	-$$ Microtel SLC Airport	10 mi/16 km von Salt Lake
-Kentucky Fried Chicken	236-2800/Fax 994-9014	

SALT LAKE CITY, UT 393

Baxter Info-Karte: Salt Lake City & SLC International Airport

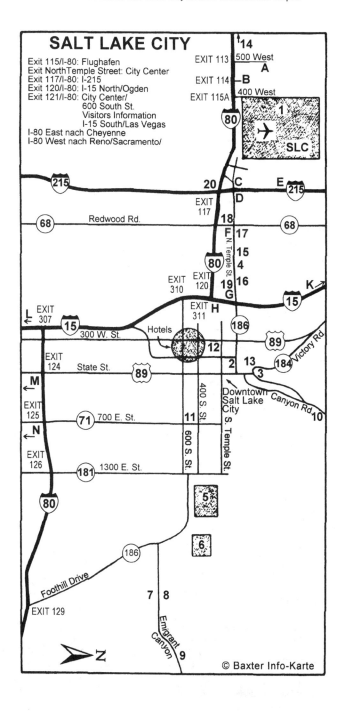

394 SALT LAKE CITY, UT
Salt Lake City Attraktionen

- **Family History Library/Genealogical Library of the LDS Church**/Familiengeschichtsbibliothek. 35 North West Temple Street. Hervorragende genealogische Bibliothek; über eine Million Mikrofilmrollen mit der Familiengeschichte einer Milliarde Menschen aus dem Raum Europa-Nordamerika. Ausgezeichnete Institution zur Ahnenforschung – egal welcher Glaubensrichtung; Mo. 7.30 bis 18 Uhr; Di.-Fr. 7.30-22 Uhr; Sa. 7.30-17 Uhr. Auch kostenlose Touren.

- **Gallivan Utah Center Plaza**, 36 East 200 South; herrliche Kunstprojekte, täglich Entertainment; tägl. 7-22 Uhr.

- **Hansen Planetarium**. 15 S. State Street. Täglich Shows mit Sternbildern, Laser-Shows, Konzerte; kostenloses Museum, Souvenirladen.

- **Joseph Smith Memorial Building**, South Temple & Main St., ehemaliges Hotel Utah. Mo.-Sa. kostenlose Führung; recht pathetische 53-Minuten-Film *Legacy* informiert über die Geschichte der Mormonen; kostenlos, aber Tickets erforderlich – Info 240-4383. Herrliche Aussicht vom 10. Stock, von The Garden und The Roof Restaurants.

- **Lion House**, 63 E. South Temple, in Nachbarschaft des Beehive House; Löwenhaus wurde 1855 als Residenz für Brigham Young und seine Familie erbaut. Keine Besichtigung, aber im Erdgeschoss ein nettes Cafe.

- **Maurice Abravanel Concert Hall**. 123 W. South Temple, Heimat des Utah Symphonieorchesters; herrliche Akustik; Tickets 355-2787.

- **Museum of Church History and Art**. 45 North West Temple Street. Exponate zur Geschichte der Mormonen des 19. und 20. Jahrhunderts; Kirchenkunst, Porträts von Mormonenführern sowie Kunst amerikanischer Indianer. Mo.-Fr. 9-21 Uhr, Sa., So. 10-19 Uhr. Eintritt frei.

- **Promised Valley Playhouse**. Theater, 132 South State Street. Im Sommer Aufführung von Stücken über den Mormonentreck aus dem Mittelwesten ins Salt Lake Valley, das *Promised Valley* (verheißene Tal). Einzelheiten über kostenlose Eintrittskarten bei den Informationszentren im Temple Square.

- **Salt Palace Convention Center**, 100 S. West Temple. Kongresshalle, Sportpalast und Entertainmentkomplex sowie Konzerthalle und Ballsaal; über Spezialveranstaltungen erkundigen; Convention & Visitors Bureau mit **Touristeninformation** gegenüber, 90 S. West Temple; Mo.-Fr. 8-17 Uhr.

- **Social Hall Heritage Museum**, 39 S. State Street, in ZCMI Center Mall; Reste des ersten öffentlichen Gebäudes in Utah und ersten Theaters westlich vom Missouri; Mauerreste des Originalgebäudes unter Glas; Führungen.

- **ZCMI Center Mall** (Zion's Cooperative Mercantile Institution), *South Temple & Main Street*; von Brigham Young geförderte Händlervereinigung zur Preisstabilität. Klimatisiertes Einkaufszentrum auf zwei Ebenen mit Geschäften und Restaurants sowie Social Hall Heritage Museum; Mo.-Fr. 10-19 Uhr, Sa. 10-19 Uhr; sonntags geschlossen.

Schlüssel zur Baxter Info-Karte: Salt Lake City Area

1-Salt Lake City Internatio nal Airport/SLC	-Grand Canyon NP -Las Vegas	-$$ Motel 6 375-5054/Fax 374-0266
2-Downtown Salt Lake City	15-Moab/Arches NP	C-$$ Motel 6 Ogden
3-Kennecott's Bingham Canyon Mine/Exit 301 Kupferbergwerk	16-Vernal/Dinosaur NM 17-Reno/San Francisco 18-Grand Teton/Yellowstone	627-4560/Fax 392-1878 D-$$ Holiday Inn Express 654-9990/Fax 654-9991
4-Timpanogos Cave NM	19-West Yellowstone	E-$$ Motel 6 Midvale
5-Golden Spike Site	-Craters of the Moon NM	561-0058/Fax 561-5753
6-Sundance Ski Area	20-Twin Falls/Boise	-$$ La Quinta Inn
7-Alta Ski Area	21-Cheyenne	566-3291/Fax 562-5943
8-Brighton Ski Area	22-Ophir Ghost Town	F-$$ Comfort Inn/Sandy
9-Park City Ski Area	23-Snowbird Ski Area	255-4919/Fax 255-4998
10-Bridal Veil Falls	24-Park West Ski Area	Exit 298
11-Logan Canyon	25-49th St. Galleria/Exit 304	G-$$ Hampton Inn Murray
12-Great Salt Lake State Park		293-1300/Fax 293-3046
13-Little Sahara Dunes	**Unterkunft – Tel./Fax (801):**	Exit 304
-Delta	A-$$ Motel6	-$$ Quality Inn Exit 304
-Great Basin NP	364-1053/Fax 596-9152	268-2533/Fax 266-6206
14-Bryce Canyon NP	-$$ Microtel	H-$$ Hampton Inn North
-Zion NP	236-2800/Fax 596-9152	296-1211/Fax 296-1222
-Capitol Reef NP	B-$$$ Holiday Inn	K-$$ Hampton Inn/N. Temple
-Grand Staircase-Escalante	374-9750/Fax 377-1615	741-1110/Fax 741-1171

SALT LAKE CITY, UT 395
Baxter Info-Karte: Salt Lake City Area

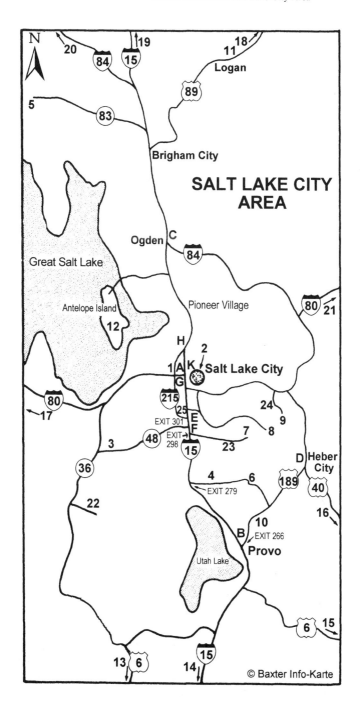

SALT LAKE CITY, UT
State Capitol Area/Great Salt Lake

STATE CAPITOL AREA

Hoch über der Stadt ragt das **Utah State Capitol** auf. Zwar ist das Kapitol nur ein paar Straßen vom Temple Square entfernt, doch da es steil den Hügel hinaufgeht, dauert ein Spaziergang etwas länger. Am besten mit dem Auto oder Bus hinauffahren. In Nachbarschaft des eindrucksvollen Kapitolsgebäude findet man hier oben das **Daughters of the Pioneer Memorial Museum** und in der Nähe den **Marmalade Historic District**. Tourist Information in Council Hall, Ecke *State Street & 300 North Street*.

- **Marmalade Historic District**. Viertel mit älteren Wohnhäusern. Die Gegend kam wegen der vielen Obstbäume zu ihrem Namen. Viele historische Häuser an *Quince Street*.

- **Pioneer Memorial Museum**. Ausgezeichnetes Museum mit Exponaten der ersten Siedler gibt guten Überblick über den damaligen Lebensstil. Im **Carriage House** nebenan Exponate und Information über verschiedene Verkehrsmittel, einschließlich Postkutsche.

- **State Capitol**. 1916 errichtet. Sitz der Regierung des Bundesstaates Utah. Imposante Architektur aus Utah Granit. Wandgemälde und Exponate aus allen Teilen Utahs; kostenlose Führungen. Nordöstlich liegt der **City Creek Canyon**.

WEITERE SALT LAKE CITY ATTRAKTIONEN

- **Fort Douglas**. 1862 von der Bundesregierung im überwiegend von Mormonen bewohnten Utah Territorium als Horchposten der Regierung errichtet.

- **Hogle Zoo**. Artenreicher Zoo; Nähe Pioneer Trail State Park.

- **Pioneer Trail State Park**. Park mit „This is the Place" Monument, an der Stelle, an der Brigham Young und seine etwa 150 Anhänger am **24. Juli 1847** zum ersten Mal das Salt Lake Valley erblickten und beschlossen, sich hier niederzulassen. Zur damaligen Zeit lag diese Gegend außerhalb des US-Territoriums. Das Land ging erst **1848** nach dem Mexikanischen Krieg/*Mexican War* in amerikanische Hände über. Visitors Center; Nähe **Emigrant Canyon**.

- **Trolley Square**. Etwa 6 Straßenzüge von Downtown Salt Lake City entfernt. Großes überdachtes Einkaufszentrum mit Geschäften, Restaurants und Nachtlokalen. Hier befand sich früher die Reparaturwerkstatt und Depot der Salt Lake City Straßenbahnen *(trolley)*.

- **University of Utah**. Universität östlich von Downtown. Das University of Utah Medical Center stand **1983** im Mittelpunkt, als Dr. Barney Clark – Zahnarzt aus Seattle – das erste **Kunstherz** verpflanzt wurde,

- **Utah Museum of Fine Arts**. Beherbergt eindrucksvolle Kunstsammlung.

- **Utah Museum of Natural History**. Naturgeschichtliches Museum mit Exponaten über Utah vor etwa 1000 Jahren. Die **Hall of Man** befasst sich mit dem Leben der Menschen vor 10 000 Jahren. **Geology Hall** beherbergt Exponate zur Entstehen Utahs. **Biology Hall** umfasst Tier- und Pflanzenpräparate.

GREAT SALT LAKE

Der Große Salzsee/**Great Salt Lake**, nordwestlich von Salt Lake City, ist der Rest des ehemaligen **Lake Bonneville**. Der frühere See entstand in der Eiszeit und war etwa 300 m tief, etwa 224 km breit, 480 km lang und bedeckte eine Fläche von etwa 52 000 Quadratkilometern. Heute umfasst der **Great Salt Lake** rund 4420 Quadratkilometer und wird im Osten von den **Wasatch Mountains** und im Westen von der Wüste **Great Salt Lake Desert** begrenzt.

Die Größe des **Great Salt Lake** ist vom jeweiligen *Klima* abhängig. Der See ist ein Endsee oder abflussloser See – wird zwar von drei Flüssen und mehrere Bächen mit Wasser versorgt, besitzt aber keinen Abfluss. Das was der See an Wasser verliert, erfolgt durch Verdunstung. Sein Salzgehalt des Sees ist etwa um das Siebenfache höher als das Meer.

Da die Größe des Sees vom Klima abhängig ist, kommt es im Laufe der Jahrzehnte zu Veränderungen. **1873** erreichte der See seine größten Ausmaße,

SALT LAKE CITY, UT
State Capitol Area/Great Salt Lakety Area

Jahren stieg der See bei einer maximalen Tiefe von etwa 10 m durch kühles und feuchtes Wetter etwa um 3 m. Der See nagt am Ufer, und jeder Zentimeter, den das Wasser steigt, kostet Millionen Dollar. **Antelope Island** mit **Great Salt Lake State Park** ist die größte von über einem halben Dutzend Inseln.

SALT LAKE CITY AREA ATTRAKTIONEN

■ **Bridal Veil Falls.** Wasserfall im reizvollen Provo Canyon, an *US 189* zwischen Provo und Heber City.

■ **Golden Spike National Historic Site.** In **Promontory**, in der Nähe der Nordufer des **Great Salt Lake**, westlich von *I-15* und **Brigham City**. Am 10. Mai 1869 wurde hier der *golden spike* (goldener Nagel) in feierlicher Zeremonie eingeschlagen, der symbolisch die beiden von Ost und West verlegten Schienen der ersten transkontinentalen Bahnlinie verknüpfte. Von Salt Lake City benutzt man *I-15* nordwärts bis Exit 368, dann weiter auf *UT 83 West*.

■ **Lagoon/Pioneer Village.** Beliebter Freizeit-/Themenpark und Pioneer Village (Pionierdorf) in **Farmington** an *I-15;* etwa 20 mi/32 km nördlich von Salt Lake City.

■ **Logan Canyon.** Langgestreckter, reizvoller Canyon zwischen **Logan** und **Bear Lake**, durch den sich die *US 89* zieht. Idyllische Wohnhäuser in schattiger Umgebung am Canyonboden.

■ **Ophir.** Kleines, unbewohntes Dorf, ehemals bedeutendes Zentrum des Silberbergbaus; nördlich der *UT 73*. In der Nähe liegt **Mercur**, eine in Betrieb befindliche Goldmine; sehr kleines, relativ uninteressantes Minenmuseum.

■ **Seven Peaks Resort Water Parks**, in **Provo**; Wasserpark mit einer der weltgrößten Wasserrutschbahnen – zwei 29 m Wasserrutschen/*water slides*.

■ **Ski Resorts.** In der Gegend östlich von Salt Lake City fallen im Winter bis zu 12,70 Meter Schnee! Von den 14 Skigebieten Utahs liegen viel in der **Wasatch Range** und sind schnell mit öffentlichen Verkehrsmitteln von Salt Lake City zu erreichen. Skigebiete bestens für die Winterolympiade 2002 ausgerüstet: **Alta** (Tal 2600 m, Berg 3216 m), **Deer Valley** – Restaurants auf dem Skiberg sind Spitze: (Tal 2003 m, Berg 2917 m), **Solitude** (Tal 2435 m, Berg 3059 m), **Park City**, 1869 gegründete Silberbergbaustadt größtes und lebendigstes Skigebiet (Tal 2103 m, 3048 m). Eines der jüngeren Skigebiete ist **Sundance Resort**, das sein Entstehen dem Filmstar Robert Redford zu verdanken hat.

■ **Timpanogos Cave Nationalmonument.** Nach **Mt. Timpanogos** benannt – etwa 3597 m ü.M., an dessen Nordseite sich das Nationalmonument erstreckt. Der Name kommt aus dem Indianischen für Felsenfluss. Die Höhle **Timpanogos Cave** umfasst drei Höhlen, deren erste 1887 entdeckt wurde. Die Höhlen sind durch künstliche Tunnels verbunden. Von *I-15* zwischen Salt Lake City und Provo erreichbar, östlich von **Alpine;** auch vom **Provo Canyon** zugänglich. Mai bis Okt. geöffnet; steiler Pfad vom Parkplatz zu den Höhlen.

■ **Kennecott's Bingham Canyon Mine** im **Bingham Canyon** südlich von Salt Lake City; Exit 301 (7200 South), dann *UT 48 West* to *I-15*; Visitors Center etwa 16.4 mi/26,2 km von *I-15*. Nach Modernisierung seit 1988 wieder in Betrieb befindliche Kupfermine. Etwa 800 m tief – Sears Tower würde als eines der welthöchsten Gebäude nur etwa zur Hälfte der Minenwände reichen. Modernes Visitors Center mit Blick in die „weltgrößte" Ausgrabung! Mitte April bis Ende Okt. geöffnet; Eintrittsgebühr, die örtl. Hilfsorganisationen zugute kommt.

BAXTER'S SALT LAKE CITY CHECKLISTE

❏ TEMPLE SQUARE ATTRAKTIONEN BESUCHEN
❏ PIONEER MUSEUM AUFSUCHEN
❏ BUMMEL ÜBER ZCMI MALL
❏ TRIP ZUR KENNECOTT'S BINGHAM CANYON MINE
❏ AUSFLUG ZUM GREAT SALT LAKE

Von Salt Lake City zum Zion Nationalpark etwa 320 mi/512 km.

398 ZION NATIONALPARK, UT
Orientierung/Entfernungen

ZION NATIONALPARK
„Steile Felsklippenlandschaft um die 900 m tiefe Schlucht des Virgin River"

♦**Öffnungszeiten:** Ganzjährig geöffnet, obwohl die Parkeinrichtungen für Besucher im Winter nur beschränkt benutzbar sind. 1909 gegründet. Eintrittsgebühr $20/Fahrzeug; $5 Backcountry Permit.
♦**Lage:** Süd-Utah.
♦**Name:** 1863 von John Rolfe, William Heaps und Isaac Behunin **Zion Canyon** genannt – eine Stätte der Stille und Geborgenheit.
♦**Günstigste Besuchszeiten:** Mai-Okt.
♦**Wetter:** Wegen Zions Höhenlage (etwa 1219 m ü.M.) kann es hier während der Sommermonate sehr heiß werden. Winter Schneefälle möglich.
♦**Ausmaße:** Etwa 595 Quadratkilometer.
♦**Eingänge:** Zwei Eingänge, beide via *UT 9*, die durch den Park führt – **Ost-/East Entrance** von Bryce und **Süd-/South Entrance** von Las Vegas kommend.
♦**Visitors Center:** Zion Canyon Visitors Center, Nähe Südeingang, (435)772-3256; Kolob Canyons Visitors Center am Nordwestrand/*I-15*, (435)586-9548.
♦**Ausgangsorte:** Las Vegas, Nevada und Salt Lake City, Utah. Es besteht keine direkte Verkehrsverbindung zum Park.
♦**Verkehrsmittel & Touren:** Innerhalb, des Parks verkehrt die offene Besucherbahn/Tram Tours mit Pendelverkehr von Zion Lodge zu mehreren Aussichtspunkten. – – Zweistündige begleitete Tour mit Erklärungen von Zion Lodge zu Great White Throne und Temple of Sinawava.
  Shuttle System umfasst zwei Schleifen – eine in **Springdale** und die andere entlang **Zion Canyon Road**, mit Verbindung beim Transit/Visitors Center hinter dem South Entrance. März-Okt. Zugang zur Zion Canyon Road nur für Shuttle Busse, Hiker und Fahrräder; Ausnahme nur für Gäste der Zion Lodge. Shuttle verkehrt in kurzen Abständen (alle 6 Minuten). Im Winter sind die Parkstraßen auch für Pkws frei.
♦**Unterkunft:** Zion Lodge im Park Mitte Mai-Anfang Okt.; Motelzimmer & Hüttenunterkunft; (303)297-2757. Reservierung: AmFac Parks & Resorts, 14001 E. Iliff, Suite 600, Aurora, CO 80014, Tel. (303)297-2757/Fax 338-2045, Internet: information@amfac.
♦**Camping:** Zwei Campingplätze im Park, beide in der Nähe des Südeingangs/South Entrance **South Campground** und **Watchman Campground**.
♦**Attraktionen:** Die gewaltigen und farbenprächtigen Felswände der Schluchten **Zion Canyon** und **The Narrows** – die enge Klamm des Virgin River (nur etwa 15 m breit mit 305 m hohen Felswänden). Ferner Naturfelsbogen **GreatArch** – 219 m lang und 177 m hoch.
♦**Tierwelt:** Erdhörnchen, Vögel (über 271 Vogelarten), Berglöwe/Puma, Maultierhirsch, Eidechse und Wachtel sowie Dickhornschaf.
♦**Wandern:** Kurzwanderwege – **Canyon Overlook Trail, Emerald Pools Trail** und **Gateway to the Narrows Trail. Pa'rus Trail** ist eine autofreie Strecke zur Erkundung des unteren Zion Canyon für Bikers und Spaziergänger mit Zugang zum Scenic Drive
♦**Reitausflüge:** 1stündiger Trip Virgin River Ride (mit Blick auf Three Patriarchs, Beehives und durch herrliche Kakteenlandschaft), 8.30, 9.30, 13.30 und 15 Uhr; 1/2tags Trip Sand Bench Trail (spektakuläre Gegend am Südende des Zion Canyon) – 8 oder 13 Uhr. Canyon Trail Rides, P.O. Box 128, Tropic, UT 84776, Tel. (435)679-8665/Fax 834-5500.
♦**Zeitzonen:** Zion auf **Mountain Time Zone**. Nevada immer eine Stunde vor Utah-Zeit. Utah und Nevada gehen mit der Sommerzeit/*daylight saving time*. Arizona bleibt ganzjährig auf Mountain Standard Time, Utah und Arizona von Ende Okt. bis Anfang April auf derselben Zeit. Von Anfang April bis Ende Okt. sind Arizona und Nevada auf derselben Zeit – eine Stunde früher als Utah.
♦**Restaurants:** Restaurants & Snack Bar bei Zion Lodge; weitere Restaurants im benachbarten Springdale.
♦**Information:** Superintendent, Zion National Park, Springdale, Utah 84767-1099; Tel. (435)772-3256, Fax 772-3426, Internet: Zion_park_information@nps.gov Tunnel Escort Service (435)772-3256.

Entfernungen in Meilen/Kilometer im Park vom Visitors Center

Angel's Landing 4.2/6,7	Grotto Picnic Area 4.2/6,7
Checkerboard Mesa 10.0/16,0	Kolob Canyon Area 42.0/67,2
Court of the Patriarchs 2.4/3.8	Temple of Sinawava 7.0/11,2
East Entrance 11.7/18.7	Watchman Campground 0.8/1,3
GreatArch 5.3/8,5	Weeping Rock 5.4/8,6
Great White Throne 6.0/9,6	Zion Lodge 3.4/5,4

ZION NATIONALPARK, UT
Baxter-Tipps/Entfernungen

Weitere Entfernungen in Meilen/Kilometer von Zion nach:

Bryce Canyon NP 88/141	Monument Valley.................. 296/474
Cedar City 60/96	New York City, NY............ 2600/4160
Denver, CO......................... 644/1030	Overton 123/197
Glen Canyon Dam, AZ 115/184	Panguitch 75/120
Grand Canyon NP, AZ	Phoenix, AZ 400/640
North Rim 123/97	Provo 272/435
South Rim 253/405	Reno, NV 592/947
Hoover Dam, AZ/NV 189/302	Salt Lake City...................... 320/512
Hurricane................................. 25/40	Seattle, WA 1200/1920
Jacob Lake............................. 77/123	Tuba City, AZ..................... 188/301
Kanab..................................... 41/66	Valley of Fire Park, NV 149/238
Las Vegas, NV 167/267	Washington, D.C................ 2364/3782
Los Angeles, CA 476/762	Yellowstone NP, WY 705/U28
Mesa Verde NP, CO 406/650	Yosemite NP, CA................. 596/954

Baxter-Tipps für Zion Nationalpark

♦ Bei Parkeingangsstation **kostenlose** Parkzeitung *The Sentinel* verlangen; neueste Parkinformation.
♦ Alle Ranger-Veranstaltungen (begleitete Wanderungen, Spaziergänge, Vorträge) sind **kostenlos**.
♦ Den Massen im Zion Canyon entflieht man in die **Nordwestecke** des Parks. Kolob Canyons Road – etwa 45 Min. vom Zion Canyon Visitors Center an *I-15*, Exit 40, zwischen St. George und Cedar City, südl. Von Kanarraville und New Harmony. Kolob Road Guide beim Visitors Center erhältlich.
♦ März-Okt, **keine** Fahrzeuge (außer bei Übernachtung in Zion Lodge) entlang Zion Canyon Road; Shuttle Service von Transit/Visitors Center beim Südeingang.
♦ **Unterkunft** im Park rechtzeitig **im voraus** reservieren.
♦ **Picknickproviant** zuvor im Supermarkt in St. George oder Cedar City besorgen.
♦ **Picknick** am Ufer des Virgina River, in der schattigen Grotto Picnic Area.
♦ Gäste der Zion Lodge können Lunchpakete/*box lunches* für **Picknick** bestellen.
♦ Reitmöglichkeiten im Park – **Trail Rides**; Reservierung (435)679-8665.
♦ **Achtung Campers**! Fahrzeuge von über 2,40 m (7 Fuß, 10 Inch) Breite und 3,45 m (11 Fuß, 4 Inch) Höhe müssen mit **Escort** durch den **Zion-Mt. Carmel Tunnel** geleitet werden; Gebühr. Gebühr **gilt für zwei Trips** desselben Fahrzeugs innerhalb von 7 Tagen durch den Tunnel. Während solcher **Escorts** entstehen Wartezeiten für die übrigen Fahrzeuge! Escorts können an Eingangsstationen, Visitors Center oder **telefonisch** arrangiert werden: (435)772-3256.
♦ **Alte Tennisschuhe** für Wanderung durch die **Narrows** (Pfad führt durchs Bachbett).
♦ Gute **Bildbände** und Postkarten im Zion Canyon Visitors Center.
♦ Für Kinder 6-12 gibt es **Junior Ranger Programme**.
♦ Im Bereich der **Checkerboard Mesa** herrlich glatte Felsflächen, die sich fast mühelos erklettern lassen.
♦ **Postamt** in Zion Lodge!
♦ Beste Gegend für **Tierbeobachtungen**: Angels Landing Trail: Maultierhirsch, Steinadler, Wanderfalken, Eidechsen. Letzter Abschnitt des Trails entlang messerscharfem Bergkamm – nichts für Leute mit Höhenangst!
♦ **Parken** für Kurzwanderung entlang **Canyon Overlook Trail** auf **Ostseite** des Zion-Mt. Carmel Tunnels.
♦ **Watchman Campground** – großzügige Stellplätze, schattige Bäume – ideale Nationalparkatmosphäre, direkt am Pa'rus Trail, erlaubt bequemen Zugang zum gesamten Park. Reservierung: 1-800-365-CAMP.
♦ **Bit & Spur Restaurant & Saloon** in Springdale, rustikales Interieur mit Holzbalken und Steinwänden; ausgezeichnete Küche (mexik.), preiswert; Reservierung (435)772-3498.
♦ **Zion** ist auf **Mountain Time** – 1 Std. vor Kalifornien oder Nevada. Arizona bleibt das ganze Jahr auf Mountain Standard Time (kein Wechsel auf Sommerzeit!); Zion im Sommer **eine Stunde vor** Grand Canyon, AZ!
♦ Stets auf Wanderungen **Trinkwasser** mitführen. Sonnenschutz.

400 ZION NATIONALPARK, UT
Infoquellen/Unterkunft

 Informationsquellen

National Park
Zion National Park
Springdale, Utah 84767
Tel. (435)772-3256/Fax 772-3426

Map of Zion National Park/Parkkarte
Hiking Information/Info für Wanderer
Campground Information/
Information über Campingplätze
Calendar of Activities/
Veranstaltungskalender

Notfall:(435)772-3322; (435)772-3311
Amfac Parks & Resorts
14001 E. Iliff, Suite 600
Aurora, CO 80014
Tel. (303)297-2757/Fax 338-2045
information @ amfac.com

Accommodations Prices/Zimmerpreise
Accommodations Reservations/
Zimmerreservierung

Canyon Trail Rides
P.O. Box 128
Tropic, Utah 84776-
Tel. (435)679-8665/Fax 834-5500

horseback riding/Reitausflüge
Auskunft & 'Reservierung

Schlüssel zur Baxter Info-Karte: Zion Nationalpark Umgebung

Orientierung:
1-Zion Nationalpark Osteingang, UT
  East Entrance
2-Zion Tunnel/Canyon Overlook, UT
3-Zion Visitors Center, UT
3-Transit Center/Shuttle Center
4-The Great White Throne, UT
5-Temple of Sinawa, UT
  -Weeping Rock, UT
6-Grafton Ghost Town, UT
7-Kolob Canyon, UT
8-Pipe Spring NM, AZ
9-Kanab, UT
  -Fredonia, AZ
  -Page, AZ/Lake Powell, AZ/UT
10-Hatch/Panguitoh, UT
  -Bryce Canyon NP, UT
  -Grand Staircase-Escalante NM, UT
  -Mesquite
11-Lake Mead NRA, NV
  -Overton, NV
  -Lost City Museum, NV
  -Vattey of Fire State Park, NV
12-Post Office/*Postamt*
13-Kolob Reservoir

Unterkunft Tel./Fax Vorwahl (435):
A-$$ BW Thunderbird Resort
  (435)648-2203/Fax 648-2239
B-$$$ Zion Lodge *via Amfac Parks & Resort*
  (303)297-2757/Fax 338-2045
  -Lodge/Restaurant Reservations:
  (303)297-2757
  -$$ Zion Ponderosa Resort
  North Fork County Rd.
  (435)581-9817/Fax 583-1747
C-$$ Cliffrose Lodge/281 Zion Park Blvd.
  (435)772-3234/Fax 772-3900
  -$$ Flannigan's Inn/(435)772-3244
  -$$ Blueberry Inn/(435)772-3224
  -$$ Driftwood Lodge
  (435)772-3262/Fax 772-3702
  -$$ Best Western Zion Inn
  1215 Zion Park Blvd.
  (435)772-3200/Fax 772-2449
D-$$ BW Weston's Inn
  (435)635-4647/Fax 635-0848
  -$ Hi-Hurricane/The Dixie Hostel
  73 S. Main St./im Red Rock Country
  (435)635-8202
E-KOA Campground

 Unterkunft

Zion Lodge am Zion Canyon Scenic Drive ist die einzige Unterkunft innerhalb des Parks. Hier hat man die Auswahl von Motelzimmern/**Mukuntuweap Rooms** und **Western Cabins**/Bungalows mit zwei Doppelbetten/ *double beds*, Bad und eigener Veranda. Die Lodge ist neben dem Visitors Center (am Südeingang) das Hauptzentrum der Aktivitäten. Ausgangspunkt von Wanderungen und Reitausflüge. Übernachtungsgäste der Lodge dürfen mit eigenem Fahrzeug bis zur Lodge fahren. Im übrigen müssen Parkbesucher sonst vom Transit/Visitors Center den **Canyon Shuttle** benutzen, der alle Aussichtsstellen entlang des **Zion Canyon Scenic Drive** anfährt.

Die Lodge umfasst ein Restaurant und einen Soda Fountain (für den kleinen Appetit), Souvenirladen und Postamt. Verschiedene Veranstaltungen der Park Rangers finden hier ebenfalls statt (Vorträge, Dia-Shows). Gegenüber der Lodge startet der Wanderweg zu den **Emerald Pools** neben der Nordgabel des Virgin River/**North Fork of the Virgin River.** Auf dem gepflegten Rasen vor der Lodge laden Parkbänke ein, die herrliche Umgebung zu genießen.

ZION NATIONALPARK, UT
Baxter Info-Karte: Zion Umgebung

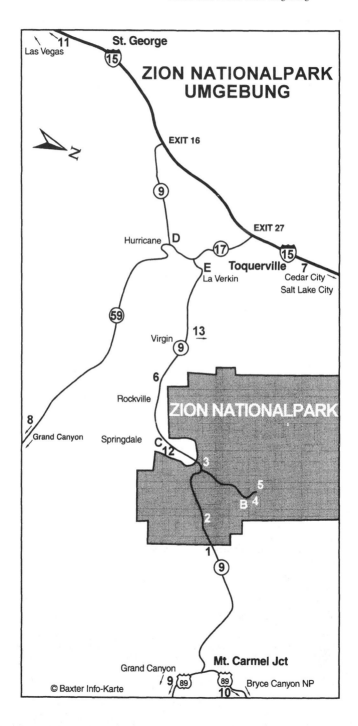

402 ZION NATIONALPARK, UT
Unterkunft/Camping/Wandern

Weitere Unterkunft im Umkreis von Zion Nationalpark (siehe auch Baxter Info-Karte):

◆**Hurricane (435):**
- HI-Hurricane, The Dixie Hostel, 73 S. Main St., Hurricane, UT 84737; Tel. 635-8202 im Red Rock Country, 10 mi/16 km von St. George und 20 mi/32 km vom Zion Nationalpark.
- Comfort Inn Zion, 43 N. Sky Mountain Blvd., 635-3500/Fax 635-2425
- Days Inn, 635-0500/Fax 635-0272

◆**Kanab**, 41 mi/66 km von Zion NP **(435)**
- Best Western Red Hills, 644-2675/Fax 644-5919
- Shilo Inn Kanab, 644-2562/Fax 644-5333
- Quail Park Motel, 644-5094
- Kanab Mission Inn, 644-5373
- Holiday Inn Express, 644-8880

◆**Cedar City (435)**
- Best Western El Rey Inn, 586-6518/Fax 586-7257
- Best Western Town & Country Inn, 586-9900/Fax 586-1664
- Comfort Inn, 586-2082/Fax 586-3193
- Days Inn, 867-8877/Fax 867-5848
- Econolodge, 867-4700/Fax 867-5700
- Holiday Inn Convention Center, 586-8888/Fax 586-1010
- Quality Inn Downtown, 586-2433/Fax 586-4425
- Rodeway Inn, 586-9916/Fax 586-9916

◆**St. George (435)**
- Days Inn, 673-6123/Fax 673-7030
- Best Western Abbey Inn, 652-1234/Fax 652-5950
- Best Western Travel Inn, Exit 8/*I-15*, 673-3541/Fax 673-4407
- Comfort Inn, 628-4271/Fax 628-5196
- Econolodge, 673-4861/Fax 673-4878
- Fairfield Inn by Marriott, 673-6066/Fax 673-7773
- Four Points Hotel by Sheraton, 628-0463/Fax 628-1501
- Holiday Inn Resort Hotel, 628-4235/Fax 628-8157
- Travelodge St. George, 673-4621/Fax 674-2635

 ## Camping in Zion

Innerhalb des Zion Nationalparks gibt es zwei Campingplätze – ganzjährig. Beide Plätze – **Watchman Campground** und **South Campground** (keine Duschen) – liegen in Nähe des Südeingangs/South Entrance; mit Feuerstellen, Tischen, Toiletten und Entsorgungsstation ausgestattet; $14/Platz; keine *hookups*. Bei mehrtägigen Wanderungen vorher beim Visitors Center Backcountry Use Permit ($5) besorgen. Empfehlenswert, für Watchman Campground Reservierung vorzunehmen: 1-800-365-CAMP. Watchman Campground liegt idyllisch, großzügige Anlage, viel Schatten durch Bäume und richtige Nationalparkatmosphäre, direkt am Pa'rus Trail, von dem man bequem Zugang praktisch zum ganzen Park hat.

Lava Point Campground, 1 Std. vom Hauptcanyon des Parks, verfügt über 6 *primitive sites*; Platzvergabe *first-come, first-served*; Info (435)772-3256.

 ## Wanderungen

Zion Nationalpark bietet zahlreiche ausgezeichnete **Wanderwege**/*hiking trails*, mit einer Auswahl kürzerer und längerer Wanderungen. Nachfolgend einige Trails mit Längenangabe in Meilen/Kilometer (mi/km) hin und zurück und voraussichtlich benötigter Zeit.

◆**Canyon Overlook Trail** – 1 mi/1,6 km; 1 Std. Ausgangspunkt gegenüber vom Parkplatz am oberen Ende des Zion-Mt. Carmel Tunnels.
◆**Watchman Trail** – 2 mi/3,2 km; 2 Std. Ausgangspunkt an der Brücke, südlich vom South Campground (in Nähe des Visitors Center).
◆**Emerald Pools Trail** – 1.2 mi/2 km; 1 Std. Ausgangspunkt gegenüber der Zion Lodge.
◆**Weeping Rock Trail** – 0.5 mi/0,8 km; weniger als 1 Std. Ausgangspunkt: Parkplatz Weeping Rock; kurzer, asphaltierter Pfad mit Infotafeln, die Naturgeschichtliches erklären. Der beste Teil ist am Schluss des Pfads, wo man einen Felsüberhang mit üppig wachsenden Farnen und Wildblumen erreicht, über den herabfließendes Wasser kühles Nass versprüht.
◆**Gateway To The Narrows Trail** – 2 mi/3,2 km; 2 Std. Ausgangspunkt: Ende des Zion Canyon Scenic Drive.

ZION NATIONALPARK, UT

Baxter Info-Karte: Zion Parkkarte

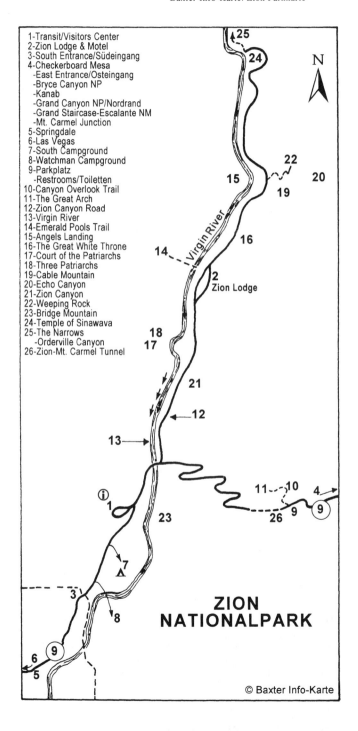

404 ZION NATIONALPARK, UT
Zion Namen/Kindererlebnisse im Park

♦**Canyon Shuttle** hält an allen Aussichtsstellen und Trailheads entlang Zion Canyon Scenic Drive; hin und zurück etwa 90 Minuten.
♦Von Park Rangers veranstaltete und **begleitete Wandertouren**: Emerald Pools Trail, Hidden Canyon Trail, Watchman Trail und Gateway To The Narrows Trail. **Halbtagstouren**: Angels Landing Trail und Wanderung zum Orderville Canyon. **Nature walks**/naturkundliche Spaziergänge erfolgen unter Leitung von Park Naturkunde-Experten/*park naturalists* mit Information und Erklärung der Flora und Fauna unterwegs. Abendveranstaltungen/*evening programs* umfassen Vorträge übers Fotografieren in Zion sowie Beiträge zur Geschichte und Geologie des Parks. Beim Visitors Center Veranstaltungskalender/*schedule of activities* besorgen.

Namen in Zion auf einen Blick

Nachfolgend ein Überblick über verschiedene Namen von Sehenswürdigkeiten im Zion Nationalpark mit jeweiliger Bedeutung oder Ursprung:

♦**Altar of Sacrifice**/Opferaltar – eisenhaltige Felsstreifen wirken auf dem hellen Sandstein wie abfließendes Blut eines Blutopfers.
♦**Beehives**/Bienenkörbe – kleine, abgerundete Sandsteingipfel, die Bienenkörben gleichen; der Bienenkorb ist auch das Staatssymbol für den Bundesstaat Utah (als Symbol auf Straßenschildern der State Routes verwendet).
♦**Checkerboard Mesa** – Tafelberg, an dem unendlich viele Linien im weißen Kreuzschichtungs-Sandstein ein schachbrettartiges Muster bewirken.
♦**East Temple**/Osttempel – von Forscher John Wesley Powell wegen der „Kirchturmspitze" wie beim gegenüberliegenden West Tempel benannt.
♦**Great White Throne**/Großer weißer Thron – 1916 von Frederick Vining Fisher so benannt; ursprünglich von Douglas White zu Ehren Gouverneurs Spry *El Gobernador* genannt.
♦**Heaps Canyon** – gegenüber der Zion Lodge; nach William Heaps benannt, einem der ersten Pioniere des Canyon.
♦**Kolob** – der Deseret-Sprache entnommen, die die ersten Kirchenführer der Mormonenkirche (LDS-Church) einsetzten; bedeutet etwa „dem Thron Gottes naher Stern"! **Kolob Arch** ist der größte Naturfelsbogen des Parks – 100 m hoch, 24 m breit mit einer Spannweite von 95 m.
♦**Paria Point** – Paria ist ein indianisches Wort für Wapitihirsch oder Elch.
♦**Sentinel**/Wächter – interessanter Felsvorsprung. Vom Canyon aus gesehen, bewacht der Fels die Schlucht wie ein Wächter/*sentinel*.
♦**Streaked Wall**/gestreifte Wand – wegen der vielen roten und schwarzen Streifen an der Felsfront.
♦**Sundial**/Sonnenuhr – diente früher als Sonnenuhr. Bewohner des Pionierstädtchens Grafton stellten ihre Uhren danach.
♦**Tabernacle Dome** – gleicht der Kuppel des Mormonentempels **Tabernacle** in Salt Lake City *(dome*/Kuppel).
♦**Three Patriarchs**/drei Patriarchen/Urväter – von Frederick Vining Fisher und Claude Hirschi benannt; von West nach Ost – Abraham, Isaac und Jacob.
♦**Watchman Peak**/Wächtergipfel – die ersten Siedler glaubten, in dem Felsen das Gesicht eines Wächters zu erkennen. Ursprünglich nach einem der ersten Siedler in Rockville, Thomas Flanigan, Flanigan Peak genannt.
♦**West Temple** – 1872 von John Wesley Powell benannter Gipfel. In den 1920er Jahren von den Einheimischen Steamboat/Dampfschiff genannt. Die Paiutes (Paiute-Indianer) nannten den Berg *Tom p-o-i-tin-ur*, was soviel bedeutet wie Berg ohne Pfad.
♦**Zion Canyon** – die Männer John Rolfe, William Heaps und Isaac Behunin gaben dieser Schlucht 1863 ihren Namen; bedeutet etwa eine Stätte der Ruhe und Geborgenheit. Ursprünglich hieß die Schlucht Joseph's Glory.

Erlebnisse für Kinder im Zion Nationalpark

♦**Junior Rangers** – Kinder von 6 bis 12 Jahre können an diesem Programm teilnehmen; tägl. Aktivitäten morgens (9-11.30 Uhr) und nachmittags (13.30-16 Uhr) jeweils 2½ Std.; Treffpunkt Nature Center auf dem South Campground; Gebühr. Bequeme Kleidung und festes Schuhwerk (keine Sandalen); Kopfbedeckung für heiße Tage und bei Verdacht auf Regen entsprechenden Regenschutz. Einzelheiten beim Visitors Center.
♦**Trail Ride**/Reitausflug bei längerem Aufenthalt im Park. Info bei Zion Lodge.

ZION NATIONALPARK, UT   405
Felsschichten/Parkvorschläge/Südeingang

♦**Visitors Center**. Tierpräparate und Dioramen begeistern die jungen Parkbesucher. Großes Relief veranschaulicht, wie sich Virgin River durchs Gestein gebohrt und den Zion Canyon geschaffen hat. Von Aussichtsstelle vor dem Visitors Center Ausschau nach der Felsenbrücke oben am Bridge Mountain halten.
♦**Wanderungen.** Entlang der kurzen Wanderwege Gelegenheit, die schroffen Felswände anzufassen, Pflanzen zu betrachten und mit etwas Glück, Tiere zu beobachten. Bei Pfaden, die steil, eng und dicht am Fels entlangführen – wie Canyon Overlook Trail, muss man unbedingt auf die Kinder aufpassen, aber herrliches abenteuerliches Erlebnis.

1-2 Tage im Zion Nationalpark

♦Erster Stopp beim **Zion Canyon Visitors Center**. Ausstellung mit Exponaten ansehen. In kostenlosem *Zion Park Map & Guide* und bei Park Rangers über mögliche Aktivitäten informieren.
♦Fahrt mit **Shuttle Bus**, der an den **Aussichtsstellen** unterwegs hält. Am Temple of Sinawava aussteigen und wandern; leichte 2 mi/3 km Rundwanderung **Riverside Walk** entlang Virgin River durch einen engen Canyon mit hängenden Gärten. Weiter mit Shuttle Bus zurück zur **Zion Lodge** – Gesamtzeit 2 bis 4 Std. In Zion Lodge im Souvenirladen herumstöbern oder Lunch im Lodge Restaurant einnehmen.
♦In Nähe der Zion Lodge vom Trailhead zu den **Emerald Pools** wandern. Besonders angenehm an heißen Tagen, da man schattige Waldstücke passiert, ehe man einen Wasserfall, hängende Gärten und den glitzernden **Lower Pool** erreicht. Etwa 1 Std. hin und zurück, aber für Fortsetzung des etwas anstrengenden steilen Aufstiegs zum **Upper Pool** weitere Stunde einkalkulieren.
♦Wer noch genügend Zeit und Kraft hat, begibt sich Richtung Südeingang zum **Watchman Trailhead**. Hier gelangt man auf einem 2stündigen (hin und zurück) etwas anstrengendem Trip auf ein Plateau mit herrlichem Blick auf verschiedene Felsformationen und auf Springdale.
♦Den Abend kann man dann noch mit dem **Campground Programm** abschließen.

Felsschichten in Zion

Zions unterste Schicht - Kaibab Kalkstein - ist die oberste Schicht von Grand Canyon!

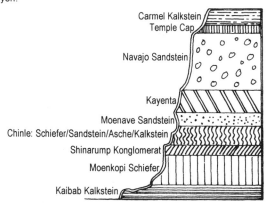

Zugang über South Entrance/Südeingang

Von **Las Vegas** über **I-15** kommend, benutzt man von Exit 16 (via **Hurricane** – 25 mi/40 km vom Parkeingang) oder Exit 27 (via **Toquerville**) den Südeingang/SouthEntrance auf *UT 9*. In **Hurricane** findet man Unterkunftmöglichkeiten, falls nicht in der Zion Lodge im Park übernachtet wird – siehe **Unterkunft S. 402** und Baxter Info-Karte **S. 401**. In **Springdale** – 5 mi/8 km

ZION NATIONALPARK, UT
Osteingang

vom Südeingang – ebenfalls günstige Übernachtungsmöglichkeiten, Restaurant, Postamt, Tankstelle/Autowerkstatt sowie Campingplatz.

Bei Unterkunft in **Springdale** kann der Zion Shuttle zum Park benutzt werden: Springfield—Transit/Visitors Center—Zion Lodge/Zion Canyon. Beim Parkeingang **kostenlose** Parkkarte verlangen. Transit/**Zion Canyon Visitors Center** etwa 2 mi/3 km vom South Entrance entfernt. Unterwegs passiert man **Watchman Campground** und **South Campground** mit Zion Nature School.

Schlüssel zur Baxter Info-Karte: Zion Nationalpark
mit vielen Baxter-Tipps

Orientierung:
- 1-Las Vegas, Nevada
- -St. George
- 2-Cedar City
- -Salt Lake City
- 3-Kanab, Utah
- -Fredonia, Arizona
- -Page, Arizona
- -Lake Powell, AZ/UT
- 4-Hatch/Panguitch, Utah
- -Bryce Canyon Nationalpark, UT
- -Grand Staircase-Escalante NM, UT
- -Mesquite, UT
- -Cedar Breaks NM, via UT 14
- 5-Checkerboard Mesa 6670 ft/2033 m
- 6-Canyon Overlook/Wanderung
  Start zum Canyon Overlook Trail von der Ostseite des Zion—Mt. Carmel Highway Tunnels/Aussicht auf Pine Creek Canyon
- 7-The Watchman 6545 ft/1995 m
- 8-Angels Landing 5990 ft/1826 m
- 9-Weeping Rock
- 10-The Great White Throne 6744 ft/2056 m
- 11-Temple of Sinawava
- 12-The Narrows
- 13-Mountain of Mystery 6565 ft/2001 m
- -Orderville Canyon
- 14-Altar of Sacrifice 7505 ft/2288 m
- 15-Mt. Kinesava
- 16-Crater Hill
- 17-Tabernacles Dome 6430 ft/1960 m
- 18-Firepit Knoll 7265 ft/2214 m
- 19-South Guardian Angel 7140 ft/2176 m
- 20-North Guardian Angel 7395 ft/22254 m
- 21-Lava Point

Unterkunft/Vorwahl (435):
- A-$$ BW Thunderbird Resort/**Mt. Carmel**
  (435)648-2203/Fax 648-2239
- B-**Springdale:**
  - -$$ Cliffrose Lodge
    281 Zion Park Blvd.
    (435)772-3234/Fax 772-3900
  - -$$ Flannigan's Inn/772-3244
  - -$$ Blueberry Inn/772-3224
  - -$$ Driftwood Lodge/772-3262/F 772-3702
  - -$$ Best Western Zion Inn
    1215 Zion Park Blvd.
    (435)772-3200/Fax 772-2449
- C-$$$ Zion Lodge **im Park**
  via Amfac Parks & Resort
  (303)297-2757/Fax 338-2045
- -$$ Zion Ponderosa Resort
  North Fork County Rd.
  (435)581-9817/Fax 583-1747

Zion über East Entrance/Osteingang
Tunnel-Escort-Info siehe S. 399!

Interessanteste Zufahrt von **Mount Carmel Junction** an Kreuzung *US 89 & UT 9* über den Osteingang/East Entrance – 24 mi/38 km vom Transit/Zion Canyon Visitors Center entfernt. **Mt. Carmel Junction** – 12 mi/19 km vom Osteingang – bietet einige Motels, Campingplatz Restaurant, Tankstelle/Autoreparatur und Golfplatz. Am roten Straßenbelag erkennbar, wann man sich im Park befindet! Bei Eingangsstation kostenlose Parkkarte verlangen.

Bei Zugang über **East Entrance** sind **zwei** Tunnels zu durchfahren. Für Tunneldurchfahrt Filmkamera bereithalten. Erster Felsbogen taucht nach erster Haarnadelkurve hinter dem 2. Tunnel auf. **RVs, die höher als 11'4"/3,40 m und breiter als 7'10"/2,40 m** sind, können Tunnel nur **eskortiert** passieren. Bei Eingangsstation oder vorher telefonisch (435-772-3256) **Escort arrangieren**. Während der Escorts durch den **Zion-Mt. Carmel-Tunnel** (2. Tunnel) entstehen Wartezeiten für die übrigen Fahrzeuge. Die Zeit lässt sich gut überbrücken, indem man beim Tunnelparkplatz parkt und den **Canyon Overlook Trail** erwandert.

Die Parkstraße – Fortsetzung der *UT 9* – führt durch einen landschaftlich reizvollen Abschnitt und bis zum Zion Canyon Visitors Center bergab. Zahlreiche Gelegenheiten, unterwegs anzuhalten, um auf den rechts und links der Straße liegenden glatten Felsen herumzulaufen. In Zion muss man sich fast ständig das Genick verrenken, um die hohen steilen Felswände hinaufzuschauen. Eine der ersten Hinweistafeln entlang der Parkstraße beschreibt die **Checkerboard Mesa**.

ZION NATIONALPARK, UT 407
Baxter Info-Karte: Zion von Mt. Carmel Junction

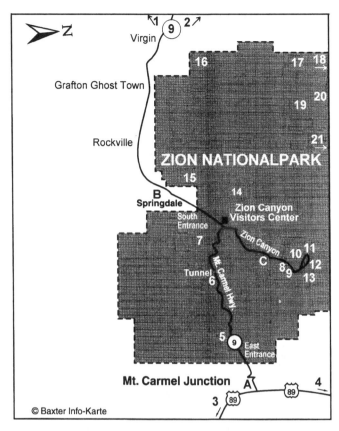

• **Checkerboard Mesa**/Tafelberg mit schachbrettartigem Muster. Der Felshang ist nur eine von vielen Felswänden und Steintürmen in Zion, die hartnäckig von Wasser bearbeitet wurden. Zion hat viele Gesichter. Auf die senkrecht verlaufenden Linien achten, die von kleinen, bei Gewitterstürmen sich bildenden Rinnsalen in den Fels gefressen wurden. Schräg und quer verlaufende Streifen stammen aus ehemaligen Sanddünen gebildete Schichten. Streifen zeigen Spuren von strömendem Wasser an. Bögen sind dort an Felswänden zurückgeblieben, wo sich Gestein ausgeschält hat und abgebrochen ist. Enge Felsschluchten in allen Größen gibt es. Man braucht sich nur ein wenig auf den massiven Felsen umzuschauen, dann entdeckt man Zion's bezaubernde Naturschönheiten.

Und hier wissenswerte Information über den **Navajo Sandstein**.

• **Navajo Sandstone**/Navajo Sandstein: Winzig kleine, weiße oder eisenhaltige rote Sandkörner ließen in Verbindung mit Kalk den markanten **Navajo Sandstein** entstehen, aus dem die steilen Felswände und massiven Felsblöcke in **Zion** geformt wurden. Gewellte Schichten lassen den Ursprung ehemaliger Sanddünen erkennen. Vom Wind davongetragene Sandkörner verteilten sich über Wüstenflächen und wurden von der steilen Wand einer Sanddüne aufgefangen und darin vergraben. Langsam zementierte Kalk Korn für Korn zusammen.

• **Patterns for Zion's Future**/Muster für Zions Zukunft: Ausschau halten nach kurzen, senkrecht verlaufenden Felswänden. Bei dem schmalen, tiefen Riss im Felsen auf der anderen Seite der Schlucht handelt es sich um eine Spalte oder Bruchstelle, in der Wasser den Felsen viel stärker angreifen kann, und wo Erosion viel schneller voranschreitet. Die enge Spalte kann der Anfang eines engen Durchbruchs sein ähnlich wie am oberen Ende vom Zion Canyon.

Viele solche Risse laufen von ganz oben bis zur Basis durch den **Navajo Sandstein**, die entstanden, als dieses Plateau nach **oben** gedrückt wurde. Die

408 ZION NATIONALPARK, UT
Canyon Overlook Trail/Zion-Mt. Carmel Tunnel

Schlucht entstand durch Erosion, die die Hauptspalten bearbeitete. Diese Spalten bestimmten ehemals Zion's heutige Form und lassen auch Zion's Zukunft erkennen.

Canyon Overlook Trail

Fährt man vom Osteingang westwärts Richtung **Zion Canyon Visitors Center**, passiert man zunächst einen kurzen Tunnel, der kurz darauf von dem langen Straßentunnel **Zion-Mt. Carmel Highway Tunnel** gefolgt wird, der durch den Felsen führt. Ehe man in den großen Tunnel einfährt, passiert man linker Hand am Ostende des Tunnels einen kleinen Parkplatz. Hier kann man das Auto abstellen, wenn man zum **Great Zion Arch** (großer Bogen) wandern will. Man kann den Felsbogen selbst zwar nicht sehen, weil man sich genau obendrüber befindet, aber vom Endpunkt des Trail hat man einen hervorragenden Blick auf die Gebirgsschluchten **Pine Creek Canyon** und einen Teil des **Zion Canyon**.

Der *Canyon Overlook Trail* erstreckt sich nur über eine Länge von rund 1½ km hin und zurück, aber man braucht etwas weniger als eine Stunde dafür. Allerdings sollte man den Trail nicht unterschätzen, da er einige kurze steile und steinige Etappen aufweist, die den Trip etwas beschwerlich machen. Doch auch ohne ein erprobter Bergsteiger zu sein, lässt er sich mit festem Schuhwerk schaffen.

Canyon Overlook Trail ist einer der beliebtesten Pfaden im Park, wo man der Natur ganz nah ist – dicht an den Felsen stapft man durch lockeren Sand und über festgetretene Erde, vorbei an unterschiedlichsten Pflanzen auch Kakteen. Der Pfad beginnt auf der anderen Straßenseite gegenüber vom Parkplatz. Nach den steilen Naturstufen mit Geländer führt der Trail als schmaler Pfad dicht entlang der steilen Felswände. Kinder unbedingt an der Hand halten! Ein spektakulärer Blick auf die Nadelöhrschlucht des **Pine Creek** belohnt den steilen Aufstieg. Ein Brettersteg führt zu einem natürlichen Felsüberhang einer geschützten Felshöhle mit Bank.

Etwas später hat man einen Blick auf den **Mt. Carmel Highway** mit dem Parkplatz vor Beginn des Tunnels. Langsam steigt der sandige Pfad wieder an und klettert über die Natur geschaffenen Felsstufen weiter aufwärts. Am Ziel des **Canyon Overlook Trails** gibt es Bänke. Hier oben hat man herrliche Aussicht auf die Parkstraße, die hinter dem Tunnel in Serpentinen hinunter ins Tal führt. Von links nach rechts blickt man auf **Bridge Mountain** (spitzförmiger Berg), **West Temple** – flacher, markant geformter berühmter Felsgipfel, **The Beehives**/Bienenkörbe und ganz rechts der hohe **East Temple**/Osttempel. Und vor den **Beehives** sind die **Streaked Walls** (gestreifte Felswände) sichtbar.

Zion-Mt. Carmel Tunnel

Direkt hinter dem Parkplatz, wo der Wanderweg *Canyon Overlook Trail* beginnt, fängt der **Zion-Mt. Carmel Tunnel** an. Der nach 3jähriger Bauzeit **1930** fertiggestellte Tunnel durch den Felsen ist 1772 Meter lang (1.1 mi/1,8 km). Das östliche Tunnelende liegt auf 1562 m ü.M., während das westliche Tunnelende bereits schon auf 1474 m ü.M. liegt. Der Tunnel hat etwa 3,3% Gefälle. Hohe und breite Fahrzeuge, insbesondere RVs und Camper können nur mit **Escort** den Tunnel passieren – Info siehe **S. 399 & 406**.

Hinter dem Tunnel legt die Parkstraße etwa 3 mi/5 km in Serpentinen weiter bergab mit einem Gefälle von 6% durch den **Pine Creek Canyon**. Bei der Fahrt bergab kann man sich buchstäblich den Hals verrenken, um die mächtigen steil aufragenden Felsmassive zu betrachten. Die Strecke durch **Zion Nationalpark** zählt zu den Höhepunkten einer Reise durch Amerikas Nationalparks.

Auf der Fahrt zum Canyonboden des **Zion Canyon** kommt man nicht daran vorbei, unterwegs anzuhalten, um einen Blick auf eines der Naturwunder des Parks zu werfen – den großen Felsbogen **Great Arch of Zion**: 220 m lang, 177 m hoch und 28 m tief. Mit Sicherheit gab der Anblick dieser spektakulären Szenerie und die atemberaubende Stille den ersten Siedlern Inspiration zu dem Namen Zion – eine Landschaft der Stille und Geborgenheit!

UTAH ROUTEN

Baxter Info-Karte: Routen 18-28

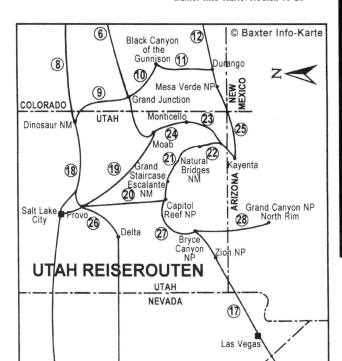

UTAH REISEROUTEN

SALT LAKE CITY—DINOSAUR NM, UT
(Route 18)

Entfernungen in Meilen/Kiometer

Provo—Heber City 28/45
Salt Lake City—Heber City 47/75
Heber City—Duchesne 70/112
Duchesne—Fort Duchesne 37/59
Fort Duchesne—Vernal 21/34
Vernal—Dinosaur NM 18/29

Die Entfernung zwischen **Salt Lake City** und **Quarry Visitors Center** im **Dinosaur Nationalmonument** beträgt etwa 174 mi/278 km. **Heber City** ist von **Salt Lake City** aus über *I-80* und *US 40* erreichbar. Von Provo geht es auf *US 189* nordostwärts vorbei an **Brigham Young University** (1875 gegründete Universität mit etwa 37 000 Studenten), durch den reizvollen **Provo Canyon** und an dem Wasserfall **Bridal Veil Falls** vorbei nach **Heber City**.

Von **Heber City** führt *US 40* in östlicher Richtung durch den **Daniels Canyon** und über den **Summit Pass** auf 2438 m ü.M. Dahinter überquert man den **Strawberry River** (Erdbeerfluss) und passiert den Stausee **Starvation Dam Reservoir**; Länge des Staudamms 890 m, Höhe 78 m, Wasseroberfläche des Stausees 1324 Hektar.

410 UTAH ROUTEN

Baxter Info-Karte: Dinosaur NM Area und Route 21

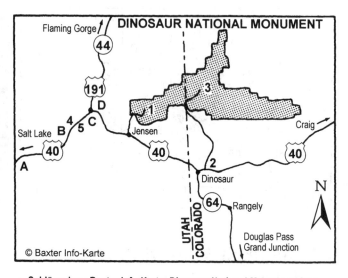

Schlüssel zur Baxter Info-Karte: Dinosaur National Monument Area

1-Dinosaur Quarry Visitors Center
 -Campingplatz
2-Monument Headquarters
 -Harpers Corner Road
3-Harpers Corner
 -Echo Park
4-McDonald's
5-Supermarkt
 -K-Mart

Unterkunft/Vorwahl (435):
A-$$ Best Western Inn Roosevelt
       722-4644/Fax 722-0179
B-$$ Weston Plaza Hotel
       789-9550/Fax 789-4874
C-$$ Best Western Antlers
       789-1202/Fax 789-4979
D-$$ Best Western Dinosaur
       789-2660/Fax 789-2467

Hinter **Roosevelt** – „Hub of the Dinosaur World" (Herz der Dinosaurierwelt) genannt – mit etwa 5000 Einw., 1579 m ü.M. geht es an der von Ute-Indianern bewirtschafteten Bottle Hollow Inn vorbei; Restaurant, Motel, indianisches Kunsthandwerk, Campingplatz, Bootshafen, Tankstelle und Museum. Die Ute Indian Reservation umfasst etwa 1600 Mitglieder.

Vernal war bis vor einigen Jahren noch eine lebhafte Ölboom-Stadt, als man auf Öl und Schieferton stieß. Die Stadt erstreckt sich einige Kilometer entlang der *US 40*. Am Ostrand der Stadt befindet sich das interessante **Dinosaur Museum** sowie ein Information Center; auch Unterkunftsmöglichkeiten.

Etwa 44 mi/70 km nördlich von **Vernal** liegt das Ferien- und Freizeitzentrum **Flaming Gorge Recreation Area** mit dem 153 m hohen Staudamm **Flaming Gorge Dam**, der den **Green River** staut und den etwa 144 km langen See **Flaming Gorge Lake** bildet.

Östlich von **Vernal** führt *US 40* nach **Jensen**, wo man nordwärts zum **Quarry Visitors Center** des **Dinosaur Nationalmunuments** (siehe S. 345 ff) abbiegt.

CAPITOL REEF NP—NATURAL BRIDGES NM

(Route 21)

Die Entfernung zwischen **Capitol Reef Nationalpark** und dem **Natural Bridges Nationalmonument** beträgt etwa 125 mi/200 km. Da auf diesem Streckenabschnitt kaum touristische Einrichtungen vorhanden sind, ist es unbedingt ratsam, bei jeder Gelegenheit vollzutanken, zum Beispiel in **Hanksville**. Am Ortsrand von **Hanksville** gibt es ein Motel, Restaurant und Informationsstelle. *UT 24* führt nordwärts zum **Goblin Valley State Park** mit seltsamen Felsformationen und zur *I-70* sowie nach **Green River**.

UTAH ROUTEN 411
Baxter Info-Karte: Route 18 SLC/Provo—Dinosaur NM

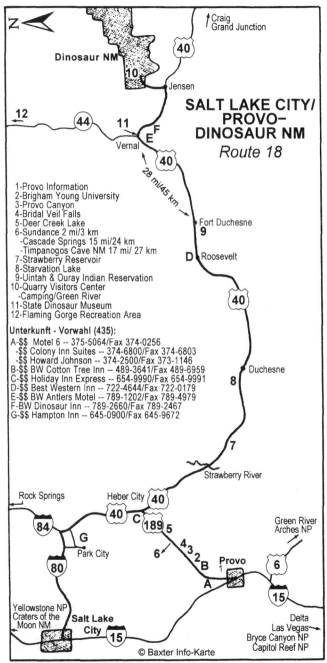

Fährt man von **Hanksville** entlang *UT 95*, kann man die im Westen liegenden Berge **Henry Mountains** sehen. Dieses abgelegene Gebiet wird vom

412 UTAH ROUTEN

Baxter Info-Karte: Route 22 Natural Bridges NM, UT—Kayenta, AZ

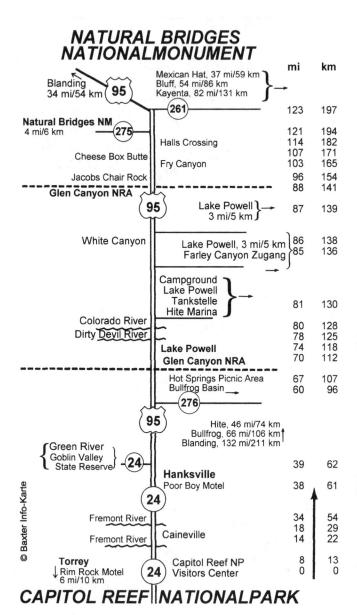

Grand Staircase-Escalante Nationalmonuments wird vom BLM – Abteilung des Department of the Interior – verwaltet und ist Heimat von einigen Bisons! Bevor man die Abzweigung zur **Bullfrog Basin Marina** am See **Lake Powell** erreicht, passiert man das als **Little Egypt** bezeichnete Gebiet mit durch Erosion entstandenen interessanten Felsformationen. In Nähe der Kreuzung von *UT 95* und *UT 276* – zur **Bullfrog Basin Marina** führende Straße – gibt es kleine Sanddünen.

UTAH ROUTEN 413
Baxter Info-Karte: Routen 19 & 20 von Salt Lake City

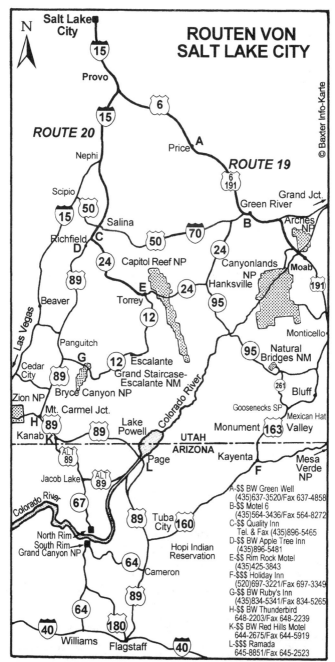

Dieser Abschnitt der *UT 95* mit spektakulären roten Canyonwänden zählt zu den bezauberndsten Routen der USA. An **Hot Springs Picnic Area** oder **Lake Powell Overlook** halten. Der nach John W. Powell benannte See

(Powell befuhr als erster den **Colorado** durch den Grand Canyon mit dem Boot) entstand direkt hinter dem bei **Page** befindlichen Staudamm **Glen Canyon Dam**, der in den 1960er Jahren gebaut wurde. Der See ist etwa 288 km lang und besitzt etwa 2880 km Uferlänge! Der See bildet den Mittelpunkt des **Glen Canyon National Recreation Area**.

Hinter der Aussichtsstelle überquert man zunächst den **Dirty Devil River** (Schmutzteufelfluss) und danach den **Colorado River**. Hier in der Nähe befand sich die **Happy Jack Mine**, die von 1949 bis 1963 über eine halbe Million Uranerz produzierte! **White Canyon**, der ein Stück parallel zur *UT 95* läuft – einer der Canyons des **Natural Bridges Nationalmonuments**, in dem die spektakulären Naturfelsbrücken entstanden. Bei **Fry Canyon** gibt es im allgemeinen Tankstelle und Snacks. Das **Natural Bridges Nationalmonument** liegt etwa 4 mi/6 km nördlich der *UT 95*.

Fährt man auf *UT 95* nach **Blanding** und zur *US 191* weiter, werden mehrere Attraktionen passiert. Beispielsweise die **Mule Canyon Ruin**, genau nördlich der Straße. Zur Ruine gehören eine **Kiva** sowie ein Turm – von vor über 700 Jahren hier lebenden Anasazi errichtet. Weiter östlich kommt man einige Kilometer Richtung Norden entlang *UT 95* zur **Arch Canyon Ruin** – kurzer Fußmarsch erforderlich, um direkt zur Ruine zu gelangen; Einzelheiten bei den Park Rangers vom **Natural Bridges Nationalmonument**. Wird die Fahrt ostwärts fortgesetzt, schneidet sich *UT 95* praktisch durch den Bergkamm **Comb Ridge** – eine etwa 244 m hohe rote Felsklippe. Genau im Süden von **Blanding** stößt *UT 95* auf *US 191*.

NATURAL BRIDGES NM—KAYENTA, AZ
(Route 22)

Die Entfernung zwischen **Natural Bridges Nationalmonument**, Utah und Kayenta, Arizona beträgt etwa 82 mi/131 km. Auf keinen Fall bei Dunkelheit auf *UT 261* unterwegs sein! Die Strecke ist auch nur Fahrern mit ausreichender Fahrpraxis zu empfehlen. Die Straße ist auf einigen Kilometern, wo sie vom **Grand Gulch Plateau** zum **Monument Valley** führt, extrem eng und steil. Vor Erreichen des engen und steilen Straßenstücks wird die Kane Gulch Ranger Station passiert. Hier über Hikes durch die **Grand Gulch Primitive Area** erkunden – Canyongebiet mit gut erhaltenen Anasazi Ruinen.

Hinter der Steilstrecke der *UT 261* bergab biegt eine etwa 17 mi/27 km lange Sandpiste ab, die durchs **Valley of the Gods** führt – eine kleine Schwester des Monument Valley! Im Morgenlicht ist die Sammlung grandios geformter Felsformationen ein Traum für Fotografen. Die Sandpiste mündet später in *US 163* – vorher über Straßenverhältnisse erkunden.

Fährt man auf *UT 261* weiter durch Süd-Utahs „wildes Herz des Colorado Plateau" in Richtung **Mexican Hat**, kommt man zur Abzweigung via *UT 316* für **Goosenecks of the San Juan River** (*goosenecks* = Gänsehälse). Die Aussicht auf die Flussschleife des **San Juan River** nicht entgehen lassen! Infotafeln an der Aussichtsstelle erklären Geologisches, Flora und Fauna.

Goosenecks State Reserve

• **Geology**/Geologie: Hier hat der **San Juan River** gut 300 m tiefe Schleifen in den weichen Sandstein gegraben und windet sich in einer „Gänsehalsschleife" entlang. Der Fluss entspringt im Bundesstaat Colorado und fließt in den durch den **Glen Canyon Damm** gebildeten Stausee **Lake Powell**.

Der sandbeladene **San Juan River** schnitt hier mit seiner Flussschleife einen tiefen Abgrund in die Landschaft. Dieser Abschnitt wird als **Great Goosenecks of the San Juan River** (Großer Gänsehals des San Juan River) bezeichnet. Unter Geologen gilt dieser Flussabschnitt als eines der besten und schönsten Beispiele einer eingegrabenen Flussschleife. Die tiefgefurchte Schleife entstand vor einigen Millionen Jahren, als der Fluss durch eine relativ flache Ebene floss wie heutzutage der Mississippi.

Als sich das gesamte Colorado Plateau hob, sank der **San Juan River** in einen tiefen *Graben*. Der Fluss grub sich tiefer durch Kalkstein-, Sandstein- und Schieferschichten, folgte seinem vorgegebenen Muster und ließ so den heute sichtbaren *Canyon* entstehen. Und immer noch setzt sich dieser Vorgang fort, da sich der San Juan River immer tiefer in die prähistorischen geologischen Gesteinsformationen hineinfrisst.

UTAH ROUTEN 415
Baxter Info-Karte: Route 22/Natural Bridges NM—Kayenta

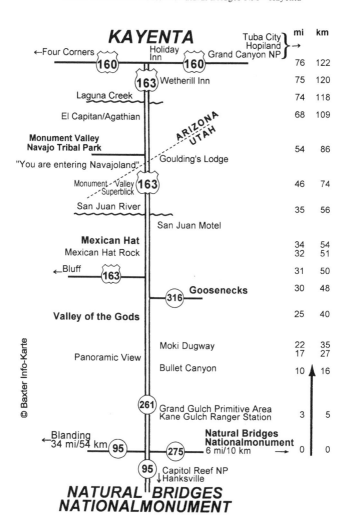

- **Wildlife**/Tierwelt: Die hiesige Tierpopulation ist auf Grund der trockenen, wüstenhaften Klimaverhältnisse ziemlich beschränkt. Zu den am verbreitetsten Tierarten zählen verschiedene Kaninchenarten wie **Jackrabbit** und **Cottontail Rabbit**, **Stinktier**/Skunk, Wüstennagetiere sowie verschiedene Reptilien. Gelegentlich lassen sich Raubtiere wie der Amerikanische Luchs/Bobcat, Kojote/Coyote und Graufuchs/Gray Fox sehen.

  Zu den hier vorkommenden wenigen Vogelarten zählen Steinadler/Golden Eagle, Rabe/Raven, Habichte und Falken/Red-tailed Hawk, eine Lerchenart/Horned Lark, Schwalbe/Swallow sowie verschiedene Zugvögel.

- **Plant Life**/Pflanzenwelt: Die Vegetation setzt sich überwiegend aus Blackbrush-Pflanzen zusammen, die an den steinigen Flussufern und in den sandigen Ebenen wachsen.

  Unter diese Blackbrush-Pflanzenkultur mischen sich Indian Ricegrass/eine Grasart, Mormon Tea/Strauchart (*Ephedraceae*), Fourwing Saltbrush/Salzstrauch, Russian Thistle/Distel, Sand Sage/Salbei, Common Yucca/Yucca-Palme und verschiedene Senfpflanzen/Mustard Plants.

Route 23: Kayenta, AZ—Monticello

● **Climate**/Klima: Die häufig und meist unverhofft auftretenden Gewitterregen sind für dieses Wüstengebiet charakteristisch. Die meisten Niederschläge erfolgen in der Zeit von Juli bis Oktober, gefolgt von Trockenperioden im Winter und Frühjahr.

KAYENTA, AZ—MONTICELLO

(Route 23)

Die etwa 103 mi/165 km lange Strecke zwischen **Kayenta**, Arizona und **Monticello**, Utah über *US 163* ist eine äußerst interessante Route. Von der Kreuzung *US 160/US 163* führt *US 163* in Richtung Norden durch **Kayenta**, an Wetherill Inn und Kayenta Trading Post vorbei (vom Motel geht es etwas bergab zur Trading Post). Unterwegs passiert man **El Capitan Rock**, ehe man die Abzweigung westlich zur Goulding's Lodge, Utah und Zufahrt zum **Monument Valley Navajo Tribal Park** direkt im Herzen des **Monument Valley** gelangt. Nachdem man die klassische Kulisse zahlreicher Western und ungezählter Werbespots hinter sich gelassen hat, nähert man sich der Ortschaft **Mexican Hat**, bereits wieder in Utah.

Auf der Anfahrt zu **Mexican Hat** führt *US 163* bergab und überquert den **San Juan River** – einer der größten Nebenflüsse des **Colorado River**, der für seine abenteuerlichen Floßfahrten berühmt ist. Am Nordrand von **Mexican Hat** erhebt sich die Felsformation eines Sombreros, der Mexican Hat, der dem Ort zu seinem Namen verhalf.

Der Ausflug zu den **Goosenecks of the San Juan River** *(goosenecks = Gänsehälse)* mit spektakulärem Blick auf die mächtige Flussschleife ist unbedingt zu empfehlen. Auf *US 163* fährt man hinter Mexican Hat einige Kilometer bis zur Abzweigung der *UT 261*, der man ein kurzes Stück westwärts folgt. Dann folgt man der *UT 316*, die nach Südwesten abbiegt und zu den Goosenecks führt.

Von *UT 261* biegt weiter nordwärts die etwa 17 mi/27 km lange Sandpiste ab, die durch das **Valley of the Gods** (Tal der Götter) führt – die kleine Schwester des Monument Valley (besonders im Morgenlicht ein Traum für Fotografen). Vor Ort über Straßenzustand erkundigen.

Weiter entlang der Hauptroute Richtung **Monticello** passiert man die Kreuzung *US 191/US 163* und dahinter die Ortschaft **Bluff** – die Flussoase in der Felsenwüste. Östlich von **Bluff** kommt man an der **St. Christopher's Mission** vorbei – eine im Navajo-Stil errichtete Kapelle. In der Nähe führt eine Schwingbrücke als Fußgängerbrücke über den **San Juan River**. In **Bluff** fallen die interessanten Felsformationen **Sunbonnet Rock** und die bekannten **Navajo Twins** auf.

Sunbonnet Rock

In Nähe der bekannten Zwillingsfelsenformation **Navajo Twins** in **Bluff** erhebt sich der **Sunbonnet Rock**/Sonnenhut. Bluff geht auf eine Gründung der Mormonen zurück. Eine Hinweistafel der Sons of Utah Picneers (Utah-Pioniersöhne) informiert über die Gründungsgeschichte **Bluffs**:

● **Bluff** war die *erste* Siedlung der Weißen im San Juan County und erster *County Seat*/County-Sitz. Am **6. April 1880** von der San Juan Mission gegründet, die im Auftrag der Mormonenkirche (LDS = Latter Day Saints) freundschaftliche Beziehungen zu den Indianern entwickeln sollte. Nachdem **1879** eine kleine Mormonengruppe hier auf fruchtbares Ackerland gestoßen war, trafen hier Ende Oktober etwa 250 Kolonisten mit 83 Planwagen und tausenden Stück Vieh aus verschiedenen Wohngemeinden Utahs ein. Sie hatten versucht, über die Abkürzung „Hole in the Rock zu gelangen und den Colorado River zu überqueren. Nachdem sie allerdings auf dieser Route nicht weiterkamen, erreichten die völlig erschöpften Siedler schließlich unter größten Strapazen nach fast sechs Monaten diese Stelle".

Vermutlich stieß kaum eine andere Siedlergruppe auf derart große Schwierigkeiten, ihre Häuser aufzubauen und vor Indianerüberfällen zu verteidigen. Der turbulente Fluss war unberechenbar, 40 Jahre lang lebten die Siedler unter ständiger Angst feindlicher Indianerüberfälle. Obgleich ihnen das Leben viele Härten und persönliche Opfer abverlangte, blieben die „Missionare" und hielten die Stellung, bis sie von ihrer Kirche abgelöst wurden.

UTAH ROUTEN 417

Baxter Info-Karte: Route 23/Kayenta, AZ—Monticello

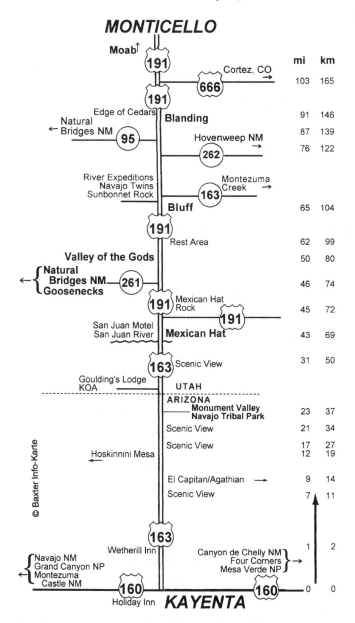

Etwa 10 mi/16 km nördlich von **Bluff** gelangt man auf *US 191* zur Abzweigung der *UT 262*, die ostwärts zum **Hovenweep National Monument** führt. Weiter im Norden gelangt man von *US 191* über *UT 95* zum **Natural Bridges Nationalmonument** und zum **Capitol Reef Nationalpark**.

Vor noch nicht allzu langer Zeit drohte den Bewohner der Gegend **1923** sogar ein Indianeraufstand! In **Blanding** – auf halber Strecke zwischen Bluff und Monticello an *US 191* – befindet sich das **Edge of the Cedars State**

Historic Monument mit Museum, das Exponate über Anasazi, Navajo Indianer, Ute Indianer und die ersten Siedler beherbergt. Hier befinden sich auch die Ruinen der Anasazi, die etwa um 750 A.D. bis 1200 AD. die Gegend bewohnten. In **Monticello** stößt man an der Kreuzung *US 191/US 666* auf das National Parks Information Office; Gelegenheit, neueste Information über Nationalparks der Gegend zu erhalten.

MONTICELLO—MOAB
(Route 24)

Die Entfernung zwischen **Monticello** und **Moab** beträgt etwa 53 mi/85 km. Etwa 4 mi/6 km nördlich liegt der kleine Flughafen – Flugexkursionen und Rundflüge über Canyonlands Nationalpark.

Etwas weiter nordwärts passiert man entlang *US 191* die Abzweigung mit der westwärts abbiegenden *UT 211* zum **Newspaper Rock** und zur **Needles Section** des **Canyonlands Nationalparks.** Von der Aussichtsstelle an der Kreuzung hat man einen schönen Blick auf die westlich von Monticello liegenden **Blue Mountains**, auf die **LaSal Mountains** sowie auf den neben der Straße aufragenden **Church Rock**. Weiter nördlich biegt die Straße westwärts zur **Canyon Rim Recreation Area**, zum **Anticline Overlook** und **Needles Overlook** ab – alles unter Verwaltung des BLM (Bureau of Land Management). Vor Ort nach Straßenzustand erkundigen.

Einer der Höhepunkte der Fahrt zwischen **Monticello** und **Moab** ist der **Wilson Arch**. Der Felsbogen befindet sich dicht neben der Straße.

KAYENTA, AZ—MESA VERDE NP
(Route 25)

Die Entfernung zwischen **Kayenta**, Arizona und dem Eingang zum **Mesa Verde Nationalpark**, Colorado via *US 160* – oft *Navajo Trail* genannt – beträgt etwa 125 mi/200 km. Unterwegs geht es am **Four Corners Monument** vorbei. Hier stoßen die vier (**four**) Bundesstaaten **New Mexico, Arizona, Colorado** und **Utah** zusammen; die **einzige** Stelle in den USA, an der **vier** Bundesstaaten an einem Punkt zusammenstoßen. **1875** wurde hier die erste Four Corners Vermessungsmarkierung erstellt. Das Monument besteht aus einer flachen Bodenplatte, auf der die vier Bundesstaaten markiert sind. Auf allen Vieren – mit beiden Armen und beiden Beinen gleichzeitig – kann man alle vier Bundesstaaten berühren (gutes Urlaubsfoto!).

Sobald man sich in Colorado befindet, passiert man eine Ute Mountain Indian Reservation. Unterkunft in **Cortez** sowie direkt im **Mesa Verde Nationalpark**.

DELTA, UT—SALT LAKE CITY
(Route 26)

Die Entfernung zwischen **Delta** und **Provo** beträgt etwa 90 mi/144 km, während **Delta** von **Salt Lake City** etwa 140 mi/224 km entfernt ist. Eine der Hauptattraktionen entlang *US 6* nördlich von **Delta** ist das Ferien- und Freizeitgelände **Little Sahara Recreation Area** – 24 000 Hektar Sanddünen, die vom Wind bewegt werden. Camping. **Paul Bunyan's Wood Pile** – eine geologische Besonderheit – ist nur mit einem Jeep erreichbar. In **Silver City** führt *UT 36* nordwärts zur Ortschaft **Ophir** und zur Kupfermine **Kennecott's Bingham Canyon Mine** (interessantes Visitors Center mit Ausblick auf die riesige Kupfergrube). Von geht es via *US 6* ostwärts zur *I-15*. Die *I-15* läuft nordwärts nach **Provo** und **Salt Lake City**.

UTAH ROUTEN

Baxter Info-Karte: Route 24/Monticello—Moab und Route 27

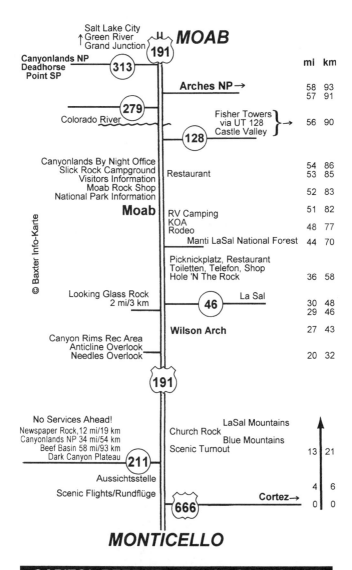

CAPITOL REEF NP—BRYCE CANYON NP

(Route 27)

Zwischen **Capitol Reef Nationalpark** und **Bryce Canyon Nationalpark** hat man mehrere Routen zur Auswahl. Über Straßenzustand südlich von **Torrey** zum **Bryce Canyon NP** über **Escalante** bei Park Rangers erkundigen. Auf dem Weg zwischen den beiden Nationalparks – etwa 110 mi/176 km – passiert man bei **Boulder** ein Indianerdorf – **Anasazi Indian Village**, herrliche Canyons und Reste eines versteinerten Waldes. Über die Burr Trail Road (feste Sandpiste) gibt es eine Verbindung zur **Waterpocket Fold** im

420 UTAH ROUTEN
Route 27: Capitol Reef NP—Bryce Canyon NP

Capitol Reef Nationalpark. **Burr Trail Road** ist gleichzeitig nördlicher Rand des **Grand Staircase-Escalante Nationalmonuments**, die riesige unberührte Wüstenwildnis mit herrlichen Felsformationen und Canyons, vor allem **Escalante River Canyons**.

Eine weitere Route zwischen **Capitol Reef NP** und **Bryce Canyon NP** führt westlich von **Torrey** auf *UT 24* entlang und dann über *UT 62* südwärts zur *US 89*. Man nähert sich **Bryce Canyon NP** vom Westen kommend auf der *UT 12* über den herrlichen **Red Canyon** – etwa 140 mi/224 km. Die Entfernung vom **Bryce Canyon Nationalpark** zum **Zion Nationalpark** beträgt etwa 82 mi/131 km.

Schlüssel zur Baxter Info-Karte: Route 28/Bryce Canyon NP—Kanab

Orientierung:
1-Page, AZ
2-Grand Canyon NP/Nordrand, AZ
3-Zion NP, UT
 -Springdale, UT
 -St. George, UT
4-Cedar Breaks NM, UT
 -Cedar City, UT
5-Salt Lake City, UT
 -245 mi/1392 km
 -Panguitch, UT 7 mi/11 km
6-Capitol Reef NP, UT
 -Torrey/Fruita, *UT/UT 24*
7-Bryce Canyon NP Visitors Center
Bryce Canyon NP, UT
8-Sunrise Point
9-Sunset Point
10-Inspiration Point
11-Bryce Point
12-Paria View
13-Swamp Canyon
14-Farview Point
15-Natural Bridge
16-Agua Canyon
17-Ponderosa Canyon
18-Rainbow Point
19-Yovimpa Point
20-Fairyland Point

21-Mossy Cave
22-Paria Canyon, UT
23-Grand Staircase-Escalante NM, UT
 -Cottonwood Canyon
 -Grosvenor Arch
24-Johnson Canyon
25-Kanab Canyon
 -Moqui Cave

26-Coral Pink Sand Dunes
27-Tankstelle
28-Golden Hills Restaurant
29-Historic Smith Hotel
30-KOA
31-Alton
32-Fish Hatchery/*Fischzucht*
33-Quigley's Hatchtown Station/*populär*
34-Red Canyon Indian Store
 mit Goldsucher-Statue am Eingang
35-Red Canyon
36-Dixie NF Nature Walk/*Naturlehrpfade*
 -Pink Ledges
37-Red Canyon Campground/*Zelte & RVs*
38-Tunnel 1/Tunnel 2
39-Summit 7619 ft/2322 m ü.M.
 Ende des Red Rock Canyon
40-Bryce Canyon Country Store
 -Campground
41-BryceCanyon Airport
42-Tropic

Unterkunft Tel./Fax Vorwahl (435):
A-$$ Best Western Red Hills
  644-2675/644-5919
 -$$ Shilo Inn Motel
  644-25621644-5333
 -$$ Parry Lodge
  644-2601/644-2605
B-$$ Best Western Thunderbird
  648-2203/648-2239
C-$$ Bryce Canyon Western Town
  Kreuzung *US 89 & UT 12*
  676-8770/676-8771
D-$$ Best Western Rubys Inn
  834-5341/834-5265

UTAH ROUTEN 421
Baxter Info-Karte: Bryce Canyon NP—Mt. Carmel Junction

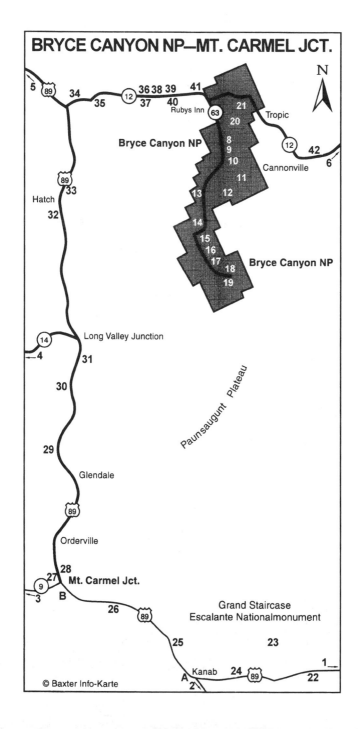

422 UTAH ROUTEN
Route 28: Bryce Canyon NP—Grand Canyon/Nordrand

BRYCE CANYON NP—GRAND CANYON NP
(Route 28)

Die Entfernung zwischen **Bryce Canyon Nationalpark** und dem Nordrand (**North Rim**) des **Grand Canyon Nationalparks** beträgt etwa 165 mi/ 264 km. *US 89* folgt auf ihrem südwärtigen Weg zum Nordrand des **Grand Canyon Nationalparks** teilweise dem **Virgin River**. Günstige Übernachtungsmöglichkeiten in **Mount Carmel Junction** sowie in **Kanab**. Unterkunftreservierung für den Nordrand (North Rim) lässt sich von der Bryce Canyon Lodge im **Bryce Canyon Nationalpark** oder telefonisch via Amfac (303)297-2757 vornehmen.

Schlüssel zur Baxter Info-Karte: Kanab

Orientierung:
1-Page, AZ
 -Lake Powell, UT
 -Grand Staircase-Escalante NM
  via Cottonwood Canyon Rd
 -Glen Canyon
 -Cameron
 -Grand Canyon/Südrand, AZ
 -Flagstaff, AZ
 -Phoenix, AZ, 341 mi/546 km
2-Fredonia, AZ, 7 mi/11 km
 -Jacob Lake, AZ
 -Grand Canyon
  Nordrand, AZ, 81 mi/130 km
3-Zion NP, UT, 31 mi/50 km
 -Hurricane, UT
 -Mt. Carmel Jct., UT
 -Bryce Canyon NP, UT, 79 mi/126 km
 -zur *I-15*
 -St. George via *I-15*
 -Las Vegas, NV via *I-15*
 -Salt Lake City, UT, 302 mi/483 km
4-Kane County Information
5-Pizza Hut
6-RV Park
7-Territorial Restaurant
8-Cemetery/*Friedhof*
9-Supermarkt
10-The Junction Drive-In
 -Tankstelle
11-Colonial Inn
 Steaks, Seafood/Fisch, Hähnchen

12-Tankstelle
 -Quaker's Restaurant/*Tische im Freien*
13-Heritage House
14-Post Office/*Postamt*
15-Bureau of Land Management (BLM)
  etwa 4 Blocks von der Kreuzung
16-Denny's
 -Western Wear/*Western Kleidung*
 -Houston's Trails End Restaurant
  bei Einheimischen beliebt
17-Pharmacy/*Apotheke*
18-Kirche
19-Swimmingpool/Schule
20-John Powell Survey Infotafel
21-Grand Canyon Expedition Info
22-Kanab Canyon
 -Three Lakes Canyon
 -Moqui Cave
 -Grand Staircase-Escalante NM
  via *US 89* & *UT 12* bis Escalante
  zu den Escalante River Canyons

Unterkunft, Tel./Fax (Vorwahl 435):
A-$$ Parry Lodge
 Tel. (435)644-2601/Fax 644-2605
 -Old Barn Theater
 -Family Restaurant & Coffee Shop
B-$$ Best Western Red Hills
 644-2675/644-5919
 -$$Four Seasons Motel
C-$$ Shilo Inn Motel
 644-2562/644-5333

GRAND CANYON NATIONALPARK
NORDRAND/NORTH RIM

„16 Kilometer Luftlinie , aber 344 Straßenkilometer zum Südrand"

♦**Öffnungszeiten:** Nordrand (North Rim) des **Grand Canyon Nationalparks** ist von Ende Mai bis Anfang Okt. geöffnet.
♦**Lage:** Im Norden des US-Bundesstaates Arizona.
♦**Entfernungen** in Meilen/Kilometer: Südrand & Nordrand liegen etwa 10 mi/16 km (Luftlinie) auseinander, 23 mi/37 km Wanderwege.
♦**Günstigste Besuchszeiten:** Juni-September.
♦**Wetter:** Wegen der Höhenlage des Nordrands (etwa 2438 m ü.M.) sind die Temperaturen im Sommer tagsüber frisch; nachts kühl. Im Winter ist der Nordrand zugeschneit. Der Nordrand hat mit 42 cm jährlicher Niederschlagsmenge etwa zweimal so viel Niederschlag wie der Südrand. Der Juni ist der trockenste Sommermonat, August der feuchteste. Durchschnittliche Tiefst- & Höchsttemperaturen am Tage, in °C in bestimmten Monaten am Nordrand: Juni 4 & 23; August 7 & 24.

UTAH ROUTEN 423

Baxter Info-Karte: Kanab/Route 28 zum Grand Canyon/Nordrand

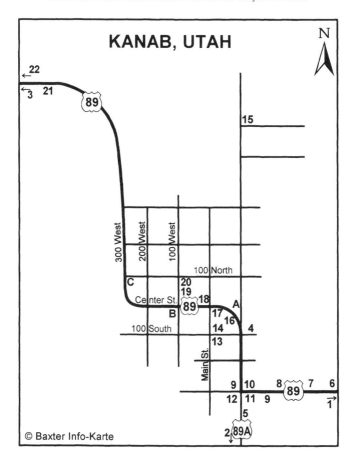

♦**Ausmaße:** Die Gesamtfläche des Grand Canyon Nationalparks umfasst 493 077 Hektar – 4931 Quadratkilometer. Am besten misst man die Größe des Canyon in Flussmeilen unten am Boden des Canyon. Grand Canyon ist 277 mi/446 km lang, beginnt bei Lees Ferry (Meile 0) und endet bei den Grand Wash Cliffs (Meile 277/km 446).
♦**Eingänge:** Ein einziger Eingang zum Nordrand über **Jacob Lake**. Anfahrt von **Kanab** und **Fredonia** über *US 89* und *US 89 ALT* via **Jacob Lake** und *AZ 67*.
♦**Ausgangsorte:** Hauptausgangsorte zum Nordrand Las Vegas, Salt Lake City, Kanab, Mt. Carmel Junction und Jacob Lake. Kein Anschluss an öffentliche Verkehrsmittel.
♦**Verkehrsmittel & Touren: Rim to Rim Shuttle Service** mit Minivans via Trans Canyon Shuttle; saisonbedingt zwischen North Rim und South Rim (ca. 5 Std.); Gebühr; Info (520)638-2820. – – **Trail Rides**/Maultierritte via North Kaibab Trail in den Canyon zum Supai Tunnel (½-Tag 8-13 Uhr) und Roaring Springs (1-Tag); 1310 m Höhenunterschied! Auch 1stündige Ausritte mit Pferden am Canyonrand entlang; Info Canyon Trail Rides, P.O. Box 128, Tropic, UT 84776, Tel (435)679-8665. – – Kostenlose Veranstaltungen der **Park Rangers**/Park-Naturkunde-Experten – begleitete Wanderungen, Vorträge; in Parkzeitung informieren. – – Floßfahrten/**River Raft Trips** auf dem Colorado River Info via Grand Canyon Chamber of Commerce, P.O. Box 3007, Grand Canyon, AZ 86023, Tel. (520)638-2901, E-mail: info@grandcanyonchamber.org
♦**Unterkunft:** Grand Canyon Lodge im Park – Cabins/Hütten & Motelzimmer (Ende Mai-Anf. Okt.); Info & Reservierung via Amfac Parks & Resorts, 14001 E. Iliff St., Suite 600, Aurora, CO 80014, Tel. (303)297-2757/Fax 338-2045.

424 UTAH ROUTEN
Route 28: Bryce Canyon—Grand Canyon/Nordrand

♦**Camping:** Nur ein Campingplatz im Park **North Rim Campground**; *no hookups*; Reservierung erforderlich (bis 5 Monate im voraus) – via Biospheries geb.frei 1-800-365-2267 oder online: http://reservations.nps.gov

♦**Attraktionen:** Die größte Attraktion ist der **Grand Canyon** des Colorado River – 1310 m in der Tiefe unter dem Nordrand Der **Colorado** ist 2333 km lang von den Rocky Mountains in Colorado bis zum Gulf of California in Mexiko.

Der Grand Canyon ist nur einer von vielen herrlichen Canyons, die der Fluss gegraben hat. Weitere Canyons sind Cataract Canyon und Glen Canyon, der unter dem Wasser des Lake Powell liegt.

Obwohl die hintereinander geschichteten Tafelberge und Bergkuppen oft einen direkten Blick vom North Rim zum Colorado River versperren, gibt es spektakuläre Aussichten auf andere Naturschönheiten der Canyonlandschaft. Die Aussichtsstellen am Nordrand – **Bright Angel Point, Point Imperial & Cape Royal** sind alle mit der Panoramastraße verbunden.

♦**Tierwelt:** Maultierhirsche, Kojote, Streifenhörnchen, Eichhörnchen und viele andere Tierarten.

♦**Wandern:** Der einzige, gewartete Wanderweg in den Canyon hinab ist der **North Kaibab Trail**; führt zur Phantom Ranch und zum Colorado River – etwa 14 mi/23 km. Unten vom Fluss erreicht man den Südrand (über den 9 mi/14 km langen **Bright Angel Trail**. Ein Trip zum Canyonboden und zurück dauert zu Fuß oder mit dem Maultier 2 Tage. Rim-to-Rim Hiker brauchen im allgemeinen 3 Tage, um vom North Rim zum South Rim zu gelangen. Ein Trip durch den Grand Canyon mit einem River Raft kann 2 Wochen und länger dauern.

Entlang des Nordcanyonrands gibt es weitere reizvolle Wanderwege durch Waldbestände. Widforss Trail (8 km, einfach) oder Ken Patrick Trail (16 km).

♦**Visitors Center.** 15.5.-16.10. tägl. 8 bis 18 Uhr; neben Parkplatz auf Bright Angel Peninsula. Back Permits Office bei North Rim Ranger Station; bei Übernachtung unterhalb vom Rim Backcountry Permit erforderlich; Tel. Mo.-Fr. (520)638-7875.

♦**Restauration:** Grand Canyon Lodge mit Dining Room und Snack Bar ausgestattet. Restaurants in Kaibab Lodge 18 mi/29 km und Jacob Lake Inn 45 mi/72 km entfernt. Kleiner Camper Store beim North Rim Campground.

♦**Zeit**: Arizona geht **nicht** auf Sommerzeit/Daylight Savings Time, ist also die Hälfte des Jahres auf Mountain Standard Time, die andere Hälfte auf Pacific Time, mit Ausnahme der Navajo Reservation im Nordwestzipfel des Bundesstaats, die auf Sommerzeit geht und somit das ganze Jahr über auf Mountain Standard Time bleibt.

Schlüssel zur Baxter Info-Karte: Grand Canyon/North Rim

1-Bryce Canyon Nationalpark
-Grand Staircase-Escalante NM
-Capitol Reef NP
2-Kanab
-Zion Nationalpark
3-Airport
4-Fredonia
5-Jacob Lake
-Jacob Lake Inn/(520)643-7232
-Kaibab Lodge/(520)638-2389
-Jacob Lake Campground
6-Marble Canyon
7-Lees Ferry
Ausgangspunkt für River Raft Trips auf dem Colorado River
8-Wahweap Lodge
9-Page
10-Lake Powell
11-Cameron
-Glen Canyon
12-Cameron
-Glen Canyon
13-Little Colorado River
-North Rim
14-Colorado River 2400 ft/732 m ü.M.
14-DeMotte Campground
16-Kaibab Lodge 8760 ft/2670 m ü.M.
17-Bright Angel Point 8145 m/2483 m ü.M.
18-Brahma Temple 7535 ft/2297 m ü.M.
-North Rim Campground
-Cabins
-Grand Canyon Lodge
19-Point Imperial 8803 ft/2683 m ü.M.
20-Uncle Jim Point 8336 ft/2541 m ü.M.
21-Cape Royal 7865 ft/2397 m ü.M.
22-Angels Window
23-Vishnu Temple 7529 ft/2295 m ü.M.
24-Wothas Throne 7633 ft/2327 m ü.M.
25-Shiva Temple 7618 ft/2322 m ü.M.
26-Point Sublime 7458 ft/2273 m ü.M.
27-North Kaibab Trail
28-Bright Angel Creek
29-Phantom Ranch
30-Phantom Creek
31-South Kaibab Trail
32-Bright Angel Trail
33-Grand Canyon Village
-Transportation Orientation Center
-Mather Point
34-Yaki Point 7260 ft/2213 m ü.M.
-Bright Angel Logde 6860 ft/2091 m ü.M.
35-Yusayan
-Grand Canyon Airport
36-Flagstaff
-Williams
-Grand Canyon Railway Williams-South Rim
37-Hermits Rest 6789 ft/2069 m ü.M.
38-Desert View 7838 ft/2267 m ü.M.
39-Manu Temple 7181 ft/2189 m ü.M.
40-Buddha Temple 7203 ft/2195 m ü.M.

UTAH ROUTEN 425

Baxter Info-Karte: Route 28/Bryce Canyon—Grand Canyon/Nordrand

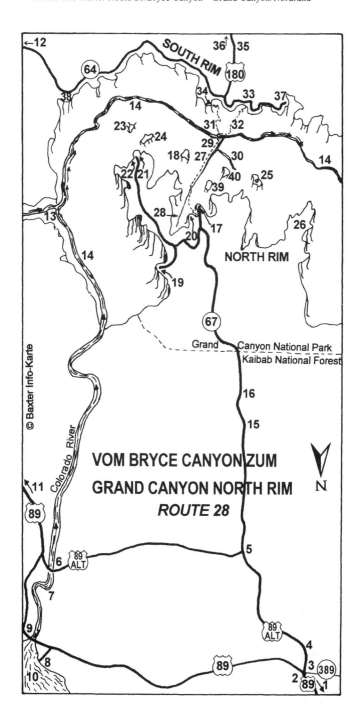

426 UTAH ROUTEN
Route 28/Bryce Canyon—Grand Canyon/Nordrand

♦**Brighty**. In der Lobby der Grand Canyon Lodge wird der Besucher von einem Wildesel in Bronze begrüßt – eine Arbeit des Bildhauers Peter Jepson. Um 1892 bis 1922 schleppte Brighty, der Wildesel, im Sommer Wasser von einer Quelle unter dem Canyonrand hinauf zur Lodge. Ursprünglich Bright Angel genannt wie der Bach, der von seiner Sommerheimat am North Rim in den Canyon floss, nannte ihn jedoch jeder Brighty. Wildesel stammen nicht aus Nordamerika, sie wurden vielmehr erst Ende der 1800er Jahre von Prospectoren ins Land gebracht. Inzwischen haben sie sich derart vermehrt, dass sie zum Problem einheimischer Pflanzen und Tiere geworden sind. Die letzten Wildesel hat man in den 1980er Jahren aus dem Grand Canyon entfernt.

♦**Information:** Grand Canyon National Park, National Park Service, P.O. Box 129, Grand Canyon, AZ 86023, Tel. (520)638-7888/Fax 638-7797; Internet: GRCA_Superintendent@nps.gov

♦**Backcountry Permit:** Backcountry Office, P.O. Box 129, Grand Canyon, AZ 86023, Tel. (520)638-7875/Fax 638-2125; Online Backcountry Permit – www.thecanyon.com/nps/backcountry/application.htm

Randbemerkungen zur Grand Canyon Region

Der **Nordrand** des **Grand Canyon** liegt gut 2500 Meter hoch, also rund 300 Meter höher als sein Gegenüber. Diese Differenz macht sich im Klima bemerkbar, hier ist es durchschnittlich 5 Grad kühler als am 16 Kilometer Luftlinie entfernten **South Rim**. Wegen starker Schneefälle ist die Zufahrt zum nördlichen Teil des Nationalparks von Ende Oktober bis Mitte Mai für Fahrzeuge gesperrt.

♦**Indianer.** Prähistorische Pueblo Kulturen siedelten sich in der Four Corners Region an. In der Grand Canyon Region stieß man auf Spuren aus einer Zeitperiode von 200 v.Chr. bis 1300 A.D. Etwa um 1300 A.D. zogen sie in die Area und sind vermutlich Vorfahren der **Hopi-Indianer**, die in der östlich vom Grand Canyon liegenden Region leben.

Auf der **Black Mesa**, inmitten des Navajo-Reservats, liegt die gut 6000 Quadratkilometer große **Hopi Indian Reservation**. Hopiland erstreckt sich entlang *AZ 264* von **Tuba City/Moenkopi** – Kreuzung *AZ 264 & US 160* – durch den **Keams Canyon** bis **Ganado** an *US 191 & AZ 264*. Dort verteilen sich auf der **First, Second** und **Third Mesa** die Hopi-Dörfer **Hotevilla, Kykotsmowi Village, Second Mesa** und **Polacca**. Die Hopi, Nachfahren der Anasazi, leben in einem Reservat, das als Enklave inmitten des Navajogebietes liegt. 25 km östlich von **Tuba City** taucht linker Hand in der Einöde ein Windrad am Horizont auf. Man erreicht es auf einer holprigen Schotterstraße. Unmittelbar dahinter öffnet sich ein weiter Blick über den in Weiß und Rosa leuchtenden **Coal Mine Canyon**. Die *AZ 264* verläuft bergauf, bergab, in weiten Schwüngen über drei Mesas, die drei großen Tafelberge im Stammesland der Hopi.

Hier lebt der Stamm seit 1500 Jahren; das um 1100 gegründete Dorf **Oraibi** auf der **Third Mesa** zählt zu den ältesten kontinuierlich bewohnten Siedlungen Nordamerikas. Sehenswert ist **Walpi** auf einer steilen Zinne hoch über der Wüste (hier Führung obligatorisch). Im **Hopi Cultural Center** – Information, Museum, Restaurant und Unterkunft und Souvenirs, auch Hopitouren im Sommer tägl. (540)734-2401) – auf **Second Mesa** und in den Besucherzentren einzelner Dörfer kann man sich über zugängliche Zeremonien informieren.

Die rund 10 000 Hopi gelten die traditionsbewusstesten Ureinwohner-Nation im Südwesten. Von ihren religiösen Zeremonien sind Touristen meist ausgeschlossen – etwa dem **Snake Dance**, bei dem die Tänzer mit lebenden Klapperschlangen hantieren, oder den **Kachina-Tänzen**. Kachinas sind geisterhafte Wesen, die in der ersten Jahreshälfte in die Welt der Menschen kommen, um deren Harmonie zu sichern und um den Feldern Regen und Fruchtbarkeit zu bringen. Im Juli kehren sie in ihre Heimat in den San Francisco Mountains bei Flagstaff zurück. Geschnitzte Kachina-Puppen weisen Hopi-Kinder in die Ritualwelt der Ahnen ein. Wer indianischen Schmuck und Kachina-Puppen in guter Qualität und zu vernünftigen Preisen erwerben möchte, findet bei Monongya Gallery (Third Mesa) und Dawa's (Second Mesa) eine gute Auswahl.

Am Ende der 125 mi/200 km langen Route – auch *Navajo Route 3* genannt – passiert man die **Hubbel Trading Post**. Der 1876 gegründete Handelsposten ist heute eine National Historic Site; wurde als Vermittlerstation zwischen Indianern und Weißen gegründet; täglich 8-18 Uhr, Führungen des National Park Service 9-16 Uhr. Die Trading Post umfasst einen General Store mit Kanonenöfchen, Souvenir Shop. Außerdem gibt es einen Verkaufsraum mit handgewebten Navajo Rugs. Weben ist eine hohe Kunst der Navajo. Je dichter gewebt und je schwerer ein Teppich, desto wertvoller ist er. Ob die Teppiche mit fabrikmäßig hergestelltem Garn oder handgesponnener Wolle und Pflanzenfarben gewebt sind, ändert nichts an der Echtheit des Teppichs – wohl aber am Preis. Im Visitors Center kann man auch Navajokünstler bei der Fertigung von Silberschmuck zuschauen.

ANHANG: ALLGEMEINE USA-INFO
Einreiseformalitäten/Automieten

ANHANG:
Hier einiges an wichtiger allgemeiner Information für den USA-Besuch und die Rundreise durch den Westen der USA.

ALLGEMEINE USA-INFO

● **Ankunft.** Erste Station nach Ankunft in den USA ist die Einwanderungsbehörde – **Immigrations.** Vor Ankunft in den Vereinigten Staaten müssen ausländische Staatsbürger, die kein Besuchervisum haben und zur Teilnahme am Programm zur Befreiung von der Visumpflicht berechtigt sind *(Visa Waiver Program)* zur Einreise bei der Einreisekontrolle folgende **Einreisepapiere** für den *Immigrations*-Beamten bereithalten (**jedes** Familienmitglied muss ein Formular ausfüllen!):
– **Reisepass**;
– **vollständig ausgefüllte** Formulare I-94 (weiß), I-94 W (grün) – alle Angaben zur Person und Reise auf der Vorderseite der Karte müssen ausgefüllt werden; sich vergewissern, dass alle Fragen beantwortet und an der vorgesehenen Stelle auf der Rückseite dieses Formulars Unterschrift und Datum eingesetzt wurde;
– Zollerklärung – **Customs Declaration** (weiß);
– und **Flugtickets**.
Über korrektes Ausfüllen der Einreiseformulare bei Flugbegleitern erkundigen (die meisten Magazine der Fluggesellschaften enthalten im hinteren Teil genaue Anleitung zum Ausfüllen der Formulare, oft auch in deutscher Sprache). Abfertigungsschalter für „Visitors" (oder *„Non U.S. Citizens"* – nicht *U.S. Citizens*) aufsuchen.

STOP ⊖ STOP

Nach Abwicklung der Einreiseformalitäten begibt man sich zum entsprechenden Gepäckband, um sämtliches aufgegebenes Gepäck in Empfang zu nehmen. Nächste Station ist die Zollabfertigung – **Customs**. Mit **gesamtem** Gepäck zur Zollabfertigung begeben. Zollerklärung – **Customs Declaration** abgeben. Nach der Zollabfertigung begibt man sich zum *Exit* – Ausgang des Abfertigungsbereichs, sofern nicht wegen Weiterflugs unterschiedliche Regelung (beim zuständigen Bodenpersonal erkundigen).

Nach der Einreiseabfertigung stehen dem Reisenden verschiedene Dienstleistungen zur Verfügung, wie **Change** – Geldwechsel, Telefone, Toiletten – *restrooms* (in der Regel auch innerhalb des Abfertigungsbereichs), **Hotel**- und **Tourist Information** (unbedingt kostenlose Straßenkarte besorgen), **Car Rental** – Autovermieter, Taxis, Abholer-Vans von Hotels und Autovermietern und öffentliche Verkehrsmittel sowie Restaurants und Zeitungsläden (ggf. auf der Ebene der Check-In-Schalter der Fluglinien).

Nach Flugzeiten von 9 bis 12 Stunden meldet sich der „Jet lag" mit Müdigkeit und/oder Schlaflosigkeit. In der ersten Nacht ist viel Schlaf wichtig, das bedeutet, früh ins Bett gehen und möglichst lange schlafen. Möglichst keine langen Strecken nach Ankunft zurücklegen; ratsam, erste Nacht in Flughafennähe verbringen. Für Camper-Reisende besonders wichtig, für die erste Übernachtung **vor** Übernahme des Fahrzeugs (Abholstelle oft weit vom Flughafen entfernt – bis zu 100 km) ein Flughafenhotel zu buchen, um ausgeruht am Folgetag Fahrzeug vom Vermieter zu übernehmen und von dort Reise starten.

Unter Umständen meldet sich die „innere Uhr" doch noch ein bis zwei Tage nach Ankunft und lässt einen evtl. mitten in der Nacht aufwachen, bis sich der Körper völlig der Ortszeit angepasst hat.

● **Auskunft.** Stadtinformation bei Handelskammer – **Chamber of Commerce** – oder bei Tourist Information – **Visitors Bureau**. In Nationalparks erteilen Park Rangers der Besucherzentren – **Visitor Centers** Auskunft.

● **Automieten.** Gültiger nationaler Führerschein – muss mindestens ein Jahr alt sein (Mitnahme eines internationalen Führerscheins nicht Bedingung). Mindestalter des Mieters variiert, ist im allgemeinen 19/21 bis 25 Jahre; Zuschlag bei 19 bis 24jährigen Fahrern. Kaution nur mit **Kreditkarte** (oder auch Reiseschecks) hinterlegen; bei Kreditkarte müssen Karteninhaber und Mieter identisch sein. Zusatzfahrer muss oft eigene Kreditkarte vorlegen; manche Vermieter berechnen Gebühr für Zusatzfahrer.

428 ANHANG: ALLGEMEINE USA-INFO
Automieten/Botschaften/Konsulate

Freimeilen variieren unter den Vermietern. **Nicht erlaubt** bei manchen Autovermietern (insbesondere für Campers/RVs) Death Valley (im Sommer), ferner Schotterstraßen/*gravel roads* sowie nicht öffentliche Straßen/*off roads*.

Versicherung: CDW (Collision Damage Waiver)/**LDW** (Loss Damage Waiver) – Haftungsbefreiung ohne zusätzliche Kosten vor Ort, deckt die Schäden am eigenen Fahrzeug, inkl. Diebstahl ab (mit Selbstbeteiligung von ca. $100 je Schadensfall) – ca. $20/Tag. **PEP** (Personal Effects Protection) – Gepäckversicherung – meist nur in Verbindung mit **PAI** (Personal Accident Insurance)/Insassenunfallversicherung erhältlich (je $2-5/Tag). Bei **Pers Pro** (Personal Protection) Versicherung handelt es sich um eine Insassen- & Gepäckversicherung für den Mieter und alle zusätzlichen Insassen (ca. $8/Tag). Als Faustregel pro Miettag etwa den Tagesmietpreis **verdoppeln**, um alle Versicherungen und Kosten (ohne Benzin) einzukalkulieren!

Rundreise planen, um Fahrzeug wieder beim selben Vermieter abzugeben, da sonst meistens Rückführungsgebühr –**drop off charge** – zu zahlen ist. Bei Anmieten am Flughafen meistens zusätzlich Flughafengebühr – **Airport Fee.** Nicht im Mietpreis enthalten sind lokale Steuern/**sales tax** sowie Benzin (Normalbenzin/*regular lead free* ca. $1.60/Gallone = 3,785 Liter). Empfehlenswert, Fahrzeug vollgetankt zurückgeben, da sonst die fehlende Treibstoffmenge in Rechnung gestellt wird (erheblich teurer). Weitere Info über Campers/RVs siehe unter **Unterwegs im Campmobil** (S. 438 ff.).

Mietwagenkategorien: *Economy/Subcompact* (4 Sitze, 2/4 Türen), z.B. GM GeoMetro, Ford Escort; *Compact* (4/5 Sitze, 2/4 Türen), z.B. Pontiac Sunfire, Ford Escort; *Mid Size/Intermediate* (5 Sitze, 2/4 Türen), z.B. Chevrolet Corsica, Ford Contour; *Full Size* (5 Sitze, 2/4 Türen), z.B. Pontiac Grand Prix, Ford Thunderbird, Ford Taurus; *Premium* (5 Sitze, 4 Türen), z.B. Pontiac Bonneville, Ford Crown Victoria; *Luxury* (5 Sitze, 4 Türen), z.B. Cadillac Sedan de Ville, Lincoln Town Car; *Minivan* (7/8 Sitze, 3 Türen) Pontiac Trans Sport, Chevrolet Venture, Ford Windstar oder Chevrolet Astrovan; *Four-Wheel Drive*/Allradantrieb (4 Sitze, 4 Türen), z.B. Sports Utility Vehicle (SUV), Chevrolet Blazer; *Cabriolet* (2 Sitze, 2türig), z.B. Chevrolet Cavalier, Pontiac Sunfire, Ford Mustang. Alle Fahrzeuge in der Regel mit Automatik und Klimaanlage.

Bei Pannen während der Fahrt Reparaturen bis zu ca. $25 einfach bei der nächsten Werkstatt ausführen. Gegen Vorlage der Quittung erstattet der Vermieter die entstandenen Kosten. Bei größeren Reparaturen vorher tel. Zustimmung des Vermieters einholen; Kontakt-Tel./Fax vorher notieren.

● **Botschaft/Konsulat.**

Botschaften:

Deutsche Botschaft
4645 Reservoir Rd.
NW Washington, D.C. 20007
Tel. (202)298-4000/Fax 298-4249
oder Fax 333-2653

Österreichische Botschaft
3524 International Court
NW Washington, D.C. 20008
Tel. (202)895-6700

Schweizer Botschaft
2900 Cathedral Ave.
NW Washington, D.C. 20008
Tel. (202)745-7900/Fax 387-2564

US Botschaft/Konsulate
in Deutschland:

American Embassy
Clayallee 170
14195 **Berlin**
Tel. (030)832-9233/Fax(030)8305-1215
Visa Hotline (2,42 DM/Min):
(0190)915-000

Konsulate in den USA:
German Consulate General
6222 Wilshire Blvd./Suite 500
Los Angeles, CA 90048
Tel. (323)930-2703/Fax 930-2805

German Consulate General
1960 Jackson St.
San Francisco, CA 94109
Tel. (415)775-1061/Fax 775-0187

Austrian Consulate General
11859 Wilshire Blvd./Suite 501
Los Angeles, CA 90025
Tel. (310)444-9310/Fax 477-9897

Swiss Consulate General
11766 Wilshire Blvd./Suite 1400
Los Angeles, CA 90025
Tel. (310)575-1145/Fax 575-1982

U.S. Consulate General
Siesmayerstr. 21
60323 **Frankfurt**/Tel. (069)7535-0
Visa Service: (0190)5000
Fax (0190)92-110-110

U.S Consulate General
Kennedydamm 17
40476 **Düsseldorf**/Tel.(0211)470-610
Fax (0211)431-448

ANHANG: ALLGEMEINE USA-INFO 429
Botschaften/Konsulate/Highways/Mahlzeiten

U.S. Consulate General
Alsteruferr 27/28
20354 **Hamburg**
Tel. (040)411-71-0/Fax (040)417-665

U.S. Consulate General
Wilhelm-Seyfferth-Str. 4
04107 **Leipzig**
Tel. (0341)213-840

U.S. Consulate General
Königinstr. 5
80439 **München**
Tel. (089)288-8729
Fax (089)280-9998

**U.S. Botschaft/Konsulate
in Österreich:**
American Embassy
Boltzmanngasse 16
Unit 27937

A-1091 **Wien**
Tel. 31339/Fax 310-0682

American Embassy
Consular Section
Gartenbaupromenade 2
A-1010 **Wien**
Tel. 31339-0/Fax 5134351

**Visa Info Service:
(045)8015-0182**

**U.S. Botschaft/Konsulate
in der Schweiz:**
American Embassy
Jubiläumsstr. 93
CH-3001 **Bern**
Tel. (31)357-7011
oder (31)357-7218
Fax (31)357-7344
Internet: www.us-embassy.ch

● **Elektrische Geräte.** In den USA **110 Volt**. Am besten batteriebetriebene oder umschaltbare Elektrogeräte mitnehmen. Adapter, Zwischenstecker für US-Steckdosen nicht vergessen. Gerät zu Hause testen.

● **Entfernungen/Highways/Geschwindigkeit.**
– **Entfernungsangaben** in Meilen (1 Meile = 1,6 Kilometer). Entfernungsangaben in diesem Reiseführer jeweils in Meilen/Kilometer (mi/km).
– **Highway/Straßennetz** umfasst verschiedene Straßentypen. **Interstate Highways** (Abkürzung z.B. *I-25* oder *I-70* usw.); mehrspurige, gut ausgebaute Schnellstraßen (mit Autobahnsystem vergleichbar); **gerade** Nummerierung für Ost-West-, **ungerade** Nummerierung für Nordsüdrichtung. **U.S. Federal Highway** (Abkürzung z.B. *US 285*) verläuft auch interstaatlich. **State Route** oder Colorado (Abkürzung *CO 13* usw.), Nevada *(NV 160)* und Utah *(UT 9, UT 12* oder *UT 59)* sowie Arizona (Abkürzung *AZ 95)* und Kalifornien (Abkürzung *CA 18)*, auch *SR 13*, *SR 160*, *SR 9* oder *SR 18* abgekürzt, sind innerhalb des Bundesstaats verlaufende Landstraßen. Daneben gibt es *Secondary State* und *County Highways*.

Ferner gibt es Farm Roads *(FM* abgekürzt) oder Ranch Roads *(RM)*, kleine, aber meist gut ausgebaute Landstraßen innerhalb des Bundesstaats. Expressways *(Expw)*, Parkways *(Pkwy)*, Freeways *(Frwy)*, Turnpikes *(Tpk)* oder *Toll Roads* (gebührenpflichtige Straßen). *Interchanges* sind Highway-Kreuzungen.
– **Höchstgeschwindigkeit/speed limit** variiert auf Interstate Highways:
– Colorado 75 mph/ 120 km/h – Arizona   75 mph/ 120 km/h
– Nevada   75 mph/ 120 km/h – California 70 mph/ 112 km/h
– Utah   75 mph/ 120 km/h

Sich stets an die jeweils angegebene Geschwindigkeitsbegrenzung *(mph = miles per hour)* halten. Innerhalb Nationalparks kontrollieren Park Rangers, sonst Radarkontrollen von Helikoptern und Flugzeugen sowie postierten Kontrollposten der State Police am Highway; Raser werden empfindlich bestraft.

● **Essen.** Drei Hauptmahlzeiten – **Breakfast**/Frühstück (etwa 7-10 Uhr; manche Restaurants servieren *Breakfast* 24 Std., **lunch**/Mittagessen (11.30 bis 14 Uhr) und **Dinner**/Abendessen (17-20 Uhr). *Early bird specials* sind preiswerte Speisen vor der eigentlichen Essenszeit, z.B. Dinner vor 17 oder 18 Uhr. *Brunch* (**Breakfast** & **Lunch** kombiniert) etwa 11-14 Uhr, meist an Wochenenden.

Happy hour – in der Regel Drinks zum halben Preis oder *two for one* (zwei Drinks zum Preis für einen), meistens 17-19 Uhr. *Daily specials* – preiswertes Tagesessen (meistens komplettes Menü mit Suppe oder Salat, ggf. sogar Kaffee); oft gleich beim Eingang des Restaurants angeschlagen oder Spezialspeisekarte beigelegt. Auf alle Fälle nach *daily special* erkundigen. Die Speisekarte heißt *menu*. Wasser mit Eiswürfeln steht meist bereit oder wird auf Verlangen kostenlos serviert. Kaffee wird in der Regel ohne Aufpreis nachgeschenkt.

Im allgemeinen wartet man beim Eingang zum Restaurant, bis ein Tisch zugewiesen wird – Schild *„please wait to be seated"* macht aufmerksam. Bedienungsgeld ist nicht im Preis enthalten; man rechnet 15% von Rechnungssumme und lässt den Betrag für die Bedienung auf dem Tisch zurück oder addiert bei Zahlung mit Kreditkarte entsprechend zum Endpreis. Hierzu Baxter's praktische **Tip-Tabelle** (S. 462) benutzen. Bei Fast-food Lokalen der bekannten Lokalketten sowie Cafeterias wird **kein** Trinkgeld gegeben. Viele Supermärkte offerieren preiswertes Essen in der **Deli**-Abteilung

430 ANHANG: ALLGEMEINE USA-INFO
Feiertage/Fernsehen/Geld

- **Feiertage.**
  1. Januar: **New Year's Day**
  3. Montag im Januar: **Martin Luther King Jr. Geburtstag**
  3. Montag im Februar: **George Washington Geburtstag**
  oder **President's Day** oder Washington-Lincoln Day
  Letzter Montag im Mai: **Memorial Day** (Hochsaison-Beginn)
  4. Juli: **Fourth of July**
  Independence Day/Unabhängigkeitstag
  1. Montag im September: **Labor Day** (Hochsaison-Ende)
  2. Montag im Oktober: **Columbus Day**
  1. Dienstag nach dem 1. Montag im November:
  Election Day/Wahltag
  11. November: **Veterans Day**/Kriegergedenktag
  4. Donnerstag im November: **Thanksgiving**
  Erntedankfest
  25. Dezember: **Christmas**/Weihnachten

In den USA wird jeder Feiertag, der auf einen Sonntag fällt, am darauffolgenden Montag gefeiert. Darauf achten, dass Ostermontag, Pfingstmontag und 2. Weihnachtsfeiertag in den USA keine offiziellen Feiertage sind. Hauptferienzeit etwa zwischen Memorial Day und Labor Day. Osterferien/Spring Break bringen meistens Ansturm der College Studenten zu beliebten Reisezielen. Um den 4. Juli herrscht überall Hochbetrieb, beispielsweise in den Nationalparks. Da Memorial Day und Labor Day stets auf einen Montag fallen, ist an diesen verlängerten Wochenenden immer mit starkem Verkehrsaufkommen, Gedränge in Vergnügungsparks und ausgebuchten Hotels an Ausflugszielen zu rechnen.

- **Fernsehen.** TV (Television) bietet auf mehreren Kanälen Programme rund um die Uhr. Da das US-Fernsehen von der Werbung finanziert wird (keine Rundfunk- und Fernsehgebühren; Gebühr nur für Anschluss an Cabel-Channels), werden die Sendungen sehr häufig von Werbung unterbrochen.

Fast jedes Hotel-/Motelzimmer ist mit Fernseher ausgestattet (Ausnahme in Nationalparks, Cabins und manchen Lodges). Hauptfernsehanstalten sind ABC (American Broadcasting Company), CBS (Columbia Broadcasting Company), NBC (National Broadcasting Company), Fox Television und PBS (Public Broadcasting Service). Daneben gibt es eine Reihe Cable Gesellschaften wie AMC (American Movie Classic), BET (Black Entertainment Television), CNN (Cable News Network), C-Span (Cable-Satellite Public Affairs Network), DIS (The Disney Channel), ESPN, MTV (Music Television), NICK-Nickelodeon/Nick at Nite, TBS (Turner Broadcasting System), TDC (The Discovery Channel) und USA-USA Network.

- **Geld.** US-Banknoten einheitlicher Größe und Farbe und unterschiedlich große Münzen. Gängige Banknoten sind **$1** (Porträt George Washington; erster Präsident der USA, 1732-1799), **$2** (Jefferson), **$5** (Lincoln), **$10** (Alexander Hamilton, 1755-1804, erster Schatzmeister der USA), **$20** (Andrew Jackson, 7. US-Präsident, 1767-1845); bei **$50** (Ulysses S. Grant, 1822-1885, 18. US-Präsident) und **$100** (Benjamin Franklin, 1706-1790, Erfinder und einer der bedeutendsten Politiker des frühen Amerika) gibt es schon Probleme, sie loszuwerden, da diese Geldgrößen im allgemeinen nicht gerne akzeptiert werden. Darüber hinaus gibt es **$500** (McKinley), **$1000** (Cleveland), **$5000** (Madison) und **$10000** (Chase) in Banknoten.

Auch die US-Münzen reflektieren ein wenig Geschichte. **1-Cent-Münze** – *penny* – (Kupfermünze) zeigt Abraham Lincoln, 1809-1865, den 16. US-Präsident (die Rückseite der Münze zeigt eines der attraktivsten Denkmäler in Washington, D.C. – Lincoln Memorial). Lincoln hielt während des Amerikanischen Bürgerkriegs/*Civil War*, 1861-1865, die Union der USA zusammen und schaffte die Sklaverei ab.

5-Cent-Münze – *nickel*– mit Thomas Jefferson (1743-1826, der 3. US-Präsident, Verfasser der Unabhängigkeitserklärung) und auf der Rückseite Jeffersons bildhübscher Landsitz Monticello in Virginia. **10-Cent-Münze** –*dime* – zeigt Franklin D. Roosevelt, 1882-1945, den 32. US-Präsidenten.

Auf der **25-Cent-Münze** – *quarter* – ist George Washington abgebildet. Von 1999 bis 2008 erfolgt alljährlich die Ausgabe einer Serie von fünf 25-Cent-Münzen mit jeweils unterschiedlicher Rückseite jedes der 50 Bundesstaaten, und zwar in der Reihenfolge des Beitritts der einzelnen Bundesstaaten, angefangen mit Delaware (1787) bis Hawaii als letzter, beigetretener Bundesstaat (1959); Kalifornien ist im Jahr 2005, Colorado und Nevada 2006, Utah 2007 und Arizona 2008 an der Reihe.

Seit Januar 2000 ist die **1-Dollar-Münze**/*Golden Dollar Coin* (Goldwirkung) in Umlauf, eine Seite zeigt Sacagawea (eine Shoshone Indianerin, die Lewis und Clark als Dolmetscherin diente) mit ihrem Baby-Sohn, die andere Seite einen amerikanischen Adler mit 17 Sternen (einen Stern für jeden Bundesstaat zur Zeit der Expedition von Lewis und Clark). Zuvor wurden bereits 1-Dollar-Münzen herausgegeben – Eisenhower Dollar (1971-1978) und Susan B. Anthony Dollar (1979-1981), die zwar immer noch als Zahlungsmittel gelten, aber nur in geringen Mengen in Umlauf sind, da meistens gesammelt werden.

ANHANG: ALLGEMEINE USA-INFO 431
Geld/Maße & Gewichte

Als **Zahlungsmittel** zweckmäßigerweise vor Reiseantritt Kreditkarte besorgen, fast unerlässlich beim Automieten, um damit die Kaution zu hinterlegen. Oder zum Reservieren des Hotel-/Motelzimmers, für eine garantierte Reservierung/**guaranteed reservation:** Zimmer wird auch nach 18 Uhr (bei manchen Unterkünften bereits ab 16 Uhr) für die ganze Nacht freigehalten. Ohne Voranzahlung oder *guaranteed reservation* wird die Zimmerreservierung bei Nichteintreffen nach 18 Uhr nichtig erklärt. Zudem kann man mit Kreditkarte an den meisten Zapfsäulen der Tankstellen bargeldlos tanken, was Zeit und Aufwand spart (zudem kann man gleich den Quittungsbeleg in der Hand, wenn man „Yes" zum *receipt* erklärt hat).

Als akzeptiertes „Plastik" haben sich bewährt: **VisaCard** und **EuroCard** (in den USA **Mastercard** genannt). **American Express** wird nicht von allen Institutionen anerkannt. Dieses bargeldlose Zahlungsmittel hat viele Vorteile, verleitet aber auch bei nicht umsichtigem Gebrauch zu größeren Ausgaben (aber schließlich muss auch hier irgendwann zurückgezahlt werden).

Weiteres Zahlungsmittel, ohne dicke große Bündel Geldscheine mit sich zu führen, sind US-Dollar-Reiseschecks, die bei Wechselstellen, Banken, Hotels und großen Geschäften akzeptiert werden. Möglichst drei getrennte Auflistungen der Schecks mit Seriennummer und Betrag anlegen, aber stets getrennt von den Reiseschecks halten! Hierbei muss allerdings häufig der Reisepass vorgelegt werden (nicht überall). Ratsam ist jedoch, sich auch bei Kreditkarte und Reiseschecks **vor** Reisebeginn auf alle Fälle bereits mit etwas US-Geld auszustatten, damit man die ersten Tage problemlos mit Bargeld über die Runden kommt.

● **Lebensmittel/Supermarkt.** Supermärkte findet man unterwegs meistens innerhalb von Shopping Centers entlang der Haupthighways am Rande einer Stadt oder eines Ortes, meist gleich neben einem Drugstore und verschiedenen anderen kleinen Läden und Restaurants. In der Regel frühmorgens ab 7 oder 8 Uhr (oder schon früher) bis abends 20 oder 21 Uhr – auch sonntags, größere Märkte vielfach rund um die Uhr 24 Std. geöffnet.

Für Snacks, kalte Erfrischungsgetränke oder Kaffee unterwegs sind die *convenience stores* wie Seven-Eleven (7 Eleven) geeignet, die oft auch noch mit Tankstelle ausgestattet sind. Reise- und Picknickproviant für unterwegs besorgt man preiswert im Supermarkt, wo man auch fertige heiße Speisen in der Deli-Abteilung erhält. Wer Glück hat, kann oft vor Tagesabschluss sogar manches zum halben Preis reduziert dort erstehen. Camper besorgen sich auch dort die sackweise abgepackten Eiswürfel.

● **Maße & Gewichte.** In den USA benutzt man unterschiedliche Maßeinheiten, **inches/feet/yards & miles** als Längenmaße. Flüssigkeiten werden in **gallons** (Benzin, Wasser und Getränke), **pints, quarts & half gallons** (Orangensaft, Milch, Icecream/Speiseeis usw.) gemessen. Verwiegung von Fleisch & Gemüse sowie Körpergewicht geht nach **ounces & lbs.** (lbs. sprich „paunds").

Hier die gängigsten Umrechnungen für den täglichen Gebrauch:

US-Maßeinheiten & Umrechnung:
Flüssigkeiten/US:

1 tablespoon = tbs./3 teaspoons (tsp.)
                 = 0.5 fluid ounce (fl. oz.)
1 cup .... = 8 fl. oz.
1 pint (pt.) ...... = 2 cups = 16 fl. oz.
1 quart (qt.) ... = 2 pt. = 4 cups
                 32 fl. oz.
1 gallon (gal.) = 4 qt. = 8 pt. = 16 cups
1 bushel (bu.) = 8 gal. = 32 qt.

Umrechnung:
1 fluid oz. ...... = 29,573528 ml
1 cup .... = 0,236588 l
1 pint .... = 0,473176 l
1 quart .... = 0,9463529 l

1 gallon .... = 3,78541
1 Liter .... = 33.814 fluid oz
                 = 2.113 pints
                 = 1.0567 qt.
                 = 0.264 gal.

Raummaße/US:
1 cubic foot ... = (ft.^{3})
                 = 1728 cubic in. (in.^{3})
1 cubic yard .. = 27 cubic feet (ft.^{3})

Umrechnung:
1 in.^{3} .... = 16,387064 cm^3
1 ft.^{3} .... = 28,316846592 cm^3
                 = 0,028316847 m^3
1 yard^3 (yd.^{3}) . = 764,554857984 cm^3
                 = 0,764554858 m^3
1 cm^3 .... = 0.06102374 in.^{3}
1 m^3 .... = 61 023.74 in.^{3}
                 = 35.31467 ft.^{3}
                 = 1.307951 yd.^{3}

Flächenmaße/US:
1 square foot. = 144 square in.
1 square yard = 9 square ft.
1 square rod . = 30¼ square yd.
                 = 372¼ square ft.
1 acre .... = 160 square rods
                 = 4840 square yd.
                 = 43 560 square ft.
1 square mile = 640 acres
1 section .... = 1 mile square
1 township ... = 6 miles square
                 = 36 square miles

Umrechnung:
1 square in. .... = 6.4516 cm²
1 square ft. .... = 929.0304 cm²
                 = 0.09290304 m²

432 ANHANG: ALLGEMEINE USA-INFO
Maße & Gewichte/Ladenzeiten

1 square yd...	=	8361.2736 cm²
	=	0.83612736 m²
1 acre.........	=	4046.8564 m²
	=	0.40468564 ha
1 square mile	=	2 589 988.11 m²
	=	258.998811 ha
	=	2.58998811 km²

Gewicht/US:
1 pound (lb.). = 16 oz.

Umrechnung:
1 oz..............	=	28,3495 Gramm (g)
1 pound	=	453,59 g
	=	0,45359 kg
1 kg.............	=	35.27 oz.
	=	2.2046 lbs.
1 g..............	=	0.03527 oz.
1 Gramm	=	0.035 ounces (oz.)
1 kg.............	=	35.3 ounces/2.2 lbs

Längenmaße/US:
1 foot	=	12 in.
1 yard	=	3 feet = 36 in.
1 rod............	=	5½ yd. = 16½ feet
1 mile (mi.)....	=	1760 yd. = 5280 ft.

Umrechnung:
1 inch...........	=	2,54 cm = 0,0254 m
1 foot	=	30,48 cm = 0,3048 m
1 yard.	=	91,44 cm = 0,9144 m
1 mi	=	1 609,344 m
	=	1,609344 km
1 cm	=	0.394 inches (in.)
1 m	=	39.4 inches
	=	3.280 feet (ft.)
1 km	=	0.621 miles (mi.)
1 cm	=	0.3937 in.
1 m	=	1.093613 yd.
	=	3.28084 ft.
1 km	=	0.62137 mi.

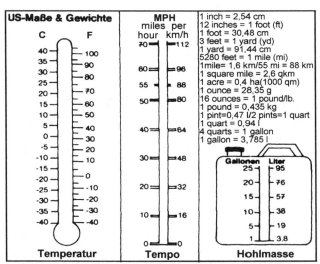

Tabelle für vereinfachtes Umrechnen von Maßeinheiten in alphabetischer Reihenfolge (erste Einheit mit dem Faktor multipliziert ergibt die auszurechnende zweite Einheit):

von	zu	multipliziert						
			gallons	Liter	3.785	lbs.	kg	0.4536
cm	feet	0.0328	g	ounces	0.0353	Liter	gallons	0.2642
cm	inches	0.3937	in.	cm	2.54	Liter	pints	2.113
cm³	in.³	0.0610	kg	pounds	2.205	m	feet	3.281
ft.³	m³	0.0283	km	feet	3280.8	mi	km	1.609
feet	cm	30.48	km	mi	0.6214	oz.	Gramm	28.3495
feet	m	0.3048	knots	mi./hr.	1.151			

• <u>**Öffnungszeiten.**</u> In den großen Einkaufszentren/**Shopping Centers** und **Shopping Malls** am Rande der Stadt sind die Geschäfte meistens Mo.-Sa. von 9 oder 10 Uhr bis 20 oder 21 Uhr durchgehend geöffnet; auch sonntags – in der Regel von 11 oder 12 Uhr bis 17 oder 18 Uhr (im Sommer manchmal auch länger). Besucherzentren/Visitors Centers der großen Nationalparks im Sommer im allgemeinen von 8 bis 19 Uhr, in kleineren Parks kürzere Öffnungszeiten, meist bis 16 oder 17 Uhr. Während Hauptfeiertagen wie Thanksgiving, Weihnachten/Christmas oder Neujahr/New Year haben viele Museen und Attraktionen geschlossen (vorher genau erkundigen).

ANHANG: ALLGEMEINE USA-INFO 433
Post/Steuern/Telefonieren/Auskunft/gebührenfrei

● **Post & Postalisches.** Die US-Post wickelt nur Brief- und Paketsendungen ab, besitzt keine Telefoneinrichtungen, daher Telefonate, von öffentlichen Telefoneinrichtungen- oder vom Hotel (Achtung teure Hotelzuschläge!) erledigen. *Money Orders*/Barschecks sind allerdings auch bei der Post erhältlich (sonst im übrigen in 7-11 Läden). Für Telegramme ist Western Union zuständig.
Öffnungszeiten der Postämter/**post offices** im allgemeinen Mo.-Fr. 8.30 bis 17 Uhr; Sa. 8.30-12 Uhr; an Feiertagen geschlossen (in größeren Städten auch Postämter, die 24 Std. geöffnet sind). Briefmarken/**stamps** erhält man bei der Post sowie von Automaten (auch am Flughafen).
Bei US-Adressen wird die 5stellige (es gibt auch noch eine 4stellige Ergänzung) Postleitzahl/**zip code** hinter der Angabe des Bundesstaats gesetzt, z.B. Los Angeles, CA 90048. Innerhalb der Stadt existieren oft unterschiedliche **zip codes**. Am Beispiel **zip code** 90048 lässt sich folgendes erklären: Die erste Zahl eines **zip code**, z.B. eine **1** gibt eine Adresse im Nordosten an, eine **2** in Mittel-Atlantik, eine **3** im Südosten, eine **6** im Südwesten und eine **9** im Westen (wie die „**9**" bei 90048 für Los Angeles Adresse) an.
● **Rauchen.** Kalifornien ist der erste Bundesstaat mit öffentlichem Rauchverbot (Strand, öffentliche Gebäude, Restaurants).
● **Schulferien.** US-Sommerferien (nicht nach Bundesstaaten gestaffelt) für alle Bundesstaaten Mitte Juni bis Ende Aug. oder Labor Day (Anfang Sept.). Spring Break 1½ bis 2 Wochen um Ostern mit Ansturm der College Studenten auf Strände, beliebte Reiseziele und Vergnügungsparks.
● **Steuern.** In den USA gibt es statt der Mehrwertsteuer eine Verkaufssteuer, **sales tax**, mit unterschiedlicher Höhe in den einzelnen Bundesstaaten; Colorado – 3%, Nevada – 6,5%, Utah – 4,75% und California – 6%, Arizona – 5%. Die **sales tax** wird vom Warenwert berechnet und auf der Rechnung ausgeworfen. Kostet ein Essen beispielsweise in Colorado $12, so sind $0.36 hinzuzurechnen, Endbetrag also $12.36. Trinkgeld ist **nicht** im Preis enthalten (es kämen also noch 15% Trinkgeld hinzu – $1.85, Kosten insgesamt dann $14.21). Ggf. existiert außerdem noch eine geringe **local tax**/Gemeindesteuer.
● **Telefonieren.** Zum Telefonieren hat man eine Reihe unterschiedlicher Möglichkeiten. Hier zunächst etwas Allgemeines zu den Telefonnummern. Die lokale Rufnummer in den USA ist 7stellig (**7-Digit Telephone Number**), z.B. (970)634-2703. Vorwahlnummer/**area code** ist eine 3stellige Nummer – (970); **area codes** aus dem Telefonbuch ersichtlich (oder über die Auskunftnummer **411** zu erfragen), gefolgt von **exchanges**, ebenfalls 3stellige Nummer – 634, der die eigentliche 4stellige Rufnummer folgt – 2703.
In den USA kann man bei Ferngesprächen von öffentlichen Telefonen nicht einfach den Hörer abnehmen, Geld einwerfen, sondern muss durch die Vermittlung/**operator;** Ausnahme gebührenfreie 1-800/1-877- oder 1-888-...-....-Nummern. Bei Privat- oder Hoteltelefonen kann man durchwählen (ggf. eine bestimmte Ziffer vorwählen, eine „1" oder „9" z.B). Bei öffentlichen Telefonen 5-, 10- und 25-Cent-Münzen oder Telefonkarten benutzen. Telefonkarten bei 7-11 Läden oder auch bei der Post erhältlich; US-Telefonkarten werden **nicht** in das Gerät eingeschoben, sondern man wählt mit der auf der Karte angegebenen Kartennummer, unter der die vorhandenen Karteneinheiten registriert sind.
– **Ortsgespräche/local calls.** Gebühr meistens am Telefon angeschlagen; sehr unterschiedlich, überwiegend 25 bis 35 Cents. Hörer abnehmen, Münzen einwerfen, 7stellige örtliche Rufnummer wählen.
– **Ferngespräche/long distance calls.** Hörer abnehmen, Münzen für *local call* einwerfen und 3stellige Vorwahlnummer plus 7stellige Rufnummer/*local number* wählen. *Area code* nur dann benutzen, wenn von dem am Apparat angegebenen abweichend. Manchmal ist eine „1" vorzuwählen (aus der Anleitung am Apparat ersichtlich). **Operator** schaltet sich ein und teilt entsprechenden Betrag mit, wenn nicht mit Telefonkarte telefoniert wird. Mindestens $3 in Münzen (*quarters*, *dimes* und *nickels* bereithalten).
– **Information.** Zum Erfragen einer Telefonnummer von Hotels (Personen, Einrichtungen usw.) derselben Stadt, von der aus man anruft, Münzen für **local call** einwerfen und die betreffende Auskunftnummer (Nummer am Apparat vergleichen) oder die AT&T-Auskunftnummer „00 INFO" wählen. Im übrigen gilt weiterhin die Auskunftnummer **411** für Ortsauskunft/**local assistance**. Will man die Rufnummer eines Hotels, eines Telefonteilnehmers in einer anderen Stadt erfahren, Münzen für **local call** einwerfen und folgende Nummer wählen: **1+area code+555+1212**; Gebühr 60 Cents.
– **Toll free/gebührenfrei.** 1-800-...-...., 1-888-...-.... oder 1-877-...-....: Zum Erfragen anderer geb.freier Tel.-Nrn. wird man über 1-800-555-1212 mit dem **operator** verbunden. Diesem noch folgendes sagen: *„operator, I would like the toll-free number (z.B.) for the new Aladdin Hotel & Casino in Las Vegas, Nevada"*. Operator wird fragen, *„what area code are you calling from?"* (von welcher *area code* rufen Sie an?). Betreffende *area code* ist am Apparat angegeben. Nach Weitergabe dieser *area code* an den Operator gibt dieser dann die gebührenfreie Nummer bekannt (hier z.B. die 1-877-485-

ANHANG: ALLGEMEINE USA-INFO
Telefonieren/bargeldlos/Telefonkarten

2020). Dann beendet man Gespräch mit Operator, wirft Münzen für *local call* ein, wählt die mitgeteilte Nummer und erhält Geld zurück.
Gebührenfreie Tel.-Nummern lassen sich allerdings **nicht** von Europa aus benutzen, aber in den USA sparen sie viel Geld. Hotels/Motels, Autovermieter, Fluglinien und Attraktionen sind über geb.freie Rufnummern erreichbar und ermöglichen bequeme Reservierung oder Auskunft.

● **Bequem bargeldlos telefonieren.**
– **Country Direct Services**/Länder-Direktdienst wird von verschiedenen Telefongesellschaften angeboten. Als „**R-Gespräch**"/Collect Call von den USA nach Hause anrufen, wenn der Teilnehmer die Gebühren für das Gespräch übernehmen kann (bei Zustimmung des Angerufenen). Kosten erscheinen dann auf der Telefonrechnung des Teilnehmers. Man wählt die unter **Deutschland Direkt** angegebene Nummer gebührenfreie deutsche Vermittlung/Operator (für Schweiz und Österreich ähnlich) an: z.B. USA/AT&T für Deutschland **1-800-292-0049**. Nachdem sich der deutschsprechende Operator gemeldet hat, sagt man einfach „**collect call**" oder „R-Gespräch" und gibt dem Operator die zu erreichende Rufnummer an. Stimmt der angerufene Teilnehmer beim **Collect Call**/R-Gespräch zu, die Kosten zu übernehmen, wird das Gespräch ohne Verzögerung vermittelt. Für das Telefonat **von** den USA über den deutschen Operator nach Deutschland wird eine Grundgebühr (ca. 11,00 DM) plus 2,07 DM pro Minute berechnet.
Im **Selbstwählverkehr** (mit Kreditkarte) ohne Hilfe der Vermittlung anwählen, z.B. (Vorwahl für **internationales** Telefonnetz) 011 + Landesvorwahl für Deutschland **49** (43 für Österreich, 41 für die Schweiz) + Ortsvorwahl 69 (z.B. für Frankfurt, dabei wird stets die „Null" am Anfang weggelassen) + **Teilnehmernummer**. Hier die geb.freien Deutschland-Direkt-Nummern verschiedener Telefongesellschaften zum Einwählen des deutschen Operators:
USA (AT&T) 1-800-292-0049
USA (MCI intern) 1-800-766-0049
USA (US-Sprint) 1-800-927-0049
Für den Operator in Österreich und in der Schweiz jeweils bei den beiden letzten Ziffern die Ländernummer ändern 43 bzw. 41.
– **Anrufen mit T-Card.** Wer als Anrufer die Kosten für das Telefonat selbst übernehmen will, sollte sich vorher eine Buchungs- oder Telekarte der Deutschen Telekom besorgen (Auskunft über die Rufnummer 01114 oder in jedem Telekom-Laden). Man lässt sein Gespräch unter Angabe der persönlichen Kartennummer dieser Buchungs- oder Telekarte (T-Card) auf die eigene Telefonrechnung zu Hause setzen. Für die Einwahl in den sogenannten **Connect-Service** von einem Münzfernsprecher muss oft erst eine Münze für *local call* eingeworfen werden, erhält man nach dem Gespräch zurück; detaillierte Anweisung am Telefonapparat beachten.
– **T.N.C. Travel Card.** Damit internationale Telefonkarte bargeldlos von jedem Telefon telefonieren. Auch hier vermittelt der deutschsprechende T.N.C.-Operator jederzeit mit gewünschtem Teilnehmer weltweit. Bequeme Abrechnung über Kreditkarte oder per Bankeinzug. Tel. Info in Deutschland (040)32 59 110.
– **Calling Card/Telefonkarte.** Bequemes & preistransparentes Telefonieren innerhalb der USA sowie von den USA nach Deutschland, Österreich und in die Schweiz (auch umgekehrt). Über deutschsprachiges Operating geb.frei ins betreffende Telefonnetz, z.B. AT&T-Netz oder anderer Telefongesellschaften einwählen und so lange man will telefonieren. Abgerechnet wird über Kreditkartenkonto (Visa, EuroCard, American Express etc.). Detaillierte Aufstellung der Gespräche erfolgt monatlich. Info zum Nulltarif AT&T (0130) 83 88 88, über Viag Interkom 0800/109 00 00 (von USA zu einem deutschen Anschluss pro Min. 1,62 DM).
– **Prepaid Phone Card/Telefonkarte.** „Telefonieren à la carte" mit Telefonkarten/**Phone Card**, erhältlich in 7-11 Läden, bei Postämtern oder in Zeitungsläden der Flughäfen. Diese sogenannte TeleDebit Telefonkarte wird nicht in einen Kartenautomaten eingeführt. Mit dieser Karte kann man von jedem Drucktasten-Telefon in den USA telefonieren.
Hörer abnehmen, geb.freie Nummer wählen, z.B. 1-800-864-1414. Nach dem Signalton wird nach der aufgedruckten Kartennummer gefragt, die sich meistens auf der Rückseite der Karte befindet. Diese Nummer eingeben. Nach dem nächsten Signalton wählt man die gewünschte Telefonnummer. Bei Gesprächen **innerhalb der USA** stets Vorwahl/*area code* + Rufnummer. Bei Telefonaten ins **Ausland**, z.B. nach Deutschland die internationale Vorwahl **(011)** + **Landesvorwahl** (für Deutschland **49**, für Österreich **43**, Schweiz **41**) + Ortskennzahl (ohne die jeweilige „Null") + **Rufnummer**. Für weitere Anrufe nach beendetem Telefonat Nummernsymbol „**#**" drücken und neue Nummer (in derselben Reihenfolge) wählen.
Vor jeder Verbindung wird die auf der Karte zur Verfügung stehende Zeit mitgeteilt. Man hat dann Gelegenheit, das Kartenguthaben zu erhöhen – lässt sich mit der Kreditkarte oder durch Übertragen des restlichen Kartenguthabens auf eine weitere Karte erhöhen. Hierzu den telefonischen Anweisungen der

ANHANG: ALLGEMEINE USA-INFO 435
Toiletten/Unterkunft

automatischen Ansage folgen. Zur Erhöhung des Guthabens mit der Kreditkarte gibt man auf Anfrage die Kreditkartennummer, das vierstellige Gültigkeitsdatum *(expiration date)* sowie fünfmal eine Null (wenn es sich **nicht** um eine amerikanische Kreditkarte handelt) als Postleitzahl/*zip code* über die Telefontasten ein. Im übrigen den Informationen zur jeweiligen Karte folgen.
- **AT&T TeleTicket/Telefonkarten.** In den USA in Guthabenkategorien zu 10, 25 oder 50 Einheiten erhältlich, beispielsweise bei Visitors Information Offices größerer Städte; jeweils „German" Version verlangen (hat deutsche Anleitung). Hier nur der auf der Rückseite befindlichen Anleitung folgen. Gebrauch wie unter *Prepaid Phone Card* beschrieben. Von jedem Tastentelefon zu benutzen. Derartige Telefonkarten auch bereits in Deutschland erhältlich – Auskunft zum Nulltarif erteilt AT&T Teleticket Service: (0130)0010.

- **Temperaturen** – siehe Wetter (S. 436).

- **Tip-Tabelle/Trinkgeld** siehe Seite 462.

- **Toiletten.** In den USA im allgemeinen als **restrooms** bezeichnet; man findet aber auch beispielsweise **Ladies Room,** oder **Women** und **Powder Room** für Damen und **Men's Room** für Herren. Bei manchen öffentlichen Toiletteneinrichtungen (Bahnhöfe usw.) ggf. wie in der Heimat manchmal Gebühr.

- **Unterkunft.** Unterkünfte reichen von eleganten luxuriösen Hotels im Herzen der amerikanischen Großstädte wie Denver, San Francisco und Los Angeles über preiswertere Motels (von **mo**tor **ho**tel) in den Vorstädten und entlang der Highways, Bed & Breakfast Unterkünften (Privatpensionen) zu Lodges und einfachen Hütten und Bungalows in den Nationalparks sowie preiswerten Jugendherbergen/Youth Hostels und YMCA/YWCA Unterkünften. Camper-Info siehe unter **Unterwegs im Campmobil** (S. 438 ff.).

Die meisten Hotels und Motels bieten nur Unterkunft *(EP=European Plan)*, während z.B. bei Guest-Ranches oder Bed & Breakfast Unterkünften Frühstück/*Breakfast* und ggf. Abendessen/*Dinner* (*MAP=Modified American Plan*) oder alle drei Mahlzeiten *(AP=American Plan)* im Preis inbegriffen sind. Preise gelten in der Regel jeweils für das Zimmer nicht pro Person (Ausnahme bei Motel 6 mit Preisen *per person)*. Beim Zimmerpreis meist kein Unterschied, ob 1 oder 2 Personen; Kinder unter 18 im selben Raum in der Regel ohne, bei 3. erwachsener Person im selben Zimmer ggf. geringer Aufpreis. Motels wie Hampton Inns z.B. bieten kostenlose Frühstückbar.

Eine Reihe von Unterkünften werden in den jeweiligen Reisezielen und in den Routenbeschreibungen (Lage den Baxter Info-Karten entnehmen) unter Angabe der Tel./Fax-Nrn. und ggf. Internet-Adresse genannt. Im Abschnitt **Hotel-/Motelreservierung zum Nulltarif** sind neben den gebührenfreien Reservierungsnummern der bekanntesten Hotel-/Motelketten jeweils auch die Fax-Nrn. angegeben, die bereits eine Buchung von Deutschland aus ermöglichen (da die geb.freien Tel.-Nrn. nur in den USA zu benutzen sind).

Manche Reiseveranstalter bieten festgebuchte Hotelpässe aus. Man plant seine passende Reiseroute und sucht sich die passenden Hotels für die Rundreise, den kurzen Stadtaufenthalt an wichtigen Flughäfen oder an den Stränden Kaliforniens aus dem Angebot des Veranstalters aus Hotelgutscheine können vor der Reise über Reisebüro beim Reiseveranstalter bestellt werden. In den USA legt man dann die Hotelgutscheine beim Check-in vor.

Reservierung von Hotels/Motels: In den USA geb.freie Reservierungsnrn. der Hotel-/Motelketten benutzen. Einige Hotels/Motels verlangen grundsätzlich die Angabe einer Kreditkarte als Reservierungsgarantie. Bei voraussichtlicher Anreise im Hotel nach 16 Uhr (bei manchen nach 18 Uhr) unbedingt Kreditkarte als Reservierungsgarantie angeben – **guaranteed reservation**, damit Zimmer für die ganze Nacht freigehalten wird. Wird Reservierung nicht vor diesem Zeitpunkt storniert (manche Hotels 48 oder 72 Stunden vorher stornieren!! – daher über *cancellation policies*/Stornobedingungen erkundigen), ist trotz Nichtübernachtung zu zahlen (automatische Abbuchung von Kreditkarte). Einzelheiten unter **Hotel-/Motelreservierung zum Nulltarif.**

Für Camper-Reisende gibt es zahlreiche Campingplätze, die unter **Camping CO/NV/UT & AZ/CA** mit Platzzahl sowie Tel.-/Fax-Nrn. aufgelistet und beschrieben (S. 441 ff.) sowie unter den Reisezielen und in den Routenbeschreibungen (auf Baxter Info-Karten ausgewiesen) genannt sind.

Für Aufenthalt auf **Dude oder Guest Ranches** Info über Colorado Dude & Guest Ranch Association einholen: Colorado Dude & Guest Ranch Association, Box 2120, Granby, CO 80446, Tel. (970)887-3128, – (siehe auch Info **Seite 9, 10**)/E-mail: coloranch@compuserve.com/Internet: www.coloradoranch.com

436 ANHANG: ALLGEMEINE USA-INFO
Wetter/Klima/Temperaturen/Zahlen

● **Wetter/Temperaturen.** Infolge der örtlich unterschiedlichen Höhenlage ergeben sich auch unterschiedliche Klimaverhältnisse für das Gebiet des Westens der USA. Einzelne Reiseziele enthalten eine Jahres-Temperaturtabelle mit den jeweils durchschnittlichen Höchst- und Tiefsttemperaturen pro Monat. **Colorado** mit Gebirgslagen im Gebiet der Rocky Mountains kann oft noch im April Mai Schnee erwarten. Verschiedene Teile des Mesa Verde Nationalparks sind ebenfalls wegen der Höhenlage nur von April bis Mitte Oktober zugänglich.

Während man im Sommer in der Wüstengegend um Las Vegas in **Nevada** trocken heiße Temperaturen von 43°C und darüber erwarten kann, bieten die Höhen im Rocky Mountain Nationalpark angenehm erfrischende Kühle. **Utah** hält mit heißen Sommertemperaturen eigentlich im gesamten Gebiet der Rundreise durch den Westen mit.

Die Ausgangsstädte in Kalifornien für die Rundreise durch den Westen der USA weisen ebenfalls unterschiedliches Klima auf. Los Angeles in Südkalifornien ist im wesentlichen wärmer und trockener als San Francisco im mittleren Kalifornien, mit wesentlich geringeren Niederschlägen. Man unterscheidet in Kalifornien verschiedene Klimagebiete, in denen sich das Klima nach Höhenlage und jeweiliger Lage – Landesinnere/Interior, Küstengebiet mit Küstengebirge/Coastal Range, Central Valley/Längstal und Mojavewüste – ändert.

Trockenes Klima und klare Luft machten schließlich Anfang des 20. Jh. Los Angeles zum idealen Standort des Hollywood Filmstudios. Inzwischen hat sich allerdings **L.A.** zur Smog-City entwickelt. Winde aus südöstlicher Richtung aus den heißen Wüstengebieten fallen als Santa Ana Wind über die Santa Ana Berge und entladen sich unter föhnartiger Erhitzung oft mit Temperaturen von über 40°C als Hitzewelle mit enormem Smog über Los Angeles.

Temperaturtabelle

Temperaturen werden in den USA im allgemeinen in Fahrenheit angegeben. Umrechnung von Fahrenheit (°F) auf Celsius (°C):

Temperatur in °F **minus 32, mal 5, dividiert durch 9** ergibt °C!
Nachstehend ein Temperaturvergleich von °F zu °C auf einen Blick.

°F	°C	°F	°C	°F	°C	°F	°C	°F	°C
32	=0	49	= 9	66	=19	83	=28	100	=38
33	=1	50	=10	67	=19	84	=29	101	=38
34	=1	51	=11	68	=20	85	=29	102	=39
35	=2	52	=11	69	=21	86	=30	103	=40
36	=2	53	=12	70	=21	87	=31	104	=41
37	=3	54	=12	71	=22	88	=31	106	=41
38	=3	55	=13	72	=22	89	=32	107	=42
30	=4	56	13	73	=23	90	=32	108	=42
40	=4	57	=14	74	=23	91	=33	109	=43
41	=5	58	=14	75	=24	92	=33	110	=43
42	=6	59	=15	76	=24	93	=34	111	=44
43	=6	60	=16	77	=25	94	=34	112	=44
44	=7	61	=16	78	=26	95	=35	113	=45
45	=7	62	=17	79	=26	96	=36	114	=46
46	=8	63	=17	80	=27	97	=36	115	=46
47	=8	64	=18	81	=27	98	=37	116	=47
48	=9	65	=18	82	=28	99	=37	117	=47

● **Zahlen.** Hier die Zahlen von 0 bis 500, die man eventuell zum Telefonieren oder bei der Hotelreservierung zur Datumsangabe benötigt:

0-zero	14-fourteen	28-twenty eight
1-one	15-fifteen	29-twenty nine
2-two	16-sixteen	30-thirty
3-three	17-seventeen	31-thirty one
4-four	18-eighteen	40-forty
5-five	19-nineteen	50-fifty
6-six	20-twenty	60-sixty
7-seven	21-twenty one	70-seventy
8-eight	22-twenty two	80-eighty
9-nine	23-twenty three	90-ninety
10-ten	24-twenty four	100-one hundred
11-eleven	25-twenty five	200-two hundred
12-twelve	26-twenty six	300-three hundred
13-thirteen	27-twenty seven	500-five hundred

ANHANG: ALLGEMEINE USA-INFO 437
Zeitzonen/Konfektionsgrößen

• **Zeit.** Zeitunterschied zur MEZ/zwischen Kalifornien und Deutschland/Österreich und der Schweiz beträgt **minus 9 Stunden**, d.h. wenn es in Frankfurt, Wien oder Bern 20 Uhr abends ist, ist es in Los Angeles 11 Uhr morgens am selben Tag. Flugzeit Frankfurt—Los Angeles etwa 12 Stunden.

In den USA wird die Uhrzeit nach der jeweiligen Tageszeit in **a.m.** *(ante meridiem* oder nur **a**) 0.01 Uhr bis 12 Uhr mittags und in **p.m.** *(post meridiem* oder nur **p**) 12.01 Uhr bis 24 Uhr unterschieden. Das US-Festland ist in vier verschiedene **Zeitzonen** unterteilt – *Eastern, Central, Mountain* und *Pacific Time Zone*, mit jeweils 1 Stunde Unterschied zwischen jeder Zeitzone. Kalifornien und Nevada liegen in der *Pacific Time Zone*, während Arizona und Utah in der *Mountain Time Zone* liegen. Am Hoover Dam zieht sich die Zeitzonengrenze zwischen *Pacific* und *Mountain Time Zone* genau durch die **Mitte** des Staudamms!

Die **Sommerzeit**/*daylight saving time* erstreckt sich vom **ersten** Sonntag im April bis zum **letzten** Sonntag im Oktober und verschiebt die Zeit um jeweils eine Stunde **vor**. Kaliforniens Nachbar Arizona macht eine Ausnahme: **Arizona** stellt die Uhren während der Sommerzeit **nicht** vor, mit der Folge, dass Arizona mit dem Grand Canyon im Sommer dieselbe Zeit wie Kalifornien und Nevada hat. Allerdings stellen die Indianerreservate Arizonas (z.B. in Kayenta) die Uhr während des Sommers doch 1 Stunde **vor**!

ZEITZONEN

HAWAIIAN-ALEUTIAN TIME:
Aleuten/westl. von Unalaska (12 Uhr)
ALASKA TIME:
Alaska (13 Uhr)

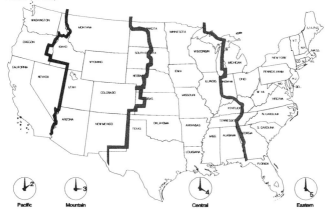

PACIFIC TIME:	MOUNTAIN TIME:	CENTRAL TIME:	PACIFIC TIME:
(14 Uhr)	(15 Uhr)	(16 Uhr)	(17 Uhr)
Kalifornien	Colorado/Utah	Chicago	Detroit
San Francisco	Mesa Verde NP	St. Louis	New York City
Los Angeles	Salt Lake City	Dallas	Washington, D.C.
Las Vegas	Denver	Nashville	Atlanta
Reno	Rocky Mountain NP	Memphis	Boston
Nevada	Grand Canyon	New Orleans	Miami

• **Zoll.** Über die Mitnahme von Waren und Geschenken in die USA sowie Mitbringen (Einfuhrverbote & Mengenbeschränkungen) aus den USA bei Industrie und Handelskammern in der Heimat erkundigen. Obst, Gemüse, Pflanzen, Fleisch & Wurst dürfen nicht eingeführt werden. Derartigen Reiseproviant vor Ankunft in den USA verzehren oder im Flugzeug zurücklassen.

Konfektionsgrößen-Vergleich (USA/D bzw. A und CH)

Damenblusen	32/40	34/42	36/44	38/46	40/48	42/50	44/52
Damenkleider	10/38	12/40	14/42	16/44	18/46	20/48	
Damenschuhe	5½/36	6/37	7/38	7½/39	8½/40	9/41	
Herrenanzüge	36/46	38/48	40/50	42/52	44/54	46/56	48/58
Herrenhemden	14/36	14½/37	15/38	15½/39	16/41	16½/42	17/43
Herrenschuhe	6½/38	7½/40	8½/41	9/42	10/43	10½/44	11/45

ANHANG: CAMPING
Unterwegs im Campmobil

UNTERWEGS IM CAMPMOBIL

Wer der konventionellen Pauschalreise mit fester Unterkunft Ade sagt und am Urlaubsort ein **Wohnmobil** als mobiles und flexibles Feriendomizil für den rustikalen Campingurlaub wählt, entscheidet sich bereits bei Buchung, direkt von Los Angeles oder San Francisco zur Rundreise zu starten. Camper-Reisen sind jedoch noch sorgsamer zu planen als das Buchen einer dreiwöchigen Badereise mit Hotel.

Es empfiehlt sich, in der Hochsaison Plätze in den stark besuchten Nationalparks und Nationalmonumenten im voraus zu reservieren, falls dort Reservierung möglich ist – Einzelheiten über Parkverwaltung erkundigen. Meistens liegen die Plätze in den Nationalparks besonders schön und sind mit Picknicktisch, Grill und oft mit Brennholz, Strom- und Wasseranschluss *(hookups)* ausgestattet. Gebühr pro Nacht/Platz; Aufenthaltsdauer meist beschränkt. Für Reservierungen wird zusätzlich eine Gebühr berechnet. Nachfolgend eine **Übersicht** über **Wichtiges zum Campmobil**.

WICHTIGES ZUM CAMPMOBIL

- Wichtigste Regel: **rechtzeitig** buchen. Das gilt vor allem, wenn in der **Hochsaison** gereist wird, um sicher zu sein, dass der gewünschte Wohnmobiltyp auch zur Verfügung steht.

- Wichtiges Kriterium bei der Auswahl des passenden Fahrzeugs ist seine **Größe**. Wer sich im Urlaub nicht mit der ganzen Familie auf engstem Raum zusammendrängen möchte, nimmt lieber ein etwas größeres Modell. Allerdings ist auch zu berücksichtigen, dass auf manchen Campingplätzen und Straßen in Nationalparks Camper nur bis zu einer bestimmten **Länge** erlaubt sind, z.B. Pfeiffer Big Sur State Park am *Pacific Coast Highway* – bis 27 ft! Oder beim Besuch des Zion Nationalparks im benachbarten Utah ist ein Tunnel zu durchfahren, bei dem Camper von über 7 ft 10 inch Breite und 11 ft 4 inch Höhe nur mit **Escort** passieren können (Extragebühr).

- Auf alle Fälle die im Preis inbegriffenen **Leistungen** vergleichen, denn Ausstattung des Fahrzeugs und die Zahl der Freikilometer sind nicht überall gleich. Bei der Kostenkalkulation ist zu berücksichtigen, dass beispielsweise **Vollkaskoversicherung** und **Steuer** zum Mietpreis hinzuzurechnen ist. Ferner kommen die **Benzinkosten** sowie ggf. Kosten für über die Anzahl von Freimeilen gefahrene Meilen hinzu. Manche Anbieter bieten fertige Pakete, z.B. 3 Wochen Campmobil inkl. unbegrenzte Freimeilen. Auf alle Fälle empfiehlt es sich, bereits von Deutschland aus zu mieten.

Bei **Übernahme** des Fahrzeugs ratsam, genau nachzufragen, **wie** die Geräte an Bord funktionieren – Warmwasserboiler, Heizung, Dusche und Gasherd. Auf keinen Fall **ohne Bedienungsanleitung** losfahren. Außerdem gilt es zu **kontrollieren**, ob Reserverad, Wagenheber, Warnsignale und Verbandskasten an Bord sind. Ist der Abwassertank geleert? Sind die Batterien geladen und die Gasflaschen voll?

Vor dem Start den Vermieter außerdem auf etwaige Beschädigungen am Fahrzeug aufmerksam machen und diese im Mietvertrag festhalten. Nicht

ANHANG: CAMPING

Wichtiges zum Campmobil/Camper-Übernahme

selten werden Beulen, Kratzer oder eine kaputte Stoßstange am Ende dem letzten Mieter angelastet. Camping Card International (CCI) beim Deutschen Camping-Club oder über Automobilclub beziehen. Mit **KOA**-Value-Kard erhält man auf KOA (**K**ampgrounds **o**f **A**merica) Campingplätzen 10% Ermäßigung auf den Grundpreis der Übernachtungskosten (KOA-Anschrift siehe Infoquellen S. 458); bei Reiseveranstalter nachfragen.

• Wo befindet sich die Mietstation? Meist weit außerhalb im Einzugsbereich der Städte, bis zu 100 km vom Flughafen entfernt. Vorteil, dass die ersten Fahrten nicht durch Großstadtverkehr gelenkt werden müssen. Erforderlich, nach Ankunft des Transatlantikflugs Hotel zu buchen, da Ankunft meist nachmittags, lange Einreiseformalitäten, weite Entfernung zur Mietstation, ggf. Flugverspätung. Kostenlose Abholung vom Vermieter zur Vermietstation aushandeln.

• **Bei Übernahme des Fahrzeugs** Zeit lassen, überzeugen, ob das Wohnmobil unbeschädigt und die Einrichtung komplett ist. Vorher über Öffnungszeiten der Mietstation erkundigen. Für Übernahme, Formalitäten und Einweisung sowie Einkaufen wird viel Zeit benötigt. Fahrt kann oft erst am späten Nachmittag beginnen. Daher am Übernahmetag keine großen Strecken vorausplanen. Feststellen, was die Campingausstattung umfasst.

Die **Ausstattung** besteht im allgemeinen aus Geschirr, Besteck, Töpfen, Bettwäsche (Laken, Decken oder Schlafsäcke und Kissen) und Handtüchern. Manchmal ist diese sog. *„Convenience Kits"* im Mietpreis nicht eingeschlossen und kann vor Ort gegen eine Gebühr angemietet werden (Berechnung meist pro Person, teilweise aber auch pro Person und pro Fahrzeug).

• **Alle Campingfahrzeuge werden RV** (Erholungsfahrzeug = *Recreational Vehicle/RV* sprich *arr wie*) **genannt.** Es gibt darunter verschiedene Fahrzeugtypen: **Motorhomes** – Führerhaus und Wohnteil bilden eine Einheit und gehen ineinander über. Sitzmöglichkeit während der Fahrt auch im Wohnraum. **Van** bzw. **VW** – Campingbus-Wohneinheit. Als Wohnmobil umgebaut mit erhöhtem Dach (Stehhöhe). **Pick-up-Camper.** Kleine robuste Lastwagen/*trucks*, auf die ein Wohnteil aufgesetzt ist; kein Durchgang zwischen Führerhaus und Wohnteil.

Die Fuß-Angaben der Fahrzeuge beziehen sich auf die Gesamtlänge des Fahrzeugs, gemessen von Stoßstange zu Stoßstange. Die Fahrzeuge haben 6 bis 10-Zylinder-Motoren, automatische Getriebe, Radio, Servolenkung und -bremsen. Küche mit Kühlschrank, Propangasherd, Spüle, Propangasheizung, Spül-WC bzw. chem. tragbare Toilette. Bei den Motorhomes gehört meist noch eine Dusche zur Ausstattung. Fenster mit Fliegengittern, Dachklappe für Belüftung, Wassertank mit Füllvorrichtung, Propangastanks und Anschlusskabel für Außenstrom am Campingplätze.

Billige Campingstühle usw. besorgt man sich entweder selbst unterwegs oder kann sie bei den meisten Mietstationen gegen Gebühr erhalten. Dachklimaanlage *(Roof-Air)* mancher Fahrzeuge kann auf Campingplätzen mit Stromanschluss betrieben werden, jedoch nicht während der Fahrt. Manche Fahrzeuge verfügen zusätzlich über einen Generator, mit dem die Klimaanlage unabhängig vom Außenstrom betrieben werden kann. Eine weitere Klimaanlage *(Dash-Air)* ist am Armaturenbrett im Führerhaus bei allen Typen vorhanden und funktioniert nur während der Fahrt bzw. bei laufendem Motor.

Spritverbrauch bei einem Motorhome mit einer Länge von 28-34 ft. (8,20 m bis 10,40 m), 2,25 m Breite und 1,97 m Stehhöhe etwa 13 bis 14 gal./100 mi (30-33 Liter/100 km); bei einer Länge von 23-25 ft. (6,90 bis 7,50 m), 2,25 m Breite und 2,07 m Stehhöhe etwa 9,7 bis 11,8 gal./100 mi (23-28 Liter/100 km).

CHECKLISTE ZUR CAMPER-ÜBERNAHME

- ❏ Bei **Übernahme** des gemieteten RV bei Vermietungsstation darauf bestehen, dass vor Übernahme die **Handhabung des Fahrzeugs** vollständig erklärt wird.
- ❏ Zeigen lassen, **wo** sich Ersatzreifen, Wagenheber, Pannenausrüstung befinden und **wie Abwassertank** entleert wird.
- ❏ Alle **sichtbaren Schäden** am Fahrzeug notieren lassen – vom Lackkratzer bis Beulen im Blech.
- ❏ **Funktion** von Heizung/Kühlung, Kühlschrank und Toilette testen.
- ❏ **Vollständigkeit** der Ausrüstungs- und Einrichtungsgegenstände überprüfen.
- ❏ Alle **Türen** auf ordnungsgemäßes **Schließen** überprüfen.
- ❏ **Sich überzeugen,** dass **Gebrauchsanleitung/Betriebsanleitung** des Fahrzeugs vorhanden ist.
- ❏ **Kleingedrucktes** im Mietvertrag studieren. Unverständliches erklären lassen.
- ❏ **Wer zahlt** fürs Abschleppen, für Mietwagen und eventuelle Hotelunterkunft bei Unfall?
- ❏ **Was wird erstattet,** wenn Fahrzeug wegen Panne ausfällt?
- ❏ **Telefon-/Fax-Nrn. des Vermieters** notieren, um bei Notfällen zu kontaktieren.
- ❏ **Fahrzeug gleichmäßig beladen.** Schwere Gegenstände so tief wie möglich am Boden vor der Hinterachse. Beidseitig gleichmäßig beladen. Mit der Belastung steigt der Benzinverbrauch.
- ❏ Möglichst **vor dem Losfahren** Abwassertank entleeren und bei Ankunft Frischwasser auffüllen.
- ❏ **Kühlschranktür,** Schubladen, Türen und Fächer während der Fahrt sichern.
- ❏ **Selbstverständlich,** dass das Fahrzeug in sauberem Zustand zurückgegeben wird, alles, was aufzufüllen ist, aufgefüllt wurde – Benzin volltanken, Wasser nachfüllen und zu entleeren, was zu entleeren ist – Abwasser, Toilette, Abfall.
- ❏ **Zum Wochenmietpreis,** der je nach Modell unterschiedlich ist, noch die Nebenkosten für **Steuer und Versicherung** einplanen (beläuft sich oft auf die Hälfte des Mietpreises!). Bei den meisten von Deutschland gebuchten Campers sind Steuer und Versicherung bereits im Preis enthalten. Man muss bei einigen Vermietern nur noch sogenannte Meilenpakete zukaufen (beim Reisebüro oder Reiseveranstalter erkundigen).

ANHANG: CAMPING

Campingplätze in Colorado

CAMPING: CO, NV, UT & AZ/CA

Dieser Abschnitt umfasst in den übrigen Abschnitten nicht aufgelistete Campingplätze in **Colorado, Nevada** und **Utah** sowie den angrenzenden Bundesstaaten **Arizona und Kalifornien**, die entlang der Routen mögliche Unterkunft bieten (in alphabetischer Reihenfolge).

COLORADO

● **Black Canyon of the Gunnison Nationalpark Area/Gunnison/Montrose**

Gunnison – Vorwahl/*area code* (970)
–**Curecanti National Recreation Area (Elk Creek Campground)**/179 Plätze, *no hookups*/auch Zelte/von Gunnison ca. 16 mi/26 km westwärts auf *US 50*/541-2337.
–**Curecanti National Recreation Area (Lake Fork)**/87 Plätze, *no hookups*/auch Zelte/von Gunnison ca. 27 mi/43 km westw. auf *US 50*/641-2337.
–**Curecanti National Recreation Area (Stevens Creek)**/54 Plätze, *no hookups*/auch Zelte/von Gunnison 12 mi/19 km westw. auf *US 50*/641-2337.
–**KOA-Gunnison** (Gunnison)/124 Plätze, davon 20 *full hookups*/auch Zelte/ von Kreuzung *Hwy 135 & US 50* ca. 1½ mi/2,4 km südwärts auf *CR 38*/ geb.frei 1-800-565-1248.
–**Mesa Campground** (Gunnison)/133 Plätze, *full hookups*/auch Zelte/vom Westrand der Stadt 3 mi/5 km westw. auf *US 50*, links/geb.frei 1-800-482-8384/Internet: www.gunnison-co.com./www.coloradodirectory.com/mesacamp
–**Tall Texan Campground** (Gunnison)/110 Plätze, davon 61 *full hookups*/ auch Zelte/von Kreuzung *US 50 & Hwy 135* ca. 2¼ mi/3,6 km nordwärts auf *US 50* Westrand der Stadt 3 mi/5 km westw. auf *Hwy 135*, dann ¼ mi/ 0,4 km ostw. auf *CR 11*, Eingang rechts/641-2927/E-mail:ttcampground@juno.com Internet: www.coloradodirectory.com/talltexancamp

Montrose – Vorwahl/*area code* (970)
–**Black Canyon of the Gunnison National Park (South Rim)**/102 Plätze, *no hookups*/auch Zelte/keine Duschen/von Kreuzung *US 50 & Hwy 347* ca. 6 mi/ 10 km nordwärts auf *Hwy 347*/249-7036.
–**Cedar Creek RV Park**/47 Plätze, davon 27 *full hookups*/von Kreuzung *US 550 & US 50* ca. 1¼ mi/2 km ostwärts auf *US 50*, dann 1 Block südwärts auf Hillcrest, dann 1 Block westwärts auf *Alley Way*, Eingang am Straßenende/ 249-3884/E-mail: ccreekinc@aol.com
–**Centennial RV Park and Campground**/60 Plätze, *full hookups*/auch Zelte/ von Kreuzung *US 50 & US 550* ca. 10 ½ mi/17 km südwärts auf *US 550*, Eingang rechts/240-3832/E-mail: juttenranch@ocinet.net
–**Country Village RV Park** (Montrose)/160 Plätze, davon 150 *full hookups*/ auch Zelte/von Kreuzung *US 50 & Hwy 550* ca. 9 mi/14 km südwärts auf *Hwy 550*, Eingang rechts/249-6382.
–**KOA-Montrose** (Montrose)/39 Plätze, davon 8 *full hookups*/auch Zelte/von Kreuzung *US 550 & US 50* ca. 1 km ostwärts auf *US 50 (Main St.)*, dann 2 Blocks nordwärts auf *N Cedar Ave.*, Eingang rechts/249-9177.
–**Riverbend RV Park** (Montrose)/60 Plätze, nur *full hookups*/keine Zelte/von Kreuzung *US 50 & US 550* ca. 3¼ mi/5,2 km südwärts auf *US 550*, dann ½ mi/0,8 km westwärts auf *Old Chipeta Trail*, Eingang rechts/249-8235.

● **Colorado Springs** – Vorwahl/*area code* (719)
–**Fountain Creek RV Park**/115 Plätze, davon 95 *full hookups*, auch Zelte/ von **Exit 141** *I-25 & US 24 W* ca. 3 mi/5 km westwärts auf *US 24*, dann 1 Block nordwärts auf *31st St.*, dann ½ Block ostwärts auf *Colorado Ave.*, Eingang rechts. 3023 ½ W Colorado Ave./633-2192/
E-mail: info@fountaincreekrvpark.com
–**Garden of the Gods Campground**/330 Plätze, *full hookups*/auch Zelte/ab **Exit 141** *I-25 & US 24* ca. 2½ mi/4 km westwärts auf *US 24*, dann 1 Block nordwärts auf *31st St.* und 6 Blocks westwärts auf *Colorado Ave.* bis Kreuzung *Columbia & Colorado Ave.*/3704 W. Colorado Ave./475-9450/geb.frei 1-800-248-9451/E-mail: campgroundgog@worldnet.att.net

442 ANHANG: CAMPING
Campingplätze in Colorado

–**Golden Eagle Ranch Campground & RV Park**/500 Plätze, davon 155 *full hookups*/auch Zelte/von **Exit 135** *I-25 & Academy Blvd.* ca. 2 mi/3,2 km westwärts auf *Academy Blvd.*, dann 5 mi/8 km südwärts auf *Hwy 115/Nevada Ave.* bis zum großen Campground Schild, dann 1 mi/1,6 km Richtung Berge, Eingang rechts/710 Rock Creek Canyon Rd./576-0450/Fax 576-3644/geb.frei 1-800-666-3841.
– **KOA Colorado Springs South**/237 Plätze, davon 176 *full hookups*/auch Zelte/von südlicher Stadtgrenze Colorado Springs **Exit 138** *I-25* ca. 6 mi/10 km südw. auf *I-25* bis **Exit 132**, dann 100 m ostw. auf *Hwy 16*, dann 1 mi/1,6 km südw. auf *Frontage Road*, Eingang links/8100 Bandley Drive, Fountain/382-7575/geb.frei 1-800-562-8609/
Internet: www.koakampgrounds.com/where/co/06253.htm
E-mail:colospgskoa@compuserv.com
–**Lake of the Rockies Retreat & Camping Resort**/248 Plätze, davon 174 *full hookups*/auch Zelte/Monument – zwischen Denver und Colorado Springs/ von **Exit 161** *I-25 & CR 105* ca. ¼ mi/0,4 km westwärts auf *CR 105*, dann ½ mi/0,8 km westwärts auf *3rd St.*, dann 1 Block südwärts auf *Front St.*, 1 Block westwärts auf *Second St.*, dann 1 Block südwärts auf Mitchell Ave./Eingang rechts/99 W Mitchell Ave, **Monument**/481-4227/geb.frei 1-800429-4228/Internet: www.coloradovacation.com/camp/rockies
E-mail: lor@rmi.net
–**Mountaindale Campground & Cabins**/90 Plätze, davon 25 *full hookups*/ auch Zelte/von **Exit 135** *I-25 & Academy Blvd.* ca. 2 mi/3,2 km westwärts auf *Academy Blvd.*, dann 14 mi/22 km südwärts auf *Hwy 115* zum Campground Schild, dann 2 mi/3,2 km westwärts auf asphaltierter Landstraße, Eingang rechts/**Fremont**/576-0619
–**Peak View Inn & RV Park**/143 Plätze, davon 93 *full hookups*/auch Zelte/von **Exit 148A** *I-25 & Nevada Ave.* ca. ¾ mi/1,2 km südwärts auf *Nevada Ave.*/**El Paso**/Eingang rechts/geb.frei 1-800-551-CAMP/E-mail: peakview1@aol.com
–**Wrangler RV Ranch & Motel**/100 Plätze, davon 90 *full hookups*/auch Zelte/von **Exit 135** *I-25* ca. 6 mi/10 km nordostwärts auf *Academy Blvd.*, dann 2¼ mi/3,6 km ostwärts auf *Platte Ave.*, Eingang rechts./6225 E. Platte Ave./*E. Hwy 24*, Colorado Springs/591-1402.

● **Cortez** – Vorwahl/*area code* (970)
–**A & A Mesa RV Park & Campground**/65 Plätze, davon 19 *full hookups*/ auch Zelte/von Kreuzung *Mesa Verde National Park Entrance Rd. & US 160* ca. 100 m nordwärts in entgegengesetzter Richtung zum Parkeingang, dann 200 m ostwärts auf *Frontage Road*, Eingang links/565-3517/geb.frei 1-800-972-6620/E-mail mesa@frontier.net/Internet: www.mesaverdecamping.com
–**KOACortez/Mesa Verde**/78 Plätze, davon 28 *full hookups*/auch Zelte/von Kreuzung *US 160 & Hwy 145* ca. ½ mi/0,800 m ostwärts auf *US 160*, Eingang rechts/27432 E. Hwy 160, Cortez (Montezuma)/565-9301/E-mail: cortzkoa@fone.net
–**La Mesa RV Park**/Mountainview RV Park (Montezuma)/45 Plätze, davon 38 *full hookups*/auch Zelte/an Kreuzung *Hwy 145 & US 160* auf *US 160*/565-3610.
–**Lazy G Campground & Days Inn Motel**/79 Plätze, davon 36 *full hookups*/auch Zelte/an Kreuzung *US 160 & Hwy 145* an *Hwy 145*/9 mi/14 km von Mesa Verde NP/565-8577/geb.frei 1-800-628-2183/Fax 565-0123.
–**Mesa Oasis Campground** (Montezuma)/89 Plätze, davon 17 *full hookups*/auch Zelte/von Kreuzung *US 160 & US 666* ca. 4 mi/6 km südwestwärts auf *US 160/US 666*, Eingang links/565-8716.
–**Sundance RV Park** (Montezuma)/68 Plätze, *full hookups*/keine Zelte/815 E. Main & *US 666*, in Cortez/565-0997.

● **Craig** – Vorwahl/*area code* (970)
–**KOA-Craig** (Moffat)/104 Plätze, davon 83 *full hookups*/auch Zelte/von Ost Kreuzung *Hwy 13N & US 40* ca. 1¾ mi/2,8 km ostwärts auf *US 40*, Eingang rechts/824-5105/geb.frei 1-800-KOA-5095/E-mail: craigkoa@cmn.net
Internet: www.koakampgrounds.com/where/co/6108.

● **Cripple Creek** – Vorwahl/*area code* (970)
–**Cripple Creek Travel Park & Hospitality House**/70 Plätze, davon 51 *full hookups*/auch Zelte/von Ortsmitte an Kreuzung *2nd St. & Bennett Ave.* ¼ mi/

ANHANG: CAMPING 443
Campingplätze in Colorado

0,4 km westw. auf *Bennett Ave.*, dann 5 Blocks nordw. (an Schule vorbei) auf *B Street*/600 N. B Street/689-2513/geb.frei 1-800-500-2513.
–**KOA-Cripple Creek**/82 Plätze, davon 36 *full hookups*/auch Zelte/von Kreuzung *Hwy 67 & Teller 81* ca. ½ mi/0,8 km südwärts auf *Teller 81* (Richtung Victor), Eingang links/689-3376.

• **Delta** – Vorwahl/*area code* (970)
–**Flying A RV Park & Motel**/30 Plätze, *full hookups*/am Gunnison River, von *Hwy 92 & US 50* ca. ½ mi/0,8 km nordw. auf *US 50*, Eingang links/676 Hwy 50 N./874-9659.
–**Over-The-Hill RV Ranch**/51 Plätze/von Kreuzung *US 50 & Hwy 92* ca. 1¼ mi/2 km ostwärts auf *Hwy 92*, dann 100 m nordwärts auf *CR 1675* (Ferrell Gas/Gasamat), Eingang am Straßenende/1675 Hwy 92/874-0200.
–**Riverwood Inn & RV Park**/39 Plätze, davon 29 *full hookups*/auch Zelte/ von Kreuzung *Hwy 92 & US 50* ca. ½ mi/0,8 km nordw. auf *US 50*, Eingang rechts/677 Hwy 50 N./874-5787/Internet: www.riverwoodn.com

• **Denver Area** – Vorwahl/*area code* (303)
–**Barr Lake RV Park**/98 Plätze, davon 76 *full hookups*/von Kreuzung *I-25 & I-76* ca. 15 mi/24 km nordostw. auf *I-76* bis **Exit 20**, dann 1 Block westw. auf *136th Ave.*/17180 E. 136 Ave., **Brighton**/659-6180/geb.frei 1-800-654-7988.
–**Denver North Campground & RV Park** (Adams)/150 Plätze, davon 80 *full hookups*/auch Zelte/von Kreuzung *I-70 & I-25* ca. 15 mi/24 km nordwärts auf *I-25* bis **Exit 229**, dann 1 Block ostwärts auf *Hwy 7* dann 1 Block südwärts auf *Washington*, Eingang links/**Thornton**/452-4120/geb.frei 1-800-851-6521/Fax 452-4156/Internet: www.campdenver.com
–**Flying Saucer RV Park** (Arapaho)/150 Plätze, *full hookups*/keine Zelte/von Kreuzung *I-25 & US 285* ca. 4½ mi/7,2 km westwärts auf *US 285* bis **Federal Exit**, dann 100 m südwärts auf *Federal*, dann 1 Block zurück ostwärts auf *Hwy 285*, Eingang rechts/2500 West Hamprien Ave., **Englewood**/789-1707.
–**KOA-Denver East/Strasburg** (Arapahoe)/75 Plätze, davon 35 *full hookups*/auch Zelte/von **Exit 310** *I-70 & Strasburg Rd.* ca. 500 m nordwärts auf *Strasburg Rd.*, dann ¼ mi/0,4 km ostwärts auf *Frontage Rd.*, Eingang rechts/**Strasburg**/622-9274/geb.frei 1-800-562-6538.

• **Dillon** – Vorwahl/*area code* (970)
–**White River National Forest (Heaton Bay Campground)**/72 Plätze, *no hookups*/auch Zelte/keine Duschen/von **Exit Frisco** *I-70* ca. 1 mi/1,6 km ostwärts auf *CR 7*/Dillon Rd./468-5400.
–**White River National Forest (Prairie Point Campground)**/33 Plätze, *no hookups*/auch Zelte/keine Duschen/von Dillon ca. 22 mi/35 km nordwestwärts auf *Hwy 9*/468-5400.
–**White River National Forest (Heaton Bay Campground)**/72 Plätze, *no hookups*/auch Zelte/keine Duschen/von Dillon ca. 3½ mi/5,6 km südostwärts auf *US 6*, dann 3 mi/5 km westwärts auf *CR 1*/468-5400.

• **Divide** – Vorwahl/*area code* (719)
–**Alpine Lakes Resort** (Teller)/140 Plätze, davon 69 *full hookups*/auch Zelte/von Kreuzung *US 24 & CR 5* auf *CR 5* nordwärts, dann ¼ mi/0,4 km bis die Straße sich teilt (scharf rechts), dann 4 mi/6 km zum Park/687-7337.
–**Mueller State Park** (Teller)/132 Plätze, davon 32 *no* /auch Zelte/von Kreuzung *US 24 & Hwy 67* ca. 3½ mi/5,6 km südwärts auf *Hwy 67*/687-2366.

• **Dolores** – Vorwahl/*area code* (970)
–**Dolores River RV Park & Cabins** (Montezuma)/101 Plätze, davon 81 *full hookups*/auch Zelte/von Kreuzung *Hwys 184 & 145* ca. 4 mi/6 km nordostwärts auf *Hwy 145*/Eingang rechts/12 mi/19 km nördlich von Cortez am Dolores River/18680 Hwy 145/882-7761/geb.frei 1-800-200-2399.

• **Durango** – Vorwahl/*area code* (970)
–**Alpen-Rose RV Park** (La Plata)/100 Plätze, *full hookups*/keine Zelte/von West Kreuzung *US 160 & US 550* ca. 6½ mi/10,4 km nordwärts auf *US 550*, Eingang links/27847 Hwy 550 N./247-5540/geb.frei 1-877-259-5791.
–**Cottonwood Camper Park** (La Plata)/74 Plätze, davon 66 *full hookups*/ auch Zelte/von West Kreuzung *US 160 & US 550* ca. ¼ mi/0,4 km westwärts auf *US 160*, Eingang links/247-1977.

444 ANHANG: CAMPING
Campingplätze in Colorado

–Durango Year Round RV Park (La Plata)/39 Plätze, *full hookups*/von **Ostkreuzung** *US 160 & US 550* ca. 10 mi/16 km südwärts auf *US 550*, Zufahrt rechts. 5875 Hwy 550,247-5199; Internet: www.durangorvpark.com
–Hermosa Meadows Camper Park (La Plata)/148 Plätze, davon 79 *full hookups*/von West Kreuzung *US 160 & US 550* ca. 10 mi/16 km nordwärts auf *US 550*, dann ¼ mi/0,4 km ostwärts bei Mile Marker 31 (Hermosa Meadows Rd.), Eingang rechts/31420 Hwy 550/247-3055/geb.frei 1-800-748-2853/Internet: www.coloradovacation.com/camp/hermosa
E-mail: hermosameadowscamperpark@compuserve.com
–KOA-Durango East (La Plata)/92 Plätze, davon 32 *full hookups*/von Ost Kreuzung *US 550 & US 160* ca. 2¼ mi/3,6 km ostwärts auf *US 160*, Eingang rechts/30090 US Hwy 160/7 mi/11 km östlich von Durango Train Depot/247-0783/geb.frei 1-800-KOA-0793/E-mail: 104117.3442@compuserve.com
–KOA-Durango North/Ponderosa (La Plata)/150 Plätze, davon 45 *full hookups*/auch Zelte/von West Kreuzung *US 160 & US 550* ca. 16 mi/26 km nordwärts auf *US 550*, Eingang rechts/247-4499.
–Lightner Creek Campground (La Plata)/97 Plätze, davon 32 *full hookups/* auch Zelte/von West Kreuzung *US 550 & US 160* ca. 3¼ mi/5,2 km westw. auf *US 160*, dann 1½ mi/2,4 km nordw. auf *CR 207*/1567 C.R. 207/247-5406/E-mail: camplightner@rmi.net
–San Juan National Forest (Haviland Lake Campground)/45 Plätze, *no hookups*/auch Zelte/keine Duschen/von nördlicher Stadtgrenze 18 mi29 km nordwärts auf *US 550*, dann 1 mi/1,6 km ostwärts auf *FR 671*/247-4874.
–San Juan National Forest (Junction Creek Campground)/34 Plätze, *no hookups*/auch Zelte/keine Duschen/von Kreuzung *CR 550 (Main Ave) & 25th St. (Junction Creek Rd.)* 3½ mi/5,6 km westwärts auf 25th *Street*, dann 1½ mi/2,4 km auf *FR 171*/247-**4874.**
–United Campground of Durango (La Plata)/193 Plätze, davon 77 *full hookups*/auch Zelte/von West Kreuzung *US 160 & US 550* ca. 4½ mi/7,2 km nordwärts auf *US 550*, dann 1/10 mi/0,16 km südwärts auf *Animas View Dr.*, Eingang links/1322 Animas View Dr./247-3853

● **Eagle** – Vorwahl/*area code* (970)
–Sylvan Lake State Park (Eagle)/44 Plätze, *no hookups*/auch Zelte/von **Eagle Exit** *I-70* südwärts auf *Main Street* durch Ortszentrum, dann 15 mi/24 km südwärts auf *W Brush Creek Rd.*/625-1607.

● **Estes Park** – Vorwahl/*area code* (970)
–Blue Arrow RV Park (Larimer)/164 Plätze, davon 95 *full hookups/* auch Zelte/von Kreuzung *US 36W & Hwy 66* ¼ mi/0,4 km südwestwärts auf *Hwy 66*, Eingang rechts/geb.frei 1-800-582-5342.
–Estes Park Campground (Larimer)/68 Plätze, davon 53 *no hookups*/von Kreuzung *US 36 & Hwy 66* (Westseite der Stadt) ca. 3 mi/5 km südwestwärts auf *Hwy 66* bis zum Ende der Straße, etwa 1 mi/1,6 km hinter YMCA/586-4188/geb.frei 1-888-815-2099/E-mail: epcampground@estes-park.com
–KOA-Estes Park (Larimer)/84 Plätze, davon 28 *full hookups*/auch Zelte/von Kreuzung *US 36 & US 34* ca. 2 mi/3,6 km ostw. auf *US 34*/gegenüber Lake Estes/2051 Big Thompson Ave./5 mi/8 km östlich von Rocky Mountain Nationalpark/586-2888/geb.frei 1-800-KOA-1887/E-mail: estesparkkoa@compuserve.com
–Manor RV Park & Motel (Larimer)/110 Plätze, *full hookups*/keine Zelte/von Kreuzung *US 36 & US 34* 1 Block westwärts bis zur ersten Ampel, *Riverside Dr.* (ohne Schild), dann 1 ½ mi/2,4 km südwärts auf *Riverside Dr.*, Eingang links/586-3251/E-mail: elake@oneimage.com
–Mary's Lake Campground (Larimer)/von Kreuzung *US 34 & US 36* ca. ½ mi/0,8 km südostwärts auf *US 36*, dann 1½ mi/2,4 km südwestwärts auf *Hwy 7*, dann 1½ mi/2,4 km westwärts auf *Peak View Dr.*, Eingang links/586-4411/E-mail: maryslake@aol.com
–National Park Resort Campground & Cabins (Larimer)/92 Plätze, davon 22 *full hookups*/auch Zelte/von Kreuzung *US 36 & US 34* ca. 4 mi/6 km westwärts auf *US 34 Bypass*, Eingang rechts/586-4563.
–Paradise RV Park (Larimer)/30 Plätze, *full hookups*/auch Zelte/von Kreuzung *US 36/36 & Business US 34* ca. ¼ mi/0,4 km westwärts auf *Business US 34*, dann 2 mi/3,2 km südwestwärts auf *US 36*, dann ½ mi/0,8 km südwärts auf *Hwy 66*, Eingang links/586-5513.

ANHANG: CAMPING 445
Campingplätze in Colorado

–**Rocky Mountain National Park (Aspenglen Campground)**/54 Plätze, *no hookups*/keine Duschen/von Estes Park 5 mi/8 km westw. auf *US 34*/586-1206.
–**Rocky Mountain National Park (Glacier Basin Campground)**/150 Plätze, *no hookups*/auch Zelte/keine Duschen/von Estes Park 4 mi/6 km westwärts auf *US 36*, dann 5 mi/8 km südwärts auf *Bear Lake Rd.*/586-1206.
–**Rocky Mountain National Park (Longs Peak Campground)**/26 Plätze, *no hookups*/keine Duschen/9 mi/14 km südwärts auf *Hwy 7*/586-1206.
–**Rocky Mountain National Park (Aspenglen Campground)**/247 Plätze, *no hookups*/keine Duschen/von Estes Park 4 mi/6 km westwärts auf *US 36*, dann 1 mi/1,6 km südwärts auf *Bear Lake Rd.*/586-1206.
–**Spruce Lake RV Park** (Larimer)/110 Plätze, davon 95 *full hookups*/von Kreuzung *US 34/36 & Business US 34 (Elkhorn Ave.)*, dann 1½ mi/2,4 km westwärts auf *US 36 (Moraine Ave.)*, dann 1 Block südwärts auf *Mary's Lake Rd.*, Eingang links/586-2889/E-mail:sprucelake@estes-park.com
–**Yogi Bear's Jellystone Park Camp Resorts of Estes Park** (Larimer)/110 Plätze, davon 41 *full hookups*/auch Zelte/ostwärts von Kreuzung *US 34 & US 36* ca. 5½ mi/8,8 km südostwärts auf *US 36*, Eingang links/586-4230/ geb.frei 1-800-722-2928/E-mail:yogibear@frii.com

• **Fruita** – Vorwahl/*area code* (970)
–**Colorado National Monument** (Saddlehorn Campground)/ 80 Plätze, *no hookups*/auch Zelte/keine Duschen/von **Exit 19** *I-70 & Hwy 340* ca. 3 mi/ 5 km südwärts auf *Hwy 340* bis National Monument Eingang; 4½ mi/7,2 km innerhalb des Nationalmonuments/858-3617.
–**Monument RV Park** (Mesa)/112 Plätze, davon 82 *full hookups*/auch Zelte/ von **Exit 19** *I-70 & Hwy 340* ca. ¼ mi/0,4 km südw. auf *Hwy 340*/858-3155/Fax 858-4777/geb.frei 1-888-977-6777/E-mail: monument@wic.net

• **Glenwood Springs** – Vorwahl/*area code* (970)
–**Ami's Acres Campground** (Garfield)/70 Plätze, davon 44 *full hookups*/ auch Zelte/von **Exit 114** *I-70* ca. 1 mi/1,6 km westwärts auf *Frontage Rd.* auf der Nordseite der Interstate, Eingang rechts/945-5340
–**Rock Gardens Campground** (Garfield)/72 Plätze, davon 36 *no hookups*/ auch Zelte/von **Exit 119** vom Osten *I-70* ca. 30 m südwärts auf *Frontage Rd.*, Eingang am Ende der Straße/945-6737/E-mail: therock@sopris.net

• **Golden** – Vorwahl/*area code* (303)
–**Chief Hosa Campground** (Jefferson)/86 Plätze, davon 43 *no hookups*/auch Zelte/von Kreuzung *Hwy 470 & I-70* ca. 7½ mi/12 km westwärts auf *I-70* bis **Exit 253**, dann 100 m südwärts über Interstate/526-7329.
–**Dakota Ridge RV Park**/von **Exit 274** Kreuzung *I-25 & I-70* **Exit 274** ca 12 mi/19 km westwärts auf *I-70* (**Exit 262**), dann 1½ mi/2,4 km südswestwärts auf *US 40*, Eingang links/17700 West Colfax Ave., **Golden**/279-1625/ geb.frei 1-800-398-1625/E-mail:dakotardge@aol.com
–**Golden Gate Canyon State Park** (Jefferson)/164 Plätze, davon 132 *no hookups*/von Kreuzung *I-70 & Hwy 58* ca. 5 mi/8 km westwärts auf *Hwy 58*, dann 1½ mi/2,4 km nordw. auf *Washington Ave.*, dann 15 mi/24 km westw. auf *Golden Gate Canyon Rd.* bis Visitors Center/582-3707.
–**Golden Terrace South RV Resort** (Jefferson)/84 Plätze, *full hookups*/von *I-25* (**Exit 214**) & *I-70* (**Exit 274**) ca. 12 mi/19 km westwärts auf *I-70* bis **Exit 262**, dann 1½ mi/2,4 km südswestwärts auf *US 40*, Eingang rechts/17801 West Colfax, **Golden**/279-6279/geb.frei 1-800-638-6279.

• **Granby** – Vorwahl/*area code* (970)
–**Arapaho National Forest (Arapaho Bay Campground)**/84 Plätze, *no hookups*/auch Zelte/keine Duschen/vom Ort ca. 6 ½ mi/10,4 km nordwärts auf *US 34*, dann 9 mi/14,4 km westwärts auf *CR 6/FR 125*/887-4100.
–**Arapaho National Forest (Denver Creek Campground)**/25 Plätze, *no hookups*/auch Zelte/keine Duschen/von Kreuzung *US 40 & Hwy 125* ca. 12 mi/19 km nordwärts auf *Hwy 125*/887-4100.
–**Arapaho National Forest (Green Ridge Campground)**/81 Plätze, *no hookups*/auch Zelte/keine Duschen/vom Ort ca. 13 mi/21 km nordwärts auf *US 34*/887-4100.
–**Arapaho National Forest (Stillwater Campground)**/148 Plätze, *no hookups*/auch Zelte/keine Duschen/vom Ort ca. 8 mi/13 km nordwärts auf *US 34*/887-4100.

446 ANHANG: CAMPING
Campingplätze in Colorado

–Arapaho National Forest (Creek Campground)/40 Plätze, *no hookups*/ auch Zelte/keine Duschen/vom Ort ca. 6 ½ mi/10,4 km nordwärts auf *US 34*, dann 3½ mi/5,6 km westwärts auf *CR 40*/887-4100.

• **Grand Junction** – Vorwahl/*area code* (970)
–Big J RV Park (Mesa)/90 Plätze, *full hookups*/keine Zelte/von **Exit 37** *I-70* ca. 1 mi/1,6 km bis *Hwy 141* (2. Ampel), dann 5 mi/8 km südwärts auf *Hwy 141*, dann 3½ mi/5,6 km westwärts auf *US 50* (*U-turn* am Fairgrounds Eingang)/242-2527/geb.frei 1-877-240-2527/Fax 263-0566.
–Junction West RV Park (Mesa)/66 Plätze, davon 53 *full hookups*/keine Zelte/von **Exit 26** Kreuzung *I-70 & US 6/50* ca. ¼ mi/0,4 km westwärts auf *US 6/50*, dann ½ mi/0,8 km nordwärts auf *22nd Road*/links/245-8531.
–RV Ranch at Grand Junction (Mesa)/138 Plätze, *full hookups*/keine Zelte/ von **Exit 37** Kreuzung *I-70 & Business I-70* ca. 1 mi/1,6 km südwestw. auf *Business I-70*/434-6644/geb.frei 1-800-793-0041/
Internet: www.rvranchs.com

• **Grand Lake** – Vorwahl/*area code* (970)
–Elk Creek Campground (Grand)/85 Plätze, davon 52 *no hookups*/auch Zelte/am Eingang vom Rocky Mountain Nationalpark/von Kreuzung *Hwy 278 & US 34* ca. ¼ mi/0,4 km nordw. auf *US 34*, dann 22 m westw. auf *CR 48 (Golf Course Rd.)* zum Eingang rechts/627-8502/geb.frei 1-800-355-2733/E-mail: elkcreek@rkymtnhi.com
–Rocky Mountain National Park (Timber Creek Campground)/100 Plätze, *no hookups*/auch Zelte/von Grand Lake 9 mi/14 km nordw. auf *US 34* (Trail Ridge Road)/627-3471.
–Winding River Resort (Grand)/155 Plätze, davon 37 *full hookups*/auch Zelte/neben Rocky Mountain Nationalpark/nordw. vom Grand Lake Village Eingang ca. 1½ mi/2,4 km nordw. auf *US 34*, dann 1½ mi/2,4 km westw. auf *CR 491*; südw. vom Südeingang des Nationalparks ¼ mi/ 0,4 km südw., dann 1½ mi/2,4 km westw. auf *CR 491*/links/627-3215/geb.frei 1-800-282-5121/E-mail: trailboss@rkymtnhi.com/Internet: www.windingriverresort.com

• **Great Sand Dunes National Monument** – Vorwahl/*area code* (719)
–Great Sand Dunes Oasis Campground & RV Park (Alamosa)/150 Plätze, davon davon 20 *full hookups*/auch Zelte/schöner Blick auf Great Sand Dunes/ von Kreuzung *US 160 & Hwy 150* ca. 16 mi/26 km nordwärts auf *Hwy 150*, Eingang rechts/**Alamosa**/378-2222.
–KOA-Alamosa (Alamosa)/52 Plätze, davon davon 10 *full hookups*/auch Zelte/von Kreuzung *Hwy 17 & US 160* ca. 3¼ mi/5,2 km ostwärts auf *US 160*, Eingang links/geb.frei 1-800-562-9157.

• **Mesa Verde Area** – Vorwahl/*area code* (970)
–A & A Mesa Verde RV Park & Campground (Montezuma)/65 Plätze, davon 19 *full hookups*/auch Zelte/von Kreuzung Mesa Verde Nationalpark Eingang *& US 160* ca. 100 m nordwärts entgegengesetzt vom Parkeingang, dann 200 m ostwärts auf *Frontage Road*, Eingang links/**Mancos**/565-3517/ geb.frei 1-800-972-6620/E-mail: mesa@frontier.net
Internet: www.mesaverdecamping.com
–Echo Basin Dude Ranch & RV Park (Montezuma)/126 Plätze, davon 76 *full hookups*/auch Zelte/von **Mancos** Kreuzung *Main St. & US 160* ca. 2 mi/ 3,2 km ostwärts auf *US 160*, dann 3 mi/5 km nordwärts auf *Echo Basin Rd.* (Schildern folgen), Eingang rechts/geb.frei 1-800-426-1890.
–Mesa Verde Point Kampark (Montezuma)/51 Plätze, davon 24 *full hookups*/auch Zelte/von **Mancos** ca. 6 mi/10 km westwärts auf *US 160* (¾ mi/1,2 km von Mesa Verde Nationalpark Eingang), Eingang rechts/533-7421/geb.frei 1-800-776-7421.
–Morefield Campground im Mesa Verde Nationalpark (Montezuma)/440 Plätze, davon 15 *full hookups*/auch Zelte/von Mesa Verde NP Eingang & *US 160* ca. 4 mi/6 km südw. auf *Mesa Verde National Park Rd.*, rechts/565-2133/geb.frei 1-800-449-2288/Internet: www.visitmesaverde.com
–San Juan National Forest (Target Tree Campground)/51 Plätze, *no hookups*/auch Zelte/von **Mancos** 7 mi/11 km ostw. auf *US 160*/ 533-7716.

• **Monument** – Vorwahl/*area code* (719)
–Lake of the Rockies Retreat & Camping Resort (El Paso)/248 Plätze, davon 174 *full hookups*/auch Zelte/von **Exit 161** *I-25 & CR 105* ca. ¼ mi/

ANHANG: CAMPING 447
Campingplätze in Colorado

0,4 km westwärts auf *CR 105*, dann ½ mi/0,8 km westwärts auf *3rd St.*, dann 1 Block südwärts auf *Front St.*, dann 1 Block westwärts auf *Second St.*, dann 1 Block südwärts auf *Mitchell Ave.*, Eingang rechts/481-4227geb.frei 1-880-429-4228/Internet: www.coloradovacation.com/camp/rockies

• **Ouray** – Vorwahl/*area code* (970)
–**4J Ortsgrenze 3 + 1+ 1 RV Park** (Ouray)/70 Plätze, davon 46 *full hookups*/auch Zelte/von Ortsmitte an Kreuzung *US 550 & 7th Ave.*, 3 Blocks westwärts auf *7th Ave.*, Eingang rechts/325-4418.
–**KOA-Ouray** (Ouray)/123 Plätze, davon 30 *full hookups*/auch Zelte/von nördlicher mi/5 km nordwärts auf *US 550*, dann ¼ mi/0,4 km westwärts auf *CR 23*/325-4736.
–**Timber Ridge KOA-Ouray** (Ouray)/74 Plätze, davon 70 *full hookups*/auch Zelte/von nördlicher Ortsgrenze ½ mi/0,8 km südwärts auf *US 550*, Eingang rechts/325-4523.
–**Uncompahgre National Forest (Amphitheater Campground)**/30 Plätze, davon *no hookups*/auch Zelte/keine Duschen/von Ouray ½ mi/0,8 km südwärts auf *US 160*, dann ½ mi/0,8 km ostwärts auf *FR 855*/249-3711.

• **Pagosa Springs** – Vorwahl/*area code* (970)
–**Blanco River RV Park** (Archuleta)/38 Plätze, *full hookups*/auch Zelte/von Kreuzung *US 160 & US 84* ca. 9½ mi/15 km südwärts auf *US 84*, Eingang rechts/geb.frei 1-800-280-9429.
–**Cool Pines RV Park** (Archuleta)/22 Plätze, *full hookups*/von Kreuzung *US 84 & US 160* ca. 2¼ mi/3,6 km westwärts auf *US 160*, Eingang rechts/264-9130.
–**Elk Meadows Campground** (Archuleta)/44 Plätze, davon 22 *full hookups*/von Kreuzung *US 84 & US 160* ca. 4¼ mi/7,2 km nordostwärts auf *US 160*, Eingang links/264-5482.
–**Happy Camper RV Park** (Archuleta)/83 Plätze, *full hookups*/von westlicher Ortsgrenze 9 mi/14 km westwärts auf *US 160*, Eingang links/731-5822.
–**Pagosa Riverside Campground** (Archuleta)/86 Plätze, davon 36 *full hookups*/von Kreuzung *US 84 & US 160* ca. 1⅓ mi/2,4 km nordostwärts auf *US 160*, Eingang links/264-5874.
–**San Juan National Forest (East Fork Campground)**/26 Plätze, *no hookups*/auch Zelte/keine Duschen/von Pagosa Springs 9¾ mi/15 km nordostwärts auf *US 160*, dann ¾ mi/1,2 km ostwärts auf *FR 667*/264-2268.
–**San Juan National Forest (West Fork Campground)**/28 Plätze, *no hookups*/auch Zelte/keine Duschen/von Pagosa Springs 14 mi/22 km nordostwärts auf *US 160*, dann 1½ mi/2,4 km nordostwärts auf *FR 648*/264-2268.
–**San Juan National Forest (Williams Creek Campground)**/69 Plätze, *no hookups*/auch Zelte/keine Duschen/von Kreuzung *US 160 & FR 631 (The Piedra Rd.)* 22 mi/35 km nordwärts auf *FR 631*, dann ½ mi/0,8 km nordwärts auf *FR 640*/264-2268.
–**San Juan National Forest (Wolf Creek Campground)**/26 Plätze, *no hookups*/auch Zelte/keine Duschen/von Pagosa Springs 14 mi/22 km nordostwärts auf *US 160*, dann ½ mi/0,8 km nordwärts auf *FR 684*/264-2268.

• **Pueblo** – Vorwahl/*area code* (719)
–**Haggard's RV Campground** (Pueblo)/80 Plätze, davon 29 *full hookups*/auch Zelte/von **Exit 101** *I-25 & US 50* ca. 18¾ mi/30 km westwärts auf *US 50*, Eingang links/547-2101.
–**KOA-Pueblo** (Pueblo)/87 Plätze, davon 22 *full hookups*/auch Zelte/von **Exit 101** *I-25 & US 50* ca. 6½ mi/10 km nordwärts auf *I-25* bis **Exit 108**, dann ½ mi/0,8 km nordwärts auf *West Frontage Rd.*, Eingang links/542-2273/E-mail: pueblokoa@bemail.com
–**Lake Pueblo State Park** (Pueblo)/401 Plätze, davon 115 *no hookups*/auch Zelte/von Pueblo 4 mi/6 km westwärts auf *US 50*, dann 6 mi/10 km westwärts auf *Thatcher Ave.*/561-9320.

• **Rifle** – Vorwahl/*area code* (970)
–**Rifle Gap Falls State Park** (Garfield)/46 Plätze, *no hookups*/auch Zelte/von *Hwy 13 & Hwy 325* ca. 9 ¾ mi/16 km ostw. auf *Hwy 325*/625-1607.

• **Rocky Mountain National Park** – Vorwahl/*area code* (970)
siehe Estes Park, Granby, Grand Lake

448 ANHANG: CAMPING
Campingplätze in Colorado & Nevada

- **Salida** – Vorwahl/*area code* (719)
- **Four Seasons RV Park** (Chaffee)/60 Plätze, *full hookups*/keine Zelte/von Kreuzung *Hwy 291* & *US 50* ca. 2 mi/3,2 km ostwärts auf *US 50*, Eingang links/539-3084.

- **Silverton** – Vorwahl/*area code* (970)
- **Silver Summit RV Park** (San Juan)/39 Plätze, *full hookups*/auch Zelte/von Kreuzung *US 550* & *Hwy 110* (Südrand des Orts) ¼ mi/0,4 km nordwärts auf *Hwy 110*, dann 2 Blocks ostwärts auf 7th *St.*, Eingang rechts/**Mineral**/387-0240/geb.frei 1-800-352-1637/E-mail: slvrsmmt@frontier.net
- **Silverton Lakes Campground** (San Juan)/70 Plätze, *full hookups*/auch Zelte/am Nordrand des Orts an *Hwy 110*, Eingang rechts/geb.frei 1-888-551-2267.

- **South Fork** – Vorwahl/*area code* (719)
- **Grandview Cabins & RV Park** (Rio Grande)/92 Plätze, *full hookups*/auch Zelte/von *US 160* & *Hwy 149* ca. ½ mi/0,8 km nordw. auf *Hwy 149*, Eingang links/873-5541.
- **High Country RV Park** (Rio Grande)/47 Plätze, *full hookups*/auch Zelte/ von Kreuzung *US 160* & *Hwy 149* ca. 100 m nordwärts auf *Hwy 149*, dann 1 Block ostwärts auf *CR 59*, Eingang links/873-5863.
- **Moon Valley Campground** (Mineral)/50 Plätze, *full hookups*/auch Zelte/ von Kreuzung *US 160* & *Hwy 149* ca. 6 mi/10 km westwärts auf *Hwy 160*, Eingang rechts/873-5216.
- **Rio Grande National Forest (Big Meadow Campground)** (Mineral)/55 Plätze, *no hookups*/auch Zelte/keine Duschen/vom Ort ca. 12½ mi/20 km südwestw. auf *US 160*, dann 1¾ mi/2,8 km südwestw. auf *FR 410*/657-3321.
- **Riverbend Resort** (Rio Grande)/64 Plätze, *full hookups*/auch Zelte/von Kreuzung *US 160* & *Hwy 149* ca. 3¼ mi/5,2 km südwestwärts auf *US 160*, Eingang links/873-5344.
- **Riversedge RV Resort** (Rio Grande)/57 Plätze, *full hookups*/auch Zelte/von Kreuzung *US 160* & *Hwy 149* ca. 1 mi/1,6 km ostwärts auf *US 160*, Eingang links/873-5993.
- **South Fork Campground & RV Resort** (Rio Grande)/58 Plätze, davon 44 *full hookups*/auch Zelte/von Kreuzung *US 160* & *Hwy 149* ca. 4 mi/6 km ostwärts auf *Hwy 160*, Eingang links/geb.frei 1-800-237-7322.

- **Steamboat Springs** – Vorwahl/*area code* (970)
- **KOA-Steamboat Springs** (Routt)/129 Plätze, davon 47 *full hookups*/auch Zelte/von westlicher Stadtgrenze 2 mi/3,2 km westwärts auf *US 40*, Eingang links/879-0273.
- **Stagecoach State Park** (Routt)/100 Plätze, davon 47 *full hookups*/auch Zelte/von Kreuzung *US 40* & *Hwy 131* ca. 5 mi/8 km südwärts auf *Hwy 131*, dann 7 mi/11 km südwärts auf *CR 14*/736-2436.

NEVADA

- **Baker** – Vorwahl/*area code* (702)
- **Colt Service Center RV Park**/96 Plätze, *full hookups*/von *I-80* (**Exit 229**) & *I-80 Bus* ca. ¾ mi/1,2 km nordostw. auf *I-80 Bus*/635-5424.

- **Boulder City** – Vorwahl/*area code* (702)
- **Boulder Oaks RV Resort**/275 Plätze, *full hookups*/von *Boulder Hwy* & *US 93* ½ km nordw. *US 93*, dann 150 m westw. auf *Industrial Rd.*/294-4425.
- **Lake Mead National Recreation Area/Boulder Beach**/154 Plätze, *no hookups*/von *US 93* & *Hwy 41* ca. 6 mi/10 km nordw. auf *Hwy 41/Lakeshore Rd.*/max. 30 ft. RVs.
- **Lake Mead National Recreation Area Hemenway**/184 Plätze, *no hookups* /von Boulder City 6 mi/10 km nordostw. auf *US 93*, dann 1½ mi/2,4 km nordw. auf *Hwy 41/Lakeshore Rd.*/keine Duschen.
- **Lakeshore Trailer Village**/80 Plätze, *full hookups*/von *US 93* & *Hwy 166* (0,2 km nördl. vom Lake Mead Information Center) ca. 2 mi/3,2 km nordostw. auf *Hwy 166/Lakeshore Rd.*/293-2540.

ANHANG: CAMPING 449
Campingplätze in Nevada

- **Callville Bay** – Vorwahl/*area code* (702)
 –**Lake Mead National Recreation Area/Callville Bay**/80 Plätze, *no hookups*/keine Duschen/ganzjährig/an *North Shore Rd.*
- **Carson City** – Vorwahl/*area code* (775)
 –**Camp-N-Town** (Carson)/130 Plätze, *full hookups*/auch Zelte/von Nord Kreuzung *US 395 & US 50* ca. ¾ mi/1,2 km nordwärts auf *US 395*, Eingang links/883-1123/geb.frei 1-800-872-1123.
 –**Comstock Country RV Resort** (Carson)/163 Plätze, *full hookups*/auch Zelte/von Nord Kreuzung *US 395 & US 50* ca. ¾ mi/1,2 km nordwärts auf *US 395*, Eingang links/883-1123/geb.frei 1-800-872-1123.
- **Cottonwood Cove** – Vorwahl/*area code* (702)
 –**Cottonwood Cove Marina & Resort**/73 Plätze, *full hookups*/von *US 95 & Hwy 164/Cottonwood Cove Rd.* (bei Searchlight) ca. 14 mi/22 km ostw. auf *Cottonwood Cove Rd.*/297-1464.
 –**Lake Mead National Recreation Area (Cottonwood Cove)**/166 Plätze, *no hookups*/max. 30 ft. RVs/auch Zelte/keine Duschen/von *US 95* ca. 15 mi/24 km ostw. auf *Cottonwood Cove. Rd./Hwy 164*, Eingang am Straßenende.
- **Ely** – Vorwahl/*area code* (775)
 –**Cave Lake State Park**/38 Plätze, *no hookups*/auch Zelte/von **Ely** 7 mi/11 km südwärts auf *US 93*, dann 2 mi/3,2 km ostwärts auf Zufahrtsstraße/728-4467.
 –**Humbold-Toiyabe National Forest (Ward Mtn. Campground)**/29 Plätze, *no hookups*/von Ely ca. 7 mi/11 km südwestwärts auf *US 6*, dann ½ mi/ 0,8 km südwärts auf *FR 439*/289-3031.
 –**KOA-Ely** (White Pine)/127 Plätze, davon 88 *full hookups*/von *US 50/93 & US 6* ca. 3 mi/5 km südostw. auf *Pioche Hwy (US 6-50 E & 93 S)*, Eingang rechts/289-3413/geb.frei 1-800-KOA-3413/E-mail: elykoa@netxxpress.net
- **Fallon** – Vorwahl/*area code* (775)
 –**Bonanza Inn & Casino** (Churchill)/20 Plätze, *full hookups*/keine Zelte/ keine Toiletten/von Kreuzung *US 95 & US 50* ca. ¼ mi/0,4 km westwärts auf *US 50*/423-6031.
 –**Fallon RV Park** (Churchill)/64 Plätze, *full hookups*/von Kreuzung *US 95 & US 50* ca. 5 mi/8 km westwärts auf *US 50*, Eingang links/867-2332.
 –**The Hub Totel** (Churchill)/44 Plätze, *full hookups*/von Kreuzung *US 95 & US 50* ca. 4 mi/6 km westwärts auf *US 50*, Eingang rechts/867-3636.
- **Henderson Cove** – Vorwahl/*area code* (702)
 –**Lake Mead National Recreation Area/Las Vegas Wash Campground**/89 Plätze, *no hookups*/von *US 93 & Hwy 147* ca. 10 mi/16 km nordostw. auf *Hwy 147*/keine Duschen.
- **Las Vegas** – Vorwahl/*area code* (702)
 –**Circusland RV Park/Circus Circus Hotel & Casino** (Clark)/400 Plätze, 387 *full hookups*/von Kreuzung *US 95 & I-15* ca. 2¼ mi/3,6 km südwärts auf *I-15 Exit Sahara Ave.*, dann ¾ mi/1,2 km südwärts auf *Las Vegas Blvd. South*/734-0410/geb.frei 1-800-634-3450/Internet: www.circuscircus.com
 –**Covered Wagon RV Park** (Clark)/209 Plätze, *full hookups*/von Kreuzung *Russell Rd. & Boulder Hwy* ½ mi/0,8 km südwärts auf *Boulder Hwy*, Eingang links/454-7090.
 –**Destiny's Oasis RV Resort** (Clark)/700 Plätze, *full hookups*/von **Exit 33** Kreuzung *I-15 & Hwy 160 (Blue Diamond)* ca. ¼ mi/0,4 km ostwärts auf *Blue Diamond*, dann ¼ mi/0,4 km südwärts auf *Las Vegas Blvd.*, dann 1 Block westwärts auf *Windmill Lane*, Eingang am Ende/260-2000/E-mail: mgroasis@aol.com
 –**Hitchin' Post RV Park** (Clark)/200 Plätze, *full hookups*/südwärts von **Exit 50** Kreuzung *I-15 & Lamb Blvd.* ca. 2 mi/3,2 km südwestwärts auf *Las Vegas Blvd.*; nordwärts von **Exit 48** Kreuzung *I-15 & Craig Rd.*, 1 mi/1,6 km ostwärts auf *Craig Rd.*, dann 1 mi/1,6 km südwärts auf *Lamb Blvd.*, dann 300 m südwärts auf *Las Vegas Blvd.*, Eingang links/644-1043.
 –**Holiday Travel Park**/403 Plätze, *full hookups*/von *US 93/95 Expressway & Boulder Hwy* ca. 2¼ mi/3,6 km südw. auf *Boulder Hwy*, dann ¼ mi/0,4 km nordostw. auf *Nellis Blvd.*/451-8005.

450 ANHANG: CAMPING
Campingplätze in Nevada & Utah

–**KOA-Las Vegas** Clark)/250 Plätze, davon 200 *full hookups*/von *US 93/95 Expressway & Boulder Hwy* ca. 1 mi/1,6 km südw. auf *Boulder Hwy*/451-5527/geb.frei 1-800-562-7782/E-mail: lasvegas@koa.net
–**Riviera Travel Trailer Park** (Clark)/136 Plätze, *full hookups*/von Kreuzung *US 93/95 Expressway & Charleston Blvd.* ½ mi/0,8 km westwärts auf *Charleston Blvd.*, dann 100 m ostwärts auf *Sahara Ave.*, dann ¾ mi/ 1,2 km südwärts auf *Palm St.*, Eingang links/457-8700.
–**Sam's Town RV Park** (Clark)/500 Plätze, *full hookups*/von *US 93/95 Expressway (I-515) & Boulder Hwy* ca. 2½ mi/4 km südw. auf *Boulder Hwy*/ 451-8055.
–**Silverton Hotel/Casino RV Park** (Clark)/460 Plätze, *full hookups*/von *Exit 33* Kreuzung *I-15 & Hwy 160 (Blue Diamond)* ca. ¼ mi/0,4 km westwärts auf *Hwy 160*, Eingang links/geb.frei 1-800-588-7711.

• **Mesquite** – Vorwahl/*area code* (702)
–**Casablanca Resort RV Park**/45 Plätze, *full hookups*/von *I-15* (**Exit 120**) ca. ½ mi/0,8 km ostw. auf *I-15 Bus/W. Mesquite Blvd.*/346-7529/geb.frei 1-800-459-PLAY.
–**Desert Skies RV Resort**/189 Plätze, *full hookups*/von *I-15* (**Exit 122**) ca. ¼ mi/0,4 km ostwärts auf *Sandhill Rd.*, dann 1¼ mi/2 km nordwärts auf *Hillside Dr.*/geb.frei 1-800-818-2773.
–**Oasis Resort RV Park**/91 Plätze, *full hookups*/von *I-15* (**Exit 120**) ca. ½ mi/0,8 km ostw. auf *I-15 Bus/Old US 91*/346-5232.

• **Primm** – Vorwahl/*area code* (702)
–**Primadonna RV Village**/198 Plätze, *full hookups*/von Las Vegas 40 mi/ 60 km südwestwärts auf *I-15* bis Grenze zwischen Kalifornien und Nevada, Kreuzung *I-15* (**Exit 1**) & NV/CA Staatenlinie/geb.frei 1-800-248-8453.

• **Reno** – Vorwahl/*area code* (775)
–**Bordertown RV Park** (Washoe)/150 Plätze, davon 100 *no hookups*/von Kreuzung *I-80 & US 395* ca. 17½ mi/28 km nordwärts auf *US 395* (CA/NV Staatengrenze **Exit 83**), dann ¼ mi/0,4 km nordwärts auf *W Frontage Rd.*, Eingang links/geb.frei 1-800-218-9339.
–**Keystone RV Park** (Washoe)/104 Plätze, davon *full hookups*/von Kreuzung *I-80 & US 395* ca. 2½ mi/4 km westwärts auf *I-80* (**Exit Keystone Ave.**), dann ¼ mi/0,4 km südwärts auf 4th *St.*, Eingang rechts/324-5000.
–**Reno Hilton RV Park** (Washoe)/230 Plätze, *full hookups*/von **Exit 15** Kreuzung *I-80 & US 395* ca. ½ mi/0,8 km südwärts auf *US 395* (**Exit Glendale Rd.**), dann ¼ mi/0,4 km ostwärts auf *Glendale Rd.*, Eingang rechts/geb.frei 1-800-648-5080.
–**Rivers Edge RV Park** (Washoe)/164 Plätze, *full hookups*/von Kreuzung *I-80 & US 395* ca. 1 mi/1,6 km ostwärts auf *I-80* (**Exit 17** *Rock Blvd.*), dann 1 mi/1,6 km südwärts auf *Rock Blvd.*/geb.frei 1-800-621-4792.

• **Stateline** – Vorwahl/*area code* (916)
–**Lake Tahoe Basin Management Unit US Forest Service (Nevada Beach Campground)** (Washoe)/54 Plätze, *no hookups*/keine Duschen/von Stateline 2 i/3,2 km nordwärts auf *US 50*, dann ½ mi/0,8km westwärts auf *Elks Point Rd.*/544-5994.

• **Virginia City** – Vorwahl/*area code* (775)
–**Virginia City RV Park** (Washoe)/50 Plätze, *full hookups*/auch Zelte/von Kreuzung *Hwy 341 (C St.) & Carson St.* (Nordseite der Stadt) 3 Blocks ostwärts auf *Carson St.* (Schildern zum Friedhof/*cemetery* folgen), Eingang links/geb.frei 1-800-889-1240/E-mail: vcrvpar@compuserve.com

• **Zephyr Cove** – Vorwahl/*area code* (775)
–**Zephyr Cove Resort & RV Park** (Douglas)/180 Plätze, davon 110 *full hookups*/auch Zelte/auf 1890 m ü.M./von *Hwy 207 & US 50* ca. 3 mi/5 km nordwärts auf *US 50* (4 mi/6 km nördlich von Stateline)/588-6644/Internet: www.tahoedixie2.com

UTAH

• **Bryce Canyon** auf 2317 m ü.M. – Vorwahl/*area code* (435)
–**Bryce Canyon-KOA-Panguitch**/68 Plätze, davon 25 *full hookups*/von *US 89, Main St. & Center St.* ca. 5 Blocks südw. auf *Main St.*/676-2225.

ANHANG: CAMPING

Campingplätze in Utah

−**Bryce Canyon National Park/North Campground**/108 Plätze, *no hookups*/max. 30 ft. RVs/auch Zelte/von *US 89 & UT 12* ca. 13 mi/21 km ostw. auf *UT 12*, dann weiter auf *Hwy 63*/834-5322.
−**Bryce Canyon National Park/Sunset Campground**/110 Plätze, *no hookups*/max. 20 ft. RVs/auch Zelte/2 mi/3,2 km südl. vom Visitors Center an *Hwy 63*/834-5322.
−**Red Canyon RV Park**/auf 2042 m ü.M./47 Plätze, *full hookups*/vom Nordeingang der *Bryce Canyon Rd. & UT 12* ca. 13½ mi/22 km westw. auf *UT 12*, dann 7¼ mi/12 km südw. auf *US 89*/676-2600.
−**Ruby's Inn RV Park & Campground**/222 Plätze, davon 60 *full hookups*/ von *UT 12 & Hwy 63* ca. 2 mi/3,2 km südw. auf *Hwy 63*/834-5301.

• **Dinosaur National Monument Area** −

Vorwahl/*area code* **Jensen** (801), **Vernal** (435)
−**Bedrock Campground & RV Park** (Uintah)/111 Plätze, *full hookups*/auch Zelte/von Kreuzung *Hwy 149 & US 40* ca. 1 Block ostwärts auf *US 40*, Eingang rechts/**Jensen**/geb.frei 1-800-852-7336.
−**Dinosaur National Monument (Green River Campground)**/88 Plätze, *no hookups*/auch Zelte/keine Duschen/von Kreuzung *Hwy 149 & US 40* ca. 10 mi/16 km nordostwärts auf Hwy 149/**Jensen**/(852-7336.
−**Dinosaurland-KOA** (Uintah)/62 Plätze, davon 33 *full hookups*/auch Zelte/ von Kreuzung *US 40 & US 191* ca. 9 Blocks nordwärts auf *US 191*, Eingang rechts/**Vernal**/789-2148/geb.frei 1-800-245-2148.

• **Kanab** auf 1524 m ü.M. − Vorwahl/*area code* (435)
−**Crazy Horse RV Campark**/82 Plätze, davon 44 *full hookups*/auch Zelte/ von *US 89A & US 89* ca. ½ mi/0,8 km ostw. auf *US 89*/644-2782.
−**Kanab RV Corral** (Kane)/40 Plätze, *full hookups*/auf 1524 m ü.M./von Kreuzung *US 89A & US 89* ca. 1 Block südw. auf *US 89A*, links/644-5330.

• **Moab** − Vorwahl/*area code* (435)
−**Arch View Resort & Campground** (Grand)/88 Plätze, davon 54 *full hookups*/auch Zelte/auf 1372 m ü.M./von *Hwy 313 & US 191* (Dead Horse Point) ca. ¼ mi/0,2 km nordw. auf *US 191*, rechts/(801)259-7854/geb.frei 1-800-813-6622/E-mail: archview@moab.net/Internet: moab.net/archview/
−**Canyonland's Campground** (Grand)/163 Plätze, davon 70 *full hookups* auch Zelte/auf 1219 m ü.M./von Kreuzung *Hwy 128 & US 191* ca. 3 mi/5 km südwärts auf *US 191*, Eingang links/geb.frei 1-800-522-6848/Fax 259-6848/ E-mail: cancamp@lasal.net/Internet: moab-utah.com/canyonlands/rv.html
−**Moab-Koa** (Grand)/124 Plätze, davon 45 *full hookups*/auch Zelte/auf 1372 m ü.M./von Kreuzung *Hwy 128 & US 191* ca. 7½ mi/12 km südw. auf *US 191*, links/259-6682/E-mail: koa@lasal.net/Internet: moab-utah.com/koa
−**Moab Valley RV & Campark** (Grand)/130 Plätze, davon 68 *full hookups*/ auch Zelte/von Kreuzung *Hwy 128 & US 191* ca. 200 m südw. auf *US 191*/ rechts/259-4469/E-mail: koa@lasal.net/Internet: moab-utah.com/koa
−**Slickrock Campground RV &Tent Camping Resort** (Grand)/127 Plätze, davon 45 *full hookups*/auch Zelte/auf 1219 m ü.M./von *Hwy 128 & US 191* ca. ¾ mi/1,2 km südw. auf *US 191*,/259-7660/geb.frei 1-800-448-8873.
−**Spanish Trail RV Park and Campground** (Grand)/73 Plätze, davon 60 *full hookups*/auch Zelte/auf 1280 m ü.M./von Kreuzung *Hwy 128 & US 191* ca. 7 mi/11 km südwärts auf *US 191*, Eingang rechts/geb.frei 1-800-787-2751/Fax 259-2710/E-mail: spanishtrail@lasal.net

• **Monticello** − Vorwahl/*area code* (435)
−**Canyonlands National Park (Squaw Flat Campground)** (Grand)/26 Plätze, *no hookups*/auch Zelte/keine Duschen/von **Monticello** 15 mi/ 24 km nordw. auf *US 191*, dann 39 mi/62 km westw. auf *Hwy 211*/ 801-259-7164.
−**Mountain View RV Park** (San Juan)/37 Plätze, davon 29 *full hookups*/ auch Zelte/keine Duschen/von **Monticello** ca. 15 mi/ 24 km nordwärts auf *US 191*, dann 39 mi/62 km westwärts auf *Hwy 211*/ 801-259-7164.

• **Monument Valley** − Vorwahl/*area code* (435)
−**Goulding's Monument Valley RV Park** (San Juan)/111 Plätze, davon 66 *full hookups*/auch Zelte/auf 1585 m ü.M./von Kreuzung *US 163 & Monument Valley Rd.*, 2¼ mi/3,6 km westw. auf *Monument Valley Rd.*/rechts/727-3235/E-mail: gouldings@gouldings.com/Internet: www.gouldings.com

ANHANG: CAMPING
Campingplätze in Utah

- **Mount Carmel Junction** – Vorwahl/*area code* (435)
- **Coral Pink Sand Dunes State Park**/22 Plätze, *no hookups*/auch Zelte/von Mount Carmel Junction 5 mi/8 km südostwärts auf *US 89*, dann 12 mi/19 km südwärts auf County Road/(801)648-2800.
- **East Zion RV Park** (Kane)/21 Plätze, *full hookups*/keine Zelte/an *US 89A & UT 9*/648-2326.
- **Mount Carmel Motel & RV Park** (Kane)/14 Plätze, davon 10 *full hookups*/auch Zelte/auf 1585 m ü.M./von Kreuzung *US 89 & Hwy 9*, ca. 1 mi/1,6 km nordwärts auf *US 89*, Eingang rechts/648-2323.

- **Ogden** – Vorwahl/*area code* (801)
- **Century RV Park Campground** (Weber)/168 Plätze, davon 130 *full hookups*/auch Zelte/auf 1310 m ü.M./von **Exit 346 21st St.** Kreuzung *I-15/I-84 & Hwy 104* ca. 1 Block westwärts auf *21st St.*, Eingang links/731-3800/E-mail: cp1399@aol.com
- **Wasatch National Forest (Anderson Cove Campground)**/96 Plätze, *no hookups*/auch Zelte/keine Duschen/von **Exit 347 12th St.** Kreuzung *I-15 & Hwy 39* ca. 12 mi/19 km ostwärts auf *Hwy 39*/734-9494.
- **Willard Bay State Park (North Marina Campground)**/62 Plätze, *no hookups*/auch Zelte/von **Ogden** ca. 7 mi/11 km nordwärts auf *I-15*/734-9494.
- **Willard Bay State Park (South Marina Campground)**/30 Plätze, *no hookups*/auch Zelte/von **Ogden** ca. 15 mi/24 km nordw. auf *I-15*/734-9494.

- **Panguitch** – Vorwahl/*area code* (435)
- **Dixie National Forest/Red Canyon Campground**/37 Plätze, *no hookups*/auch Zelte/max. 32 ft. RVs/auch Zelte/von *US 89 & UT 12* ca. 2 mi/3,2 km südostw. auf *UT 12*/676-8815.
- **Hitch-N-Post Campground**/44 Plätze, *full hockups*/auch Zelte/von *Main St., Center St./US 89* ¼ mi nordw. auf *US 89*/geb.frei 1-800-282-9633.
- **Panguitch Lake Resort**/72 Plätze, *full hookups*/von *US 89, Main St., Center St.* 18 mi/29 km südw. auf *Main St.*/676-2657.

- **St. George** – Vorwahl/*area code* (435)
- **Harrisburg Lakeside Resort**/138 Plätze, *full hookups*/von *I-15* (**Exit 22**) & *Leeds* ca. 2 mi/3,2 km südw. auf *East Frontage Rd.*/879-2212.
- **McArthur's Temple View RV Resort**/276 Plätze, *full hookups*/auch Zelte/von *I-15* (**Exit 6**) & *Bluff St.* ca. ½ Block nordw. auf *Bluff St.*, dann ¼ mi/0,4 km ost- und nordw. auf *Main St.*/geb.frei 1-800-776-6410.
- **Redlands Recreational Vehicle Park**/214 Plätze, *full hookups*/auch Zelte/von *I-15* (**Exit 10** Washington-Middleton) 1 Block ostw. dann 1 Block nordw. auf *East Frontage Rd.*/geb.frei 1-800-553-8269.
- **St. George Campground**/130 Plätze, *full hookups*/auch Zelte/von *I-15* (**Exit 10** Washington-Middleton) ½ Block westw., dann ½ mi/0,8 km südw. auf *Frontage Rd.*/673-2970.

- **Springdale** – Vorwahl/*area code* (435)
- **Mukuntuweep RV Park and Campground**/140 Plätze, davon 30 *full hookups*/auch Zelte/auf 1829 m ü.M./von *US 89 & UT 9* ca. 12 mi/19 km westw. auf *UT 9*/648-2154.
- **Zion Canyon Campground**/200 Plätze, davon 70 *full hookups*/auch Zelte/im Ort, ca. 2 mi/3,2 km südl. vom Südeingang Zion Nationalparks/772-3237.
- **Zion National Park/South Campground**/125 Plätze, *no hookups*/vom nördl. Ortsrand ½ mi/0,8 km nordw. auf *UT 9*/max. 28 ft. RVs/772-3256.
- **Zion National Park/Watchman Campground**/229 Plätze, *no hookups*/max. 30 ft. RVs/auch Zelte/vom nördl. Ortsrand ¼ mi/0,4 km nordw. auf *UT 9*/772-3256.

- **Zion National Park** – Vorwahl/*area code* (435)
- **Zion River Resort**/95 Plätze, *full hookups*/nordwärts:von *I-15* (**Exit 16**) & *UT 9* ca. 19 mi/30 km ostw. auf *UT 9*/südwärts: von *I-15* (**Exit 27**) & *UT 17* ca. 6 mi/10 km ostw. auf *UT 17*, dann 7 mi/11 km ostwärts auf *UT 9*/635-8594/geb.frei 1-800-838-8594/Fax 635-3934/Internet: www.zionriverresort.com

ANHANG: CAMPING 453

Campingplätze in Arizona & Kalifornien

ARIZONA

* **Jacob Lake** – Vorwahl/*area code* (520)
  – **Kaibab Camper Village** (Coconino)/110 Plätze, davon 69 *full hookups*/ auch Zelte/von Kreuzung *Hwy 89A* & *Hwy 67* ca. ¼ mi/0,4 km südwärts auf *Hwy 67*, dann ½ mi/0,8 km westwärts auf Schotterstraße/643-7804/Internet: www.canyoneers.com
  – **Kaibab National Forest (Jacob Lake Campground)** (Coconino)/53 Plätze, *no hookups*/auch Zelte/keine Duschen/von Kreuzung *Hwy 89A* & *Hwy 67* ca. ¼ mi/0,4 km nordwärts auf *Hwy 89A*/643-7395.

* **Kayenta** – Vorwahl/*area code* (520)
  – **Navajo Nationalmonument** (Navajo)/30 Plätze, *no hookups*/auch Zelte/ keine Duschen/vom Ort ca. 19 mi/30 km südwestw. auf *US 160*, dann 9 mi/ 14 km nordwärts auf *Hwy 564*/672-2366.

KALIFORNIEN

* **Anaheim/Disneyland** – Vorwahl/*area code* (714)
  – **Anaheim Harbor RV Park**/202 Plätze, *full hookups*/Nähe Disneyland Haupteingang/**südwärts** – von *Exit I-5* & *Ball Rd.* 1 Block ostwärts auf *Ball Rd.*, dann nordwärts auf *Harbor Blvd.* abbiegen; **nordwärts** – von *Exit I-5* & *Harbor Blvd.* 2 Blocks nordwärts auf *Harbor Blvd.*/535-6495.
  – **Anaheim Resort RV Park**/100 Plätze, *full hookups*/keine Zelte/von *CA 91* & *I-5* ca. 5 mi/8 km südwärts auf *I-5*, dann ½ mi/0,8 km ostwärts auf *Ball Rd.*, dann ¼ mi/0,4 km südwärts auf *Anaheim Blvd.*, dann 1 Block westwärts auf *Midway Dr.*/774-3860.
  – **Destiny's Anaheim Vacation Park**/222 Plätze, *full hookups*/von *CA 91* & *CA 39* ca. 1 mi/1,6 km südwärts auf *Beach Blvd.*/821-4311.
  – **Travelers World RV Park**/335 Plätze, *full hookups*/**nordwärts** – v. *CA 22* & *I-5* ca. 3½ mi/5,6 km nordwestw. auf *I-5*/**Exit** *Harbor Blvd.*, 1 Block nordw. auf *Harbor Blvd.*, dann 100 m ostw. bis *Ball Rd.*, Richtung Disneyland, weitere 200 m auf *Ball Rd.* ostw., 1 Block nordw. auf *Lemon*, 1 Block westw. auf *Camden*, 1 Block südw. auf *Cambridge*, dann 200 m westw. auf *Ball Rd.*; **südwärts** – von *I-5* ostw. auf *Ball Rd.*/991-0100.

* **Barstow** – Vorwahl/*area code* (760)
  – **Barstow/Calico KOA**/78 Plätze, davon 17 *no hookups*/verkehrsgünstige Lage Nähe Calico Ghost Town/von *I-40* & *I-15* ca. 7 mi/11 km nordostwärts auf *I-15*/*Exit Ghost Town Rd.*/254-2311.
  – **Calico Ghost Town (San Berardino County Park)**/261 Plätze, davon 26 *full hookups*/von Barstow 10 mi/16 km nordostwärts auf *I-15*, dann 3 mi/ 5 km nordwärts auf *Ghost Town Rd.*/254-2122.
  – **Owl Canyon Campground** (Bureau of Land Mgmt)/31 Plätze, *no hookups*/ keine Duschen/von Barstow *CA 58* ca. 5½ mi/9 km nordwärts auf *Ft. Irwin Rd.*, dann 3 mi/5 km nordwestwärts auf *Fossil Bed Rd.* bis Rainbow Basin Natural Area/256-3591.
  – **Shady Lane RV Camp**/33 Plätze, *full hookups*/von *I-40* & *I-15* ca. 2 mi/ 3,2 km nordostwärts auf *I-15*, dann 1½ mi/2,4 km westw. auf *CA 58*, dann ½ Block südwärts auf *Soapmine Rd.*/256-5322

* **Carmel** – Vorwahl/*area code* (831)
  – **Carmel by the River RV Park**/35 Plätze, *full hookups*/von *CA 68* & *CA 1* ca. 5 mi/8 km südwärts auf *CA 1*, dann 4½ mi/7,2 km ostwärts auf *Carmel Valley Rd.*, dann 1 mi/1,6 km südwestwärts auf *Schulte Rd.*/624-9329.
  – **Saddle Mountain Recreation Park**/50 Plätze, davon 25 *full hookups*/von *CA 68* & *CA 1* ca. 5 mi/8 km südwärts auf *CA 1*, dann 4½ mi/7,2 km ostw. auf *Carmel Valley Rd.*, dann 1 mi/1,6 km südw. auf *Schulte Rd.*/624-1617.

* **Goleta** – Vorwahl/*area code* (805)
  – **El Capitan Canyon**/235 Plätze, davon 115 *no hookups*/von *CA 217* & *US 101*/**Exit** El Capitan Beach ca. 11¾ mi/19 km nordwärts auf *US 101*, dann 60 m nordwärts auf *Calle Real*/685-3887.

ANHANG: CAMPING
Campingplätze in Kalifornien

–**El Capitan State Beach**/140 Plätze, *no hookups*/vom Nordrand Goletas ca. 10 mi/16 km nordwärts auf *US 101*/968-3294.
–**Refugio State Beach**/85 Plätze, *no hookups*/vom Nordrand Goletas ca. 12 mi/19 km nordwärts auf *US 101*/968-3294.

• **Half Moon Bay** – Vorwahl/*area code* (650)
–**Pelican Point RV Park**/84 Plätze, *full hookups*/von *CA 92 & CA 1* ca. 2½ mi südw. auf *CA 1*, ½ mi westw. auf *Miramontes Point Rd.*/726-9100.

• **Lake Tahoe** – South Lake Tahoe/Vorwahl/*area code* (530)
–**Camp Richardson Resort** (El Dorado)/335 Plätze, davon 33 *full hookups*/ auf 1920 m ü.M./auch Zelte/von Nordkreuzung *US 50 & Hwy 89* ca. 2½ mi/4 km nordwärts auf *Hwy 89*/541-1801/geb.frei 1-800-544-1801.
–**KOA-South Lake Tahoe** (El Dorado)/71 Plätze, davon 52 *full hookups*/auf 1920 m ü.M./auch Zelte/von Nordkreuzung *US 50 & Hwy 89* ca. 4¾ mi/ 7,6 km südwestw. auf *US 50/Hwy 89,* dann ½ mi/0,8 km südw. auf *US 50/* links/577-3693/geb.frei: 1-800-KOA-3477/Internet: www.laketahoekoa.com
–**Tahoe Pines Campground & RV Park** (El Dorado)/90 Plätze, davon 14 *full hookups*/auf 1920 m ü.M./auch Zelte/von Nordkreuzung *US 50 & Hwy 89* ca. 4¾ mi/7,6 km südwestw. auf *Hwy 89/US 50*, dann ¼ mi/0,4 km auf *US 50*, Eingang links/577-1653.
–**Tahoe Valley Campground** (El Dorado)/413 Plätze, davon 300 *full hookups*/auf 1920 m ü.M./auch Zelte/von Nordkreuzung *US 50 & Hwy 89* ca. ¼ mi/0,4 km südwestw. auf *US 50*/Eingang links/541-2222.

• **Long Beach** – Vorwahl/*area code* (562)
–**Golden Shore RV Resort**/78 Plätze, *full hookups*/von *I-710 & Golden Shore* 1 Block südwärts auf *Golden Shore*/in Stadtnähe/geb.frei 1-800-668-3581 oder 453-4646.

• **Los Angeles Area** – verschiedene *area codes*
–**Californian RV Resort**/73 Plätze, *full hookups*/nahe San Fernando Valley/wo *Sierra Hwy CA 14* kreuzt/**Exit** Soledad Canyon; von *I-210 & I-5* ca. 2 mi/3,2 km nordw. auf *I-5*, dann 27 mi/43 km nordostwärts auf *CA 14* bis zum zweiten **Soledad Canyon Exit**, dann 1 Block ostwärts über den Freeway, dann ¼ mi/0,4 km westwärts auf *Sierra Hwy*/(818)269-0919.
–**Valencia Travel Village**/250 Plätze, *full hookups*/100 Zeltplätze/30 Min. von Downtown L.A., Hollywood, Universal Studios, Nähe Six Flags California/geb.frei 1-888-LUV-TO-RV oder (818)257-3333/Fax (818)257-3417.

• **Malibu** – Vorwahl/*area code* (310)
–**Leo Carrillo State Beach**/138 Plätze, *no hookups*/max. 31 ft RVs/von Malibu 5 mi/8 km nordwärts auf *CA 1*/706-1310.
–**Malibu Beach RV Park**/205 Plätze, davon 74 *full hookups*/von *CR N1/ Malibu Canyon Rd. & CA 1* ca. 2 mi/3,2 km nordw. auf *CA 1*/456-6052.

• **Mammoth Lake** – Vorwahl/*area code* (760)
–**Brown's Owens River Camp**/75 Plätze, *no hookups*/von *CA 203 & US 395* ca. 5 mi/8 km südwärts auf *US 395*/**Exit** Owens River/Whitmore, dann 6½ mi/10 km ostwärts auf *Owens River Rd.*/920-0975.
–**Mammoth Mountain RV Park**/165 Plätze, davon 40 *full hookups*/von *US 395 & CA 203* ca. 2.5 mi/4 km westwärts auf *CA 203*/934-3822.

• **Monterey** – Vorwahl/*area code* (831)
–**Cypress Tree Inn of Monterey**/20 Plätze, *no hookups*/neben Motel/*CA 1 & CA 218/Del Rey Oaks* ca. 1½ mi/2,4 km südwärts auf *CA 218*, dann 2 Blocks südwestwärts auf *Fremont Blvd.*/372-7586.

• **Morro Bay** – Vorwahl/*area code* (805)
–**Bay Pines Travel Trailer Park**/112 Plätze, *full hookups*/Nähe Ozean/von *CA 41 & CA 1* ca. 2 mi/3,2 km südostwärts auf *CA 1*, dann 1 Block westw. auf *Baywood Park Blvd.*, dann südw. auf *Quintana*/772-3223.
–**Montana de Oro State Park**/50 Plätze, *no hookups*/max. 24 ft. RVs/von *CA 1 & South Bay Blvd.* 4 mi/6 km südw. auf *South Bay Blvd./Los Osos*, 5 mi/8 km südw. auf *Los Osos Valley Rd. & Pecho Valley Rd.*/772-2560.
–**Morro Bay State Park**/115 Plätze, *no hookups*/max. 31 ft. RVs/von *CA 1 & South Bay Blvd.* 1 mi/1,6 km westw. auf *South Bay Blvd.*/772-2560.

ANHANG: CAMPING 455
Campingplätze in Kalifornien

–**Morro Dunes RV Park**/170 Plätze, davon 133 *full hookups*/von *CA 1* & *CA 41* ca. ½ mi/0,8 km westw. auf *CA 41/Atascadero Rd.*/772-2722.
–**Morro Strand State Beach**/104 Plätze, *no hookups*/max. 24 ft. RVs/in der Stadt an *CA 1*, **Exit** *Yerba Buena*/772-2560.

• **Ojai** – Vorwahl/*area code* (805)
–**Los Padres National Forest/Lions Canyon Campground**/30 Plätze, *no hookups*/max. 16 ft. RVs/keine Duschen/1 mi/1,6 km westw. auf *CA 150*, dann 15 mi/24 km nordwestw. auf *CA 33*, dann 5½ mi/9 km ostw. auf *FR 7N03*/646-4348.
–**Los Padres National Forest/Wheeler Gorge Campground**/72 Plätze, *no hookups*/keine Duschen/max. 16 ft. RVs/von *CA 150* & *CA 33* ca. 8 mi/13 km nordw. auf *CA 33*/646-4348.

• **Oxnard** – Vorwahl/*area code* (805)
–**Evergreen Trailer Park**/40 Plätze, *full hookups*/von *US 101* & *CA 232* ca. ½ mi südw. auf *Vinyard Ave.*, ca. 500 m südw. auf *Oxnard Blvd.*/485-1936.

• **Pacifica** – Vorwahl/*area code* (650)
–**Pacific Park RV Resort**/261 Plätze, *full hookups*/südwärts: von *I-280* & *CA 1* ca. 2½ mi/4 km südw. auf *CA 1*, **Exit** *Manor Dr.*, dann 3 Blocks südw. auf *Palmetto Ave.*/nordwärts: von **Exit** *CA 1* & *Manor Dr.* 1 Block westw. auf *Manor Dr.*, dann 2 Blocks südw. auf *Palmetto Ave.*/355-7093.

• **Paso Robles** – Vorwahl/*area code* (805)
–**Lake Nacimiento Resort**/340 Plätze am See für RVs & Zelte, davon 300 *no hookups*/max. 35 ft. RVs/von *US 101* & *CA 46 East*/**Exit** *24th St.*/*G 14*, dann 1 mi/1,6 km südwärts/238-3256.

• **Pismo Beach** – Vorwahl/*area code* (805)
–**Avila Hot Springs Spa & RV Resort**/Campingplatz mit Themalbad/75 Plätze, davon 30 *full hookups*/von *US 101* & *Avila Beach Dr.* (nicht *San Luis Dr.* Exit benutzen) ¼ mi/0,4 km westwärts auf *Avila Beach Dr.*/595-2359 oder geb.frei 1-800-332-2359.
–**Pismo Coast Village**/400 Plätze, *full hookups*/südwärts: von *US 101* & *CA 1* (**Exit** Pismo Beach) ¾ mi/1,2 km südw. auf *CA 1/Dolliver St./* nordwärts: von *US 101* & *Price St.* (**Exit** Pismo Beach) 1 Block auf *Price St.*, dann ¾ mi/1,2 km südw. auf *CA 1/Dolliver St.*/773-1811.
–**Pismo Sands RV Park**/133 Plätze, *full hookups*/südwärts: von *US 101* & *Halcyon Rd.* 1¾ mi/2,8 km südw. auf *Halcyon Rd.*, dann ¾ mi/1,2 km westw. auf *CA 1*/nordwärts: von *US 101* & *Grand Ave.* ¼ mi/0,4 km südwestw. auf *Grand Ave.*, dann 1½ mi/2,4 km südw. auf *Halcyon Rd.*, dann 3¼ mi/6 km westw. auf *CA 1*/geb.frei 1-800-404-7004.
–**Pismo State Beach/North Beach Campground**/103 Plätze, *no hookups*/keine Duschen/max. 36 ft. RVs/von *US 101* & *CA 1/Dolliver St.* 2 mi/3,2 km südw. auf *CA 1/Dolliver St.*/489-2684.
–**Pismo State Beach/Oceano Campground**/82 Plätze, 40 *no hookups*/von *US 101* & *CA 1* ca. 3 mi/5 km entlang *CA 1*, dann 2 Blocks westw. auf *Pier Ave.*/489-2684.
–**Sand & Surf Recreational Vehicle Park**/232 Plätze, *full hookups*/von *US 101* & *CA 227/Grand Ave.-Arroyo Grande* 3 mi/5 km westw. auf *Grand Ave.*, dann ¾ mi/1,2 km südw. auf *CA 1*/489-2384.
–**Silver Spur RV Park**/215 Plätze, *full hookups*/von *US 101* & **Exit** *Arroyo Grande/Halycon Rd.* 2¾ mi/4,4 km südostwärts auf *Halcyon Rd.*, dann ¾ mi/1,2 km westw. auf *CA 1*, dann ¼ mi/0,4 km südw. auf *22nd*, dann ¼ mi/0,4 km auf *Silver Spur Pl.*/489-7787.

• **Salinas** – Vorwahl/*area code* (831)
–**Cabana Holiday**/96 Plätze, davon 72 *full hookups*/von *US 101* & *CA 156* ca. 50 m westw. auf *CA 156*/663-2886.
–**Laguna Seca Recreation Area/Monterey County**/177 Plätze, davon 77 *no hookups*/von *US 101* & *CA 68* ca. 12 mi/19 km westwärts auf *CA 68* Richtung Monterey, dann 1 mi/1,6 km nordwärts/755-4895.

• **San Bernardino** – Vorwahl/*area code* (909)
–**KOA San Bernardino**/153 Plätze, davon 136 *full hookups*/am See auf dem Land mit Blick auf die Berge/von *I-15* & *I-215* ¼ mi/0,4 km südostwärts auf *I-215*, dann 1 Block nordw. auf *Devore*, dann 1 Block ostw. auf *Santa Fe St.*,

456 ANHANG: CAMPING
Campingplätze in Kalifornien

dann ¼ mi/0,4 km südw. auf *Dement St.*, dann ½ mi/0,8 km ostw. auf *Cable Canyon Rd.*/887-4098.

• **San Francisco** – Vorwahl/*area code* (415); manche Nrn. gehen von 415 zu 510 über.
–**Candlestick RV Park**/120 Plätze, *full hookups*/direkt neben Candlestick Park/von *US 101 & 3 Com Park* (**Exit** Candlestick Point) 1 mi/1,6 km ostw. ums Stadion zum Gate 4, Eingang direkt daneben/geb.frei 1-800-888-2267.
–**KOA-San Francisco North/Petaluma**/312 Plätze, davon 112 *full hookups*/ vom Nordende der Golden Gate Bridge 34 mi54 km nordw. auf *US 101* zum **Exit** *Petaluma Blvd. North Pengrove*, dann ¼ mi/0,4 km westw. auf *Petaluma Blvd.*, dann ¼ mi/0,4 km nordw. auf *Stony Point Rd.*, dann ¼ mi/0,4 km westw. auf *Rainsville Rd.*/(707)763-1492.
–**Tradewinds RV Park of Vallejo**/78 Plätze, *full hookups*/verkehrsgünstige Lage/von *US 101 & I-80* etwa 30 mi/48 km von San Francisco ostw. auf *I-80*/ bis *Magazine St.*, weiter zur Westseite des Freeway, dann unten an der Ausfahrt des Overpass scharf links und ca. 600 m auf *Lincoln Rd. West*/ (707)643-4000.

• **San Jose** – Vorwahl/*area code* (408); Erweiterung durch *area code* 669.
–**Trailer Villa**/90 Plätze, *full hookups*/von *US 101* **Exit** *Seaport Blvd.* in Redwood City, rechts abbiegen auf *East Bayshore Rd.*, 1¼ mi/2 km auf *East Bayshore Rd.*/(415)366-7880 oder geb.frei 1-800-366-7880.

• **San Juan Bautista** – Vorwahl/*area code* (831)
–**Betabel RV Resort**/114 Plätze, *full hookups*/von *US 101 & CA 129* 1 mi/ 1,6 km nordw. auf *US 101* (**Exit** *Betabel Rd.*), dann 1 Block westw., ¼ mi/ 0,4 km südw. auf *Betabel Rd.*/*West Frontage Rd.*/geb.frei 1-800-278-7275.
–**KOA-San Juan Bautista**/69 Plätze, davon 14 *full hookups*/von *US 101 & CA 129* ¼ mi/0,4 km westw. auf *CA 129*, dann ¾ mi/1,2 km südwärts auf *Searle Rd.*, dann 500 m ostw. auf *Anzar Rd.*/623-4263.
–**Mission Farm RV Park**/140 Plätze, *full hookups*/von *US 101 & CA 156* etwa 3 mi/5 km ostw. auf *CA 156*, dann 1 Block südw. auf *Alameda*, dann ¼ mi/0,4 km ostw. auf *San Juan-Hollister Rd.*/623-4456.

• **San Juan Capistrano** – Vorwahl/*area code* (949)
–**Ronald W. Caspers Wilderness Park/Orange County Park**/72 Plätze, *no hookups*/von *I-5/San Diego Freeway & CA 74/Ortega Hwy* ca. 7½ mi/12 km ostw. auf *CA 74*/728-0235.

• **San Luis Obispo** – Vorwahl/*area code* (805) siehe auch Pismo Beach
–**El Chorro**/45 Plätze, *full hookups*/4 mi/6 km nordw. auf *CA 1*/781-5219.

• **San Simeon** – Vorwahl/*area code* (805)
–**San Simeon State Park**/132 Plätze, *no hookups*/max. 31 ft. RVs/auch Zelte/ 5 mi/8 km südw. an *CA 1*/ganzjährig/927-2020.

• **Santa Barbara** – Vorwahl/*area code* (805)
–**Cachuma Lake Recreation Area RV Park/Santa Barbara County Park**/ 512 Plätze, davon 92 *full hookups*/von *US 101 & CA 154* ca. 18 mi/29 km nordw. auf *CA 154*/686-5054.
–**Los Padres National Forest/Los Prietos Campground**/38 Plätze, *no hookups*/max. 22 ft. RVs/von Downtown 5½ mi/8,8 km nordw. auf *US 101*, 10 mi/16 km nordw. *CA 154*, ca. 4 mi/6 km ostw. auf *FR 5N18*/967-3481.
–**Santa Barbara Sunrise RV Park**/33 Plätze, *full hookups*/südwärts: von *US 101 &* **Exit** *Milpas St.* 50 m nordw. auf *Milpas St.*, dann ½ mi/0,8 km ostw. auf *Carpinteria*, dann ½ mi/0,8 km südw. auf *Salinas*/nordwärts: von *US 101 &* **Exit** *Salinas St.*,ca. 100 m vom **Exit**/geb.frei 1-800-345-5018.

• **Santa Cruz** – Vorwahl/*area code* (831)
–**Carbonero Creek Travel Trailer Park**/114 Plätze, davon 104 *full hookups*/von *CA 1 & CA 17* ca. 3¼ mi/5,2 km nordw. auf *CA 17*, dann ¾ mi/ 1,2 km westw. auf *Mt. Hermon Rd.*, dann ¾ mi/1,2 km nordw. auf *Scotts Valley Dr.*, dann 1 Block ostw. auf *Disc Dr.*/geb.frei 1-800-546-1288.

• **Santa Maria** – Vorwahl/*area code* (805)
–**Santa Maria Pines Campground**/70 Plätze, davon 40 *full hookups*/von *US 101 & CA 135 N/Broadway* ca. ¼ mi/0,4 km westw. auf *CA 135N*/ *Broadway*, dann ¼ mi/0,4 km nordw. auf *Preisker Lane.*/928-9534.

ANHANG: CAMPING 457
Campingplätze in Kalifornien/Camperregeln/Billige Unterkunft

- **Santa Nella** – Vorwahl/*area code* (209)
- **San Luis RV Resort**/118 Plätze, *full hookups*/v. *I-5 & CA 152* ca. 2½ mi/3,6 km westw. auf *CA 152*, dann 1 Block südw. auf *Gonzaga Rd.*/826-5542.
- **Santa Nella Village RV Park**/85 Plätze, *full hookups*/v. *CA 152 & I-5* ca. 4½ mi/7,2 km nordw. *I-5 (CA 33 Exit)*, ½ mi südw. auf *CA 33*/826-3105.
- **Santa Paula** – Vorwahl/*area code* (805)
- **Far West Resorts-Steckel Park**/31 Plätze, *full hookups*/von *CA 126 & CA 150* (**Exit** *10th St.*) 4½ mi/7,2 km nordw. auf *CA 150*/933-1942.
- **Visalia** – Vorwahl/*area code* (559)
- **KOA-Visalia/Fresno South**/137 Plätze, davon 87 *full hookups*/südwärts: von *CA 99 &* **Exit** *Goshen* ¼ mi/0,4 km ostw. auf *Elder St.*, dann ¼ mi/0,4 km südw. auf *Camp Dr.*, dann ½ mi/0,8 km ostw. auf *Ave. 308*/nordwärts: von *CA 99 & Ave. 304*, ca. ½ mi/0,8 km ostw. auf *Ave. 304*, dann ¼ mi/0,4 km nordw. auf *Rd. 76*, dann ¼ mi/0,4 km westwärts auf *Ave. 308*/geb.frei 1-800-562-0540.
- **Watsonville** – Vorwahl/*area code* (831)
- **KOA-Santa Cruz**/230 Plätze, davon 152 *full hookups*/von *CA 1 & Larkin Valley Rd.* ca. 9½ mi/15,2 km südw. auf *CA 1* (**Exit** Larkin Valley), dann 3½ mi/5,6 km südw. auf *San Andreas Rd.*, dann 500 m ostw. auf *Spring Valley Rd.*/722-0551.

Infolge Gebietsaufteilung wurden verschiedene *area codes* aufgeteilt. Falls bei einer der angegebenen Rufnummern keine Verbindung erfolgt, bitte **411** wählen, um zutreffende *area code* und Hilfe durch den Operator zu erhalten.

Einige Regeln für Camper/Autofahrer

Colorado
- **Overnight Parking** für Camper/RVs an speziell ausgewiesenen Stellen erlaubt.
- **Propangasflaschen** während der Fahrt **geschlossen** halten.
- Kinder unter 4 im **Kindersitz**; Sitzgurtpflicht für **alle** Insassen.
- Schneeketten oder Spezialbereifung erforderlich, wenn ausgeschildert.
- **Rechtsabbiegen** bei Rot erlaubt, sofern nicht abweichend beschildert.
- Mindestens **2 Insassen** zum Benutzen der „Car Pool Lanes".
- Alle RVs müssen mit **Feuerlöscher** ausgestattet sein.
- **Halt** hinter **blinkendem Schulbus**.

Utah & Nevada (und angrenzendes **Arizona**) ähnliche Regelung wie in Colorado, mit folgenden Abweichungen:
- **Kindersitz** Kinder unter 5 in **Arizona & Nevada**; Kindersitz unter 2 und für 2-8 Jahre Kindersitz oder Sicherheitsgurt in **Utah**.

Kalifornien, Arizona, Utah & Nevada: Halt hinter blinkendem Schulbus.

Kalifornien:
- Über-Nacht-Parken mit Camper/RV nicht erlaubt/**No Overnight Parking**.

Jugendherbergen/Youth Hostel

Hostelling International-
American Youth Hostel (HI-AYH)
733 15th St. NW, Suite 840
Washington, DC 20005
Tel. (202)783-6161
Fax (202)783-6171
Internet: www.hiayh.org
oder unter „travel":www.tapon-line.com

HI-AYH Los Angeles Council
1434 Second St.
Santa Monica, CA 90401
Tel. (310)393-6263
Fax (310)393-1769

HI-AYH Golden Gate Council
425 Divisadero St./Suite 307
San Francisco, CA 94177
Tel.(415)863-1444
Fax(415)863-3865

458 ANHANG: INFOQUELLEN
Billige Unterkunft/Info Colorado & Nevada

YMCA/YWCA

Y's Way International
224 E 47th St.
New York, NY 10017
Tel. (212)308-2899

KOA CAMPING

KOA Directory
P.O. Box 30162
Billings, MT 59107
Internet: www.koakampgrounds.com

INFO CO/NV/UT & AZ

COLORADO:
Colorado Travel and Tourism Authority
1672 Pennsylvania St.
Denver, CO 80203
Tel. +1(303)832-6171
   geb.frei 1-800-265-6723
Internet: www.colorado.com

Colorado Int'l Marketing Organ. (CIMO)
c/o Get It Across Tourism Marketing
Neumarkt 33
D-50667 Köln
Tel. 0221-2336-407/Fax 0221-2336-450
colorado.tourism@netcologne.de

Colorado Springs
Convention & Visitors Bureau
104 South Cascade Ave., Suite 104
Colorado Springs, CO 80903
Tel. (719)635-5827/Fax 635-4968
   geb.frei 1-800-888-4748
E-mail:cscvb@coloradosprings-travel.com
Internet: www.coloradosprings-travel.com

Cortez
Mesa Verde Country Visitors Information
P.O. Box HH
Cortez, CO 81321
Tel. (970)565-8227/Fax 565-1155
   geb.frei 1-800-253-1616
E-mail: mcdc@swcolo.org
Internet: www.swcolo.org

Denver
Metro Convention and Visitor's Bureau
1555 California St.
Denver Co 80210
Tel. geb.frei 1-800-462-5280 in USA
Internet: www.denver.org

Durango Chamber of Commerce
P.O. Box 2587
Durango, CO 81301
Tel. geb.frei 1-800-525-8855
Fax (970)385-7884
Internet: www.durango.org

Estes Park Chamber of Commerce
500 Big Thompson Avenue
Estes Park, CO 80517
Tel. geb.frei 1-800-44-ESTES
   1-800-443-7837
Fax (970)586-6336
Internet: www.estesparkresort.com

Grand Junction
Visitors & Convention Bureau
740 Horizon Drive
Grand Junction, CO 81506
Tel. geb.frei 1-800-962-2547
Fax (970)243-7393

Internet: www.grand-junction.net

Mesa Verde National Park
P.O. Box 8
Mesa Verde National Park, CO 81330
Tel. (970)529-4465

Unterkunft via ARAMARK
ARAMARK Mesa Verde NP
109 South Main St.
P.O. Box 277
Mancos, CO 81328
Tel. (970)533-7731/Fax 533-7831
Tel. geb.frei 1-800-449-2288

Rocky Mountain National Park
Estes Park, CO 80517
Tel. (970)586-2371 (Estes Park)
Tel. (970)627-3471 (Grand Lake)

Grand Lake Chamber of Commerce
Tel. geb.frei 1-800-531-1091

Silverton Chamber of Commerce
P.O. Box 565
Silverton, CO 81433
Tel. +1(970)387-5654
   geb.frei: 1-800-752-4494 in USA
E-mail: chamber@silverton.org
Internet: www.silverton.org/

Southwest Colorado Travel Region
Tel. +1(970)247-9621
Email: swctr@frontier.net
Internet: www.swcolotravel.org/

Vail Valley Tourism and Convention
Bureau
100 E. Meadow Drive, Suite 34
Vail, Co. 81657
Tel. +1(970)476-1000/Fax 476-6008
Internet: www.visitvailvalley.com

NEVADA:
Nevada Commission on Tourism
401 N. Carson St.
Carson City, NV 89710
Tel. (702)687-4322/Fax 687-6779
Tel. geb.frei 1-800-NEVADA-8
   1-800-638-2328
Internet: www.travelnevada.com

Boulder City:
Chamber of Commerce
1305 Arizona St.
Boulder City, NV 89005
Tel. (702)293-2034

Visitors Information Center
100 Nevada Hwy

ANHANG: INFOQUELLEN

Info Nevada/Utah & Arizona

Boulder City, NV 89005
Tel. (702)294-1252

Hoover Dam:
US 93
Tel. (702)293-8421 oder 294-3523

Las Vegas:
Convention & Visitor Authority
3150 Paradise Rd.
Las Vegas, NV 89109
Tel. (702)892-0710/Fax 892-2824
Internet: www.lasvegas24hours.com

Las Vegas Visitor Info Center
Anschrift wie vor
Tel. (702)892-7575

Hotel-Reservierung:
Tel. geb.frei 1-800-332-5333
Mo.-Sa. 7-19, So. 8.30-18 Uhr

UTAH:
Travel Council
Council Hall/Capitol Hill
300 N. State St.
Salt Lake City, UT 84114
Tel. (801)479-1347/Fax 538-1399
Tel. geb.frei 1-800-200-1160 oder
1-800-538-1030
Internet: www.utahguide.com
oder: www.utah.com

Bryce Canyon National Park:
P.O. Box 170001
Bryce Canyon, UT 84717
Tel. (435)834-5322

Bryce Canyon Unterkunft:
Best Western Ruby's Inn
Tel. (435)834-5341/Fax 834-5205
Internet: www.rubysinn.com

Bryce Canyon Lodge
UT 63; 3 mi/5 km südl. von *UT 12*
Tel. (435)834-5361
Reservierung:
Tel. (303)297-2757
Fax (435)834-5464
Internet: www.amfac.com

Bryce Canyon Pines
6 mi/10 km nordw. vom Park/
an *UT 12*
Tel. (435)934-5441/Fax 834-5330

Kanab:
Kane County Office of Tourism
78 S. 100 E.
Kanab, UT 84741
Tel. (435)644-5033
geb.frei 1-800-733-5263

St. George:
Washington County Travel &
Convention Bureau
425 S. 700 East
Dixie Center, UT 84770
Tel. (435)634-5747
geb.frei 1-800-869-6635

Zion NP Area Unterkunft:
Cliffrose Lodge & Gardens
281 Zion Park Rd.
Springdale, UT 84767
Tel. (435)772-3234/Fax 772-3900
Tel. geb.frei 1-800-243-8824

Driftwood Lodge
2 mi/3,2 km südl. v. Parkeingang
1515 Zion Park Blvd.
Springdale, UT 84767
Tel. (435)772-3262/Fax 772-3702
Tel. geb.frei 1-888-801-8811
Internet: www.driftwoodlodge.net

Flanigan's Inn/an *UT 9*
¼ mi/0,4 km südl. v. Parkeingang
428 Zion Park Blvd.
Springdale, UT 84767
Tel. (435)772-3244/Fax 772-3396
Internet: www.flanigans.com

Zion Lodge/*UT 9*
5 mi/8 km nördl. v. Parkeingang
Tel. (435)772-2757/Fax 772-2001
Reservierung: (303)297-2757

Novel House
73 Paradise Rd.
Springdale, UT 84767
Tel. (435)772-3650/Fax 772-3651
Tel. geb.frei 1-800-711-8400
Internet: www.novelhouse.com

Red Rock Inn
998 Zion Park Rd.
Springdale, UT 84767
Tel. (435)772-3139/Fax 772-3697
Internet: www.redrockinn.com

HI-Hurricane/The Dixie Hostel
20 mi/32 km westl. von Zion NP
73 S. Main St.
Hurricane, UT 84737
Tel. (435)635-8202

Zion National Park:
Springdale, UT 84767
Tel. (435)772-3256

ARIZONA:
Office of Tourism
2702 N. Third St./Suite 4015
Phoenix, AZ 85004
Tel. (602)230-7733/Fax 255-4601
Tel. geb.frei 1-888-520-3433
geb.frei 1-800-842-8257
Internet www.arizonaguide.com

Flagstaff:
Convention & Visitors Bureau
211 West Aspen
Flagstaff, AZ 86001
Tel. (520)779-7611/Fax 556-1305
Internet: www.flagstaff.az.us

Grand Canyon National Park
P.O. Box 129
Grand Canyon, AZ 86023
Tel. (520)638-7888

Unterkunft Grand Canyon National Park – North Rim Nordrand:
im Park:
Tel. (520)638-2631/Fax 638-9247

ANHANG: UNTERKUNFT
Hotel-/Motelreservierung zum Nulltarif

HOTELRESERVIERUNG ZUM NULLTARIF

Hotel-/Motelreservierung bei den meisten Hotel-/Motelketten mit gebührenfreier Telefonnummer 1-800-..., 1-877-... oder 1-888-...(oft mehrere geb. freie Nrn.) zum Nulltarif möglich. Die Baxter-Infokarten geben Lage/Name der Hotels/Motels an. Bei einzelnen Hotels/Motels, die keiner Kette angehören, sind die lokalen Tel. Nrn. in den meisten Fällen angegeben. Über die gebührenfreie Auskunftnummer 1-800-555-1212 kann bei Änderungen die neue Nummer erfragt werden. Gebührenfreie Nummer einzelner Hotels/Motels ebenfalls über dieselbe Tel.-Nr. erhältlich. Nachstehend unter Fax-Spalte zusätzlich gebührenpflichtige Fax-Nrn., die im Gegensatz zu den **nur in den USA** geltenden geb.freien Tel. Nrn. auch von Europa benutzt werden können.

Kette	Fax-Nr.	geb.freie Tel.-Nrn.
Adam's Mark's Hotels	314-567-0602	1-800-444-2326
Amerisuites	770-955-3806	1-800-833-1516
Best Inns	618-993-5974	1-800-237-8466
Best Western	623-780-6099	1-800-528-1234
Clarion/Choice Hotels	301-593-2069	1-800-252-7466
ClubHouse Inns of America	214-863-1408	1-800-258-2466
Comfort Inn	siehe Choice	1-800-258-5150
Comfort Suites siehe Choice		1-800-517-4000
Courtyard by Marriott		1-800-321-2211
Days Inn	770-728-4315	1-800-325-2525
Delta Hotels	416-926-7809	1-800-268-1133
Doubletree	602-220-6785	1-800-222-8733
Econo Lodge siehe Choice		1-800-252-7466
Embassy Suites	901-374-5934	1-800-362-2779
Fairfield Inn by Marriott	301-380-1333	1-800-228-2800
Four Seasons	416-445-9106	1-800-332-3442
Hampton Inns	901-680-7230	1-800-426-7866
Harley Hotels	440-243-4088	1-800-321-2323
Hawthorne Suites	404-235-7491	1-800-527-1133
Hilton Hotels	310-205-3614	1-800-445-8667
Ho Jo Inns	973-428-6057	1-800-654-4656
Holiday Inn Express/Bass Hotels	770-604-2782	1-800-465-4329
Holiday Inn/Bass Hotels	770-604-2782	1-800-465-4329
Homewood Suites	901-374-5050	1-800-225-5466
Howard Johnson	973-428-6057	1-800-446-4656
Hyatt Hotels	312-750-8550	1-800-233-1234
Inns of America	760-431-9212	1-800-826-0778
Inter-Continental	203-351-8222	1-800-327-0200
Knights Inn	973-496-1359	1-800-843-5644
La Quinta		1-800-687-6667
Lexington Hotel Suites	972-255-3163	1-800-537-8483
Loews Hotels	212-521-2750	1-800-235-6397
Marriott	301-380-1303	1-800-228-9290
Motel Six (Motel 6)	214-404-0718	1-800-466-8356
Novotel	914-472-0451	1-800-221-4542
Omni Hotels	310-312-6090	1-800-843-6664
Park Plaza International	480-951-3050	1-800-670-7275
Quality Inn siehe Choice	905-602-6200	1-800-228-5151
Radisson	402-498-9166	1-800-333-3333
Ramada	973-428-0322	1-800-272-6232
Ramada Limited	973-428-0322	1-800-272-6232
Red Carpet Inns	770-270-1077	1-800-251-1962
Red Roof Inns	614-777-1070	1-800-843-7663
Renaissance	301-380-5240	1-800-468-3571
Residence Inns	301-380-5197	1-800-331-3131
Ritz Carlton	404-365-9643	1-800-241-3333
Rodeway Inn siehe Choice		1-800-228-2000
Sheraton	512-835-2349	1-800-325-3535
Shilo Inns	503-641-1326	1-800-222-2244
Shoney's Inns/Sholodge	615-264-3497	1-800-222-2222
Sleep Inns siehe Choice		1-800-753-3746

ANHANG: UNTERKUNFT

Hotel-/Motelreservierung zum Nulltarif

Kette	Fax-Nr.	geb.freie Tel.-Nrn.
Summerfield Suites	316-681-0905	1-800-833-4353
Super 8	605-229-8910	1-800-800-8000
Travelodge	973-428-6057	1-800-578-7878
Wellesley Inns	973-882-7619	1-800-444-8888
Westin Hotels	905-405-2505	1-800-937-8461
Wyndham Gardens Hotels	214-863-1527	1-800-996-3426

HOTELS/MOTELS via INTERNET

Da der Zugang zum Internet für manchen Reisenden einfacher ist, folgt hier eine Liste der Hotel-/Motelketten, mit **Internet**-Adresse für Information & Reservierung (http://www..........):

- **Adams Mark Hotels** .... www.adamsmark.com
- **AmeriSuites** .... www.amerisuites.com
- **Baymont Inns** (früher Budgetel) .... www.baymontinns.com
- **Best Western** .... www.travelwebcom/bw.html
- **Clarion Hotels** .... www.hotelchoice.com/
- **Comfort Inn** .... www.hotelchoice.com/
- **Crowne Plaza** .... www.crowneplaza.com
- **Courtyard by Marriott** .... www.marriott.com/
- **Days Inn** .... www.daysinn.com
- **Doubletree Hotels** .... www.doubletreehotels.com/
- **Drury Inns** .... www.drury-inn.com
- **EconoLodge** .... www.hotelchoice.com/
- **Embassy Suites** .... www.embassy-suites.com/
- **Fairfield Inn** .... siehe Marriott
- **Fairmont Hotels** .... geb.frei Tel. 1-800-527-4727
- **Four Seasons Hotels** .... www.fourseasons.com
- **Friendship Inn** .... www.hotelchoice.com/
- **Guesthouse Hotels** .... www.guesthouse.net
- **Hampton Inn** .... www.hampton-inn.com
- **Hilton Hotels** .... www.hilton.com/
- **Holiday Inn** .... www.holliday-inn.com/
- **Howard Johnson** .... www.hojo.com
- **Hyatt Hotels & Resort** .... www.hyatt.com/
- **Knights Inn** .... www.knightsinn.com
- **LaQuinta Inns**   www.travelweb.com/thisco/laquinta/common/lqsearch.html
- **Marriott Hotels** .... www.marriott.com/
- **Omni Hotels** .... www.omnihotels.com
- **Quality Inn** .... www.hotelchoice.com/
- **Radisson Hotels** .... www.radisson.com/
- **Ramada** .... www.ramada.com
- **Red Roof Inns** .... www.redroof.com/
- **Regal Hotels** .... www.regal-hotels.com
- **Renaissance Hotels** .... geb.frei Tel. 1-800-468-3571
- **Residence Inn** .... www.marriott.com
- **Ritz-Carlton** .... www.ritzcarlton.com
- **Rodeway Inn** .... www.hotelchoice.com/
- **Sheraton Hotels** .... www.sheraton.com/
- **Shoney's Inn** .... www.shoney'sinn.com
- **Sleep Inn** .... www.hotelchoice.com/
- **Sofitel** .... www.accor.com
- **Travelodge** .... www.travelodge.com
- **Westin Hotels** .... www.westin.com/
- **Wyndham Hotels** .... www.wyndham.com

ANHANG: TIP-TABELLE
Trinkgeld-Tabelle stets zur Hand!

TIP-TABELLE

$	15%	Endbetrag $	$	15%	Endbetrag $
2.00	0.30	2.30	34.00	5.10	39.01
3.00	0.41	3.45	34.50	5.18	39.68
5.00	0.75	5.75	35.00	5.25	40.25
6.00	0.90	6.90	35.50	5.33	40.83
6.50	0.98	7.48	36.00	5.40	41.40
7.00	1.05	8.05	36.50	5.48	41.98
7.50	1.13	8.63	37.00	5.55	42.55
8.00	1.20	9.20	37.50	5.63	43.13
8.50	1.28	9.78	38.00	5.70	43.70
9.00	1.35	10.35	39.00	5.85	44.85
9.50	1.43	10.93	39.50	5.93	45.43
10.00	1.50	11.50	40.00	6.00	46.00
10.50	1.58	12.08	40.50	6.08	46.58
11.00	1.65	12.65	41.00	6.15	47.15
11.50	1.73	13.23	42.00	6.30	48.50
12.00	1.80	13.80	42.50	6.38	48.88
12.50	1.88	14.38	43.00	6.45	49.45
13.00	1.95	14.95	43.50	6.53	50.03
14.00	2.10	16.10	44.00	6.60	50.60
14.50	2.18	16.68	44.50	6.68	51.18
15.00	2.25	17.25	45.00	6.75	51.75
15.50	2.33	17.83	45.50	6.83	52.33
16.00	2.40	18.40	46.00	6.90	52.90
16.50	2.48	18.98	46.50	6.98	53.48
17.00	2.55	19.55	47.00	7.05	54.05
17.50	2.63	20.13	47.50	7.13	54.62
18.00	2.70	20.70	48.00	7.20	55.20
18.50	2.78	21.28	48.50	7.28	55.78
19.00	2.85	21.85	49.00	7.35	56.35
20.00	3.00	23.00	49.50	7.43	56.93
20.50	3.08	23.58	50.00	7.50	57.50
21.00	3.15	24.15	50.50	7.58	58.08
21.50	3.23	24.73	51.00	7.65	58.65
22.00	3.30	25.30	51.50	7.73	59.23
22.50	3.38	25.88	52.00	7.80	59.80
23.00	3.45	26.45	52.50	7.88	60.38
23.50	3.53	27.03	53.00	7.95	60.95
24.00	3.60	27.60	53.50	8.03	61.53
24.50	3.68	28.18	54.00	8.10	62.10
25.00	3.75	28.75	54.50	8.18	62.68
25.50	3.83	29.33	55.00	8.25	63.25
26.00	3.90	29.90	55.50	8.33	63.83
26.50	3.98	30.48	56.00	8.40	64.40
27.00	4.05	31.05	56.50	8.48	64.98
27.50	4.13	31.63	57.00	8.55	65.55
28.00	4.20	32.20	57.50	8.63	66.13
28.50	4.28	32.78	58.00	8.70	66.70
29.00	4.35	33.35	58.50	8.78	67.28
29.50	4.43	33.93	59.00	8.85	67.85
30.00	4.50	34.00	59.50	8.93	68.43
30.50	4.58	35.08	60.00	9.00	69.00
31.00	4.64	35.65	62.00	9.30	71.30
31.50	4.73	36.23	65.00	9.75	74.75
32.00	4.80	36.80	70.00	10.50	80.50
32.50	4.88	37.38	80.00	12.00	92.00
33.00	4.95	37.95	90.00	14.70	104.70
33.50	5.03	38.53	100.00	15.00	115.00

REGISTER 463

REGISTER

Abkürzungen: **AZ** = Arizona; Bldg Building (Gebäude); Brdg = Bridge (Brücke); CA = Kalifornien; Ctr. = Center (Zentrum); **CO** = Colorado; Ft. = Fort; Hwy = highway (Straße); Int'l = International; Jct. = Junction (Kreuzung); Mon = Monument; Mt = Mount (Berg); Mts. = Mountains (Gebirge); Mus. = Museum; NF = National Forest; NM = Nationalmonument; in einigen Fällen auch NM = New Mexico; NP = Nationalpark; NRA = National Recreation Area (Freizeitgelände); **NV** = Nevada; Pkwy = Parkway; Rd = Road (Straße); SHP = State Historic Park; SP = State Park; Sq = Square (Platz); St = Street (Straße); SHM = State Historical Monument; Tr. = Trail (Weg/Pfad); **UT** = Utah; VC Visitors Center (Besucherzentrum).

◆Abajo Peak, UT 326
Agathian, AZ 415
Agua Canyon, UT 320
Air Force Academy, CO 187
Alamosa, CO 178
Allgemeine USA Info 427
Alma, CO 185
Alpine Tunnel, CO 180
Alta, UT 397
Anasazi 362, 366
Anasazi Indian Village, UT 419
Angel Arch, UT 328
Animas River, CO 174
Antonito, CO 178
Arapahoe Basin, CO 165
Arch Canyon Ruin, UT 414
Arches NP, UT 302
Arkansas River 179
Arrowhead Fault, NV 275
Aspen, CO 166
Auburn, CA 42
Austin, NV 293
Autumieten 427

◆Badger Mountain, CO 186
Baker, NV 216
Balcony House, CO 130
Barstow, CA 44
Battle Mountain, NV 298
Baxter, CA 42
Baxter Pass, CO 167
Baxterville, CO 176
Bear Lake, CO 156
Behunin Cabin, UT 343
Berthoud Pass, CO 165
Big Thompson Canyon, CO 96
Black Canyon NM, CO 46
Black Mesa, AZ 426
Blanding, UT 414
Blue Mesa Dam, CO 171
Bluff, UT 416
Bodie SHP, CA 40
Bonanza, CO
Bonneville Salt Flats, UT 2990
Bookcliffs, CO 101
Botschaft 428
Boulder, CO 168
Boulder, UT 339
Box Canyon, CO 172
Breckenridge, CO 166
Bridal Veil Falls, CO 172
Bridal Veil Falls, UT 397
Bridgeport, CA 40
Bridgeview Drive, UT 383
Bright Angel Point, AZ 424
Bright Angel Trail, AZ 424
Bristlecone Pines 223
Broken Arch, UT 311
Bryce Amphiteater, UT 318

Bryce Canyon NP, UT 312
Buckskin Joe, CO 179
Buena Vista, CO 182
Buffalo Bill Grab, CO 90
Buffalo Bill Museum 164
Buffalo Peaks CO 183
Bullfrog Basin Marina, UT 412
Burr Trail, UT 339

◆Cadet Chapel, CO 188
Caineville, UT 339
Calico, CA 44
California Gulch, CO 182
CalNeva Lodge 238
Camping 438
Camping Arizona 453
Camping Colorado 441
Camping Kalifornien 453
Camping Nevada 448
Camping Utah 450
Camp Richardson, CA 231
Canon City, CO 179
Canyonlands NP, UT 322
Cape Royal, AZ 424
Capitol Gorge, UT 343
Capitol Reef NP, UT 337
Carlin, NV 298
Carson City, NV 192
Cascade Lake, CA 235
Cassidy Arch, UT 341
Castle Arch, UT 328
Castle Rock, CO 190
Caterpillar Arch, UT 328
Cathedral Rock, CO 188
Cathedral Valley, UT 343
Cave Rock, NV 239
Cedar City, UT 313, 402
Cedar Mesa, UT 335
Central City, CO 90, 164
Central Pacific 244
Chama, New Mexico 176
Chapin Mesa, CO 121, 131
Cheyenne Mountain, CO 78
Chimney Rock, CO 175
Chimney Rock, UT 342
Chinese Walls, CO 107
Chollar Mine, NV 282
Church Rock, UT 418
Cleft Arch, UT 328
Cliff Palace, CO 130
Climax, CO 182
Coal Bank Hill Summit, CO 174
Coal Mine Canyon, AZ 426
Cohab Canyon, UT 340
Collegiate Range, CO 182
Coloma, CA 42
Colorado NM, CO 63
Colorado Reiserouten 163
Colorado Reiseziele 45

464 REGISTER

Colorado River 151
Colorado Springs, CO 78
Comb Ridge, UT 414
Comstock Lode, NV 211, 217, 281
Conejos River, CO 180
Continental Divide 164, 176
Cortez, CO 81
Courthouse Towers, UT 308
Court of the Patriarchs, UT 403
Craig, CO 169
Crawford, CO 46
Creede, CO 176
Crestones, CO 104
Cripple Creek, CO 82
Crystal Bay, NV 235, 238
Crystal Dam, CO 171
Curecanti NRA, CO 171

◆Dayton, NV 288
Dead Horse Point, UT 327
Deerlodge Park, CO 347
Deer Valley, UT 397
Delicate Arch, UT 311
Del Norte, CO 176
Delta, CO 173
Delta, UT 298, 418
Denver, CO 85
  Art Museum 86
  Baxter-Tipps 88
  Brown Palace 89
  Children's Museum 86
  Downtown 86
  DIA (Airport) 85
  Entfernungen 85
  Geschichte 85
  History Museum 86
  Larimer Square 88
  Molly Brown House 88
  Natural History Mus. 88
  State Capitol 86
  Temperaturen 85
  U.S. Mint/Münze 88
  Wings over the Rockies 88
Devil's Garden, UT 303, 309
Dillon, CO 165
Dinosaur NM, UT 345
Divide, CO 184, 187
Dixie NF, UT 341
Donner Lake, CA 238
Donner Pass, CA 42
Dotsero, CO 166
Douglas Pass, CO 170
Dresslerville, CA 41
Druid Arch, UT 330
Dude Ranches 9
Durango, CO 92
Durango-Silverton Zug 94

◆Eagle, CO 166
Eagle Rock, CA 235
Echo Park, CO 347
Egyptian Temple, UT 344
Eisenhower Tunnel, CO 165
El Capitan Rock, AZ 416
Elephant Hill, UT 330
Elevenmile Canyon, CO 184
Elevenmile Reservoir, CO 183
Elko, NV 299
Ely, NV 296
Emerald Bay, CA 232, 235
Emerald Pools, UT 402
Entfernungen 14
Escalante Canyon, CO 170
Escalante Canyons, UT 358, 361
Escalante River, UT 357

Estes Park, CO 95
Eureka, NV 295
Evans Gulch, CO 112

◆Fairplay, CO 185
Fallen Leaf Lake, CA 232
Fallon, NV 290
Fall River Road, CO 152
Fannette Island, CA 237
Farview Point, UT 318
Feiertage 430
Fiery Furnace, UT 303, 311
Fish Lake NF, UT 341
Fiske Planetarium, CO 168
Flaming Gorge, UT 410
Florissant Fossil Beds, CO 98
Fort Churchill, NV 281, 286
Ft. Crawford, CO 172
Ft. Duchesne, UT 411
Ft. Garland, CO 178
Four Corners Monument 82, 373
Fremont, UT 341
Frisco, CO 165
Fruita, CO 167
Fruita, UT 339
Fry Canyon, UT 414
Furnace Creek, CA 261

◆Gästeranches 9
Ganado, AZ 426
Garden of the Gods, CO 78
Gateway of the Narrows, UT 402
Geld 430
Genoa, NV 240
Georgetown, CO 90, 164
Glen Canyon Dam 414
Glen Canyon NRA, UT 358, 414
Glenwood Canyon 164
Glenwood Springs, CO 166
Goblin Valley SP, UT 410
Gold Canyon, NV 280
Golden, CO 164
Golden Spike NHS 397
Gold Hill, NV 281
Goosenecks, UT 344, 414
Goulding's Lodge, UT 379
Granby, CO 165, 169
Grand Canyon NP/North Rim, AZ 422
Grand Gulch Primitive Area, UT 415
Grand Junction, CO 100
Grand Lake, CO 151, 170
Grand Mesa, CO 101
Grand Staircase-Escalante NM, UT 357
Grand Wash, UT 343
Great Arch, The, UT 403
Great Basin Desert, NV 198
Great Basin NP, NV 216
Great Salt Lake, UT 393
Great Sand Dunes NM, CO 104
Great White Throne, UT 403
Green River, CO 327 414
Großer Salzsee, UT 393
Guest Ranches 9
Guffey, CO 188
Gunnison, CO 173
Gunnison Point, CO 48
Gunnison River, CO 55

◆Hanksville, UT 381, 410,3
Harpers Corner Rd., CO 346
Hatch Trading Post, UT 362
Heavenly Valley, CA 235
Heber City, UT 411
Henry Mountains, UT 342
Hickman Bridge, UT 340, 343

REGISTER 465

Hidden Beach, NV 239
Hole-in-the-Rock, UT 358
Homewood, CA 236, 238
Hoover Staudamm, NV 262
Hopi Cultural Center, AZ 426
Hubbel Trading Post, AZ 426
Hopiland, AZ 426
Hornbeck Homestead, CO 98
Hotels 460
Hotevilla, AZ 426
Hot Sulphur Springs, CO 169
Hovenweep NM, UT 362
Hurricane, UT 401, 402

◆Idaho Springs, CO 165
Idlewild, CO 183
Ignaclo, CO 94
Incline Village, NV 229, 238
Independence Monument, CO 74
Infoquellen 458
Inspiration Point, YT 318
Iowa Gulch, CO 182
Island-in-the-Sky District, UT 323

◆Jacob Lake, AZ 423
Jensen, UT 410

◆Kachina Bridge, UT 384
Kachinas 426
Kaiparowits Plateau, UT 357
Kalifornien Routen 33
Kanab, UT 423
Kayenta, Arizona 366
Keams Canyon, AZ 426
Kennecott's Bingham Canyon, UT 397
Keystone, CO 165
Klondike Bluffs, UT 309
Konfektionsgröße 437
Kykotsmovi, AZ 426

◆Lagoon, UT 397
Lake Tahoe Area, CA/NV 228
La Jara, CO 180
Lake George, CO 183
Lake Lahotan, NV 206
Lake Mead, NV 269
Lake Powell, UT 358, 412
Lake Tahoe 234
LaSal Mountains, UT 308, 326
Las Vegas, NV 247
 Airport/McCarran Int'l Airport 248
 Area-Karte 261
 Attraktionen 265
 Baxter-Tipps 259
 Boulder City 261
 Camping 251
 Casino Highlights 260
 Death Valley 268
 Downtown Kasinos 255
 Entfernungen 248
 Filmen in Las Vegas 258
 Fremont Street Experience 255
 Furnace Creek 268
 Geschichte 248
 Heiraten 256
 Henderson 261
 Hoover Dam 269
 Information 250
 Lake Mead 269
 Las Vegas Strip 251
 Liberace Museum 267
 Nevada State Museum 267
 Old Mormon Fort 267
 Old Nevada 269
 Overton 269

Las Vegas
 Primm 269
 Red Rock Canyon 269
 Restaurants 254
 Rhyolite 269
 Scotty's Castle 268
 Shopping 254
 Strip Hotels/Kasinos 252
 Temperaturen 247
 Touren/Ausflüge 268
 Unterkunft 250
 Wedding Chapels 257
Lavender Canyon, UT 332
LAX 16
Leadville, CO 180
Lee Vining, CA 38
Lehman Caves, NV 217, 223
Lexington Arch, NV 223
Little Sahara Recreation Area, UT 418
Logan Canyon, UT 397
Logan Shoals, NV 236
Long Valley Junction, UT 421
Lookout Mountain 164
Los Angeles, CA 15
Lost City, NV 206
Lost City Museum, NV 273
Loveland, CO 167
Loveland Pass, CO 166
Lovelock, NV 299
Lowry Ruine, UT 363
Lulu City, CO 151
Lyons, CO 169

◆Manassa, CO 178
Manitou Cliff Dwellings, CO 80
Manitou Springs, CO 187
Manti-La-Sal NF, UT 308
Marble, CO 166
Marlette Flume Trail, CA 231, 239
Marshall Pass, CO 182
Maße 431
Matchless Mine, CO 182
Maysville, CO 179
Maze District, UT 336
Medano Creek, CO 107, 112
Medano Pass, CO 107
Mesa Arch, UT 325
Mesa Verde NP, CO 113
 Archeological Museum 122
 Attraktionen 114
 Badger House 114
 Balcony House 130
 Basketmakers 124
 Baxter-Tipps 115, 118
 Cedar Tree Tower 122
 Chapin Mesa 121, 131
 Cliff Dwellings 121
 Cliff Palace 128
 Dioramen 123
 Entfernungen 113
 Far View Ruins 114, 120
 Far View Visitors Center 120
 Hemenway House 130
 House of Many Windows 129
 Kiva 126
 Kodak House 114
 Long House 114
 Mancos Valley Overlook 117
 Mesa Top Ruinen Straße 127
 Montezuma Valley Overlook 118
 Morefield Village 117
 Mummy Lake 120
 Museum 122
 Petroglyph Point 114
 Pipe Shrine House 120

Mesa Verde NP
  Pithouse Ruinen 128
  Pueblo Periode 125
  Pueblo Village 114
  Ruins Rd. 127
  Spruce Tree House 126
  Sun Point Pueblo 114
  Sunset House 129
  Sun Temple 129
  Temperaturen 113
  Top Mesa Dwellings 127
  Two Raven House 114
  Überblick 113
  Ute Mountain Tribal Park 130
  West Loop Road 114
  Wetherill Mesa 114
  Wetter 116
Mexican Hat, UT 414
Million Dollar Hwy, CO 114
Mittens, AZ 378
Moab, UT 369
Moab Fault, UT 308
Moapa Indian Reservation, NV 275
Moapa Valley, NV 206
Moenkopi, AZ 426
Moffat Tunnel, CO 169
Mohave Desert, NV 197
Molas Pass, CO 174
Mollie Kathleen Mine, CO 83
Monarch Pass, CO 179
Mono Craters, CA 38
Mono Lake, CA 38
Monte Vista, CO 188
Monticello, UT 416
Montrose, CO 171
Monument Valley, AZ/UT 374
Mormon Station, NV 240
Morris Gulch, CO 112
Morrow Point Lake, CO 171
Mosca Pass, CO 105
Motels 460
Mt. Antero, CO 180
Mt. Blanca, CO 112
Mount Carmel Jct., UT 421
Mt. Columbia, CO 182
Mt. Elbert, CO 182
Mt. Evans Highway, CO 90, 164
Mt. Harvard, CO 182
Mt. Herard, CO 107
Mt. Massive, CO 182
Mt.-of-the-Holy-Cross, CO 182
Mt. Peale, UT 326
Mt. Pisgah, CO 187
Mt. Princeton, CO 182
Mt. Shavano, CO 180
Mt. Yale, CO 182
Mouses Tank, NV 278
Mule Canyon Ruin, UT 414
Museum of Western Colorado 102
Music Pass, CO 107
Mystery Valley, AZ 380

◆**Napa Valley, CA** 42
Nationalpark-Lexikon 12
National Park Pass 13
Natural Bridge, UT 320
Natural Bridges NM, UT 381
Navajo Twins, UT 416
Neck, The, UT 324
Needles District, UT 328
Nevada Reiserouten 284
Nevada Reiseziele 191
Nevada State Mus., NV 192
Newspaper Rock, UT 331

Nixon, NV 265
Notom Ranch, UT 339
North Kaibab Trail, AZ 424
North Pole, CO 188

◆**Old Nevada**, NV 269
Ophir, UT 397
Osceola, NV 230
Oraibi, AZ 426
Orderville, UT 359
Osier, CO 176
Ouray, CO 172
Overland Trail, CO 243
Overton, NV 269, 273
Owachomo Bridge, UT 384

◆**Page**, AZ 359
Pagosa Springs, CO 175
Palmer Lake, CO 190
Paria View, UT 319
Park City, UT 397
Park-Gebühren 13
Paul Bunyan Potty, UT 330
Paul Bunyan's Woodpile, UT 418
Paunsaugunt Plateau, UT 318
Phantom Canyon, CO 185
Pike NF, CO 183
Pikes Peak, CO 186
Pike Stockade SHM, CO 178
Pink Cliffs, UT 313, 315
Piper's Opera House, NV 282
Placerville, CA 42
Planung 11
Point Imperial, AZ 424
Polacca, AZ 426
Poncha Pass Summit, CO 179
Poncha Spring, CO 179
Ponderosa Ranch, NV 239
Pony Express 209, 243, 249
Pothole Point, UT 335
Poverty Gulch, CO 184
Primm, NV 269
Promontory, UT 244, 397
Provo, UT 411
Provo Canyon, UT 409, 411
ProRodeo Hall of Fame, CO 80
Ptarmigan Peak, CO 112
Puma City, CO 186
Puma Hills, CO 186
Purgatory, CO 94
Pyramid Lake, NV 206

◆**Quarry Visitors Center**, UT 347

◆**Rainbow Point**, UT 318
Rainbow Valley, CO 187
Ranches 9
Rangely, CO 170
Rawhide, NV 291
Red Canyon, UT 420
Red Mountain, CO 172
Red Rock Canyon, NV 269
Reno, NV 270
Rhodes Cabin, NV 226
Rhyolite, NV 269
Rio Grande River 176
Rocky Mountain NP, CO 132
  Allgemeines 132
  Alpine Visitors Center 155
  Baxter-Tipps 133
  Bear Lake 138
  Beaver World 140
  Camping 135
  Continental Divide 160
  Fall River Entrance 140

REGISTER 467

Rocky Mountain NP
  Fall River Road 142
  Forest Canyon Forest 249
  Granby 132, 165, 169
  Grand Lake Entrance 162
  Holzwarth Homestead 162
  Kawuneeche Visitors Center 132
  Longs Peak 135
  Moraine Park Museum 136
  Mummy Range 135
  Never Summer Mountains 135
Roosevelt, UT 411
Roosevelt NF, CO 169
Routen
  Kalifornien:
    1: SF—Yosemite NP 33
    2: Le Vining—Carson City 38
    3: San Francisco—Reno, NV 42
    4: San Francisco—Los Angeles 43
    5: Los Angeles—Las Vegas 44
  Colorado:
    6: Denver—Grand Junction 164
    7: Denver—Rocky Mountain NP 168
    8: Dinosaur NM—Rocky Mtn. NP 169
    9: Dinosaur NM—Grand Jct. 170
    10: Grand Jct.—Black Canyon 170
    11: Black Canyon—Durango 171
    12: Durango—Alamosa 174
    13: Alamosa—Colorado Springs 178
    14: Colorado Springs—Denver 187
  Nevada:
    15: Carson City—Delta 284
    16: Reno—Salt Lake City 298
    17: Zion NP—Las Vegas 299
  Utah:
    18: Salt Lake City—Dinosaur NM 409
    19: Salt Lake City—Moab
    20: Salt Lake—Capitol Reef NP 413
    21: Capitol Reef—Natural Bridges 410
    22: Natural Bridges—Kayenta, AZ 414
    23: Kayenta—Monticello 416
    24: Monticello—Moab 418
    25: Kayenta, AZ—Mesa Verde NP 418
    26: Delta—Salt Lake City 418
    27: Capitol Reef—Bryce Canyon 419
    28: Bryce Canyon—Grand Canyon 422
Routenvorschlag 7
Royal Gorge, CO 179
Ruby Dome, NV 299
Ruby's Inn, UT 315

◆Sacramento, CA 42
St. Elmo, CO 180
St. George, UT 299
Salida, CO 178
SaltLake City, UT 385
  Airport Area 393
  Antelope Island 397
  Baxter-Tipps 388
  Beehive House 392
  Brigham Young Monument 390
  Downtown 387
  Eagle Gate 392
  Entfernungen 386
  Gallivan Utah Center Plaza 394
  Genealogical Library 394
  Great Salt Lake 396
  Hogle Zoo 396
  Marmalade Historic District 396
  Mormon Tabernacle 389
  Pioneer Museum 396
  Pioneer Trail SP 393
  Restaurants 388
  Salt Palace 394

Salt Lake City
  State Capitol 396
  Temperaturen 385
  Temple Square 389
  Trolley Square 396
  University of Utah 396
  ZMCI Mall 394
San Bernhardino, CA 21
Sanddünen, CO 110
Sand Dunes Arch, UT 369
Sand Harbor, NV 237, 239
San Francisco, CA 22
San Francisco Int'l Airport 24
Sangre de Cristo Mtns, CO 104, 178
San Juan River 175, 414
San Luis, CO 178
San Luis Valley, CO 109, 111
Sawatch Range, CO 182
Seven Peaks Resort Water Park, UT 397
Sevier Lake, UT 298
Shafer Canyon, UT 324
Sierra Nevada 228
Silver City, NV 281
Silverton, CO 174
Sipapu Bridge, UT 384
Six Mile Canyon, NV 286
Sixshooter Peak, UT 332
Skyline Arch, UT 311
Slickrock Bike Trail, UT 369
Slickrock Trail, UT 335
Soda Springs, NV 241
Solitude, UT 397
South Park Avenue, UT 308
Southern Ute Indian Reservation, CO 94
South LakeTahoe, CA 235
South Park, CO 179, 182, 185
South Platte River, CO 183
Sparks, NV 229, 265
Springdale, UT 404
Spring Mountain SP, NM 269
Spruce Tree House, CO 126
Square Tower Ruins, UT 364
Squaw Creek, CO 180
Squaw Valley, CA 242
Stanley Hotel, CO 96
Starvation Dam Reservoir, UT 409
Stateline, NV 232
Steamboat Springs, CO 169
Strater Hotel, CO 94
Sulphur Creek Canyon, UT 342
Sugar Pine Point, CA 238
Sunbonnet Rock, UT 416
Sundance, UT 397
Sunlight Ski Area, CO 166

◆**Tahoe City**, CA 238
Tamarron Resort, CO 94, 174
Tarryall Creek, CO 185
Telefonieren 433
Telluride, CO 172
Temperaturen 436
Temple of Sinawava, UT 403
Three Patriarchs, UT 403
Timpanogos Cave NM, UT 397
Tioga Pass 33
Tip-Tabelle 462
Tomboy, CO 172
Tomichi, CO 47
Tonopah, NV 269
Topaz Lake, NV 40
Toquerville, UT 401
Torrey, UT 337, 342
Towac, CO 82
Trail Ridge Road, CO 143
Transkontinentale Eisenbahn 250

Treasure Falls, CO 176
Tropic, UT 313
Trout Creek Pass, CO 179
Truckee, CA 42, 238
Tuba City, AZ 426
Tundra Trail, CO 150
Twelve Mile House, CA 41
Twin Lake, CO 183

◆Uncompahgre Valley, CO 171
Union Pacific 244
Universal Studios, CA 19
University of Colorado 168
– of Nevada 265
– of Utah 393
Unterkunft 435
Upheaval Dome, UT 324, 327
Utah Reiserouten 409
Utah Reiseziele 301
Ute Canyon, CO 77
Ute Indian Mus., CO 174
Ute Pass, CO 183

◆Vail, CO 165
Valley of Fire SP, NV 273
Valley of the Gods, UT 414
Vernal, UT 347, 411
Victor, CO 83, 181
Victorville 44
Vikingsholm Castle, CA 232, 238
Villa Grove, CO 178
Virginia City, NV 280
Virgin River, UT 403
Virgin River Gorge, AZ 299

◆Wagon Wheel Gap, CO 176
Walpi, AZ 426
Ward Charcoal Ovens, NV 297
Washer Woman Arch, UT 325
Watchman Trail, UT 402
Waterpocket Fold, UT 339, 341
Weeping Rock, UT 402
Wellington Ditch, CO 108
Wells, NV 300
Western Mus. of Mining, CO 190
Wetter 436
Wheeler Peak, NV 218
White Canyon, UT 384
White River NF 166
Wildlife World, CO 190
Wilkerson Pass, CO 183
Wilson Arch, UT 418
Windows, The, UT 303
Winnemucca, NV 299
Winnemucca Lake, NV 206
Winter Park, CO 165
Wolf Creek Pass, CO 106, 176
Wooden Shoe, UT 334

◆Yampa Bench Rd., CO 347
YMCA of the Rockies, CO 96
Yosemite NP, CA 33
Yovimpa Point, YT 318

◆**Zeit** 437
Zephyr Cove, NV 232, 239
Zion-Mt. Carmel Tunnel, UT 408
Zion NP, UT 398

GO BAXTER!

Tumbleweeds ... gehören zum amerikanischen Westen wie dessen Weiten. Sie rollen und hüpfen über endlose Highways und verfangen sich meist in irgendeinem Stacheldraht. **Tumbleweeds**, wörtlich: die taumelnden Unkräuter, nichts als eine tote Russische Distel – *Salsola*, wurden Ende des 19. Jahrhunderts ungewollt von russischen Farmern eingeschleppt. Da die Wurzeln der zerbrechlichen Pflanzen schon bei leichtem Wind zerreißen, werden die toten ausgebleichten, dürren Sträucher wie Bälle über das Land getrieben.